王富鹏 著

岭南三大家与清初文坛

岭南文库编辑委员会　广东中华民族文化促进会　合编

南方传媒　广东人民出版社·广州

图书在版编目（CIP）数据

岭南三大家与清初文坛／王富鹏著.—广州：广东人民出版社，2023.11
（岭南文库）
ISBN 978-7-218-16101-3

Ⅰ.①岭…　Ⅱ.①王…　Ⅲ.①岭南—知识分子—研究—清前期　Ⅳ.①D691.71

中国版本图书馆CIP数据核字（2022）第184826号

Lingnan Sandajia Yu Qingchu Wentan
岭南三大家与清初文坛
王富鹏　著

版权所有　翻印必究

出 版 人：肖风华

责任编辑：谢　尚
责任技编：吴彦斌　周星奎
装帧设计：亦可文化

出版发行：广东人民出版社
地　　址：广州市越秀区大沙头四马路10号（邮政编码：510199）
电　　话：(020) 85716809（总编室）
传　　真：(020) 83289585
网　　址：http://www.gdpph.com
印　　刷：恒美印务（广州）有限公司
开　　本：640mm×970mm　1/16
印　　张：54.75　字　　数：638千
版　　次：2023年11月第1版
印　　次：2023年11月第1次印刷
定　　价：240.00元

如发现印装质量问题，影响阅读，请与出版社（020-85716849）联系调换。
售书热线：(020) 87716172

ISBN 978-7-218-16101-3

岭南文库编辑委员会

主　编：陈建文

副主编：倪　谦　谭君铁

编　委：（按姓氏笔画为序）

王桂科　叶　河　朱仲南　杨以凯
肖　林　肖风华　肖延兵　吴小茜
何祖敏　陈建文　陈俊年　陈海烈
林成伟　柏　峰　钟永宁　洪志军
夏素玲　倪　谦　黄少刚　黄尚立
萧宿荣　曾宪志　谭君铁

《岭南文库》前言

广东一隅，史称岭南。岭南文化，源远流长。采中原之精粹，纳四海之新风，融汇升华，自成宗系，在中华大文化之林独树一帜。千百年来，为华夏文明的历史长卷增添了绚丽多彩、凝重深厚的篇章。

进入19世纪的南粤，以其得天独厚的地理环境和人文环境，成为近代中国民族资本的摇篮和资产阶级维新思想的启蒙之地，继而成为资产阶级民主革命和第一次国内革命战争的策源地和根据地。整个新民主主义革命时期，广东人民在反对帝国主义、封建主义和官僚资本主义的残酷斗争中前仆后继，可歌可泣，用鲜血写下了无数彪炳千秋的史诗。业绩煌煌，理当镌刻青史、流芳久远。

新中国成立以来，广东人民在中国共产党的领导下，摧枯拉朽，奋发图强，在社会主义物质文明建设和精神文明建设中卓有建树。当中国社会跨进20世纪80年代这一全新的历史阶段，广东作为国家改革开放先行一步的试验省区，被置于中国现代化经济建设发展的前沿，沿改革、开放、探索之路突飞猛进；历十年艰辛，轰轰烈烈，创造了中国经济发展史上的空前伟绩。岭南大地，勃勃生机，繁花锦簇，硕果累累。

际此历史嬗变的伟大时代，中国人民尤其是广东人民，有必要进一步认识岭南、研究岭南，回顾岭南的风云变幻，探寻岭南的历史走向，从而更有利于建设岭南。我们编辑出版

《岭南文库》的目的,就在于予学人以展示其研究成果之园地,并帮助广大读者系统地了解岭南的历史文化,认识其过去和现在,从而激发爱国爱乡的热情,增强民族自信心与自豪感;高瞻远瞩,继往开来。

《岭南文库》涵盖有关岭南(广东以及与广东在历史上、地理上有密切关系的一些岭南地域)的人文学科和自然学科,包括历史政治、经济发展、社会文化、自然资源和人物传记等方面。并从历代有关岭南之名著中选择若干为读者所需的典籍,编校注释,选粹重印。个别有重要参考价值的译著,亦在选辑之列。

《岭南文库》书目为350种左右,计划在五至七年内将主要门类的重点书目基本出齐,以后陆续补充,使之逐渐成为一套较为齐全的地域性百科文库,并作为一份有价值的文化积累,在祖国文化宝库中占一席之地。

岭南文库编辑委员会
一九九一年元旦

屈大均像

陈恭尹像

梁佩兰像

序 吴承学

公元 2006 年 4 月某日，两位南海郡人至广州天河区龙眼洞祥云岭，拜谒先贤陈恭尹先生墓。到了墓地，发现陈恭尹之墓已被夷为平地。墓址成一大坑，底部覆盖着枯黄落叶，显然已被毁多时了。陈恭尹诗多亡国之音，而其墓保全于清代，民国战乱、日寇铁蹄、"文革"浩劫，其墓仍存。而这座被列入广州市重点文物保护单位的古墓，竟然毁于一场莫名其妙的清理山坟活动中，岂不令人悲伤乎？

然亦无须悲伤。诗人之墓不是用砖石砌成的，而是用他的血泪和墨汁锻造的。先贤之墓不仅竖立在山野之上，还竖立在世世代代的后人心中。

陈恭尹墓被毁之际，王君富鹏正日日夜夜端坐中山大学图书馆古籍部，为屈大均、陈恭尹、梁佩兰树碑立传，撰写博士论文《岭南三大家研究》。

我接触过一些岭南以北的才人，言谈之间，往往不经意地流露出对岭南文化的不屑之情，以为这是一块没有历史文化积淀，而且现实又是充满金钱气味的地域。我想，这是一种错觉与偏见。岭南古称蛮荒之区，与中原隔膜，偏于一隅。然明清以还，岭南文化迅速崛起，其重要性日趋显著，渐渐对全局有了举足轻重的影响。中国近代史、现代史乃至当代史，若没有岭南地区与岭南人的参预，真是不可思议了。

岭南三大家与清初文坛

去年,在一次地域文化研究的学术会议上,我提出开展"岭南学"研究的倡议。这绝非概念游戏之举,也绝无哗众取宠之心。自二十世纪八十年代以来,以某一特定地区为研究对象的学科在学术界崭露头角,涌现出徽(州)学、泉州学、上海学、温州学乃至潮(州)学等以地域命名的学科。"岭南学"所以成"学",在于其独特的地域和在漫长的历史过程所孕育的独特文化。梁启超在《中国地理大势论》一文中指出,广东"其民族与他地绝异,言语异,风习异,性质异,故其人颇有独立之想、有进取之志。两面濒海,为五洲交通孔道"。这是从历史地理学的角度对岭南民风民俗及其特有文化思想的认识。岭南文化源远流长,漫长的海岸线,五岭的阻隔,形成了开放而又封闭的地理环境;各个时期移民的迁入,深化了中原文化在岭南文化中的核心地位,移民文化与当地文化的交流与融合形成了地域色彩浓厚的岭南文化;海洋文化与内陆文化的交融也在岭南文化的每个方面都打上了烙印。

岭南三大家,应该是岭南学重要的部分。他们的创作,代表了当时岭南诗歌的成就。他们的际遇与怀抱,在清初文人当中,也是相当有代表性的。岭南三大家的影响超越了地域,在当时与江左三大家(钱谦益、吴伟业、龚鼎孳)遥相呼应,其成就亦各有所胜。然而对"岭南三大家"及其影响的研究,则不可与对江左三大家的研究相提并论。

富鹏君,河南人氏,然潜心岭南学术。在校三年,我们师生差不多每天相聚三回,一起在中山大学图书馆四楼古籍部读书。晚上图书馆闭馆,我便和富鹏等几位同学一起回家。一路上,听富鹏侃侃而谈关于岭南三大家的读书心得。记得一夜,他谈到发现了屈大均一本无人知晓的著作《罗浮书》,并辑佚近万字。又一夜,他谈到,发现屈大均遗著案是导致清代统治者改变整理《四库全书》宗旨的重要原因。他认为,历来关

序

于纂修《四库全书》目的是"寓禁于修"其实是不妥当的，准确地说，应该是"修中生禁"。路上静悄悄，只有富鹏的话语和风吹树叶的沙沙声。夜色苍茫，看不清他是否面有得色，但从声音，听得出那种在学术研究中偶有发现的亢奋之情。

富鹏北人南相，为人短小精悍。性豪爽任气，颇有古风，与世俗功利之习格格不入。喜诗词，偶有吟咏。又善饮，师生聚会，敬酒必曰："我先干为敬，您随意！"一仰而尽，意态自若。诸生中白建忠、马将伟，内蒙古人也，亦善饮，并称酒中三杰。燕云张海鸥先生，康园偶傥人也，颇赏有酒趣之豪士。尝邀三杰饮酒，白酒若干斤，兴未尽，继之啤酒。四人扶醉而归，玉山将崩。路人为之辟易，校园传为佳话。

今三君皆已毕业，余欲与诸君馆中对读，踏月论诗，岂容易哉？

近日王富鹏的博士论文付梓，急电求序。灯下重读《岭南三大家研究》，看到一行行熟悉的文字，思绪如絮，纷纷扬扬，漫无边际，聊记于此，权以当序。

2008 年 4 月 19 日于康乐园

目 录

绪 论 ………………………………………………… 1

上编 岭南三大家的交游和创作

第一章 三家合称及序次 ……………………………… 3
  第一节 三家合称之始 ……………………………… 3
  第二节 岭南三大家的序次 ………………………… 11
  第三节 三家合称的客观因素：屈、梁、陈共同的活动
          和友谊 ……………………………………… 22

第二章 屈大均生平、游历与交接 …………………… 36
  第一节 屈大均的生平与游历 ……………………… 36
  第二节 屈大均与遗民之交游 ……………………… 46
  第三节 屈大均与贰臣交游考论 …………………… 78
  第四节 屈大均与仕清之人交游述论 ……………… 95

第三章 陈恭尹生平、游历与交接 …………………… 133
  第一节 陈恭尹生平和游历 ………………………… 133
  第二节 陈恭尹与遗民之交游 ……………………… 139
  第三节 明遗民陈恭尹交接风格转变述论 ………… 172
  第四节 陈恭尹与仕清文人之交游 ………………… 195

第四章　梁佩兰生平、游历与交接 ·················· 222
第一节　梁佩兰生平和游历 ························· 222
第二节　梁佩兰与所交仕清之人 ····················· 225
第三节　梁佩兰与明遗民之交游 ····················· 241

第五章　岭南三大家的思想与诗歌的抒情内容 ·········· 258
第一节　屈大均的王霸人格 ························· 258
第二节　屈大均的仙人情结 ························· 277
第三节　屈大均逃禅归儒辨 ························· 294
第四节　陈恭尹畏祸忧死之阴影 ····················· 301
第五节　陈恭尹诗歌的抒情内容 ····················· 309
第六节　梁佩兰之"独醒"与其出处的选择 ············ 328
第七节　梁佩兰由入世到出世的思想转变以及与之
相应的诗歌抒情内容 ························· 342

第六章　岭南三大家诗之风格和文学主张 ·············· 361
第一节　屈大均雄肆仙超的诗风 ····················· 361
第二节　屈大均对"丽"与"则"这一对诗学概念
的发展 ··································· 382
第三节　陈恭尹诗歌雄郁苍凉的整体风貌 ············· 398
第四节　陈恭尹的性情论诗学观 ····················· 411
第五节　梁佩兰前后期诗风的不同与当时诗歌思潮
的转变 ··································· 423
第六节　岭南三大家的雄直诗风 ····················· 437

第七章　岭南三大家散文和词创作及他们在清代文坛上的
地位 ··· 448
第一节　屈大均的散文创作 ························· 448
第二节　陈恭尹、梁佩兰散文简说 ··················· 464
第三节　屈大均雄豪劲健的词风 ····················· 473

第四节　陈恭尹、梁佩兰词简说…………………… 485
  第五节　岭南三大家在清代文坛上的地位和影响……… 490

下编　岭南三大家著作的存佚和流布

第一章　岭南三大家著作之版本…………………………… 503
  第一节　三家合集之版本…………………………… 503
  第二节　屈大均著作之版本………………………… 506
  第三节　陈恭尹著作之版本………………………… 555
  第四节　梁佩兰著作之版本………………………… 562

第二章　屈大均诗文在康乾时期被选录的情况…………… 568
  第一节　康乾时期载录屈大均作品的诗文选集…… 568
  第二节　康乾时期载录屈大均作品的诗文选集之
　　　　　未见者…………………………………… 587

第三章　陈恭尹著作在康乾时期被选录的情况…………… 590
  第一节　康乾时期载录陈恭尹作品的诗文选集…… 590
  第二节　康乾时期载录陈恭尹作品的诗文选集之
　　　　　未见者…………………………………… 599

第四章　梁佩兰著作在康乾时期被选录的情况…………… 601
  第一节　康熙时期选录梁佩兰作品的诗文选集…… 601
  第二节　康乾时期选录或引用梁佩兰作品的诗文
　　　　　选集之未见者…………………………… 609

第五章　岭南三大家著作之禁毁和流布…………………… 611
  第一节　屈大均遗著案与清代中期禁书政策的形成
　　　　　——兼论"寓禁于修"说之谬误………… 611
  第二节　康乾时期屈大均著作之禁毁与流布……… 627
  第三节　康乾时期陈恭尹著作之禁毁与流布……… 660

第四节　康乾时期梁佩兰著作之禁毁与流布……… 672

第六章　沈用济选刻《岭南三大家诗选》考述………… 685
　　第一节　沈用济及其选诗之起因………………… 685
　　第二节　沈用济《岭南三大家诗选》选刻之时日 …… 688
　　第三节　沈用济《岭南三大家诗选》之禁毁 ……… 693
　　第四节　沈用济选《道援堂集》概述……………… 695

第七章　清初汪观辑《五大家诗》考论
　　　　　——兼论清初三大家、五大家之争……… 698
　　第一节　三大家和五大家之争…………………… 698
　　第二节　《五大家诗》及《药亭诗》考述 ………… 704
　　第三节　《五大家诗》选刻时间考 ……………… 708

第八章　岭南三大家遗佚诗文辑考………………… 713
　　第一节　屈大均遗佚诗文辑考…………………… 714
　　第二节　陈恭尹遗佚诗文辑考…………………… 734
　　第三节　梁佩兰遗佚诗文辑考…………………… 736

第九章　岭南三大家诗文集序跋补辑……………… 741
　　第一节　沈用济选《道援堂集》所载……………… 741
　　第二节　汪观选《五大家诗》所载 ……………… 746
　　第三节　徐信符辑《屈翁山佚文》所录 ………… 748
　　第四节　康熙年间凌凤翔补刻《翁山诗外》十八卷
　　　　　　本所载………………………………… 750

附录一　翁山故里及故居遗址考…………………… 752

附录二　屈大均佚著《罗浮书》辑佚与辨析………… 763
　　第一节　《罗浮书》辑佚 ………………………… 763
　　第二节　《罗浮书》作者辨析 …………………… 779

第三节　《罗浮书》佚于何时，及其湮没数百年
　　　　　之因 …………………………………………… 782

附录三　翁山佚文民国抄本汇考及新发现的两种佚文抄本
　　　…………………………………………………………… 786
　　第一节　新发现的两种佚文抄本概述 ………………… 786
　　第二节　其他抄本存文概述 …………………………… 790
　　第三节　佚文积录情况和各抄本形成过程考 ………… 797
　　第四节　《屈大均全集》未收之佚文及异文较多者
　　　　　述录 …………………………………………… 802

主要参考书目 ……………………………………………… 809
初版后记 …………………………………………………… 822
再版后记 …………………………………………………… 824

绪　论

　　这部书是在我 2007 年博士学位论文《岭南三大家研究》的基础上修订而成的。《绪论》部分也在一程度上沿袭了学位论文的一些特征。拙作于 2008 年曾以《岭南三大家研究》之名在人民文学出版社出版。今蒙广东人民出版社青睐，收入《岭南文库》，修订再版亦属幸事。应出版社建议，更名为《岭南三大家与清初文坛》。新版不仅订正旧版纰缪，同时也有不少增补和调整。增补之处皆为笔者十多年以来有关文献的发现和发掘。

一、论题的价值与研究的思路

　　岭南文学演进至明末清初，获得了长足的发展，突显出了自己的风格与特色。在这一时期，最能代表岭南文学创作成就和特色的就是所谓的"岭南三大家"。屈大均以自己颇类太白的风范在当时的文坛上独树一帜，以致当时吴越学屈者有"翁山派"之称；陈恭尹诗激昂盘郁，又沉挚苍凉，在"三君中尤清迥拔俗"（王士禛语）；梁佩兰以其独具特色的作品享誉其时，并于京师主持诗社。在清初诗坛上，屈、陈、梁皆可称为一流大家。岭南三大家在清初诗坛上具有特别突出的地位，在岭南文学史上更是泰山北斗。有清一代曾有不少著名诗人和学者认为其价值和影响超越"江左三大家"。这一评价是否准确姑且不论，但可以肯定岭南三大家为岭南诗坛赢得了极高的声誉，一定意义上也使清初形成了岭南与中原和江南鼎足而三的诗坛格局。江左三大家领袖文坛于前，岭南三大家驰誉天下于后，二者前后相继，相互辉映。

岭南三大家中的屈大均和陈恭尹为志士遗民，梁佩兰为仕清之人。三人的人生遭际、出处行藏迥然不同，却又保持着密切的个人友谊，三人的交接风格也都具有典型性。研究岭南三大家是理解清初士人心态和清初文坛生态的一条有效途径。

岭南诗坛常于狂澜既倒的末世表现得最为慷慨悲壮。宋末崖山大战，南宋二十万将士宁可葬身鱼腹，亦不降元军；顺治四年（1647）陈子壮、陈邦彦和张家玉等岭南诗人又挥鲁阳之戈于日落虞泉之时。据瓯骆一隅虽难以回天，却改写了清军征服岭南的历史。受其遗风鼓荡，岭海之间数十年士风直雄，以岭南三大家为代表的大批诗人应运而生。亡国之后，这一地区又总有大批不食周粟的遗民。面对陵谷位移的变局，岭南士人的反应值得思考。对岭南三大家的研究，也有助于对这一问题的理解。

迄今为止，学术界对岭南三大家这个整体的研究仍有不足。鉴于岭南三大家在清初文坛上、在岭南文学发展史上的特殊地位，以及在清初士人中的典型性，有必要对它进行整体的、更为深入的研究。

本书从宏观和微观的双重视角试图理清岭南三大家交游和创作的情况。笔者首先把岭南三大家放在当时的历史环境中进行宏观地考察，沿着三大家的行踪，追索他们的交游，勾勒出他们的交游网络，以深入了解他们的思想，为他们的所作所为寻找更切合当时环境的理由和动因。本书立足岭南三家，放眼清初文坛，力图通过对岭南三大家的研究，来探究清初文坛的生态、清初士人的心态和三家在清初文坛上的实际影响。

笔者在论述三人交游及其出处行藏时,尽量对其交往的具体情况多作客观的陈述,而不作过多的分析。当时许多士人的出处行藏,都经过了慎重的思考和权衡,甚至有些人经过长时间的算计,依然犹豫纠结,然而突然间的一念之差或一件小事,却决定了其后的人生走向。这一时期士人们的出处行藏是一个极为复杂而微妙的问题。人都会为自己的选择寻找理由和理论依据。因此,一些文字性的东西并不完全可靠,未必是作者当初真正的想法。即使笔者一句非常谨慎的分析或概括,也很有可能与实际情况相距十万八千里。尽管分析和概括时非常谨慎,但仍然担心一些地方的分析和概括会显得轻率,出现明显的失误。故而在这些地方我宁愿多陈述事实,让读者自己去思考和推测。不过笔者的叙述不可能完全做到客观,因为分类本身即已包含了分析和概括。

由于当时特殊的历史环境,他们的行踪,尤其是屈、陈的行踪常常比较隐秘。因为很难单靠宏大的历史叙述去窥探他们的灵魂,所以笔者同时又采取了文本细读的方法,通过对三家所存诗文文本的阅读,微观地分析、考索他们鲜为人知的踪迹、行为和心理,去发掘他们作品的艺术特色和价值。

王隼选屈、陈、梁为岭南三大家不是因其思想、主张或诗文风格有多少共同之处,而主要是因其成就、年龄和地域的接近。笔者经过仔细比较后发现,三人尽管同为乡邻、年龄相仿、师承相近,但其性格特征、人生取舍、政治立场、文学观念和诗歌风格却差别很大。总之,三家的差别是主要的,相同之处则不多。因此本书对岭南三大家主要进行平行研究,在论述他们各自的独特之处时,适当照顾其共同性和整体性。

二、岭南三大家研究现状综述

（一）清初至清末

1. 基本文献的整理和出版

康乾时期三家的诗文集各有刻本问世。清朝嘉道之后文禁渐弛，嘉庆初王昶编《明词综》，卷十录屈大均词七首。道光五年乙酉（1825）陈恭尹《独漉堂集》也得以重刊。道光时期屈大均《道援堂集》稍显于世，《广东新语》也于坊间重刊。《翁山诗外》和《翁山文外》被藏匿一百多年后，于宣统二年庚戌（1910）由上海国学扶轮社排印出版。此为三家诗文集最早的铅印本。此一时期虽有人重刊屈大均著作，但尚未有人对其遗著进行收集整理。

2. 行迹研究

清代和民国初期对岭南三大家行迹的研究比较深入。三人各自都有多种或简或详的传记，还有一些简略的三人合传。

清人所撰屈大均传记很多。钱林辑《文献徵存录》卷十载有一篇较早的且较为详细的屈大均传记。陈伯陶《胜朝粤东遗民录》卷一对屈大均的行迹有更为详细的记载。有清一代其他有关屈大均的传记很多，但都比较简略。如徐鼒《小腆纪传》卷五十五、陈田《明诗纪事》辛签卷十一、李元度《国朝先正事略》卷三十八等等，这些传记对屈大均较为隐密的行迹都没有新的发现和记述。

清人对陈恭尹的记述与屈大均有些相似。钱林辑《文献徵存录》卷十和陈伯陶《胜朝粤东遗民录》卷二中的陈恭尹传记也比较详细。其他如王士禛《渔洋山人感旧集》卷十三、徐鼒《小腆纪传》卷五十五、邵廷寀（字念鲁）撰《思复堂文集碑传》卷三、乾隆《钦定胜朝殉节诸臣录》、阮元《广东通志》卷二百八十六、陈田《明诗纪事》辛签卷十一、张维屏《国朝诗人征略初编》卷五、李元度《国朝先正事略》卷三十八、《清史列传》卷七十《文苑传》一①等中的陈恭尹小传，也都比较简略。与屈大均的情况不同是，陈恭尹去世时，梁佩兰应陈赣之请为陈恭尹所写的行状却比较详细地记录了陈恭尹的一生。尽管在某些地方梁佩兰闪烁其辞，但他还是对陈恭尹的思想和情感进行了较为准确地描述。乾嘉时期顺德人冯奉初有感于其前有关陈恭尹的传记过于简略，致使"先生忠孝之节，郁而不彰"，于是他发表幽潜"再三翻阅《全集》，并证以同时人诗文集及诸传记"，撰成较为详细的《明世袭锦衣佥事怀远将军陈元孝先生传》。②

清人所撰梁佩兰的传记都较简略。阮元《广东通志》卷二百八十六、张维屏《国朝诗人征略初编》卷十五、李元度《国朝先正事略》卷三十八、陈衍《感旧集小传拾遗》卷四、《清史列传》卷七十一《文苑传》二中的梁佩兰小传皆寥寥数十字或百馀字。其他有关梁佩兰的一些记述更为简略。总之，清人爱梁氏之诗，而于其生平事迹则言之较少。

3. 思想和作品研究

三家在世时诗名已洋溢海内。三家在世时及其身后不久已

---

① 清国史馆编：《清史列传》，撰者不详，当写成于清末民初，姑置于此。
② 陈恭尹著，郭培忠点校：《陈恭尹集》，人民文学出版社2018年版，第768页。本书所引《陈恭尹集》之内容，未特别注明者均出自这一版本，不再另注版本信息和著者项。

有不少人开始对他们的作品进行评论，但此时的评论往往是散珠碎玉式的，散见于各种文集或诗话著作之中。

道光二十年庚子（1840）南海伍崇曜重刻本《六莹堂二集》就有附录《评词》二十多条。《评词》保存了当世之人对岭南三家尤其是对梁佩兰诗歌的评论。这些评论今人在他处已很难见到，赖《评词》而知之。王士禛《渔洋诗话》、《居易录》、《池北偶谈》等对三家均有评说；宋长白《柳亭诗话》多处论及屈诗，卷二十九论及梁诗。论及屈大均其人其诗的诗话类著作很多，如王晫《今世说》卷四、陈田《明诗纪事》辛签卷十一等；论及陈恭尹其人其诗的，如朱彝尊《静志居诗话》卷二十二、杜荫棠《明人诗品》卷二、陈田《明诗纪事》辛签卷十一、张维屏《听松庐诗话》等；论及梁佩兰其人其诗的有张维屏《听松庐诗话》等。除此之外还有一些其他类型的著作也时有对三家诗作的评论。

康乾时期很多诗文选本虽以选诗为主，但其中一些选本对所选之诗和作者也进行了具体的分析和评论。这类选本很多，此处不再胪列。选录的情况见本书下编第二、三、四章。嘉道之后选三家作品的诗文选本相对稀少，著名者更为稀见。

这一时期对三家的评论多就其诗的风格特点、艺术水平和在诗坛的地位。这些评论虽然简短，但很多却能非常准确地概括其诗独具的特色。如评屈大均诗"神似太白"、"超然独行"，诗宗屈骚，兼宗李、杜，逼塞悲咤，"纵横阖辟"、慷慨豪宕等；陈恭尹诗"冲和涵澹"、"清迥绝俗"、"得唐人三昧"、"气格高古"、"奇警苍凉"等；梁佩兰诗"超旷渊深"、"神味如兰香莲洁"、"风雅之正音"等。

这一时期也有人关注三家词。康熙年间陈枚《凭山阁增辑留青新集》卷三十收屈大均词四首；康熙二十五年丙寅（1686）蒋景祁《瑶华集》卷三收梁佩兰词《山花子》三首；

嘉庆初王昶编《明词综》卷十录屈大均词七首。选录诗词本身也是一种研究。之后，谭莹《乐志堂诗集》卷六、张德瀛《词徵》卷六、丁绍仪《听秋声馆词话》卷十六及卷二十都有对屈大均词的评论。

（二）清末民初

1. 基本文献的整理和出版

这一时期研究三家尤其是研究屈大均和陈恭尹的学者很多，较著名者，如浙人朱希祖和粤中学者温肃、邓实、黄节、徐信符、黄荫普、叶恭绰、黄维、陈乐素、汪宗衍等。特别是搜集整理屈大均著作方面成就突出，使很多湮没已久的作品复见于世。民国九年（1920）刘承干刻潘飞声藏《翁山文外》十六卷旧抄本入《嘉业堂丛书》；民国二十九年（1940）粤中学人辑印《广东丛书》，收黄荫普藏康熙刻本《翁山文钞》残本一至四卷，并附徐信符辑《翁山佚文》三卷，因战中辍，至民国三十五年（1946）始在香港出版。民国三十六年（1947）《广东丛书二集》续出，收叶恭绰辑校本《皇明四朝成仁录》十二卷，影印北平图书馆藏抄本《翁山文钞》五至十卷，并附有黄荫普辑《翁山佚文二辑》。20世纪30年代武进人赵尊岳辑刻大型词集《惜阴堂汇刻明词》，未及刊布，存屈大均词一百八十二阕。民国时期叶恭绰《全清词钞》卷一选屈大均词八首（按：此书始选于1929年，1975年出版于香港）。

2. 行迹研究

此时期岭南三家，尤其是屈大均和陈恭尹成为人们关注的重点。这一时期的学者们对他们生平事迹的挖掘也有新的进展。尤其是岭南学人对屈大均更为关注。《清史稿》卷四百八十四《文苑》一、邓之诚《清诗纪事初编》卷二、汪兆镛《岭南画征略》卷二等等皆有屈大均小传。张其淦《明代千遗民诗咏》卷一不但有屈氏小传,且有咏叹之诗。孙静庵《明遗民录》卷十三屈大均的传记较为详细地记录评述了屈大均的一生。此时期朱希祖、李景新和《番禺县续志》卷十八、《屈氏族谱》卷十一皆有较长篇幅的屈大均传记。这四篇传记发潜阐幽,载及了屈大均鲜为人知的一些事迹。

此时期一些著作也记载了陈恭尹的不少事迹。如《清史稿》卷四百八十四《文苑》一、邓之诚《清诗纪事初编》卷二、盛叔清辑《清代画史增编·补遗》、汪兆镛《岭南画征略》卷二,等等。张其淦《明代千遗民诗咏》卷一有其传记及诗咏,孙静庵《明遗民录》卷二十五记述较为详细。闵尔昌《碑传集补》卷三十五又辑录了其前有关陈恭尹的一些传记资料。

此时期对梁佩兰生平事迹的记述依然非常简略。《清史稿》卷四百八十四《文苑》一、邓之诚《清诗纪事初编》卷八、盛叔清辑《清代画史增编·补遗》、汪兆镛《岭南画征略》卷三、蔡冠洛编《清代七百名人传》第五编《艺术》中的梁佩兰小传都非常简略,寥寥数十言即止。

清代和民初除以上提及的著作之外,其他著作中有关三家的传记大多更为简略,有的仅有十数言。

清末民初在三家研究方面取得较大进展的一个标志是,此时学人对屈大均和陈恭尹都做了年谱:温肃《陈独漉先生年谱》、邬庆时《屈大均年谱》、汪宗衍《屈大均年谱》。温肃《陈独漉先生年谱》虽显简略,但在记述和作品编年方面却付出了不少努力。邬谱在这类著作中独具特色,前三稿皆成于这一时期。邬庆时以其与屈氏家族特殊的关系,得以亲耳聆听长辈所述有关屈大均的一些事迹和遗闻,对屈大均的思想和情感有更为深入的了解。邬谱记录了很多有关屈大均的遗闻,这是此类其他著作所不具备的。汪谱虽成于1950年前后,但可以相信其撰作当始于此前很久,姑且视作这一时期的著作。汪谱不但对屈大均的行迹有详细的记述,同时对屈大均的部分诗文也进行了分析和编年。汪谱至今仍是这方面的权威著作。另外这一时期,还有黄节的《屈大均年谱》和朱希祖的《翁山年谱》,皆未及刊。这几种年谱是此前屈、陈研究的一个总结,同时也有一些新的发现,为后来的研究者提供了许多方便。

3. 思想和作品研究

这一时期文禁消失,又受到排满思潮的影响,学界对岭南三大家的研究逐渐热闹起来。不过这些研究多就屈、陈两家,尤其屈大均研究更是热点。这时的研究主要突出了屈、陈两家作品中的反清意识。蒋士超、沈汝瑾、朱祖谋、程秉钊、陆鉴、梁梅、郭曾炘、屈向邦等人都给予岭南三大家很高的评价,拿他们与江左三大家相比,以屈大均与钱谦益相比。此时不少人都特别强调屈大均、陈恭尹有着远胜于钱谦益、吴伟业的高尚志节。1936年武坍在《南风》第5、6期发表了《岭南诗人屈翁山》;1941年朱倓在《广西教育研究》连续发表《民族诗人屈大均》;1939—1940年黄庆云在香港《大风》连续发表《民族诗人屈翁山之生平》和《屈翁山之诗》。1941年宝筏《宇宙风》第117—118期发表《关于梁佩兰及其诗》。有些政界人士如胡汉民等也颇有研究三家的热情。一些文章虽然较多记述其行迹,但用意却在讲述其民族思想。此时在三家的序第方面,梁佩兰也无可置疑地落在屈、陈之后。

这一时期的诗话著作也有一些,如屈向邦的《粤东诗话》、陈融的《颙园诗话》等都有不少对三家思想和作品的评论。邓之诚的《清诗纪事初编》对三家均有评述，且收录有他们的一些诗作。

（三）一九四九年之后

1. 一九四九至一九八〇年

1949 年至 20 世纪 80 年代，其间对岭南三大家的研究，大陆地区虽然没有陷于停顿，但港澳台地区显然走在前面。

综合性研究，港澳台地区主要表现在对陈恭尹的关注。如陈荆鸿的《岭南三大家之陈恭尹》（《学风》1965 年 5 月第 6 期）、《岭南三大家：诗人志士陈元孝》（《广东文献季刊》1973 年第 3 卷第 3 期）、《屈翁山其诗其人》（《广东文献》1974 年 6 月第 4 卷第 2 期）；汪宗衍的《明清之际广东书画家》（《香港中文大学中国文化研究所学报》1976 年第 8 卷第 2 期）等。大陆地区，如黄海章的《明末爱国诗人屈大均》（《中山大学学报（社会科学版）》1959 年第 3 期）；刘程远的《爱国诗人陈恭尹及其诗选》（《建设》1966 年第 15 卷第 4 期）。

生平著作考述，港澳台地区成就突出。如柳作梅的《屈大均之生平与著述（上、下）》（《图书馆学报（东海大学）》1966 年 5 月第 8 期和 1968 年 5 月第 9 期）；祝秀侠的《略述屈翁山及其著述》（《广东文献季刊》1978 年第 8 卷第 4 期）；汪宗衍的《屈翁山先生年谱》（《明清史料汇编》第 7 集第 9 册，台北，文海出版社 1971 年版）；朱希祖的《屈大均传》（《朱希祖先生文集》第 5 册，台北，九思出版公司 1979 年版）；林斌的《民族诗人屈翁山及其文字狱》（《畅流》1968 年 4 月第 37 卷第 5 期）；林光灏的《屈大均及其文字狱》（《艺文志》1974 年 2 月第 101 期）；彭国栋纂修的《屈大均遗集案》（《清史文谳志（修订本）》，台湾商务印书馆1970年修订版）。大陆地区，如曹思健的《屈大均澳门诗考释》（《珠海学报》1970年第3卷）；蒋星煜的《孔尚任〈桃花扇〉与刘雨峰、佟蔗村、屈翁山诸人之关系——读〈又来馆诗集〉、〈兼隐斋诗集〉、〈沓渚诗〉的新发现》（《齐鲁学刊》1979年4月）；涂宗涛的《屈翁山生日考》（《学术研究》1980年2月）；梁柯的《岭南诗人梁佩兰的新资料》（《羊城晚报》1963年第20期）。

作品研究，港澳台地区的一些成果明显要深入和厚重。1968年台北台湾学生书局据清康熙三十九年木天阁刊本影印《广东新语》；柳作梅作《屈大均〈广东新语〉的历史背景》，发表在《书目季刊》1967年第2卷第1期。研究屈大均诗词的文章，如陈香的《闽粤两诗雄（郑所南与屈大均）》（《艺文志》1974年第104期）；韩穗轩的《屈大均词简介》（《古今谈》1974年第110期）。朱希祖的《屈大均（翁山）著述考》更是一篇雄文，对屈大均的著作进行了全面的梳理与考证，至今仍无人能够超越。大陆地区的，如罗稚英的《屈翁山〈骚屑词〉读后记》（《广东文献季刊》1979年第9卷第3期）；汪杼庵的《十三行与屈大均广州竹枝词》（《历史研究》1957年第6期）；黄轶球的《试论屈翁山及其创作》（《暨南学报（哲学社会科学版）》1979年7月）；李象元的《屈大均〈广东新语〉鱼类考释》（《珠海学报》1974年第7期）等。

整体而言，这一时期大陆地区的有关研究基本上停留在一般常识的介绍，只有个别文章稍有新意。港澳台地区的研究，在广度和深度上都是对清末民初相关研究的进一步拓展。

2. 二十世纪后二十年

20世纪80年代之后大陆学术界逐渐走出禁锢，两岸学者的交流日渐增多，有关研究渐渐开始赶上了港澳台地区的步伐，甚至后来居上。成果形式多种多样，有著作整理点校、笺释、选注和论文，等等。

这一时期一些学者搜集了前人很多对三家思想和作品的评论资料。这方面较早的著作是江苏古籍出版社1987年出版的钱仲联主编的《清诗纪事》。此书搜罗了很多前人对岭南三大家的评述，也选录了三家的一些诗作。吕永光的《评词补辑》收集了前人对梁佩兰的评论，附于中山大学出版社1992年校点本《六莹堂集》之后。搜集前人对三家的评词最多的是陈永正主编的《屈大均诗词编年笺校》一书。书后附录《诸家品题评论辑录》所收主要是对屈大均的评论，也有兼及陈、梁之处。

今人有关三家的诗文选评主要有陈永正选注《岭南历代诗选》、《岭南历代词选》，仇江选注《岭南历代文选》。这几部选编在选注其诗文时也有一些评论。这些评论多是对其具体作品的思想和艺术的分析。刘斯奋、周锡䪖《岭南三家诗选》对所选之诗进行了注释和讲解，较多的是对三家思想的评论。

1949年之后高等院校中文系的中国文学史教材大多都没有提及岭南三大家。复旦大学出版社1996年出版的章培恒、骆玉明主编的《中国文学史》以不足三百字的篇幅对屈大均进行了简略的介绍。这是大陆地区最早论及岭南三大家的比较重要的文学史教材。高等教育出版社1999年出版的由袁行霈主编的《中国文学史》教材以七百馀字的篇幅介绍了三家。台北文津出版社1995年出版的刘世南的《清诗流派史》于"岭南诗派"一章对屈、陈二人有较为深入的讲解。上海古籍出版社1999年出版的郭预衡的《中国散文史》对屈大均的散文和文论思想有简略的评价。上海古籍出版社1995年出版的王镇远、邬国平的《清代文学批评史》论及屈大均文学思想。

江苏古籍出版社 2000 年出版的朱则杰的《清诗史》对三家诗歌的讲解较为详细，论述较为深入。这一时期这类文学史著作中对岭南三家诗歌创作与成就介绍分析最为深入的是浙江古籍出版社 2002 年出版的严迪昌的《清诗史》。这部著作设两个专节对三家其人其诗进行介绍和评价。严迪昌的《清诗史》虽然出版于 2002 年，但可以肯定其研究和撰写基本完成于 20 世纪末。

1949 年之后岭南三家的主要著作都有了整理校点的排印本。最早有校点本的是中华书局 1985 年出版的屈大均《广东新语》，继之广东人民出版社 1991 年又出版了李育中等人的《广东新语注》简体字注本。1996 年人民文学出版社整理出版了由欧初和王贵忱主编的《屈大均全集》。《全集》包括《翁山诗外》、《翁山文外》、《翁山文钞》、《皇明四朝成仁录》、《广东新语》、《翁山易外》、《四书补注兼考》、《永安县次志》和附录三种。其中《翁山诗外》以广东省立中山图书馆藏屈明洪补刻凌氏十七卷原本作底本，由赵福坛和伍锡强整理校点，汪世清通审，并新增集外诗若干首附于卷末；《翁山文外》以广东省立中山图书馆藏二十卷本（按：其中三卷有目无文，实为十七卷）作底本，由李文约整理；《翁山文钞》以广东省立中山图书馆藏康熙原刻十卷本作底本，由王贵忱整理；《皇明四朝成仁录》以叶恭绰辑校之十二卷本作底本，校以他书，由林梓宗整理；《广东新语》以广东省社会科学院图书馆藏康熙三十九年木天阁刊本为底本，由李默整理；《翁山易外》以广东省立中山图书馆藏原刊本作底本，残缺处以他本补足，由彭伊乐、付静庵整理；《四书补注兼考》以中山大学藏原本影印件作底本，由梁朝泰、杜襟南、李默整理；《永安县次志》以广东省立中山图书馆藏康熙刻本作底本，由欧初整理。附录三种为《投赠集》、汪宗衍编《屈翁山先生年谱》和李文约编《其他》。《屈大均全集》是现今收录屈大均作品最为丰富的本子。

此后，陈永正任主编与吕永光、苏展鸿、郭培忠等先生合作完成出版了《屈大均诗词编年笺校》（中山大学出版社 2000 年出版），这部书对屈大均的诗、词分别进行了编年，诗词各有编年部分和未编年部分。此书也收录了《翁山诗外》原刻本未收的一些诗作。此书后经陈永正修订于 2017 年由上海古籍出版社再版。

1988 年中山大学出版社出版了郭培忠校点的《独漉堂集》。郭先生云"以第三种为底本"即"中山大学藏宣统广东刊本《独漉堂集》"，以康熙十三年刻本和康熙五十七年陈氏晚成堂刻本进行通校，① 附有温肃《陈独漉先生年谱》。2018 年郭先生在原校点本的基础上经过修订，以《陈恭尹集》之名在人民文学出版社再版。再版本以"国家图书馆藏康熙五十七年陈氏晚成堂刊本"为底本，以康熙十三年刻本对校，"另据宣统本增补续篇"。②

---

① 按：郭培忠点校本《陈恭尹集前言》第 9 页云："中山大学所藏宣统广东刻本《独漉堂集》"，"清末所刻，是最完整的本子，书中还附有温肃编的《陈独漉先生年谱》"。郭先生言其点校本以此本为底本，疑郭先生所言有不确之处。温肃《陈独漉先生年谱序》云："余以丁巳秋倦游归里，嗒然一室……因竭数月钩考之力，成《年谱》一编……余今年四十有二矣。"丁巳为民国六年（1917），郭先生既言此本附有《年谱》，则此本不当早于民国六年。温肃（1878—1939）在民国成立后，曾游说各地效忠清朝皇室。1917 年 7 月 1 日至 12 日张勋复辟时，曾任都察院副都御史。复辟事败后，温肃归里。序中所谓"丁巳秋倦游归里，嗒然一室"，正其时也。再：温肃约生于 1878 年，至民国八年（1919），正好四十二岁。《年谱》序中云"余今年四十有二矣"，再次证明《年谱》当编于民国时期。由此可知郭先生所谓"宣统广东刻本"，疑为民国八年（1919）广东超华斋刻本。

② 郭培忠：《陈恭尹集前言》，见《陈恭尹集》，前言第 9 页。

绪 论

1992年中山大学出版社又出版了吕永光校点本《六莹堂集》。此校点本以康熙四十七年《初集》与《二集》的合刊本为底本,以道光二十年伍崇曜诗雪轩校刊本为通校本,校点而成。此校点本附有吕永光编《梁佩兰年谱简编》,和他辑录的梁佩兰佚诗四十一首①,佚文二十五篇。

饶宗颐、张璋《全明词》这一大型汇编,虽由中华书局出版于2004年,但从策划到出版历时日久,其编纂工作主要完成于20世纪。《全明词》与《翁山诗外》所收屈词基本相同。《全明词》少收者五首为:《明月逐人来·新月》、《木棉花慢·飞云楼作,楼在端州公署后,己丑,皇帝南巡,尝驻跸其上》、《茶瓶儿》、《渔歌子》、《春光好》。《全明词》第一首和第二首词《如梦令》,作二首计,而《翁山诗外》作一首计。《全明词》收陈恭尹词二十九首。尤振中、尤以丁编《清词纪事会评》(黄山书社1995年出版)收录数则清人对屈大均词的评论。

这一时期的港澳台地区也整理出版了明清时期大批史料,可谓成绩斐然。如吴宏一、叶庆炳编《中国文学批评资料汇编(清代卷)》(台北成人出版社1978年出版),台湾编译馆主编《中国文学论著集目正编之七·清代文学论著集目正编》和《中国文学论著集目正编之七·清代文学论著集目续编》(五南图书出版公司1997年出版),周骏富辑《清代传记丛刊》(台北明文书局1985年出版)和《明代传记丛刊》(台北明文书局1991年出版)。这些资料汇编,为研究工作提供了很多方便。其中也保存了一些有关三家的资料。另外,这一时期港澳台出版的一些有关明清历史和文学的著作对三大家的研究也有帮助。如何冠彪的一系列著作《明末清初学术思想研究》

---

① 吕永光校点补辑本《六莹堂集》所收梁佩兰佚诗,其中二十二首,经考证当为屈大均之作。

（台北学生书局1991年出版）、《明清人物与著述》（香港教育图书公司1996年出版）、《论明遗民之出处》、《生与死：明季士大夫的抉择》（台北，联经出版事业公司1997年出版）等。尤其后两部著作对明末文人的生死、出处问题的研究比较深入。

这一时期有不少编著和论文涉及三大家的生平事迹和文献考索。吕永光《梁佩兰年谱简编》是这一时期这一方面的重要成果，梁谱附于吕永光校点本《六莹堂集》书后。梁谱的编成填补了梁佩兰研究的一个空白。这一时期有关岭南三大家研究的另一个重要成果就是史洪权博士2000年的硕士学位论文《岭南三大家年谱》（未刊）。另外陈永正与人合作的2000年出版的《屈大均诗词编年笺校》一书，对屈大均的行迹也有片断的记述。这一时期发表在各种刊物上的某些单篇研究论文虽然有提及三家行迹者，但其研究的重点不在此处。除以上这些编著之外，这一时期也有不少论文论及三家生平行迹。林子雄《从〈诗外〉看晚年翁山》从作品出发钩稽屈大均晚年的事迹，得出他晚年大体的生活情况：坚持不仕，专心著述，生活困苦，交游官宦这四个方面。① 杨皑对屈大均在广州曾经生活工作的遗址进行考索也很有意义。② 杨皑的《试说〈羊城古钞〉与〈广东新语〉的关系》涉及《广东新语》成书的问题。③《屈大均全集》的出版是这一时期岭南三大家研究的一件大事，李文约在文章中谈到了参与校点《翁山文外》的一

---

① 见《岭南文史》1991年第2期。
② 杨皑：《屈大均在广州生活和工作的遗址》，见《岭南文史》1996年第3期。
③ 见《广东史志》1995年第4期。

些问题。① 研究陈恭尹的文章,如袁洪铭《陈恭尹咏崖门诗》②,郭培忠《陈恭尹生平及其〈独漉堂集〉》③,吕长生《陈恭尹行草书赠别潘耒七言律诗轴》④,陆勇强《陈恭尹佚文〈观海集序〉》⑤。这一时期吕永光对梁佩兰比较关注,连续发表了一组文章:《〈金花庙前新筑地基碑记〉考》⑥、《梁佩兰佚文辑目提要》⑦和《梁佩兰生卒年考》⑧等。港澳台地区在这一方面的研究也很有成绩:陈特向的《岭南三大家——陈恭尹屈翁山梁佩兰其人其事及其诗》和宋子武的《记岭南三大家》分别发表在《广东文献》1984年9月第14卷第3期和1986年6月第16卷第2期。宋子武(庑翁)的《庑斋胜记·屈大均诗文遭削版》发表在《广东文献》1993年第23卷第1期,介绍了屈大均著作禁毁的情况。钟义明的《中国堪舆名人小传记》(台北,武陵出版社1996年出版)从堪舆学的角度介绍了屈大均。汤开建的《屈大均与澳门》(《文化杂志》1997年第32期)介绍了屈大均与澳门的关系。曾汉棠发表在大陆《文献》杂志1998年第2期上的《〈明季南都殉难记·屈大均先生传〉辨正》指出钞本《明季南都殉难记》卷首

---

① 李文约:《关于〈翁山文外〉的几个问题》,见《学术研究》2000年第2期。

② 见《岭南文史》1984年第1期。

③ 见《中山大学学报(社会科学版)》1989年第2期。

④ 见《文物》1997年第9期。

⑤ 见《文献》1999年第1期。陆勇强发表在《文教资料》1999年第1期的《陈恭尹佚文一则》,所辑佚文同是辑自赵执信《饴山堂诗文集》的《观海集序》。

⑥ 见《岭南文史》1988年第11、12期合刊。按:吕文认为此记为梁氏作品。

⑦ 见《广东史志》1989年第3期。转引自董就雄《梁佩兰佚作考》,见《广州大典研究》第3期,第104页。

⑧ 见《文学遗产》1989年第6期。

《屈大均先生传》所述屈大均事迹的失实之处。

有关屈大均的研究更多的是对其作品和思想的分析和论述。香港大学哲学系曾汉棠的硕士学位论文《屈大均之生平与思想》对屈大均的生平和思想进行了较为全面的介绍。① 屈大均儒学思想非常明显，表现于其文字的方方面面。何天杰《屈大均的儒学情结》一文论述了其儒学思想的多方面表现。② 屈大均思想以儒学为本，同时也有很强的民族意识和宗族寻根意识。覃召文《寻根的心迹——论屈大均》一文对这一点有较为深入的探讨。该文认为出于这种寻根心理，屈大均对荆楚历史上的重要人物和文化成果都给予了极高的评价，包括他对屈骚的推崇也是出于这种心理。文章认为屈大均的寻根意识是中国文化史上典型的现象。屈大均以儒学为本的思想还表现在他"逃禅"归儒等身份的几次转变上。③ 司徒彤等的《从来燕赵多豪杰，舍却沙亭何处寻——试论明末清初爱国诗人屈大均的忧患意识》认为屈大均有强烈的以天下为己任的忧患意识。这种意识与其自小所受教育、曲折的经历和岭南文化环境的影响有密切关系。④ 事实上这是其民族意识的表现。这一时期屈大均与岭南文化的关系也颇受关注。李涵《屈大均与乡邦文化》（《岭南文史》1984 年第 2 期），陈启汉《略论清初广东的民族思想和实学学风》（《广东社会科学》1993 年第 1 期），关汉华和冼剑民《试论屈大均对岭南文化的杰出贡献》（《暨南学报（哲学社会科学）》1996 年第 4 期）都涉及屈大均乡邦文化的思想。有些大陆学者的文章发表在港澳台地区的刊物

---

① 曾汉棠：《屈大均之生平与思想》，香港大学出版社 1995 年版。
② 见《学术研究》1997 年第 8 期。
③ 见《文学遗产》1995 年第 6 期。
④ 广东炎黄文化研究会编：《岭峤春秋——岭南文化论集》之四，广东人民出版社 1997 年版，第 58 页。

上，如毛庆著的《屈大均〈三外〉风骨述评》从一个侧面介绍了屈大均的思想，邱树森的《屈大均论广东南宋遗民》介绍了屈大均对宋末元初广东遗民的评述。① 这一时期学者们谈论较多的是屈大均的儒学思想、民族意识、宗族寻根意识以及乡邦文化思想，实际上这也是其思想最基本的几个方面。

学者们对屈大均作品关注的重点是诗歌。赵福坛《略论屈大均及其诗的源流风格》指出其诗"以风骚为宗，以李杜为楷模"。② 杨子怡《屈大均诗歌的文化精神与美学品格》从文化学这一视角审视屈大均诗与屈原、杜甫、李白诗在文化上、美学上的渊源关系，阐述了屈大均诗歌表现出来的中华传统精神与美学品格。③ 明末清初的诗人无论以什么方式写作都难以回避惨烈的历史变局，屈大均诗歌当中大量的神仙意象的书写显然与众不同。朱则杰首先抓住屈诗的这一特点，论述了屈大均的浪漫主义精神。④ 冼剑民《屈大均诗文的美学风格》认为其美学品格主要体现为理性精神、浪漫主义、刚劲雄豪及浓郁的地方色彩，熔铸百家之长，并赋予浓郁的岭南地方色彩。⑤ 这些是对屈大均诗歌的源流和美学品格的讨论。1991年大陆学者严明在台北文津出版社出版的《清代广东诗歌研究》对岭南三大家的诗歌有所论述。屈大均诗歌数量庞大，整体研究难免顾此失彼，对其诗歌分类或分体进行研究，显然是一种可行的方式。林举英首先关注屈大均杂体诗，写成了《屈大均杂体诗初探》(《深圳大学学报(人文社会科学版)》1996

---

① 《文化杂志》1997年第32期。
② 见《广州师院学报(社会科学版)》1996年第4期。
③ 见《汕头大学学报(人文社会科学版)》1998年第4期。
④ 朱则杰：《论清初浪漫主义诗人屈大均》，《汕头大学学报(人文社会科学版)》1988年第4期。
⑤ 广东炎黄文化研究会编：《岭峤春秋——岭南文化论集》之四，广东人民出版社1997年版，第273—284页。

年第2期)。王英志把屈大均的山水诗与著名诗人顾炎武和吴嘉纪山水诗进行了认真的比较,认为屈大均的山水诗是"造境",题材更丰富、审美价值更高。"寄意寄托型、审美型乃至隐逸型山水诗都有相当数量与质量的作品。"① 港澳台地区也发表了一些诗歌分类分体研究的文章,如若贻的《屈翁山歌烈女》(《春秋》1984年第653期),严志雄的《屈翁山〈咏史〉诗试解》(《大陆杂志》1992年第84卷第1期),张静尹的《屈翁山社会诗初探》(《大仁学报》1995年第13期)和张静尹的硕士学位论文《屈翁山忠爱诗研究》(1994年台湾高雄师范大学国文研究所),巢立仁的硕士学位论文《陈独漉七律诗风初探》(1992年香港中文大学研究院中国语言文学学部)等。

这一时期有些学者也注意到了屈大均的散文创作。郭预衡认为屈大均之文多儒者之言,有沧桑之感、故国之思,同时也有自明己志的文章。郭预衡对屈大均散文的介绍总的来说比较简略。② 仇江选注《岭南历代文选》对三家散文也有评说,此处不一一介绍。

这一时期学术界对屈大均的文学思想的研究也有一些进展。郭预衡认为屈大均首先是盛称儒者之文,而鄙薄文人之文;崇正学、辟异端,其说甚为迂执。③ 王镇远、邬国平认为屈大均文学思想首先是宗骚,其次是主张为"以《易》为

---

① 王英志:《论屈大均的山水诗》,见《文学遗产》1996年第6期,第86页。
② 郭预衡:《中国散文史》下册,上海古籍出版社1999年版,第459—461页。
③ 郭预衡:《中国散文史》下册,上海古籍出版社1999年版,第458—459页。

诗"。散文方面"以唐宋大家为归",尚理兼尚自然。① 毛庆耆把屈大均的文艺思想概括为三个方面:"以道为本的本体论、以化为贵的创作论、以经为宗的批评论。"② 尽管这些介绍或笼统或缺乏系统,但是对屈大均的文学思想的研究却有开辟之功。

另外这一时期有不少学者从历史学和地理学的角度针对屈大均的《皇明四朝成仁录》、《广东新语》和《广东文选》发表了不少很有见地的看法。如李默《读屈大均〈广东新语〉》(《广东社会科学》1997年第5期)对《广东新语》进行简略的介绍和评价。《广东新语》具有多种学术价值,司徒尚纪撰文呼吁人文地理学应重视对《广东新语》的研究,③ 蒋祖缘从农业商品经济史的角度论述了《广东新语》的价值。④ 港澳台地区的学者对《广东新语》也比较关注,关照祺有《一部粤人应读之宝典:屈大均〈广东新语〉之简介》(《广东文献》1984年3月第14卷第1期),徐续有《再谈〈广东新语〉》(谷风出版社编辑部编《艺林丛录》第5编,台北,谷风出版社1986年出版)。《皇明四朝成仁录》为"屈沱五书"之一,陈文源对此书的史学价值给予了介绍⑤,关汉华、冼剑民的

---

① 王镇远,邬国平:《清代文学批评史》,上海古籍出版社1995年版,第166—172页。
② 毛庆耆:《屈大均文艺思想的内容》,见《岭南文史》1997年第1期,第30页。
③ 司徒尚纪:《中国地理学史上被湮没了的屈大均其人其书》,见《热带地理》,1994年第1期,第90—96页。
④ 蒋祖缘:《简论〈广东新语〉对广东农业商品经济史的记述》,见广东炎黄文化研究会编:《岭峤春秋——岭南文化论集》之四,广东人民出版社1997年版,第483—493页。
⑤ 陈文源:《屈大均〈四朝成仁录〉的史学价值》,见广东炎黄文化研究会编:《岭峤春秋——岭南文化论集》之四,广东人民出版社1997年版,第426—435页。

《屈大均及其史学》也对其史学成就给予了肯定①；屈大均编纂的《广东文选》超越前人，堪称岭南文学的经典选编，王承文、林子雄皆有文章论及此选②。

这一时期学界对三家词的研究也有一些进展。黄坤尧对屈大均《骚屑》的版本、内涵及其艺术成就进行了分析，认为屈词在明清词坛上具有承先启后的地位。③ 蔡国颂也认为屈大均的词具有很高的成就，与他的诗表达了同样的思想和情感。④ 严迪昌的《清词史》对三家词皆有评论，认为屈大均词具有"豪健"的特色，其"豪健主要表现为风云气盛，有股郁勃怒张之势"。"陈恭尹擅于以小令咏物，其词色彩鲜亮，多岭南情趣。"梁佩兰词"精炼而颇见奇崛"。⑤ 陈永正的《岭南历代词选》也对三家词有所评论。台北东吴大学陈美1986年的硕士学位论文《明末忠义词人研究》设专章"岭南词宗屈大均"研究其词创作。1995年台北志一出版社出版的李正辉、李华丰《中国古代词史》也单独介绍了屈大均词。关照祺发表在《广东文献》1982年第12卷第3期的《读屈翁山骚屑词》介绍了读屈大均词的体会。

---

① 关汉华、冼剑民：《屈大均及其史学》，见《暨南学报（哲学社会科学版）》1997年第2期，第63—71页。
② 王承文：《屈大均〈广东文选〉论略》，见广东炎黄文化研究会编：《岭峤春秋——岭南文化论集》之四，广东人民出版社1997年版，第416—425页；林子雄：《〈广东文选〉研究》，见《书目季刊》1999年第32卷第4期。
③ 黄坤尧：《骚屑词研究》，见广东炎黄文化研究会编：《岭峤春秋——岭南文化论集》之四，广东人民出版社1997年版，第246—263页。
④ 蔡国颂：《海峤明珠：略论屈大均的〈骚屑〉词》，见广东炎黄文化研究会编：《岭峤春秋——岭南文化论集》之四，广东人民出版社1997年版，第267—272页。
⑤ 严迪昌：《清词史》，江苏古籍出版社2001年版，第108—110页。

这一时期大陆地区有关三家的研究，相对于前一个时期有很大的进展，已经赶上了港澳台地区，甚至后来居上。这一时期两岸的交流日渐频繁，大陆学者在港澳台地区，港澳台学者在大陆地区发表出版相关学术成果的现象也越来越多。总的来说，这一时期有关屈大均的研究仍然明显走在前面。论及陈恭尹和梁佩兰的文章主要还停留在生平事迹和文献考索，进一步的深入研究还要等到下一个时期。有关屈大均的研究虽然面向很多，诗、词、文、文学思想以及史著、文选和《广东新语》等都有涉及，但学者们刚刚走出禁锢，许多研究还只是开始。

3. 二十一世纪前二十年

进入21世纪之后，岭南三大家不但受到了学界的普遍关注，而且相关研究也开始向深、广两个方面发展。不但对屈大均的研究热度不减，陈恭尹和梁佩兰也受到了学界空前的重视。

2000年之前学者们关注较多的主要是三家的基本文献、生平和思想；2000年之后对三家的研究已经全面展开，不仅老一代的学者们继续以各种形式展示自己的研究成果，一些青年学子也表现出对岭南三大家的特别关注。其标志就是这一时期很多硕士、博士学位论文的选题以岭南三大家为对象，这些选题也最能说明这一时期学者们关注的方向和重点。由于相关研究已经全面展开，而且成果特别丰富，如果全面介绍，势必篇幅冗长，并不利于突出这一时期有关研究的主要特点，所以笔者就不再一一叙述，仅以这一时期的硕士、博士学位论文的选题来说明这一时期相关研究的状况。为了显示这一时期相对于此前研究的发展变化，笔者将所知此前的硕博学位论文也一并胪列如下（论文截至2022年7月）：

Ⅰ 诗歌研究（十九篇，其中台湾两篇、香港两篇）

（1）严志雄：《屈翁山咏史诗之探索——屈氏咏史诗之春秋大义与用世思想》（香港，1989年香港中文大学硕士学位论文）；

（2）巢立仁：《陈独漉七律诗风初探》（香港，1992年香港中文大学研究院中国语言文学学部硕士学位论文）；

（3）张静尹：《屈翁山忠爱诗研究》（台湾，1993年高雄师范大学国文研究所硕士学位论文）；

（4）卜庆安：《屈大均诗歌意象研究》（2003年山东师范大学硕士学位论文）；

（5）章玳：《屈大均人格及其诗歌创作》（2004年南京师范大学硕士学位论文）；

（6）聂广桥：《陈恭尹诗歌研究》（2006年深圳大学硕士学位论文）；

（7）杜巧月：《陈恭尹诗歌研究》（2006年暨南大学硕士学位论文）；

（8）余安元：《清初岭南诗人梁佩兰研究》（2007年暨南大学硕士学位论文）；

（9）贺艳芸：《不朽的歌吟——屈大均诗歌研究》（2007年苏州大学硕士学位论文）；

（10）刘爱莉：《岭南遗民诗人陈恭尹诗歌研究》（2011年山东师范大学硕士学位论文）；

（11）吴庚云：《屈大均及其山水诗研究》（台湾，2012年"中央大学"中国文学系硕士学位论文）；

（12）张承天：《岭南三大家诗歌研究》（2012年浙江师范大学硕士学位论文）；

（13）王瑾：《屈大均边塞诗研究》（2014年西北师范大

学硕士学位论文);

（14）杨艳唤：《屈大均的遗民思想与诗歌创作》（2014年湘潭大学硕士学位论文）；

（15）宗靖华：《岭南诗人屈大均研究》（2014年广东外语外贸大学硕士学位论文）

（16）梁帅：《梁佩兰诗歌特色论》（2015年湘潭大学硕士学位论文）；

（17）叶紫玉：《陈恭尹诗歌用韵研究》（2016年西南大学硕士学位论文）；

（18）梁译尹：《岭南遗民陈恭尹山水诗研究》（2018年广东外语外贸大学硕士学位论文）；

（19）邓爱媚：《屈大均咏花诗研究》（2021年西藏民族大学硕士学位论文）。

Ⅱ 综合研究（三篇，其中香港一篇）

（1）司徒国健：《广东文士与清初政治——梁佩兰交游及著述研究》（香港，2004年香港大学博士学位论文）；

（2）王富鹏：《岭南三大家研究》（2007年中山大学博士学位论文）；

（3）卜庆安：《屈大均研究》（2010年扬州大学博士学位论文）。

Ⅲ 词研究（五篇，其中台湾两篇）

（1）岳林海：《论屈大均遗民心态之变对其词作的影响》（2007年西南大学硕士学位论文）；

（2）陈珈琪：《屈大均及其〈骚屑〉词研究》（台湾，2007年东海大学中国文学系硕士学位论文）；

（3）程美珍：《屈大均及其词研究》（台湾，2008年东吴大学中国文学系硕士学位论文）；

（4）陈冬：《论屈大均词对楚骚传统的继承及风格衍变》（2010年西南大学硕士学位论文）；

（5）杨红丽：《屈大均词研究》（2021年闽南师范大学硕士学位论文）。

Ⅳ 散文研究（两篇）

（1）江露方：《屈大均散文研究》（2013年复旦大学硕士学位论文）；

（2）宁永颖：《屈大均山水记研究》（2019年闽南师范大学硕士学位论文）。

Ⅴ 行迹与思想（四篇，其中台湾一篇，香港一篇）

（1）曾汉棠：《屈大均之生平与思想》（香港，1995年香港大学哲学系硕士学位论文）；

（2）史洪权：《岭南三大家年谱》（2001年中山大学古代文学硕士学位论文）；

（3）张智昌：《南方英雄的历程：屈大均（1630—1696）自我形象释读》（台湾，2008年清华大学中国文学系硕士学位论文）；

（4）朱军明：《屈大均经世致用思想研究》（2011年广州大学硕士学位论文）。

Ⅵ 历史研究（二篇）

（1）王艳：《屈大均〈皇明四朝成仁录〉校读举异》（2011年南京师范大学硕士学位论文）；

（2）张存榜：《〈明末忠烈纪实〉与〈皇明四朝成仁录〉之比较研究》（2018年安徽大学硕士学位论文）。

Ⅶ 笔记（五篇，其中台湾一篇）

（1）刘必琪：《屈大均与〈广东新语〉》（台湾，2010年东吴大学历史学系硕士学位论文）；

（2）程明：《〈广东新语〉的科技史价值研究》（2010年华南师范大学硕士学位论文）；

（3）姜冬：《〈广东新语〉词语研究》（2014年暨南大学硕士学位论文）；

（4）金玫玫：《屈大均与〈广东新语〉》（2019年淮北师范大学硕士学位论文）；

（5）余根鹏：《论屈大均的民俗观——以〈广东新语〉为例》（2020年上海师范大学硕士学位论文）。

Ⅷ 经学（台湾一篇）

（1）何淑苹：《屈大均〈翁山易外〉研究》（台湾，2004年东吴大学中国文学系硕士学位论文）[①]。

Ⅸ 文学思想（三篇，其中香港两篇）

（1）董就雄：《屈大均诗学研究》（香港，2004年浸会大学中国语言文学系硕士学位论文）；

（2）董就雄：《叶燮与岭南三家诗论研究》（香港，2008年香港大学哲学系博士学位论文）；

（3）塔娜：《屈大均文学思想及其传播过程——清代文学传播个案研究》（2011年南开大学博士学位论文）。

---

① 有关港台的学位论文参阅了何淑苹：《民国以来屈大均研究论著目录》，《书目季刊》2004年第3期；何淑苹：《屈大均研究论著目录续编（2004—2011）》，《书目季刊》2012年第1期。

X 其他（一篇）

（1）林锐：《陈恭尹及其隶书研究》（2004年暨南大学硕士学位论文）。

这里罗列的四十多个选题，并不包括仅部分内容涉及岭南三大家的硕士和博士学位论文。受笔者掌握资料的限制，此处所胪列的学位论文可能并不全面，尤其是港澳台地区的更容易遗漏。虽然可能没有搜罗全部，但已经基本可以看出这一时期学术界的研究动向和关注的重点。

岭南三大家在世之时即受人关注。其后，虽有文字之禁，暗中仍有人涉险阅读收藏其著作，各种形式的研究并不曾真正中断。1948年以来，围绕着岭南三大家还召开了多次学术会议："一九四八年七月二十一日（农历戊子六月十八日），前广东文献馆举行翁山逝世二百五十周年祭"（见《广东文物特辑》）；[①] 1986年《屈大均全集》编委会、广州诗社和番禺文化局联合举办了"纪念屈大均逝世二百九十周年"学术讨论会；1996年12月广东炎黄文化研究会在原番禺市举办了"纪念屈大均逝世300周年"国际学术研讨会；2018年12月广东工业大学通识教育中心和广州大典研究中心等单位联合召开了"岭南三大家与岭南文化"学术研讨会。这些学术会议为学者的研究提供了交流思想和展示研究成果的平台，也促进了学者们的研究。

[①] 汪宗衍：《屈大均年谱引言》，见欧初、王贵忱主编：《屈大均全集》第8册，人民文学出版社1996年版，第1849页。按：以下引用汪宗衍撰《屈大均年谱》之处，皆为此版本，不再另注版本信息。

上编 岭南三大家的交游和创作

第一章　三家合称及序次

近代以来，人们普遍接受了这样一个说法："岭南三大家"这一合称始于康熙三十一年王隼编《岭南三大家诗选》之前。事实是否如此呢？屈、陈、梁三人的序第，自王隼选诗之后，即存在着多种不同的说法，分别以屈、陈、梁为首者各有其人。笔者通过对大量材料的梳理，力争呈现一个相对客观的历史事实。

第一节　三家合称之始

"岭南三大家"这一具有特定意义的合称，始见于康熙三十一年王隼①编《岭南三大家诗选》。而屈大均、陈恭尹和梁佩兰三家作为固定的具有特定意义的合称始于何时，尚待追索。较有代表性的一种看法是汪宗衍与吕永光先生的观点：

> 三家之称，亦为当时评论，非蒲衣所能私于其父……康熙二十三年甲子，朱彝尊有《王先生士禛代祀南海，兼怀梁孝廉佩兰、屈处士大均、陈处士恭尹》诗，康熙

---

① 王隼（1644—1700），字蒲衣，遗民邦畿子。父殁，弃家入丹霞为僧，久之返于儒，为"粤诗四大家"之一。张德瀛《词徵》卷6云："吾粤当国初时，如陈恭尹、屈大均、梁佩兰、王隼皆以诗鸣，有'四大家'之称。"其人虽生于清立国之后，但颇有遗民情怀。著有《大樗堂集》、《岭南诗纪》、《岭南三大家诗选》等。

三十年辛未，王士禛有《闻越王台重建七层楼落成寄屈翁山、陈元孝、梁药亭》诗，殆三家之名早已蜚声岭外，至蒲衣是选而声名益洋溢耳……此则时会使然欤。①

三家……在王隼编三家诗之前，先已并称于海内……而同时诗人王士禛、朱彝尊、张尚瑗、卓尔堪、王撼等等，亦以三家并举。王隼编定三家诗，实在是代表了当时诗界的普遍意见和看法，并非其个人所能私以相授的。②

这两段话给人一个这样的印象：在王隼选三家诗之前，屈、梁、陈三人已经成了一个公认的具有特定意义的三人组合。王隼选三人之诗于一书之内只是应合诗界的共识而已。

笔者认为"岭南三大家"这一具有特定意义的合称，也即屈、梁、陈作为一个固定的具有特定意义的三人组合始于王隼所编《岭南三大家诗选》。尽管康熙三十一年王隼选诗之前已有三人并举的情况出现，但并不是经常性的。有时并举者为其中两人，有时并举者又非止三人，即是说屈、梁、陈此前虽然各有诗名，但还没有成为一个固定的具有特定意义的三人组合。当时并称海内的岭南诗人亦非只有屈、梁、陈三家，还有程可则、王邦畿、王鸣雷等。

曹溶（1613—1685）曾任职于广东，也是屈大均的好友。他晚年诗云："五岭曾看续楚《骚》，名家更拾锦成毫。参差那得联征袂，绿柳城边响夜涛。"③ 诗后注曰："粤东屈翁山

---

① 汪宗衍：《屈大均年谱》康熙三十一年条，《屈大均全集》第8册，第1986页。

② 吕永光：《六莹堂集前言》，见梁佩兰撰，吕永光校点补辑：《六莹堂集》，中山大学出版社1992年版，前言第22页。

③ 曹溶：《杂忆平生诗友十四首》其五，曹溶：《静惕堂诗集》卷44，见《四库全书存目丛书》集部第198册，影印雍正三年李维均刻本，齐鲁书社1997年版，第384页。按：以下引用《四库全书存目丛书》均用此版本，不再另注版本信息和著者项。

外,又闻梁药亭,而梁未与相值。"曹溶卒于康熙二十四年乙丑(1685)。他在小注中只提及屈、梁二人,而不是屈、梁、陈三人。

康熙二十七年戊辰(1688)冬,陈恭尹与连双河同寓端州,选程可则诗文编为《海日堂集》十卷,康熙二十八年己巳(1689)三水县令程翔捐俸助梓。朱彝尊在《海日堂集序》中云:

> 南海多骚雅之士,其尤杰出者,处士屈大均翁山,陈恭尹元孝,孝廉梁佩兰药亭,王鸣雷东村,其进退出处不同,而君皆与交莫逆。集中多往来酬寄之作。数君子者,其诗并传于后无疑。①

这里一起胪列的岭南杰出诗人还有王鸣雷等,非止屈、梁、陈三家。朱彝尊《海日堂集序》又称《程职方诗集序》。二者在字句上略有出入。收入朱彝尊《曝书亭集》卷三十七的《程职方诗集序》云:

> 南海多骚雅之士,其尤杰出者,处士屈大均翁山,陈恭尹元孝,其进退出处不同,而君皆与交莫逆。三君子者,其诗并传于后无疑。②

这里朱彝尊是以程可则与屈、陈二人组合,而不是以梁佩兰与之并举。文渊阁《四库全书》本朱彝尊《曝书亭集》又与以

---

① 程可则:《海日堂集》卷首,见陈建华等主编:《广州大典》第436册,影印道光五年乙酉重刊本,广州出版社2015年版,第130—131页。按:以下引用《广州大典》所收文献皆为广州出版社2015年影印本,不再另注版本信息和著者项。

② 朱彝尊:《曝书亭集》卷37,康熙五十三年刻本。按:笔者目验未见挖改删削痕迹,故此本当为原刻。此书藏中山大学图书馆,列《中山大学图书馆古籍善本书目》第2039号。见中山大学图书馆编:《中山大学图书馆古籍善本书目》(增订本),广西师范大学出版社2014年版,第671页。

上诸本有些不同,一并录入,以作对照:

> 南海多骚雅之士,其尤杰出者,庶常梁佩兰药亭、处士元孝,其进退出处不同,而君皆与交莫逆,二君子者其诗并传于后无疑。①

显然这是四库馆臣们擅自删改的结果。比较这段文字的三种异文,笔者可以肯定朱彝尊当年作序时并没把屈、梁、陈三人作为一个固定的组合。

王士禛与屈、梁、陈三人年齿相近,关系颇为密切。他虽对三人之诗颇为推崇,但他在评论岭南诗人时却非仅并举屈、梁、陈三人。他说:

> 东粤诗,自屈、程、梁、陈之外,又有王邦畿说作、王鸣雷震生、陈子升乔生、伍瑞隆铁山数人,皆有可传。②

在这段话中王士禛没有把屈、梁、陈作为一个固定的具有特定意义的三人组合。

清初把三人组合在一起的情况,大多发生在王隼编刊《岭南三大家诗选》之后。

同是三人好友的王士禛,也有把屈、梁、陈作为一个特定组合的时候。王士禛《渔洋诗话》卷上云:"南海耆旧,屈大均翁山、梁佩兰药亭、陈恭尹元孝齐名,号'三君'。元孝尤清迥绝俗。"③ 这里他把三家看作一个特定的组合,显然是受到了王隼的影响。《渔洋诗话》的写作时间在《岭南三大家诗选》编刊之后:

---

① 朱彝尊:《程职方诗集序》,《曝书亭集》卷37,见《景印文渊阁四库全书》第1318册,台湾商务印书馆1986年版,第72页。
② 王士禛:《渔洋诗话》,见王夫之等撰、丁福保辑:《清诗话》,上海古籍出版社2015年版,第188页。
③ 王士禛:《渔洋诗话》,见王夫之等撰、丁福保辑:《清诗话》,上海古籍出版社2015年版,第179页。

是编(按:指《渔洋诗话》)乃康熙乙酉士祯归田后所作。应吴陈琬之求者。初止六十条,戊子又续入一百六十馀条,裒为一集,付其门人蒋景祁刻之。①

康熙乙酉,即为康熙四十四年(1705)。此时距王隼选诗的康熙三十一年(1692)已十馀年了。

同时代的著名诗人王撼《梁药亭太史以诗送行赋答》云:"先有同里屈与陈,世称岭外三诗人。旗鼓相雄不相下,笔端变化各有神。风格推君更超越,河源探自昆仑发。"② 王撼称"岭外三诗人"亦在康熙三十一年(1692)之后。康熙三十三年甲戌(1694)王撼来广州,与梁佩兰、屈大均、陈恭尹等游。十二月北归,梁以诗赠之,且以青花端砚赠行。王诗即为梁佩兰赠行而作。

卓尔堪在《明遗民诗》中曾并举三人云:"(陈恭尹)自幼有异才,与梁佩兰、屈大均称岭南三大家。"卓尔堪《明遗民诗》十二卷约编刊于康熙四十年辛巳(1701)。卓尔堪称"岭南三大家",显然在王隼选诗之后。

张尚瑗《南樵二集序》云:"迄日三大家追步明初五先生,而与燕、吴主持诗柄,诸名家唱酬应和,风雅赖以不坠。"③ 梁无技《南樵二集》刻于康熙五十七年。因此序中三家之称也在王隼选诗之后。

方朝《周乳峰传》云:"当是时,翁山屈氏、独漉陈氏、

---

① 永瑢等撰:《四库全书总目》卷196,中华书局1965年版,第1793页。
② 王撼:《芦中集》卷9,见《四库未收书辑刊》编纂委员会编:《四库未收书辑刊》第8辑第22册,影印民国五年钱耀伊钞本,第540—541页。
③ 梁无技:《南樵二集》卷首,见《广州大典》第441册,影印康熙五十七年(1718)芸秀堂刻本,第483页。

郁洲梁氏并皆以风雅鸣于东南。"① 方朝生于康熙十四年（1675）卒于雍正十二年（1734）。康熙三十一年（1692）王隼选诗时，他年方十六七岁。因此他作此传当不会早于王隼选诗。

尽管康熙三十一年《岭南三大家诗选》成书之前，这一具有特定意义的三人合称还没有形成，但屈、梁、陈三人作为一个群体也曾经出现在文献之中。康熙十三年甲寅（1674）秋，查容自岭南返海宁，屈大均、陈恭尹、梁佩兰和张穆四人皆有诗送之。梁佩兰诗云：

> 同时我友陈与屈，共君凭吊飞健笔。大珠小珠星月出，前古后今事非一。我犹远逐浮云驰，白草照面霜丝丝。②

此处梁只言屈、陈，不及张穆，也许因张穆年龄较长不便以友称之。张穆（1607—1686）比他们年长二十多岁，工画，不以诗名。

康熙二十年辛酉（1681）陈恭尹《梁药亭诗序》云：

> 吾粤之诗，最盛于广州。予少趋庭而外，所与上下其议论者，则邝中秘湛若、王明经说作，卓然成家者也；罗司马季作、薛高士剑公、陈给谏乔生、王中秘东村、程桂林周量，皆有当世名，而先民是程者也。

此为一组，是年齿较长，"卓然成家"或"有当世名"者。接着他又说：

> 吾与齿雁行者，梁子药亭、屈子翁山，为能发摅性

---

① 周大樽：《乳峰堂诗集》卷首，见《广州大典》第442册，影印清刻本，第601页。

② 梁佩兰：《送查韬荒归秀州》，见梁佩兰撰，吕永光校点补辑：《六莹堂集》，中山大学出版社1992年版，第35页。本书所引《六莹堂集》的内容，未特别注明者，均用此版本，以下不再另注版本信息和著者项。

灵，自开面目。

此是一组，为年齿相仿，"自开面目"者。最后他说：

> 吴子山带、王子蒲衣，陶子苦子，皆得其源而未畅其流，后来之杰也。①

此又为一组，是年齿较轻的"后来之杰"。在此序中他以年龄为标准把那一时代的岭南诗人分为三组。其中第二组年龄相仿者，仅举屈、梁、陈三人。程可则虽与他们三人年龄相差不是太远，但陈恭尹却把他归入了第一组，因为写作此序时程已作古。这两则资料屈、梁、陈三人并举且不及他人，皆与年龄和其他因素有关，似乎尚无意将他们作为一个具有特定意义的三人组合。

康熙二十三年甲子（1684）十一月王士禛奉命祭告南海，朱彝尊作《送少詹王先生士禛代祀南海，兼怀梁孝廉佩兰、屈处士大均、陈处士恭尹》②诗，嘱王代致意于屈、陈、梁三人。康熙三十年辛未（1691）王士禛年近六十，闻说广州要重建越王台之上的镇海楼，念及昔年相识的几位南国朋友，欣然作《闻越王台重建七层楼寄陈元孝、屈翁山、梁药亭》③。朱彝尊和王士禛寄怀三人出于友情，似乎与这种特定意义的组合无关。康熙二十四年（1685）春王士禛至岭南，为曹寅乞屈、陈、梁三人为《楝亭图》题咏，④足见三人诗名时已远播

---

① 《陈恭尹集》，第592—593页。
② 朱彝尊：《曝书亭集》卷12，世界书局1937年版。
③ 王士禛：《带经堂集》卷54，《续修四库全书》编纂委员会编：《续修四库全书》集部1414册，影印康熙五十年程哲七略书堂刻本，上海古籍出版社2003年版，第467页。镇海楼俗称"五层楼"。"七"字当为"五"字之误。按：以下引用《续修四库全书》均用此版本，不再另注版本信息和著者项。
④ 汪宗衍：《屈大均年谱》康熙二十四年条，《屈大均全集》第8册，第1959页。

海内。尽管如此这也只能说明王隼与曹寅或王士禛有着相同的看法，还不能证明这一具有特定意义的三人组合已经形成。

康熙三十年辛未（1691）春广州将军王之蛟发起重修东皋武庙，勒碑以纪其事，又铸钟鼎，请屈、梁、陈三人各撰铭文。王复于庙旁修别业，重修东皋诗社，请三人主其事。主持诗社者当是声望较高，年齿较长的在世之人；王隼选诗却有着更为广泛的选择空间，他可以选已经故去之人，也可以选年齿较轻的"后来之杰"。

另外据笔者仔细比对，康熙三十一年（1692）之前，清初文人在编选清初诗歌时，也未曾给予屈、陈、梁三人区别于岭南其他文人的特殊处理。

总之，王隼选诗之前并举岭南诗人，大多不止三人，或不足三人。虽有三人并举不及他人之处，但多与这一特定意义的组合无关。因此可以说在王隼选诗之前，这一特定意义的组合还没有形成。屈、梁、陈三人并称的记载，多在康熙三十一年王隼选刊《岭南三大家诗选》之后。王隼特选屈、梁、陈三人之诗于一书之中，自有其个人的倾向和他自己的理解。

那个时期岭南地区，生年相距不远，且诗名难分轩轾的诗人除了梁（1629—1705）、屈（1630—1696）、陈（1631—1700）三人而外还有程可则（1628？—1677？）。当时引领诗坛的著名诗人王士禛和朱彝尊都有这一看法。另外，那个时期广州周围颇有诗名的文人还有不少，如伍瑞隆（1585—1668）、陈子升（1614—1692）、王邦畿（1616—1665）、王鸣雷、吴文炜（1636—1696）等。王鸣雷为王隼从兄，生卒年不详，较其父邦畿年轻，而长于三家。王隼特以屈、陈、梁三人，而不是以程、王等人并举，其原因，他在作于康熙二十年辛酉（1681）的《六莹堂集序》中就有所透露：

忆少时侍先君子古厚堂中，雪夜偶论及岭南文献，因举近代梁兰汀、区海目、陈云淙、黎板桥、邝扶南诸君子所为诗歌骚赋，命隼各识数语，品题其下。既毕，复举所最厚善，二十年共坛坫，如药亭、翁山、独漉三先生撰著，其独造入微旨趣。①

这里所述为王隼回忆早年侍学于其父邦畿的情形。他在文中明确说明他最为推崇，交情最为深厚的是屈、梁、陈三人，并已经透露出他后来选《岭南三大家诗选》的个人原因。这也说明十年之后他选三家诗是由来有自的。

王隼选三家诗后曾有人反对王隼的这一组合。罗学鹏云："王蒲衣选屈翁山、梁芝五、陈元孝诗，号曰'岭南三大家'。舍其父《耳鸣集》而不与，不知其命意何若……程湟溱称诗都下，为名流折服，才名宁出三家下……乃概置弗录，岂得为持平之论哉？"② 他认为程可则或王父邦畿都可入选三家之内。这一诘难从一个侧面也说明了王隼以屈、梁、陈为岭南三大家是有其主观识见的。需要说明的是"岭南三大家"这一合称在王隼提出之前，屈、梁、陈三人并称已经有了一定的客观基础和形成的趋势。王隼在这一过程中所起到的作用虽然非常重要和关键，但如果没有一定的客观基础，他也不能凭空臆造出这一合称，并让人们普遍接受。不过如果说屈、梁、陈三家这一特定意义的组合形成于王隼选诗之前，选诗只是应合诗界共识，则不够恰当。

第二节　岭南三大家的序次

岭南三家的序第，历来皆有争论。崇屈、崇陈、崇梁者皆

---

① 王隼：《六莹堂集序》，《六莹堂集》，第8页。
② 罗学鹏：《广东文献四集》卷19，见《广州大典》第492册，影印同治二年春晖堂刊本，第26页。

不乏其人。王隼《岭南三大家诗选》刊行之后,三家序第也就成了人们争论的话题之一。

王选三人序次为梁佩兰、屈大均、陈恭尹。笔者认为这一序次并无高下之分,王隼正是有意回避对三人优劣高下作区分,才如此安排。但这一安排还是引起了后世之人的猜测和争论。乾隆年间檀萃云:"三家之诗均敌,惟道援堂无体不备,陈、梁近体风格稍逊。蒲衣叙次三家顾首庶常,岂以官爵耶?"① 这一猜测不太有说服力。王隼本来颇有遗民情怀,很难说他会如此"趋炎附势"。若以官爵置梁于首,屈、陈二人又是依据什么来确定其先后次序的呢?笔者以俗人的眼光看,王隼与三人关系都甚为密切,即使在他看来三人之诗有些许高下优劣,也不便将当时难分轩轾的三人之诗贸然定出一个序列。现代人在处理这类问题时,常常以年齿或姓氏笔画为序。笔者以俗人之心悬想古人,王隼亦当是以三人的年齿为序,从而避免对其高下优劣作出自己书面的判定。以此为序,三人皆不会感到屈尊。汪宗衍亦云:"蒲衣叙次梁、屈、陈,窃谓以年齿为次。"② 这是后世之人就诗选中的序次所进行的猜测。抛开此选的序次不论,人们又是如何区分三人的优劣高下的呢?

一、康熙时期

三家在世时,其诗即广为流传,也有人开始对他们的诗歌分别进行评论。与三家同一时代的孔尚任在《题居易堂集、屈翁山诗集序后》中说:

---

① 檀萃:《楚庭稗珠录》卷4,广东人民出版社1982年版,第126页。
② 汪宗衍:《屈大均年谱》康熙三十一年条,《屈大均全集》第8册,第1985页。

> 余每谓今之为诗者,管击楮摩而成就者三家耳:新城之秀雅,翁山之雄伟,野人之真率。其他云蒸霞蔚者,未尝不盛,而丹候犹未圆,犹未足主盟一代也。①

孔尚任虽未把岭南三家放在一起比较高下,但所论范围全国,显然陈、梁二人也应包含在内。

朱彝尊《静志居诗话》云:"论其(指陈恭尹)诗品,虽稍逊翁山,然翁山只工五言,又不若元孝之诸体相称也。"②如果说朱彝尊的这段评论还使屈、陈二人难分高下的话,那么他下面的这首诗,就非常清楚了。"三晋风骚杂伪真,遗山殁后更无人。把君行卷谁堪并,除是番禺屈大均。"③ 显然朱氏认为屈大均应居陈、梁之前。

费锡璜《戏题九首》之三评屈大均曰:"南海今推第一人,惊才绝俗许谁邻?千秋方驾遥相许,万里心期若有神。"④

有人认为王士禛和赵执信更为推崇陈恭尹。阮元《广东通志·陈元孝传》云:"新城王士正、赵执信至粤,于广州诗人尤推重恭尹。"⑤

---

① 转引自陈永正主编:《屈大均诗词编年笺校》,中山大学出版社2000年版,第1358页。

② 转引自陈永正主编:《屈大均诗词编年笺校》,中山大学出版社2000年版,第1356页。按:笔者所见多种《静志居诗话》皆系以嘉庆年间扶荔山房刻本为底本的影印本或排印本。在这些印本中笔者未见朱氏此语,然陈先生博雅,必有所本。

③ 朱彝尊:《题吴征君雯诗卷》二首之二,见《曝书亭全集》卷10,上海中华书局聚珍仿宋版《四部备要》本,第13页。

④ 费锡璜:《掣鲸堂诗集》之《七绝一》,见《四库禁毁书丛刊》编纂委员会编:《四库禁毁书丛刊》集部第187册,影印康熙刻本,第291页。按:以下引用《四库禁毁书丛刊》均用此版本,不再另注版本信息和著者项。

⑤ 阮元:《陈元孝传》,见阮元修,陈昌齐等纂:《广东通志》卷286,《广州大典》第256册,影印道光二年刻本,第664页。

樊庶（号潜庵）则以梁佩兰为三家之首：

> 先生（按：指梁佩兰）为岭南三君子冠。其文如韩潮苏海，浩渺洸洋，莫可涯际。若夫诗，抉扬正变，高浑朴茂，直抒性灵，而才识并轶。①

总之，三家在那个时代各自都曾被人推为第一。不过以推尊屈大均者为多。

刊刻于康熙年间的清诗选本（专门性的选本如《法性禅院倡和诗》等除外）选诗的情况，也是他们诗坛地位的一个说明。此一时期收屈诗的选本远比选梁、陈者为多，且同时选录三家诗的选本，屈诗入选的数量也常常多于梁、陈二家。列表如下②：

选刻时间	编选者	诗文选名称	录屈大均诗	录陈恭尹诗	录梁佩兰诗
康熙十一年壬子（1672）	徐釚	《本事诗》	13首	无	1首
康熙年间	邓汉仪	《诗观初集》、《二集》、《三集》	49首	4首	2首
康熙十二年癸丑（1673）	徐崧等	《诗风初集》	34首	4首	2首
康熙十三年甲寅（1674）	王士禛	《感旧集》	35首	18首	1首

---

① 《六莹堂集》，第117页。
② 按：当时选三家词者，笔者所知唯有陈枚和蒋景祁两家，姑且缀于表末。宋广业《罗浮山志会编》曾引录三家之诗。因笔者所见为书板被挖改后的重印本，被挖削之处疑有屈、陈之诗。其中可以肯定为梁氏之诗者共三十九首，另有二十首虽署梁佩兰之名，却又见于《翁山诗外》，当为翁山之诗。

（续表）

选刻时间	编选者	诗文选名称	录屈大均诗	录陈恭尹诗	录梁佩兰诗
康熙二十年（1681）	蒋鑨、翁介眉	《清诗初集》	10首	1首	无
康熙三十一年壬申（1692）	王隼	《岭南三大家诗选》	八卷	八卷	八卷
康熙三十一年壬申（1692）	陈维崧	《箧衍集》	26首，另有1首联句	4首	3首
康熙三十九年庚辰（1700）	黄登	《岭南五朝诗选》	83首	目录谓107首，实收105首	目录谓114首，实收113首
康熙四十年辛巳（1701）	卓尔堪	《遗民诗》	127首	64首	无，梁非遗民
康熙四十四年乙酉（1705）	朱彝尊	《明诗综》	24首	不知确数	无，梁非明人
康熙四十八年己丑（1709）	刘然	《诗乘初集》	41首	12首	10首
康熙四十九年庚寅（1710）	吴霭	《名家诗选》	20首	5首	4首
康熙五十四年乙未（1715）	汪观	《五大家诗》	4卷	4卷	3卷
康熙五十六年丁酉（1717）	宋广业	《罗浮山志会编》	31首	7首？	39首

(续表)

选刻时间	编选者	诗文选名称	录屈大均诗	录陈恭尹诗	录梁佩兰诗
康熙六十一年壬寅（1722）	陶煊、张璨	《国朝诗的》	18首	29首	14首
康熙六十一年壬寅（1722）	吴骞	《罗浮纪胜》	1首	无	1首
康熙年间	陈枚	《凭山阁留青二集选》	1首	无	无
康熙年间	魏宪	《诗持二集》	17首	无	无
康熙年间	陈枚、陈德裕	《凭山阁增辑留青新集》	词4首	无	无
康熙二十五年丙寅（1686）	蒋景祁	《瑶华集》	无	无	词3首

此表为康熙年间比较重要的诗歌选本选录三人诗歌的情况。应该说选录与否和选录的数量能一定程度地反映出选者对三人诗歌的评价。从选录的情况看，屈大均处于三家之首的地位应该是毋庸置疑的，陈恭尹处于其次的地位，也基本上可以确定。

二、雍正至近代之前

自雍正年间直至近代之前，学界对三家的优劣高下也还有不同的看法。仍是以屈大均为首者居多。

上编　岭南三大家的交游和创作

陈梓（1683—1759）《定泉诗话》卷四云：

> 屈翁山名大均，岭南三大家之一。梁药亭固不敢抗衡，即陈元孝亦非其匹。大抵明季甲申以来诗人惟此君为冠。王阮亭世虽盛称之，终不逮于屈也。①

他把屈大均推到了清初诗歌天下第一的位置，三家序次也非常明确。

沈德潜（1673—1769）《清诗别裁集》编刊于乾隆年间。他在该书卷八这样评价屈大均之诗：

> 缪天自云："诗有俚语，经顾宁人笔辄典；诗有庸语，入屈翁山手便超。"洵为定论。翁山天分绝人，而又奔走塞垣，交结宇内奇士，故发而为诗，随所感触，自有不可一世之概，欲觅一磊落怪伟之人对之，艺林诸公竟罕其匹。《诗外》中七言古以古律句互用，无浩气健笔举之，少一片清锵金石声也。七言律高浑兀奡，不事雕镂，五言律如天半朱霞，云中白鹤，令人望而难即。大家逸品，兼擅厥长。②

同卷沈氏又云：

> 广南三家，翁山擅长五律，药亭擅长七古，几无与抗行者，元孝自逊力量不及两家，而诸体兼善，七律尤矫矫不群，诗名鼎立，不虚也。③

综合这两段话，可知沈德潜是以屈为首，梁为次，陈居尾。

温汝能（1748—1811）在《粤东诗海》卷六十七引颜平畿语：

---

① 转引自陈永正主编：《屈大均诗词编年笺校》，中山大学出版社2000年版，第1363页。
② 沈德潜等编：《清诗别裁集》卷8，上海古籍出版社1984年版，第299页。
③ 沈德潜等编：《清诗别裁集》卷8，上海古籍出版社1984年版，第303页。

> 吾粤人诗，本领之深，力量之厚，无逾屈者。如陈独漉之沉雄哀激，梁芝五之排宕纵横，求之当时，亦罕有右。①

黄培芳（1778—1859）《粤岳草堂诗话》卷二云：

> 道援堂五律，超迈绝伦，起调尤卓……皆真气磅礴。姚伯山明府（柬之）论国初诸老诗，以道援堂为冠，良有以也。②

其《论粤东诗十绝》之七又云：

> 盛唐风格数何人，区（大相）邝（露）诸贤迥绝尘。五字长城才盖代，南中还首屈灵均。③

黄培芳与姚柬之看法相近，认为屈大均为三家之冠。

姚莹（1785—1853）《论诗绝句六十首》之五十六："南园秋草没荒陂，接轨梁陈亦足奇。最是屈家吟不得，分明哀怨楚湘累。"④ 他也推尊屈大均为三家之首。

这一时期以陈恭尹为首者不多。张维屏《听松庐诗话》云：

> 杭董浦、洪稚存（按：指洪亮吉）皆雄视骚坛，不轻许可者。董浦题独漉遗像有云："岭海论风雅，平生一瓣香。"又云："凄凉怀古意，岂是屈、梁能。"稚存论陈、屈、梁诗有云："尚得古贤雄直气，岭南犹似胜江南。"稚存兼称三家，董浦尤尊独漉，要其推许之意俱已

---

① 温汝能辑，吕永光等整理：《粤东诗海》，中山大学出版社1999年版，第1271页。
② 黄培芳撰，管林标点：《黄培芳诗话三种》，广东高等教育出版社1995年版，第94—95页。
③ 黄培芳撰，管林标点：《黄培芳诗话三种》，广东高等教育出版社1995年版，第130页。
④ 黄季耕注：《姚莹论诗绝句六十首注》，黄山书社1986年版，第84页。

至矣。①

杭世骏（字大宗，号堇浦）于三家之中最为推尊陈恭尹。

这一时期以梁佩兰为首者，未曾见到。

这一时期文字狱屡屡发生，选录者顾虑甚多。此时选录的情况所能反映出的真实评价已大不如其前了。故此处不再胪列。综合这一时期人们的评价，屈大均、陈恭尹、梁佩兰这一序列一如康熙时期。

三、近代之后

代近之后以屈大均为首者更多：

谭莹（1800—1871）《乐志堂诗集》卷七《偶捡阅架上明人诗漫赋》云："离骚哀怨阅千春，香祖园中得替人。三百年来谁抗手？岭南复有屈灵均。"② 谭莹认为屈大均诗歌创作三百年来无人能敌。

谢章铤（1820—1903）在《岭南杂诗》中说："三家最胜屈翁山，后起无如宋芷湾。更有桐华老词客，心香焚遍鹧鸪斑。"③

狄学耕《题两当轩诗集后》："谪仙风调许追攀，伪体陈

---

① 张维屏：《国朝诗人征略》卷5，见《广州大典》第93册，影印清道光咸丰年间刻本，第625页。

② 谭莹：《乐志堂诗集》卷7，见《广州大典》第460册，影印咸丰十年吏隐园刻本，第470页。

③ 谢章铤：《岭南杂诗》，见谢章铤：《赌棋山庄诗集》卷8，《续修四库全书》集部1545册，影印光绪刻本，第480页。宋湘（1756—1826），字焕襄，号芷湾，广东嘉应州（今梅州）人。乾隆五十七年（1792）举乡试第一，嘉庆四年（1799）进士，选庶吉士，授编修。

言一例删。若向诗坛论格律,元遗山后屈翁山。"①

陈融(1876—1955)《颙园诗话》引胡汉民语云:"今人于三家诗,恒以为翁山当踞首席,殆亦以此。"②

邓之诚(1887—1960)云:"大均有著述之才。不止以诗文重。然诗文独步一时。未有能及之者。"③

近代之后以陈恭尹为首者如:

徐鼒《小腆纪传》卷五十五云:"恭尹……隐居不仕,自号罗浮布衣,为岭南三大家之首。"④

朱庭珍(1841—1903)《筱园诗话》卷二云:

> 国初江左三家,钱、吴、龚并称于世;岭南三家,屈、梁、陈亦齐名当代。然江左以牧斋为冠,梅村次之,芝麓非二家匹。岭南以元孝为冠,翁山、药亭均不及也……岭南三君,药亭七古,翁山五律,元孝七律,当代夸为三绝。梁药亭七古,虽气势雄放,而简炼未足,除《养马行》、《日本刀歌》诸名作外,往往失于奔放,堕入空滑一路;如《木瓜上人打鼓歌》,则叫嚣粗率,近恶道矣。五律矜炼,犹欠高浑。五古、七律,更多平衍,又其次也。⑤

朱祖谋(1857—1931)《冬夜检时贤诗集率缀短章》之

---

① 转引自郭绍虞、钱仲联、王蘧常编:《万首论诗绝句》,人民文学出版社1991年版,第1432页。

② 转引自陈永正主编:《屈大均诗词编年笺校》,中山大学出版社2000年版,第1370页。

③ 邓之诚:《清诗纪事初编》,上海古籍出版社2013年版,第292页。

④ 徐鼒撰,徐承礼补遗:《小腆纪传》卷55,中华书局2018年版,第640页。

⑤ 郭绍虞编选,富寿荪校点:《清诗话续编》,上海古籍出版社2016年版,第2228—2229页。

三:"碧澥苍梧几废兴,苍凉怀古屈、梁能。输他独漉堂中叟,老向中原拔帜登。"① 朱庭珍和朱祖谋都非常肯定地说,三人之中陈恭尹居于首位。

易宗夔《新世说》卷二《文学》篇云:"岭南三家首推陈元孝,而屈翁山、梁药亭次之。"②

林昌彝(1803—1876)在《射鹰楼诗话》卷十四中说:"岭南三家,梁药亭佩兰不及陈、屈二家。"③ 林昌彝未明言屈、陈谁当为首,但他称"陈、屈二家",以陈置前,其意疑为陈胜于屈。

下面三则资料在并称屈、陈时,亦未明言屈、陈二人孰高孰下,姑置于此。方廷楷《习静斋论诗百绝句》之四十四赞黎简云:"少年书画已名驰,又见诗歌绝代奇。除却翁山元孝外,有谁难手较雄雌。(顺德黎二樵简)"④

屈向邦《粤东诗话》卷一云:

> 王蒲衣隼选梁、屈、陈诗,称为"岭南三大家",议者纷纭,不知蒲衣之意或只欲选屈、陈为"岭南两大家"耳。其加选梁,且以冠首,或欲避人攻诘,以梁为幌子耳。而此书仍被抽毁,则非蒲衣所及料也。盖以志行言,梁与屈、陈迥不侔也。蒲衣固以"诗言志"为重者,何为必以梁与屈、陈并称,且以为冠乎?(以诗论,梁固有卓有可传之价值在,不必与屈、陈并称。《楚庭稗海》谓,蒲衣叙次三家,首庶常,岂以官爵耶?尤为隔靴搔痒之论。)明眼人当能洞悉蒲衣深心,而非议之无谓也。洪

---

① 朱祖谋:《彊村弃稿》,1932年龙沐勋跋本,第7页。
② 易宗夔:《新世说》卷2,上海古籍出版社1982年版,第19页。
③ 林昌彝:《射鹰楼诗话》卷14,上海古籍出版社1988年版,第320页。
④ 转引自郭绍虞、钱仲联、王蘧常编:《万首论诗绝句》,人民文学出版社1991年版,第1271页。

北江诗:"尚得昔贤雄直气,岭南犹似胜江南。"盖指屈翁山、陈元孝诸人之诗也。翁山、元孝而后,宋芷湾最为杰出,自近世趋向宋人艰涩一路,而雄直之诗,渺不可复睹矣。①

屈向邦所谓王隼欲选屈、陈为"岭南两大家"之说,显是臆断。

吕永光教授在校点本《六莹堂集·前言》中说:

> 平心而论,三家诗都各有卓然可传者,若就艺术而言,不宜一概而论之;至若论思想性方面,则正如陈融先生所言,"药亭以所感不深,不能与二家并驾"。总而言之,梁诗的成就要逊于屈、陈。②

吕永光教授亦以梁置于屈、陈之后。

近代以来,明确以梁氏为首者未见。

由以上胪列的评价可知,近代以来以屈大均为首者,依然多于陈恭尹,而梁佩兰则居二人之后。

综合三个时期人们的评价和选录的情况,我们可以确定这样一个序列:屈为首,陈为次,梁殿其后。这一序第是综合数百年间人们的多种评价所得出来的,具有统计学上的意义,非某人以其好恶所能改变。

第三节 三家合称的客观因素:屈、梁、陈共同的活动和友谊

三家合称固然主要是源于王隼的个人识见,但这一合称的出现却还因着许多客观因素的促成。这些客观因素固然主要是

---

① 转引自陈永正主编:《屈大均诗词编年笺校》,中山大学出版社2000年版,第1372页。
② 吕永光:《六莹堂集前言》,《六莹堂集》,前言第22—23页。

当时他们三人诗名相当,另外这一合称的出现也与他们三人之间的友谊和活动有着一定的关系。

屈大均、陈恭尹和梁佩兰三人诗歌主张和诗风有很大不同,更迥然相异者乃是他们的出处行藏。尽管有着这些不同,但在社会矛盾尖锐的当时,身处对立的政治集团中的三家,却能成为非常亲密的朋友。这种对立和友谊在当时应该算是比较有代表性的了。相对于他们之间的政治选择的对立,其友谊来得更早,从其少年就已经开始。

一、早年之友谊

岭南三大家年龄相仿,梁佩兰、屈大均、陈恭尹年龄递次相差一岁。其出生地也相距很近,皆在广州城南附近。自青少年时期开始三人就建立了个人之间的友谊。屈大均资性奇异,孝廉曾起莘(即天然禅师)见而奇之,让他师从陈邦彦就学于粤秀山。时为顺治二年乙酉(1645),屈大均十六岁。陈恭尹十二岁丧母之后即随从父亲坐馆。因此屈、陈二人最迟即于此时已相识共读。陈恭尹诗云:"与君结交初,十五侍亲庭。"① 顺治四年丁亥(1647)屈大均跟从其师陈邦彦起兵抗清,独领一队。其师被杀,屈大均收拾尸骸,囊之而归。之后屈大均和陈恭尹为国仇家恨各自南北奔走,致力抗清。梁佩兰虽然师从吴文炜之父(吴文炜与陈恭尹后为儿女亲家),但他后来也自称是陈邦彦的私淑弟子。说三人共师同学虽不准确,但可以相信他们之间的友谊是有深厚基础的。因为资料的匮乏,此一时期屈、陈二人与热衷仕进的梁佩兰有何交往我们不得而知。陈恭尹与梁佩兰的直接交往最早的文字记载见于陈恭

---

① 陈恭尹:《赠别屈翁山》之一,见《陈恭尹集》,第57页。

尹写于顺治十七年庚子（1660）的《夏夜同梁药亭朱竹庵》诗。诗云：

> 百感在深夜，夜凉开小扉。梧桐下阶影，蝙蝠上堂飞。初月清光少，中年旧友稀。春来恋携手，空谷未成归。①

此时梁佩兰已经三十二岁，并于三年前应乡试夺取解元。陈恭尹此时三十岁，于本年三月结束了第二次远游，之后便息游乡居。从顺治十七年（1660）开始陈恭尹与梁佩兰二人之交往，见于记载的很多。他们之间的关系若仅从政治的角度来理解，显然是不够的。虽然他们三十岁之前的交游见于记载的并不多，但可以相信他们之间的友谊是有渊源的。正如陈恭尹作于康熙元年（1662）至三年（1664）间的《夏秋郊行》诗所说，他们"素交复投漆"。

二、相互送别与怀远

屈、梁、陈三人皆曾远游。出游和回乡之际，三人常常赠行贺还，并祝愿对方成就各自所愿。康熙三年甲辰（1664）春，陈恭尹和王说作、王东村三位遗民与程可则同宿梁佩兰之六莹堂。此时梁佩兰并不在家而是于上年秋就赴京会试了。他们共宿六莹堂之时，也许正值梁佩兰奋战场屋之际。他们此时聚首一处同宿于此，也许是为梁佩兰祈祷，希望他春闱得意。作为前明遗民的陈恭尹、王说作和王东村为热衷仕进的梁佩兰虔诚祝愿，希望他早日梦圆京师，个中情由值得玩味。陈恭尹《春夜同王说作王东村程周量宿六莹堂怀主人梁药亭》有云：

---

① 《陈恭尹集》，第54页。

> 黄金台畔士如云，几许风期似得君。①

显然陈恭尹对于梁佩兰异于自己的政治选择是不介意的，并且希望他早日实现自己的人生理想。梁佩兰于顺治十五年戊戌（1658）、康熙二年癸卯（1663）和康熙六年丁未（1667）三赴京师会试，皆落第。作为遗民的陈恭尹感到非常遗憾，诗云：

> 国门三献玉，歧路已沾衣。复铩双鸾翮，居然后雁归。乘风潮荡漾，临水叶翻飞。牛渚高吟夜，相思方掩扉。（《得梁药亭燕台书因怀石埭之行》）②

陈恭尹在诗中为梁佩兰的失败而痛惜。康熙十一年壬子（1672）冬，梁佩兰再次赴京会试，屈大均作《送梁药亭北上》赠行：

> 文章作司命，吾党所大宗……努力就计偕，上书惊公卿。同里霍与伦，亦可相翱翔。伊予为隐夫，未能垂素功……及早得志归，求我乎混茫。③

作为乡党希望他及早高中，得志回乡同游。梁佩兰行将进入暮年，会试多次仍未能中。在梁佩兰萌生退意时，陈恭尹作诗安慰鼓励：

> 世情莫惜尝鸡肋，诗句多吟在马鞍。得意定知归计早，此心先许钓鱼竿。（《送梁药亭北上》）④

---

① 《陈恭尹集》，第99页。
② 《陈恭尹集》，第66页。
③ 屈大均：《翁山诗外》卷2，见欧初、王贵忱主编：《屈大均全集》第1册，人民文学出版社1996年版，第52—53页。按：本书所引《屈大均全集》之《翁山诗外》、《翁山文外》、《翁山文钞》、《翁山佚文》和《广东新语》等中的内容，如果没有特别注明，皆出自这一版本，不再另注版本信息和著者项。
④ 《陈恭尹集》，第487页。

一第蹉跎那足叹，贵人传者古无多。（《怀梁药
亭》）①

康熙二十六年丁卯（1687）冬梁佩兰再次北上赴京。陈恭尹以词送行：

西江雪后浮仙舫，正数点、梅花初放。八千里外片帆飞，不辜负，桃花春浪。风流好副东山望，须知道、老当益壮。蟾宫会折一枝归，青天路，有人推上。（《步蟾宫·送梁药亭北上》）②

本年梁佩兰已经五十九岁，真正是困顿场屋到白头。陈恭尹多次送他北上会试，总未能蟾宫折枝，这次还能说什么呢，只能作些宽慰和鼓励："须知道，老当益壮"，祝愿他"青天路，有人推上"。这次天遂人愿，梁佩兰终于康熙二十七年戊辰（1688）科会试及第。陈恭尹非常兴奋，一气作诗三首表示祝贺。其一曰：

榜下无人不曰宜，丹山凤老始飞时。知名贾傅曾非少，擢第孙弘较尚迟。（《寄怀梁药亭（三首）》之一)③

进士及第后，梁佩兰进入翰林院，第二年请假南归。屈大均作《桂枝香·贺梁太史给假南还》以贺。梁佩兰虽然与屈大均和陈恭尹选择了不同的人生道路，进入了对立的政治集团，但屈、陈二人与他还是保持了较好的个人友谊，并且还为他的失败和成功真诚地感到遗憾和高兴。显然，政治因素与其友谊相比较，前者相对没那么重要。

屈大均与陈恭尹声气相投，各有未雪之国耻、家恨和师仇，用"朋友"一词已经不足以准确概括他们之间的关系了。康熙四年乙巳（1665）春，屈大均赴金陵，陈恭尹、梁佩兰

---

① 《陈恭尹集》，第488页。
② 《陈恭尹集》，第561页。
③ 《陈恭尹集》，第380页。

和陈子升为之饯行,各赋罗浮蝴蝶歌赠之,以罗浮巨蝶比屈大均。陈恭尹另有《赠别屈翁山(二首)》。

> 落日临大河,游子有叹声。与君结交初,十五侍亲庭。中间一杯酒,各有万里行……上言所相思,乘龙冉遐征。呜呼永决绝,况当别良朋。踟蹰欲有言,泪下先承缨。丈夫射桑弧,岂曰期一身。大耻且不雪,独善有何称。(之一)

> 画布作鸿鹄,天下齐张弓。哀哉晚世士,不幸有其心。有心尚可容,有口能兴戎。愿君为坚金,不愿为贞松。(之二)①

从诗中我们可以看出他们二人之间的友情非同一般。"丈夫射桑弧,岂曰期一身。大耻且不雪,独善有何称?"既是对屈大均的期许,也是照写自己的心理。别后,陈恭尹复有《雨夜怀屈翁山》诗云:

> 风雨怀人坐,无灯亦到明。流萤分夜色,疏竹聚秋声。别酒尚馀醉,春花今不荣。终知吾与子,白发路傍生。②

风雨之夜,没有灯光,一个人独自怀念远去的朋友。屈大均远游的目的,他心里非常清楚。康熙八年己酉(1669)屈大均南归,八月,抵番禺故里。陈恭尹有《屈翁山归自雁门相见有诗》,云:

> 踟蹰城西隅,北风吹我寒。不惜风吹寒,为君故流连。人生知几何,一别逾五年。居者忽复过,行者良险艰。崔嵬上太华,纵横穷九边。文章配道义,所适生飞翰。俱为憔悴人,独有好形颜。与君同心言,自喻金石

---

① 《陈恭尹集》,第57页。
② 《陈恭尹集》,第65页。

> 坚。两木倘相摩，朱火然其间。无为垂空文，千秋期不刊。①

二人感情颇为动人，其友谊可比金石。第二年正月二十七日，屈大均之爱妻王华姜来岭南，不久病卒，陈恭尹作长诗《王华姜哀词》。此诗用第一人称"妾"，以王华姜的口吻来写。

> 大风覆鸟巢，有雏东南飞。妾生始三朝，将军陷重围。臣忠子孝死，父兄同日縻。②

王华姜父王壮猷建义旗于园林驿，王华姜生始三日，其父兄即身死城下。陈恭尹与王华姜一样为覆巢子遗，最容易移情。此诗名为悼念华姜，实际上也是在写自己。陈恭尹于康熙十七年戊午（1678）因曾被尚可喜父子延揽而下狱，第二年春出狱。康熙十八年己未（1679）秋，屈大均亦因曾入吴三桂军而被迫携家避地南京。在送别屈大均时，陈恭尹大发感慨：

> 地何必生山川，天何必有日月。一升一沉使我老，南北东西令人别。洪河之水孤蓬根，不知似我还似君。神州萧条寰宇黑，英雄失路归何门。文章亦是千秋事，兴则为云降为雨。雄剑高飞雌剑留，夜上金陵望牛女。（《送屈翁山之金陵》）③

这首诗中的情绪非常激烈，是一种同为英雄，均不得其时的悲愤。

屈、陈二人志怀恢复，梁佩兰却一直与他们保持较为密切的个人友谊。梁佩兰与屈大均虽非同道之人，但他对屈大均远游边地的目的并非丝毫不知。康熙四年乙巳（1665）春屈大均赴金陵，梁佩兰与陈恭尹、陈子升一起为之饯行，并作《罗浮蝴蝶歌送屈翁山》赠之。不久屈大均西入秦晋，客居雁

---

① 《陈恭尹集》，第733—734页。
② 《陈恭尹集》，第88页。
③ 《陈恭尹集》，第97页。

门,梁佩兰作《寄怀屈翁山客雁门》诗云:"平生论王霸,中具胆与识。"当得知屈大均娶国色王华姜后,还担心他会贪恋柔情,消磨其恢复之志:

> 所虑柔媚肠,恩爱渐相易。一旦时势来,功业不得力。天南隔万里,久矣无消息。①

这首诗不但表示耽心屈大均会坠温柔乡里,还表达了二人久别之情。

陈恭尹乡居期间,常与梁佩兰游宴唱和,交往非常密切。各自诗集中所存留下来的唱和诗以及涉及对方的诗、词、文章之多难以统计。康熙三十八年己卯(1699)梁佩兰又为陈恭尹次子陈励(字士皆)《东轩诗略》作序,在序中对其父子二人之诗推许备至:

> 独漉诗罗笼万态,而细入毫芒。每一涉笔,山岳不移,招摇四照。然以冲和涵澹写其磊落不平之气,时或有之。士皆则如崇兰在谷,令人闻而知其香。更流连景物,善摅雅怀,皓月冰池,玄云朱阁。②

梁佩兰是最了解陈恭尹的人之一。康熙三十九年庚辰(1700)陈恭尹病卒,梁佩兰应其长子陈赣之请,为作行状,为陈恭尹作出盖棺之论。

三、共同参与诗社

岭南三大家虽然政治分途,出处迥异,但他们也都是欲以诗文自显的文人。他们年青之时就热衷于组织诗社,参与社事。

---

① 《六莹堂集》,第21页。
② 《六莹堂集》,第420页。

> 自申酉变乱以来，士多哀怨，有郁难宣。既皆以蜚遁为怀，不复从事于举业，于是祖述风骚，流连八代，有所感触，一一见诸诗歌，故予尝与同里诸子为西园诗社。①

大均年方十五六岁就与同里诸子结西园诗社，吟咏唱和，交流切磋。当他们诗名大显之后，又共同主持社事。

康熙十九年庚申（1680）梁佩兰同陈恭尹、何绛、陶璜、方殿元、吴文炜、黄河澂等重修兰湖白莲诗社。陈恭尹《江村集小序》云："庚申而后，乃稍得晏然，复理诗书，有同人唱酬之乐。"

康熙二十三年甲子（1684）二月吴绮入粤，集屈大均等众人结越台诗社。梁宪（字绪中，号无闷）《花朝社集西禅寺》诗小序云：

> 甲子花朝，吴兴太守吴薗次入粤，集海内词人于西禅寺，结越台诗社，至期则宴叙分题。②

西禅寺在广州城西。屈大均有《花朝社集西禅寺》诗：

> 水国多烟雨，春光一半迟。花从今日得，莺与故人期。浦有沉香气，林多翡翠枝。玉壶携不远，兰若在江湄。③

康熙二十九年庚午（1690）屈大均、陈恭尹、梁佩兰等人修复浮丘诗社。"浮丘诗社，始自郭光禄棐，王光禄学曾。"④ 清人罗元焕云："明万历间广州名宿郭梦菊、陈莱峰、姚同庵等始辟浮丘诗社……浮丘诗社凡十六人。"⑤ "浮丘去城西一里，为浮丘丈人之所游……万历间，学士赵志皋以谪官

---

① 《屈大均全集》第4册，第323页。
② 张其淦编：《东莞诗录》卷22，1924年东莞张氏寓园刊本。
③ 《屈大均全集》第1册，第623页。
④ 《屈大均全集》第4册，第321页。
⑤ 罗元焕：《粤台征雅录》，第19—20页，见《广州大典》第446册，影印乾隆六十年刻本，第576页。

至，开浮丘大社，与粤中士大夫赋诗。"① 浮丘诗社自明万历年间始辟之后，数度荒废重修，康熙时三家等再修诗社。屈大均有《浮丘修禊作》诗。

康熙三十年辛未（1691）春，驻防参领王之蛟发起重修东皋武庙，勒碑以纪其事，又铸钟鼎，请屈、梁、陈三人各撰铭文。又于庙旁修别业，重修东皋诗社，请屈大均、陈恭尹、梁佩兰三人主其事。② 屈大均作《九日承王骠骑邀集东皋有赋》三首。

康熙三十五年丙子（1696）黄登（字俊升）于广州东郊黄村辟探梅诗社，花时约名流饮酒赋诗于其下，延梁佩兰主衡诗社。

三家组织或主持诗社，又常常共同参与诗社活动，自然会增加他们之间的接触和交流。屈、陈、梁三人热心社事，一些外地入粤诗人，如吴绮、赵执信、潘耒、严绳孙、周在浚、徐釚、张尚瑗等亦参与唱和，一些地方官员如王煐、龚翔麟、陈廷策等也积极参与。他们一起品评高下，引掖后学，极盛之时诗社几达数百人，甚至有外地青年远道而来，热心求教。仅岭南曾经跟从三家学诗而后来享一时之名者就有不少，王隼、梁无技、陈阿平、周大樽、邓廷喆、徐璆、韩海，以及女诗人王瑶湘等就是。共同的爱好和同社之情谊，不但可以减少他们之间政治归属的隔阂，同时还造就了三人在岭南文人群体中的特殊的地位，使后来三家合称更显得水到渠成。

三家除了共同参与诗社有关的活动之外，乡居之时他们还经常与当地的文人一起交游唱和。事实上在当时的广州，尤其

---

① 《屈大均全集》第4册，第161—162页。
② 梁鼎芬修，丁仁长纂：(宣统)《番禺县续志》卷36，见成文出版社《中国方志丛书》第49号，影印民国二十年刊本。

是屈、陈息游之后，形成了一个以屈大均、陈恭尹、梁佩兰等人为中心的岭南文人群。当时广州周围几乎稍有文名的人都曾经参与过这种交游唱和。这类活动从三家年轻时代一直持续到晚年。

顺治十七年（1660）初秋，梁佩兰与陈恭尹、岑梵则、张穆、陈子升、王邦畿、梁槤、何绛、何衡、梁观集于高俨西园旅舍唱和。九月十一日①，陈恭尹与张穆、张雏隐、何绛、陶璜、高俨、林梧集于梁佩兰西园草堂。康熙元年壬寅（1662）秋，屈大均北游归来，中秋与陈恭尹、梁佩兰等人集于广州西郊草堂。陈恭尹有《秋日西郊宴集，同岑梵则、张穆之、陈乔生、王说作、高望公、庞祖如、梁药亭、梁颙若、屈泰士、屈翁山，时翁山归自塞上》诗。看一下诗题即可知道当时参与者之众。康熙三十年辛未（1691）三月三日，王隼之女瑶湘与李仁新婚，屈大均与梁佩兰、陈恭尹、林梧、吴文炜、梁无技往王隼澋庐宴集，即席分赋以贺。康熙三十五年丙子（1696）屈大均去世之后，陈恭尹、梁佩兰他们还一如既往，乐此不疲。以三家为中心的文人雅集中，参与交游唱和的文人多为遗民，但也有一些清朝新贵，如吴文炜、尹源进、方殿元、林凤冈等。无论是前明遗民还是清朝新贵，他们似乎都忘记了各自的身份和自己要献身的主子，完全被他们自己营造出来的氛围所陶醉。据保存下来的资料可知，当时这些入仕新朝之人与前明遗民大都有着不错的私人关系。这个群体的人际关系也为有着较为突出地位的屈、梁、陈三家保持良好的友谊提供了一个小有规模的社会氛围。

---

① 本书出现的具体的日期，若未特作说明，均为中历。

四、三家与南下著名文人和地方官员

除了共同参与社事之外，乡居之时他们更为经常的活动是一起会晤结交南下的著名文人和当地能诗善文的地方官员。在粤任职的地方官员也常常邀约屈、梁、陈等人一起饮宴唱和，他们的这类活动之多，难以枚举。与游粤著名文人的交游略举几例：

康熙元年壬寅（1662）徐乾学来粤。此年秋，陈恭尹、徐乾学、魏礼、程可则、王鸣雷、高俨、湛凤光、何绛、梁梿、陶璜集梁佩兰六莹堂，分韵赋诗。魏礼为江西"宁都三魏"之一，为著名遗民文人；徐乾学曾主持纂修《明史》，官至刑部尚书。粤中知名文人和当时在粤的遗民魏礼，对徐乾学的到来都表现出很高的热情。

康熙二十二年癸亥（1683）秋末吴绮①游粤。十一月五日梁佩兰招吴绮、陈恭尹、曹燕怀、吴源起、柯崇朴集六莹堂分赋。十一月十九日，陈恭尹、吴绮、吴源起、曹燕怀、蔡鸿达、缪其器、柯崇朴分韵赋诗于肇庆七星岩。次日梁佩兰、屈大均、吴寿潜继至唱和，并以其事题名于星岩玉屏峰石壁。

康熙二十六年丁卯（1687）春严绳孙入粤，其间与陈恭尹、屈大均、梁佩兰、吴文炜等交游唱和，赋诗很多。秋，绳孙归无锡，梁、屈、陈皆有诗赠别。

康熙三十二年癸酉（1693）二月朱彝尊奉命至粤，同来者有其子朱昆田、友沈名荪。二月八日，陈恭尹、屈大均、梁佩兰等陪朱彝尊等人往光孝寺，观唐僧贯休所画罗汉。各有诗

---

① 吴绮，字薗次，号听翁，江苏江都人。顺治十一年（1654）拔贡生，历官至湖州知府。著《林蕙堂全集》。

作。朱彝尊等留广州三日后别去。梁佩兰设宴于五层楼,邀同陈恭尹、屈大均、吴文炜、王隼、陈元基、梁无技、季煌为之饯行,席上分赋。在这群相会的文人中,不论前明遗民,还是当朝官宦,都共同举杯庆祝他们相聚于南海之滨,这时原来政治归属的界限似乎已不存在,存在的只有相互之间的钦佩、赞赏和友谊。

经常参与这类诗文活动的粤中诗人,待到王邦畿、王鸣雷、伍瑞隆、程可则等人故去之后,年龄稍长于王隼的唯有屈、陈、梁三人诗名难分轩轾,粤中已无他人能与之相匹。这种情况更让人无意识中把他们视为鼎立的粤中三诗人,也更容易促使王隼作出如此的选择。

三家与当地官员的交游唱和活动更多,尤其是康熙二十年(1681)之后,其交游之频繁,已不胜枚举。康熙二十三年甲子(1684)秋王又旦(字幼华)主持广东乡试,屈大均、梁佩兰、陈恭尹为其《乌丝红袖图》题诗。康熙二十五年丙寅(1686)春日,广州将军王永誉府中牡丹盛开,招梁佩兰、屈大均、陈恭尹、张梯、张远、陈阿平等雅集于倚剑堂,赏花分赋。吴兴祚于康熙二十八年己巳(1689)六月被劾鼓铸浮冒,部议降三级调用。至康熙二十九年庚午(1690)冬离粤之时,屈、梁、陈三人皆作诗相送。康熙二十八年己巳(1689)四月来任惠州知府的王煐,① 在粤八年间与屈、梁、陈等人的交往更为频繁。他自己不但经常来广州与梁佩兰、屈大均、陈恭尹等人相聚,还常常邀请他们到惠州官邸饮酒赋诗。三家如此经常一起参与这类活动,以致常常会让人不经意间就忘记了他们之间原来还有着出处的不同,忘记他们分别属于对立的政治集团。

---

① 宋健:《王南村年谱》,天津古籍出版社2017年版,第49页。

如上所述，屈、陈、梁三人的友谊由来有自。生活在同一片热土的乡情，和少时玩伴的天真无邪，为他们日后的友谊打下了深厚的基础。他们对诗文的共同热爱，共主诗社的经历，以及常常一起晤见来粤文人和地方官员的活动，也为他们保持这种友谊提供了充足的条件。因此尽管三人出处不同，这种友谊却能保持终老。

他们成年之后的政治分途，其实只不过是按照各自的情况和性格选择了切入社会的角度，以不同的方式去追寻自己认定的人生和社会价值而已。从个人感情来说，只要心胸不过于狭隘，作为感情深厚的朋友都希望对方能在各自选择的道路上实现自己的价值。从三人的关系来看，政治的相互对立并没有对他们私人之间的友谊产生太大的影响。在矛盾复杂的环境中，许多人常常能按照不同的方式将公、私之事分而处之。在对立的两个政治集团发生正面冲突时，各自作为集团中的一员，相互争执，丝毫不作让步，甚至会兵戎相见，然而当公事结束之后，他们作为朋友马上又言归于好，杯酒交欢，先前的冲突，只字不提。这种情况在生活中并不少见。因人不同，处理方式也有差异，但许多人常常能做到公、私两不相害。固然政治的对立有时能销蚀朋友之间的情感，但友情也常常能淡化这种对立，消融两者之间政治的坚冰。

岭南三大家在政治上虽非同路之人，但在生活中他们却有着一些共同之处，政治只是影响他们之间关系的要素之一。只要不以政治的标准裁决一切，其实有更多的生活要素可以使他们愈走愈近。

总之，屈、梁、陈三人相近的年龄和诗名、共同参与和主持诗社的经历，一起与南下文人和当地官员的唱和活动，以及开始于少年，成年时虽政治分途，却一直保持到暮年的友谊等等，都为他们三人合称提供了有利的条件。

第二章 屈大均生平、游历与交接

第一节 屈大均的生平与游历

屈大均（1630—1696），初姓邵名龙，号非池。① 后来复原姓屈，初用谐音改名绍隆②。最后定名屈大均③，字翁山④，又字骚馀⑤、介子⑥、泠君⑦，自号华夫⑧、三外野人⑨、八泉

---

① 《屈氏族谱》卷11，《屈大均全集》第8册，第2114页。
② 赵尔巽等撰：《清史稿》卷484《文苑传》，中华书局1977年版，第13331页。
③ 杨权教授认为"屈大均"为其僧名，见《屈大均之名本为法名》，《中山大学学报》2011年第5期。
④ 屈大均：《为翁生更名说》、《字八子说》，《屈大均全集》第3册，第125页、390页。
⑤ 徐釚：《本事诗》，乾隆二十二年半松书屋刻本。按：《文献徵存录》卷10以骚馀为屈大均僧字。
⑥ "大均，字介子，番禺人。初名绍隆。"见赵尔巽等撰：《清史稿》卷484《文苑传》，中华书局1977年版，第13331页。
⑦ 屈大均：《自字泠君说》，《屈大均全集》第3册，第127页。
⑧ 屈大均：《继室王孺人行略》，《屈大均全集》第3册，第115页。
⑨ 屈大均：《三外野人赞》、《翁山文钞铭》，《屈大均全集》第3册，第209、263页。

翁①、髻人②、九卦先生③、花田酒田之农④、代景大夫⑤、代昭生⑥等，出家海云寺，法名今种，字一灵。⑦崇祯三年庚午（1630）九月初五日，屈大均生于南海县之西场。⑧屈大均居室之名有："道援堂"、"古丈夫洞草堂"、"散儒堂"、"七人之堂"、"春山草堂"、"惠浣堂"、"忠养堂"、"南岳草堂"、"持蔬轩"、"易叶轩"、"卧蓼轩"、"寿光轩"、"弄雅轩"、"怀沙亭"、"虚止亭"、"天下有山之亭"、"死庵"、"合道山房"、"文选楼"、"祖香园"等等。

屈氏之先，自宋绍兴间，迪功郎翰林诚斋公，讳禹勤，始南迁，先止南雄珠玑巷，继而迁番禺茭塘都沙亭乡，是为南屈

---

① 屈大均：《字八子说》，《屈大均全集》第3册，第390页。
② 屈大均：《髻人说》，《屈大均全集》第3册，第472页。
③ 屈大均《自题易叶轩》诗后注云："九卦先生，予之自号也。"见《屈大均全集》第2册，1294页。
④ 诸匡鼎：《说诗堂集·橘苑诗抄》卷首，《四库全书存目丛书》集部第211册，第273页；《屈大均全集》第4册，第82页。
⑤ 檀萃撰：《楚庭稗珠录》卷5《华夫出处始卒》，注云："其游楚时，称'代景大夫'。"（见广东人民出版社1982年版，第158页。）又《翁山诗外》卷8《代景大夫岁暮客建陵作》等。
⑥ 屈大均：《代昭生朔州客邸作》，《屈大均全集》第1册，第262页。
⑦ 钱谦益：《牧斋有学集·憨山大师梦游全集序》、《有学集补·罗浮种上人集序》，见钱谦益著，钱曾笺注，钱仲联标校：《钱牧斋全集》，上海古籍出版社2003年版，第869—871、885—887页。（按：本书所引《钱牧斋全集》之内容，未特别说明者均出自这一版本，以下不再另注版本信息和著者项。）毛奇龄《法驾导引·送一苓和尚还罗浮》词，作"一苓"。按：王士禛《感旧集》屈大均小传云"今种，字骚馀"，《清史列传》作名"今释"，皆误。
⑧ 屈大均云："陆贾初至南越，筑城于番禺西浒以待佗，曰陆贾城。其遗基在郊西十里，地名西场。一曰西候津亭，出城凡度石长桥一、短桥二乃至。予之生，实在其地。"（《屈大均全集》第4册，第39页。）

之祖。① 因其地滨扶胥江,多细沙,又念其祖先怀沙而死,故名其居止之地为沙亭。② 有明之时,番禺屈氏已成当地豪族,族人主要聚居在现莘汀村、思贤村和沙亭村三处。十世祖,野薮公,讳璲。③ 十一世祖,听泉公,讳钰。十二世祖,沧洲公,讳渶,工诗,著《草虫鸣砌集》。十三世祖,素庵公,讳元翰。十四世祖,梅侣公,讳子江。④ 祖讳楚相,字思道,祖妣谭氏。父讳宜遇,字原楚,号澹足。屈宜遇幼遭家难,寄养于南海邵氏。精医理,为人诊治,不责其谢,或风雨昏夜,有来求请者,必往,活人以数百计。有暇辄饮酒,弹琴,读医书,与经史百家。母黄氏。兄弟三人,大均居长,次大城,次大城,力耕为业,妹二人。⑤ 与从兄一起排行,居五,故人称

---

① 南迁时间和所由之地均有两说。《翁山文外》卷2《存耕堂稿序》云:"予与翁同祖翰林诚斋公,当宋南渡时,公从祥符珠玑巷来,止南雄,其巷亦名珠玑,已而复迁沙亭。"(《屈大均全集》第3册,第67页。)《翁山文外》卷7《先考澹足公处士四松阡表》云:"宋绍兴间,自关中来,为南屈之祖,迪功郎翰林诚斋公讳禹勤之第十七世孙也。"(《屈大均全集》第3册,第137页。)《翁山文外》卷2《西屈族祖姑韩安人遗诗序》云:"考吾屈自汉高帝迁之关中……传至有唐,吾屈有节度使讳政者,自关中来,始居梅岭之南。南宋时,其孙迪功郎诚斋又迁于番禺沙亭……复号为南屈。"(《屈大均全集》第3册,第82—83页。)则屈氏南迁时间一为宋,一为唐;屈氏所由之地一为关中,一为祥符(今开封)珠玑巷。

② 屈大均:《沙亭解》,《屈大均全集》第3册,第472页。

③ 屈大均:《先考澹足公处士四松阡表》、《南海神祠碑》,《屈大均全集》第3册,第138、339页。

④ 屈大均:《告四世祖文》、《罗母黄太君寿序》,《屈大均全集》第3册,第216、97页;屈大均:《读先祖沧洲处士诗集》,《屈大均全集》第1册,第217页;《广东新语》卷7,《屈大均全集》第4册,第210页。

⑤ 屈大均:《先考澹足公处士四松阡表》、《先夫人祔葬记》、《钟广汉墓志铭》,《屈大均全集》第3册,第137、315、370页;屈大均:《广东新语》,《屈大均全集》第4册,第39页。

"屈五"。

崇祯十七年甲申（1644）三月明朝崇祯皇帝自缢煤山。五月清军进入北京。九月福临入关称帝，是为顺治元年。屈大均与同里诸子西园诗社。① 顺治二年乙酉（1645）五月清军进入南京，杀了即位南京刚满一年的南明弘光帝。屈大均资性奇异，天然函昰禅师②见而奇之，遂于是年使入粤秀山从陈邦彦受学。与薛始亨、程可则、陈恭尹等一同习学《周易》、《毛诗》以及鬼谷捭阖阴谋之术，"试辄冠其曹"。"隆武乙酉（按：即顺治二年），按院观风拔取英异，年十六，以邵龙姓名，补南海生员，号曰'非池'。宜遇于是携归沙亭谒庙，复姓屈氏。"③ 是年从兄屈士煠亦举于乡，广州人以翁山家为羡。顺治三年丙戌（1646）南明桂王即帝位于广东，为永历帝。十二月清军破广州，屈大均父宜遇携家返番禺思贤村定居，谓大均曰："自今以后，汝其以田为书，日事耦耕，无所庸其弦诵也。吾为荷蓧丈人，汝为丈人之二子。昔之时，不仕无义。今之时，龙荒之有，神夏之亡，有甚于春秋之世者，仕则无义。洁其身，所以存大伦也，小子勉之。"④

顺治四年丁亥（1647）陈邦彦为牵制清军快速追击永历帝，起兵高明山中，使生员马应房以水军先攻顺德，约大学士

---

① 《屈大均全集》第4册，第323页。
② 函昰，字丽中，号天然，番禺人。本姓曾，名起莘，字宅师，少与黎遂球诸人并以高才纵谈时事，约为方外游。举崇祯癸酉乡试，庚辰舟次南康，入匡山，诣求空隐道独和尚祝发受具。归里，说法诃林，迭主雷峰、海幢、栖贤、归宗、丹霞、华首、芥庵法席。一时遗民逸士，咸皈依为弟子。康熙丙寅（1686）卒于雷峰，年七十八。著《瞎堂诗集》、《语录》等。
③ 梁鼎芬修、丁仁长纂：(宣统)《番禺县续志》卷18，成文出版社《中国方志丛书》第49号，影印民国二十年刊本。
④ 屈大均：《先考澹足公处士四松阡表》，《屈大均全集》第3册，第137—138页。

陈子壮起兵南海，侍郎张家玉起兵东莞，参政黄公辅起兵新会，互为犄角。所统之军皆为乌合之众，各怀其私，难以成事。屈大均从其师陈邦彦起兵时尚不满十八岁，也率一队人马与陈子壮合兵攻广州，① 不下。陈邦彦转战三水、高明、新会、香山，一月十馀捷。陈邦彦复应驻守清远县的卫指挥使白尝灿之邀，合兵拒守，被围十日。九月李成栋率清军挖地道至城下，引爆火药。城破。陈邦彦率军巷战，项被三刃，被执，被磔于广州。陈邦彦起兵之初，其家人被难，几遭灭门，只有其长子陈恭尹逃得性命。这次行动虽然失败，但其牵制清军，解桂林之围的目的达到了。事后屈大均冒险收拾陈邦彦尸骸，囊之而归。②

顺治五年，即永历二年戊子（1648）三月，③ 李成栋反正，以广州附南明，且迎永历帝还肇庆。顺治六年己丑（1649）春，屈大均奉父命，赴肇庆行在，上《中兴六大典书》。以大学士王化澄荐，行将任职中秘，闻父病，遂归。十二月初五日，父卒葬于沙亭涌口之山。屈大均以永历钱一枚，系以黄囊，日夜怀之。④ 这一年屈大均二十岁，取字"翁山"。"予年二十时，梦登一峰，上有白玉台，高可百尺。一人散发箕踞，手执卷书，旁有一人指曰，此子之身，所谓翁山者也。

---

① 《屈氏族谱》卷11，《屈大均全集》第8册，第2114页。
② 屈大均：《死事先业师赠兵部尚书陈岩野先生哀辞》、《顺德起义臣传》，《屈大均全集》第3册，229—230、848—851页。
③ 按：据陈垣《二十史朔闰表》，时为明大统历闰三月、清时宪历闰四月。（见陈垣：《二十史朔闰表》，中华书局1962年版，第186页。）
④ 屈大均：《一钱说》，《屈大均全集》第3册，第130页。

觉而异之，因以翁山为字。"①

顺治七年庚寅（1650）十一月，清军再陷广州，屈大均礼天然函昰禅师于番禺圆冈乡雷峰海云寺为僧，法名今种，字一灵，名所居曰"死庵"。顺治九年壬辰（1652）欲北游，②顺治十年癸巳（1653）屈大均在庐山。顺治十二年乙未（1655）屈大均在粤中罗浮。顺治十三年丙申（1656）空隐③住广州海幢寺，选屈大均为侍者，大均为撰《空隐老人华严宝镜跋》。④这年冬，龚鼎孳颁诏至粤，持钱谦益书，访求空隐搜辑德清（憨山）《梦游全集》。顺治十四年丁酉（1657）广东布政使曹溶集众缮写。翁山为之校勘。此时屈大均居东莞篁村之芥庵。朱彝尊过东莞访之，与之订交。这年秋天，屈大

---

① 屈大均：《字八子说》，见《屈大均全集》第3册，第390页。按：何侃基《关于屈大均字翁山的试索》一文认为屈大均取字"翁山"，缘于浙江舟山岛上之翁山。该文云：浙江舟山岛唐时称翁山县，其上有翁山。清初这一地区抗清活动十分活跃，前后持续三十多年。当地流传着"翁山志不降"的歌谣。大均取字"翁山"，盖用此意。（见番禺炎黄文化研究会筹备组1996年版之《纪念屈大均文选》第66—68页。）

② 屈大均《髻人说》："壬辰年二十三，为飘然远游之举，以城市中不可以幅巾出入，于是自首至足，遂无一而不僧。"（见《屈大均全集》第3册，第471页。）

③ 空隐，名道独，字宗宝，南海陆氏子。年二十九入博山，博山无异禅师异之，遂落发为博山法嗣。居庐山之金轮，旋徙黄岩。粤人请居罗浮之华首台，闽人请往西禅，旋还粤之海幢寺，示寂于华首。函昰、函可等皆为其徒。（见孙静庵著，赵一生标点：《明遗民录》，浙江古籍出版社1985年版，第358页。）

④ 屈大均："丙申，侍老人于海幢，老人谓善说《华严》，无如长者，但论文浩繁，读者恐难直晓，特搜精义，命今种录为一篇。"（见《屈大均全集》第3册，第476页。）

均欲北上出塞寻访函可。① 顺治十五年戊戌（1658）春屈大均逾岭北上，② 号称赴沈阳寻函可（祖心）禅师，有人认为实为刺杀满洲要人。至江南，遇魏畊，相携入金陵，谒明孝陵，见顾梦游。顾梦游赠《送一灵师之辽阳兼柬剩和尚》二首，钱澄之赠《送一灵出关寻剩公》二首。至北京，诣万寿山寿皇亭之铁梗海棠树下，哭崇祯皇帝。宿故中官吴家，问宫中旧事。旋以事走济南，求李氏家藏翔凤御琴观之，并作歌。之后，东出榆关，访函可未得，吊袁崇焕废垒，周览辽东西名胜。后抵达奉天，混进沈阳故宫窥探形势，至十王殿被捉。因其形象文弱不类刺客，且身无利器，从宽驱逐出境。③ 屈大均继之南下，冬客广陵。

顺治十六年己亥（1659）郑成功以水军收复瓜州、镇江等地，金陵正准备议降，因郑成功骄傲懈怠为清军所乘，很快败走。这期间屈大均积极参与郑成功和张煌言的军事行动。顺治十六年己亥至康熙元年壬寅间，屈大均往返于吴越之间，结交志士遗民，与魏畊、祁斑孙、祁理孙等联络海上之师。屈大

---

① 函可，字祖心，号剩人，本姓韩，名宗騋，广东博罗人。明大学士韩日缵长子。礼空隐和尚落发受具，住华首台充都寺。弘光立，入南京请藏。比归，行至城门，以箧中有《再变记》等书稿，为逻者所执，械送京师，遣戍沈阳，为清代文字狱第一人。至戍地，开法千山，卒于顺治十六年（1659）。工诗。著《千山诗集》。

② 屈大均《天崇宫词序》云："臣大均自戊戌春北走幽燕，曾亲诣万寿山寿王（按，"王"疑为"皇"）亭之铁梗海棠树下，伏拜恸哭久之。"（见《屈大均全集》第3册，第431页。）《翁山文钞》卷2《御琴记》："戊戌之春，草泽臣大均，北走京师，求威宗烈皇帝死社稷所在。"（见《屈大均全集》第3册，第300页。）

③ 邬庆时著，广东省立中山图书馆编：《屈大均年谱》，广东人民出版社2006年版，第53页。又，顾梦游《顾与治诗》卷5《送一灵师之辽阳兼柬乘和尚》二首诗后注云："灵公，粤人，从雪公来金陵，欲北上具疏请自戍，而求放剩和尚入关。"（见《四库全书存目丛书补编》第1册，影印民国金陵丛书丙集刻本，第46页。）

均奔走数年,终归无果。顺治十八年辛丑(1661)缅甸人执永历帝献于吴三桂军前。康熙元年壬寅(1662)四月,吴三桂以弓弦缢杀永历帝于昆明郊外。这一年屈大均南归,至桐江南岸富春山之麓,拜谢翱墓,至秋,归里。为便于在家侍母,蓄发。人称罗浮道人。

康熙二年癸卯(1663)屈大均奉母避难入泷州。① 康熙四年乙巳(1665)春屈大均再次北上,至金陵,游嘉兴,在杭州与孙默(无言)话别。是年秋,游吴门,逢杜恒灿。杜恒灿,字杜若,号苍舒,三原人。十一月二十七日从南京渡江,偕杜恒灿入陕西,岁暮抵三原,寓城南庆善寺。

康熙五年丙午(1666)正月入三原城。二月至泾阳,于温氏馆遇王弘撰。② 王邀为太华之游。三月六日,屈大均偕王弘撰从故道复往华阴。八日,至王弘撰普里独鹤亭,弘撰命其子王宜辅导上太华,弘撰送至醉溪而别。四月朔,下山。五月初二日,屈大均偕王弘撰、王宜辅父子同入西安,与王宜辅往观碑洞。同李因笃、李楷、杜恒灿、王弘撰父子置酒高会。时有十五国客,大均与颜光敏以诗盛称于诸公,一座属目。先是传大均《华岳》长律至西安,因笃见而惊服,即再拜订交,谓今日始得一劲敌。沈荃见屈大均《华岳》诗,叹为旷世奇男子。其后,大均与李因笃寻未央宫遗址,同至富平韩家村李因笃家登堂拜母。六月偕李因笃自富平同往代州,过太原访傅山,至代州,识顾炎武。八月六日,游五台山。屈大均游代州

---

① 康熙元年内迁沿海之民五十里,沙亭扰攘,避难当缘于内迁之扰。

② 王弘撰(1622—1702),字无异,一字文修,号山史,又号待庵,陕西华阴人。明诸生,嗜学,收藏古书画金石最富,著有《易象图述》、《山志》、《砥斋集》、《西归日札》、《待庵日札》等。关中人士之领袖。康熙戊午(1678)征举鸿博不就。初与李因笃关系甚密,及李就征鸿博,则与之绝交。

时，在李因笃等人的安排下，娶西北女子王华姜。王华姜是明朝将领王壮猷的女儿。王壮猷，榆林人，顺治二年乙酉（1645）秋，建义旗于园林驿，战败投城下而死。其子同时被难。王华姜刚出生三天，其母怀之逃至其姑侯公家避难，养于其家。王华姜国色天香，又好驰马习射，诗画琴棋，无所不善。王华姜颇具将才，其丫鬟也于鞍马弓箭样样娴熟。李因笃等人安排王华姜嫁给屈大均，其目的是为将来在南方的军事行动作准备，以之作为起兵时的主要领军人物。

康熙六年丁未（1667）八月朔，屈大均自代东入京。康熙七年戊申（1668）三月顾炎武以莱州黄培诗狱案牵连，下济南狱中。李因笃走燕中急告诸友，大均在京师参与其事。之后，屈大均返代州，欲从代州返岭南。这年秋，王华姜生女阿雁。八月二日，屈大均携家东行，至昌平，谒长陵以下诸陵，遂入京。买舟南行，至济宁，舍舟陆行，岁暮，至秦淮度岁。康熙八年己酉（1669）春，屈大均夫妇于南京遇李符。屈大均顺道访朱彝尊、徐嘉炎于嘉禾，下榻嘉炎斋中。八月，抵番禺故里。

康熙九年庚戌（1670）正月十一日，屈大均移家东莞，设馆于尹源进家。二十七日，王华姜病卒。年仅二十五岁。屈大均作《哭内子王华姜》十三首。康熙十年辛亥（1671）二月，屈大均辑刻自己及海内四十余人悼念华姜的诗文为《悼俪集》。屈大均以此书焚告华姜。四月，屈大均赴雷阳访吴盛藻。七月自雷阳归。是年小除，屈大均续娶东莞黎氏。康熙十一年壬子（1672）七月，屈大均游端州、新兴、阳春、电白、高州、化州、遂溪、廉州、雷州、钦州等地。

康熙十二年癸丑（1673）清廷议撤三藩。七月，吴三桂、尚可喜、耿精忠先后请撤藩，皆许之。十一月吴三桂杀云南巡抚朱国治，率所部反清，以蓄发复衣冠号召天下。这年冬天，

上编　岭南三大家的交游和创作

屈大均北上经清远、英州至乳源,访高士周诇①,继至湖南入吴三桂军中。康熙十三年甲寅(1674)吴三桂自云贵率兵三十万,至湖广,迭陷常德、澧州、岳州、长沙、襄阳诸处。孙延龄于广西、耿精忠于福建、王辅臣于陕西叛应吴三桂。这年正月,屈大均至衡阳,从军于湖广,转战于武陵、长沙、岳阳、桂阳等地。以广西按察司副司,监安远大将军孙延龄军。康熙十四年乙卯(1675)屈大均监军桂林。康熙十五年丙辰(1676)尚可喜卒于粤,其子尚之信以广州响应吴三桂。二月,屈大均谢桂林监军,经湖南临武入粤,归至佛山。四月携家返沙亭。

康熙十七年戊午(1678)吴三桂在衡州称帝,国号曰周,改元昭武。八月病卒,其孙吴世璠继立。秋,陈恭尹以尝为尚之信延揽,下狱。康熙十八年己未(1679)春,陈恭尹出狱。屈大均知自己入吴三桂军中,其罪甚于恭尹,于是携家,与郭青霞避地至南京。康熙十九年庚申(1680)尚之信被赐死。在广东参议督粮道耿文明和广东提学道陈肇昌的斡旋下屈大均得以于这一年秋回乡。②回粤后,初寓居东莞,十二月返沙亭,僦居莘汀沙梨园。③康熙二十年辛酉(1681)设馆于广州耿文明官署。

---

① 周诇,字以濂,安福人,崇祯壬午举人。清兵南下,遂入乳源梅花山中隐居,不出山二十馀年。
② 邬庆时著,广东省立中山图书馆编:《屈大均年谱》,广东人民出版社2006年版,第172、183页。
③ 陈恭尹《寿屈母黄太夫人序》:"往岁,屈子奉太夫人客金陵,既归,予入揖,太夫人双鬓皤然,而体貌加壮,为之大喜相慰。屈子既还其乡新汀,开九歌草堂以居,予不获见太夫人者,于今数年,非疏也。"(《陈恭尹集》,第615页。)按:新汀,即沙亭莘汀,今属化龙镇。《广东新语》卷二十五亦云:"予所居覆船山下,曰沙梨园。"(《屈大均全集》第4册,第575页。)覆船山在今化龙镇莘汀村附近,又称老虎冈。自思贤村望去,形如覆船,自莘汀望之则如卧虎,故有不同称呼。

· 45 ·

康熙二十一年壬戌（1682）耿精忠以罪诛，三藩平，第二年郑克塽以台湾降清，明正朔绝。康熙二十六年丁卯（1687）屈大均"在本乡思贤里社之东"，"自买沙田头地一区"，为十一世祖听泉公、十二世祖沧洲公、十三世祖素庵公、十四世祖梅侣公建"寿昌"祖祠。翁山亦紧依"寿昌"祖祠而居。① 此后屈大均未再远游，常与当地官员和入粤仕清文人诗酒唱和。屈大均生性好动，息游之后又多次游走端州、乐昌、永安等地，要之其足迹不出岭南。其间两广总督吴兴祚，两荐屈大均出仕，大均皆婉言谢绝。康熙三十五年丙子（1696）五月十六日屈大均病卒，托后事于王煐和陈恭尹，享年六十七岁。

第二节　屈大均与遗民之交游

屈大均一生五次北游，所交遗民之多，难以一一细述。在此只能略而述之。

一、屈大均与岭南遗民文人群

屈大均所结交的岭南遗民主要有：陈恭尹、张穆、高俨、

---

① 屈大均：《告四世祖文》，《屈大均全集》第3册，第216页；按：此"寿昌"祖祠，后又重修。现存祖祠为光绪二十二年（1896）重修，门额书"听泉屈公祠"、"光绪丙申孟秋"，前后二进，两边皆有走廊。2021年1月笔者询诸翁山九世孙屈荫华老先生，得知"听泉屈公祠"后座原悬挂"寿昌堂"牌匾，为翁山手书，今已不存。屈荫华所说与文献相合。屈荫华又云紧靠祠堂右边即为翁山故宅。故宅现存一栋危旧房屋，当建于清末。翁山故里在思贤村，屈氏族人屈巨贤谓此为族人共识。并谓翁山因避难而居止不定，然其恒居之地乃在思贤，其所著述亦成于思贤。此说可信。因为翁山后人今尚有多家紧依"听泉屈公祠"而居。屈巨贤云邬庆时《屈大均年谱》所记多有不确之处，邬庆时不以思贤为翁山故里，即为其一。

陈子升、王邦畿、岑徵、何巩道、何绛、王鸣雷、陶璜、黎延祖、黎彭祖、谢元汴，以及遗民僧函昰、函可、成鹫等。

如前所述，顺治二年乙酉（1645）天然和尚见翁山姿性奇异，命从陈邦彦就读于粤秀山中。这一事件为屈大均刚刚启航的人生之旅，确定了方向。顺治七年庚寅（1650）冬清军复破广州，屈大均礼函昰于番禺圆冈乡雷峰海云寺为僧。法名今种，字一灵，名所居曰"死庵"。在屈大均一生中的两个重要的转捩点上，岭南遗民僧函昰，都起到了极为关键的作用。可以说函昰两次扭转了屈大均命运的钟摆。

顺治十四年丁酉（1657）秋屈大均欲北上寻访函可。张穆①画马赠诗以别，陈子升②、岑徵③皆有诗送行。张、陈、岑三人皆是以气节著称的遗民文人。据详细比较，此次北行起意于顺治十四年（1657）秋冬，实际上至顺治十五年（1658）

---

① 张穆（1607—1683），字尔启，又字穆之，号铁桥道人，广东东莞人，少时倜傥任侠，好击剑骑射，二十七岁时壮志北行，欲立功边塞。未果，游历江南各地。隆武帝立，入福建，由曹学佺推荐，入御营兵部试用。旋奉诏与张家玉回粤，在惠州、潮州等地招募兵马。汀州变起，以粮饷不继，返里不出。张穆善诗工画，尤善画马。著《铁桥山人稿》。康熙十一年前后，张穆隐居东莞石鳞山中，筑石鳞草堂，戴竹皮冠，以遗民终老，亦称二桥山人。

② 陈子升（1614—1692），字乔生，号中洲，广东南海人。陈子壮之弟。年十六补诸生，明末与黎遂球、陈邦彦以文章声气遥应复社。南明隆武元年（1645），由张家玉荐，由贡生任中书舍人。永历立，擢吏科给事中。顺治七年（1650），粤东再陷，会以使事先出，追随不及，流落草泽间，久之乃归里。晚年入庐山，礼函昰。归后杜门不出。工诗，善音律，又长于书画篆刻。著《中洲草堂遗集》等。

③ 岑徵（1625—1699），字金纪，号霍山。南海人。明诸生。少颖敏，日诵万言，贯通群籍，明亡时，年二十，弃儒冠，绝意进取，与陈恭尹同隐西樵山中。喜任侠韬钤之术，后出游，泛三湖，走金陵，入燕赵。尽耗家资后返乡授徒自给。性方介，虽穷困以终，不自悔。陈恭尹《选选楼集序》云："每酒酣击案，切齿于失机误国之俦，而引断以

春方才成行。邬庆时《屈大均年谱》谓：翁山这次出塞名为寻访函可，实为刺杀满洲要人。① 屈大均这次行动虽然经过较长时间的酝酿，但其北上的目的却少有人知。张、陈、岑算是了解内情的二三知己吧。屈大均出塞之后，陈子升等人颇为之担心，作诗怀之。顺治十八年（1661）屈大均于会稽得读其诗后，作《会稽春暮酬南海陈五给谏怀予塞上之作兼寄西樵道士薛二》诗。陈五给谏为陈子升。薛二，即薛始亨②。

康熙元年壬寅（1662）秋屈大均归自吴越。从兄屈士燝③、屈士煌④以及陈子升、王邦畿⑤、陈恭尹、薛始亨、谢

古今成败，仰天号叹，至为泣下，其壮心热血亦足观矣。"（《陈恭尹集》，第748页。）梁佩兰亦在《选选楼集小序》中云："余友岑徵……值明季甲申之变，弃诸生入隐西樵。家在九江，经岁不一入郡。所相与交好皆高僧野人，或通家世谊，非是弗顾也。性聪敏，能日诵万言。博涉群籍，经事史事无不贯串。而不喜多誉，舍二三知己而外，世卒无有知之者。其生平高风亮节，在屈、陈二公之上。尝游吴楚为凭吊之诗，以当新亭之泣。其为人可知已。"（《六莹堂集》，第419—420页。）

① 邬庆时著，广东省立中山图书馆编：《屈大均年谱》，广东人民出版社2006年版，第53页。

② 薛始亨（1617—1686），字刚生，号剑公，别署甘蔗生、剑道人、二樵山人，顺德人。与大均同受学于陈邦彦，工诗书画，精琴棋剑艺。明亡后，隐居西樵山中，后入罗浮山为道士，以著述自乐。著有《南枝堂稿》、《蒯缑馆十一草》等。

③ 屈士燝（1627—1675），字贲士，一字白园，南明隆武乙酉（1645）举于乡。屈大均从兄。清兵南下，与弟士煌破产从军。广州陷，与弟徒步入滇，效力南明永历朝廷。永历十二年（1658）转礼部员外郎。

④ 屈士煌（1630—1685），字泰士，一字铁井，屈大均从兄。屈士燝之弟，年十六，补诸生。清兵南下，与兄破产从军。广州陷，又与兄徒步入滇，效力南明永历朝廷，任兵部司务，试职方司主事。清兵入云南，还家，奉老母匿迹山林。以笔墨代耕稼。永历被害，郁郁而终，年五十六，著《铁井诗文稿》。

⑤ 王邦畿（1616—1665），字诚籥，一字说作，广东番禺人。明末副贡生，隆武乙酉举人。绍武立，以荐官御史，永历时从之肇庆，及

揪①等遗民皆以诗贺其平安归来。在乡苦盼的同声同气之人,见到任侠远游数年归来的游子,当是无限快慰。本年中秋,屈大均与岑梵则②、张穆、陈子升、王邦畿、高俨③、庞嘉鼇④、梁观⑤、屈士煌、陈恭尹等宴集于广州西郊。屈大均为述崇祯皇帝御琴事。陈恭尹作《秋日西郊宴集同岑梵则、张穆之、陈乔生、王说作、高望公、庞祖如、梁药亭、梁颙若、

桂王倾覆,乃遁归。以诗名,隐居顺德,著有《耳鸣集》。礼函昰于雷峰,为居士,名今吼。金堡《王说作诗集序》云:"说作诗诸体皆工,至其五七言律,真足夺王、孟之席。"(澹归和尚:《遍行堂集》第1册,第174页。)王士禛曰:"说作句如:'云低沧海树,潮上夕阳城'、'曙色寒山外,秋风古渡前',殊近钱、刘。"(《渔洋诗话》,见王夫之等撰、丁福保辑:《清诗话》,上海古籍出版社2015年版,第188页。)凌扬藻则曰:"所为诗引喻藏义,寄托微远,非身其际者莫得其比兴所由。钱受之谓其学殖富,意匠深,云浮朏流,别出岭南诸子之间。"(凌扬藻:《国朝岭海诗钞》卷1。)

① 谢揪,生卒年不详,字惟秉,僧名今揪,字邺门,番禺人。明诸生,著《螺室诗集》、《箕山草堂诗稿》。

② 岑梵则,其人未详,陈恭尹《西郊赠岑梵则》诗云:"而今万事付儿孙,寂寞荒丘采薇蕨。唯有新诗似少年,夜夜高吟松下月。"(见《陈恭尹集》第331页。)由此诗可知岑梵则当为遗民。

③ 高俨(1616—1689)字望公,又字俨若,号海滨渔父,广东新会人。明亡,与陈子升、王邦畿、陈恭尹、张穆等游,复与张穆有偕隐之约。性高洁,尚可喜入粤,闻其名征之,屡辞不就。博学工诗,以诗书画三绝而闻名,著《独善堂集》。

④ 庞嘉鼇,又名庞招游,字祖如,明经,南海人,世居弼唐乡。陈邦彦弟子。遭乱,礼天然为居士,山名今焰,字若云,筑易庵。按:《海云禅藻集》卷4本传作"今馦",阮元(道光)《广东通志》卷328《函昰禅师传》按语作"今馣"。顺治三年丙戌(1646)乱后,梁佩兰、陈恭尹、陶璜、方颛恺等皆往依之。康熙十五年丙辰(1676)庞招游舍弼塘之亦庵为净社。

⑤ 梁观,字颙若,号虚斋,南海人。士济之子,贡生。遭乱后移居顺德,构西山草堂,吟咏其中。著有《虚斋集》。陈伯陶《胜朝粤东遗民录》有《梁观传》。

屈泰士、屈翁山,时翁山归自塞上》诗。陈子升、张穆、高俨等亦有诗纪之。

康熙四年乙巳(1665)春屈大均赴金陵,陈恭尹、陈子升等一起为之饯行,同赋《罗浮蝴蝶歌》赠之,以罗浮蝴蝶比拟大均。康熙七年戊申(1668)屈大均因顾炎武下济南狱事,偕李因笃来京,与遗民何绛①在程可则京城寓斋游宴累月。

康熙八年己酉(1669)八月屈大均自塞上归抵番禺故里。陈子升、陈恭尹皆有诗赠之。屈大均这次远游又无功而返,心中难免有所失落。陈子升以诗安慰:"诗名重译处应闻,四十休嗟未策勋。"②陈恭尹《屈翁山归自雁门相见有诗》尤为动人:"踟蹰城西隅,北风吹我寒……人生知几何,一别逾五年。"③

康熙九年庚戌(1670)正月屈大均继室王华姜病卒。陈子升作《为屈翁山悼妻华姜王氏》诗,屈士煌作《王孺人传》,陈恭尹作《王华姜哀词》、《华姜墓志铭》。王华姜为烈士之女。李因笃等人安排她嫁给屈大均有着特殊的用意。王华姜之卒,让许多遗民深感痛惜。

康熙十年辛亥(1671)八月,屈大均、陈恭尹、林梧④等

---

① 何绛,字不偕,号孟门,广东顺德人。布衣。好读书,博通群籍。明亡后,揣摩兵法,尝与陈恭尹为澳门之游,并同渡铜鼓洋,访求遗民。逾梅岭,游长江,过黄河,入太行,交结徐枋等志士。与陈恭尹、陶璜、梁槤,及其兄何衡隐居北田读书,称"北田五子"。
② 陈子升:《屈翁山归自雁门有赠》七律,见《中洲草堂遗集》卷14,《丛书集成续编》第151册,影印道光二十年(1840)诗雪轩校刊本,台北:新文丰出版公司1988年版,第378页。
③ 《陈恭尹集》,第733页。
④ 林梧,字叔吾,林洊之子,东莞人。林洊,东莞死节之士。林洊三子为林杨、林杞、林梧,称"三林"。

泛舟东莞东湖，至晚宴集于尹源进兰陔别墅。本年陈子升之青原，访方以智、熊遇山。屈大均、陈恭尹皆作诗送之，云："行行至青原，朝夕聊安禅。"① 康熙十二年癸丑（1673）秋查容归海宁，屈大均与遗民张穆、陈恭尹等以诗送之。

康熙十六年丁巳（1677）屈大均访遗民黎延祖②、黎彭祖③于番禺板桥莳园，拜其父黎遂球像。黎遂球（1602—1646），字美周，广东番禺人。天启七年丁卯（1627）举人，再试不第，杜门著述。崇祯初年自北京落第南归，行至扬州，参加江淮名士举办的"黄牡丹会"，即席赋诗十首，名列第一，被誉为"牡丹状头"，诗名大噪。其后，与陈子壮等十一位诗人倡复南园诗社，世称"南园十二子"。其诗雄直痛快，高华俊爽，有"粤之太白"之誉④。崇祯末诏授兵部职方司主事。乙酉（1645）率两粤水师赴赣，与弟黎遂淇力战而死，赠兵部尚书。屈大均在《皇明四朝成仁录》中细述其事，《翁山文钞》卷二《黎太仆公画像记》感慨其晚遇及志节。

康熙三十一年（1692）壬申正月十七日，屈大均、梁佩兰、陈恭尹、龚翔麟、王煐、陈廷策、陈子升、王世桢等十多人，应大汕邀请，社集长寿寺离六堂。其中岭南遗民只有陈子升、屈大均、陈恭尹。此后屈大均与岭南遗民的交游也就基本

---

① 屈大均《送陈中洲》，见《屈大均全集》第1册，第19页。

② 黎延祖，字方回，番禺人，黎遂球长子，明恩贡生。延祖荫锦衣卫指挥佥事。国亡，与弟彭祖隐居不仕。以赣之五忠祠及广州仁厚里专祠皆废，乃于板桥乡之莳园，重建莲须阁，藏其遗书，搜求先世诗文，合之黎遂球《莲须阁集》，凡得十有九人，嘱陈恭尹选刊之，为《番禺黎氏存诗汇选》。王士禛至粤访之，为其序《瓜圃小草》，后礼天然和尚，名今延，号禺海遗民。（见陈伯陶《胜朝粤东遗民录》）

③ 黎彭祖，字务光，黎遂球仲子，明岁贡生。与兄延祖隐居不仕。工诗。富才思，多旷达之旨，著《醇曜堂集》。

④ 温汝能：《粤东诗海例言》，温汝能纂辑，吕永光等整理：《粤东诗海》，中山大学出版社1999年版，卷首第20页。

上结束了。

屈大均奔走天下二十年,所交遗民多名享四海之人。比较而言他与岭南遗民文人的交游反而不算很多。这不是他没有与之交游的愿望,而是长期远游在外,减少了他与岭南遗民交游的机会。

二、屈大均与来粤遗民之交游

屈大均一生浪迹四方,所交遗民除著籍岭南者之外,还有很多。所交外省入粤遗民,有张杉、张梯、王世桢、蓝涟、周诩、周秋驾、郭清霞、何礌和魏礼等。

张杉、张梯

张杉(?—1681),字南士,浙江山阴人,一说萧山人,义士,性孝友。康熙二年(1663),海上狱起,清大将军利璋急捕魏畊、李达、杨迁、祁班孙诸人。张杉只身奔走,为经纪其事。魏畊走萧山,复走梅市,后遭捕被杀。张杉逃往钱塘。后祁班孙被徙塞外,张杉同往。押解之人点查人数,发现多出一人。押解之人为张杉义举感动,力劝之返。张杉嚎咷而别。萧山毛甡(毛奇龄)避人出走,潜归,怨家迹之,康熙十四年(1675),毛甡在汝宁,杉独身寻甡,相持而归。

顺治十五年(1658)屈大均北上寻访函可,无果而返。之后浪游吴越数年,结交志士遗民和其他人等。顺治十七年(1660)张杉隐居白鱼潭,屈大均作《寄萧山张杉》诗:

闻君白鱼潭,芦花秋半舍。持竿皎月下,沽酒寒溪南。我欲游天姥,因之结草庵。会当遣双鹤,来此迎苏耽。①

---

① 《屈大均全集》第1册,第597页。

顺治十八年（1661）春末屈大均渡江至杭州，在孤山侧之段桥与张杉等吟咏玩月。屈大均作《渡江同诸公玩月段桥》：

> 月从镜湖来，堕尔荷花杯。荷花皎如雪，齐向美人开。露滴罗衣冷，风含玉笛哀。啼乌歌未罢，车骑且徘徊。①

当时与会者除张杉外，还有朱彝尊、曹溶、施闰章、徐缄、姜廷梧、祁理孙、祁班孙。

康熙十九年（1680）张杉游粤，以其侄官广东盐市司提举，过其任所。② 李士桢《抚粤政略》载，康熙十九年至二十一年（1680—1682），广东盐课提举为张溱。张溱或即其侄。康熙二十年辛酉（1681）张杉欲返越州。屈大均作《送张南士返越州因感旧游有作》十三首。在这一组诗中咏及他早年在那里所交志士遗民：魏畊、祁骏佳、祁彪佳、王翚、钱缵鲁、朱士稚等。大均对那里的朋友和山水充满了怀恋，对那里死难的志士充满了敬仰之情：

> 可怜一片镜湖水，只有西施一浣纱。千载芙蓉为谁发？君归好上钓鱼槎。（之一）
>
> 英雄泪尽此刀环，我欲浮家镜水间。越女鰠来天下白，冯君寄语苧萝山。（之十三）③

张杉欲归而未及归，即卒于岭南。

张梯（生卒年不详），字桐君，一字木弟。浙江山阴人。张杉弟（一说为张杉兄，张梯与弟张杉、张楞称"三张子"）。明季每出主文社。顺治三年（1646），楞以抗清死。梯乃髡发

---

① 《屈大均全集》第 1 册，第 597 页。
② 毛奇龄：《毛西河先生全集》卷 14 之《张南士墓志》，萧山陆凝瑞堂藏板，嘉庆元年重印本。
③ 《屈大均全集》第 2 册，第 1211、1212 页。

游泽中。后为王煐幕客,卒于粤。

康熙二十四年乙丑(1685)张梯来岭南,赠屈大均宫扇,屈大均作《张桐君饷我杭州宫扇赋此答之》二首。① 《翁山佚文》另有《张桐君诗集序》一文。屈大均在广州城南建三闾书院,供奉屈原。张梯来粤后题三闾书院。屈大均作《答张桐君见题三闾书院之作》二首以答谢张梯:

> 桐君何事别桐庐?来问罗浮桂父居……身是湘累憔悴种,忍将词赋送居诸。(之一)

> 楚国王孙三户少,骚人弟子二京多……知命不嫌归汉晚,同君饮酒莫蹉跎。(之二)②

屈原在当时遗民心中是一个具有象征意义的特殊符号,常常成为遗民慷慨悲歌的情感意象。

康熙二十五年丙寅(1686)春日,镇远将军王永誉③府中牡丹盛开,屈大均与张梯、陈恭尹、张远、梁佩兰等集倚剑堂,赏花分赋。王永誉礼贤下士,热情邀约,遗民屈大均、张梯等也乐于雅集吟咏。

康熙二十八年己巳(1689)王煐来粤任惠州知府。之后张梯入王煐幕中。在张入幕期间屈大均与之时有往还。屈大均《满庭芳·奉答张桐君惠阳幕中见怀》词云:

> 堤接鹅城,桥横渔浦,渺茫尽是春烟。故人愁断,多

---

① 按:人民文学出版社1996年版《屈大均全集》之《翁山诗外》误作《张桐尹饷我杭州宫扇赋此答之》。

② 《屈大均全集》第2册,第919页。

③ 王永誉,字孝扬,汉军正红旗人。王国光之子,袭一等男。康熙二十年(1681)任广州将军,官至本旗都统。一云:王永誉于康熙十九年(1680)任广州将军。郝玉麟修,鲁曾煜纂(雍正)《广东通志》卷30云:广州将军康熙二十年始设。王永誉为首任。其接替者为正白旗人拜音达礼,康熙二十七年任。(见《广州大典》第249册,第219页。)

为草连天。谁料才华莫用？空趋府，蛮语年年。怀人句，花中叶外，多少泪光妍。　情牵教凤子，西从药市，东至香田。谩衔得相思，一一红笺。此恨何时解释？垂白矣，犹自婵娟。明妃好，胭脂未落，青塚已凄然。①

皤然白首，犹无处用武，英雄途穷，空自摇笔叹恨。在这首词中屈大均向张梯倾诉了自己无法释解的遗民之恨。

王世桢

王世桢（1626—1693），初字础臣，中岁易为础尘，江苏无锡人。生于明天启六年（1626）十月初十日。明诸生。博学强记，习先朝典故。年十九，值甲申之变，恸哭出门，谒督师史公可法于维扬，进以救时之策，史公大悦，延入幕府，亲为之冠，行三加之礼。南都既溃，寄迹僧寺者三年，后奉父母隐居洞庭东山八年，教书为生。吴兴祚为令无锡时，奇其才，周旋其患难。后吴总制两广，又约之入粤，入其幕中。后王世桢又客惠州王煐廨署，二人序为兄弟。康熙三十二年（1693）卒于岭南。②

王世桢是一位形迹类似屈大均的志士，一生浪游四方。北游燕、赵、青、齐，南游江、楚、滇、黔，逾五岭，徘徊粤闽之间。康熙二十五年丙寅（1686）屈大均见一茎数穗之禾，作《嘉禾歌为王础尘寿》：

三百年来草未垦，此土发祥有真龙……子孙会有圣人出，嘉禾为兆非年丰。我从王君闻此兆，如此嘉禾古所少……名世即同王者兴，周公嘉禾作应又。③

屈、王二人因岐谷一株生发王者复出的联想。这一联想也是其

---

① 《屈大均全集》第 2 册，第 1411 页。
② 陈恭尹：《王础尘行状》，见《陈恭尹集》，第 668—671 页。
③ 《屈大均全集》第 1 册，第 193—194 页。

心中光复前朝之念不曾泯灭的表现。

康熙二十八年己巳（1689）九月初五日，屈大均六十岁寿日，王世祯作《少莱子歌为屈翁山寿》。王诗未见，据陈恭尹《续王础尘少莱子歌为屈翁山寿》诗可知。王世祯一生多次往返岭南岭北。康熙二十九年（1690）王世祯自岭南往赣州，屈大均作《送王础尘之赣州》二首。其二云：

> 黄帝岂从狂屈问？真人应向野王求。绛衣日照长无夜，白发风吹更不秋。①

尽管此时"白头吾友渐无人"（其一），但屈、王二人仍不忘故国，希望"真人"复出。

王世祯晚年常常与屈大均等人相聚唱和，一些非常平凡的物什也会成为他们吟咏的对象。屈大均《咏茼蒿花同础尘、元孝限四十韵》诗表示甘愿穷贱以终。康熙三十年辛未（1691）夏王世祯将归无锡，屈大均与陈恭尹、林梧等集于六莹堂，以诗送之。

康熙三十一年壬申（1692）正月十七日，王世祯和屈大均应释大汕之邀与陈恭尹、梁佩兰、王煐、龚翔麟、陈廷策、陈子升、廖煃、季煌、沈上钱、方正玉、朱汉源、黄河澂、黄河图社集长寿寺离六堂，分韵赋诗。屈大均作《上元后二夕惠州、韶州两使君暨诸公同集长寿精蓝分得一先韵》二首。

康熙三十二年癸酉（1693）王世祯去世，屈大均作《哭王处士》：

> 大江以南谁狂奴？故人未兴何所图！长身美髯气虓勇，叱咤可恨风云无。国亡甘作沐犊子，二十有六称鳏夫。亚匹管萧吾亦尔，英雄命苦成拘儒。每兄事君拜床下，疏巾单衣长与俱。②

---

① 《屈大均全集》第2册，第1003页。
② 《屈大均全集》第1册，第208页。

屈大均天生英豪,不可一世,却兄事世桢。王世桢性格刚直,发誓故国不复,死不归葬,临终遗言埋骨罗浮。王煐权之以礼,出资葬王世桢于无锡祖茔,葬其衣冠于罗浮。屈大均作《送王处士灵柩归祔锡山先茔》四首,其一云:

> 素冠相送出梅关,反葬东吴有故山……我尚为人争便得,幅巾追逐白杨间。①

二人感情之深,以至于屈大均愿"追逐白杨"之间。康熙三十三年甲戌(1694)十月,陈恭尹葬王世桢衣冠于罗浮山,以书招屈大均往会。屈大均作《王础尘衣冠冢志铭》:

> 自申酉以来,五十年间,皆有所大不能忘于心者。每一相见未尝不相对而哭,而不知其不可也。今之哭君,则又非哭君也,亦惟哭君之所以哭者而已矣。君佯狂自废,垢面敝衣,与予之所行皆如接舆之髡,桑扈之裸矣。②

屈大均悼友之亡,实际上兼悼故国之不能兴复。

屈大均与王世桢深挚的友情源自他们共同的兴复故国之志。他伤悼世桢之死,亦是对自己大志无成的慨叹。

曾灿

曾灿(1626—1689),本名传灿,字青藜,号止山。江西宁都人。曾应遴仲子。曾畹弟。曾灿有文武才,年二十,隆武帝遣曾灿入汀赣山峒,招抚峒众四大营,约数万人。赣州破,隆武帝死于汀洲,父侍郎应遴亦卒。遂改僧服行游,遨游闽浙两广间,大母陈、母温,念灿成疾,乃归宁都,以大母命受室,筑六松草堂,躬耕不出。后乃入易堂,与同里魏禧等交往甚密,为"易堂九子"之一。乔居吴下最久,客游燕市以卒。著《六松堂诗集》九卷,《曾青藜初集》一卷,《文集》三

---

① 《屈大均全集》第2册,第883页。
② 《翁山文钞》卷5,《屈大均全集》第3册,第371页。

卷,《六松堂诗馀》一卷、《止山集》等。邓之诚以为"大约易堂诸人,文学造诣,首推禧,次则属灿"。①

曾灿《六松堂文集》卷十二《张穆之诗序》云:"予于辛卯春,谋食岭南。"辛卯即顺治八年(1651)。据此可知曾灿此时来游岭南。

屈大均有《送曾止山还光福歌》一诗:

> 梅花将军越王孙(谓梅鋗),汤沐正在梅花国。飞扬往日破强秦,沛公项羽资其军……我将移居向慈里,与君咫尺梅花里。千年冰雪作肌肤,欲学仙人姑射子。②

屈大均的英雄和仙人情结,这首诗皆有透露。

曾灿于康熙二十三年(1684)春尝游广东西宁县,有咏文昌阁诗。屈大均时亦游西宁,作《送曾止山》三首:

> 野寺莺花外,相逢泪满巾。犹多天宝客,已少永和春。龙去悲明日,天回望此人。吾衰何足叹,勉作采芝臣。(之二)③

诗后注云:"时三月十八日,故第五句云云。"三月十九为崇祯殉国之日。时光流逝,对故国的怀恋之情却没有随着时光的流逝而消减,两位遗民相见仍为故国而相向流泪。

曾灿曾经选海内名家诗二十卷,名《过日集》。其中选有屈大均诗五首。另外,《过日集》卷十一还有《曾青藜、屈翁山集梅旅限韵》五律一首。

魏礼

魏礼(1628—1695),字和公,又字凝叔,号季子。江西

---

① 邓之诚:《清诗纪事初编》,上海古籍出版社2013年版,第216页。
② 《屈大均全集》第1册,第127页。
③ 《屈大均全集》第1册,第481页。

宁都人。明亡，弃诸生。有《魏季子文集》十六卷。魏礼与兄魏际瑞、魏禧隐翠微峰，一门师友，以古文名满天下，人称"宁都三魏"。魏际瑞（1620—1677），原名祥，字善伯，号伯子，又号东房。顺治十七年（1660）贡生。一人应清廷之迫，以保全家。善伯任侠好义，当世隐君子暨族戚，倚以为安危者三十馀年。

屈大均与魏礼结识很早，他们二人应于康熙元年壬寅（1662）结识于岭南。康熙十九年庚申（1680）孟夏，魏礼之子魏世傚客南京，以先辈礼见屈大均。时屈五十周岁。魏世傚作《屈翁山五十序》，云："先生与家君交友于粤东。"① 魏礼曾多次来粤。前两次来粤分别是顺治十五年戊戌（1658）、顺治十七年庚子（1660）。此时大均皆不在岭南。魏礼于顺治十七年庚子（1660）仲夏至粤，顺治十八年辛丑（1661）渡海往琼州。康熙元年壬寅（1662）魏礼自海南经广州回宁都，在广州滞留一月，再晤粤中诸子。之后至康熙十九年之前再没入粤。由此可知，魏礼与屈大均当结识于康熙元年。

康熙二十四年乙丑（1685）魏礼在子魏世傚的陪同下再来岭南。《魏昭士文集》卷三有《屈翁山文外序》，不过《翁山文外》未收此序。

蓝涟

蓝涟（生卒年不详），字公漪，一字采饮，福建侯官人。父蓝镏，善篆隶。蓝涟工书画及诗，书法有父风，山水学倪瓒，以布衣遨游江湖。其诗磊落有奇气，八闽称张远、许玭为冠，涟次之。诗有《采饮集》。年八十馀卒。

---

① 魏世傚：《屈翁山先生五十序》，见《魏昭士文集》卷3，魏际瑞等著，林时益辑：《宁都三魏全集》，《四库禁毁书丛刊》集部第6册，影印道光二十五年宁都谢庭绶绂园书塾重刻本，第297页。

康熙十九年庚申（1680），屈大均避地南京期间与蓝涟结交。屈大均云：

> 岁之庚戌，予于秣陵识公漪，读其诗，奇之。（《岭南游稿序》）①

庚戌为康熙九年（1670），而是年翁山未至南京，庚戌疑为庚申之误。在此文中屈大均赞美蓝涟以作画之笔为诗，长篇短律，五言七言，皆本于胸中所盘郁不得不发之言。《翁山诗外》卷十有《题蓝丈还童图》诗：

> 八十先朝侍从臣，龙眠书画总无伦……贤郎不坠风流绪，相见江东爱葛巾。②

蓝丈，即蓝涟之父蓝镏，善篆隶。屈大均赞美蓝涟不仕新朝，其书法有乃父之风。康熙十八年（1679）夏屈大均避地南京，至十九年（1680）春，已经将近一年。他在与蓝涟的诗中流露出思乡之情：

> 日夕催春去，流莺奈尔何？离愁江水满，乡梦岭云多。天未生薇蕨，人空老薜萝。与君归及早，白首一婆娑。（《答蓝公漪》之二）③

屈大均被迫避地南京，难免思乡。康熙十九年初夏，蓝涟将回闽中，屈大均作《金陵送蓝子》二首送行：

> 故园荔子正鲜红，汝返闽中我粤中。此地杨梅那得似？荷花虽好酒樽空。（之一）
>
> 秣陵为客总途穷，才技如君恨太工。自昔黄金天最爱，艰难不肯与英雄。（之二）④

此时屈大均已经知道，在广东参议督粮道耿文明和广东提学道

---

① 《屈大均全集》第 3 册，第 76 页。
② 《屈大均全集》第 2 册，第 831 页。
③ 《屈大均全集》第 1 册，第 435 页。
④ 《屈大均全集》第 2 册，第 1253 页。

陈肇昌的斡旋下,他逃难的生涯即将结束,回乡在即。他在《送蓝生还闽》一诗中邀请蓝涟以后来粤中相见。诗云:

> 无多岁月容高卧,不尽烟霞换老春……荔枝不减侯官美,珠海重来访隐沦。①

二人分别之后,屈大均还时常关注着蓝涟,并有去闽中游赏武夷美景之意。康熙二十三年(1684)屈大均作《闻蓝子谈武夷折笋隐屏之胜有作》,诗云:

> 他年三十六,勿使一峰违。②

康熙三十三年甲戌(1694)蓝涟来粤。康熙三十四年乙亥(1695)端午,蓝涟和屈大均应梁佩兰之招同陈恭尹、王煐、廖燁、吴文炜、王隼泛舟珠江观竞渡。

蓝涟书画皆工,文人雅士甚爱其书画作品。屈大均诗云:

> 谁写枝枝竹影长?墨花飞处即潇湘。琅玕不必栽千亩,自有清阴满石床。③(《题画竹卷》)

屈大均以诗名,其书法也值得称道。蓝涟就非常喜欢屈大均的草书。屈大均《草书歌赠蓝公漪》诗云:

> 公漪爱我草书好,画成即遣作今草。角扇屏风总不辞,龙蛇飞动为君扫。古来草圣称张芝,神变无方吾所师。④

康熙三十四年冬屈大均染病。王煐、陈廷策赠药,病好转。康熙三十五年(1696)丙子,正月二十九日,蓝涟和屈大均又应王煐之招与梁佩兰、陈恭尹、袁景星、史申义、王原、于廷弼、史万夫、岑徵、廖燁、吴文炜、王隼、林贻熊、

---

① 《屈大均全集》第2册,第857页。
② 《屈大均全集》第1册,第643页。
③ 《屈大均全集》第2册,第1310页。陈永正等编:《屈大均诗词编年笺校》题作《题公漪竹》,"栽千亩",作"交青翠","自有"作"已有",中山大学出版社2000年版,第1239页。
④ 《屈大均全集》第1册,第216页。

陈阿平、曾秩长、梁无技、黄汉人宴集于广州城南寓斋,席上分赋。这一年春天,屈大均卧病在床,一些聚会少了狂者的歌吟。

康熙三十五年丙子(1696)春夏之间屈大均去世。第二年早春,蓝涟离粤回闽。

郭清霞

郭清霞(又作青霞,生卒年不详),陕西宁夏卫人。明官游击,曾随孙传庭与李自成激战。孙传庭殉难后,郭绝意仕途,流寓粤之东莞。

康熙十年辛亥(1671)屈大均居东莞时曾作《赠清霞子》,诗云:

> 曾逐孙公大司马(传庭),血战黄巾郏城下。七日霖雨真可怜,三军粮绝泪频洒。潼关再战功垂成,天妒孙公使结缨。①

这首诗追述了郭清霞当日随孙传庭作战的情况。

康熙十八年己未(1679)屈大均携家避地南京。与郭清霞同行,越大庾岭,下彭蠡,至汉阳。

康熙二十年辛酉(1681)前后,郭清霞寓居湖南。屈大均作《郭清霞久客常德山中诗以寄之》云:

> 清高只合漱朝霞,飘泊何须叹暮花。日月亦为天地客,山河未有帝王家。②

此时郭清霞欲归老罗浮,屈大均知后很高兴,寄诗使之速来岭南。《得郭清霞书言欲归老罗浮诗以速之》云:

> 已报罗浮四百君,君归重挹翠氤氲。金精不嫁长被

---

① 《屈大均全集》第1册,第120页。
② 《屈大均全集》第2册,第868页。

发,玉树无亲但抱云。(之一)①

屈大均之兴奋可以想见。此诗注云:"君宁夏人,曩居东莞,甘贫乐道,儿女并不婚嫁,人以为难。"郭清霞好研《参同契》、黄白之术,其女郭不字受其影响,初不事婚嫁,后在屈大均的撮合下,嫁陈阿平。郭乃家于东莞。

后郭不字死,屈大均作《郭不字哀辞》(见《翁山文钞》卷十)。

三、屈大均所交其他遗民

屈大均所交遗民除著籍岭南和外省入粤者之外,还有很多,如:魏禧、王弘撰、顾炎武、周篔、王猷定、王鼍、龚贤、方文、杜濬、纪映钟、连沛、吴统持、吴嘉纪、金磐北、缪天自、石涛等。

魏禧

魏禧(1624—1681),字冰叔,又字叔子,号裕斋,一号勺庭,江西宁都人。明亡弃诸生。康熙十八年己未(1679)诏举鸿博,魏禧以疾辞。有《魏叔子文集》二十二卷,《诗集》八卷。魏禧豪于文,以议论倾动海内。"游辙所至,户外之屦常满,请其文者削板以待,一时谓为髯苏再见。举博学宏词,坚却征聘。平生不愿以文名终,赍志死于真州。著作等身,盛行于世。《左传经世》一书犹为创见。"②

屈大均与魏氏兄弟交游有明确记载的不多,但屈、魏之间惺惺相惜却是无疑的,相互之间也时常记起。《翁山诗外》卷

---

① 《屈大均全集》第2册,第863页。
② 卓尔堪辑,萧和陶点校:《遗民诗》,华东师范大学出版社2013年版,第135页。

十《送丁子同兄观察之赣南任》诗在"孝友即同张仲饮"一句之后注云"谓宁都魏氏"。此诗写于康熙十八年己未（1679）。康熙十九年庚申（1680）秋天，屈大均自南京返粤，途经江西，欲留宁都与易堂诸子相讲习而未果。屈大均作《赠魏处士冰叔》称赞魏禧隐居金精峰上，坚却征聘。诗云：

> 汉初有逸民，张芒一女子。玉貌生奇光，纨扇照如水。垂涕悲民生，欲嫁无良士。不义衡山王，乃为重瞳使。弑帝郴江中，悖逆非人理。兵威劫丽英，披发卧泥滓……君居临翠微，丽英乃乡里。平生不字贞，茕茕无娣姒。薇芜作面脂，菡萏为文履。云步何虚徐，谁能持玉趾？玉帛一朝来，容颜遂自毁……枯杨忽生华，以为士夫喜。秉节乃不终，媒妁持为市。蔡琰苟忘夫，王昭将妻子。橘柚已逾淮，芳馨宁有尔。①

屈大均以秉节不嫁的张丽英比魏禧坚辞征聘。他在南归途中又作《宁都魏叔子季子隐金精山诗以寄之》寄赠魏氏兄弟云：

> 天留一剑知何意？人在三门尚有徒。不嫁长沙仙女好，金精尚卧亦良图。②

此诗题旨与前首相同。

屈大均与魏氏兄弟有着共同的抗清志向和遗民情怀。其友谊有着共同的思想基础。

顾炎武

顾炎武（1613—1682），初名绛，入清更名炎武，又作炎午，字宁人，号亭林。又尝称名曰圭年，号涂中，或自署蒋山佣。江南昆山人。明诸生。福王时，授兵部司务，唐王时，除兵部主事。康熙十七年（1678），诏举博学鸿词科，次年复诏

---

① 《屈大均全集》第 1 册，第 33 页。
② 《屈大均全集》第 2 册，第 843 页。

修《明史》，大臣争荐。顾力辞不赴。顾炎武精力过人，学问渊深，凡国家典制、郡邑掌故、天文仪象、河漕兵农、诸子百家、音韵训诂等，无一不精。著有《亭林诗文集》、《日知录》、《天下郡国利病书》等。

康熙五年（1666）丙午六月，屈大均与李因笃一起自富平至代州，客陈上年斋中。屈大均此时结识顾炎武，顾炎武有《屈山人大均自关中至》七律。诗云：

> 弱冠诗名动九州，纫兰餐菊旧风流。何期绝塞千山外，幸有清尊十日留。独漉泥深苍隼没，五羊天远白云秋。谁怜函谷东来后，班马萧萧一敝裘。①

在诗中顾炎武肯定屈大均继承屈骚馀绪。

后顾炎武欲与李天生等二十馀人垦荒于雁门之北。屈大均与代州守将赵彝鼎之弟赵劻鼎一起送顾炎武出雁门，屈大均以诗赠行。诗云：

> 发愤徒为《风》、《雅》篇，羁怀又向燕云道。云中地苦难为情，匹马萧萧事远征。泪洒昭君青草塞，歌投都尉牧羊城……雕虫篆刻虽无用，一字褒讥臣子恐。君追孔氏著麟书，我学三闾持《橘颂》。（《送宁人先生之云中兼柬曹侍郎》）②

雕虫篆刻虽不如立马横刀来得直接，但一字褒贬也能让臣子畏惧。屈大均在诗中称赞顾炎武宏文著就，又表示自己踵武三闾，守志不移。临别之际，顾炎武亦作《出雁门关，屈赵二生相送至此，有赋》五律二首，书写离别之意。

> 赵国佳公子，翩翩又一时。满壶桑落酒，临别重相思。路绝花骢汗，情深越鸟枝。贤兄烦锁钥，边塞寄安

---

① 王冀民：《顾亭林诗笺释》，中华书局1998年版，第686页。
② 《屈大均全集》第2册，第1510页。

危。(之二)①

从诗中可以看出他们友情之深。

康熙七年戊申（1668）三月，顾炎武以莱州黄培诗案牵连，下济南狱。李因笃、屈大均走燕中急告诸友。在朋友们的帮助之下，狱事得解。

顾炎武对屈大均其人、其诗皆有较高的评价。顾诗《重过代州，赠李处士因笃，在陈君上年署中》云："人来楚客三间后，赋似梁园枚马游。"② 称赞屈大均才比枚乘和司马相如。

康熙二十一年（1682）正月，顾炎武卒于曲沃。屈大均作《哭顾徵君宁人（炎武）》四首，其二云："一代无人知日月，诸陵有尔即春秋。"顾炎武在屈大均心中的位置可以从这句诗中见出。

> 登高忆共雁门间，北望京华洒泪还。白马小儿犹汉殿，青牛老子已秦关。河声不解消长恨，山色惟知老玉颜。耆旧只今零落尽，北邙松柏为君攀。(《哭顾徵君宁人（炎武）》之四)③

屈大均于诗中感叹朱明之天下，已成他人纵马扬威之地。现在耆旧遗民日渐稀少，还有谁能传承华夏传统文化，使之不至于被挤向边缘呢？

康熙二十三年甲子（1684）黄河浊水变清。中国古人相信黄河水清，则天下太平。屈大均有感于朱明已成过去，清朝统治业已稳固，作《哭顾亭林处士》。诗云：

> 雁门相送后，秋色满边城。白日惟知暮，寒天讵肯明？才分南北路，便有死生情。皓首悲难待，黄河忽

---

① 王冀民：《顾亭林诗笺释》，中华书局1998年版，第696页。
② 王冀民：《顾亭林诗笺释》，中华书局1998年版，第689页。
③ 《屈大均全集》第2册，第935页。

已清。①

诗后注:"甲子河清。"最后两句尤其能看出屈大均之绝望。自己两鬓染霜,这一生怕是没有希望见到朱明复兴了!

顾炎武和屈大均都是以气节著称的遗民。顾炎武在当时更是享有崇高声望,是象征着遗民精神的一面旗帜。正因为顾炎武有着如此崇高的精神地位,屈大均才于顾氏去世两年之后,再次向其在天之灵,痛述他的绝望。

周筼

周筼(1623—1687)字公贞,更字青士,又字筜谷,初名筠,居浙江嘉兴梅里。年十九丧父,以孝称。遭乱弃举业。就廛卖米,吟诵不辍。其为诗,句敦字琢,不轻袭前人片语,超卓拔俗。著《采山堂诗集》等。

屈大均有《山中寄周青士》一诗,云:

> 朝来花露滴人香,睡起寒云满石床。欲剪水帘三十尺,挂君堂上共清凉。②

这首诗是写给周筼的。顺治十六年(1659)至康熙元年(1662)屈大均漫游吴越,交友甚多。他在《锦石山樵诗集序》云:

> 予生平知已,嘉兴为盛。若缪子天自、周子青士、郭子皋旭、朱子锡鬯、查子韬荒、徐子敬可,胜力抚辰;李子斯年,武曾分虎;钟子广汉、沈子武功,其尤敦笃

---

① 《屈大均全集》第1册,第643页。

② 《屈大均全集》第2册,第1159页。按:陈永正等编《屈大均诗词编年笺校》和新版陈永正等校笺《屈大均诗词编年笺校》定此诗作于顺治十年癸巳(1653)。按:顺治十年屈大均在庐山。如果此诗作于顺治十年,则此前二人应有所交往。然笔者尚未见到大均与周筼在此之前交游的材料。笔者以为此诗当作于屈大均游吴越之时。

者也。①

此处所谓其平生知己即有周筼。顺治十六年己亥（1659）屈大均寓金陵，周筼作《寄屈五留金陵》。朱彝尊《曝书亭集》卷四收有《过筏公西溪精舍怀罗浮屈五》联句，参与联句的有周筼和朱彝尊、朱一是、屠爌、屠焯、李镜、缪永谋、郑玥、沈进、李斯年、李良年、李符等人。

顺治十七年（1660）三月十九日屈大均再至南京王元倬之南陔草堂，与诸遗民为威宗烈皇帝设苹藻之荐。② 其后复至秀水，与朱彝尊诸人约游山阴。周筼作《送屈五之山阴兼讯祁六》诗赠之：

  苦爱山阴道，行游每后期。君今成独往，犹未即相随。泾自樵风入，帆从鉴水移。如逢王逸少，还与坐题诗。③

周筼《采山堂诗集》中保留了不少写给屈大均的诗。屈大均继室王华姜去世后，周筼曾作《为屈五悼亡二首》。时隔多年之后屈大均仍然馀哀未尽，反复写诗作文悼念华姜。周筼《怀屈五》诗云：

  罗浮千树雪，中有读书台。正倚高柔甑，俄深荀粲哀。三年五岭隔，万里一书来。反复悼亡咏，知君惑未开。④

周筼在诗中谏言屈大均未能参透男女之情。这也说明二人分别之后周筼仍然关注着大均，对他的情况比较了解。

顺治末年是南明与清朝反复争夺的时期，也是屈大均积极

---

① 《屈大均全集》第 3 册，第 65 页。
② 屈大均：《送凌子归秣陵序》，《屈大均全集》第 3 册，第 432 页。
③ 周筼：《采山堂诗》卷 5，信芳阁藏版，道光十年庚寅王相《国初十大家诗钞》本。
④ 周筼：《采山堂诗》卷 5，信芳阁藏版，道光十年庚寅王相《国初十大家诗钞》本。

参与其事的时期。此时他在嘉兴一带所交之友人最让他感念于怀。时过多年之后屈、周二人仍相互牵挂。屈大均《怀嘉兴周青士缪天自》之一云:

> 嘉禾高士在,门径尽花林。不逐鸳鸯去,那知菡萏深。一从船上别,三向镜中寻。长水连双带,牵人日夜心。①

吴越的山水让人迷恋,那里的朋友也一样让人怀念。康熙十一年(1672)屈大均作《送陈明敬游吴因访秀州诸子》二首云:

> 之子三吴去,为予过秀州。故人尽高卧,空谷可相求。梅里山多雪,鸳湖水易秋。几宵魂梦好,随尔木兰舟。(之一)

> 故人如有问,新住珊瑚洲……知己日零落,相思空秀州。(之二)②

秀州诸子所指为屈大均所交周筼、徐善、李绳远、李符等嘉兴友人。梅里代指周筼。他怀念那里的朋友,他也知道那里的朋友一样在关心着自己。

康熙二十六年(1687)屈大均得周筼死讯,悲痛难禁,作《哭周处士筜谷》。诗云:

> 梅里相知汝最深,鸳湖朱十亦同心。平生唱和如胶漆,忍隔黄泉泪满襟。(之四)③

这首诗直言他二人交情最深,甚至胜于与朱彝尊之友谊。此诗其一有云:"春赁更教人不识,要离地下解相怜。"要离,古时刺客。这两句诗透露出周筼年轻之时与屈大均一样也曾有博浪沙刺秦之心。如此看来屈、周二人真是志同道合。

周筼去世之后,屈大均还时时想起他。康熙二十七年

---

① 《屈大均全集》第1册,第470页。
② 《屈大均全集》第1册,第370页。
③ 《屈大均全集》第2册,第1224页。

(1688)屈大均在《答赠程虞三》诗中又忆及周筼。其三云:

> 魏塘风雅盛,吴浙恣凭陵。我友周笃谷,言君一季鹰。①

屈大均《屡得友朋书札感赋》十首,作于康熙三十二年(1693),其七直言与周筼同心同调:

> 笃谷同心复同调,平湖皋旭亦渊通。三吴竞学翁山派,领袖风流得两公。(之七)②

诗后注曰:"周笃谷、郭皋旭皆嘉兴人,最赏予诗,以一时吴、越相师法者为翁山一派云。"

屈大均与周筼年轻时同为志士,不避斧钺,慷慨报国。复明无望之后,又都坚守节操,归隐山乡。二人真可谓"同心复同调"。这种友谊随着时光的流逝,只会益愈笃深。

王弘撰

王弘撰(一作宏撰1622—1702),字无异,一字文修,号山史,又号待庵,陕西华阴人。明诸生,嗜学,收藏大量的古书画金石,著有《易象图述》、《山志》、《砥斋集》、《西归日札》、《待庵日札》等。为关中士人领袖。康熙戊午征鸿博不就。初与李因笃关系甚密,及李就征鸿博,遂与之绝交。年七十五卒。顾炎武尝曰:"好学不倦,笃于朋友,吾不如王山史。"王弘撰"古文简洁有法,汪琬称其得史迁遗意。当时关中碑志,非三李则宏撰,而宏撰工书法,故尤多于三李"。③

康熙四年乙巳(1665)屈大均偕杜恒灿入陕西,岁暮抵三原,翌年二月至泾阳,于温氏馆遇王弘撰。王邀之为太华之

---

① 《屈大均全集》第2册,第707页。
② 《屈大均全集》第2册,第1349页。
③ 清国史馆编:《清史列传》卷66,台北明文书局1985年《清代传记丛刊》影印本。

游。三月六日,屈大均偕王弘撰从故道复往华阴,初八日至王弘撰普里独鹤亭。屈大均《题王山史独鹤亭》诗云:

> 华山三峰削青天,白帝金精育大贤。黄河万里入胸臆,文章一泻如云烟。我本罗浮五色鸟,化为仙人出炎峤。狂歌不逐衰凤游,高举时蒙斥鹖诮。闻君好鹤鹤亭居,九皋清泪为君娱。携持杯杓来相就,骖驾烟霞遂共驱。①

独鹤亭在华山之北,大均拟从此处登山。王弘撰命其子王宜辅(字伯佐)导上华山,王弘撰送至醉溪而别。四月朔,下山,返王弘撰之砥斋。与王弘撰、王宜辅、羽人彭荆山游宴手蓉阁、华下大上方之下漱园、北古口之山荪亭诸处。王弘嘉以屈大均爱华山古丈夫洞,为书"古丈夫洞草堂"相赠,王弘撰赠以序,王宜辅为诗以赠。② 五月初二日,屈大均偕王弘撰、王宜辅父子同入西安,与王宜辅往观碑洞。同李因笃、李楷、杜恒灿、王弘撰父子置酒高会。

康熙五年丙午(1666)五、六月间屈大均从陕西往山西代州,逾黄河,至风陵渡,作《寄王山史》诗。诗云:

> 首阳太华何时合?一道黄河苦间之。愁绝白云与秋色,风陵渡口望君时。③

王弘撰世居华山之旁,屈大均有以华山为首阳之念。屈大均初欲隐居太华,但时局使他未能完全放弃复国的努力。复国无望之后,屈大均最终隐于故里。

康熙二十七年(1688)陕西富平人程相音来广州,往沙亭访屈大均。第二年秋,程相音返关中,屈大均作《寄华阴王山史》二首。其一云:

---

① 《屈大均全集》第1册,第167页。
② 屈大均:《宗周游记》,《屈大均全集》第3册,第10—14页。
③ 《屈大均全集》第2册,第1162页。

> 都门一别廿馀霜，两地幽居白发长。皇甫首裁《巢父传》，孔明惟拜鹿门床。梦随秋月过西岳，愁作香云黯渭阳。坚卧未教猿鹤笑，书传却聘有馀芳。①

此诗称颂王弘撰坚志却聘，其声名必留青史。屈大均另有《赠王山史》一诗，称赞王弘撰书法"端可冠西秦"。②

康熙二十六年丁卯（1687），王弘撰子王宜辅来任海州同知。王弘撰命王宜辅往沙亭访大均拜屈母：

> 丁卯之春，华阴王山史先生之子宜辅者，来游番禺，乘舣船三十五里，至予沙亭，拜母。（《寿王山史先生序》）③

王山史特命其子登堂拜母，足见他对屈大均的敬重。时王弘撰已六十有四，屈大均作《寿王山史序》为王弘撰庆寿。

王弘撰嗜古好学，坚辞征聘；屈大均以诗名世，两度辞却吴兴祚等人的举荐。二人皆有让后世敬重的气节。

王猷定

王猷定（1599—1661，一作1598—1662），字于一，号轸石，江西南昌人，拔贡生。入清不仕。王猷定以诗古文自负，亦工书法。易宗夔《新世说》云："王于一为人倜傥自豪，少时于驰骋声伎狗马陆博神仙迂怪之事，无所不好，故产为之倾。晚年乃寓浙中西湖僧舍，益奇气勃勃不可遏。""为文郁勃如殷雷未奋，又如崩岩压树，槎枒盘薄，旁枝得隙，突然干霄。"④ 著有《四照堂集》、《逸民传》。

顺治十六年己亥（1659）屈大均游邓尉，王猷定有《赠

---

① 《屈大均全集》第2册，第977页。
② 《屈大均全集》第2册，第729页。
③ 《屈大均全集》第3册，第434页。
④ 易宗夔：《新世说》卷4，上海古籍出版社1982年版，第22页。

翁山上人》五律七首,和《送翁山玄墓探梅》二首七绝。

顺治十七年庚子(1660)屈大均客秀水,继而游雁荡、天台、沃洲诸山。屈大均作《别王于一往雁荡》云:

> 拂衣西雁荡,濯足大龙湫。岂敢为高尚?孤云无所求。芙蓉开太白,瀑布挂飞楼。君有怀仙曲,因风寄十洲。①

三月十九日,屈大均再至南京在王元倬南陔草堂与诸遗民为威宗烈皇帝设苹藻之荐。其后屈大均复至秀水,与朱彝尊等人约游山阴。朱彝尊先至,作《同王二猷定登种山怀古招屈大均》诗。

顺治十八年(1661)屈大均游杭州,作《喜王于一寓千峰阁》,诗云:

> 霞栖临木末,面面有千峰。羡尔洪崖客,来攀秦望松。香炉飞翠霭,天柱挂寒钟。明日云门路,相将拾紫茸。②

王猷定隐居风景秀美之处,大均有心与之同游。顺治十八年(1661)王猷定客死西湖葛岭。死时,囊无一钱。屈大均作《吊王于一》悼念。诗云:

> 君本豫章贞女树,一朝摧折向秋风。大名空在遗民传,白首同归恨不同。③

屈大均在这首诗中肯定了他的遗民身份,同时也表达了不能与之同游的遗憾。

王猷定著有《逸民传》。屈大均在《书逸民传后》中云:

> 南昌王猷定有言,古帝王相传之天下至宋而亡。存宋者,逸民也。大均曰:"嗟夫,逸民者,一布衣之人,曷

---

① 《屈大均全集》第1册,第341页。
② 《屈大均全集》第1册,第598页。
③ 《屈大均全集》第2册,第1166页。

能存宋？盖以其所持者道，道存则天下与存，而以黄老杂之，则亦方术之微耳，乌足以系天下之重轻哉！今之天下，视有宋有以异乎？一二士大夫其不与之俱亡者，舍逸民不为，其亦何所可为乎？世之蛰蛰者，方以一二逸民伏处草茅，无关于天下之重轻，徒知其身之贫且贱，而不知其道之博厚高明，与天地同其体用，与日月同其周流，自存其道，乃所以存古帝王相传之天下于无穷也哉。嗟夫，今之世，吾不患夫天下之亡，而患夫逸民之道不存。"①

屈大均对王猷定之说进一步发挥。为遗民之存在找到了超出传统不仕二姓的新的理论支点。他对遗民存在的意义作出了关乎天下兴亡的价值判断。其实顾炎武之亡国、亡天下之说也应该从这一角度来理解。这段话有着极高的理论价值，为遗民坚守其立场提供了更为坚实的理论依据。

王亹

王亹（1587—1667），字予安，山阴人，崇祯举人，尝客袁崇焕幕中。工诗，与黎遂球、梁稷友善。

顺治十七年庚子（1660）冬屈大均谒禹陵，馆于王亹家，王亹以所藏袁崇焕疏稿及余大成、程本直讼冤诸疏稿授翁山采入袁崇焕传中。屈大均作于这一年的《寄王丈予安》诗云：

闻君在天目，服食黄精花。玉乳吸阳窦，花龛开暮霞。
我怜若耶水，新作钓鱼槎。日日芙蓉里，看人出浣纱。②

屈诗作于山阴，当时王予安隐于天目山。

屈大均奔走吴越三四年，所事无成。西南的抗清军事行动也基本上消歇了。顺治十八年（1661）屈大均欲南归省母，以诗留别诸友人。《将归东粤省母留别王二丈亹祁四丈骏佳》诗云：

---

① 《翁山文钞》卷8，《屈大均全集》第3册，第394页。
② 《屈大均全集》第1册，第340页。

> 磨剑未屠龙,弯弓未射虎。郁抑英雄姿,念我有慈母……回首山阴最相忆,骨青髓绿园绮俦。只将一片盘龙镜,长挂君家十二楼。①

多年的抗争归于无效,屈大均难掩心中的愤懑。但他并不甘心就此罢手。《别王二丈予安》又云:

> 圣贤耻独善,所贵匡时艰。太阿苟不割,蛟龙将波澜。箧中有《阴符》,吾生焉得闲?②

屈大均资质非凡,桀骜不驯,怎会安于无所作为?

时隔多年之后,屈大均对这位老者仍念念不忘。康熙二十年辛酉(1681)张杉自粤欲返越州,屈大均作《送张南士返越州因感旧游有作》十三首,其中第四首咏及王翙。诗云:

> 云门一老(王翙)未龙钟,七十能登秦望峰。一代遗民在禅寂,袈裟空挂六陵松。③

由这首诗可以知道王翙皈依了佛门,应属云门一派。

《翁山文钞》卷十有《王予安先生哀辞》并序。此序写于康熙六年丁未(1667)王翙去世之时。屈大均在此序中又回忆了顺治十七年(1660)冬初见王翙时的情形。序详细描述了王翙嘱托大均把袁崇焕所遭之冤写入传中时的殷殷之情,同时也真切地记述了王翙因未能以身家性命作保,为袁鸣冤的悔恨。

龚贤

龚贤(1617—1689),字半千,号柴丈人,又号野遗、半亩、柴丈,昆山人,流寓江宁。龚贤于顺治四年(1647)由金陵移居扬州,康熙四年(1665)再由扬州返金陵,其后定

---

① 《屈大均全集》第1册,第139—140页。
② 《屈大均全集》第1册,第66页。
③ 《屈大均全集》第2册,第1211页。

居清凉山,置"半亩园"以居。工画山水,为"金陵八家"之一。康熙二十八年(1689)卒,年七十二,贫不能具棺殓,孔尚任为理后事。著有《画诀》及《香草堂集》。

康熙七年戊申(1668)屈大均在西北奔走有年,并未能寻得举事机会,归隐之思渐浓。其《与龚柴丈书》云:

> 幕府多暇,出寻武灵、武安战阵(赖本原作"陈",依《屈大均全集》改)之遗迹,恨平生学古兵法,不得当此黄沙白草一展所长,徒饮酒赋诗,以送岁月,致千(赖本原作"乎",依《屈大均全集》改)秋之下,以词人目我,岂不伤哉?不如足下闭门灌溉,为於陵仲子之所为,犹得全高士之节。昔人遭时不偶,则退而为高士。闻足下新家清凉山曲,有园半亩,种名花异卉,水周堂下,鸟弄林端,日长无事,读书写山水之馀,高枕而已,此真神仙中人!仆劳劳边塞,驰骋无益。已矣,行将归与足下为老圃矣!①

此文透露出其英雄失路之悲,归隐田园之念。屈大均在其文集中对不奋起抗清、隐逸山野之人时有微词,而此书却显示出他对龚柴丈种花弄鸟、读书写山这种神仙生活的向往。这是眼看大势已去、复明无望之时的意冷之词。

康熙七年(1668)屈大均自代州南归,康熙八年己酉(1669)春至南京,与龚贤相见。屈大均此时滞留龚贤处时间较久。费锡璜云:"翁山来金陵主龚野遗家最久。"② 其间屈大均作《题龚柴丈园》二首:

---

① 周在浚等辑:《赖古堂尺牍新钞·三选结邻集》卷4,见《四库禁毁书丛刊》集部第36册,影印康熙赖古堂刻本,第566页。按:这段引文与《翁山佚文》所辑之《与龚柴丈书》有出入。(《屈大均全集》第3册,第482—483页。)

② 沈用济、费锡璜:《道援堂集附记》第6则,屈大均著,沈用济选:《道援堂集》卷首,康熙四十五年(1706)刻本。

> 频年远游去,鸾鹤恨无群。采药难供母,逢山便忆君。平生无素业,万里一浮云。爱尔丘园好,徘徊至夕曛。(之一)
>
> 人传《高士颂》,地接远公庐。迟我为沮溺,相将此荷锄。(之二)①

此前屈大均虽有归隐之意,但这一念头此时方显强烈。其《题龚柴丈山房》亦表达了同样的情怀。

康熙八年(1669)八月屈大均抵番禺故里后,即邀龚贤来游岭南。《寄龚柴丈》云:

> 我有罗浮月,长悬四百峰。期君来玉涧,拂石听霜钟。五色麻姑鸟,千年啸父松。相依当岁晏,不复寄芙蓉。②

之后屈大均再作《寄龚柴丈》诗,表示回乡之后,所事唯隐居不出,侍奉老母。

龚贤工画山水,享名当代。屈大均向龚贤求画,但龚贤婉言谢绝。龚贤《辞屈翁山乞画书》云:

> 足下素无知画之名……仆知足下辞家二十年,出游五万里,一至九边,再登五岳,生身南海,问渡江汉,凡世间之雅泉片石,古塚遗碑,无不考之于图,纵横之于心目。仆将乞画于足下,足下反欲丐余之馀沈耶。此仆之所以宁负罪戾而不敢奉教也。③

大均接读之后,不知是否为此而怏怏。

如龚贤所言屈大均"辞家二十年,出游五万里",一生为恢复故国而奔走关塞江海。势异时移,他早年所交众多志士,有不少后来都登上了清朝这条大船,这种情况让他感慨良多。于复国之梦彻底破灭之后,他仍不改初衷,因此对那些坚守遗民之

---

① 《屈大均全集》第1册,第333页。
② 《屈大均全集》第1册,第226页。
③ 《屈大均全集》第8册,第2085页。

志的朋友，更多一份同心同调之感。尤其到了晚年，遗民日渐稀少，几于零落殆尽，屈大均心中更生沧桑之后四望无人的感慨。

第三节　屈大均与贰臣交游考论

明朝灭亡之时屈大均还是一位十四五岁的少年。清朝立国之后，他虽不乏入朝为宦的机会，但他至死都不愿入仕清朝，而以明朝遗民终老。他临终时"叱诸妇人退去"① 并再三询问长子，最终确认自己的躺姿没有丝毫不正后，方肯瞑目。就是这样一位遗民的屈大均，却自青年时期直到垂暮之年，都没有间断与清朝官员的往来。明遗民与清朝官员分属敌对的政治集团，况且这种对立势若水火，不共戴天。按常情，这两个对立的政治阵营中的成员很难成为朋友。但以气节著称的岭南遗民屈大均却与许多清朝官员关系极为密切。在他所交仕清之人中有几位还是明清两仕的贰臣，如：龚鼎孳、曹溶、钱谦益、周亮工等，且屈大均与之论交是在他们仕清之后。

一、屈大均与龚鼎孳之交往

龚鼎孳（1616—1673），字孝升，号芝麓。安徽合肥人。明崇祯七年甲戌（1634）进士，官兵科给事中。李自成入京，授直指使。入清历官兵科给事中、太常寺少卿、左都御史、刑部尚书。据所掌握的资料可知，屈大均与龚鼎孳的交往并不多，且不见有诗文往还，也许是二人交情不深。

二人曾在两件事上发生过联系。第一件事：顺治十三年丙申（1656）冬，龚鼎孳颁诏至粤，持钱谦益书，访求道独（空隐）辑德清（憨山）《梦游全集》。顺治十四年丁酉（1657）曹

---

① 《屈氏族谱》第11卷，见《屈大均全集》第8册，第2115页。

上编　岭南三大家的交游和创作

溶集众缮写。翁山为之校勘。龚鼎孳载以归吴。钱谦益编定为四十卷。钱谦益《有学集》卷二十一，和龚鼎孳《定山堂集》卷二十五都记载了这件事。《岭南刻憨山大师〈梦游全集〉序》云：

>憨山大师《梦游集》，吴中未有全本。丙申冬，龚孝升入粤，余托其访求海幢华首和尚，得鼎湖栖壑禅师藏本，曹秋岳诸君集众缮写，载以归吴。余校雠刊定，勒成四十卷。

参与其事的人，钱谦益在《憨山大师〈梦游全集〉序》中进行了详细的交代：

>毛子子晋，请独任锓版，以伸其私淑之愿。子晋殁，三子聿追先志，遂告成事。其在岭表，共事搜葺者，孝廉万泰、诸生何云、族孙朝鼎也。其佽助华首网罗散失者，曹溪法融、海幢池目及华首侍者今种、今照、今光也。①

华首，指道独和尚；今种，即是大均。大均当时在广州海幢寺为道独和尚侍者。屈大均参与其事的时间是顺治十四年丁酉（1657），时年二十八岁。当时屈、龚二人有何具体的交往，我们不得而知。也许二人在这件事情中，有些接触，彼此熟悉了解，但交情不深。

第二件事发生在康熙七年戊申（1668）。是年三月，顾炎武以莱州黄培诗案牵连，下济南府狱。李因笃走京师告急诸友，屈大均时在京城。

>（顾炎武）自山东入京师。莱之黄氏，有奴告其主所作诗者，多株连，自以为得，乃以吴人陈济生所辑《忠义录》，指为先生所作，首之，书中有名者三百馀人。先生在京闻之，驰赴山东自请勘，讼系半年，富平李因笃自京师为告急于有力者，亲至历下解之，狱始白。②

---

① 《钱牧斋全集·有学集》卷21，第871—872、871页。
② 全祖望著，黄云眉选注：《鲒埼亭文集选注·亭林先生（顾炎武）神道表》，齐鲁书社1982年版，第116页。

屈大均、李因笃等曾在龚鼎孳处会集，策划营救方案。顾炎武得救，龚鼎孳起到了重要的作用。李因笃有以下两首诗记载了此事：《夏日芝麓先生招同伯紫、翁山诸君夜饮西园，别后追忆前游奉寄五十韵》五言排律、《夏日过纪高士伯紫斋中留饮，同翁山三十韵》。①龚鼎孳"招同伯紫、翁山诸君夜饮西园"即为策划此事。纪高士即纪映钟，时为龚鼎孳幕宾。从李因笃的诗中，我们可以知道龚、屈二人为了解救他们共同的朋友曾有过极为秘密的交往。

二、屈大均与钱谦益之交往

钱谦益（1582—1664）字受之，号牧斋、蒙叟等，崇祯初官礼部右侍郎，后降清。如前所述屈、钱二人曾在顺治十三、十四年因搜辑校勘德清《梦游全集》之事发生过间接的关系。

顺治十五年（1658）屈大均北上出塞，寻访函可禅师不得而还。顺治十六年己亥（1659）屈大均游吴门，投道盛（觉浪）和尚门下，持道盛书，往访当时文坛宗师钱谦益。②"浪杖人"即道盛（觉浪）和尚。当时屈大均为其弟子。屈大

---

① 李因笃：《受祺堂诗》卷11，题名中"翁山"二字均被挖去，见《四库全书存目丛书》集部248册，影印康熙三十八年田少华刻本，第563—564页。

② 汪宗衍和邬庆时《屈大均年谱》顺治十六年条，皆云大均是时访钱谦益于吴门，疑误。笔者以为当访钱氏于常熟。钱谦益《与毛子晋》之九云："昨得泛两湖而还，深赖导师之力也。罗浮一灵上座……果非时流可及。浪老近泊吴门，欲征曹洞旧语录，何以应之？"（《钱牧斋全集·牧斋杂著·钱牧斋先生尺牍》第2卷，第302页。）屈大均《访钱牧斋宗伯芙蓉庄作》明确说访之于"芙蓉庄"。"芙蓉庄"是钱氏居所，在常熟，不在苏州。其藏书楼绛云楼亦在常熟。再由"浪老近泊吴门"，知此时在吴门者是南京天界寺和尚浪杖人道盛，而非牧斋。

均用诗歌记录了这次相见的情况:

> 四面烟波绕,藏书有一楼。兴亡元老在,文献美人留。桥细穿荷叶,舟轻及素鸥。爱予初命笔,交广有春秋。(《访钱牧斋宗伯芙蓉庄作》)①

由"爱予初命笔,交广有春秋"这两句我们可以知道,这次相见屈大均应该曾向钱谦益谈起他已经开始的《皇明四朝成仁录》的写作。

当时屈大均年未满三十,虽有一定的诗名,但相对于钱氏,毕竟还是年轻的后生,诗名并不甚显。此时的屈大均需要有力者的褒扬和肯定,以彰显声誉。钱谦益在《罗浮种上人诗集序》中对其诗评价很高:"一灵种上人持浪杖人书来访,出其诗读之,叹曰:'此非少年上人耶?'"②后来钱氏为书告毛晋曰:"罗浮一灵上座,真方袍平叔。其诗深为于王所叹,果非时流可及。"③

三、屈大均与周亮工之交往

周亮工(1612—1672),字元亮,一字缄斋,号栎园,祥符(今河南开封)人,后移居金陵。明崇祯十三年(1640)进士,官至浙江道御史。入清官至户部右侍郎。

康熙七年戊申(1668)屈大均携妻女自代州返岭南,岁暮渡江至秦淮,暂为栖止。大均约于康熙八年己酉(1669)在吴越时,拜访了周亮工。屈大均《呈周栎园》诗云:

> 平生五岳游,今上谢公楼。楼里多山水,空濛云气流

---

① 《屈大均全集》第1册,第304页。
② 《钱牧斋全集·有学集》卷21,第886页。
③ 钱谦益:《与毛子晋》,见《钱牧斋全集·牧斋杂著·钱牧斋先生尺牍》第2卷,第302页。

(先生有楼,藏图书甚富)。(之一)

屈大均平生奔走于关内、关外、岭南、岭北,所识多非庸常之人,仍以与栎园相识为幸。

泰华双毛女,秦时一丈夫。相逢白云际,共结合欢襦。予亦同妻子,鸳鸯玉井俱。高堂隔梅峤,归去为亲娱。(之二)

从这两首诗可知,周、屈是在翁山与王华姜婚后返岭南的途中相见于栎园府邸的。

皎皎白云姿,公为处子师。补亡同束皙,教我在笙诗。将母愁无计,干人已后时。乌啼空自苦,日夕白门枝。(之三)①

从这首诗,我们可以发现更多的信息。周亮工学问高深,著述甚丰。翁山面对眼前这位饱学前辈,由衷地发出这样的赞叹:"皎皎白云姿,公为处子师",将周栎园比作魏晋时期的大学问家束皙,并甘居晚辈后学。

周亮工为明清两仕之人,已无名节可言,而屈大均身为志士遗民,却言周可为师。如此看来,周亮工在当时,至少在屈大均的眼中其形象并不丑恶。另外,屈大均还与其子周在浚关系很好。

四、屈大均与曹溶之交往

在明清之际著名的贰臣中,曹溶算是与大均交往最密切的一位。曹溶(1613—1685),字秋岳,一字洁躬,又作鉴躬,号倦圃。浙江嘉兴人。明崇祯十年(1637)进士,官御史。入清,官至户部侍郎、广东布政使。前文提及龚鼎孳至粤,受

---

① 《屈大均全集》第1册,第330页。

钱谦益委托寻访德清《梦游全集》，曹溶集众缮写，翁山校勘一事。屈、曹二人由此论交。

顺治十四年（1657）九月，曹溶由广东布政使突然被降为山西按察副使，是年冬离粤北上，未赴山西，而是先返秀水故里休假数年。顺治十五年（1658）屈大均北上出塞访函可不得而还。十六年（1659）屈大均访钱谦益于常熟芙蓉庄。之后曹溶、大均曾相会于浙江嘉兴。大均行将返乡，曹溶写《送一公还罗浮》诗送行：

> 只履初回万里槎，亲看射虎突黄沙。已知鹤去原无迹，不信山深尚有家。半偈夜圆炎海月，冷香秋照铁桥花。经过识我留题处，手拂苍崖醉墨斜。①

康熙五年丙午（1666）屈大均入陕西。六月屈大均偕李因笃自富平同至代州，识顾炎武。之后顾炎武和李因笃等二十馀人北出雁门关，在滹沱河上游的地方合作垦荒。② 顾炎武等在雁门垦荒之时，曹溶曾往雁门与会。同时屈大均也自代州赴雁门。李因笃有《长至前二日，同右吉、翁山陪曹秋岳先生宿雁门关即事四十韵，拈玉树凋伤枫树林之句分"凋"字》五言排律。③ 由此可知当时曹溶曾与大均相会于雁门。右吉，俞汝言字，时充曹溶幕宾。当曹溶自雁门关返大同时，大均有五言排律《雁门关与天生送曹使君返云中四十韵》诗：

> 凭眺贪形胜，追陪得钜公。醉挥军幕酒，吟送使臣

---

① 曹溶：《静惕堂诗集》卷33，见《四库全书存目丛书》集部第198册，影印雍正三年李维均刻本，第287页。

② 顾炎武《与潘次耕》说："近则稍贷赀本，于雁门之北，五台之东，应募垦荒。同事者二十馀人，辟草莱，披荆棘，而立室庐于彼。"见《顾亭林诗文集·亭林文集》，中华书局1983年版，第140页。

③ 康熙三十八年田少华刻本《受祺堂诗》卷10，正文页题名中"玉树"二字，在目录页中作"玉露"。按：徐世昌辑《晚晴簃诗汇》卷41所收此诗，亦作"玉树"，而杜甫原诗则为"玉露"二字。

> 骢。事业悲流水,文章慰转蓬。《诗》亡宜发愤,年长已成翁。季子才何杰?曹侯道故通。埙篪开乐府,衮绣丽天工……出处忘陈迹,箴规向薄躬。①

屈、曹二人关系密切,已不问出处。同时大均也感叹年近不惑而事业无成。这一年顾炎武往大同,大均有《送宁人先生之云中兼柬曹侍郎》七古:

> 云中魏尚旧宣威,今日曹公肃鼓旗。缓带投壶垂《雅》、《颂》,彩毫题赋掩晴晖。容仪欲见如琼树,书札相将隔紫微。八月龙沙飞急雪,中军置酒琵琶咽。令德高言相献酬,君欢好把酡颜啜。②

这几句诗也表现出了大均对曹溶的肯定和尊崇。曹溶在山西大同任上,"先后任其幕职的遗民共有五人:朱彝尊、屈大均、顾炎武、李因笃及俞汝言"③。其间俞汝言如此评价曹溶幕府中的人:

> 就中宾客谁最奇?顾朱屈李无异辞。屈五朱十我好友,顾李未面神为驰。④

大均与曹溶交往之密切从曹溶别的著述中也可以看出:"介常至止,锡老踵来。署中惟闻吟诵之声。弟亦聚经史书,濡首作老博士。"⑤ "介"指大均;"锡老"指朱彝尊。康熙五年(1666)屈大均娶继室王华姜后,曾留赵彝鼎幕中。赵彝鼎,即代州参将,王华姜姑父之续弦赵氏之弟。从这两则材料可知,这期间大均并非常住曹溶幕中,有可能同时或先后在赵彝

---

① 《屈大均全集》第 2 册,第 1035 页。
② 《屈大均全集》第 2 册,第 1510—1511 页。
③ 谢正光:《清初贰臣曹溶及其"遗民门客"》,见谢正光:《清初诗文与士人交游考》,南京大学出版社 2001 年版,第 267 页。
④ 俞汝言:《俞渐川集》卷 3《二子篇》,转引自谢正光:《清初诗文与士人交游考》,南京大学出版社 2001 年版,第 269 页。
⑤ 曹溶:《倦圃曹先生尺牍》卷上,康熙、雍正胡氏含晖阁刻本。

鼎和曹溶处做幕僚,也有可能屈大均此时并非曹溶严格意义上的幕僚,而保持着一种宾客的身份。至于这一时期屈大均在曹溶幕府中的真实身份,还需进一步考索。不管这一时期屈大均是不是曹溶的真正幕僚,但可以肯定二人关系至为密切。曹溶招纳朱彝尊、屈大均、顾炎武等遗民做僚佐,可能不仅仅是为自己帮办政事,为这些遗民提供一个安身立命的处所,也可能是其一个非常重要的目的。曹溶在大同任职期间,官做得非常辛苦,心绪颇差。这种心绪应该与他被贬荒寒的塞上有关。曹溶在与俞汝言的另外一札中说:

> 三年塞上,贱同候吏,冷过广文。卧雪吞毡,殆难名状。又遭逢恶岁,斗米二镮,而鬻妻子者接踵于道。竭力尽心,始毕赈事,地方晏然。与锡老、介老斋盐相对,讨论艺文,此等情怀,家乡故人必不料其若此者也。①

曹溶长大均十七岁,长彝尊十六岁,却如此称呼屈、朱二人,足见曹溶对他们二人的尊重。康熙五年(1666),山西按察副使一职裁撤,曹溶罢官而去,此后终老故里。

屈、曹二人别后,曹溶常常回忆起这位飘然不羁的朋友:

> 凤城冠盖列如麻,作手今归处士家。九塞诗篇浑剑镞,十年踪迹半龙蛇。烟迷白鹤峰头宅,潮打黄陵庙口花。漫遣加餐情倍切,索居无地寄瑶华。(《怀屈翁山二首》之一)

显然曹溶非常推崇翁山的诗作,同时对翁山也很关切。

> 君当飘笠我牵丝,联臂行吟不暂离。历落已归沧海后,飞扬如看华山时。中宵急柝惊鸥侣,万里清沙发桂枝。兴到即烦驱马出,春风调笑酒家姬。(《怀屈翁山二

---

① 曹溶:《倦圃曹先生尺牍》卷上,康熙、雍正胡氏含晖阁刻本。

首》之二)①

曹溶在这首诗中回忆了他们两人论交之后的一些往事，主要回顾了翁山年轻之时的事情和风采。康熙十二年癸丑（1673）曹溶有《怀屈翁山二首》五律，诗云：

> 君是骚人裔，椒兰践远游。壮能驱塞马，醉屡宿江楼。瑶草烦勤寄，金戈勿浪愁。弥天留短褐，长啸揖诸侯。（之一）②

此诗写出了屈大均的豪情和英雄本色。曹溶于垂暮之年，对屈大均还念念不忘，当回忆平生所交诗友时，又写到这位比他年轻近二十岁的朋友：

> 五岭曾看续楚《骚》，名家更拾锦成毫。参差那得联征袂，绿柳城边响夜涛。（《杂忆平生诗友十四首》之五）③

曹溶在岭南结识大均，可惜此后二人各自四方奔走，真正在一起交游唱和的机会并不多。

可以看出曹溶与大均之间，有一种知己之爱。他们相互信赖，相互推崇和敬爱。他们的友谊已经完全超越了政治。

除以上所述龚、钱、周、曹四人之外，屈大均还曾与李楷有过交往。《翁山诗外》还曾言及吴伟业。李楷（？—1670），字叔则，号雾堂，又号岸翁，陕西朝邑（今大荔）人。明崇祯十一年（1638）曾在南京，列名《留都防乱公揭》。明举人。入清，官宝应知县，以直罢。吴伟业（1609—1672），字

---

① 曹溶：《静惕堂诗集》卷36，见《四库全书存目丛书》集部第198册，影印雍正三年李维均刻本，齐鲁书社1997年版，第318页。
② 曹溶：《静惕堂诗集》卷22，见《四库全书存目丛书》集部第198册，影印雍正三年李维均刻本，第191页。
③ 曹溶：《静惕堂诗集》卷44，见《四库全书存目丛书》集部第198册，影印雍正三年李维均刻本，第384页。

骏公,号梅村,又号鹿樵生,江南太仓人。明崇祯四年(1631)一甲二名进士,曾任南京国子监司业、左庶子等官。入清,初不出仕,顺治九年(1652),当路强征之,经年入京,官秘书院侍讲,转国子监祭酒。顺治十三年(1656),奔继母丧南归,之后家居,康熙十一年壬子(1672)卒。

顺治十六年(1659)翁山有《过梅村作》二首,其二云:

> 一水湾环入,花深自不知。舟因梅片重,杯以鸟声迟。石隐陂陀势,烟生洞壑姿。阮公多子侄,更有竹林期。①

屈大均还有《题梅村集》诗。诗云:

> 七字初唐好,司成变化中。自兼长庆体,先赋永和宫。事补先朝史,声高列国风。遗音在流水,泂溯意无穷。②

翁山不但对吴诗评价甚高,更以阮籍比梅村,可见吴氏在翁山心中形象不差。

五、屈大均与贰臣交游之分析

作为以气节著称的明遗民屈大均并不避讳与钱谦益等所谓的"素行不端……非复人类"③的降清官员交往,并且给予周亮工、曹溶以很高的赞誉。屈大均与他们密切交往的目的和动机,以及这种行为背后的社会和心理背景都是值得探究的。

要理解这一问题,首先要了解钱谦益、曹溶等在当时人们

---

① 《屈大均全集》第1册,第430页。
② 《屈大均全集》第1册,第543页。
③ 《贰臣传》卷10《钱谦益》,台北明文书局1985年《清代传记丛刊》本,第638页。

心中的形象。在他们降清之后，人们对钱谦益等有两种完全不同的评价。就钱谦益来说，一方面乾隆评曰："有才无行"，"素行不端"，"大节有亏，实不足齿于人类"①。一方面一些坚守民族气节的著名文人学士，诸如瞿式耜、归庄、吕留良、黄宗羲等仍对他十分尊敬。他仍被公认为文坛宗主。他去世后，归庄作《祭钱牧斋先生文》："先生之文，光华如日月，汪浩如江海，巍峨如华嵩。"并且在文中说"窥先生之意，亦悔中道之委蛇，思欲以晚盖，何天之待先生之酷，竟使之赍志以终"。②黄宗羲《钱宗伯牧斋》云："四海宗盟五十年，心期末后与谁传……平生知己谁人是？能不为公一泫然。"③不但肯定其"四海宗盟"的文学地位，而且仍将他引为"平生知己"。即使顾炎武这样至死不仕清廷，不愿列名于钱氏"门生"的人，仍肯定他是文章宗主。④前面曾提到以气节著称的屈大均，也曾拜访钱谦益，并作《访钱牧斋宗伯芙蓉庄作》。曹溶同样在有清一代也曾遭到截然不同的评价。黄宗羲的弟子李邺嗣称曹溶为"操文衡，接气类，以品目自持，能进退天下士诸公名誉，为一世所宗，此吾所推为人师模楷者也"。⑤不过至清中叶曹溶等却遭到"蒙面灌浆人"的恶评。

---

① 《贰臣传》卷10《钱谦益》，台北明文书局1985年《清代传记丛刊》本，第631—639页。

② 归庄：《祭钱牧斋先生文》，《归庄集》，上海古籍出版社1984年版，第471页。

③ 黄宗羲著，沈善洪主编：《黄宗羲全集》第11册，浙江古籍出版社2005年版，第256页。

④ 傅山：《霜红龛集》上册，卷9《为李天生作十首》之八自注曰："宁人向山云，今日文章之事当推天生为宗主，历叙司此任者，至牧斋牧（此'牧'字，疑为衍文）死，而江南无人胜此矣。"（山西人民出版社1985年版，第236页。）

⑤ 李邺嗣：《寿曹秋岳先生六十序》，李邺嗣：《杲堂诗文集·杲堂文续钞》卷2，浙江古籍出版社1988年版，第621页。

那些肯定性评价多是来自当时或稍后以气节著称或抱有遗民情怀的文人学士,他们之间有或深或浅的交往;而那些否定性评价却主要来自清朝中期,前后相距百年。顾炎武、屈大均、瞿式耜、归庄、黄宗羲等志士遗民都亲身经历过这场大动荡,也许他们对与自己选择了不同政治道路的人的肯定性评价更为客观。瞿式耜、魏畊、屈大均、顾炎武等志士遗民奔走天下,他们知见过后人不易了解的事情。我们从一些资料可以看出吴伟业、钱谦益等确曾有反悔之意。钱谦益甚至多次直接参与了后来的一些反清复明的军事行动。钱谦益降清不过半年,封授即让他不满。清初的民族蹂躏政策及对降官的歧视,进一步引起他内心的怨恨。他很快就辞官南归,痛定思痛,以降清之悔恨,更加激发了他复明的强烈愿望。从此,他一方面从事著述,奉南明之"正朔",以故明为"本朝"。他写诗抒发故国之思,撰文表彰抗清之士,并咒骂清朝为"奴"为"虏"。另一方面他又广泛联络抗清复明志士。顺治三年(1646)冬,其好友黄毓祺在反清起事中,曾暗中联络钱谦益,"谦益曾留黄毓祺宿其家,且许助资招兵"。① 事败后,钱谦益被牵连,下南京狱。顺治六年(1649),钱谦益致书桂林留守瞿式耜,报告江南清军将领的动态及可能争取反正的部队。瞿式耜得书后,上奏桂王说:"钱谦益寄臣手书一通,累数百言,绝不道及寒温家常字句,惟有忠驱义感,溢于楮墨之间。盖谦益身在虏中,未尝须臾不念本朝,而规画形势,瞭如指掌,绰有成算。"② 顺治七年(1650)起,钱谦益曾不顾年迈体弱,多次冒险深入虎穴,亲赴金华策反总兵马进宝反清。顺治十一

---

① 《贰臣传》卷10《钱谦益》,《清代传记丛刊》第57册,台北明文书局1985年影印本,第643页。
② 瞿式耜:《报中兴机会疏》,见《瞿式耜集》,上海古籍出版社1981年版,第105页。

年（1654），郑成功、张名振北伐，钱谦益与柳如是又积极响应"尽囊以资之"。起事失败后，先后与魏畊、归庄、鹤足道人等秘密策划，以接应郑成功再度北伐。还在长江口白茅港卜筑红豆庄，作为隐居之所，以便与各地联络，刺探海上消息。① 顺治十六年（1659），郑成功、张煌言率水陆大军再度北伐，连克数镇，钱谦益欣喜若狂，慨然赋诗。钱谦益不仅用文字同时也用自己的实际行动证明了他的悔恨，并非仅仅是"欲借此以掩其失节之羞"。屈大均也曾因尽力促成郑成功这次北伐的行动而遭追捕。② 不能肯定屈、钱二人这次有否直接的接触，但可以肯定屈、钱二人之间因此会有更深入的了解。屈大均在其《皇明四朝成仁录》中对很多先降清后又反正的将领，给予了很高的评价，而一般人都能认可这种肯定性评价。钱谦益尽管曾大节有亏，但他后来又曾积极参与抗清活动，对他前后的不同行为，研究者也应该给予具体的分析。

钱谦益阿附阉党、南京迎降，就节操而言确属"大节有亏"。他降清不久又愤而抗清，当时已取得了南明诸王及一些明遗民的谅解。真正把他一棍子打倒，从人品到学问进行彻底否定的是钱谦益死后一百馀年与他未曾谋面的乾隆皇帝。乾隆发现钱谦益的著作中有大量违碍文字，异常震怒，多次下诏污其名，焚其书。乾隆二十四年己卯（1759）六月下诏谓之："有才无行之人……大节有亏，实不足齿于人类……其意不过欲借以掩其失节之羞。尤为可鄙可耻……其书版必当尚存，且别省有翻刻印售者，俱令将全版一并送京，勿令遗留片简。"乾隆后来作诗判曰："平生谈节义，两姓事君王。进退都无

---

① 钱谦益：《后秋兴之三》、《后秋兴之四》，见《钱牧斋全集·投笔集》，第10—21页。
② 朱希祖：《屈大均传》，《屈大均全集》第8册，第2105页。

据，文章哪有光?"① 乾隆四十三年戊戌（1778）二月又下诏说："钱谦益素行不端……于诗文阴行诋谤，是为进退无据，非复人类"，并且诏令把他列入《贰臣传》中。②

至于对曹溶的所谓"蒙面灌浆"之评价，我们也不可不审其出处。乾隆初年浙江山阴人沈冰壶《重麟玉册》第八卷之《李映碧（清）传》后"附记"说："当时钱牧斋、吴梅村、龚芝麓、陈素庵、曹倦圃为江浙五不肖，皆蒙面灌浆人也。"③ 这五位都是明、清两仕之人。"既然顾亭林亦曾作曹秋岳的入幕之宾，而黄梨洲的弟子更许以为'人师模楷'，则秋岳生前在明遗民间的口碑自不当如此的恶劣。又况沈冰壶以乾隆初年人记顺康间事，中间相距几及百载，'蒙面灌浆人'一说，其可信的程度也是值得怀疑的。"④ 这段话很有道理。钱、曹等人在当时遭到一些恶评在所难免，但从见到的一些文字来看，其面目还没有变得十分可憎。随着时间的推移，到了清朝中期，这些人便遭到了彻底的否定。清朝皇帝眼见其统治已经稳固，又想防备有人对其统治抱有二心，于是就别出心裁地在正史中设《贰臣传》一目，把这些曾给予其祖宗攫取天下很大方便的前明官员彻底打倒，并且冠以"素行不端"，"不足齿于人类"的恶名。一般小民难测圣意，随人俯仰，人云亦云，实属正常。

周亮工虽然也名列《贰臣传》中，但翁山却由衷地赞叹：

---

① 《贰臣传》第 10 卷《钱谦益》，《清代传记丛刊》第 57 册，台北明文书局 1985 年影印本，第 631—639 页。

② 《贰臣传》第 10 卷《钱谦益》，《清代传记丛刊》第 57 册，台北明文书局 1985 年影印本，第 638 页。

③ 转引自谢正光：《清初贰臣曹溶及其"遗民门客"》，《清初诗文与士人交游考》，南京大学出版社 2001 年版，第 222 页。

④ 谢正光：《清初贰臣曹溶及其"遗民门客"》，《清初诗文与士人交游考》，南京大学出版社 2001 年版，第 225 页。

"皎皎白云姿，公为处子师。"由此，我们可以想见他不但学问让人敬仰，同时其人品也不可能太坏。龚鼎孳也曾利用他特殊的身份保护过不少处于危难中的遗民志士，如顾炎武等。曹溶、周亮工、龚鼎孳等还曾搜罗了不少抱有遗民情怀的文人，做他们的幕僚，保护了一些遗民志士。当时许多著名遗民都曾与仕清的汉人有过交往，甚至他们之间还曾有非常亲密的友谊。从许多人留下的文字资料看，当时的舆论对遗民与这几位贰臣的交游并无苛责，而是较为宽容的。

在此需要说明是，我们虽然指出这些降清的前明官员曾保护过不少遗民志士，并不是想替他们翻案，洗刷他们的恶名。他们降清也许只关涉他们的政治道德，并不一定与他们的社会道德和人际道德相关。他们保护志士遗民是出于他们的私德和良知，或者说是出于他们人性的纯良。他们本身在政治上也并不一定是"身在曹营心在汉"，阳奉阴违。遗民、志士与他们密切交往，同样也不一定完全是出于政治上的考虑，并不一定是想策反他们，求得对他们反清复明事业的支持。他们之间的交往就目前所知资料而言，只能说主要是个人行为，与其个人需要有关，并不完全是政治行为。总之，他们之间的交游，应该是各取所需。对于志怀复明之人来说，在遇到危难时，这些操有权柄的降臣，出于友情或良知，或许可以伸出援手。对于贰臣来说，他们也可以借保护节义之士获得礼贤下士的美誉，获得世人对自己背明仕清这种行为的谅解。具体到屈大均本人来说，一方面他可能有这方面的考虑，同时曹溶和周亮工等对于他来说也是前辈学者，在学问甚或人品方面也是值得尊敬的长者。在学识和才情方面，钱、曹等对大均也十分爱重。因此他们之间的交游，也不可全然看作出于功利，而是还有彼此的惺惺相惜。

除此之外，我们还可以从道统的延续来理解遗民与这些降清者的交往。《翁山文钞》卷八之《书逸民传后》中说：

> 古帝王相传之天下至宋而亡。存宋者，逸民也。大均曰，嗟夫，逸民者，一布衣之人，曷能存宋？盖以其所持者道，道存则天下与存，而以黄老杂之，则亦方术之微耳，乌足以系天下之重轻哉……世之营营者，方以一二逸民伏处草茅，无关于天下之重轻，徒知其身之贫且贱，而不知其道之博厚高明，与天地同其体用，与日月同其周流，自存其道，乃所以存古帝王相传之天下于无穷也哉。嗟夫，今之世，吾不患夫天下之亡，而患夫逸民之道不存……道统失，治统因之而亦失。①

大均坚执儒说，盖以此续道统，进而续治统，以免天下之亡。在他看来，儒家文化乃华夏文化的精髓，儒学能涵盖释老，而释老不能涵容儒学。若逐释老而弃儒，则华夏文化遂亡，天下则真亡矣。再者明清之际，在一些人眼中佛教乃西夷之学，与满族一样同属"夷类"。在极端排满情绪的影响下，佛学也成了被排斥的对象。另外，明末心学与禅学相杂，学风空疏，一些学者把空谈误国的这笔账一定程度地记在了佛学的头上。他认为国虽亡，只要有一二遗民传其道统，则天下不亡。这一思想也是理解遗民不避结交仕清之人的关键。当时一些人明知明末之事已万不可为，尤其对于在朝为政者来说，更是洞若观火。刘宗周早在万历之时就感叹说："嗟乎！时事日非，斯道阻丧。亟争之而败，缓调之而亦败。虽有子房，无从借今日之箸，有载胥及溺而已。"② 一些抗清志士，也有类似的感叹。明朝一些官员最终仕清，实是出于世势所迫和对明末政局的绝望。一些人虽然背明仕清，但在文化上他们并没有割断与华夏

---

① 《屈大均全集》第3册，第394页。
② 刘宗周《复周生》，《刘蕺山集》卷6，《景印文渊阁四库全书》第1294册，台湾商务印书馆1986年版，第401页。

文化的联系。遗民与贰臣虽属不同的政治集团，人生取舍不同，但他们却共同传承了华夏传统文化，乃至儒家正统文化。道统续，则治统续，是以天下不亡。遗民身体力行延续华夏道统，在心理上虚幻地满足华夏治统的未曾转移；仕清文人通过行政力量对朝政施加影响，使清朝统治者接受华夏传统文化。二者道同，可以为谋了。应该说这也是支撑遗民与贰臣交游的支点之一。

对华夏文化的传承是遗民和贰臣密切交游拿得出台面的理由，但前面提到的各有所需的相互利用，这种深潜的心理却很难完全排除。立名当代，留名后世是古代文人士大夫最重要的人生追求之一。屈大均壮岁远游，所交多为遗民志士和出仕清朝的文化名人。屈大均等许多遗民在明亡时还是无名小辈，声名不显，需要结交当代文坛名人来张扬名声。否则，僻处草野，抱道守穷，而无人知之，对弘扬华夏文化，维系道统也没有太多帮助。顺治十六年（1659），大均访当时文坛宗主钱谦益，并请他为自己的诗集作序，很难说他当时没有这样的心理。

另外屈大均等与身为贰臣的文化名人交游唱和，也有学术的需要。屈大均多部作品的编撰计划都开始于早年。《翁山文外》卷十五之《复吴绮园书》中感慨颇深：

> 仆行年遂已六十，道德未成，文辞何补。欲于五经宝书有所纂撰，往往以无书考订，阁笔久之，诚所谓"左氏门庭虽多笔砚，稚川史籍不满巾箱"，可为叹息者此也。每恨僻处岭南，图书鲜少。徒欲万卷，咸披不得，百城长拥，面墙而立，欲信无征。盖天之穷予，不在于不逢尧与舜禅，而在于孤生瘴乡，涂耳目而拘神智……直至秣陵三山街口，遍购群书，广借藏帙，勒完五经之私本，更裁诸史之大成，与足下辈三四人，日夕编摩，迭相参订，

为悬诸日月不刊之书乎。①

上文提及的曹溶写给俞汝言的两则书札即可以说明翁山与曹溶的交游与学术的需要有关。屈大均奔走四方目的是为抗清,但并没有放弃考订学术的机会。顺治十七年庚子(1660)屈大均抵山阴,祁理孙、祁班孙相留居于寓山园。屈大均读书于祁氏寓山园,五月足不下楼。

以气节著称的屈大均与许多清朝官员,包括几位著名的贰臣过往甚密,甚至成为他们的至交或幕僚。其他著名的遗民如顾炎武等也与屈大均一样有类似的行迹。遗民成为清朝官员的知交和幕僚,这种现象在当时并不稀见。这是让后世之人颇为费解的事情。明遗民与清朝官员成为朋友或共事者的原因,大概有以下两个方面。共同的企求:他们虽属对立的政治集团,但他们有着共同的传承华夏文化的愿望,以承续道统,虚幻地延续华夏治统;各取所需的个人考量:仕清的官员以此获得礼贤下士的声誉,求得世人对自己仕清的谅解,遗民则借此张扬声名、研究学问、获取衣食以至遇危有援。另外就屈大均与仕清者之交游来说,还有彼此间的惺惺相惜和相互敬重的因素在。

第四节 屈大均与仕清之人交游述论

受传统文化影响,如何做人,自古以来就是中国人十分重视的事情。同样,如何交友,也受到人们的强烈关注。二者关系密切,如果所交非人,势必对自己如何做人产生重大的影响。处在朝代鼎革之时的士人,在出处问题上,其灵魂常常要经受长时间的折磨。因为,此时一个人的出处行藏,直接关系着如何做人的问题。处在明末清初的士人尤其如此。因此,明

---

① 《屈大均全集》第3册,第247—248页。

末清初大批士人抱首阳之志，穷饿以终。但让人费解的是，此时却有一些受人敬重的遗民，与清朝官员①交游唱和过往密切，成为至交好友，甚至可以临终托付后事。在这方面非常具有典型性的就是岭南遗民屈大均。

三藩之乱后清朝统治逐渐稳固，复明已没有希望。此后多数遗民逐渐在心理上承认了清朝的统治，也慢慢开始与仕清之人有所交往。此前明遗民与仕清之人结交的事情相对较少，即使有所交往，也常常比较拘谨。而屈大均在交友方面从很早时候就表现得非常豁达、随意，甚至与众多仕清之人成为知心至交。在康熙十八年（1679）之前，他已经结交的仕清之人至少有二十多个。而且他们与屈大均订交之时，已经有了清朝的功名。屈大均身为遗民，却与众多仕清之人结交，这显然违背了慎交的传统要求。其背后的原因如果以世俗的原则来看，着实让人费解。屈大均天生豪杰，不为世俗之见所缚。性情之所至，无往而不可。他可为天下立法，而天下不可为他立法。他南北奔走，游踪飘忽，遍交天下可交之士，都源于他那种睥睨一切，蹈空而行的性格。康熙十八年（1679）之后，多数遗民开始认同清朝的统治，与清朝官员的接触慢慢增多。屈大均一如既往，在与仕清之人结交方面，自始至终都表现得比较自由随意，毫不忸怩拘谨。

一、屈大均结交之乡党

屈大均结交的岭南仕清之人比较知名的有：梁佩兰、程可

---

① 此处所讨论的屈大均交游的清朝官员，本应包括几位明清二仕的文坛名宿，因前面论及，此处不再赘述。又，此处所谓"清朝官员"，或"仕清之人"，也包括在清朝曾经获得科名，而实际上并没有进入仕途的人。

则、尹源进、吴文炜、方殿元、林凤冈等。其中屈大均与程可则之间的友谊可以肯定始于少年时期。比较而言，在屈所交岭南仕清之人中，他与程、梁关系最为密切，最具代表性。屈大均与梁佩兰之交游，在绪论中已经述及，此处仅述他与程可则交游的情况。

程可则

程可则（1628？—1677？）[①]，字周量，又字彦揆，小字佛壮，号石臞，又号湟溱。广州南海人。程可则"五岁读书，过目不忘，十岁能文，有神童之称，弱冠下笔如云涌泉流，千言立就"。[②] 顺治八年辛卯（1651）清朝首次在广东举行乡试，程可则一举而捷，第二年即进京会试。《广东通志》云：

> 顺治辛卯以《诗经》荐壬辰（顺治九年）会试，举礼部第一，以磨勘首义，不得与殿试，而可则益沉酣经学。庚子（顺治十七年）春，应阁试，授内阁撰文中书，寻改内秘书院……可则诗文名世，与颖川刘体仁、长洲汪琬、新城王士正齐名。所著有《海日楼集》、《遥集楼诗

[①] 程可则的生卒年有不同的说法：一、1623—1673（见江庆柏编著：《清代人物生卒年表》，人民文学出版社2005年版，第768页，言据陈恭尹《海日堂集序》）。二、1624—1673（见钱仲联、傅璇琮、王运熙等主编：《中国文学大辞典》，上海辞书出版社2000年版，第1211页；钱仲联主编：《中国文学家大辞典》，中华书局1996年版，第792页）。三、1627—1673。四、1627—1676（见陈永正主编：《岭南文学史》，广东高等教育出版社1993年版，第297页；温汝能辑：《粤东诗海》，第1036页）。笔者以1628？—1677？为是。

[②] 郭尔疕、胡云客修，冼国干等纂：（康熙）《南海县志》卷12《人物》，《广州大典》第272册，影印康熙三十年刻本，第717页。

草》、《萍花草》。①

程可则历官户部主事、员外郎、兵部郎中。出为桂林知府,三藩之乱中,以忧劳卒。

屈大均与程可则之间发生的事情很有戏剧性。屈大均少时与程可则同窗共读,都师从陈恭尹之父陈邦彦。陈恭尹云:"周量少时与薛君剑公、屈君翁山同受业于先府君之门。"②

顺治十年癸巳(1653)屈大均北游,程可则有《送灵上人之庐山》诗。后屈大均远游南归,程又有《送灵上人归罗浮》。程可则此前虽经历了一些仕途上的挫折,但他一试及第,再试又捷,总体上看他还是比较得意的。所以他此时尚感慨未深,从这两首诗即可看出。

康熙七年戊申(1668)屈大均为顾炎武下狱事至京,见到任职于京的程可则。程可则诗云:

> 天涯频念汝,相见喜成悲。老大馀诗卷,飘零有鬓丝。(《送屈翁山归里》之一)

屈大均在京期间与程可则多有交游:

> 两月长安道,交游兴未孤。词华方庾鲍,世态任萧朱。(《送屈翁山归里》之六)③

两月后,屈大均欲从代州返岭南,作《将从雁代返岭南留别程周量》五律九首,诗云:

> 鸿雁南飞尽,予将大庾还……离心同落叶,一夜满秋山。(《将从雁代返岭南留别程周量》五首之五)④

---

① 郝玉麟修,鲁曾煜纂:(雍正)《广东通志》卷48《人物志·文苑》,见《广州大典》第250册,影印雍正九年刻本,第214—215页。按:此处《海日楼集》当为《海日堂集》。
② 陈恭尹:《程周量集序》,《陈恭尹集》,第600页。
③ 见程可则:《海日堂集》卷3,《广州大典》第436册,影印道光五年乙酉重刊本,第201页。
④ 屈大均:《道援堂诗集》卷4,清刻本。

上编　岭南三大家的交游和创作

丧乱馀生，二人都感慨很深，共同抒发了分别后的不幸遭际和沧桑之感。程可则为宦京师，亦感世态炎凉而老马哀鸣。其诗云：

> 及汝为同学，迢迢二十年。别离虚少壮，丧乱饱风烟。羽翼谁相假，行藏各自怜。（《送屈翁山归里》之三）①

屈大均半生漂泊，蹈危罹险，更感生命的无依和生存的艰难：

> 流落真无计，依人古所难……骨肉归相保，关山去正寒。劳君治行李，歧路泣相看。（《将从雁代返岭南留别程周量》八首之四）

人世艰难，二人更觉兄弟情谊的可贵。屈、程虽为异途之人，但难以断绝桑梓之情和同窗之谊。虽然后来各奔前程，但二人早年兄弟般的情谊永远难以忘怀：

> 岂少簪缨客，无如桑梓情。相依期白首，此别见平生。（《将从雁代返岭南留别程周量》八首之五）

> 与子为兄弟，东西若二樵……此日京华隔，予行秋沉寥。（《将从雁代返岭南留别程周量》八首之六）②

二人感情之深厚从这几首诗中可以看得出来。

康熙十二年癸丑（1673）四月程可则出为桂林知府，顺道回乡，之后赴桂林上任。本年七月，吴三桂、尚可喜、耿精忠先后请撤藩，皆许之。十一月吴三桂杀云南巡抚朱国治，率所部反清，以蓄发复衣冠号召天下。桂林成了双方竞技的战场，程可则忧劳成疾，康熙十六年（1677）前后，卒于全州，终年五十。陈恭尹《海日堂集序》云："出守桂林，月馀而三藩乱作，竟以忧卒于全州，年仅五十。又一年，而朝廷有博学

---

① 程可则：《海日堂集》卷3，《广州大典》第436册，影印道光五年乙酉重刊本，第201页。
② 《屈大均全集》第1册，第254页。

宏词之举……向使周量不遇胡公，必不至于排击；不出守桂林，必不至身及于乱。稍加以年，未必不与于博学宏词之选。"① 康熙十七年（1678）下诏于明年举博学宏词考试。据此推测程可则当卒于康熙十六年（1677）前后。康熙十二年癸丑（1673）冬屈大均自粤北入湘，参加吴三桂的反清军事行动。有趣的是，康熙十四年至康熙十五年正月屈大均监军桂林。这期间程可则正替大清王朝驻守西南。不知当时屈大均与程可则这两位有着兄弟般情谊的同窗好友是否曾在此狭路相逢。屈大均效命疆场，不避刀剑；程可则勤于职守，忧劳而卒。造化此时戏剧性地把屈大均与程可则这两位同窗好友放在战场之上，互为敌手。当时的他们是如何处理这种对立和友谊的，因为缺乏相关资料，我们不得而知。不过，生活在较为复杂的社会环境中的人们，许多人都具备处理这种矛盾的智慧。假若程可则不在康熙十六年前后去世，日后再让他们二人相见，他们也一定还是交情深厚的朋友。

二、康熙十八年前屈大均结交的已有清朝功名者

康熙十八年（1679）前屈大均已经结交了很多已有清朝功名之人，约略统计足有数十位。并且他与他们中的不少人关系非常密切。如：始交于顺治十五年（1658）的王士禛，和订交于康熙五年（1666）的颜光敏等等。

诗坛名流：王士禛

王士禛（1634—1711），字贻上，号阮亭，别号渔洋山

---

① 陈恭尹：《海日堂集序》，见程可则：《海日堂集》卷首，《广州大典》第436册，影印道光五年乙酉重刊本，第132页。

人,山东新城(今桓台)人。顺治八年(1651)中举,官至刑部尚书。著作繁多。

顺治十五年戊戌(1658)屈大均北上出塞访函可,春至京师,又因事走济南。继之游曲阜,谒孔林。于沧州结识王士禛。渔洋少翁山四岁,但诗名早著,成进士之前就以其《秋柳四章》而扬名海内。王士禛极赏翁山之诗,认为唐宋以来诗僧无人能及,甚至以太白比之。比之太白,今天看来虽然过誉,但就风格言之,不能不说王士禛的把握是准确的。屈大均诗云:

> 最早知音是阮亭,青莲不得擅仙灵。九天咳唾纷珠玉,乱作飞泉下杳冥。(《屡得朋友书札感赋》之三)①

此诗注,王阮亭云:"翁山先生诗殆如太白所云'咳唾落九天,随风散珠玉'者。"这是有关屈大均诗宗太白的最早评论。

屈大均东出榆关访函可不得而还,岁暮客游扬州。时王士禛任职扬州,作《寄庐山灵道人越中》诗寄大均。诗云:

> 远携瓢笠去罗浮,开社东林几度秋……何日西来华顶鹤,遗民相待虎溪头。②

此诗收在王士禛《带经堂集·渔洋诗》卷五《己亥稿》中,由此知大均于顺治十六年己亥曾由吴至越。不过,汪宗衍《屈大均年谱》和陈永正等《屈大均诗词编年校笺》皆未及大均是年越地之行。时大均志在联络反清志士,至越或访朱彝尊、魏畊、祁理孙、祁班孙等人,而未遑他顾。王士禛《送翁山子五首》有云:

> 故人沧洲别,迢迢馀十载。太息东逝波,流光讵相

---

① 《屈大均全集》第2册,第1349页。
② 王士禛:《带经堂集》卷5《己亥稿》,《续修四库全书》集部1414册,影印康熙五十年程哲七略书堂刻本,第44页。

待。珠江明月来，时时见光采。南望罗浮云，知予寸心在。①

此诗作于康熙七年戊申（1668）。大均与王士禛在顺治十五年（1658）于沧州分别后至康熙七年恰好十年。屈大均《别阮亭》诗云：

> 昔年寻白社，君赠《庐山谣》。以我栖禅寂，相思不见招。（之二）②

屈诗也作于康熙七年。这首诗又从另一角度证明二人未曾相见。顺治十六年己亥（1659）至十八年辛丑（1661）大均多次往返吴越，而王士禛正任职于吴地，虽相互记挂着对方，却未相见，其中缘由不必深究。顺治十七年庚子（1660）屈大均客秀水，游放鹤洲，继之游天台、雁荡、沃州诸山。王士禛《寄一灵道人》诗云：

> 闻师江海去，几日剡中还？昨朝逢越客，知下沃洲山。③

这首诗可以说明王士禛对大均的关心，同时也可以说明王士禛在这一时期对屈大均的行踪比较清楚。

康熙六年丁未（1667）秋，大均自代州入京，至第二年春夏间仍滞留燕京，时王士禛任职京师。大均返代州，临别，大均诗云：

> 今代青云客，渔洋丽句多。（《别阮亭》之一）

翁山所说为实，的确在当时入仕清朝的众多诗人之中王士禛不但创作丰富，且诗风清丽，富有神韵。

---

① 王士禛：《带经堂集》卷21《戊申稿》，《续修四库全书》集部1414册，影印康熙五十七年程哲七略书堂刻本，第145页。
② 《屈大均全集》第1册，第280页。
③ 王士禛：《带经堂集》卷8《庚子稿》，《续修四库全书》集部1414册，影印康熙五十七年程哲七略书堂刻本，第61页。

不堪人老大，种柳已成围。羽翼中朝少，壎篪故国稀。微言及庄老，散带临芳菲。莫惜闲书札，雁门多雁飞。(《别阮亭》之三)①

屈大均感叹心系故国者稀少，并希望以后相互多通书信，莫忘故人。分别之后王士禛还时时忆及大均：

　　欲觅屈师（翁上人旧隐罗浮）访仙迹，梅销岭上隔风烟。(王士禛《岁暮怀人诗》)②

康熙二十四年乙丑（1685）春王士禛奉使至粤，祭告南海。与翁山等同游广州诸名胜。四月七日，屈大均又自番禺至肇庆，第二天，与王士禛同登阅江楼。四月九日，吴兴祚招翁山与王士禛、黄与坚饮于端州石室岩。时吴兴祚、王士禛再欲疏荐翁山，翁山婉谢。王士禛事竣将归，屈大均思及二人出处行藏迥然不同，但友情至深，赋诗十首。

　　出处壎篪合，文章羽翼成。他时思辟谷，莫忘紫芝荣。(《喜王阮亭宫詹至粤即送其行》之七)

屈大均与王士禛虽然出处不同，但二人友情深长，关系和洽。

　　散带白云林，狂歌一代心。无人问山水，之子自清音。青岁早知我，泠泠能鼓琴。离鸾将别鹄，三叹使情深。(《喜王阮亭宫詹至粤即送其行》之十)③

"青岁早知我"，屈诗明言二人之间有一种知音之爱。王士禛一生勤于著述。这次奉使南来，不但留下大量的诗歌作品，还有纪行之作《南来志》。屈大均《南来志序》云：

　　自昔南行而有记载者，始于陆贾。自贾至越，越之山川草木多所知名……《南中行纪》惜也阙逸不传，自汉至今千馀年。宫詹学士王阮亭先生始出而补之，斯南越之

---

① 《屈大均全集》第1册，第280页。
② 《屈大均全集》第8册，第2037页。
③ 《屈大均全集》第1册，第479—480页。

> 幸……笔之为书，虽志也而道寓焉……故言其下而上见焉，言其器而道见焉……先生斯志，小大毕举。（见《翁山佚文》）①

屈大均赞美王阮亭《南来志》，可比陆贾之《南中行纪》。此志寓道其中，其价值不在陆纪之下。

康熙三十年辛未（1691）王士禛已年近六十，闻说广州要重建越王台之上的镇海楼，念及昔年相识的三位南国的朋友，欣然作《闻越王台重建七层楼寄陈元孝、屈翁山、梁药亭》②。王士禛以此诗寄往岭南以慰长期对这几位朋友的渴念。

从屈大均与王士禛的交往中，笔者看不到丝毫因出处的不同给他们带来的影响。他们之间似乎只有友谊和激赏，而不曾因政治归属不同而有任何隔阂。

圣人之后：颜光敏

颜光敏（1640—1686），字逊甫，改字修来，号乐圃。山东曲阜人。清顺治十四年（1657）乡试中副榜。康熙六年（1667）进士，除国史馆中书舍人，以系颜子六十七世孙，加恩授礼部主事。屈大均与颜光敏订交于康熙五年（1666），时颜光敏已有功名。

屈大均与颜光敏之友谊可以从《滋阳郭君诗集序》中看出。该序云：

> 郭子数就古陋巷读修来所撰《乐圃集》，与之讲求正变，沿溯源流，其诗歌之善，出《风》入《雅》，有典有则，为修来之所称久矣。予，修来友也，前在秦

---

① 《屈大均全集》第 3 册，第 437 页。
② 王士禛：《带经堂集》卷 54，《续修四库全书》集部 1414 册，影印康熙五十七年程哲七略书堂刻本，第 467 页。镇海楼俗称"五层楼"。"七"当为"五"之误。

中，后在吴下，往往相见。修来有所作，短篇长律，一一举以相商。吾两人神智既同，取舍不二。郭子之诗，修来以为可则，予亦不得以为不可也，而岂有所阿于其间也哉？①

从这段话可以看出二人有着深厚的友谊。同时这段话还告诉了我们二人相见的地点。

康熙五年丙午（1666）五月初二，屈大均偕王弘撰父子同入西安，同李因笃、李楷、杜恒灿、王弘撰父子等置酒高会。时有十五国客，翁山与颜光敏二人以诗盛称于诸公，一座属目。二人于此时订交，之后在京师和吴下多次相见。

康熙六年丁未（1667）屈大均在代州，八月朔，自代东入京。此时颜修来亦在北京。屈大均诗云：

> 斗柄垂双华，龙门控大河。精灵从此得，哀乐向来过。白帝开朱阙，苍龙引玉珂。登临吾（原为"吴"，据《翁山诗外》卷五改）与汝，万古一高歌。（《赠别颜修来》之三）

屈大均与颜修来二人皆善登临赋诗，一诗咏就，即成千古。有意思的是屈大均在第一首中为颜修来所作的打算：

> 我忆炎州好，乘秋返故乡。鹧鸪长向日，桂树不惊霜。别酒愁燕市，征车苦太行。青云君已达，应自惜圭璋。（《赠别颜修来》之一）

屈大均在此诗中说得非常明白，颜光敏已为显宦，应自珍惜。出自遗民屈大均之口的这种话更真实传达了摘除道德面具之后的人情世态。不过屈大均自己还是宁愿隐居不出。

> 陋巷弦歌业，先人俎豆容。孤生予有竹，愿托丈人

---

① 屈大均：《翁山文钞》卷1，《屈大均全集》第3册，第282页。

峰。(颜为复圣之裔,曲阜人也。)(《赠别颜修来》之四)①

康熙十八年己未(1679)屈大均避地南京,第二年二月,屈大均至松江,张带三招同颜光敏宴集赋诗。屈大均《集张带三先生草堂分赋》诗云:

> 胜日簪裾会,吴淞水一涯。莺知公子意,花落美人怀。芝草方逃汉,鲈鱼不上淮。季鹰贤父子,白发更相偕。②

同会者盛符升③有《春夜同颜修来、屈翁山诸君集紫盖山房分赋》。邓实《风雨楼扇粹》第七集著录诗扇,题云:"松江春日,张带三老丈招同修来先生宴集,分得九佳,灯下同赋。明日即返棹金陵,书此并以为别,求正,时庚申二月四日,南海弟屈大均稿。"④

屈大均另有与颜修来两封书信。其一《与颜乐圃书》云:

> 弟明日乃能行,尊集印成,幸先以一二本惠教也。毕右万兄慕先生有道,工文章,欲得先生为其尊人东郊先生作一疏草跋,刻之,此刻大有功于圣门,望先生有以慰之。右万兄精心理学说,而辟二氏,多发人所未发,其晋谒先生,盖欲先生为之印证所学也。万为留神。⑤

---

① 屈大均:《道援堂诗集》卷4,见《广州大典》第437册,影印清刻本,第688页。按:原诗四首,《翁山诗外》卷5仅收两首,且前后序第不同。
② 《屈大均全集》第1册,第544页。
③ 盛符升,字珍示,昆山人,少从夏彝仲、张天如、王渔洋游,康熙三年(1664)成进士,官至御史,以事罢归。康熙三十九年(1700)卒。年八十六。著《诚斋诗集》、《昆山县志》。
④ 汪宗衍:《屈大均年谱》康熙十九年条,《屈大均全集》第8册,第1938页。
⑤ 屈大均:《翁山佚文》,《屈大均全集》第3册,第483页。

此书是屈大均代人求请,并提醒颜氏"万为留神",非至交不当如此。《与颜修来书》云:

> 弟明日决行,两日俱在周老处,承枉顾寺中,失迓为罪。明早当造榻奉别。秋气渐寒,惟加珍摄为望。①

这两封书信疑作于康熙六、七年屈大均两次来京之时。从这两通书信可以看出大均对颜光敏的文章学术的肯定和对他的关切。

屈大均与颜光敏的友谊可以屈大均《赠颜君》诗作结。诗云:

> 复圣之子孙,大宗在曲阜,峨峨司勋郎,与我知交久。曩者游西秦,声诗相可否……司勋正始声,比兴无其偶。赋诗存讽谏,美刺绝不苟。②

这首诗说出他与颜光敏结交之久,以及他对颜光敏诗歌的推崇,也印证了前引《滋阳郭君诗集序》之所言。另外此诗还咏及光敏兄光猷。

屈大均与王士禛、颜光敏相互知音,惺惺相惜,这种友谊已经超越了政治归属的界限。仅就保存至今的文字来看,在他们之间政治因素的影响似乎从来就不存在。

三、屈大均结交的中途改道之人

屈大均在康熙十八年之前结交不少抗清志士,其中不少人后来转而成了清朝的官员。不过屈大均与他们的友谊一如既往,始终不渝,如朱彝尊、徐嘉炎、毛奇龄、李因笃等。

朱彝尊

朱彝尊(1629—1709),字锡鬯,号竹垞,浙江秀水人。

---

① 屈大均:《翁山佚文》,《屈大均全集》第3册,第483页。
② 屈大均:《翁山佚文》,《屈大均全集》第1册,第31页。

康熙十八年己未（1679）以布衣举博学鸿词，授检讨，入《明史》馆。

顺治十三年（1656）曹溶由户部侍郎出为广东布政使，同年秋朱彝尊来粤入曹溶幕。来粤后不久与屈大均、陈恭尹、梁佩兰、薛始亨、陈子升等诗人结交，与屈大均感情最洽。时屈大均在海幢寺为道独侍者。顺治十四年（1657）九月，曹溶由广东布政使突然被降为山西按察副使，此年冬曹离粤返里休假。朱应肇庆高要知县聘为西宾，教授府中子弟。第二年，朱氏北归，把屈氏之诗携至江南：

> 名因锡鬯起词场，未出梅关人已香。（《屡得友朋书札感赋》之四）①

朱彝尊最早使大均扬名吴越。此时二人皆为志怀复明之人，且为至交。屈大均在《锦石山樵诗集序》中所列"平生知己"即有朱彝尊。

顺治十五年戊戌（1658）春屈大均北上出塞寻函可（祖心）禅师，不得，吊袁崇焕废垒而还，是年冬客扬州。顺治十六年己亥（1659）至秀水访朱彝尊，朱有《喜罗浮屈五过访》诗。诗云：

> 春风蝴蝶飞，绿草南园遍。知是麻姑五色裙，罗浮山下曾相见。开门一笑逢故人，远来问我桃花津。若非绿玉杖，定跨黄麒麟，不然出入京洛一万里，何为布素无缁尘……况今天地多战争，赤城华顶风烟惊。山阴道士不得见，四明狂客谁相迎。②

"四明狂客"指魏畊，"山阴道士"谓祁班孙。此时大均至越，往会魏畊、祁理孙、祁班孙等人或为密谋郑成功、张煌言等海上之事。谋定，大均复往南京。朱彝尊《寄屈五金陵》诗云：

---

① 《屈大均全集》第2册，第1349页。
② 朱彝尊：《曝书亭集》卷4，世界书局1937年版，第44页。

上编　岭南三大家的交游和创作

> 新从白莲社，旧事紫阳君。贻我群仙咏，全胜十赉文。风涛杨子渡，松柏蒋陵云。共有山栖志，题书报尔闻。①

这一时期大均多次往返于吴越之间，与朱彝尊交游颇密，常有诗作关涉对方。

顺治十七年庚子（1660）屈大均客秀水，与朱彝尊、杜均、俞汝言②游放鹤洲，分韵赋诗。接着屈大均返金陵，稍后复至秀水，约游山阴。朱彝尊诗云：

> 楚调闻高唱，吴航下旧京。凉秋八九月，招我固陵城。射的仙人去，笼鹅道士迎。明湖凡几曲，携手镜中行。（《屈五来自白下期作山阴之游》）③

由此诗可知时在本年八九月间。屈大均同时之作，最见风采：

> 最恨秦淮柳，长条复短条。秋风吹落叶，一夜别南朝。范蠡湖边客，相将荡画桡。言寻大禹穴，直渡浙江潮。（《自白下至檇李与诸子约游山阴》）④

九月晦日，屈大均与朱彝尊曾同寓杭州酒楼。朱彝尊有《题杭州酒楼壁》。⑤

屈大均至山阴，祁理孙、班孙兄弟相留，居于祁氏寓山园。朱彝尊来寓山园把晤，朝夕谈论。《曝书亭集》卷四有《寓山访屈五》诗。祁氏藏书甚富，大均读书于此，朱彝尊《静志居诗话》谓大均五月不下藏书楼。

顺治十八年辛丑（1661）春屈大均至会稽，二月，与朱

---

① 朱彝尊：《曝书亭集》卷4，世界书局1937年版，第47页。
② 俞汝言（1614—1679），字右吉，秀水（今嘉兴）人。明亡后，自号渐川遗民、渐川老农。
③ 朱彝尊：《曝书亭集》卷4，世界书局1937年版，第51页。
④ 《屈大均全集》第1册，第337页。
⑤ 朱墨林辑：《曝书亭外集》卷8，望云仙馆本。

彝尊、祁班孙会葬朱士稚①于大禹陵旁。三月二日屈大均与董匡等名流三十馀人修禊兰亭。然后至秀水，偕朱彝尊访徐嘉炎于南州草堂，论诗说赋。之后屈大均因参与郑成功、张煌言进攻南京，名在追捕之列，而避地桐庐。

这一年缅人执永历帝献于吴三桂军前，南明之事已告结束。此时屈大均、朱彝尊等深感绝望。秋，屈大均欲归岭南，韩畕（字经正，号石畊）从平湖至秀水操琴为别，朱彝尊诗云：

> 韩生燕市来，夜向招提宿。本是悲歌击筑人，援琴为鼓清商曲。安弦操缦夜三更，良久徘徊不出声……一弹试奏思归引，再转重愁双燕离。（《寒夜集灯公房听韩七山人弹琴兼送屈五还罗浮》七古）②

显然诗中之愁不仅仅是离愁，更有复明无望之悲。屈大均亦有诗留别诸人：

> 后会庶不移，参商有见时……敦彼后雕质，岁寒以为期。（《将归省母留别诸友人》之八）③

屈诗鼓励朋友们守志不移，不要因南明事歇而改弦易辙。

康熙四年乙巳（1665）屈大均第三次北游，康熙五年丙午（1666）屈大均与李因笃自陕西富平同往山西代州。康熙六年丁未（1667）朱彝尊过代州，遇屈、李二人。屈大均和李因笃言及顾炎武对朱彝尊古文辞的赞赏。④ 此一时期他们美人歌舞，颇为尽兴。朱彝尊欲行，翁山送至广武，以诗赠别：

---

① 朱士稚，字伯虎，浙江山阴人，遭乱千金结客，坐狱论死，重贿得释，既而放荡江湖间。
② 朱彝尊：《曝书亭集》卷5，世界书局1937年版，第60页。
③ 《屈大均全集》第1册，第69页。
④ 朱彝尊《与顾宁人书》云："去夏过代州，遇翁山、天生。道足下盛称仆古文辞。谓出于朝宗、于一之上。"（见朱彝尊：《曝书亭集》卷31，世界书局1937年版，第396页。）

上编　岭南三大家的交游和创作

> 日落黄花晚，风高白雁秋。三关无鼓角，万里尽旗裘。歌管年华送，文章霸气收。相将游猎好，无奈隔云州。(《别锡鬯》)①

此时屈大均年近不惑，颇有老大无成之感，自觉身上的那一股王霸之气渐见衰歇。

康熙七年（1668）屈大均携妻女自代州过北京南返，岁暮至南京，康熙八年己酉（1669）访朱彝尊、徐嘉炎于嘉禾，下榻徐嘉炎斋中。朱彝尊为屈大均作《九歌草堂诗集序》。

康熙十八年（1679）朱彝尊应鸿博，授编修，入仕清朝。屈大均在与他人的诗中对朱彝尊入仕清朝略有微辞。不过这并没有影响他们之间的友谊。康熙二十三年甲子（1684）十一月，王士禛奉命祭南海，朱彝尊作《送少詹王先生士禛代祀南海，兼怀梁孝廉佩兰、屈处士大均、陈处士恭尹》诗，嘱王代致意于屈大均、陈恭尹、梁佩兰三人。

康熙三十二年癸酉（1693）二月，朱彝尊奉使至粤，同来者有其子朱昆田、友沈名荪。②初屈大均未得即与朱氏相见，作《朱太史竹垞至五羊苦不得见诗以寄之》诗云：

> 辇毂分襟后，相思廿四霜。如何来咫尺，亦复作参商？著作知无数，声华总未央。可能从幕府，暂到海珠旁。③

屈大均急于相见的心理可以见出。后来屈大均在与朱彝尊之弟的诗中又提及未得即见之事。

> 汝兄峤南来可怜，故人不得相周旋。台门咫尺邈千

---

① 《屈大均全集》第1册，第327页。
② 沈名荪，字涧房，浙江仁和人。康熙三十九年（1700）举人。少从王士禛游，与朱昆田、查慎行友善。工诗，著《梵夹集》、《蛾术堂文集》等。
③ 《屈大均全集》第2册，第787页。

里,相知何苦相天渊。汝今又归桐乡去,临分那得无缠绵。嘉禾我友十馀辈,汝兄第一胶漆坚。(《送朱上舍》)①

二月八日,屈大均、陈恭尹、梁佩兰陪朱彝尊等人往光孝寺,观唐僧贯休所画罗汉。朱彝尊等留广州三日后别去。梁佩兰设宴于五层楼,邀同屈大均、陈恭尹、吴文炜、王隼、陈元基、梁无技、季煌为饯行,席上分赋。屈大均《送朱竹垞》诗云:

情同杨柳但依依,乍见那堪即送归。白首相知谁得似?梦魂从此更交飞。(之一)

重来此地莫相违,各已浮生近古希。二十五年还待汝,白头未肯嫁斜晖。(予与君别二十五年矣。)(之二)②

与此前屈大均写给朱氏的诗相比,这两首诗中的离情别绪最为浓厚。毕竟二人都已进入暮年,他们自知造化留给他们的时间不多了,心想也许这就是他们此生的最后一面,此次送行何异于生离死别。这次分别与顺治十八年(1661)分手时"后会庶不移,参商有见时"的口气迥然有别。

屈、朱二人之友谊建立于患难与共之时。屈大均虽对朱氏入仕清朝略有微辞,但这并没有影响他们的友谊。

毛奇龄

毛奇龄(1623—1716),字大可,号西河。原名甡,萧山人。明季诸生。明亡,曾入保定伯毛有伦军。康熙己未(1679)举博学鸿词,授检讨,纂修《明史》。

顺治十五年戊戌(1658)屈大均东出榆关,寻函可,不得,浪荡而返,之后三年漫游吴越。此间,屈大均游至浙东,

---

① 《屈大均全集》第1册,第207页。
② 《屈大均全集》第2册,第1346页。

与毛奇龄相识。毛奇龄在为屈大均诗集作序时说：

> 予之见翁山，则自翁山游东海时始也。先是翁山游塞外，北抵粟末，过把娄、朵颜诸处，访生平故人浪荡而返。①

顺治十八年辛丑（1661）秋屈大均自浙江欲归番禺，韩畕从平湖至秀水操琴为别，毛奇龄作《法驾导引·送一苓和尚还罗浮》词。② 康熙九年庚戌（1670）初屈大均继室王华姜病故。毛奇龄作《为屈生悼亡·并叙》。诗云：

> 倾城名士本相亲，况有莲花入赋新。宝箧未开瑶瑟怨，瓦棺先葬郁金人。湘灵不断终归楚，萧史原来又去秦。逝者果然难再得，总教无泪也伤神。③

诗前有叙，从叙中可知，此诗当作于数年之后。

康熙二十年辛酉（1681）张杉游粤寄翁山所为诗，请毛奇龄为之作序。④ 康熙三十年辛未（1691）屈大均作《寄怀毛翰林大可》。诗云：

> 能争西子为乡里，莫继夷光作土神。弟子偏多才藻女，先生故是滑稽人。若兰妒绝阳台去，老珠蝉无泪满巾。（之二）⑤

毛奇龄为萧山人，他坚持认为西施亦为萧山人，屈大均诗含

---

① 毛奇龄：《岭南屈翁山诗集序》，见《毛西河先生全集·序》卷5，康熙李塨等刻乾隆三十五年（1770）陆体元重修本。按：道援堂藏版屈大均《道援堂集》卷首之毛奇龄序，无题目，无年份。

② 毛奇龄：《毛西河先生全集·填词》卷3，康熙李塨等刻乾隆三十五年（1770）陆体元重修本。

③ 毛奇龄：《毛西河先生全集·七言律诗》卷4，康熙李塨等刻乾隆三十五年（1770）陆体元重修本。

④ 按：此序当为毛奇龄《毛西河先生全集·序》卷5之《岭南屈翁山诗集序》。

⑤ 《屈大均全集》第2册，第1016页。

微讽。

屈大均与毛奇龄结交于那个风云变幻的时代。其性格有几分相近,皆为慷慨之人。毛奇龄在《屈翁山诗集序》中评屈诗云:"睥睨驱斥,宜其为诗廓然于天地之间,独抒颢气,瀤瀤落落焉,一切龌与龊不以间也。"这段话虽为诗评,其实也可以拿来形容屈大均和毛奇龄二人的性格和为人。另外从他们之间互赠的诗文中也可以感觉得到,二人志同道合,为莫逆之交。无论对方是出、是处,皆无往而不可。

李因笃

李因笃(1631—1692),字天生,更字孔德,又字子德,号中南山人。陕西富平人。明诸生,博学强记,性朴直,尚气节,见天下大乱,走塞外,求访奇士,杀敌报国,名重一时,人尊为"关西夫子",与盩厔李颙、郿县李柏称"关中三李"。康熙十八年己未(1679)经其母力劝,应试博学鸿词。授检讨,未逾月,以母病辞归。

康熙四年(1665)屈大均北上,过金陵,入陕西,岁暮抵三原。康熙五年丙午(1666)五月初二,屈大均偕王弘撰父子同入西安,同李因笃、李楷、杜恒灿、王弘撰父子置酒高会。屈大均在《宗周游记》中云:

> 时有十五国客,予与曲阜颜修来以诗盛称于诸公,一座属目。先是有传予《登华》长律至西安,天生见而惊服,谓"自有太华,无此杰作,可与于鳞一记并传"。比相见,即再拜定交,谓"今日始得一劲敌"。①

屈大均初来西安,即以诗惊服众人。从这段文字可知李因笃等对屈大均之诗的喜爱。屈大均对李因笃也评价甚高:

---

① 《屈大均全集》第3册,第15页。

上编　岭南三大家的交游和创作

予向交富平李孔德。孔德诸体诗陵轹少陵，而五言长律尤善，曹秋岳使君尝叹为空同以后一人……孔德长律以十三经、二十一史镕铸成篇，词无空设，悉有典故。(《荆山诗集序》)①

屈、李订交之后，一起探寻未央宫故址，过吊忠泉、荐母寺、慈恩寺、杜子美祠诸处，又同至富平韩家村李因笃家登堂拜母。六月，屈大均偕李因笃自富平同至代州，客陈上年尚友斋中，识顾炎武。又在李因笃等人的安排下，娶西北女子王华姜为继室。此一时期李因笃有数首诗为大均而作。如《受祺堂诗集》卷九中的《屈五翁山新婚即事》二首、《寄翁山》和《秋夕同诸子小集翁山斋中即事相调》二首，以及《受祺堂诗集》卷十中的《小至雪中同翁山自雁门还郡》等。

此一时期顾炎武与李因笃等二十馀人北出雁门关，在滹沱河上游合作垦荒。当曹溶往雁门与会时，大均亦自代州赴雁门。当时与会之人有李因笃、屈大均、顾炎武、曹溶和俞汝言。李因笃《受祺堂诗》卷十有《长至前二日，同右吉、翁山陪曹秋岳先生宿雁门关即事四十韵，拈玉露凋伤枫树林之句分"凋"字》五言排律。当曹溶自雁门关返大同时，屈大均与李因笃一起为他送行。《翁山诗外》卷十三有《雁门关与天生送曹使君返云中四十韵》五言排律。前面已述谢正光认为曹溶此时山西大同任上，屈大均和李因笃都曾入其幕中。

康熙六年丁未（1667）秋，陈上年雁门兵备道裁缺。李因笃携家返秦，翁山作《送天生》三首。诗云：

万里求知己，从君旅雁门。佳期那再得？歧路竟何言！高尚难为客，屠沽易感恩。相思若春草，处处逐王孙。（之一）

---

① 《屈大均全集》第3册，第66页。

其一仅言离别之情,其三则显归隐之意:

> 不断丹青树,终南地络阴。道随春草长,人与白云深。麋鹿鸣相召,羲皇梦可寻。时时望黄鹄,一寄岁寒心。(之三)①

本来相约归隐,没料想李因笃却应己未鸿博。屈大均对此颇有微辞:

> 束帛自穹庐,投竿别漆沮。乞归矜有疏,却聘恨无书。芝术千秋少,鸡豚一日馀。何人犹恋禄?不念倚门闾。(《有怀富平李孔德》之二)

如果说此诗微带嘲讽,那么下面一首则就直言他背弃前盟了:

> 越歌惭《有木》,秦俗重《无衣》。一自关河隔,同心事尽非。(《有怀富平李孔德》之三)

平定三藩之乱后,清政府以修《明史》为名,吸引了众多饱学之士入其彀中。《明史》虽修,但无能申张《春秋》大义:

> 闻道征修史,《春秋》义未申。温公元晋胄,景略本秦人。草野存遗直,华夷有大伦。(《有怀富平李孔德》之七)

司马光作为宋朝臣子,为尊奉赵氏,自然于三国历史要以曹魏为正统。如此《春秋》大义何由得申?作为入仕清朝之人,修撰《明史》自然也难成"实录"。

尽管屈大均对李因笃就征颇多批评,但作为朋友还时常记挂于心:

> 武帝祠三日,伊人水一方。别来秦越隔,魂梦两茫茫。(《有怀富平李孔德》之六)②

他们二人终究是多年的知己,大均尽管有所不满,但友情难舍,他们的友谊还一如既往,之后还不时想起这位西北的

---

① 《屈大均全集》第1册,第323页。
② 《屈大均全集》第1册,第599页。

朋友：

> 别离长忆十年情，出处同高一代名。四皓暂为秦博士，《五经》终作汉康成。家临北地元天府，人在西方是帝京。河华几时重握手，尊开石冻话生平。(《寄富平李子德》之二)①

康熙二十八年己巳（1689）陕西富平人程相吉自粤返乡，屈大均赋此托程带往，期盼有朝一日与李因笃重话当年。在屈大均看来商山四皓虽曾应召，仍不失为高士，李因笃暂入馆阁，依然名高一代。

> 白头知己尽，而舅最相思。万里空魂梦，平生此别离。自矜辞爵早，人恨著书迟。针药凭谁进？萧条卧疾时。(《送李君还秦兼寄怀其舅孔德太史》之一)②

此诗作于康熙三十年辛未（1691），时李因笃身患瘫疾，又膝下萧条，大均为他少人伺候汤药而揪心。

屈大均虽对李因笃应试鸿博有所嘲讽，但其友谊却没有因此中断。在这一点上屈大均与王弘撰的态度大为不同。屈、李至交王弘撰，闻说李因笃已入康熙彀中，却又荐举别人，大为光火，当即宣布与之绝交。李因笃难拒征聘，却又荐举他人，陷他人于两难之中。这种行为显系扯别人来消解、稀释自己的羞惭。王弘撰与之绝交当为此而来。

三藩之乱将趋平定，清朝的统治逐渐稳固。朱彝尊、毛奇龄、李因笃、徐嘉炎等于康熙十八年己未（1679）应试鸿博，最终登上了清王朝的这条大船。固然从明末皇帝的昏庸，吏治的腐败，清初皇帝的励精图治，吏治的相对清明来说，甚至从民生、民本，乃至从个人利益的角度来说，最终入仕清朝都不失为一个明智的选择，但对于一个受忠君和华夷之辨观念深刻

---

① 《屈大均全集》第 2 册，第 977 页。
② 《屈大均全集》第 2 册，第 774 页。

影响的传统知识分子来说，作出这样的选择，其灵魂难免要经历一段时间的挣扎和煎熬。因为这种无奈的选择难免带来后世的非议。不过，据一些资料来看，这种选择在当时并没有遭到太多的苛责。似乎当时不少人对他人的选择都不愿发表太多的意见，对他人的选择都抱有一定程度的理解和宽容。社会的动乱和复杂导致了个人选择的多元化，甚至带来了社会宽容度的提升。对他人的仕清行为提出强烈批评的人也只是少数，也很少带来朋友关系的破裂。屈大均与朱彝尊、李因笃等就是如此。屈大均对待世居岭南的朋友程可则、梁佩兰等也是如此。

四、屈大均与当地官员之交游

屈大均与当地官员交接很早，顺治十四年丁酉（1657），时为广州海幢寺道独和尚侍者的屈大均即与任广东布政使的曹溶和广东提学道钱朝鼎有所交接。他五十一岁息游之后，与在粤官员的交游更为频繁。

屈大均所交在粤官员很多，如两广总督吴兴祚，广州将军王永誉，驻防广州参领王之蛟，广东提学道钱朝鼎、陈肇昌，广东正考官王又旦，广东乡试正考官黄斐，广东巡抚朱宏祚，广东布政使曹溶，雷州知府后迁为广东按察司副使的吴盛藻，广东按察使李炜，粤关监督成克大，粤海关监督龚翔麟，广东驿盐道张云翮，督粮道耿文明，广东参议蒋莘田，广州府知府刘茂溶，惠州知府王煐，韶州知府陈廷策，罗定州知州刘元禄，连平州知州于廷弼，番禺县知县孔兴琏，茂名知县王原，增城知县冉存异，清远县知县刘士骧，连山县知县刘允元，四会县知县吴树臣，归善县知县佟铭，惠州通判俞九成，英德县知县陆雪登，西宁县知县张溶，番禺县知县武筹，从化县知县郭遇熙，顺德县知县徐勒，番禺知县高去伪，东莞县知县高维桧，新会县知县贾雒英，阳春县知县康善述等等。这其中有不少是他在康熙十八年（1679）之前所交。

吴兴祚

吴兴祚（1632—1698），字伯成，号留村，浙江山阴人。后迁辽之清河，汉军正红旗，贡生。累迁至两广总督，工诗。著《留村诗钞》、《宋元诗声律选》、《史选句解》、《粤东舆图》等。

吴于"康熙二十一年总制两粤……粤人德之，至今犹称诵不置"。① 无论是在粤中还是在其他地方任职时吴兴祚都是一位能体恤民情的官员。据邬庆时《屈大均年谱》载，吴兴祚来粤上任伊始，即欲荐大均出仕。屈大均于康熙二十二年癸亥（1683）十一月借祝寿为名，亲到端州，当面力辞，至于泣下。屈大均《宝鼎现·寿制府大司马吴公》词，称颂清朝这位封疆大吏造福岭南：

> 吐握公旦今难觏。尽人贤、依恋裳绣。倾四海、朝宗节钺，欲卷牂江归大斗。奋武烈、与文谟千载，铜柱重标岭右……教至道、双曜同流，直与天长地久。②

如果不标明是屈大均之作，谁又能相信这首词出自以气节著称的故明遗民之手呢？这首词的内容无需多说，《宝鼎现》这一词牌用在这里就颇具意味。尽管后来随着词的发展，词牌与词的内容已没有什么关系，但词牌的原始意义也并不会因此而完全消失。屈大均用《宝鼎现》这一词牌为镇守两粤的总督吴兴祚祝寿，这本身是否也一定程度地意味着他已经对清政府的

---

① 《大清一统志》卷338，《景印文渊阁四库全书》第481册，台湾商务印书馆1986年版，第808页。一说吴于康熙二十年（1681）督粤。

② 《屈大均全集》第2册，第1421—1422页。

惠政给予了肯定,乐于见到天下太平人民安居乐业呢?他以象征着王朝一统,天下太平的《宝鼎现》献给具有这种身份的人,其意味是值得寻思的。明白地说,这实际上意味着他一定程度地认同了清朝的统治。大均此行所作甚多。《翁山诗外》卷十三有《上两广制府》、卷八有《嘉鱼》三首,《翁山文钞》卷十又有《嘉鱼颂(并序)》和《崧台颂(有序)》:

少司马大中丞吴公,以勋戚元老,总制炎荒,威德所加,悉安悉治。盖自莅止端州以来,举五岭之东西,三江之内外,山海崎岖之所至,岚烟蒸湿之所居,无不民熙物阜,共乐清平,以无庚公之至化焉。某以部下布衣,辱承延致,礼数优渥,雅不能忘。(《崧台颂(有序)》)①

屈大均称颂吴兴祚治理岭南"民熙物阜",同时对这位封疆大吏礼贤下士和热心举荐的"好意",也只好欢颜以对。

康熙二十三年甲子(1684)屈大均再至端州,为两粤总督吴兴祚祝寿,并载嘉鱼以归。《翁山诗外》卷八有《自端州载嘉鱼归春山草堂》二首、《后嘉鱼诗》十二首,卷十一《两粤督府祝嘏词》诗四首等。

康熙二十四年(1685)夏初,屈大均等几位知名文人应吴兴祚之邀陪同奉使至粤祭告南海的王士禛前往肇庆。四月九日,吴兴祚、屈大均、王士禛、黄与坚等饮于端州石室岩。《翁山诗外》卷七有《吴制府招同诸公游七星岩有作》诗两首。时吴兴祚与王士禛一起再欲疏荐大均,大均再次婉谢:

家有老母,吾岂能离朝夕之养?况余所著《诗外》、《文外》、《文钞》、《广东新语》与所述《易外》、《四书补注》、《广东文选》、《广东文集》、《十八代诗选》、《李杜诗选》、《今文笺》、《今诗笺》、《翁山六选》诸书未

---

① 《屈大均全集》第3册,第412页。

竟，余之笔砚未可辍也。(黄廷璋《翁山诗外序》)①

这次端州之行，在吴兴祚的安排和招待下，畅游七星岩、鼎湖山、烂柯山、羚羊峡及砚坑诸洞。是年十一月，屈大均第三次去端州祝吴兴祚寿。

> 三度嘉鱼候，端江鼓棹回，黄冠趋幕府，赤舄在崧台。(《寿两广制府吴公》之一)

> 岁岁来称寿，康公见秀眉……炎方有公在，春色不教迟。(《寿两广制府吴公》之二)②

屈大均野服黄冠年年来端州祝嘏，与这位清朝封疆大吏交往如此密切也算是比较特殊的了。

传统文人读书就是为了出仕，而屈大均两荐不出，一生又多娶多子，生计难免出现问题。吴兴祚悯其清贫，于康熙二十五年丙寅（1686），馈赠茭塘黄女官沙之田三十七亩给大均，让他躬耕自食。

> 予也平昔无田，年五十有七，始得茭塘黄女官沙之田三十七亩，潮田也。所莳者，交趾花秥，岁止一熟。佃与人耕，止得谷七十馀石，以十石赋于公家，所馀者六十馀石，不足以供一家之食。于是予自耕之，计秋成合早秥糯，当得百石，年丰或不止乎是。(《耕辞》)③

屈大均是乐于接受这种馈赠的，并且表现得相当兴奋。不过我们不能以其接受官员之馈赠而过多地责难他。因为其生存确实相当艰难，况且明末清初遗民接受官员馈赠的现象并不稀见。之后屈大均作《大司马吴公惠田赋此奉答》二首以表谢意。诗云：

> 公怜乌有母，发满白头霜。有耻归薇蕨，无才致稻

---

① 《屈大均全集》第1册，卷首第1页。
② 《屈大均全集》第1册，第487页。
③ 《屈大均全集》第3册，第187页。

梁。文章徒卖力，春杵枉辞乡。十亩承嘉惠，从今菽水香。（之一）

䊀来仁者粟，方与养亲宜。更受山田赐，弥惭石父知。自今为黍早，不惜采兰迟。勤动同妻子，长怀粒我私。（之二）①

屈大均接受吴赐潮田，也是出于无奈："有耻归薇蕨，无才致稻粱。"这也是许多遗民所面临的二难选择。不过接受了田亩之赐，同时也接受了吴之羁束，"自今为黍早，不惜采兰迟"。吴兴祚在任七年，二人往来不绝。

康熙二十八年己巳（1689）六月吴兴祚因鼓铸不实，降官使用，石琳继任两广总督。吴兴祚未马上离粤，而是在岭南又徘徊一年有馀。康熙二十九年庚午（1690）仲夏，吴兴祚招屈大均等人宴集城西禅院奉陪京卿张公。《翁山诗外》卷九有《庚午仲夏承大司马吴公招同诸公奉陪京卿张公燕集城西禅院，次张公元韵四首并以送行》诗。本年十一月间，值其生日，吴兴祚游罗浮山。屈大均未同游，寄诗词以贺。其词曰：

作万民师保，将《雅》、《颂》，尽变蛮中。更歌《风》，俾圣人膏馥，霑丐童蒙。（《春从天上来·为前制府大司马吴公寿》）②

这首词再次肯定了吴兴祚在粤之惠政。康熙三十年辛未（1691）吴兴祚离粤入都。屈大均、陈恭尹、梁佩兰三人皆以诗送之。屈大均作《奉送吴大司马还京》四首。诗云：

郑重京华入，贤声答往钦。旁求三殿久，遗爱百蛮深。（之二）

鲛人恩莫报，慷慨泣珠时。（之三）

---

① 《屈大均全集》第1册，第671页。
② 《屈大均全集》第2册，第1483页。

画船珠海动，铙吹满离声。百粤壶浆泪，三军乳哺情。武溪思北发，漓水怨西征。怆别崧台下，从今望玉京。（之四）①

这组诗所突出的主题是离情和受惠者的报恩之思。

　　吴兴祚之于屈大均既为知己，又是羁束自己之人。屈大均与他的交往在一定意义上是迫于无奈。他举荐翁山，又赠之田亩，实际上是煞费苦心，让大均拱手就束的策略。邬庆时甚至认为"不肯为座上客，则必为阶下囚"。这手法实在高明，让人无可奈何。

　　邬庆时《屈大均年谱》引述他与其父的对话云："（邬庆时）疑先生前后出处，自相矛盾，以问先考建生公……公答谓：'辞荐，是公义；交好，是私情。'先生之出处，始终是为复明，是为不服清，并未尝稍有矛盾也。"② 世故也罢，智慧也罢，生存于"公义"与"私情"的矛盾之间，毕竟是相当艰难的。这是当时的许多人不得不面对的。

王煐

　　王煐（1651—1726），字紫诠，又字子千，号盘麓，宝坻人，廪生。康熙二十八年己巳（1689）以刑部郎中知惠州府。

　　王煐到惠州上任后，常来广州与屈大均、陈恭尹、梁佩兰等吟咏唱和，也常邀请三人到其任处游赏赋咏。康熙二十八年王煐来粤的第一个除夕即与屈大均、陈恭尹等一起度岁唱和。屈大均有《奉和惠州王太守除夕杂感次韵》二首。

　　康熙二十九年庚午（1690）王煐筑罗浮子日亭，以便游人止息。落成后，屈大均、陈恭尹和梁佩兰三人皆以诗纪之。

---

① 《屈大均全集》第 2 册，第 763 页。
② 邬庆时著，广东省立中山图书馆编：《屈大均年谱》，广东人民出版社 2006 年版，第 201 页。

《翁山诗外》卷四有《王太守作见日亭成,诗以美之》(按:盖"子日亭"又曰"见日亭")。

屈大均居家不甘寂寞,这一年他游顺德、三水、增城诸邑,入冬至惠州,客王煐斋中。屈大均居惠期间所作诗词颇多,与王煐有关的足有二十多首。其间屈大均应人之请又作《惠州府儒学先师庙碑(代)》一文,褒扬王煐尊师重道:

> 康熙二十七年(按:当为"二十八年"),宝坻王侯煐来守是邦,甫下车,只谒庙廷,即易其榜曰先师庙……崇祯乙亥,太守周侯世盛乃大修之……今五十余年矣……广文叶君某某,卫君某某,以碑文请。不佞居于惠,见侯之所以尊师重道,正祀礼,修庙学,教养人士,功德如此其美,安敢以不文辞!①

王煐尊师重道,重视文化事业,还表现在他曾与陈廷策一起为张九龄、余靖重刻文集这一事情上。

康熙三十年辛未(1691)闰七月二十九日韶州知府陈廷策、惠州知府王煐招同屈大均、陈恭尹、梁佩兰、廖燕集于广州行署,议为张九龄、余靖刻印文集。屈大均积极与王煐等配合,使此事得竣。数日之后的八月八日夜,王煐又招同屈大均、陈恭尹、梁佩兰、廖燕、陈廷策、迟维城集于广州行署咏月。

康熙三十一年壬申(1692)正月十七日,释大汕邀王煐、屈大均、梁佩兰、龚翔麟、陈廷策、陈恭尹、陈子升、廖燕、季煌、王世桢、沈上钱、方正玉、朱汉源、黄河澄、黄河图社集长寿寺离六堂,分韵赋诗。《翁山诗外》卷十一有《上元后二夕,惠州韶州两使君暨诸公同集长寿精蓝,分得一先韵》诗;王煐《忆雪楼诗集》卷上有《上元后二夕集长寿精舍分

---

① 《屈大均全集》第3册,第324—325页。

赋，得一东》。本年初春，梁佩兰招王煐、屈大均、陈廷策、陈恭尹、黄河澄等雅集六莹堂，出六莹琴相示，屈大均、陈恭尹、黄河澄有诗纪之。《翁山诗外》卷四有《初春六莹堂雅集，主人梁庶常出六莹琴相示，歌以纪之》诗。九月王隼选编《岭南三大家诗选》二十四卷，屈大均、陈恭尹、梁佩兰人各八卷。王煐作序刊行。王煐序云：

> 岭南三先生以诗鸣当世，予耳其名者久矣。翁山之诗见于世最早，其所为《道援堂集》予髫龀时习知之。然得之传闻者多，实未得竟其集也……翁山诗如万壑奔涛，一泻千里，放而不息，流而不竭，其中多藏蛟龙神怪，非若平湖浅水，止有鱼虾蟹鳖，故翁山诗，视两先生为独多，今《诗外》固已等身，而著作无时少辍，传之后世，当无与敌矣。①

据此可知，王煐童稚之年即闻大均诗名，得读其诗。王煐与大均游，当是慕名而交。这年除夕，屈大均同王煐、陈恭尹、梁佩兰、吴文炜、季煌宴集，同咏橄榄。屈大均作《除夕咏感榄和王使君》八首。②

王煐来粤后，有奇才复有天下之志的遗民王世桢入其幕中，二人并序为兄弟。屈大均与王世桢亦为挚友。康熙三十二年癸酉（1693）五月王世桢卒于幕中，翁山衰绖往哭。在王煐的帮助下本年十二月，王世桢归葬无锡。屈大均复诣送之。这一年王煐另一幕僚季煌扶父母灵柩归杭州，屈大均诗云：

> 惠阳太守真申屠，归善令公亦范式。教营高燥赠多

---

① 《岭南三大家诗选》卷首，清康熙刻本。
② 陈永正主编《屈大均诗词编年笺校》认为此诗作于康熙三十二年除夕（见第1016页）。笔者把屈大均、陈恭尹等人的诗作放在一起比较之后，认为应当在康熙三十一年除夕。

金，高义云天安有极？(《送季子扶两尊人灵柩归葬钱唐》)①

王煐赠金助季煌归葬先人，屈大均颂其义高云天。王世桢抱兴复之志，季煌亦有遗民情怀。王煐待季、王二人如此，屈大均托付后事给王煐，也就不难理解了。

屈大均与王煐关系密切，相互过访毋庸预约。康熙三十三年甲戌（1694）夏，王煐访屈大均于骚圣楼，遇薛熙。时薛熙来粤，寓屈氏骚圣楼。第二天屈大均、薛熙、陈恭尹、梁佩兰、王煐、陶元淳等同游大汕之长寿寺，会于淀心亭上。屈大均、王煐、陈恭尹并为薛熙《秦楚之际游记》作序。

康熙三十四年乙亥（1695）王煐迁川南观察。设宴招大均为别，大均作《王观察招食嘉鱼率赋兼以为别》三首、《送王观察之官蜀中》二十四首等，且赋长歌赠行：

与予金石交已定，六年相对忘衣鹑。但怜华采似鹓鹐，未嫌疏野同麏麚。(《赋为王紫诠使君寿兼送迁任川南》)②

王煐己巳来任，不久与屈氏定交，至此大约六年。端午，屈大均、王煐应梁佩兰之招同陈恭尹、廖燀、吴文炜、王隼、蓝涟泛舟珠江观竞渡。王煐作《午日梁药亭先辈招同屈翁山、陈元孝、廖南炜、吴山带、王蒲衣、蓝采饮诸子泛舟珠江观竞渡，即席分赋得一先》。诗云：

初泛珠江听采莲，尊前屈指七经年……他时此会谁为伴，万里相思一惘然。③

王煐己巳来粤至乙亥，恰好七年。是年秋屈大均为王煐所著《田盘纪游》、《忆雪楼诗集》作序。

---

① 《屈大均全集》第1册，第209页。
② 《屈大均全集》第1册，第213—214页。
③ 王煐：《忆雪楼诗集》卷下，康熙三十五年王氏贞久堂刻本。

本年冬屈大均染病。王煐和韶州知府陈廷策亲治汤药，病得以稍瘳。康熙三十五年丙子（1696）正月二十九日，王煐招屈大均同梁佩兰、陈恭尹、袁景星、史申义、王原、于廷弼、史万夫、岑徵、廖燀、吴文炜、王隼、林贻熊、蓝涟、陈阿平、曾秩长、梁无技、黄汉人宴集于广州城南王煐寓斋，席上分赋。是年春夏间，屈大均疾病缠身，有《病中奉柬王南区使君兼送之任川南》六首。

　　一卧百馀日，相关惟使君。药钱能苦致，餐物每甘分。羽恐蝉将蜕，声愁鹤不闻。明朝挂帆去，谁复念孤云。（之一）

屈大均担心王煐去巴蜀上任之后，更少人记挂自己。

　　香烬烟犹鬼，灯残焰未收。念君行有日，相诀且淹留。（之四）

　　此别最凄然，当予衰疾年。泪同春雨水，流满大江烟。赋望将归日，魂招未死前。休令巴峡里，添得一啼鹃。（之五）

王煐不久即去上任，自己也将不久于人世。这一去将为永别，无再见之理。

　　哀怨一家善，风流终古长。投诗赠先子，招我共琼浆。（之六）①

屈大均自谓能继承其远祖屈原之遗风。有日当王煐赋咏屈骚之时，别忘了他这位屈姓朋友。

似乎天意安排要成就这一文坛佳话，于大均病危之际，要王煐亲自送别这位生死相托的朋友。谢任惠州知府后，王煐因任内督催属县交缴钱粮不力，康熙三十四年（1695）三月，

---

① 《屈大均全集》第 2 册，第 802 页。

被广东巡抚高承爵参劾而滞留广州,① 由此王煐得以多次亲造大均病榻,又不断遣人送来汤药。屈大均有诗《病中再送紫翁王使君("君"字原无,据康熙间刻本补)之任川南》六首。

> 蓬庐久病绝车轮,君为沉绵日益亲。垂(原作"重",据康熙间刻本改)老幸逢生死友,临危忍作别离人。之官况值黔巫远,遣使何繇药饵新?知有啼猿代呜咽,一声先寄峡门春。(之一)

王煐尽管为一州知府却无骄矜之德。王煐不但在生活上曾给予大均以照顾,而且还是文章知音。

> 论文水乳真知己,求友岩阿最得贤。微贱每遭交态薄,孤高终抱道情偏。使君更是无骄吝,安得重依衮绣前?(之六)②

是年仲夏病情加重,屈大均自知大限已到,作《临危诗》,托后事于王煐、陈恭尹。诗云:

> 后来作传者,列我《遗民》一。生死累友人,川南自周恤。独漉题铭旌,志节表而出。③

屈大均临终托付后事:其身死之后,陈恭尹为之题表一生志节;家境贫寒,子女年幼,唯有劳王煐不断周济。数日后,遂溘然长逝。

大均故后,王煐作《丙子仲夏余将入蜀,屈翁山病剧,贻诗六首,道诀别之意。情词凄切,不忍多读,数日后遂已长

---

① 参阅宋健:《王南村年谱》,天津古籍出版社 2017 年版,第 147—148 页。王煐《忆雪楼诗集》卷下《挽屈处士翁山》其四云:"悲悼从今夏,追欢记去秋。诗篇能细序,草决许频求……无端经岁驻,却似为君留。"(见王煐著,宋健整理:《王南村集》,天津古籍出版社 2015 年版,第 148—149 页。)
② 《屈大均全集》第 2 册,第 1030 页。
③ 《屈大均全集》第 1 册,第 110 页。

逝。卜葬有期，因次其韵挽之》：

> 大雅惊凋丧，伤心又到君。日星天并著，泾渭世谁分。仪范今长隐，声华昔共闻。从兹挥泪别，行处断空云。（之一）

一代文星已经陨落，其清其浊谁来判定？

> 过墓徒悬剑，登床欲碎琴。已同今日事，肯异古人心。片石凭苔护，重棺避土侵。苍龙眠处暖，元气结苓蘥。（之三）

纵有无限感慨，向谁倾诉？知己仙去，于其心直如伯牙、子期。本来早应去川南上任，却无端淹留，似乎是要他目送大均仙去。

> 诗篇能细序，草决许频求……无端经岁驻，却似为君留。（之四）①

屈大均相信于其身后王煐会周济其家。其实屈大均在世之时即已受王煐资助。康熙三十一年壬申（1692）屈大均有《惠浣堂成赋谢惠州王使君》二首。诗云：

> 俸钱分得玉壶冰，堂构城南力未胜。筑有伯夷为太守，居非仲子在於陵。燕衔莺粟香泥结，萱树兰房黛色凝。五柳三槐春未已，使君膏泽到云仍。（之一）

此诗题注云：

> 惠浣者，以使君守惠州兼惠草堂资，如浣花故事也。②

杜甫入蜀后，得到严武的庇护和资助，在成都西郊浣花溪旁，筑草堂，力稼穑，得以安身立命。屈大均与王煐之在粤，亦同乎杜甫与严武之在蜀。由此可知，王煐于大均生前即曾给予周济。

---

① 王煐：《忆雪楼诗集》卷下，康熙三十五年王氏贞久堂刻本。
② 《屈大均全集》第2册，第1019页。

王煐虽为知府,但用度也比较紧张。他有心将屈大均的《皇明四朝成仁录》刊行,却力不从心。王煐《次韵酬屈翁山处士扇头六首》:

>何年征辟到蒲轮,常着莱衣娱老亲。作些有词皆泣鬼,题诗无语不惊人。世情愧我黄金尽,古谊怜君白发新。却为风波久留滞,木棉红绽两经春。(之一)
>
>蓼莪纯孝采薇清,大节从来本至情。宁必多方求不死,肯将所学负平生。许张义共千秋著,文陆仁能一辙成。赖有遗编传往事,幽光潜德后人倾。(之二)

其一云"世情愧我黄金尽,古谊怜君白发新",其二又自注:"翁山著《成仁录》,未付梨枣。"① 由此知王煐本身并非特别富有,并因未能将其著作付之梨枣而耿耿于怀。有清一代,屈大均《皇明四朝成仁录》一直未能刊刻,直到民国年间才经过叶恭绰整理编订而后刊行。

王煐和屈大均一为遗民,一为当地知府,其关系之密切,以至能生死相托。大均生前身后皆得其周济,其中缘因真是难于尽言!

屈大均晚年与仕清之人交游,遭人非议。这应当与其晚年曾得惠于甚或谋食于当地官员有一定关系。屈大均一生勤于著述,又多娶多子,生活非常贫困。他在诗文中曾多次提及干谒谋食之事。《自中宿上韶阳道中有作》云:

>嗷嗷乌鸟霜林外,菽水干人愧不才。(之五)
>
>垂老始知行役苦,於陵衣食向人求。(之九)②
>
>食尽思干谒,身危屡卜居。(《壬子春日弄雏轩作》

---

① 王煐著,宋健整理:《王南村集》,天津古籍出版社2015年版,第142—143页。
② 《屈大均全集》第2册,第1018页。

他在《至韶阳呈陈使君》中自我解嘲:

> 依依又向谢公楼,未尽欢娱是倡酬。孺子知交多太守,少陵宾客老诸侯……莫笑《白华》贫处子,无营偏作稻粱谋。(之一)②

他自己心里非常清楚,为谋食而与当地官员交游,有愧昔贤。他在《壬子春日弄雏轩作》中云:

> 自愧单家子,疏巾折节年。(之六)
> 未敢求知己,犹然愧古人。(之七)③

虽然自知有愧前贤,但这实在是迫于无奈。己身受冻挨饿,尚可坚守,但因此而连累老母、妻、子,实在也是罪过。

其实当时舆论对此并无苛责。耿介如顾炎武者尽管起初对游幕颇有非议,但他最后也承认这种现实:"食贫居约,而获游于贵要之门,常人之情鲜不愿者。"④ 他自己不但授徒于官宦之家,而且据谢正光考证,他还曾做过曹溶的幕僚。理学家陆元辅认为游幕四方,所得亦非不义之财:

> 当世大人先生以其经师,必欲力致之。先生念己于前朝未有禄仕,出亦无害,而以贫故糊口四方,亦非不义之粟。故以礼来聘者,先生不之拒。(张云章《菊隐陆先生墓志铭》)⑤

菊隐即是陆元辅。"以贫故糊口四方",在当时很能引起人们的共鸣。因此当时舆论对遗民为生存之计而做幕宾、做清客或

---

① 《屈大均全集》第1册,第283页。
② 《屈大均全集》第2册,第1019页。
③ 《屈大均全集》第1册,第283页。
④ 顾炎武:《与潘次耕札》,见《顾亭林诗文集·亭林馀集》,中华书局1983年版,第167页。
⑤ 《朴村文集》第十四卷,见《四库禁毁丛刊》集部168册,影印康熙华希闵刻本,第47页。

坐馆于官宦之家，都是较为宽容的。

对于屈大均来说，他早年奔走四方，主要是想有为于天下。晚年见大势已去，复明无望之后，他交游仕清之人却有自保和衣食之虑。尽管当时舆论对遗民为谋食而做人幕宾，也给予了一定的理解和宽容，但是在一些人看来，做清客或幕宾游食于仕清之人仍有损于气节。做清朝官员的入幕之宾，虽没有步入仕途，却有帮办之嫌，距离入仕只有半步之遥，甚至在一些人看来，这只是五十步与百步之别。屈大均早年交游名宦，未遭非议，而他晚年与地方官员交游唱和，却遭世人讥评。以此看来，为谋食而游幕，为自保而交接官员，社会舆论虽然给予一定的理解和宽容，却是有一定限度的。为了生存而四方谋食虽无可厚非，但对于以气节著称的遗民来说，或多或少还是有损清誉的。

第三章　陈恭尹生平、游历与交接

第一节　陈恭尹生平和游历

陈恭尹（1631—1700），字元孝，初字半峰，晚号独漉、①罗浮布衣②，广东顺德县龙山乡人。崇祯四年辛未（1631）九月二十五日生于顺德城之锦岩东隅。③其先世出于安徽铜陵县。远祖玺，仕宋为机宜文字，宋末随端宗南下入粤，卒于广州。仲子大谟，元枢密副使。枢密子徙家龙山。至陈恭尹之父陈邦彦，奉二亲出居于顺德城之锦岩，传至陈恭尹，凡十二世。④其父陈邦彦，字会份，号岩野，⑤谥"忠愍"⑥，清改谥

---

① 梁佩兰：《前锦衣卫指挥佥事私谥贞谥先生独漉陈公行状》（以下简称《陈恭尹行状》），见《陈恭尹集》，第764—765页。
② 赵尔巽等撰：《清史稿》卷484，中华书局1977年版；王士禛：《感旧集》卷13《陈恭尹小传》，《四库禁毁书丛刊》集部74册，影印乾隆十七年刻本，第390页。
③ 陈恭尹：《初游集小序》，见《陈恭尹集》，第3页；梁佩兰：《陈恭尹行状》，《陈恭尹集》，第765页。
④ 梁佩兰：《陈恭尹行状》，见《陈恭尹集》，第764页。
⑤ 陈恭尹、何绛：《兵科给事中赠资政大夫兵部尚书先府君岩野陈公行状》（以下简称《陈邦彦行状》），见《陈恭尹集》，第755页。
⑥ 冯奉初：《明世袭锦衣佥事怀远将军陈元孝先生传》，见《陈恭尹集》，第767页。

"忠烈"①。恭尹母,彭氏。陈恭尹兄弟四人,恭尹为长,次为馨尹、和尹、虞尹,②姊一人③。陈恭尹十岁订婚于增城湛氏。④ 十二岁丧母,随父馆于陈子壮之硕肤堂。⑤ 陈恭尹"性聪敏端重,幼承父训,习闻忠孝大节"⑥,十五岁补诸生⑦。

顺治二年乙酉(1645)五月清军渡江,破南京。南明弘光帝被害。闰六月,唐王聿键立于福州,改元隆武。顺治三年丙戌(1646)八月清兵下汀州,唐王被害。十月明两江总督丁魁楚、广西巡抚瞿式耜等迎立桂王朱由榔,监国于肇庆。明大学士苏观生拒赴肇庆朝桂王。桂王西走桂林,苏观生遣陈邦彦奉笺劝进,且请回銮。既行,十一月观生又立隆武帝弟唐王聿𨮁于广州,改元绍武。十一月十二日,桂王返肇庆即帝位,以明年为永历元年。十二月,清军破广州,绍武帝被害。永历帝西走桂林,清军破肇庆。李成栋尽锐西向,直犯桂林。"公(邦彦)出自山中,临西江之口,望敌旌旗,叹曰:'莫救也夫!若乘其未定,得奇兵径袭广州,此孙膑所以解赵也。'"⑧ 顺治四年丁亥(1647)二月陈邦彦说顺德大盗余龙率舟数百从海道进薄广州。李成栋闻报,回师广州,桂林围解。陈邦彦起兵高明山中,使生员马应房以水军先攻顺德,约大学士陈子

---

① 徐鼒撰,徐承礼补遗:《小腆纪传》卷48,中华书局2018年版,第537页。
② 陈恭尹、何绛:《陈邦彦行状》,见《陈恭尹集》,第760页。
③ 陈恭尹:《祭先姊冯母陈安人文》,见《陈恭尹集》,第724页;陈恭尹、何绛:《陈邦彦行状》,见《陈恭尹集》,第760页。
④ 陈恭尹:《祭室人湛氏文》,见《陈恭尹集》,第679页。
⑤ 陈恭尹:《初游集小序》、《中游集小序》、《寿陈母何夫人序》,见《陈恭尹集》第3、31、612页。
⑥ 清国史馆编:《清史列传·文苑传》卷70,台北明文书局1985年《清代传记丛刊》影印本。
⑦ 梁佩兰:《陈恭尹行状》,见《陈恭尹集》,第764页。
⑧ 陈恭尹、何绛:《陈邦彦行状》,见《陈恭尹集》,第757页。

壮起兵南海,侍郎张家玉起兵东莞,参政黄公辅起兵新会,互为犄角,会攻广州,不克。转战三水、高明、新会、香山,一月十馀捷。清军总督佟养甲阴"使数十骑掩公家于龙山,获妾何氏,二子和尹、虞尹,遗书招公。公不答,判其后曰:'妾辱之,子杀之,身死朝廷,义不私妻子也。'其后养甲卒杀之。""馨尹死于军。"① 陈恭尹方受命往来于诸军间,闻讯潜匿,得免。陈邦彦与驻守清远县的卫指挥使白尝灿合兵拒守,被围十日。九月李成栋率清军破城。陈邦彦巷战被执,被磔于广州。这次行动虽然失败,但其作战于东、收效于西的目的达到了。

初,陈恭尹闻变而逃,走南海之弼唐,依邦彦弟子庞嘉鳌。其后,增城湛粹遣舟迎陈恭尹至新塘,"破千金匿之,更名鞠,事宁乃复名"②。恭尹时年十七。湛粹,字珩如,邦彦友也。"湛珩如者,增城人,义士也,遣奴操舟密迎恭尹至新塘。闻有踪迹之者,急走泥子湾田舍中。增城令疑之,召珩如至县署,别遣役围珩如家。新塘人素德珩如,不期如集者千人,走县庭为珩如请命。令惧激变,珩如又行贿千金,事得解。乃移匿恭尹于家之复壁中。"③ 湛粹以女妻之。

顺治五年戊子(1648)三月李成栋以广州附桂王。永历还都肇庆。秋,陈恭尹赴肇庆行在,为父请恤。④ 顺治六年己丑(1649)秋,永历朝授恭尹世袭锦衣卫指挥佥事,冬,追

---

① 陈恭尹、何绛:《陈邦彦行状》,见《陈恭尹集》,第758、760页。
② 邵廷采:《明遗民所知传》,见《思复堂文集》,浙江古籍出版社2010年版,第209页。
③ 冯奉初:《明世袭锦衣佥事怀远将军陈元孝先生传》,见《陈恭尹集》,第766页。
④ 陈恭尹:《初游集小序》、《请恤疏》,见《陈恭尹集》,第3、702页。

赠陈邦彦兵部尚书，照正二品例祭葬。恭尹假归，治丧。①

顺治七年庚寅（1650）冬清军再破广州。陈恭尹避乱南海西樵山。② 是年六月，湛粹去世，时"干戈阻绝，冬末始闻"，③ 第二年陈恭尹僧服往吊。④

顺治八年辛卯（1651）春，陈恭尹筑几楼于西樵之寒瀑涧。⑤ 秋，东走福建，欲从郑成功于海上，不得达。顺治九年壬辰（1652）春，陈恭尹自福建往游江西，登匡庐。秋，自赣出九江，顺流而东，止于西湖。之后往返吴越，秘密结联。"恭尹策其无成，往来观变……一日，有父友遇于途，责之曰：'君先人未葬，四世宗祊无托，奈何徒欲以一死塞责，绝先忠臣后耶！'恭尹泣而谢之。既而归葬先人于增城之九龙山。"⑥

顺治十一年甲午（1654）春，陈恭尹自吴越归岭南。夏，僦居新塘，娶湛氏。⑦ 顺治十二年乙未（1655）陈恭尹与蔡薿⑧访何绛于羊额，结庐读书。⑨ 顺治十三年丙申（1656）

---

① 《吏部覆疏》、《礼部覆疏》，见《陈恭尹集》，第705、709页；冯奉初：《明世袭锦衣金事怀远将军陈元孝先生传》，见《陈恭尹集》，第767页。

② 陈恭尹：《初游集小序》，见《陈恭尹集》，第3页。

③ 陈恭尹：《哭外舅湛公》，见《陈恭尹集》，第5页。

④ 陈恭尹：《祭室人湛氏文》，见《陈恭尹集》，第679页。

⑤ 陈恭尹：《初游集小序》，见《陈恭尹集》，第3页。

⑥ 冯奉初：《明世袭锦衣金事怀远将军陈元孝先生传》，见《陈恭尹集》，第767页。

⑦ 陈恭尹：《增江前集小序》，见《陈恭尹集》，第15页。

⑧ 蔡薿，字艮若，顺德龙江人，幼以奇童称选县庠。明亡弃诸生，同陈恭尹筑室西樵，《独漉堂文集》卷10《蔡艮若墓志铭》云："性至孝，笃气谊，狷介，少许可，座有意外客，即艴然去之。"诗文孤洁刻峭。卒时年仅三十。有志之士，莫不恸焉。著《杜若居稿》。（《陈恭尹集》，第660页。）

⑨ 陈恭尹：《增江前集小序》，见《陈恭尹集》，第15页。

秋，陈恭尹偕蔡壒、何绛游阳春。① 此时，当地仍有一些抗清力量存在。其中王兴率军据文村，邓耀据龙门岛，阳春为二处之孔道。陈恭尹此行，当为观变而来。顺治十四年丁酉（1657）秋陈恭尹偕何绛游澳门。②

顺治十五年戊戌（1658）春，陈恭尹与何绛出厓门，渡铜鼓洋，访故人于海外，欲收拾海上抗清残馀，无成而返。③八月，与何绛同往湖南。"戊戌仲秋，复逾大庾岭，取道宜春，度岁于昭潭。而滇黔路绝。"④ 陈恭尹这次远游志在西南，寻南明军，但滇黔路绝，不得达。"明年乃登南岳，泛洞庭，顺流江汉之间。其秋憩芜关。"⑤"（顺治）十六年将入滇从桂王。道阻，乃北走衡湘，渡彭蠡，下至池州，寓芜湖。值成功大举围金陵，张煌言进取徽宁，恭尹与共策画。旋成功败走，煌言间道出海。"⑥ 之后陈恭尹与何绛"轻舟济江，历中都，治寒衣于汴梁。北度黄河，徘徊太行之下。冬中南还，自郑州、信阳至云梦登舟，度岁于汉口……是游也，志在西南，而行乃东北……始予十二，丁母夫人艰于锦岩，苦次夜梦，有大象十馀头，乘舟过吾门者，象上有人羊裘而操琵琶，宿昔所未睹也。旦以白先公，先公曰：'异梦也，其必有征。'是行也，于郑州道中，遇象十三自南而北，雨雪初晴，其人皆披裘，坐象背而弦歌。十八年前梦中所见也。询其自来，乃滇池所获。予之飘泊于此，命也夫。盖自是无复远游之志矣"。⑦ 这一年清军大举入滇，击败李定国，永历帝已彻底败北逃奔缅甸。这

---

① 陈恭尹：《增江前集小序》，见《陈恭尹集》，第 15 页。
② 陈恭尹：《增江前集小序》，见《陈恭尹集》，第 15 页。
③ 陈恭尹：《增江前集小序》，见《陈恭尹集》，第 15 页。
④ 陈恭尹：《中游集小序》，见《陈恭尹集》，第 31 页。
⑤ 陈恭尹：《中游集小序》，见《陈恭尹集》，第 31 页。
⑥ 邓之诚：《清诗纪事初编》，上海古籍出版社 2013 年版，第 302 页。
⑦ 陈恭尹：《中游集小序》，见《陈恭尹集》，第 31 页。

年冬天洪承畴以疾先归。陈恭尹在郑州路上所遇当为洪承畴部。陈恭尹认为十八年前的这一梦正应了明亡清兴之定数。自此他心灰意冷，一意南归，岁末至汉口。

顺治十七年庚子（1660）元旦，陈恭尹、何绛与毛会建①一起登黄鹤楼。之后陈恭尹、何绛自汉口溯流而上，至湖南衡阳、郴州，逾南岭，下韩泷，三月抵家。仍旧寓居新塘，之后未再远游。顺治十八年辛丑（1661）缅甸人执永历帝献于吴三桂军前，翌年四月，永历帝被害于昆明。

康熙十二年癸丑（1673）清廷议撤三藩。七月，吴三桂、尚可喜、耿精忠先后请撤藩，皆许之。十一月吴三桂杀云南巡抚朱国治，率所部反清，以蓄发复衣冠号召天下。

康熙十五年丙辰（1676）尚可喜卒于粤。其子尚之信以广州应吴三桂之叛。二月，陈恭尹自新塘携家西还，寓羊额。"甲寅之春，乱起滇闽，至丙辰而东西交逼，及于惠肇。予所居新塘，东江之冲也。二月，挈家西还，僦居羊额，甫定，而广州变，与东西连和。"②

康熙十七年戊午（1678）秋陈恭尹以尝为尚之信延揽，下狱。在广东参议督粮道耿文明和广东提学道陈肇昌的斡旋下，陈恭尹于第二年春出狱。③ 这次被逮下狱在他心中投下了浓重的阴影。"自有生以来未有危于斯者，视丁亥之祸覆巢毁卵殆有甚焉。"④ 之后，陈恭尹为了保家保种，同当地官员虚与委蛇，为免遭怀疑，筑室广州城南，与达官贵人交游唱和。康熙三十九年庚辰（1700）四月十二日，陈恭尹病卒，享年七十。

---

① 毛会建，字子霞，江苏武进人。寄籍浙江，诸生。后侨居武昌，定居于此，属遗民。
② 陈恭尹：《江村集小序》，见《陈恭尹集》，第139页。
③ 邬庆时著，广东省立中山图书馆编：《屈大均年谱》，广东人民出版社2006年版，第183页。
④ 陈恭尹：《江村集小序》，见《陈恭尹集》，第139页。

第二节　陈恭尹与遗民之交游

陈恭尹自中年之后未再远游，所交遗民见于记载的主要是岭南遗民和入粤遗民。除此之外他所交遗民还有汤来贺、毛会建、方以智、郭金台等。

一、陈恭尹与岭南遗民文人群

陈恭尹所交岭南遗民主要有屈大均、陈子升、王邦畿、何绛、王鸣雷、陶璜、张穆、蔡蘸、梁槤、高俨、岑徵、何巩道、谢元汴和遗民僧成鹫等。

顺治七年庚寅（1650）清军再破广州，陈恭尹避乱于南海西樵山。顺治八年辛卯（1651）陈恭尹筑几楼于西樵之寒瀑涧。与陈恭尹同在西樵筑室避难的还有遗民蔡蘸。蔡蘸笃气谊，性狷介，为恭尹至交。顺治八年辛卯（1651）后陈恭尹入福建欲从郑成功，不得。顺治九年壬辰（1652）春，陈恭尹自闽之江西，登匡庐，作诗寄蔡蘸。诗云：

> 劳生同逆旅，何处是他乡。渐听人声改，才知客路长。买舟彭蠡月，回首洛桥霜。指却飞花笑，闲身尔亦忙。（《发闽中向匡庐寄蔡艮若》）①

陈恭尹胸中向有一股悲情，离家时间虽不算太长，其逆旅之感，却比较浓重。这与其少罹大难的身世有着直接的关联。陈恭尹心中的悲情，在这首诗中即可看出。

顺治十一年甲午（1654）春陈恭尹自吴越归岭南。其后一段时间与蔡蘸时有接触，登山临水，赋诗高咏，子夜深谈，

---

① 《陈恭尹集》，第9页。

开怀畅饮。《与蔡艮若杨无见夜话》云：

> 中夜不成寐，忆君前可知。乍从灯下到，犹似梦归时。屈指论年月，开襟对酒卮。谁能更碌碌，辛苦话天涯。①

顺治十二年乙未（1655）陈恭尹与蔡陛访何绛于羊额，结庐读书于此。《增江前集小序》云："乙未，与蔡子艮若就何子不偕之乡，结茅荷池之上，读书稽古，倦则放舟仰卧荷香中，致足乐也。"② 这期间与蔡陛、何绛、梁槤③等遗民时相往还，赋诗唱酬。其诗如《僦居新塘送叶世颖蔡艮若何友大不偕归里》、《送梁器圃归邑》、《宿梁器圃寒塘》等。

顺治十三年丙申（1656）秋陈恭尹偕蔡陛、何绛游阳春。时抗清将领王兴据文村，邓耀据龙门岛，阳春为二处孔道，三人此行当为观变。蔡陛于是年不幸夭亡，年仅三十。陈恭尹作《蔡艮若墓志铭》述其友情，哀其英年早逝。

顺治十四年丁酉（1657）秋陈恭尹偕何绛游澳门，欲有所为。顺治十五年戊戌（1658）春，陈恭尹与何绛出崖门，渡铜鼓洋，访故人于海外。八月，陈恭尹又与何绛度大庾岭，经湖南，入游江、淮、河、汉。顺治十七年庚子（1660）春，自汉口，过湖南，三月抵家。

回乡之后，仍居新塘，之后未再远游。本年陈恭尹与何衡④、

---

① 《陈恭尹集》，第13页。
② 《陈恭尹集》，第15页。
③ 梁槤（1628—1673），字器圃，号寒塘居士，广东顺德人，"北田五子"之一。
④ 何衡（1622—1686），字左王，晚号罗峰，顺德人。何绛兄，"北田五子"之一。陈恭尹幼时与何衡、何绛兄弟并师事何献将先生。何绛亦为陈邦彦门人。

何绛、梁梿、陶璜①隐居新塘读书,号"北田五子"。初秋,陈恭尹与岑梵则、张穆、陈子升、王邦畿、梁梿、何绛、梁观、梁佩兰集于高俨西园旅舍唱和。参与者除梁佩兰之外,皆为遗民。秋,陈恭尹、梁梿、何绛、陶璜、魏礼等游宿灵洲山寺,各吟诗纪其事,并寄语王邦畿、王鸣雷。陈恭尹《同何不偕梁器圃魏和公梁药亭陶苦子宿灵洲山寺柬王说作王大雁》诗云:

> 灵洲秋色净无烟,水匝山隅浪匝天。落日客寻江上寺,出林僧放月中船。渔依别港灯侵阁,鹤宿高巢影在泉。欲与故人同梦到,夜来吟咏不曾眠。②

这之后陈恭尹的唱和活动日渐增多。起初互相唱酬者,多为广府及周围的遗民,只偶有仕清文人参与。

顺治十八年辛丑(1661)孟冬,陈恭尹游罗浮,腊月十日,偕梁梿、麦时及僧九人观日于飞云峰。

康熙元年壬寅(1662)秋,陈恭尹、王鸣雷、高俨、何绛、梁梿、陶璜等岭南遗民集梁佩兰六莹堂分韵赋诗。除了这些岭南遗民之外还有江西遗民魏礼以及已有清朝功名的程可则和入粤学人徐乾学。陈恭尹诗云:

> 竹窗藤几迥无尘,一会西园尽俊人。济上魏舒为旧好,邺中徐干是嘉宾。霜催细菊浮香早,风落高梧透月新。随兴摊书还席地,野情疏放本来真。(《同宁都魏和公昆山徐原一同里王震生高望公湛用喈程周量何不偕梁器圃陶苦子集药亭六莹堂得真字》)③

本年中秋,陈恭尹与岑梵则、张穆、陈子升、王邦畿、高俨、

---

① 陶璜(1637—1689),初字黼子,更字苦子,广东番禺人,"北田五子"之一。
② 《陈恭尹集》,第67页。
③ 《陈恭尹集》,第491页。

庞嘉鳌、梁观、屈士煌、屈大均等宴集于广州西郊。屈大均为述崇祯皇帝御琴事。陈恭尹作《秋日西郊宴集同岑梵则张穆之家中洲王说作高望公庞祖如梁药亭梁颛若屈泰士屈翁山时翁山归自塞上》。诗云:

> 黍苗无际雁高飞,对酒心知此日稀。珠海寺边游子合,玉门关外故人归。半生岁月看流水,百战山河见落晖。欲洒新亭数行泪,南朝风景已全非。①

这首诗气势弘阔,感慨深沉,很能见出陈恭尹诗歌沉郁雄浑的特点。这次西郊宴集,集中了岭南大多数的遗民文人。

康熙二年癸卯(1663)四月初四夜,陈恭尹、王邦畿、王鸣雷等游海幢寺。是年重阳日梁佩兰六莹堂前一朵梅花先时而放。陈恭尹、王邦畿两位遗民来与梁佩兰一起赋咏早梅。康熙三年甲辰(1664)陈恭尹与王邦畿、王鸣雷等同宿六莹堂。

康熙四年乙巳(1665)春,屈大均北上金陵,陈恭尹、陈子升等为之饯行,同赋罗浮蝴蝶。陈恭尹《罗浮蝴蝶歌送屈翁山》云:

> 罗浮大蝴蝶,言是小凤皇。六足盘胸间,四翅交文章。修眉若杨叶,绣腹如垂囊。仙人爱文采,挟之游帝傍。云霞为友朋,沆瀣为酒浆。倦息珠阙上,饥采若木英。四海安足飞,来下君子堂。堂中有行者,比德共翱翔。②

这首诗以罗浮大蝴蝶比屈大均。

康熙八年己酉(1669)八月,屈大均自塞上归抵番禺故里。陈恭尹与陈子升皆有诗赠之。康熙十年辛亥(1671)八月,陈恭尹与遗民林梧、屈大均等泛舟东莞东湖,至晚宴集于尹源进兰陔别墅。本年陈子升往青原,访方以智、熊遇山。陈

---

① 《陈恭尹集》,第62页。
② 《陈恭尹集》,第77页。

恭尹、屈大均皆作诗送之。陈恭尹有《送家中洲之青原访药地禅师》诗。康熙十二年癸丑（1673）秋查容归海宁，遗民陈恭尹、张穆、屈大均等以诗送之。① 陈恭尹诗云：

> 去年梅花开，君逾梅岭来。今年菊花节，君归理兰枻。天涯客久愿君归，却惜君归即成别。南山有鸟北张罗，人生知己安能多。况皆穷贱伏草莽，吴烟越水劳经过。（《赠别查韬荒》）②

在这首诗中陈恭尹向查容倾诉了穷贱身危之忧。屈大均《赠别查韬荒》之九云："岂敢多求友？交君已不孤。"③ 如此看来遗民屈大均和陈恭尹都把查容看作不可多得的朋友。

康熙十九年庚申（1680）陈恭尹与遗民何绛、陶璜等同黄河澂、梁佩兰、方殿元、吴文炜等重修兰湖白莲诗社。之后其唱和活动日多。康熙二十年（1681）之后，岭南文人雅集，参与者遗民日渐稀少，而仕清之人日见其多。

康熙二十二年癸亥（1683）四月十日潘楳元招梁佩兰、陈恭尹、王世桢、汪煜、查嗣琪、徐令、林梧、王完赵集其视苍楼送春。康熙二十五年丙寅（1686）夏，伏日，陈恭尹同林梧与王世桢、张梯及梁佩兰、朱研、周文康、董克灌、王完赵集于潘楳元视苍楼分赋。这里只有陈恭尹、林梧、王世桢、张梯为遗民。其中王和张又非岭南籍人。

---

① 查容，字韬荒，号渐江，浙江海宁人。查慎行之兄，诸生，性好游。著有《渐江诗钞》等。曾入吴三桂幕，既而拂衣去，至粤，与屈、梁、陈游。查容离粤，屈大均曾与陈、梁共送之，而屈大均于康熙十二年冬已离粤入湘从军于吴三桂。因此可以肯定查容最迟当在康熙十二年离粤。再据陈恭尹《赠别查韬荒》诗可知查来粤当在康熙十一年冬，离粤应在十二年秋。吕永光《梁佩兰简编》认为查容来粤及离粤时间均为康熙十三年，不确。
② 《陈恭尹集》，第 108 页。
③ 《屈大均全集》第 1 册，第 362 页。

康熙二十八年己巳（1689）仲春，陈恭尹与陶璜、王世桢、季煌、释大汕、黄河澄同登镇海楼，相约为长律纪其胜。陈恭尹作《镇海楼赋》。其中只有陈恭尹、陶璜和王世桢为遗民。

康熙三十一年壬申（1692）正月十七日，大汕邀屈大均、梁佩兰、陈恭尹、龚翔麟、王焕、陈廷策、陈子升、王世桢等十多人，社集长寿寺离六堂。其中只有陈子升、屈大均、陈恭尹和王世桢为遗民。此后岭南遗民文人作为群体基本上就淡出了岭南文人的雅集活动。

综观陈恭尹所交岭南遗民，基本上可以说前期为多，且多为志怀复明之人。他们怀抱着共同的志向，南下涉海、北上渡江。康熙十八年（1679）之后，岭南遗民日渐凋零，陈恭尹等遗民交游唱和时，常常有仕清之人，甚至一些当地官员夹杂其中，其情调和氛围因此大变。

二、陈恭尹与来粤遗民之交游

陈恭尹所交外省来粤遗民主要有魏礼、彭士望、王世桢、蓝涟、张杉、张梯、金堡等。

魏礼

顺治十五年戊戌（1658）魏礼入粤。《魏季子文集》卷二《舟抵章贡与芝五述别》诗云："海风鼓洪波，陈、何东南奔。"陈、何，是指陈恭尹和何绛二人。这期间魏礼结识了陈恭尹、何绛、陶璜等遗民朋友。

顺治十七年庚子（1660）仲夏，魏礼再次入粤，有《再到岭南诗》，与粤中朋友陈恭尹等共叙相思。这年秋天，陈恭尹与魏礼、梁槤、何绛、陶璜、梁佩兰游宿灵洲山寺，各自吟诗纪其事,并寄语王邦畿、王鸣雷。陈恭尹作《同何不偕梁器圃魏和公梁药亭陶苦子宿灵洲山寺柬王说作王大雁》诗。

顺治十八年辛丑(1661)魏礼将往海南,过访陈恭尹,再次留宿陈恭尹处。其时清军围剿龙门,魏礼此行,有可能是承故人之招,欲往龙门岛。陈恭尹知魏礼此去凶多吉少,故陈恭尹为之置酒壮行,且作《珠厓歌送魏和公》及序,祝其平安而还。序云:

> 魏和公自宁都过余,再信宿,为深知,余不自知然也。今涉海有珠厓之行,沧波溟茫,余既不能为谋,安得止之。于其去,饮之酒,为珠厓之歌。①

魏礼亦有《将别陈元孝,既作诗,不能自已,又赋诗,季春四日》诗云:"丈夫相为死,在此一寸心。见君梦寐好,胡使忧难任。"② 魏礼所乘之舟于海上曾遇大风。"和公渡海时,飓风发,舟中人眩怖不敢起,和公独起视海中月。作《乘月渡海歌》一首。兵变阖门而坐。作《海南道中诗》三十首。"③

康熙元年壬寅(1662)魏礼自海南渡海回广州,留羊城一月。再晤粤中诸子。《魏季子文集》卷四有《宿何不偕、陈元孝、梁器圃、陶苦子寓楼》五律。梁佩兰招同魏礼、陈恭尹、徐乾学、王鸣雷、高俨、湛用喈、程可则、何绛、梁槤、陶璜集六莹堂分赋。陈恭尹作《同宁都魏和公昆山徐原一同里王震生高望公湛用喈程周量何不偕梁器圃陶苦子集药亭六莹

---

① 《陈恭尹集》,第60页。
② 魏礼:《魏季子文集》卷2,见魏际瑞等著,林时益辑:《宁都三魏全集》,《四库禁毁书丛刊》集部第5册,影印道光二十五年宁都谢庭绶绂园书塾重刻本,第494页。
③ 吴德旋:《初月楼闻见录》卷6,台北明文书局1985年《清代传记丛刊》影印本。

堂得真字》有云:"济上魏舒为旧好,邺中徐干是嘉宾。"①
"济上魏舒"是指魏礼。一月之后,魏礼归宁都。陈恭尹有
《送魏和公归宁都》诗:

> 隔年相见即依依,知尔全家住翠微。穷海访人兵后
> 去,孤身携剑雪中归。滩平横浦寒流浅,枫照凌江晚叶
> 稀。贫贱别离那可道,寸心遥与片帆飞。②

从这些诗可以看出陈恭尹与魏礼感情之深。临行魏礼有《赠
别陈元孝》五绝和《雨中喜陈元孝、何不谐、陶苦子、梁器
圃见过,同余生生、张昆承、朱德先、胡韶先、叶中林旅邸小
集,时将别去》七绝,留别陈恭尹诸人。③

魏礼平生喜好远游,顺治十五年戊戌(1658)入粤,顺治
十六年己亥(1659)至吴中,欲探海上消息,顺治十七年庚子
(1660)仲夏再至粤,并于顺治十八年辛丑(1661)渡海往琼
州。康熙元年壬寅(1662)魏礼自海南经广州回宁都后,又北
至幽燕,西入三秦。他回赣之后"筑室翠微峰最高处,名曰
'吾庐'。冰叔为作《吾庐记》"。④ 陈恭尹亦作诗寄赠魏礼:

> 今之人材可屈指,魏季宁都隐君子。放舟溟海六月
> 风,茧足幽州八千里。巨鱼吞舟人食人,白浪黄沙入睡
> 眦。危途曾不废啸歌,壮心已觉齐生死……干戈之际独无
> 事,花下往往闻宫商……闻君近者结吾庐,亦拟吾庐结其
> 上。(《寄题魏和公吾庐》)⑤

---

① 《陈恭尹集》,第491页。
② 《陈恭尹集》,第129页。
③ 魏礼:《魏季子文集》卷6,见魏际瑞等著,林时益辑:《宁都三魏全集》,《四库禁毁书丛刊》集部第5册,影印道光二十五年宁都谢庭绶绂园书塾重刻本,第580、586页。
④ 吴德旋:《初月楼闻见录》卷6,台北明文书局1985年《清代传记丛刊》影印本。
⑤ 《陈恭尹集》,第97页。

上编　岭南三大家的交游和创作

"易堂筑城西南山，四面壁立百仞，纡萦鸟道，宾友过访者，叹嗟奇绝。"① 魏礼"吾庐"筑其上，意欲不与俗世交。

陈恭尹与魏礼于岭南别后，还时常记挂着这位"胆略过人"的朋友。陈恭尹在送别袁士旦时又想起这位知交：

> 一见即投分，相知宁在多。吾尤推意气，人共诵诗歌……谁能记微贱，为报幸无他。（《走笔送袁士旦归江南兼怀魏凝叔和公杨长苍（二首）》之二）②

魏礼也常有书信寄怀元孝。仅《魏季子文集》卷九就收有四封写给陈恭尹的书信。

康熙二十四年乙丑（1685）魏礼在子魏世俲的陪同下再来岭南。陈恭尹与魏礼此时都已是年近六十的老人。阔别已久的两位老友再次畅叙衷肠。魏世俲《赠北田诸先生序》云："乙丑夏，侍家君子入粤，因得见陈、陶两先生。濒行，乃见左王何先生，修通家子谊，再拜顿首。"③ 陈恭尹以香瓔杯为魏礼祝寿，并赠之以诗，云：

> 寄君瓔杯大如斗，为君满引无疆寿……万里知交各南北，几人同上金精峰。君不见南极老人旁，客星每夜生光芒……既用馨香比明德，还因错节念同根。（《以香瓔杯为魏和公寿系之以歌》）④

两位故明遗民，在新朝统治既成事实之后，犹如两只同命之鸟，相向而鸣。这种声音不知是相互怜惜，还是相互鼓励。

---

① 邵廷采：《思复堂文集碑传》卷3《明遗民所知传》，《明代传记丛刊》第158册，台北明文书局1991年影印本，第354页。
② 《陈恭尹集》，第153页。
③ 魏世俲：《魏昭士文集》卷3，见魏际瑞等著，林时益辑：《宁都三魏全集》，《四库禁毁书丛刊》集部第6册，影印道光二十五年宁都谢庭绶绂园书塾重刻本，第322页。
④ 《陈恭尹集》，第343页。

彭士望

彭士望（1610—1683），字达生，一字树庐，号躬庵，又号晦农。江西南昌人。为"易堂九子"之一。有《彭躬庵集》诗文二十八卷。彭士望性慷慨，尚气节，喜结客，究心经济之学。《明遗民录》云：

> 崇祯己卯，父皙病且革，阅邸钞见漳浦黄道周平台召对语，拊枕叹曰："铁汉也。"顾谓："儿当师之。"躬庵治丧毕，即裹粮往谒。时道周已下诏狱，为倾身营救。会太学生涂仲吉上疏，讼道周冤，并下狱。辞连士望，被逮。久之始解……扬（按：当为"杨"）廷麟之殉难也，以孤属宁都彭锟。及宁都破，锟自缢死，孤为兵所掠，士望倾橐赎之，为娶妇。笃风义，至老不衰。①

《清诗纪事初编》如是记彭士望：

> 弘光元年，史可法督师扬州，礼聘之。说以用高杰、左良玉兵，亲（按：当为"清"）君侧之恶。可法不能用，遂引去。偕朱议霶（更名林时益）携妻子依宁都魏禧，结庐翠微山，佃田躬耕以给食。旋赴杨廷麟督师赣州之诏，为监纪。事败。自后讲学易堂。与李腾蛟、丘维屏、魏际瑞、魏禧、魏礼兄弟、彭任、曾传灿，号易堂九子……四十年间时时出游，当世伟人豪杰，无不倾心结纳，尤善李世熊，及粤中"北田五子"。其游也，恃相地以觅食，亦借以观山川形势攻守之宜，其诗所谓"六十过头犹奔走，半为衣食半交友"。交友诚有之，衣食则为托辞。盖视天下未尝不足为，而金声桓吴三桂辈，则非所

---

① 孙静庵著，赵一生标点：《明遗民录》，浙江古籍出版社1985年版，第209—210页。

措意。卒以穷死。时康熙二十二年，年七十四。①

康熙十四年乙卯（1675）彭士望来广州，与陈恭尹定交，同时结识了"北田五子"。彭士望等易堂诸子对陈恭尹其人推崇备至：

> 元孝既与魏季子齿兄弟，常与望称述元孝之人才德具备，为南粤第一流。望已载之《南海、西秦诗序》中，今且流布天下。又常读元孝诗，绝非时辈可及。前承寄近所作古文辞，叔子曾为点定且相与论列，未审得邮达否？元孝既已兄事和公，而和公为予弟，望遂不忍不以弟视元孝也。②

从这封信中可知他们之间尝通过书信切磋作文之法。彭士望在此文中称陈恭尹人品一流，诗亦常人不及。他在《独漉堂集序》对其诗的推崇更是超乎寻常：

> 吾易堂魏和公从南海归，亟称陈元孝之人与其友，推重其诗，予同堂咸信之。虽未一识元孝，间寓书辄齿兄弟。乙卯扶衰冒艰险数千里入粤，始得见元孝，与之语，落落穆穆，不能口给，久而意味出焉。心知元孝沉痛患难，学与年深，驯猛鸷之气渐就和易，如张孺子既见圯公……古人诗之集大成者，必推杜陵……予故谓元孝，今之杜甫也。③

就年齿来说，彭士望要长陈恭尹二十多岁，未识元孝即已呼之为兄弟。彭士望在这篇序文中于其人，比之张良既见圯上老人；于其诗则比之杜甫饱经患难之后，对陈恭尹的推崇无以

---

① 邓之诚：《清诗纪事初编》，上海古籍出版社2013年版，第209—210页。
② 彭士望：《与陈元孝书》，见《耻躬堂文钞》卷3，《四库禁毁书丛刊》集部第52册，影印咸丰二年刻本，第50页。
③ 《陈恭尹集》，卷首第1—2页。

复加。

陈恭尹《独漉堂集·江村集》之《病中承彭子安见过，别后奉怀》诗后注曰："时见惠尊人《躬庵文集》。"彭子安，乃彭士望子。由此可知彭士望曾由其子赠文集予恭尹，不过，子安来粤则不详其时。《江村集》所收为康熙十五年至二十五年诗，由此知子安来粤当在这十年之内。

陈恭尹与彭士望直接交游的记载并不多，且年龄相差悬殊，但他们之间却有着非同寻常的友谊。陈恭尹与包括彭在内的"易堂九子"经常互通声气，相互鼓励，书信来往不断，因此可以相信这种友谊主要建立在志同道合的基础之上。

曾灿

曾灿（1626—1689），本名传灿，字青藜，号止山，江西宁都人，为易堂九子之一。有文武才，年二十，受父命为唐王入汀赣山中，招抚峒众数万人。赣州破，隆武帝死于汀洲，父侍郎应遴亦死。曾灿僧服而行，游闽浙两广间，后归里躬耕养母。

曾灿《六松堂文集》卷十二《张穆之诗序》云："予于辛卯春，谋食岭南。"辛卯即顺治八年（1651）。据此可知曾灿此时来游岭南。康熙十二年癸丑（1673）曾灿编刻《过日集》，选海内名家诗。其中选有陈恭尹诗数首。康熙十四年（1675）前不久，曾灿曾致书陈恭尹。陈恭尹《独漉堂集·增江后集》有《赠沈方邺兼送之罗浮》诗。诗后注曰："时邺致曾青黎、魏冰叔兄弟书。"此处所谓的"曾青黎、魏冰叔兄弟书"也许就是《与魏冰叔》文中所言自沈方邺处所得之书信。陈恭尹在写于康熙十四年或十四年前不久的《与魏冰叔》一文中云："周士至后始出广州，于沈方邺处得先书，并读之，爱诲可谓备至。"① 由此信开头几句可知，在陈恭尹《与魏冰叔》这封信之前，曾灿和魏禧曾写信给陈恭尹，魏禧且示以"为文之道"。陈恭尹《赠沈方邺兼送之罗浮》收在《增江后集》。《增江后集》所收乃是顺治十七年（1660）至康熙十五年（1676）间的诗。魏禧给陈恭尹的回信是在康熙十四年，于时间上是相合的。由此可知康熙十四年前不久，曾灿曾致书陈恭尹。

曾灿《六松堂集》卷十四另有《与陈元孝》云：

> 乙卯奔丧返里，得荷垂唁。当兵火骚扰之候，估客甚稀，故未奉答。嗣是复出里门，侨吴阊者十稔于兹……我辈逐名者多，而治生者寡……明春将谋长安之行，择一善幕方可完儿女婚嫁。倘机缘得偶，再入岭南与诸君子为文酒之会，岂不大愉快事，然不敢必也。弟年已向衰，虽老骥千里，终成虚愿。时逼上元，河清可俟。先生膂力方刚，弗自颓唐，为祝鸡牧豕之举，是弟所引领而望也。②

乙卯为康熙十四年（1675），可知康熙十四年前后陈恭尹曾写信给曾灿，而曾灿此信则写于康熙十四年之后很久。

陈恭尹与曾灿所居相隔遥远，二人相互牵挂着对方，书信往来不断。信中所谈既有天下之事，亦有日常之务。两人之间的友谊皆呈现于相互关心和鼓励的文字之中。

---

① 《陈恭尹集》，第637页。按：《与魏冰叔》一文中，所谓的"周士"，疑为曾灿。陈恭尹《独漉堂集·增江后集》有《送曾周士还宁都兼柬翠微诸兄》诗，再综合《赠沈方邺兼送之罗浮》诗后小注，这位曾周士或许为曾青藜。再，易堂九子中姓曾者只有一位曾灿。曾灿之兄曾畹，字庭闻，少时随父应遴起兵，败后，著籍宁夏，不在宁都。如果这一推论正确的话，那么就可以肯定康熙十四年前不久，曾灿曾致书陈恭尹，且不久再来广州，与陈恭尹有所交游。

② 曾灿：《六松堂集》卷14，见《四库未收书辑刊》第7辑第25册，影印清钞本，第612—613页。

张杉、张梯

张杉、张梯生平见前。康熙十九年（1680）张杉游粤，以其侄官广东盐市司提举，过其任所，疾卒于粤。① 李士桢《抚粤政略》载，康熙十九年至二十一年，广东盐课提举为张溱。张溱或即其侄。

康熙二十年辛酉（1681）张杉欲返越州。陈恭尹作《送张南士归山阴》。诗云：

> 八月从象郡来，九月归稽山下……云中黄鹄安可留，目送飞鸿日千里。②

张杉欲归而未及归，即卒。陈恭尹《挽张桐君》注云："令兄南士名杉，客卒岭上。"张桐君，即张梯。由此可知张杉未及归越，即卒于岭南。

陈恭尹与张梯具体相识于何时何地，无从确切查考。但从下面两首诗可以知道他们结交于顺治十六至十七年间，在湖南有过接触。

> 忽忆少时吟兴狂，君与董侯同过我。席门蓬径话终朝，宝马高车停道左。董侯欲去君且留，予时更鼓潇湘舵。（《夜雨有怀柬张桐君兼寄董无休》）③
>
> 数月逡巡未报诗，十年离索更何为。（《答张桐君》）④
>
> 交君兄与弟，并是廿年前。（《挽张桐君（四首）》之四）

---

① 毛奇龄：《张南士墓志》，《毛西河先生全集》卷14，萧山陆凝瑞堂藏板，嘉庆元年重印本。
② 《陈恭尹集》，第100页。
③ 《陈恭尹集》，第171页。
④ 《陈恭尹集》，第178页。

陈恭尹一生两次北上,第一次为顺治九年壬辰(1652)春,自闽之江西,登匡庐。顺治十年癸巳(1653)访故旧于姑苏,因历金陵、宛陵,道阳羡,还杭州。冬,买舟南归。这一次未取道湖南。陈恭尹第二次北游是顺治十五年戊戌(1658)。顺治十六年己亥(1659)春,陈恭尹在湖南,自湘溯汉。秋,憩芜湖,历皖北,抵汴梁。十一月,南还,至汉口度岁。顺治十七年庚子(1660)年初,自汉口溯衡、郴,下韩泷,三月抵家。第二次两经湖南。另,张梯去世于康熙二十八年(1689)之后。因此可以肯定,陈恭尹与张梯结交当在陈恭尹第二次北游期间,很有可能他们相识于顺治十六年自湖南北上之时。当时两人都是志怀恢复的青年。陈恭尹诗云:

> 知君丈夫志,不死女儿边。(《挽张桐君(四首)》之三)①

十几年之后两位老友再次相见,已恍若隔世。张梯来岭南的具体时间不能确定,但可以肯定在康熙二十五年(1686)前。

> 雄心老去成灰烬,白雪吟多上鬓丝。虞苑青蝇嗟往事,陆生车马记前时。只应共撷东篱菊,买醉南园浊酒卮。(《答张桐君》)②

天地易位,往事如烟,两位老人此时也只有徒自感叹,相互鼓励采薇首阳。

> 董侯屡寄山阴书,君来日剥离支果。从前屈指几烟云,吾辈幸存非坎坷。君不见五羊城下阴雨中,刘苑荒芜赵台堕。(《夜雨有怀柬张桐君兼寄董无休》)③

诗中感叹天崩地解,故国丘墟,这些人能活到今日已算幸运了。

---

① 《陈恭尹集》,第200页。
② 《陈恭尹集》,第178页。
③ 《陈恭尹集》,第171页。

康熙二十五年丙寅（1686）春日，镇远将军王永誉府中牡丹盛开，招陈恭尹、张梯与梁佩兰、屈大均、张远、陈阿平等，雅集于倚剑堂，赏花分赋。陈恭尹有《上巳后一日王孝扬将军招同张桐君梁药亭屈翁山张超然家献孟集倚剑堂时牡丹盛开即事分赋》诗。是年夏，陈恭尹、张梯与王世桢、林梧、梁佩兰、朱研、周文康、董克灌、王完赵再集于潘楳元视苍楼分赋：

> 池连深树暑皆消，酒得良朋兴更遥……三十年前同赋客，白头书札到今朝。（《伏日同王础尘张桐君朱子成周文康梁药亭林叔吾董克灌王紫巚集潘亚目视苍楼分赋因寄董无休》）①

其中陈、王、林、张等皆为前明遗民。年轻之时同赋《无衣》，三十年后皤然白首之人再赋沧桑，其感慨之深，非壮岁之人可与尽言。

康熙二十八年己巳（1689）王煐来粤任惠州知府。张梯入王煐幕中。在张梯入幕期间陈恭尹与他也时有往还。闲暇之时，还曾相聚禅院僧寮：

> 不受年催独有僧，禅房犹得聚同声……腊残岁事家家有，愧不从容共月明。（《腊月望日石濂大师招同张桐君吴子祥鲍子韶季伟公黄位北李方水黄葵村黄摄之同用庚字》）②

陈、张二人此时皆已两鬓飞霜，仍未能如高僧大德观空一切，彻底忘怀世事。这时清朝统治已经稳固，社会又出现了太平气象：

> 新结茅亭匝碧波，清尊邀客更能过……升平旧事从今复，胜赏其如白发何。（《朱式金招同王础尘张桐君潘涵

---

① 《陈恭尹集》，第181页。
② 《陈恭尹集》，第395页。

观朱子成周夏声周维念王紫巚集东郊珠会亭分得五歌》）①

社会又太平了，不过这一太平难遂前明遗民之愿。陈恭尹在《凤衔杯·为张桐君寿》词中云：

> 鸾舞彩，凤衔卮。醉东风，豪迈多姿。犹似赋诗横槊少年时，只是鬓边丝。②

年轻之时虽有鲁阳回日之志，但现在毕竟年华老大，已无力回天。

张梯一如其兄张杉，最终卒于岭南。陈恭尹在挽诗中借题发挥，抒写故国之悲：

> 举世醒皆醉，斯人迩亦遐。五车梁惠子，七叶汉张家。每有乘桴叹，常深彼黍嗟。乾坤无故国，白首尚天涯。（《挽张桐君（四首）》之一）

天下太平，黄河又清，但天覆地载，不见故国印迹。

> 交君兄与弟，并是廿年前。五岭非深阻，双棺乃后先。长途号白马，中夜泣啼鹃。恸绝南州客，贫无絮酒钱。（《挽张桐君（四首）》之四）③

故国已成幻梦，兄弟皆客死他乡，悲剧可谓多重。

陈恭尹与张杉、张梯兄弟为患难之交。知交客死他乡，陈恭尹能不为之痛洒热泪？

王世桢

王世桢，生平见前。王世桢一生中浪游四方，北游燕、赵、青、齐，南游江、楚、滇、黔，逾五岭，徘徊闽粤之间。王世桢数度逾岭，陈恭尹亦曾多次为之送行：

> 数着欲了天下事，千载不受英雄欺……去冬相识三城

---

① 《陈恭尹集》，第353页。
② 《陈恭尹集》，第560页。
③ 《陈恭尹集》，第200页。

南，一日不见思不堪。如何弃我复远道，五溪蛮洞多烟岚。(《赠别王础臣》)①

昔年与子珠江别，太白有芒宵八月。今来送子五羊城，土木双星守不行……世间豪杰岂能多，碌碌因人自终古。(《赠别王础臣》)②

王世桢来粤后经常与陈恭尹交游唱和。二人有时单独晤面，促膝深谈；有时与众人一起宴饮唱和，共赋新诗。康熙二十二年癸亥（1683）四月十日，陈恭尹、王世桢与梁佩兰、汪煜、查嗣瑮、徐令、林梧、王完赵应潘楳元之招集其视苍楼送春分赋；康熙二十五年丙寅（1686）夏，陈恭尹、王世桢再与梁佩兰、张梯、朱研、周文康、林梧、董克灌、王完赵集于潘楳元视苍楼分赋；康熙二十八年己巳（1689）仲春，陈恭尹、王世桢、季煌、陶璜、释大汕、黄河澂同登镇海楼，相约为长律纪其胜；康熙三十一年壬申（1692）正月十七日，王世桢、陈恭尹应释大汕之邀与屈大均、梁佩兰、王煐、龚翔麟、陈廷策、陈子升、廖焞、季煌、沈上钱、方正玉、朱汉源、黄河澂、黄河图社集长寿寺离六堂，分韵赋诗。尽管这是众人唱和的应景之作，但陈恭尹的诗中仍寓有深沉的感慨。陈恭尹《四月十日潘亚目招同王础臣汪寓昭查德尹徐序仔梁药亭林叔吾王紫巚集视苍楼送春分得八庚（时汪、查、徐将归)》诗云：

衰年作别唯须酒，空谷相求岂待莺。尚有此宵春不尽，归途无惜月同行。③

陈恭尹《伏日同王础尘张桐君朱子成周文康梁药亭林叔吾董克灌王紫巚集潘亚目视苍楼分赋因寄董无休》诗云：

池连深树暑皆消，酒得良朋兴更遥……三十年前同赋

---

① 《陈恭尹集》，第106—107页。
② 《陈恭尹集》，第167页。
③ 《陈恭尹集》，第351页。

客,白头书札到今朝。①

他们之间的友谊,乃同声相感而成,直入灵魂深处,非是表面和洽而内心隔膜的"友谊"。

陈恭尹与王世桢过往频繁,月首岁尾,春感秋思,二人多有唱和。陈恭尹与王世桢的这类唱和诗很多,如:《人日喜晴招王础尘洪药倩潘涵观王紫巘集得一山房分得十三元》、《戊辰正月十日舟泊端州王础尘自开建适至令子紫巘招同李苍水过集高云客所寓华严精舍纵饮达夜即事成歌》、《庚午九日歌和础兄》、《壬申清明即事次杜韵同王础尘(二首)》、《五色笔歌为王础兄纪梦》等。

> 斯世萧条不忍看,壮心磨尽况衰残。每从行迈歌离黍,曾受深恩愧伐檀。嬴氏首功终短祚,汉家王业不偏安。一□一□归何处,有□遗臣□是难。(《春感十二首次王础尘》之十二)②

> 阴阳三食此何时,一月那闻古有斯……天道即令皆可测,重华不用更陈辞。(《次和王础尘辛未岁除(八首)》之八)③

他与王世桢的这类唱和诗,不同一般人的伤春感时之作,其中多有故国丘墟之悲。

王世桢有志于天下之事,康熙三十二年癸酉(1693)病危,谓陈恭尹曰:

> 平生饮恨于心,不谓积疾至此,已矣,无可言者。向欲埋骨罗浮,而惠州使君未许。今从使君假此地为死所,从足下假白云一穴为葬所。吾四方之志不遂,不宜归葬故乡。(《王础尘行状》)④

---

① 《陈恭尹集》,第181页。
② 《陈恭尹集》,第391页。
③ 《陈恭尹集》,第428页。
④ 《陈恭尹集》,第669—670页。

从他临终遗言可以看出他至死犹含恨在心。

王煐揆情度理，出资使王世桢归葬无锡。陈恭尹为作墓志。康熙三十三年甲戌（1694）十月为遂其愿，陈恭尹葬王世桢衣冠于罗浮山。

金堡

金堡（1614—1680），字道隐，号卫公，浙江杭州人。明崇祯十三年（1640）进士。顺治五年（1648）诣肇庆，谒南明永历皇帝，授礼科给事中。他抗直不畏强御，为太监所恶。曾下诏狱，大学士瞿式耜疏救之，盛称其贤。桂林破，东走粤中，礼天然和尚为僧，名今释，字澹归，一字蔗馀，号跛阿师。顺治九年壬辰（1652）金堡于天然禅师处落发受具后，初从至东莞，辟茨庵住十馀年。康熙元年壬寅（1662）春，往粤北仁化县，于丹霞山辟别传寺。所著《遍行堂集》抒写故国之情，语多痛切。清初曾刊版行世，旋遭禁毁。金堡与屈大均、钱谦益、吕留良的著作一样，在乾隆年间都是重点查禁的对象。

陈恭尹曾于顺治五年戊子（1648）秋，赴肇庆为父请恤，第二年，任职世袭锦衣卫指挥佥事。陈、金二人虽曾同朝为官，却不见是时交往的相关记载。康熙四年乙巳（1665）陈恭尹与梁佩兰一起访金堡。① 《独漉堂集》之《题丹霞雪干图

---

① 彭孙遹：《松桂堂全集》卷42有《杪秋坐澹公池上寮同陈元孝梁芝五》诗。诗云："晨兴理道服，清心屏俗缘。拟把琅函书，远叩曹溪禅。崇兰有佳憩，列坐西池边。三秋不一雨。池水清涓涓。石蕉凌寒碧，海榴终岁燃。日夕各归去，杖筇争引船。同游不同约，邂逅还复然。"（见《景印文渊阁四库全书》第1317册，台湾商务印书馆1986年版，第369页。）吕永光《梁佩兰年谱简编》和史洪权《岭南三大家年谱》（未刊）认为此诗作于康熙四年乙巳（1665）。蔡鸿生认为康熙元年壬寅（1662）四月，陈恭尹与梁佩兰一起游澹归僧寮。（见蔡鸿生：《清初岭南佛门事略》，广东高等教育出版社1997年版，第219页。）

为澹归大师寿》诗云：

> 绝巘全高寄，孤根压众芳。已成空谷玉，如带掖垣霜。世想和羹实，天留暮岁香。南枝长不老，微笑傍空王。①

"南枝长不老"，"孤根压众芳"二句，可见他们的信念和信心。

蓝涟

蓝涟，生平见前。康熙三十三年甲戌（1694）蓝涟来粤，与岭南三家皆有交游。陈恭尹与之唱和尤多。陈恭尹在《题采饮山人耦耕图》中云：

> 饮犊于上流，洗耳犹为污。采薇而食之，西山乃周土。昔贤立人极，以作狂澜柱。制行岂不高，厥躬亦云苦……采山而饮河，安问今与古。②

陈恭尹赞美蓝涟谨慎出处，同时也说出了遗民生存在这个世界上的尴尬。陈恭尹与蓝涟结交并非始于本年。陈恭尹《送蓝公漪》诗云：

> 珠海三为别，相知廿载来。发添无限雪，心共不然灰。③

由此诗可知，他们二人应该早就相识了，蓝涟来粤也并非仅此一次。

康熙三十四年乙亥（1695）端午，蓝涟、陈恭尹应梁佩兰之招，同屈大均、王煐、廖燀、吴文炜、王隼泛舟珠江观竞渡。这一年除夕蓝涟滞留粤中，与陈恭尹等人在王煐寓斋一起守岁。陈恭尹有《乙亥除夕同袁密山史蕉隐蓝公漪集王紫诠

---

① 《陈恭尹集》，第118页。
② 《陈恭尹集》，第474页。
③ 《陈恭尹集》，第486页。

使君寓斋次东坡元旦立春韵三首时余以夜禁先归》诗。

康熙三十五年丙子（1696）正月二十九日，蓝涟、陈恭尹应王煐招与梁佩兰、屈大均、袁景星、史申义、王原、于廷弼、史万夫、岑徵、廖焞、吴文炜、王隼、林贻熊、陈阿平、曾秩长、梁无技、黄汉人宴集于广州城南寓斋，席上分赋。这一年春天，陈恭尹与蓝涟曾在王煐寓斋两会于月夜。陈恭尹有《月夜紫诠使君寓斋同蓝公漪朱旬安吴山带叠韵（三首）》诗云：

漏水迢迢转玉龙，金壶银箭未从容。眼前共坐人千里，良夜他时何处逢。（之三）①

由最后两句，可知此诗主要是就蓝涟而写。

康熙三十六年（1697）早春蓝涟离粤回闽。临行，陈恭尹作《送蓝公漪归闽中》云：

冬春积阴雨，十旬三见日。城阙为泥涂，凄风闭寒室。居人屡兴叹，况子犹孤客……有亲在白头，留子终无术。何以送将归，独有江南橘。②

蓝涟曾多次来粤，但前几次来粤与陈恭尹交游的情况，因缺少相关资料，不知详情。

高兆

高兆（生卒年不详），字云客，号固斋，福建侯官人。明诸生。少遭丧乱，自江右还旧乡，布衣蔬食，块处蓬室中，采摭隐逸，辑录《续高士传》。③ 高兆为清初闽中著名诗人，著有《固斋集》。"固斋为国初闽中平远台十子之一，尝著《启祯宫词》百首，搜罗秘密，非外臣闻见所及，钞本藏郭兼秋

---

① 《陈恭尹集》，第512页。
② 《陈恭尹集》，第482—483页。
③ 永瑢等：《四库全书总目》卷63，中华书局1965年版，第567页。

部郎家。"① 郭曾炘《杂题国朝诸名家诗集后》注云:"闽中国初诗人,牧斋亟称二许,同时尚有高固斋兆、曾即庵灿垣,与天玉并称七子。"②

康熙二十六年(1687)高兆来端州割砚,过广州,与陈恭尹等相见。第二年高兆自肇庆割砚返闽途经羊城,再与陈恭尹、屈大均等相见。屈大均作《送高固斋》诗二首。诗云:

端溪来采砚,自割水岩云。天地与神物,图书垂大勋。(之一)

轻帆千里挂,故国八闽回。著作时相寄,知言在越台。(之二)③

由屈诗可知,高兆是为端州割砚而来。汪宗衍《屈大均年谱》认为此诗作于康熙二十七年戊辰(1688)。陈恭尹诗云:"去年握手仙羊石,今年大醉崧台驿。"由此可知高兆来粤当为康熙二十六年。陈恭尹《高固斋以长歌赠别赋答》云:

我生不辰稀所慰,唯以同心作同气。同心海内几人存,白首尘中觉无谓。与君相知三十年,未曾识面心先传。穷通夷险每在眼,眉宇笑貌依希然。去年握手仙羊石,今年大醉崧台驿。④

陈恭尹不但感叹自己遭际堪伤,还叹惜时至今日如高兆这样的志同道合之人,海内所存无多。同时从这首诗中还可以知道,陈恭尹等与高兆的友谊并非开始于此时,他们神交于很久以前。

高兆这次采砚得奇石,邀陈恭尹、屈大均等和其《玉蝴

---

① 徐世昌辑:《清诗汇》卷16,北京出版社1996年影印1929年版《晚晴簃诗汇》,第171页。
② 转引自钱仲联主编:《清诗纪事·明遗民卷》,江苏古籍出版社1987年版,第1068页。
③ 《屈大均全集》第2册,第695页。
④ 《陈恭尹集》,第330页。

蝶》词。陈恭尹作《蝴蝶儿·为高固斋题蝴蝶砚》词一首：

> 是地灵，是天成？一卷分，两仪形，于中含列星。
> 凤子文堪拟，仙衣翅并轻。其间着个老庄生，梦回初著经。①

另外《独漉堂集》中还有《书高固斋砚考后》一文。

分别之后，陈恭尹在送黄叔威时，又问候高兆：

> 薪火共传非异道，宫商相感有同声。因君寄语询高叟，白发新添又几茎。（《走笔送黄叔威兼柬高固斋》）②

"薪火共传"，"宫商相感"，恢复故国已不可能，但可以自己的笔和舌来传承华夏传统文化。文化之脉不断，华夏庶几不亡。

郭清霞

郭清霞，生平见前，曾随孙传庭与李自成激战，后流寓岭南。陈恭尹与之初识于何时，无从查考。陈恭尹《赠郭清霞》诗云：

> 白发无忧上鬓生，壮心只惜同灰死。虽然不死亦奚为，我心未说君应知。待予手弄扁舟日，乞尔山中五色芝。③

由"虽然不死亦奚为"可以看出陈恭尹对世事的绝望，不过这确是知己之言。此诗大概写于康熙十年辛亥（1671），此时也正是复明之事不见希望的时候。陈恭尹虽时出意冷之言，但有时又能慷慨奋发：

> 寂历霜天外，宵来有雁鸿。树声风自北，池影月方中。良会复能再，清尊况不空。登台望星彩，神剑为谁

---

① 《陈恭尹集》，第560页。
② 《陈恭尹集》，第417页。
③ 《陈恭尹集》，第105页。

雄。(《月夜姚菊里载酒招同郭清霞陶苦子邹中和简文震重集邹仪生寒玉堂同赋用空字》)①

"神剑为谁雄"一语,透露出陈恭尹雄心未泯。尽管陈恭尹后来"磨砻圭角"(彭士望语),但当他与郭清霞这样的好友在一起时,仍然会不时地显露其英雄本色,尤其是酒酣耳热之时。

康熙十八年己未(1679)陈恭尹身遭缧绁,郭清霞来狱中探视。陈恭尹作《狱中送郭清霞兼寄李相如》诗:

良朋当远适,冒雨来相见。未言先慰藉,恐我泣如霰。拜送圜土中,握手情恋恋。②

其感情之深于此可见。

陈恭尹中年之后息游乡居,因此所交遗民以著籍岭南和来游岭南者为多。

三、陈恭尹所交其他遗民

陈恭尹所交遗民除著籍岭南和外省入粤者之外,还有一些,如魏禧、汤来贺、毛会建、方以智、郭金台等。

魏禧

魏禧,生平见前。陈恭尹与魏禧结交于何时,不甚清楚。甚至二人有否面晤,也不能肯定,但这并不妨碍对二人交往这一问题的讨论。可以肯定他们之间是相互了解的,也可以肯定他们二人有书信往来,且不止一次。季子魏礼多次来游岭南,与陈恭尹友情最契,并把陈恭尹隆重推荐给易堂诸子。粤赣毗

---

① 《陈恭尹集》,第117页。
② 《陈恭尹集》,第141页。

临,易堂诸子与岭南诗人常有往来传递双方的消息。

陈恭尹在《与魏冰叔》中云:

> 周士至后始出广州,于沈方邺处得先书,并读之,爱诲可谓备至。所示为文之道,皆弟意中所悉也。然弟自病更有三端:不养心,不穷理,不熟古今之变。不养心,故其气不昌;不穷理,故其源不宽;不熟古今之变,故其议不辩。每欲谋三五年闭户以攻之,而往往为事累所夺,恐终坐此老矣。士无可如何,乃欲以文章自见而更不获,信乎命之穷也。①

由此信开头几句可知,此前魏禧曾写信给陈恭尹,并示以"为文之道"。陈恭尹《独漉堂集·增江后集》中有《赠沈方邺,兼送之罗浮》诗。诗后注云:"时邮致曾青黎、魏冰叔兄弟书。"此处所谓的"魏冰叔兄弟书"也许就是自沈方邺处所得之书信。在陈恭尹《与魏冰叔》这封信之后,魏禧又有给陈恭尹的回信。回信是在康熙十四年(1675)。这首诗收在《增江后集》。《增江后集》所收为顺治十七年(1660)至康熙十五年(1676)间的诗,于时间上也是相合的。由此可知,这一时期魏禧写给陈恭尹的书信不止一封。

陈恭尹的诗常有身世之感。他在《与魏冰叔》一文中也有这样的感叹。魏禧在回信中与陈恭尹讨论了立身、为文、为学之事。从文气看,魏禧有似兄长,鼓励陈恭尹与岭南诸文士多相切磋。魏在信中首先讨论了立身之事:

> 吾辈断无优游以消白日之理,如此不出户庭,即何愧重茧万里也。士君子生际今日,欲全身致用,必不能遗世独立。然浮沉二字最是难为。浮者便浮,沉者便沉。独浮沉之间,稍方则忤人;稍员则失己。古人所谓绝迹易,无

---

① 《陈恭尹集》,第637页。

行地难也。仆向有二语："居山须练得出门人情,出门须留得还山面目。"(《答陈元孝书》)①

此信写于康熙十四年乙卯（1675）六月,陈恭尹的《与魏冰叔》这封信应该在此前不久。

陈恭尹与魏氏兄弟有着共同的抗清志向和遗民情怀,他们之间的友谊是以家国之恨为基础而建立起来的。

汤来贺

汤来贺（1607—1688）,字佐平,改字念平,号惕庵。江西南丰人。明崇祯十三年庚辰（1640）进士。官至广东按察司佥事,迁布政使。在粤,晋总制加兵部尚书,不就。明亡,不仕,为遗民四十馀年。归主白鹿书院讲席以终。年八十二卒。学者称惕庵先生。有《内省斋集》三十二卷。②

陈恭尹《寄汤惕庵先生》诗云：

> 早辞旄节遂抽簪,渺渺高踪不可寻。江上二毛生子舍,天中孤月照臣心。青松自必千年老,白石聊为半夜吟。近别海头无一字,壶公岩迥壁潭深。③

屈大均《翁山诗外》卷七有《送汤氏兄弟归建昌省其尊人惕庵先生,时年八十馀矣》二首。屈诗作于康熙二十六年丁卯（1687）。疑陈诗与屈诗为同时之作。

康熙二十七年戊辰（1688）,汤来贺卒,陈恭尹作《挽汤惕庵先生》。诗云：

> 大雅久云没,中原尚此人。晨星方在望,宿草已逾

---

① 魏际瑞等著,林时益辑：《宁都三魏全集》之《魏叔子文集外篇》卷7,见《四库禁毁书丛刊》集部第4册,影印道光二十五年宁都谢庭绥绂园书塾重刻本,第525页。

② 《江西通志》卷155和《明诗纪事》辛签卷21。

③ 《陈恭尹集》,第493页。

春。便自成千载，何繇赎百身。唯馀召公树，蔽芾粤江滨。①

陈恭尹在诗中感叹朱明鼎移，大雅沦丧，能承传华夏文化的遗民定能名留千载。

陈、汤二人年龄相距甚远，共同的遗民立场使他们相交忘年。

方以智

方以智（1611—1671），字密之，号鹿起，江南桐城人。明崇祯十三年（1640）进士。后出家为僧，改名宏智，字无可，别号药地，一号墨历。有《博依集》十卷、《方子流寓草》九卷、《浮山别集》二卷。

方以智是明末著名遗民，性情刚烈。

> 父孔炤以楚抚逮，以智怀血疏，跪朝门外，叩头号呼，求代父死。帝叹曰："求忠臣必于孝子之门。"并释之，擢检讨。北都陷，父子为贼所掠，濒于死。南都马、阮当国，诬其污伪命，入之六等罪中，举朝大哗，乃已。叹曰："是尚可为邪？"褫衣散发，卖药五岭间。隆武帝召之，未赴。永历时，以翰林学士知经筵，寻命入阁。以智知不可为，乃为僧去，号"无可"，最后，自号曰"浮山愚者"。清兵尝物色得之，令曰："易服则生，否则死。袍服在左，白刃在右。"乃辞左而受右。清帅起谢之，为之解缚，听其以僧终。乃披缁诣天界，事俍公。②

方以智曾与屈大均等盟誓："天下岌岌，无所逃命。善用其

---

① 《陈恭尹集》，第175页。
② 孙静庵著，赵一生标点：《明遗民录》，浙江古籍出版社1985年版，第35—36页。

死，众志咸正。啮臂茹肝，干将为证。"①

康熙十年辛亥（1671），陈子升入黄山青原访熊鱼山、方以智，为方外之游。陈恭尹作《送家中洲之青原访药地禅师》赠行，并作《寄青原药地禅师》诗寄赠方以智：

> 骆驼峰外宝钟撞，十八滩声涌法幢。旷代才名流下界，半天人卧在高窗。新疏瀑水虹千尺，迥立寒阶鹤一双。犹有为霖旧时望，雨花空自满西江。②

此诗当是经由陈子升带给方以智的。

罗桢、释破门、释文惺

罗桢（生卒年不详），字克生，衡山人。"好客，家衡山南，资产万金，为衡山主人，尽豪士也。"③《沅湘耆旧集》卷三十九云："桢，字克生，衡山人，隐居南岳，精修元理，善剑术，工骑射。岭南何不偕、陈元孝尝主其家，亦奇士也。诗格老道，惜所传不多。"④ 孙静庵《明遗民录》卷三十四有传。

释破门（生卒年不详），吴淞人，名法知，颇能绝句、颠书，结茅南岳下火场，自名其庵曰"石浪"，有《破门诗集》。⑤

释文惺（生卒年不详），字阿诺，湖南湘潭周氏子。祝发清凉寺，妙精释典，开堂南岳晓霞峰，有诗集。康熙初，湘中名流多尊奉之。阿诺，嗣法朝宗，会下数百人，好游，

---

① 方以智：《与子一介子等盟词》，见《方以智全书》第9册，黄山书社2018年版，第229页。
② 《陈恭尹集》，第124页。
③ 陈恭尹：《游衡山记》，见《陈恭尹集》，第631页。
④ 邓显鹤辑：《沅湘耆旧集》卷39，见《续修四库全书》集部1691册，影印道光二十三年邓氏南村草堂刻本，第127页。
⑤ 陈恭尹：《游衡山记》，见《陈恭尹集》，第630—631页。

嗜谈。①

陈恭尹《游衡山记》云：顺治十六年己亥（1659）"从京口溯江，南历于浔阳，又西折入洞庭，上沅湘，至衡山县……是游也，同行者何不偕绛，于岳庙主罗克生，于石浪主破门，于白门主诺诺"。② 其中白门主诺诺即释文惺。这年春天陈恭尹游衡山曾寄宿罗克生家。

> 衡山三十里，樵子识君家。一路杉松雨，开门桃李花。乍逢如宿昔，未老亦烟霞。叹息青灯夜，春衣冷欲加。（《宿罗克生》）③

二人虽是初见，但如故交旧识。陈恭尹与何绛一路登山，时至傍晚来到石浪庵，破门和尚出山门相迎。《石浪庵访破门上人》云：

> 樱桃花落正黄昏，谷鸟惊飞客在门。想得老僧春未出，竹根深雪屐无痕。④

陈、何二人，早晨从石浪庵出来，继续沿南岳山道，上行至高台寺。游祝融峰后下山，时之将晚二人投宿白门寺。《白门别诺诺和尚》诗云：

> 南岳千峰一衲栖，小桥流水入招提。山端远影湘江尽，竹外闲窗楚岫低。十日淹留春色暮，中宵谈笑月华西。岐途不用悲游子，芳草天涯路未迷。⑤

陈恭尹、何绛二人游赏南岳，与罗克生、破门和尚、文惺和尚相处甚欢。白天游山，晚上深谈。所谈一定与时事密切相关。"岐途不用悲游子，芳草天涯路未迷。"朋友们勿须因其处穷

---

① 陈恭尹：《游衡山记》，见《陈恭尹集》，第630—631页。
② 《陈恭尹集》，第630—631页。
③ 《陈恭尹集》，第37页。
④ 《陈恭尹集》，第38页。
⑤ 《陈恭尹集》，第40页。

途末路而悲悯。尽管时势如此,他们定会秉志不移,永不迷途。

郭金台、刘赤

郭金台,生卒年不详,字幼隗,湘潭人,本名陈湜,一字子原。年十三遭家难,匿中表郭氏得免,遂冒郭姓。崇祯己卯(1639)中副榜。隆武称号,登乡试,督师何文烈,荐授职方郎中,再起监司佥事,皆以母老辞。及卒,自题其阡曰"遗民郭金台之墓",有《石村诗文集》。①

顺治十五年戊戌(1658)八月陈恭尹与何不偕同往湖南。顺治十六年己亥(1659)二人仍徘徊湘中。是年春陈恭尹在湘期间与郭金台游。郭金台有《留别陈元孝、何不偕南游二首》,诗云:

春霾无时休,举动见迍削。美人怅层阿,天路苦不扩。出门耿终古,独立时自却。长怀三岁书,永望雁南薄。手无斧柯利,奈此衡云缚。衡云开祝融,昂首契冥漠。(之一)

湘流汩洪波,腐草亦已长。驰驱送日月,旅食静馀想。缅怀五湖游,恤躬寄梁砀。风雨不知愁,春阴郁草莽。洒泣行市中,行歌慨以慷。(之二)②

这两首诗也能显示出郭金台亦与此时的陈恭尹一样,胸中涌动着一股豪情。

陈恭尹《独漉堂集》有《赠郭幼隗》诗二首:

---

① 邓显鹤辑:《沅湘耆旧集》卷27,见《续修四库全书》集部1691册,影印道光二十三年邓氏南村草堂刻本,第4页;郭金台:《石村诗集》,见《四库禁毁书丛刊》集部第84册,影印康熙刻本,第428页。

② 郭金台:《石村诗集》卷中,见《四库禁毁书丛刊》集部第84册,影印康熙刻本,第484页。

> 陶公羲皇人，济世心复苦。违时弃经纶，养节薄簪组。微言寄简策，容色尚可睹。昔人云已邈，之子蹈前矩。林园发新咏，往往见肺腑。以置彭泽中，识者昧去取。匪直英华美，秉心亦犹古。（《赠郭幼隗》）

两位遗民呕心剖胆倾诉故国深情，并愿效仿陶潜做一节士。此诗当作于陈恭尹在湘期间。下面一首，其心中之忧更甚：

> 言恋父母国，已恐贰师拔。踟蹰立长坂，泪杂沟中沫。（《赠郭幼隗（又）》）①

> 高天何寥廓，茅屋十馀尺……仰首惭壮夫，垂心事雕刻。（《湘上读书柬郭幼隗》）②

"仰首惭壮夫"也许是当时许多志士遗民的共同心声。这些志士四方奔走，最终未能恢复故国，却只能凭借文字以自显，心中深感惭愧。临别之时作《答别郭幼隗》云：

> 天涯何意返征骖，惨淡离怀酒不酣。匝地柳条青汉上，断肠春草绿湘南。难归故国生多恨，有约乘桴去亦堪。沧海茫茫一回首，美人迟暮在江潭。③

其中有离愁，亦有无成之忧。郭、陈二人感情笃厚，陈恭尹离世之前不久还记挂着郭氏：

> 浮湘昔日有知音，昨得清篇竟夕吟。便续楚些齐旷代，更于兰臭见同心。（《次答刘百原（二首）》之二）④

陈恭尹在此诗第一句后注曰："谓郭幼隗。"陈恭尹谓二人兰臭同心。

顺治十六年己亥（1659），陈恭尹在湘中所交遗民还有刘赤。"罗汝怀《湖南文征》：刘赤，字符九，号铴堂，湘潭人。

---

① 《陈恭尹集》，第 35 页。
② 《陈恭尹集》，第 36 页。
③ 《陈恭尹集》，第 37 页。
④ 《陈恭尹集》，第 293 页。

岭南陈恭尹序《省斋诗集》云：忆己亥春，与老友郭幼隗同饮于刘隐君符九家室，惟《易象》一卷，香炉笔格而已，屈指已四十年云云。今集中无此序。此刘符九亦遗民也。"①

毛会建

毛会建（1612—?），字子霞，江苏武进人。一生游幕四方，曾流寓广州。因未曾见到他在粤与陈恭尹交游的资料，故置于此。

顺治十六年己亥（1659）十一月陈恭尹与何绛自郑州南还，至汉口度岁。元旦，毛会建与陈恭尹、何绛共登黄鹤楼。陈恭尹有《庚子元旦毛子霞招同何不偕登黄鹤楼》。诗云：

> 君子羁心积此晨，鹤楼斟酌岁华新。城头江汉一千里，座上罗浮两个人。细草暗催行处绿，落梅飞尽隔年春。谁堪天下无穷路，来伴微生易老身。②

汉口度岁之后陈恭尹继续南归。作《将发汉口毛子霞在武昌不得更别舟中夜坐作诗寄之》。诗云：

> 沧波芳草暮生烟，东望离心倍黯然。短棹拟过黄鹄渡，轻装催上白门船。遥从江汉分流地，坐到星河欲晓天。明日五更应已远，故人残月正高眠。③

从这首诗可以看出二人的友情。陈恭尹与毛会建结交于何时，虽不清楚，但可以肯定应该在这次武昌相见之前。

毛子霞一生游幕四方。西南、岭南都曾留下过他的足迹。不过似在江湘一带时间较久。陈恭尹《代寄毛子霞》云：

> 江湘屈指三千里，衰老低头四百峰。一读新诗一惆

---

① 转引自《独漉先生年谱》本年条，见《陈恭尹集》，第784页。
② 《陈恭尹集》，第45页。
③ 《陈恭尹集》，第41页。

怅，鹤楼尊酒限相从。①

这首诗作于陈恭尹晚年。晚年的陈恭尹常常感叹自己终生无成，空自吟咏于罗浮四百峰下。

康熙三十八年己卯（1699）毛会建侄毛行九在广州，这年夏秋间陈恭尹与之多次唱和。陈恭尹《独漉堂集·小禺后集》有《夏衫杨宝生孝廉招同毛行九司马杨止庵大令梁药亭太史饮于风幡堂次行九韵（二首）》、《闰七夕后一日远公招同潘稼堂张损持梁药亭毛行九余未及赴诸公分韵见及得心字》、《初秋日梁药亭招同沈詹山大令家山农隐君潘稼堂检讨张损持吉士毛行九司马吴晋涛少尹林桐叔少府杨勉斋孝廉徐紫凝罗浮山司红暹家献孟文学远布心月二上人雅集六莹堂分得阡字》。不久之后毛行九离粤北上，陈恭尹作《赠别毛行九兼寄其从父子霞》。诗云：

> 昨来再见通姓名，世交于汝为弟兄。我父之师君从祖，凤毛麟角相峥嵘……老翁七十复何求，出处千秋在青史……贫来赠别无杯酒，为报襄阳旧隐人。②

"世交于汝为弟兄"和"我父之师君从祖"二句，透露出陈恭尹与毛会建之友谊渊源有自。这一年陈恭尹已六十九岁。第二年四月陈恭尹就去世了。

尽管陈恭尹为明末非常著名的遗民，但他所交遗民并不算太多，这与他中年之后便息游居乡有一定关系。相反作为遗民的他，一生中交游唱和的仕清之人却为数不少。

第三节　明遗民陈恭尹交接风格转变述论

屈大均在交接方面始终率性而为，不管对方是初入仕途的

---

① 《陈恭尹集》，第496页。
② 《陈恭尹集》，第107—108页。

清朝官员，还是颇遭非议的贰臣。在这一点上陈恭尹与屈大均大为不同。康熙十七、十八年之前，陈恭尹在交接方面非常谨慎，不过在此之后却发生了重大变化。

陈恭尹是明末著名遗民中最年轻的一位，也是一位标志性的人物。他的去世标志着明末清初遗民群体的基本消失。同时这一覆巢孑遗对待清朝统治态度的变化，至少可以说对待清朝官员态度的变化，也具有标志性的意义。陈恭尹在康熙十八年己未（1679）前后交接态度的转变，直接关联着当时历史的变迁和他个人的遭际。由于政治形势的变化，这一时期许多遗民对待清政府的态度都或多或少地逐渐发生了变化。不过，较为明显、具有典型意义的还是陈恭尹的这一转变。

陈恭尹对待清王朝的态度一定程度地可以从他与清朝官员的关系中得到说明。基本上可以说，以康熙十七年戊午（1678）陈恭尹四十八岁时被逮入狱为界，他对清朝官员的态度与之前截然不同。在此之前他所接触的仕清之人仅有数位，如梁佩兰、程可则、尹源进等几位世居岭南的广府人，和康熙六年（1667）之前任香山知县的姚启圣、康熙七年（1668）曾任东莞知县的高维桧、康熙元年壬寅（1662）来粤的徐乾学以及康熙四年（1665）与梁佩兰同游澹归僧寮时，邂逅的彭孙遹。除此之外，这一时期他还与尚之信、张枢侯等有所接触。尚之信后来反清，另当别论；上张枢侯之条议，缘于赈饥。之后，他的交游唱和活动突然增多，与他一起吟咏赋诗的人中增加了许多清朝官员。

陈恭尹后来所交仕清之人，仅任职岭南的地方官员就有很多。见于记载的如两粤总督吴兴祚，广州将军王永誉，广州驻防参领王之蛟，粤海关督监龚翔麟，广东参议督粮道蒋莘田，广东提学道陈肇昌、左岘，广东主考刘曾、樊泽达、王黄湄、胡润、刘凡，惠州知府王煐，韶州知府陈廷策，连平州知州于廷弼，崖州知府陶元淳，香山县知县刘世重、李广文，博罗县知县陶雪樵，茂名县知县王原、钱以垲，顺德县知县徐勍、何慎思，阳春县县令杨良，文昌县知县沈彪，化州司教李丽侯等。值得注意的是陈恭尹所交这些官员，大多在当地颇有惠政，同时又都是能诗能文的人物，包括驻粤军事将领，也能吟诗作赋。

一、入狱前的陈恭尹与仕清之人

程可则是陈恭尹之父陈邦彦的弟子。梁佩兰也自称是陈邦彦的私淑弟子。陈恭尹十二岁丧母后就随父坐馆。可以说陈与梁、程入清之后的友谊，是他们原来友谊的延续。陈恭尹与尹源进见于记载的交往，发生在尹氏应清朝乡试之后，不能确定他们后来的友谊是否为原来友谊的延续。不过我们可以从乡土观念上对他们之间的友谊进行解读。他们同为广州周边的乡邻，同乡之谊可以一定程度地弥合其他因素所造成的人际裂痕。这种人际关系的粘合力有时会比政治归属和政治观念的不同所造成的分解力还要强，除非是这种分解力有个人利益冲突的加盟。只要没有个人利益冲突的介入，这种粘合力会处处显示它的存在。陈恭尹与梁佩兰、尹源进等人的友谊就可以说明这一现象。

《寿姚香山熙止》一诗写于康熙六年（1667）。此诗是献给即将离任的香山知县姚启圣的。当时他们两人之间发生过什么样的事情，现在不得而知。只知姚启圣在香山任上，兴利除害，颇有作为。姚启圣，字熙止，① 浙江会稽人，以仗义杀人

---

① 李元度：《清朝先正事略》卷9谓：姚启圣，"字熙之，一字忧庵"，见台北明文书局1985年《清代传记丛刊》影印本。

"亡命隶汉军镶红旗。圣祖登极，公以布衣上疏，请八旗开科。遂举康熙二年乡试第一"。康熙三年知香山县，时南方饥馑，盗贼窃发。"岁比不登，前令坐负课系狱者七人，公叹曰：'明年增吾为八矣。'乃张乐置酒，出七人于狱，痛饮之，为治装，遣归。而通牒大府曰：七令名下应追金十七万，已于某月日收库讫。大吏疑公巨富，代偿帑行善，不知公故寒士，实未办，作何偿也。"① "广省左捍虎门，右扼香山。而香山又为顺德、新会之外护。港汊四通，奸匪殊甚。有心者不可泛视。"② 陈恭尹所居之顺德县紧临香山，也深受盗贼之害。姚启圣"性沉毅，有文武才。香山地濒海，盗贼出没不常，启圣闻警不介马而驰，士卒奋勇争先，贼皆挫衄去。"③ "初澳门贼霍侣成弄兵，大吏不能制。启圣以计擒之，复叛又出奇兵缚以归，海始靖。"④ 为了防止海上抗清力量的骚扰，康熙初年强迫沿海居民内迁五十里，当地居民苦不堪言，怨声载道。"值再迁西北诸乡界，乡民挈妻孥号于路，督迁之营弁犹恣掠，启圣挟刃前曰：'是皆吾赤子也，颠连至此，尚忍然耶？'弁感之，悉还所掠。暇则循行阡陌，劝课农桑。"遭诬罢官离任之日，"士民涕泣奔送逾境"。⑤ 后以平台湾有功，迁闽浙总督。著有《忧畏轩集》。在姚启圣遭诬罢官离任之时，陈恭尹

---

① 李元度：《清朝先正事略》卷9，台北明文书局1985年《清代传记丛刊》影印本。
② 阮元修，陈昌齐等纂：《广东通志》卷124，见《广州大典》第253册，影印道光二年刻本，第564页。
③ 阮元修，陈昌齐等纂：《广东通志》卷257，见《广州大典》第256册，影印道光二年刻本，第214页。
④ 田明曜等修，陈澧纂：(光绪)《香山县志》卷12，见《广州大典》第297册，第255页。
⑤ 阮元修，陈昌齐等纂：《广东通志》卷257，见《广州大典》第256册，影印道光二年刻本，第214页。

赋诗献给这位让"士民涕泣奔送逾境","都人士弦诵之声未尝或辍"① 的知县,本身就证明陈恭尹是一位具有社会良知的人。

> 英雄之才久不作,汗简丹青殊寂寞……挥鞭一指招日来,群盗如麻皆面缚……发踪指示略未毕,剧贼已落千重围……天生材气应无匹,射策长安君第一。(《寿姚香山熙止》)②

孟子"民为贵,社稷次之,君为轻"③ 的民本思想,应该是正直文人早年即已形成的社会政治理念。这一理念所呈现的逻辑显然是民高于君,也高于社稷。若用现代的概念进行不太准确的类比,即是人权高于主权,更高于君权。如果让一个古代正直的士夫文人在百姓的生存与政治道德之间进行抽象的选择,显然应该选择前者。面对百姓的生存问题,如何抉择,也是对人性和个人良知的考验。明末清初固然是一个讲究政治道德和操守的时代,但面对百姓的生死,人性和个人的良知仍然应该超越政治集团的界限。姚启圣所带给人们的感动完全可以超越政治的归属。陈恭尹诗颂这位视百姓如赤子的新朝知县,恰好证明了他的良知并没有被不同的政治归属销蚀太多。从掌握的材料来看,除此之外陈恭尹与姚启圣并没有别的什么交往。因此在陈恭尹当时交游的过程中,这次献诗只能看作是一个特例,不能看作是影响他整个交游演变轨迹的事情。

康熙十年辛亥(1671)八月陈恭尹等人载酒泛舟于东莞东湖,东莞知县高维桧④来访。陈恭尹《同梁药亭屈翁山凌天

---

① 见《暴志》,转引自田明曜等修,陈澧纂:(光绪)《香山县志》卷12,见《广州大典》第297册,第255页。
② 《陈恭尹集》,第102—103页。
③ 杨伯峻译注:《孟子译注》,中华书局2010年版,第304页。
④ 高维桧,字西崖,福建龙溪人。举人,康熙七年(1668)任东莞知县。著《十三经序论》。

杓林叔吾泛舟东湖承高西厓邑侯垂访谈宴逮夜赴湖主人尹澜柱铨部之招即事赋赠》诗云:

> 昨日相过惭未报,今朝复枉湖中道。在贵真看能下人,微才岂敢论高蹈。生平落魄偶言诗,空谷寒猿只自悲。何因得入君侯耳,逢人往往言相思。相思相见日之夕,湖日湖云相映色……人生出处皆陈迹,百年且自行胸臆。①

陈恭尹等一行多人载酒泛舟在先,高维桢来访于后,因此这次与东莞知县的接触,也只能看作是一般性的应酬。陈恭尹在这首诗中似乎也有意识地告诉读者这一信息。

康熙元年壬寅(1662)② 徐乾学来粤,与魏礼和粤中文士多人集六莹堂分韵唱和。陈恭尹亦参与其中,并对徐颇为称颂。徐此前已登京兆荐,不过当时他已颇有文名,又是著名遗民顾炎武的外甥。众多遗民对徐乾学的热情也许与顾炎武的名望和徐本人的文名有关。康熙四年乙巳(1665)陈恭尹与彭孙遹之晤,只是在与梁佩兰同游澹归僧寮时的偶遇而已,并不

---

① 《陈恭尹集》,第 485 页。
② 徐乾学《丹霞澹归释禅师塔铭》云:"澹归……建丹霞别传寺已,度岭来吴,请藏经寄锡当湖陆氏园,病卒。弟子奉其灵骨归塔于丹霞。越数年,其同门辩禅师撰师行状,命侍者古轮等远来乞铭于予,予以癸卯年游岭南,遇师广州,朝夕谈论甚欢。"(见《丹霞山志》卷 8,雍正十一年丹霞别传寺刻本,第 438 页。)癸卯为康熙二年(1663),不过据多种资料排比之后,知康熙元年徐已在粤。魏礼第二次来粤是顺治十七年庚子(1660)仲夏,顺治十八年辛丑(1661)渡海往琼州。康熙元年壬寅(1662)魏礼自海南经广州回宁都,在广州滞留一月,再晤粤中诸子。之后十多年未再入粤。康熙元年徐乾学、魏礼曾与粤中文士集六莹堂分韵唱和。说明徐乾学于康熙元年壬寅即已来粤。此处仅言癸卯游岭南时遇金堡于广州,而未确言是癸卯年始来岭南。康熙元年壬寅即已来粤,至本年还未北还,亦有可能。澹归卒于康熙十九年(1680),"越数年"方撰是序。由此可知徐氏撰此序时,距他来岭南至少已二十余年,也有可能徐氏误记。

见有更深入的交接。

尚可喜制粤期间，陈恭尹曾为其子尚之信延揽，甚至成为能影响尚氏的人物。温肃《陈独漉先生年谱》康熙十五年条引述龙山《陈氏族谱》云："有权势某术核饷佛山，藩王取大炮于羊额，均赖先生言，立解。"康熙十五年丙辰（1676）尚可喜卒于粤，陈恭尹为作《祭王文》。之后尚之信以广州叛应吴三桂，举兵反清。当时尚氏与清政府的关系比较微妙，陈恭尹成为尚氏座上宾，并不影响所要论述的问题。

康熙十七年戊午（1678）秋陈恭尹以尝为尚之信延揽下狱。《江村集小序》云："虚名为累，日周旋刀锋箭镞中，自有生以来未有危于斯者，视丁亥之祸，覆巢毁卵殆有甚焉。"第二年春狱事始解。这次入狱给他带来了巨大的心灵震撼，形成了浓重的心理阴影。

此后三藩之乱渐趋被平定，清朝统治逐渐稳固，恢复故明失去了可能。邬庆时认为陈恭尹出狱得力于广东参议督粮道耿文明和广东提学道陈肇昌。①使之入狱和救之出狱者皆为清朝官员，因此陈恭尹也有必要对仕清之人作区别对待。作区别对待也就难免让他逐渐改变对清朝政府一味对抗的态度。这种转变开始时应该说主要是一种生存的策略，不能说是真正背叛自己原来的信念。岑仲勉说："成仁，多一时勇气，阅世愈多，世味愈深，加以老母妻子之拖累，勇之消沉，是心理变化之常态。"②陈恭尹虽无老母之拖累，但他负载着延续祖宗香火的重任。

康熙十九年庚申（1680）尚之信赐死，陈恭尹也已年届五十。如果我们把他看成现实中的凡人而不是超现实的人物，

---

① 邬庆时著，广东省立中山图书馆编：《屈大均年谱》，广东人民出版社2006年版，第183页。

② 邬庆时著，广东省立中山图书馆编：《屈大均年谱》，广东人民出版社2006年版，第208页。

此时的他就不得不重新考虑个人的定位。抗争只是徒劳,改变策略也许还有自己生存的空间,同时与清朝官员交接也并不意味着背弃故国。陈恭尹在《独漉堂诗集》卷四《江村集小序》中说:"庚申而后,乃稍得晏然,复理诗书。"也就在这一年,他与梁佩兰、何绛、陶璜、方殿元、吴文炜、黄河澄等重修兰湖白莲诗社,开始了文人经营笔墨的生活,更多地参与文人的交游唱和活动。

康熙二十年辛酉(1681)郑经卒,子克塽立。清兵入云南,吴世璠败死,云南平。陈肇昌自康熙十七年(1678)来任广东提学道,至本年离任还都,陈恭尹和梁佩兰皆有诗赠行。陈恭尹作《送陈省斋学宪复命还都便道归武昌省觐》。诗云:

> 三吹鹤曲进离杯,岐路西风鹢首催。游子欲为春草报,乡人争看使星回。文章后劲诸郎得,桃李新花百粤开。且向鹤楼娱鹤发,九天不久鹤书来。①

陈肇昌离任还都,顺路回乡省亲。康熙二十一年壬戌(1682)耿精忠以罪诛,三藩平。康熙二十二年癸亥(1683)郑克塽以台湾降清,明正朔绝。

二、五十岁后约十年间陈恭尹与仕清之人

康熙十九年庚申(1680)陈恭尹年已五十,此后他与仕清之人的交游日渐频繁。他与仕清之人频繁交往尽管是因为他态度的转变,但在一定程度上也是迫于无奈。"干戈之际,又往往以不出见人,积为疑谤。"为消弭"疑谤"他干脆于康熙二十三年甲子(1684)卜居广州城南的小禺之阳。"会城五方

---

① 《陈恭尹集》,第333页。

杂处，多意外之酬赠"，① 这一时期陈恭尹所交仕清之人很多。在此笔者只能选取具有代表性的个别人物进行叙述。

吴兴祚

在陈恭尹所交地方官员中，吴兴祚是位非常重要的人物。谓之重要，并非仅指其为驻粤最高长官，还有他对岭南反清人士的有效控制。康熙十七年（1678）之后政治形势已经发生了重大的变化，军事打击已经不是主要手段，用怀柔政策来软化士人的抗清意志显得更为有效。这样的政治环境就更需要像吴兴祚这样能诗能文的人士来贯彻其怀柔政策。

吴兴祚于"康熙二十一年总制两粤……粤人德之，至今犹称诵不置"。② 无论是在粤中还是在其他地方任职时吴兴祚都是一位能体恤民情的官员。陈恭尹有很多作品对吴兴祚大加赞颂。如：

> 猗欤我公，文武是式。定波八闽，安我南国。何以祝之？万寿无斁。何以颂之？请勒岩石。（《石室颂》）③

陈恭尹所有颂吴之辞，几实几虚，不好作出判断，但可以肯定，绝非全为虚言。陈恭尹也许与当地人一样对其惠政是肯定的，因此对他的称颂也在一定程度上是真实的。

康熙二十八年己巳（1689）六月，吴兴祚以鼓铸不实被黜。被黜官之后，他并没有马上离粤，而是又在岭南徘徊至庚午年末或辛未年初。这一时期，陈恭尹曾多次与吴兴祚交往，写给他的作品也很多，如《大司马留村吴公招同茹琼山子苍张惠来时公刘将军季翼新安王我占山阴娄子恩同里屈翁山奉陪

---

① 陈恭尹：《小禺初集小序》，见《陈恭尹集》，第183页。
② 《大清一统志》卷338，《景印文渊阁四库全书》第481册，台湾商务印书馆1986年版，第808页。
③ 《陈恭尹集》，第649页。

京卿紫阁张公集石公离六堂即席次张公韵送之入都（四首）》、《又次前韵即事呈吴留村司马钱葭湄太常》、《江边行献大司马制府吴公》、《献大司马制府吴公一百韵》、《送吴制军至三水因纪昔游作百韵赠别》、《献祝大司马制府吴公（三首）》等等。康熙二十九年庚午（1690）冬夜陈恭尹又与吴兴祚等在羊城联句，有《庚午冬夜羊城宴集联句十二韵》。由陈恭尹这些诗作即可知道他与吴兴祚交接之频繁。

王永誉

与吴兴祚类似，王永誉也是一位能吟诗作文的军中人物。王永誉寿日，陈恭尹曾赠诗以贺，作《寿王大将军孝扬》诗。这首诗还提到在此之前他们两人曾与吴兴祚一起宴饮联句的事情，云："去年忆在三江口，司马舟中联句久。"此诗所指即是此前一年吴兴祚泊舟三水江口，陈恭尹前去拜访，与当时在座的王永誉等一起联句的事情。《独漉堂集》中有《吴大司马泊舟三水予挈白菊遗之适王将军在坐即事联句十一韵》诗。康熙二十五年丙寅（1686）春，镇远将军王永誉府中牡丹盛开，招陈恭尹、梁佩兰、屈大均、张梯、张远、陈阿平等，雅集于倚剑堂赏花分赋。陈恭尹作《上巳后一日王孝扬将军招同张桐君梁药亭屈翁山张超然家献孟集倚剑堂时牡丹盛开即事分赋》。

陈恭尹与吴兴祚、王永誉等驻粤将领游宴唱和，频繁往来，让人感到有些费解。事实上，陈恭尹与当地官员交游，其生前就遭到了一些人的诟病。其友人岑霍山就曾贻诗嘲讽："独怜一代夷齐志，错认侯门是首阳。"① 依当时的环境而言，岑霍山的评价是苛刻了。邬庆时评价屈大均与吴兴祚的交游时

---

① 凌扬藻辑：《国朝岭海诗钞》卷1，见《广州大典》第89册，影印道光刻本，第238页。

这样说:"不肯为座上客,则必为阶下囚。"① 当时陈恭尹与屈大均的情况非常相似。这句话完全可以拿来用在陈恭尹身上。"江村集以后巽语求全而已。世颇疑其易操。唯朱彝尊以为终当在逸民之列。盖原其心也。"② 应该说邓之诚和朱彝尊的评价是比较公允的。朱彝尊本人先为志士,后又仕清。陈恭尹后来同地方官员虚与委蛇,在朱看来是完全可以理解的。行百步返观五十步而止者,更能明白其心迹的变化。"元孝降志辱身,终当进之逸民之列。"③ 朱彝尊如此评价陈恭尹真是深入到了其心灵最隐密的角落。也许吴兴祚、王永誉非常清楚陈恭尹的心理,却心照不宣。他们之间的这种交接有效地防止了陈恭尹反清的行为和言论,而陈恭尹也借助他们之间的交情有效地保护了自己。当时吴越一带,因私怨而向官府告发抗清人士的反清言论的事情屡屡发生。岭南一带同样存在这种情况。吴兴祚离粤后,屈大均与释大汕交恶,据潘耒《救狂砭语》记载,大汕就曾经欲以《寅卯军中集》出首大均,陷之于死地。邬庆时认为屈大均因失去了吴兴祚这样一位朋友的保护,所以大汕无所忌惮。陈恭尹与屈大均的处境有相似之处。邓之诚即直言陈恭尹子陈赣于康熙五十六年丁酉(1717)刻陈恭尹全集时,即畏祸未全刻其文。"(文集)第九卷奏疏启笺原缺。谓毁于火。实惩于大均《军中草》,为大汕劫持,因畏祸不敢刻耳。"④ 除了自我保护之外,也不能说他们之间的交往完全出于应酬,而没有个人情感的投入。陈邦彦当年明知众寡不敌,为牵制清军西进,于数日之间召集数万人会攻广州,又转

---

① 邬庆时著,广东省立中山图书馆编:《屈大均年谱》,广东人民出版社2006年版,第208页。

② 邓之诚:《清诗纪事初编》,上海古籍出版社2013年版,第302页。

③ 朱彝尊著,黄君坦校点:《静志居诗话》,人民文学出版社1990年,第712页。

④ 邓之诚:《清诗纪事初编》,上海古籍出版社2013年版,第303页转

战他处,最后殉身破家。陈恭尹作为烈士遗孤,终身不仕清朝。在古人看来,父子两代的所作所为,均可歌可泣。这种人格、这种精神的感发性是可以超越政治归属的。清朝官员之所以乐与陈恭尹交往,很难说其中没有对陈的敬重的成分。再者吴兴祚和王永誉等虽是行武出身,却也能舞文弄墨,他们与陈恭尹之间也有一些共同语言。

康熙二十七年(1688)王永誉卸任,二十八年(1689)吴兴祚黜官,一年后离粤。之后与陈恭尹唱和较多的当地官员是康熙二十八年(1689)来粤,任惠州知府的王煐。

三、最后约十年间与仕清群体的唱和交游

康熙二十年(1681)之后陈恭尹与仕清人士交游日渐频繁。康熙三十年辛未(1691)前后,群体性的唱和活动明显增多。此时的陈恭尹在岭南乃至全国都是最为著名的诗人之一。一些地方官员有意识地与当地知名人士尤其是颇有知名度的遗民结交,一为稳定当地的形势,另外,也能展现自己礼贤下士的风范。这一时期在粤所有的地方官员,与陈恭尹交游唱和最多的是惠州知府王煐。笔者在此以陈恭尹与王煐的交游为中心来贯穿这一时期陈恭尹与仕清群体的唱和活动。

王煐于康熙二十八年己巳(1689)四月二十六日至惠州上任。二人即订交于本年。王煐在长诗《赠别陈处士》中回忆初见陈恭尹时的情况:

> 忆自己巳登君堂,惊看七尺形昂藏。双眸烂烂若岩电,朱颜绿发鬓微苍。手挥玉麈论娓娓,令我心折神飞扬。从此订交日无间,芝兰臭味同芬芳。①

---

① 王煐著,宋健整理:《王南村集》,天津出版社2015年版,第151页。

王煐到惠州后，常来广州与屈大均、陈恭尹、梁佩兰等吟咏唱和，也常邀三人到其任所游赏赋咏。是年除夕，陈恭尹作《次和王惠州子千己巳岁除杂感韵（四首）》。其四云：

> 时来疏放百无能，知有龙门未拟登。孟德功成悲老骥，仲翔身后托青蝇。百年尚剩三分日，两岁同归一夜灯。车笠虽殊皆有叹，和章遥寄剡溪藤。①

在此诗中陈恭尹感叹"车笠"殊途，但二人日后却唱酬不辍。

康熙二十九年庚午（1690），王煐筑罗浮子日亭，落成后，陈恭尹长歌以颂，作《闻王惠州紫诠筑子日亭于罗浮绝顶歌以寄之》②。陈恭尹在《罗浮纪游诗序》中也提到王煐为方便游者在罗浮山顶筑子日亭之事：

> 惠州王紫诠使君比以罗浮诗见示。其登亦以腊月，悯观日者之无所止宿，作子日亭于飞云之巅，信山灵所属望也。

陈恭尹在此文中称赞王煐之诗云：

> 所为诗纵横阖辟，神孤骨峭，力赡气举，虽云步武子瞻，往往有青出于蓝之句。③

王煐不但自己在诗歌创作上很有成就，同时他还是一位热心文化事业的人。屈大均曾有这样的记述："康熙二十七年，宝坻王侯煐来守是邦，甫下车，只谒庙廷，即易其榜曰先师庙……尊师重道，正祀礼，修庙学，教养人士，功德如此其美。"④康熙三十年辛未（1691）闰七月二十九日惠州知府王煐、韶

---

① 《陈恭尹集》，第 393 页。
② 《陈恭尹集》，第 209 页。按：郭培忠先生于《陈恭尹集》之《补遗》重收此诗，题作《子日亭成奉寄王子千使君》，见《陈恭尹集》，第 734 页。
③ 《陈恭尹集》，第 604 页。
④ 《惠州府儒学先师庙碑》，见《屈大均全集》第 3 册，第 324—325 页。按：此处"二十七年"，当为二十八年之误。

州知府陈廷策①招同陈恭尹、屈大均、梁佩兰、廖煌等粤中文人集于广州行署，议为张九龄、余靖刻印文集。陈恭尹作《闰月晦日韶州陈毅庵使君招同惠州王子千使君梁药亭太史廖南暉屈翁山诸公集广州行署闻将为先正张文献余襄公重梓文集喜而有赋（二首）》之二云：

> 尚有遗文垂故里，足知仁政善移风。干戈定后残编少，深赖维衰继绝功。②

此诗对韶州知府陈廷策和惠州知府王煐二人热心兴文的善政颇为称道。八月八日夜，王煐再招陈恭尹、陈廷策、屈大均、梁佩兰、廖煌、迟维城集于广州行署咏月。陈恭尹《八月八夜王子千招同陈韶州毅斋迟灵山屏万梁药亭廖南暉屈翁山集广州行署咏月》有云：

> 更怜一片如轻舫，明夕随君到惠州。③

此处"君"字系指王煐。

康熙三十一年壬申（1692）正月十七日，王煐和陈恭尹受释大汕之邀同梁佩兰、龚翔麟④、陈廷策、陈子升、屈大

---

① 陈廷策，字元敷，号毅庵，襄平人，正黄旗人。荫监生，康熙二十八年（1689）任韶州知府。
② 《陈恭尹集》，第415页。
③ 《陈恭尹集》，第424页。
④ 龚翔麟（1658—1733），康熙三十年（1691）任粤海关监督。《浙江通志》卷178云："龚翔麟，传字天石，更字蘅圃，光禄寺卿佳育子，以副榜补兵部主事，督京仓，榷粤关海税，改指察御史巡视西城察钱局，历掌浙江、山西、陕西诸道，既而罢归。翔麟当官有干实。居台中，号敢言，不避权贵，而尤以文学名。所著《田居诗稿》十二卷。出入六季三唐，而要其宿于眉山苏氏祠，以石帚为宗，傍及于梅溪、玉田、蜕岩诸家之体。自少即与秀水朱彝尊、李良年、李符、平湖沈日晖、沈覃九齐称，号曰浙西六家。所著《红藕庄词》六卷，别有《珠海奉使记》一卷，皆刻以行世。"（见《景印文渊阁四库全书》第524册，台湾商务印书馆1986年版，第17页。）

均、廖焞、季煌、王世桢、沈上钱、方正玉、朱汉源、黄河澂、黄河图社集长寿寺离六堂,分韵赋诗。陈恭尹作《上元后二夕长寿精舍雅集同王惠州陈韶州两使君梁药亭廖南暲屈翁山王础尘沈上钱方葆宇陈生洲黄葵村分得来字(二首)》。其一云:

> 使君五马并能来,陆贾城边白社开。人影隔桥频送酒,鹤声迎客共登台。①

王煐《上元后二夕集长寿精舍分赋》诗云:

> 殿角招摇又指东,迟迟明月上疏桐。潮回梵阁钟初静,市晚江村火正红。良会芬芳倾腊酒,清斋甘脆饱春菘。折腰人尚留彭泽,莲社先来订远公。②

这次参与唱和的人,其中有遗民也有当地官员。龚翔麟是一位比较正直的官员。他的操守也可以从陈恭尹的赠诗中得知。康熙三十一年离任时,陈恭尹有诗送行。

> 舟楫今辞粤海春,南来旌节古谁伦。陆生岂是求金使,汲黯甘为发粟臣。义足荣身从况瘁,力能益国任家贫。吾侪一笑堪相别,无数江边洒泪人。(《送龚蘅圃驾部还都(时粤海关税缺额,捐补拮据,故还都独后)》)③

"陆生岂是求金使","力能益国任家贫"皆是称颂龚翔麟的廉洁。龚翔麟在这一年的任期中,与陈恭尹有不少唱和之作。陈恭尹《独漉堂集·唱和集》中还有《次和龚蘅圃驾部游光孝寺出城过长寿石濂精舍韵(二首)》和《呈驾部龚蘅圃》。

康熙三十一年壬申(1692)初春,王煐和陈恭尹受梁佩兰之邀同陈廷策、屈大均、黄河澂等雅集六莹堂,梁出六莹琴

---

① 《陈恭尹集》,第503页。
② 王煐著,宋健整理:《王南村集》,天津古籍出版社2015年版,第70页。
③ 《陈恭尹集》,第437页。

相示,屈大均、陈恭尹、黄河澄有诗纪之。陈恭尹作《梁药亭招集六莹堂观六莹古琴同诸公作歌》。九月王隼选编《岭南三大家诗选》二十四卷,屈大均、陈恭尹、梁佩兰每人各八卷。王煐为作序刊行。王煐在《岭南三大家诗选序》中这样评价陈恭尹之诗:

> 元孝诗如哲匠当前,众材就正,运斤成风,既无枉挠,亦无废弃,梁栋榱题,各适其用,准程规矩,不得不推为工师,时或呀嘤,若伸所痛,则亦《小弁》之怨,孔子不删,未足病也。予尝私评三先生之诗曰:"药亭之诗,才人之诗也;翁山之诗,学者之诗也;元孝之诗,诗人之诗也。"予乃得于一日而并交其人,尽读其诗,此予之厚幸矣。①

正如王煐所说"时或呀嘤,若伸所痛",陈恭尹诗中确有抒写其身世之痛的作品。王煐对此抱有深切的同情和理解,因此他说就如《诗经》之变风变雅,抒其悲怨"未足病也"。本年除夕,王煐又同陈恭尹、屈大均、梁佩兰、吴文炜、季煌欢宴,同咏橄榄。

康熙三十二年癸酉(1693)春,陈恭尹、梁佩兰为吴文炜辑录订刻《金茅山堂集》,二人并为之作序。王煐出资刊刻。四月,陈恭尹往惠州访王煐,游代泛亭,赏西湖,颇多咏唱。代泛亭为王煐所建。陈恭尹作序颂美:

> 为亭十六楹,其形如船,翼以朱栏,丰湖明于阶前,城堞倚于宇下,深浅浓淡之致,有图画所不及者,名曰代泛,称其实矣。癸酉四月,予偕友人梁药亭、吴山带、季伟公客焉……取一时登咏之作,序而归于使君,榜以传之,冀来者为可继也。(《代泛亭诗序》)②

---

① 王隼辑:《岭南三大家诗选》卷首,康熙三十一年刻本。
② 《陈恭尹集》,第598页。

康熙三十三年甲戌（1694）春夏之际，薛熙来粤，寓屈氏骚圣楼。王煐访屈大均于此，适遇陈恭尹和薛熙。第二天王煐又与陈恭尹、屈大均、梁佩兰、陶元淳①、薛熙等同游大汕之长寿寺。屈大均、陈恭尹、王煐为薛熙《秦楚之际游记》作序，屈大均评识。十月八日夜，王煐招陈恭尹等集寓斋，送薛熙赴乳源。王煐和陈恭尹各赋诗送别。

康熙三十四年乙亥（1695）王煐迁川南观察，作《留别岭南诸同人》云："今兹乙亥春，除书到遐陬。量移之夜郎，境当西南隅。"② 端午，梁佩兰招同王煐、陈恭尹、屈大均、廖焞、吴文炜、王隼、蓝涟泛舟珠江观竞渡。王煐作《午日梁药亭先辈招同屈翁山、陈元孝、廖南炜、吴山带、王蒲衣、蓝采饮诸子泛舟珠江观竞渡，即席分赋得一先》。诗云：

> 初泛珠江听采莲，尊前屈指七经年……他时此会谁为伴，万里相思一惘然。③

王煐来粤已经七年，调离此地时，确有几份不舍。人还没走就想起将来如果没有这些朋友相伴，生活该是多么无趣。本年除夕，陈恭尹与袁景星、陈廷策等集王煐寓斋守岁并观剧。陈恭尹因夜禁先归，多少让他有些扫兴。陈恭尹赋诗三首：

> 烛残绮席未知寒，夜禁严城苦不宽。只隔禹山盈尺地，自邀春色向南端。（《乙亥除夕同袁密山史蕉隐蓝公漪集王紫诠使君寓斋次东坡元旦立春韵三首时余以夜禁先

---

① 陶元淳，字子师，常熟人，以循吏称。康熙三十三年（1694），选琼州昌化令，明年摄知崖州。

② 王煐著，宋健整理：《王南村集》，天津古籍出版社2015年版，第127页。

③ 王煐：《忆雪楼诗集》卷下，康熙三十五年王氏贞久堂刻本。按：整理本《王南村集》"南炜"作"南伟"（天津古籍出版社2015年版，第115页）。廖焞，字南暐，或南炜。疑整理本误。

归》之三）①

王煐这次也赋诗三首。《忆雪楼诗集》卷下有《乙亥除夜同袁通政休庵、史吉士蕉饮、陈太史元敷、蒋别驾玉树、周明府汉威、布衣陈元孝、陈武威、吴右文、蓝采饮守岁羊城寓斋观剧达曙，次秦少游、王仲至、苏长公元日立春韵三首，以丙子立春亦在元日子时也》诗。② 从王煐这首诗的题目可以看出，这一次参加聚会的多为官员或取得清朝功名的人。

康熙三十五年丙子（1696）正月二十九日，王煐招陈恭尹、屈大均、梁佩兰同袁景星、史申义、王原、于廷弼、史万夫、岑徵、廖煌、吴文炜、王隼、林贻熊、蓝漪、陈阿平、曾秩长、梁无技、黄汉人宴集于广州城南寓斋，席上分赋。陈恭尹《丙子正月晦日袁密山通政史蕉饮梁药亭两吉士王令诒明府王紫诠使君招同蓝公漪史万夫于南溟廖南暐岑金纪屈翁山吴山带王蒲衣梁王顾林赤见家献孟曾秩长黄汉人集使君寓斋分赋》云：

> 东行指铜柱，西登铭剑阁。美政在天隅，后先同一格。③

此诗显然是希望王煐观察川南亦有惠政。其中于廷弼官连平州知州、王原知广东茂名。除这两个地方官员之外，还有不少仕清之人，如史申义、史万夫、吴文炜、林贻熊、袁景星。无清朝功名者为数极少。

康熙三十五年丙子（1696）王煐《忆雪楼诗集》刊行，陈恭尹、屈大均等为之作序。屈序作于三十四年秋。本年夏屈大均病情加重，自知大限已到，作《临危诗》，托后事于王煐、陈恭尹二人。足见他们二人都是屈大均可信赖的朋友。本

---

① 《陈恭尹集》，第500页。
② 王煐：《忆雪楼诗集》卷下，康熙三十五年王氏贞久堂刻本。
③ 《陈恭尹集》，第323页。

年仲夏望后二日，王煐招陈恭尹、梁佩兰、李录予、袁景星、蓝涟游灵洲宝陀寺，留宿于释敏言僧舍，分赋。陈恭尹因事未赴。王煐作《丙子仲夏望后二日招同李宫詹山公、袁通政密山、梁吉士药亭、陈处士恭尹、蓝山人采饮游灵洲宝陀院，月下分韵限二萧叠韵四首》。陈恭尹作《王川南使君紫诠招同李宫詹山公袁通政密山梁太史药亭蓝山人采饮游灵洲予以事不果往诸公分韵及之仍同游韵（八首）》。其四诗云：

> 使节东西路各遥，良朋远近返岩椒。一堂啸咏同斯地，万古溪山有此宵。赤水得珠期象罔，沧溟为鸟待扶摇。无才久已安衰拙，不与扬云叹寂寥。①

陈恭尹在"使节东西路各遥"句后注曰："宫詹、川南将去"；在"良朋远近返岩椒"句后注云："密山、采饮将归。"李宫詹，指李录予，本年夏，奉使来粤祭告南海。当他还都时，陈恭尹、梁佩兰亦有诗送之。

本年初冬，王煐招同樊泽达、刘曾暨白社诸子集长寿寺分韵赋诗。陈恭尹诗云：

> 故作禅房会，深防俗子逢。僧归万里浪，客到一声钟。北酒邀新月，南花发孟冬。后期那可易，使节为从容。（《王川南招陪樊检讨昆来刘铨部省庵集长寿石公精舍分得二冬》）②

《海外纪事》卷六记载，本年秋释大汕已从安南回广州。樊泽达、刘曾本年主广东乡试，在粤期间，陈恭尹与他们二人多有唱和。

本年冬，赵执信③来广州。王煐与陈恭尹、赵执信、梁佩兰、樊泽达、刘曾、王隼雨中泛舟小港桥。赵执信《饴山诗

---

① 《陈恭尹集》，第514页。
② 《陈恭尹集》，第516页。
③ 赵执信（1662—1744），字伸符，号秋谷，又号饴山老人。山东益都人，康熙十八年己未（1679）进士，曾官左赞善。

集》卷八有《樊检讨昆来招同刘郎中省斋、梁吉士药亭及南村、元孝、蒲衣雨中泛舟小港桥》诗。深冬，佟声远①招王煐、陈恭尹、梁佩兰、樊泽达、赵执信等集于粟园看早梅，分赋。陈恭尹作《佟声远招同王紫诠使君樊昆来翰检赵秋谷宫赞梁药亭吉士胡□□雅集粟园看新梅分赋（二首）》。

康熙三十六年丁丑（1697）正月，梁佩兰有诗咏人日。陈恭尹次韵和之，且以诗柬王煐。诗云：

> 衰颜与懒岁俱增，心在冰壶更著冰。七日为人虽复尔，五伦于我独存朋。川南使者新贻酒，海外归僧昨寄藤。旧好无多皆白首，草堂期续夜吟灯。（《人日次梁药亭韵兼柬川南长寿》）②

"五伦于我独存朋"后注曰："予于朋友一伦，差可无憾，馀皆有不可言者。""川南"指王煐，其时尚留粤；"海外归僧"指大汕。陈恭尹自认为生平遭际堪伤，而独于友人还可慰怀。是年春末，王煐离粤赴任川南观察，梁佩兰赠以紫霄卿云之砚。陈恭尹作长诗《题忆雪楼江山无尽图送紫诠王使君之官川南次留别原韵》送别：

> 悬帆今月已春暮，计程到日应秋阳。送君不妨屡水宿，几人同卧舟中床。问年我已逾耳顺，将髭君亦添新霜。九州宇宙本窄狭，后期未可云渺茫。③

《五日泛舟珠江饯王紫诠使君观察川南》诗云：

> 清尊相饯木兰桡，万里西行使节遥。珠海共吟唯此日，蜀门一路在青霄。江连金鼓涛声壮，山杂云霞雨气

---

① 佟声远，即佟鋐，字蔗村，号空谷山人，又号已而道人。汉军旗籍，父官河南布政使。鋐以国子监生授通判，不愿谒选，迁居天津，卜宅城西卫河滨。榜曰："沧浪考槃。"因兄佟鎔在粤任职来粤。

② 《陈恭尹集》，第519页。

③ 《陈恭尹集》，第271页。

消。向后题诗人渐远,风光虽好亦无聊。①

此诗颇有几分感伤。临行又劝慰友人云:

> 川南使者今词伯,入峡猿声不用愁。(《送黄兰偶暂归金陵即同王川南入蜀次见赠元韵》)②

从这些诗作可以看出,陈恭尹与王焕友情深厚。

樊泽达与刘曾于康熙三十五年(1696)秋来粤典试,康熙三十六年丁丑(1697)春返京。陈恭尹、梁佩兰皆以诗送别。陈恭尹作《答刘考功省庵》、《赠樊昆来太史》、《送樊简讨昆来还都》数首。刘曾有《奉别陈元孝处士》、《王紫诠观察招同樊昆来梁药亭太史陈元孝王蒲衣处士雅集长寿寺拈韵石濂上人方丈得隅字》等诗。③

康熙三十八年己卯(1699)六月香山知县刘世重招同陈恭尹、沈彪④、梁佩兰、吴漾、陈宪泛舟半塘,赋诗。陈恭尹有《刘仰山招同吴玉涛梁药亭家宕侯雨中泛舟半塘迟沈虹石不至同用八庚(二首)》。

本年夏末,香山县监生杨锡震招同陈恭尹、梁佩兰、毛端士⑤、杨良⑥在光孝寺风幡堂,饮酒赋诗。陈恭尹作《夏杪杨宝生孝廉招同毛行九司马杨止庵大令梁药亭太史饮于风幡堂次行九韵(二首)》。这些人除陈恭尹之外皆为仕清之人。

---

① 《陈恭尹集》,第511页。
② 《陈恭尹集》,第519页。
③ 黄登辑:《岭南五朝诗选·前集》卷12,见《广州大典》第492册,影印康熙三十九年自刻本,第305—306页。
④ 沈彪(1641—?),字詹山,浙江归安人。顺治十二年乙未(1655)进士,知文昌县。
⑤ 毛端士,字行九,号匏村,江苏武进人。
⑥ 杨良,号止庵,江苏溧阳人。康熙三十七年(1698)任广东阳春县令。

上编　岭南三大家的交游和创作

　　本年初秋，梁佩兰招同陈恭尹、沈瀫、陈治①、潘耒②、张尚瑗③、毛端士、吴漌、林凤冈④、杨锡震、徐逢吉⑤、罗浮山、司旭、陈阿平⑥、释达津、释愿光宴集于六莹堂，分赋。陈恭尹作《初秋日梁药亭招同沈詹山大令家山农隐君潘稼堂检讨张损持吉士毛行九司马吴晋涛少尹林桐叔少府杨勉斋孝廉徐紫凝罗浮山司红遑家献孟诸文学远布心月二上人雅集六莹堂分得阡字》；潘耒《遂初堂诗集》卷十三有《六莹堂宴集分韵得用字》诗。这些人大都有清朝功名，唯司旭，字红遑，江苏江阴人，不知有否功名；罗浮山生平不详。

　　闰七月二日，释大汕招同陈恭尹、毛端士、张尚瑗、吴漌、杨锡震、司旭等雅集长寿寺离六堂分赋。陈恭尹作《闰七月二日长寿石公招同毛匏村司马张损持吉士吴晋涛少尹杨勉

----

①　陈治，字山农，号泖庄，松江人，监生，善画，兼善歧黄。晚岁隐居泖湖，饮酒赋诗为乐，著《贞白堂集》。

②　潘耒（1646—1708），字次耕，号稼堂，晚号止止居士，江苏吴江人。少师徐枋、顾炎武，淹贯群书。工诗古文词，兼长史学。康熙十八年（1679）举博学鸿词，授检讨，参与订修《明史》。在《明史》馆中初撰《食货志》及洪武至宣德五朝史传稿等。现存《书纂修五朝史传后》一卷。充日讲起居注、会试同考官。康熙二十三年（1684）坐浮躁，降调归里，不久即卒。著《遂初堂诗文集》。

③　张尚瑗（1656—1731），字宏蘧，号损持，江苏吴江人。康熙二十七年戊辰（1688）进士，选庶吉士，改江西兴国知县。著有《石里诗钞》等。

④　林凤冈，字桐叔，号石岳，广东东莞人，官梧州同知，后辞官，与梁佩兰、陈恭尹辈晨夕唱酬。著《石岳诗文集》。

⑤　徐逢吉，字紫珊，一作紫山、紫凝，钱塘人，自号青蓑老渔，有《柳洲清响集》、《清波小志》等。梁佩兰有《徐紫凝和予十九秋诗，题二截句于卷尾见贻，次韵答之》四首，陈恭尹有《口占送徐紫凝》三首，《次韵答徐紫凝》四首。

⑥　陈阿平，字献孟，一字愚溪，东莞人，康熙中由廪生充岁贡。

庵孝廉唐海门黄兰偶①司红暹诸文学雅集离六堂次毛韵（二首）》。其中唐海门生平不详。

闰七月八日，梁佩兰同沈彪、潘耒、张尚瑗、陈都、毛端士、吴漾、杨锡震、姚东明、司旭、陈阿平、释达津、释愿光雅集于法性寺蒼卜楼分赋。陈恭尹未及赴，后亦以《闰七夕后一日远公招同潘稼堂张损持梁药亭毛行九余未及赴诸公分韵见及得心字》诗和之。其他人都分别有和诗。陈都、姚东明生平不详，司旭不知有否功名，其他皆有功名。

本年秋，陈恭尹次子陈励举乡试。是科主考：一湖北胡润，一颖州刘凡。重阳节前陈恭尹与刘凡等诗酒唱和。陈恭尹《重阳前五日高中含司马招同刘卓崖主考屈四会凤山张广宁鹤洲杨阳春止庵钱茂名蔗山张翁源泰亭高东莞菉园田英德克五雅集云半阁时闱事初竣》云：

> 使车高盖总能来，云里轩窗俯粤台。秋水满前人自照，碧天无际雁初回。酒边赤叶迎风醉，阁后黄花傍节开。白首疏狂虚授简，愧无诗句可追陪。②

诗中对来粤官员的敬仰之情是显而易见的。这次与陈恭尹相聚的几乎全是当地官员。高中含，名鉽，镶黄旗人，《武乡县志》作"三韩人"，生员，康熙三十六年（1697）任广州府同知。③

如上所述，交游唱和已经成了陈恭尹后来的主要活动之一。较早的时候，陈恭尹的交游唱和，主要是个人性的送别或

---

① 黄鹤岩，字兰偶，一字兰岩，上元人，辉斗子。"乔梓风雅，光映后先。著有《蕴山堂集》、《吹影词》、《重订元李云阳先生诗文集》、《明李西涯先生〈拟古乐府〉》行世。"见黄登辑：《岭南五朝诗选·前集》卷10，《广州大典》第492册，影印康熙三十九年自刻本，第277页。

② 《陈恭尹集》，第311页。

③ 宋健、严艺超：《陈荆鸿〈独漉诗笺〉补笺》，《岭南学（第6辑）》，中山大学出版社2015年版。

赠答，参与的人相对较少，后来这种活动的规模愈来愈大，已经不再是个人性的你来我往，而演变成了一种群体性的活动。常常是一人首倡，众人群和，或者众人共同次前人之韵。当时在广州形成了一个以屈大均、陈恭尹和梁佩兰等为中心的唱和群体，参加者是地方官员、当地文士和从北方南下的仕清文人。随着时间的推移，在参与唱和的人中，地方官员和来粤的仕清文人的比重越来越大。最有标志性的是在他去世前半年，也即康熙三十八年（1699）秋重阳节前的一次聚会上，参与唱和的除他之外全是当地官员。这是见于记载的他最后一次参与大型唱和活动。

康熙十七年（1678）前后，陈恭尹的交游情况有明显不同。之后，他的交游唱和活动逐渐增多，尤其是康熙二十年（1681）后，与之唱和的不但有遗民、粤中文人，还有游粤的官员和当地官员。这清楚地显示出他对待清朝官员态度的转变，以及他对清朝的统治从不承认到认可的转变。

陈恭尹的这种转变在当时非常具有代表性和典型性。陈恭尹尝言他人皆可出仕，独自己不能。从他的这一宣言，读者即可以知道，这位覆巢子遗对清王朝的仇恨。但是最终陈恭尹还是慢慢接受了清朝的统治。他不但与仕清文人和当地官员密切交往，还鼓励自己的朋友积极应试，并为自己的儿子考取举人而高兴。至此，在实质上，我们可以说他已经完全接受了清朝的统治。他不愿出仕，不过是保持一个遗民的身份和一个残存的政治符号而已。

第四节　陈恭尹与仕清文人之交游

陈恭尹作为遗民，需要与遗民朋友一起倾诉亡国之痛，黍离之悲。同时作为欲以诗文自显的文人，他也需要与文坛翘楚一起切磋文艺，彰显声誉。尽管有这种内在的需要，陈恭尹在交接方面相对于屈大均来说仍较为慎重。也许正是因为如此，所以才"平生次韵号为最少"①。

如前所述，陈恭尹对清朝统治态度的变化，或者说交接清朝官员情况的变化，具有标志性的意义。陈恭尹这种态度的转变，发生于康熙十七年戊午（1678）四十八岁被逮入狱之后。此后陈恭尹与仕清之人交游逐渐频繁起来。除当地官员之外，他所交仕清文人也有不少。陈恭尹所交仕清文人可以分为多种类型。

一、乡情对政治归属的超越：陈恭尹所交岭南仕清之人

陈恭尹所交岭南仕清文人，有程可则、梁佩兰、吴文炜、尹源进、方殿元、林桐叔、刘祖启等。其中程可则为陈邦彦的弟子，他与陈恭尹的友谊始于少年。在此毋庸多说。陈恭尹与这几位仕清文人之交往见于记载的，有的发生于其应清朝乡试之前，有的发生于其应清朝乡试之后。无论他们的交往发生在应试之前或之后，都无关要旨。他们本为乡邻，同饮一江之水，同在一块热土，乡党之谊自是难免。这种普遍存在的乡土之情，一定程度地消解了不同的政治归属所带来的隔阂，可以弥合其他因素所造成的人际裂痕。

吴文炜

吴文炜（1636—1696），初名文炜，字仪汉，后改吴韦，

---

① 陈恭尹：《唱和集小序》，《陈恭尹集》，第319页。

字山带,号虎泉,南海人①。为人朴茂笃行,与梁佩兰同笔砚,康熙三十二年癸酉(1693)举人。著《金茅山堂集》。

陈恭尹《吴山带行状》云:

> 十九就童子试,受知于番禺蒋侯,取冠一军,补弟子员,名噪一时。庚子闱,试卷拟元,以后场语有疵,遂置不录。及己酉,复中副车。信以为得失有命,乃去名之"文"与"火"之光,而以韦为名,别其字曰山带。遂放意诗酒间,画竹石鸟兽以寄兴,自是求索踵至,昕夕无暇晷。天性萧散,出或不告家人,所往遇弈即留连忘返。自勿庵公捐馆后,往往度腊僧舍,探奇山间,率以为常。有所赋咏,杂书坠叶败纸,不复存稿……癸酉之役,闱事既届,犹买舟将山行,同人力劝,乃就试。试之前,每夜棋战至晓,未常一展卷也。及榜发,隽第三人……重赴宴,甫出,便避入友人卧榻鼾睡,曰:"知拜揖如许束缚,悔不早弃诸生也!"甲戌下第,取道吴越,览其山川而归,自谓筋力不耐劳苦,不复作公车想。②

此文对吴文炜的一生进行了完整的记述,对其性格也进行了非常生动的刻画。吴山带死后,其子隆重邀请陈恭尹为作行状,本身也即说明二人之间的关系相当密切。

陈恭尹作于吴文炜去世前不太久的《吴山带诗序》对他超乎世俗的性格也有简略的刻画。该序云:

> 吴子之为是,聊以自娱,而求请者日益多,所至绢素常积,座客几无所容。而吴子则解衣挥毫,偃卧吟啸,不知在其旁者之为宾为主也。所为诗旋亦散去,不自珍惜。今春,予与药亭于他处罗索其所存,十不得一,订而刻

---

① 郝玉麟修,鲁曾煜纂:(雍正)《广东通志》卷35云:吴为番禺人。见《广州大典》第249册,影印雍正九年刻本,第372页。

② 《陈恭尹集》,第665—666页。

之。及秋,闱事将届,吴子尚高卧金茅山中,又与梁子强而致之。榜发,以壁经魁其曹。其为文,无意售世,世自售之耳。梓人诗刻告成,而吴子方匆匆治装赴都门。都门礼法之地,词翰之林,吴子以萧散闲远之身、孤迥名贵之诗入焉,如锦绣之有葛衣,甘醴之有苦茗,未为不可。吾故为梗概其生平,使天下知吴子之天真如是,非矫也。①

在陈恭尹看来吴文炜与他自己的行为和性格都是不合时俗的。陈恭尹《秋园(十首)》之九云:

玩世金茅子,违时独漉翁。篇章情各惬,栖宿偶能同。座为求书满,尊惭近市空。时凭写生手,绘尽小园风。②

吴、陈二人不但性情相投,互为知己,后来又成为儿女亲家。二人常有往来,禺山草堂成为他们交流感情、吟诗作赋之所。在吴文炜中举之前陈、吴二人早已成为知心好友。陈恭尹不但不反对吴文炜应试,相反还为他的前途着想,以至于"及秋闱事将届,吴子尚高卧金茅山中,又与梁子强而致之"。虽然选择的政治道路不同,但他们性情相近。他们的友谊已经超越了政治归属的界限。他们的唱和诗很多,如《李方水疾新愈同唐明犀梁药亭陶苦子吴山带何郸人问之天乐堂分得醒字》、《别后寄方蒙章陶苦子兼柬何不偕梁药亭吴山带黄葵村定邮诗之约》等。吴山带善画,陈恭尹也常为他的画题诗,如《题山带画为张宗肃》、《题吴山带潇湘三峡图送王紫诠使君之川南》、《欣赏斋见吴山带画》、《题山带遗画为郑珠江》、《题吴山带墨竹送吴晋涛归宜兴》二首,《题吴山带墨菊为潘受平》等。

康熙三十年辛未(1691)二月花朝后五日,陈恭尹、吴

---

① 《陈恭尹集》,第594页。
② 《陈恭尹集》,第215页。

文炜同梁佩兰、屈修、李方水访大汕于离六堂。陈恭尹作《花朝后五日，同梁药亭、屈本庵、吴山带、李方水集石公离六堂，即事书怀》二首。同年三月三日，王隼之女王瑶湘与李仁①新婚，吴文炜、陈恭尹同屈大均、梁佩兰、林梧、梁无技往王隼潩庐宴集，即席分赋以贺。陈恭尹有诗《辛未上巳同梁药亭屈翁山林叔吾吴山带送李孝先就昏西村寓止西山草堂即事赠诗且勉之》。②

康熙三十一年壬申（1692）除夕，陈恭尹、吴文炜同王煐、屈大均、梁佩兰、季煌宴集，同咏橄榄。陈恭尹作《除夕咏橄榄同王紫诠使君梁药亭屈翁山吴山带季伟公作》四首。

康熙三十二年癸酉（1693）初，朱彝尊奉命使至粤，同来者有其子朱昆田、友沈名荪。朱彝尊等留广州三日后将去，梁佩兰设宴于五层楼，邀陈恭尹同吴文炜、屈大均、王隼、陈元基、梁无技、季煌为之饯行，席上分赋。同年四月，陈恭尹、吴文炜、梁佩兰、季煌赴惠州访王煐，游代泛亭，赏西湖。同年春，陈恭尹与梁佩兰为吴文炜辑录订刻《金茅山堂集》，陈恭尹作《吴山带诗序》。是年冬，《金茅山堂集》刻成，吴文炜匆匆治装赴京会试。临行陈恭尹作《送吴山带北上》赠行：

> 吴子澹荡人，其性不汲汲……黄金古有台，青紫芥可拾。每爱太冲诗，功成独长揖。扫石越溪南，为君理蓑笠。③

吴山带北上之后，陈恭尹还常忆及，《送林赤见北上兼柬吴山带》云：

---

① 李仁，字孝先，广东四会人，李恕子。太学生。著《借堂偶编》。
② 王隼辑：《岭南三大家诗选》卷22，见《四库禁毁书丛刊》集部第39册，影印康熙刻本，第314页。
③ 《陈恭尹集》，第326页。

> 乡园篱菊已将阑，马上梅花北去寒。岂谓少年须早达，只缘微禄好承欢……到日更寻年谱旧，东风同向杏林看。①

这首诗也同样是美好的祝愿。但是吴山带最终并没有像陈恭尹所希望的那样与新中进士共赴杏林之会。

康熙三十四年乙亥（1695）端午，梁佩兰招同陈恭尹、吴文炜、王煐、屈大均、廖燝、王隼、蓝涟泛舟珠江观竞渡。王煐《忆雪楼诗集》卷下有《午日梁药亭先辈招同屈翁山、陈元孝、廖南炜、吴山带、王蒲衣、蓝采饮诸子泛舟珠江观竞渡，即席分赋得一先》诗。

康熙三十五年丙子（1696）正月二十九日，王煐招同陈恭尹、吴文炜、梁佩兰、袁景星、史申义、王原、于廷弼、史万夫、岑徵、屈大均、廖燝、王隼、林贻熊、蓝涟、陈阿平、曾秩长、梁无技、黄汉人宴集于广州城南寓斋，席上分赋。

陈恭尹和吴文炜作为老朋友和儿女亲家，他们的私人接触肯定很多。康熙三十五年丙子（1696）陈恭尹《月夜家园小台酌别吴山带》诗：

> 已戒征航香浦间，小台聊共此时闲。风声自沸阶前茗，月色遥分郭外山。笑语从容天渐曙，别离南北鬓俱班。儿孙引领听春信，消息真传一解颜。②

此时吴山带已无意再上公车。两个老友在一起赋诗烹茗，促膝深谈。这首诗中所展示的意境完全是他们二人的空间和时间。康熙三十六年（1697）吴山带去世，陈恭尹作为最了解他的人之一，作《吴山带行状》，对这位老朋友的一生作出了完整而富有个性的刻画。

陈恭尹与吴文炜情趣相投，在陈恭尹看来他们二人的性格

---

① 《陈恭尹集》，第267页。
② 《陈恭尹集》，第239页。

都不合时俗,这是他们成为知心朋友的基础之一。不过我们从陈恭尹的描述中可以看出吴文炜比较张扬,甚至有些矫情,这一点有别于陈恭尹。"吾故为梗概其生平,使天下知吴子之天真如是,非矫也。"陈恭尹"非矫"的评价不知是否确切。在陈恭尹与吴文炜的关系中,乡情和性格都是比较重要的因素,唯独看不出有政治因素的存在。

尹源进

尹源进(1628—1686),字振民,号澜柱,东莞人。顺治八年辛卯(1651)与程可则同时中举,顺治十二年乙未(1655)进士,官吏部主事,荐擢郎中,乞养归。康熙十八年(1679)起补原官,擢太常寺卿,卒于官。著《爱日堂集》。

尹氏为东莞大族,在当地声望颇高。尹源进于清朝定鼎不久即步入仕途。尹源进乞归后,多次邀请陈恭尹到自家园林游赏。陈恭尹有诗《游尹澜柱铨部园林(十首)》。其一云:

> 屡有名园约,初寻洞口来。长桥行旷莽,积水接楼台。入座诸峰见,凭高远郭开。怪君辞凤阙,家自有蓬莱。(之一)

尹氏多次邀约,陈恭尹才应约而至。其下数首对尹家园林有详细的描绘。陈恭尹来尹家一住即是半月,流连忘返。

> 半月为孤客,流连为好朋。不眠将尽夜,频剔欲残灯。酒助长谈力,诗矜一字能。云霞多变态,高阁更晨兴。(之八)

陈恭尹与尹源进相处甚欢。此诗显示二人谈兴很浓,但不知谈论的内容为何。这期间美酒笙歌,陈恭尹颇为畅快,也颇为纵情。

> 白日开名饮,青橙尚此堂。节歌檀板细,凝手玉箫长。立史传觞政,飞花佐酒香。山公性多可,都任嗣宗

狂。(之十)①

陈恭尹不合时俗，守志不移。尹源进大度能容，一任其阮籍之狂。

康熙十年辛亥（1671）八月，陈恭尹与屈大均、梁佩兰、林梧、凌天枢等泛舟东莞东湖。东莞知县高维桧来访。至晚应尹源进之邀宴集于尹氏兰陔别墅。

康熙十八年（1679）尹源进起补原官，陈恭尹作《送尹铨部澜柱起复入都》。诗云：

> 珠江驻鹢惜临岐，夜夜江城共酒卮。十载辞君将父日，一朝移孝作忠时。何穷世事归星鬓，无恙湖波罢钓丝。郎署从容过玉辇，为言南国极凋疲。②

"辞君将父"、"移孝作忠"云云，完全是从尹源进这一角度来说的。不过他还是希望这位有缘得睹"天颜"的朋友，能多言岭南民生之艰。

尹源进、吴文炜、程可则和梁佩兰等都是清朝新进。覆巢子遗陈恭尹与他们之间显然横亘着一条巨大的政治鸿沟。不过这一政治鸿沟并没有阻隔他们的友谊。陈恭尹与世居岭南的仕清之人的交游情况显示出陈恭尹交友虽受行藏出处的影响，但其交友标准却有可能因其他因素而有所修改。个人的友谊并没有受到政治归属过于严格的限制。随着时间的推移，普通的人情和友谊可以软化对政治信念的坚守，世情百态也会弱化对某种政治观念的关注。总之，最普通的人情和乡土意识，可以化解不同政治归属的坚冰。由此看来政治归属对陈恭尹等交游的影响虽然重要，但并不是唯一的。政治归属只是影响陈恭尹等与仕清之人交游的因素之一。

学术界常常会对文学作品所表现出的乡土意识给以正面的

---

① 《陈恭尹集》，第481—482页。
② 《陈恭尹集》，第732页。

评价,却讳谈乡土意识所带来的人际关系的划分。这显然是矛盾的。人人都爱自己的家、爱自己的家乡,这被认为是一种美好的情感。若放大这种情感的范围,就是爱自己所在的地区、省区,爱自己的国家。爱国之情在各个方面都受到强力渲染,但在学术和政治层面,却多少有点讳言这个情感链条中,个人对自己所处省区或地区的热爱。人们热爱这一块土地,继而对曾在这块土地上生活过的,生活着的人产生亲切之感也非常自然。对自己的乡人、对自己的国人,以及对同一地区的人的热爱,本来都是同一性质的情感。虽然在学术层面和政治层面多少有些讳言,但在实际生活中这种情感并不会因此减弱。如前所述,陈恭尹交友的标准并不是唯一的,有政治标准,同时也有乡土因素参与其中,并且乡土因素在某些时候,甚至可以成为沟通不同政治集团的桥梁。

二、学术对于政治界限的超越:陈恭尹所交《明史》馆学人

陈恭尹早年在交友方面所持甚严。他早年所交多为遗民,与粤籍之外的仕清之人较少交接。但康熙十八年(1679)之后,其交接风格大变,其所交岭北仕清之人,除在粤的地方官员之外,还有不少是偶游岭南的学者和文人。在陈恭尹所交南来的学者中有很多是曾参与编修《明史》之人,如潘耒、徐釚、徐乾学、严绳孙、朱彝尊、黄与坚、赵执信等。

潘耒

康熙二十六年丁卯(1687)冬潘耒来粤。潘耒在粤期间,与陈恭尹、屈大均等粤中遗民文人多有交游。康熙二十七年戊

辰（1688）潘耒离粤，作《酬别陈元孝二首》①。陈恭尹亦有《赠别潘稼堂简讨（二首）》。其一云：

  向来高步渺群儒，名在新篇世（原作"势"，据康熙五十七年刻本改）莫逾。凤羽尚思翔万仞，鹤书争遣下三吴。横竿笠泽江边卧，直宿文昌殿后趋。为见为潜君并得，天涯相见话菰芦。②

陈诗"为见为潜君并得"句，是称赞潘耒出处尽得其当。被陈恭尹称为出处皆当的除了潘耒之外还有严绳孙：

  朝回犹着住山衣，如此行藏古亦稀。双阙有云龙乍见，九皋无恙鹤还飞。闲携青史新书草，笑问黄花旧钓矶。滩上羊裘今在否，秋风鲈鲙未云非。（《次和严藕渔官允南归述怀（四首）》之一）③

如此看来陈恭尹对潘耒等一些人的出处行藏是肯定的，并不因为他们曾出仕新朝，即给予否定性的评价。

康熙三十七年戊寅（1698）十月，徐釚归松陵，陈恭尹作《送徐虹亭归吴江因柬严藕渔朱竹垞彭羡门潘稼堂》诗。陈恭尹送别徐釚时又忆及吴越几位朋友，包括潘耒在内。

康熙三十八年己卯（1699）潘耒再次入粤。这次入粤，他昔日的好友屈大均已成隔世之人。同为年近古稀的老友潘耒、陈恭尹、梁佩兰等寻访古迹，颇为纵情。潘耒《法性禅院倡和诗序》云："己卯新秋，余与詹山、损持、匏村诸君同客珠江，访古探幽，憩集于此。地主□□、独漉、勉庵诸君亦连翩而来，解衣释巾，啸傲终日。"④

---

① 潘耒：《遂初堂诗集》卷7《江岭游草》，见《续修四库全书》集部1417册，影印康熙刻本，第257页。
② 《陈恭尹集》，第191页。
③ 《陈恭尹集》，第358页。按："蒭渔"当为"藕渔"之误。
④ 周瑗辑，林子雄点校：《法性禅院倡和诗》，广东旅游出版社2017年版，第345页。

本年初秋,梁佩兰招陈恭尹同潘耒、沈彪、陈治、张尚瑗、毛端士、吴漾、林凤冈、杨锡震、徐逢吉、罗浮山、司旭、陈阿平、释达津、释愿光宴集于六莹堂分赋。陈恭尹《独漉堂集·小禺后集》有《初秋日梁药亭招同沈詹山大令家山农隐君潘稼堂检讨张损持吉士毛行九司马吴晋涛少尹林桐叔少府杨勉斋孝廉徐紫凝罗浮山司红暹家献孟诸文学远布心月二上人雅集六莹堂分得阡字》诗。潘耒《遂初堂诗集》卷十三有《六莹堂宴集分韵得用字》。

本年闰七月八日,梁佩兰再次同潘耒、沈彪、张尚瑗、陈都、毛端士、吴漾、杨锡震、姚东明、司旭、陈阿平、释达津、释愿光雅集于法性寺蔷卜楼分赋。潘耒分得"片"字,陈恭尹分得"心"字。陈恭尹未及赴,后亦和之。陈恭尹《独漉堂集·小禺后集》有《闰七夕后一日远公招同潘稼堂张损持梁药亭毛行九余未及赴诸公分韵见及得心字》诗。一群老友,齐集一堂,虽少几分青年人常有的活泼轻率,却也悠然自得,其乐融融。

第二年康熙三十九年庚辰(1700)夏潘耒离粤时,陈恭尹未及送别,即撒手人寰。潘耒《遂初堂诗集》卷十三《楚粤游草》自注云:"起己卯夏尽庚辰夏。"可知他是在康熙三十九年离开岭南的,陈恭尹在稍早前的四月十二日病卒。

徐釚

徐釚(1636—1708),吴江人,字电发,号虹亭、拙存、菊庄、鞠庄、松风、丰草亭、看奕轩、祝虹亭、南州草堂、枫江渔父。室名松风书屋。康熙十八年(1679)由国学生荐应鸿博,列二等,授检讨,入《明史》馆,会当外转,遽乞归,后起代原官不就。工词,著《南州草堂集》、《本事诗》、《词苑丛谈》等。

徐釚对陈恭尹的了解也许在他入《明史》馆之后，得知于其他文人学士之口。康熙十一年壬子（1672）十二月，徐釚《本事诗》刻成，选录屈大均诗十一首，梁佩兰诗一首，而没有选录陈恭尹诗。此时二人可能还不相识，徐釚可能还不了解陈恭尹其人及其诗作。

康熙二十三年甲子（1684）徐釚来广州，屈、梁、陈三人皆为徐釚《枫江渔父图》题诗。陈恭尹作《题枫江渔父图为徐虹亭（二首）》：

> 烟雨江头一钓丝，扁舟行止更由谁。渔人已入兴王梦，枫叶芦花似未知。（之一）①

此诗意境颇为独特。"渔人"、"兴王梦"，两种完全不同情调的意象组合在一起，产生了让人难以名状的震撼。

康熙三十七年戊寅（1698）秋徐釚再至广州。此来陈恭尹与徐釚颇多唱和。中元前后陈恭尹曾与徐釚订约至其寓斋夜话。陈恭尹有《中元前后约过徐虹亭寓斋夜话连阻暴雨比晴则无月矣夜坐赋柬》诗纪之：

> 咫尺相期话月明，几宵频负寺钟鸣。雷驱星汉迷天路，雨走江湖满郡城。暑气暗销三伏候，豪吟长和五更声。晴来已是银蟾缺，击柝重门不易行。②

重阳日，梁佩兰、陈恭尹、王隼等雅集光孝寺诃林风幡堂分韵赋诗。陈恭尹作《九日小集风幡堂同姚敦仁梁药亭王蒲衣迟徐虹亭不至分得灯字》，诗云：

> 茗宴风前快不胜，江城佳节况良朋。言寻西土千年树，还问南宗第一灯。③

徐釚以他故未至，为其拈韵"燕"字，明日始成。徐釚所作

---

① 《陈恭尹集》，第337页。
② 《陈恭尹集》，第247页。
③ 《陈恭尹集》，第248页。

为《九日梁药亭陈元孝王蒲衣诸公雅集光孝寺诃林余以他阻未至诸公仍为余拈韵得燕字明日足成之》。①

同年秋，梁佩兰偶作《十九秋诗》、《后十九秋诗》索和。陈恭尹、徐釚等文人雅士欣然和之。陈恭尹就徐釚和诗《跋》曰：

> 天下皆秋而岭海独异：木不落也，霜不凝也，往往初冬始似中土之秋。故岭海非无秋也，秋迟也。梁子药亭偶拈十九秋题，适虹亭太史来游罗浮，奋笔同赋。诸公之客于斯者，复翕然和之，是合天下之秋以为秋，不独岭南也。虹亭所作老气横绝，如寒松古柏，不以华艳争长。漆园云："受命于地，唯松柏独也在，冬夏青青。"是岂可以南北土风、四序、寒燠限之哉？观虹亭诗，当作如是观。粤东陈恭尹识于小禺山舍。②

陈恭尹这段文字附于徐釚《南州草堂续集》卷二《梁药亭太史出十九秋诗索和，和成题二绝句归之》诗后。

本年十月，徐釚归松陵。陈恭尹作《送徐虹亭归吴江因柬严藕渔朱竹垞彭羡门潘稼堂》诗。

陈恭尹与文人学士热切交游，也许原本出于一种对学术及饱学之士的尊重和敬仰，对这些参与撰写他所热爱的故国历史的学者们，更多一份钦敬和感佩。遗民与仕清学者对学术和文化事业的热爱和追求超越了政治的鸿沟，在这样的文人雅集中，政治的色彩几乎被文化和学术稀释殆尽。

---

① 徐釚：《南州草堂续集》卷2，康熙三十四年（1695）菊庄刻四十四年（1705）续刻本。

② 徐釚：《南州草堂续集》卷2，康熙三十四年（1695）菊庄刻四十四年（1705）续刻本。

三、知音何必问出处：陈恭尹所交时下著名文人

陈恭尹所交时下著名仕清文士，除《明史》馆中学者外，还有很多，如王士禛、史申义、张远、吴绮、陶煊、周在浚等。其中张远在他们二人成为朋友之后很久才步入仕途。陈恭尹与其他人交游的时间皆在他们仕清之后。

王士禛

王士禛与陈恭尹很早即已相知，然而二人订交之时已经到了康熙二十四年乙丑（1685）。王士禛说：

> 予以乙丑二月抵南海，始与陈元孝恭尹定交。揖甫罢，即出一端石小研相示，曰："吾得此水坑石，甚宝惜之，将以梁子药亭公车之便，属寄公于京师。既闻奉使当至粤，故留以俟视。"视其侧，有铭八字，云："独泷之贻，渔洋宝之。"元孝工汉隶，此其手书也。予甚珍之。①

由这段话我们可以知道二人相知并非开始于此时，而是更早，并且相见之前已经有相当的感情和相互的了解。否则，陈恭尹不会准备把自己非常珍爱的砚石交由梁佩兰公车之便赠送在京为官的王士禛。王士禛《精华录》有《别胡耑孩陈元孝屈翁山黎方回》一诗。诗云"耆旧海南偏，相思二十年"。诗写于康熙二十四年四月王士禛离粤之时。此诗说明陈、王二十年前就已相知，但直至康熙二十四年乙丑（1685）春，王士禛奉使至粤，二人方才面晤。不过陈恭尹《扶胥歌送王阮亭宫詹祭告南海事竣还都兼柬徐健庵彭羡门王黄湄朱竹垞诸公》诗

---

① 《香祖笔记》卷3，《景印文渊阁四库全书》第870册，台湾商务印书馆1986年版，第420页。

言为十年：

> 归舟暂泊珠江南，问奇访古多所探。都将十载相思梦，并作江城半月谈。①

十年也罢，二十年也罢，无关紧要，重要的是在康熙二十四年王士禛至粤之前，他们二人已神交多年。

康熙二十三年甲子（1684）十一月，王士禛奉命将祭告南海。第二年二月王士禛至广州，与陈恭尹、屈大均、黄与坚、高层云等同游广州诸名胜：光孝寺（又名法性寺）、海珠寺等，并留下不少诗作。王士禛《居易录》卷五云：

> 甲子十月予自国子祭酒迁少詹事，十一月奉命祭告南海。是冬大雪。所过如：峄山、云龙、龙眠、灊岳、黄梅、五祖、九江、匡庐、南昌、西山、吉安、青原、赣州、十八滩、八境台、梅岭、韶石、大庾、浈阳、中宿、羚羊诸峡、涅蒙、龙头影、弹子矶、观音岩、越秀、白云、西樵、七星岩诸山，皆与粤中故人陈恭尹元孝、梁佩兰药亭辈赋诗。独不及登罗浮，啖新荔，为两恨事耳。②

由这段文字可知，二人此时赋诗很多。

暮春，王士禛与陈恭尹、黄与坚、高层云、张远集长寿寺怀古楼，订于次夕对月赋诗，因雨不果。释大汕《离六堂集》卷七有《乙丑暮春，阮亭王宫詹、忍庵王太史、谡园高大理暨陈元孝、张超然诸公过集怀古楼，有次夕对月赋诗之约。阴雨不果，怅然有作》诗。

同年四月王士禛北还，陈恭尹追送至佛山。王士禛临行作《别胡嵩孥陈元孝屈翁山黎方回》赠别粤中诸友。诗云：

> 耆旧海南偏，相思二十年。来攀贝多树，别负荔枝

---

① 《陈恭尹集》，第169页。
② 《居易录》卷5，《景印文渊阁四库全书》第869册，台湾商务印书馆1986年版，第360页。

天。江晚饶芳草，山春有杜鹃。别离无限思，都付蜑人船。①

陈恭尹亦以诗赠行。

王士禛与陈恭尹论诗明显不同。王士禛持神韵说，众皆知之，而陈恭尹在他所有的论诗的文字中，始终一贯地强调诗歌抒写性情的功能，几乎不及其他。陈、王二人虽然持论不同，但不影响王士禛对陈恭尹诗文的推重，他甚至以陈恭尹为三家之首。王士禛《香祖笔记》卷二云："南海友人陈元孝恭尹作《猈赋》。其文甚工。"② 王士禛《渔洋诗话》也云：

> 南海耆旧，屈大均翁山、梁佩兰药亭、陈恭尹元孝齐名，号"三君"。元孝尤清迥绝俗。其诗如"离忧在湘水，古色满衡阳"、"帆随南岳转，雁背碧湘飞"、"映花溪路闭，漱水石根虚"、"桄榔过雨垂空地，瑇瑁乘潮上古城"、"家山小别吟兼梦，水驿多情浪与风"之类，皆得唐人三昧。而平生游迹，不出岭南，故知之者较少于屈、梁。③

王士禛说陈恭尹平生足迹不出岭南，并不确切，但陈恭尹中年之后不出岭南倒是事实。《渔洋诗话》卷上还记载了这样一则故事：

> 余在广陵，有蜀士投诗一卷。余阅竟曰："中惟乐府三篇最佳。"后二十年，以詹事祭告南海，至广州，见罗

---

① 王士禛著，李毓芙等整理：《渔洋精华录集释》卷11，上海古籍出版社1999年版，第1701页。按王士禛：《南海集》卷下，题作《别嵩孩、元孝、翁山、方回》（见《四库全书存目丛书》集部第227册，影印康熙刻本，第387页）。

② 《香祖笔记》卷2，《景印文渊阁四库全书》第870册，台湾商务印书馆1986年版，第406页。

③ 王士禛：《渔洋诗话》，王夫之等撰，丁福保辑：《清诗话》，上海古籍出版社2015年版，第179页。

> 浮布衣陈恭尹元孝,则三诗皆陈旧作,蜀士窃取入行卷者也。余笑谓陈曰:"一一鹤声飞上天",赖吾能辨之。①

如果此事不是王士禛的凭空编造,则前面所引渔洋对陈恭尹诗作的评价就不存在虚饰的成分。显然王士禛非常赞赏陈恭尹的诗文。

陈恭尹对王士禛也极为推崇,其《扶胥歌送王阮亭宫詹祭告南海事竣还都兼柬徐健庵彭羡门王黄湄朱竹垞诸公》诗云:

> 唐诗三变犹堪把,明诗三变风斯下。落落乾坤得数公,尽扫榛芜归大雅。羡门子,竹垞生,与君意气遥相倾。徐公渊博能下士,黄湄慷慨多秦声。我抱区区君所察,来时更枉群公札。山阳叔夜懒何堪,吴下阿蒙目犹刮。送君有作兼群公,凤凰今已飞梧桐。和鸣律吕赖公等,且放野鹤闲云中。②

此诗给予了王士禛等五人极高的评价,并且认为当下有他们数人,诗坛一定会"尽扫榛芜归大雅"。这首诗隐约透露了王士禛等人有劝陈恭尹出仕之意。陈恭尹自言如嵇康有诸多"不堪"、"不可",不愿出仕新朝,故云"且放野鹤闲云中"。陈恭尹《寄怀王阮亭兼索其南海集》又云:

> 酷似高人王右丞,在官萧散意如冰。时名兄弟堪方驾,家学文章是一灯。沧海乘槎曾独到,越山怀古记同登。南来新咏多如许,纸贵衡阳写未能。③

由这些评价足见陈恭尹对王士禛文学成就的肯定。王士禛也明确地说陈恭尹为自己的知音。王士禛在自撰年谱中引述陈恭尹

---

① 王士禛:《渔洋诗话》,王夫之等撰,丁福保辑:《清诗话》,上海古籍出版社2015年版,第168页。
② 《陈恭尹集》,第169页。
③ 《陈恭尹集》,第201页。

对自己《南海集》评价说:"'虽不及《蜀道》之宏放,而天然处乃反过之。'人以为知言。"①

陈、王二人出处不同,却不影响他们成为好友。陈恭尹《寄题王阮亭西城别墅十三咏》之《小善卷洞》诗云:

> 舜以天下让,善卷固弗取。茅茨与土阶,何用分出处。想见洞中人,高风迈巢许。②

出处的不同、政治地位的悬殊,在陈恭尹看来并不是什么重要的事情。陈恭尹《寄王阮亭总宪》又云:

> 知己非独欢,苍生望来久……泥涂吾曳尾,霄汉君骧首。颇忆十年前,春宵同剪韭。③

庙堂之上青云客与蛮岭瘴海落魄人,年届迟暮之时,又何尝不会共忆当年的一些琐事呢?

由以上所述可知陈、王二人之友谊有知音之爱的成分。相互之间的知音赏文,已经足以弥合二人之间不同归属所带来的人际裂痕。只要知音赏文,对方的出处行藏还何必过分计较呢?

陈恭尹和王士禛之间的友情应该是比较深厚的,但赵执信却有另外一种说法。赵云:"阮翁昔奉使过岭,著《皇华纪闻》,极称元孝,而元孝顾大有不满之言。虽文人自古相轻,然阮翁之受侮可谓不少也欤!"④ 对这段话应该作具体的分析。赵执信与王士禛论诗不同,二人虽为姻亲,关系却非常紧张。赵在《谈龙录》中对王士禛多有排诋。陈恭尹与王士禛诗论大异其趣,与赵执信却不谋而合。王士禛虽对陈恭尹诗歌有极

---

① 王士禛撰,孙言诚点校:《王士禛年谱》,中华书局1992年版,第41页。
② 《陈恭尹集》,第219页。
③ 《陈恭尹集》,第292页。
④ 赵执信:《怀旧集·第十首小传》,《饴山诗集》卷16,《饴山堂集》,台北中华书局2016年版,第5页b面。

高的评价,但他仅仅强调陈恭尹诗歌的"清迥绝俗",也明显有屈人适己之嫌。陈恭尹对王士禛的这一评价不能完全赞同也是情理中事,甚至从根本上不能赞同也有可能。此处赵执信所谓的"大有不满"显然夸大其词。陈恭尹的不赞同,在赵执信则变成了大不满。赵执信的这段记述不足以说明陈、王二人之间的真实关系。

史申义

史申义(1661—1712),字蕉饮,江都人。康熙二十七年戊辰(1688)进士,选庶吉士,授编修,历礼科掌印给事中。以疾告归。有《过江集》四卷。与同里顾图河称"维扬二妙"。"申义为诗初仿西昆体,既悔其少作,风格益上。圣祖尝遣中使至直庐问翰林能诗者谁为最,大学士陈廷敬首以申义对。"①《四库全书总目》卷一百八十三云:"时新城王士禛方以诗名海内,尝称申义及汤右曾,足传其衣钵。"②

康熙三十四年乙亥(1695)史申义兄弟入粤。除夕,陈恭尹与史申义、袁景星、陈廷策等集王煐寓斋守岁并观剧,陈恭尹因夜禁先归,临归赋诗《乙亥除夕同袁密山史蕉隐蓝公漪集王紫诠使君寓斋次东坡元旦立春韵三首时余以夜禁先归》云:

烛残绮席未知寒,夜禁严城苦不宽。只隔禺山盈尺地,自邀春色向南端。(之三)③

康熙三十五年丙子(1696)正月二十九日,王煐招陈恭

---

① 赵弘恩等监修,黄之隽等编纂:《江南通志》卷166,《人物志·文苑二》,见《景印文渊阁四库全书》第511册,台湾商务印书馆1986年版,第785页。
② 永瑢等:《四库全书总目》,中华书局1965年版,第1664页。
③ 《陈恭尹集》,第500页。

尹、史申义、梁佩兰等宴集于广州城南寓斋，席上分赋。陈恭尹长诗《丙子正月晦日袁密山通政史蕉饮梁药亭两吉士王令诒明府王紫诠使君招同蓝公漪史万夫于南溟廖南暐岑金纪屈翁山吴山带王蒲衣梁王顾林赤见家献孟曾秩长黄汉人集使君寓斋分赋》云：

> 理棹下湘漓，经年系青雀。史氏好弟兄，妙龄各鸣跃。一时两玉人，维杨（疑为"扬"）并花萼。①

本年春，史申义兄弟归扬州，陈恭尹以《赠别史蕉饮吉士次其僧字诗二十九韵》送别：

> 爱君才名早艳发，文坛拔帜时先登。虚中若谷每能下，大器善受惟不矜。南来往往有佳句，见者动色相嗟称……长途兴会或有得，一篇示我南中朋。等身之集未敢请，衡阳纸贵难为誊。②

如果一个人能暂时抛开是己非人的人性弱点和妒嫉心理，对方的才华也可成为欣赏的对象。因此，肯定对方并非当面吹捧。

  陈恭尹与仕清之人交游，当时曾遭非议。从政治的角度看，陈恭尹是前明遗民，但从另一角度看他又是一位欲以诗文自显的诗人。作为诗人自然需要与有共同爱好的文人一起切磋诗艺。如果我们不把他当作一个政治符号，而把他当作一位生活在现实中的个人来看待，一切都会显得非常自然。他与仕清文人的交游唱和并非完全虚与委蛇，在一定程度上是出于对诗和学术的热爱。他们之间的这种交游是诗人们最为平常的交往。陈恭尹是一个有着多方面需要的生活在现实中的个人，而不是一个超现实的抽象的政治符号。他作为遗民，固然需要与拒不仕清之人一起咏叹故国；他作为诗人，也需要与知音赏文者一起追求诗艺的最佳境界。

---

① 《陈恭尹集》，第323页。
② 《陈恭尹集》，第346页。

上编　岭南三大家的交游和创作

四、延续的友情对政治鸿沟的跨越：陈恭尹与程可则和朱彝尊

程可则

陈恭尹与程可则的友谊开始很早，最迟也应该始于程可则师从陈邦彦不久。之后他们之间的友谊一直延续下来。最早见于记载的他们二人的交游唱和是在康熙元年壬寅（1662）。是年陈恭尹与程可则、徐乾学、魏礼、王鸣雷、高俨、湛凤光、何绛、梁梿、陶璜集梁佩兰六莹堂，分韵赋诗。陈恭尹有《同宁都魏和公昆山徐原一同里王震生高望公湛用喈程周量何不偕梁器圃陶苦子集药亭六莹堂得真字》。是年程可则因丁父艰返粤，徐乾学游粤，魏礼也在这一年自海南归广州，相隔千里之人此时汇聚于梁佩兰之六莹堂。

康熙二年癸卯（1663）四月初四夜，程可则与陈恭尹、王邦畿、梁佩兰、王鸣雷订游海幢寺。王邦畿《耳鸣集》七言律二有《浴佛前四夜与周量、芝五、震生、元孝订游海幢寺，先柬阿首座分得城字》诗。

程可则丁父艰在粤三年。其间，程可则与陈恭尹时相往还。夏秋之间天气晴好之时，二人也曾漫步郊外，畅叙心曲。陈恭尹《夏初郊行（同程周量、梁药亭）》云：

仆本草泽人，信宿滞城阙。出郊见苍翠，超然百忧失……旷心既以怡，素交复投漆。挥杯酹流光，百年偶兹日。①

由"素交复投漆"句，可知陈恭尹与程可则、梁佩兰友谊之

---

① 《陈恭尹集》，第82页。

深。他们本来就是深交,相处又非常投缘,看不出在他们之间因出处不同而带来的隔阂。

康熙三年甲辰(1664)春陈恭尹与程可则、王说作、王东村同宿六莹堂。梁佩兰于去年秋赴京会试。此时他们共宿六莹堂,也许正值梁佩兰奋战场屋之际,他们共同为他祈祷,希望他春闱得意。陈恭尹《春夜同王说作王东村程周量宿六莹堂怀主人梁药亭》诗云:

> 今夜草堂集吾辈,主人安在在驴背。梧桐未叶月不明,银灯吐焰空相对……雪中旅店关山路,欲梦何门觅君处。黄金台畔士如云,几许风期似得君。①

这年秋程可则守丧期满,起复入都。何绛送之度岭,陈恭尹作诗送行:

> 英英江上云,浩浩江中水。水流日下云日高,与君离隔情如此……先君门下三千人,就中程子尝冠军。即今贤达每不乏,野人于汝偏情亲。二十年间如电扫,旧时游处今荒草。屈子能争日月光,王裒分守松楸老。人生出处各有宜,看君高步何崔嵬……沧海终为百谷王,如君气度谁能量。从此一抔封已毕,报恩身健日偏长。(《送程周量起复入都》)②

"即今贤达每不乏,野人于汝偏情亲"和"人生出处各有宜,看君高步何崔嵬",几句已经明白说出陈恭尹对程可则的感情和对程出仕的肯定,并且希望他在仕途上有所作为。

程可则为官京师,陈恭尹"落魄南江",几多感慨,因寄诗抒怀。《寄程周量》诗云:

> 薇省仙郎安好无,别来三见落庭梧……故人落魄南江

---

① 《陈恭尹集》,第98—99页。
② 《陈恭尹集》,第102页。

上，稳系藤蓑作老夫。①

程可则起复北上五年后，湛用偕北上入京，陈恭尹作诗送行，又念及可则。诗云：

> 长安虽乐未西笑，因忆程生最同调。风雅曾深海上期，声华早擅中原妙。别来五载音问稀，芙蓉阙下振朝衣。凭君为寄长相念，便理云翰追逐飞。（《晚饮湛用偕双峰阁即送之北上因寄程周量》）②

诗中声言他与程可则最为同调。二人知根知底，其相知之情，流溢于楮墨之间。

康熙十二年癸丑（1673）程可则出知桂林府，陈恭尹作《程周量出守桂林作此寄之》：

> 凤凰昨夜衔天语，天遣郎星向荆土……虎符龙节既在操，秋杀春生能自主……炎州故人日相忆，十年不见心如许。③

程可则自康熙三年（1664）起复入都，至康熙十二年（1673）恰好十年。程可则往桂林赴任，不数年即不幸病卒。程可则卒后十馀年，康熙二十七年戊辰（1688）冬陈恭尹辑程可则诗文为《海日堂集》十卷，并为之序，三水县令程翔捐俸助梓。程可则于九泉之下一定甚感欣慰。

程可则少时师从陈恭尹之父陈邦彦，与屈大均、陈恭尹、薛始亨等同笔砚。顺治四年（1647），陈邦彦抗清殉难。顺治七年（1650）清军再破广州。顺治八年辛卯（1651）程可则中清朝首次在粤乡试。固然程可则参加乡试在一定程度上是出于被迫，但同样出于被迫，而侯方域参加河南乡试却故意半途退场。广东乡试程可则一举得中，第二年北上会试举礼部第

---

① 《陈恭尹集》，第120页。
② 《陈恭尹集》，第104页。
③ 《陈恭尹集》，第110页。

一,乡人往贺,其父为其接下来的殿试而担忧,足见他们对应试清廷并没有强烈的拒斥之意。不过,不必苛责古人,即使其同窗好友屈大均和陈恭尹等也没有表现出对其应试的不满。其后陈恭尹与程可则依然交往密切,一方面说明他们的友情深厚,同时也说明在那个纷乱的时代,人们对他人不同的人生选择比较宽容。

朱彝尊

朱彝尊与陈恭尹的交往,在他们二十多岁诗名未显,朱彝尊入仕之前就已经开始。他们后来的友谊也可以说是原来友谊的延续。顺治十三年丙申(1656)曹溶由户部侍郎出为广东布政使,同年秋朱彝尊来粤入曹溶幕。朱氏来粤后不久即与陈恭尹、屈大均、梁佩兰、薛始亨、陈子升等诗人结交。顺治十四年(1657)九月曹溶由广东布政使突然被降为山西按察副使,此年冬曹离粤返里休假。朱应肇庆高要县知县之聘,教授府中子弟。朱彝尊在粤期间与陈恭尹多有交往。陈恭尹《五六七言绝句为朱竹垞题小影(三首)》云:

> 识君三十前,貌比今时好。独有千古心,不共流年老。(之一)[1]

此诗明确说出了他们二人在三十岁前就已相识。

朱彝尊入仕清朝之后,还时常记挂着青年时代结交的诗友。众多岭南诗友中最让他怀念的还是屈大均、陈恭尹、梁佩兰三人。康熙二十三年甲子(1684)十一月,王士禛奉命祭告南海,朱彝尊作《送少詹王先生士禛代祀南海,兼怀梁孝廉佩兰、屈处士大均、陈处士恭尹》。诗云:

> 最愁执手河梁人,归时稳卧柴荆关。南园旧友傥无

---

[1] 《陈恭尹集》,第221页。

恙，尺书报我吴会间。①

王士禛临行之际，朱彝尊特嘱之代致意于三人，可见三人在他心中的分量。

康熙三十二年癸酉（1693）二月，朱彝尊至粤，同来者有其子朱昆田、其友沈名荪。②二月八日，陈恭尹、屈大均、梁佩兰等陪同朱彝尊等人往光孝寺，观唐僧贯休所画罗汉。陈恭尹有《同朱竹垞梁药亭屈翁山过诃林南公房观唐僧贯休画罗汉歌》：

> 二月八日天晴晻，故人特地停舟舰。相约菩提树下行，吁嗟霜雪枝条斩。③

朱彝尊亦有《光孝寺观贯休画罗汉同陈恭尹赋》诗：

> 贯休手写一十六罗汉，其二乃在南海诃子林。昔游真迹未得见，念之三十五载萦人心。白头重作岭南客，故人期我虞翻宅。④

朱彝尊等留广州三日后别去。梁佩兰设宴于五层楼，邀同陈恭尹、屈大均、吴文炜、王隼、陈元基、梁无技、季煌为之饯行，席上分赋。朱彝尊作《岭海将归梁吉士佩兰载酒邀同屈大均、陈恭尹、吴韦、王淮、陈元基、梁无技、季煌燕集五层楼席上分赋得会字》云：

---

① 朱彝尊：《曝书亭集》卷12，世界书局1937年版，第153页。

② 陈恭尹《别朱竹垞三十六年矣癸酉二月复会于广州三日别去送之以诗》所记时间为二月（见《陈恭尹集》，第222页）。朱彝尊《续书光孝寺铁塔铭后》云："岁在壬申，重游岭表。改岁正月，南海陈元孝饭予光孝寺，南汉之兴王寺也。"（见朱彝尊：《曝书亭集》卷46，《景印文渊阁四库全书》第1318册，台湾商务印书馆1986年版，第178页。）二者所记时间有些许不同。陈恭尹明确言及二月八日曾到诃林寺，而朱彝尊此次在广州仅三天。朱彝尊壬申动身南来，第二年初至广州，所言"改岁正月"记忆当有误差。

③ 《陈恭尹集》，第221页。

④ 朱彝尊：《曝书亭集》卷16，世界书局1937年版，第205页。

> 飞楼压高城，人天纳万籁。登临信可娱，矧与群彦会。吉士澹荡人，偕行屏轩盖。论交半簦笠，杂坐缓巾带。①

最后两句当就陈恭尹、屈大均等遗民而言。陈恭尹《别朱竹垞三十六年矣癸酉二月复会于广州三日别去送之以诗》云：

> 三日江边驻客船，菩提坛下又离筵。如何三十六年别，一日分为十二年。②

陈恭尹与朱彝尊结交后，时隔三十六年方于广州再次相会，仅三日即别，着实让人感叹。其间虽有书信往来，却只是纸上之情。

康熙三十七年戊寅（1698）十月，徐釚归松陵。陈恭尹为徐釚送行时，想起徐釚将去的地方还生活着他昔日的友人朱彝尊，因便寄诗《送徐虹亭归吴江因柬严藕渔朱竹垞彭羡门潘稼堂》：

> 此山甘曳涂中尾，百年抛掷空山里。知交海内几人存，书札懒来无一纸……论交却得朱公叔，作赋安仁鬓仍绿。③

"论交却得朱公叔"中"朱公叔"，当指朱彝尊的叔父朱茂暛④。朱茂暛与陈恭尹亦为至交。《独漉堂集》有《赠别朱子蓉》五古一首、《送朱子蓉归嘉兴兼柬其兄子葆》七古一首和《朱子蓉诗序》。

朱彝尊早年为抗清志士，与陈恭尹志同道合，顺治十三、十四年已经订交。后来由于形势变化，清朝统治已经稳固，复

---

① 朱彝尊：《曝书亭集》卷16，世界书局1937年版，第206页。
② 《陈恭尹集》，第222页。
③ 《陈恭尹集》，第255页。
④ 朱茂暛，字子蓉，擅诗文，古风豪俊，师太白，著有《镜云亭集》。

国已成泡影。有志功名的传统士人不得不重新考虑个人的出路。朱彝尊终于在康熙十八年（1679）登上了清朝这条业已稳固的大船。陈恭尹同许多人一样非常清楚这种形势的变化。他有时也会替他人着想，为他人的前途考虑，鼓励自己的朋友积极应试，他对梁佩兰和吴文炜的态度就是如此。大一统的时代给人们提供的人生选项是非常有限的，而动荡的时代却给人带来选择的多种可能。同时动荡的时代也使人们表现出对他人异于自己选择的理解和宽容。人们不再总是以个人的选择作为衡量别人的绝对尺度。既然陈恭尹能鼓励朋友积极出仕，那么他就更不可能因朱彝尊中途改道而中断他们早年的友谊了。所以，尽管有人对朱彝尊应试鸿博颇有微辞，陈恭尹与朱氏之友谊却一如既往。岑徵贻诗陈恭尹讽曰"独怜一代夷齐志，错认侯门是首阳"①，朱彝尊则原其心迹："元孝降志辱身，终当进之逸民之列。"② 朱氏所云真乃知己之言。

---

① 凌扬藻辑：《国朝岭海诗钞》卷1，见《广州大典》第89册，影印道光刻本，第238页。
② 朱彝尊著，黄君坦校点：《静志居诗话》，人民文学出版社1990年，第712页。

第四章 梁佩兰生平、游历与交接

第一节 梁佩兰生平和游历

梁佩兰（1629—1705），字芝五，号药亭，别号柴翁，晚号郁洲，① 别号又曰漫溪翁②、二楞居士③，友人私谥文介先生④。梁佩兰生于崇祯二年己巳（1629）十二月十二日。祖籍广东南海县，世居广州城西梁巷。⑤ 父濂泉，梁佩兰为长子。⑥

顺治七年庚寅（1650）十一月清军第二次攻陷广州。梁佩兰当时二十二岁，携家逃难，见清军暴虐，愤而作《养马行》。其后梁佩兰曾一度为僧。⑦ 顺治十四年丁酉（1657）梁

---

① 见《皇清赐进士出身征仕郎翰林院庶吉士显考药亭梁公府君、敕封孺人显妣梁门何氏太夫人之墓（碑记）》（以下简称《梁佩兰碑记》），《六莹堂集》，第451页。
② 见释成鹫：《纪梦编年》"戊午"条，台北新文丰出版公司之《丛书集成新编》102册，影印《岭南遗书》本。
③ 周大樽编《法性禅院倡和诗》卷首有梁佩兰撰《放生池序》，篇末自署"二楞居士梁佩兰题"。康熙四十一年（1702）蒼卜楼刊本。
④ 方正玉：《哀词》，见《六莹堂集》，第391页。
⑤ 《梁佩兰墓碑记》，见《六莹堂集》，第451页。
⑥ 《梁佩兰墓碑记》，见《六莹堂集》，第451页。
⑦ 檀萃《楚庭稗珠录》卷4《论三家》云："梁六莹初亦为僧，不久而归举解元。"（见广东人民出版社1982年版，第127页。）

佩兰应乡试，夺解元。① 旗开得胜的自信，使他把科举当成了金殿唱名，致身显宦的航梯。

不幸的是自顺治十四年丁酉之后直到康熙二十六年戊辰（1687）三十年间，梁佩兰屡上公车，皆怅怅而返。顺治十六年己亥（1659）会试落第，南归。康熙三年甲辰（1664）春，会试落第，游吴越。康熙六年丁未（1667）会试落第，在京交王士禛。康熙十一年壬子（1672）应聘往阳春县修志。康熙十二年癸丑（1673）落第南归，途经宁都过访彭士望等。康熙十七年戊午（1678）梁佩兰与释成鹫等避三藩之乱于弼唐，自号漫溪翁。康熙二十年辛酉（1681）冬离粤，第二年二月抵京，会试落第。这一年京师结诗社，众推梁佩兰、朱彝尊、方中德主坛坫，声名大重。九月离京。康熙二十二年癸亥（1683）春，客吴门，四月回粤。康熙二十三年甲子（1684）八九月间，纳兰性德寄书邀梁佩兰赴京共选两宋诸家词。十一月动身赴京。康熙二十四年乙丑（1685）春，会试下第。九月，离京南归，至扬州，与吴绮、卓尔堪赋诗送故明太常吕潜归蜀葬母。应宋实颖之倡，为曹寅《楝亭图》题诗。秋末，抵广州。三十年间六上公车，却屡战屡败，徒劳地奔波于广州和北京之间。

康熙二十七年戊辰（1688）春抵京。二月十九日，应会试。榜发，得魁本房，中会试第十名。发榜之日，他正与朋友在公寓"论正平岑牟与摩诘《郁轮袍》事。公得捷音，色不为动。第曰：'老而成名，归得肆力于《丘》、《索》，足矣。'"② 三月二十六日应殿试，中二甲第三十七名，赐进士出

---

① 阮元修，陈昌齐等纂：《广东通志》卷78，《选举表》16，"顺治十四年丁酉"条，见《广州大典》第252册，影印道光二年刻本，第506页。

② 方正玉：《哀词》，见《六莹堂集》，第390页。

身。随后拜见座师徐乾学,有《上徐健庵夫子》诗十二首。五月十一日,选授梁佩兰等三十四人为翰林院庶吉士。同人公推梁佩兰为馆长。第二年夏,请假南归,经扬州回粤。这一年梁佩兰由广州城西移居仙湖。

康熙四十一年壬午(1702)诏敕长期在外的庶吉士赴翰林馆供职,十二月,梁佩兰离粤赴京。七十四岁的梁佩兰再次离粤北上,年虽衰迈,但雄心未泯。此时梁佩兰按捺不住自己的兴奋,一路上不时流露出渴望皇帝重用的心思。《腊月十九日江上立春作》云:

> 不忘故人书万里,圣朝词赋重邹枚。①

《韶阳江行》之一云:

> 不须愁处是晴春,津吏当关许问津。白发未曾忘报国,皇天焉肯滞斯人!山峰送我云为马,沙礐吞篙石作鳞。明日计程江北路,雪中应见柳芽新。②

康熙四十二年癸未(1703)春,抵京。三月十八日,康熙帝五十寿辰,群臣献祝颂诗文,梁佩兰有《恭颂万寿诗》十二首。正当他满怀希望,欲一展抱负的时候,四月,例值翰林院散馆考试,二十日,庶吉士梁佩兰等三十人,以不习满文,有谕归进士班用。这对于他来说,也是一个不小的打击。梁佩兰不肯就选县令,亦不请留内阁中书。九月朔日,同沈用济自潞河乘舟南还。回乡途中情绪大坏,与来京路上的那轻松愉悦相比较,差别非常明显。康熙四十二年底,游沈用济南湖别业,并题诗。康熙四十三年甲申(1704)春,梁佩兰游庐山,再过鄱阳湖,顺赣江南下,度岭入粤。康熙四十四年乙酉(1705)三月二十九日梁佩兰病卒,享年七十四岁。

---

① 《六莹堂集》,第 323 页。
② 《六莹堂集》,第 323 页。

第二节 梁佩兰与所交仕清之人

梁佩兰所交仕清之人可以分为几种类型：有希风望泽之显贵，有名享天下之诗人，亦有游宦岭南之地方官。需要说明的是，这一分类标准并不严格，其间互有交叉。

一、希风望泽之显贵

这之中有朝中显宦如徐乾学、李天馥、余国柱等，也有地方大员吴兴祚、石琳、朱宏祚、殷化行、陈肇昌、左岘等，还有八旗贵胄纳兰性德。

1. 近聆"天语"之显宦

徐乾学

徐乾学（1631—1694），字原一，号健庵，顾炎武外甥。顺治十七年庚子（1660）登京兆荐，① 康熙九年庚戌（1670）一甲三名进士。授编修，官至刑部尚书。著《憺园文集》三十六卷。仲弟徐秉义于康熙十二年癸丑（1673）会试第二殿试第三。季弟徐元文于顺治十一年甲午（1654）举乡荐，顺治十六年己亥（1659）中状元，官文华殿大学士。王晫《今世说》："徐健庵负隽才，好交乐善，于士类尤极推奖。宇内之人群归之，如百川之赴巨海"；"与弟果亭、立斋并以文章显名当世，时号'三徐'。学博才雄，与之游，恂恂谦谨，言论所及，为艺林所宗"。②

---

① 张穆：《顾亭林先生年谱》卷2，顺治十七年条，中华书局1985年版，第38页。

② 王晫：《今世说》卷6，古典文学出版社1957年版，第77页。

徐乾学在当时享有很高的声望。邓汉仪云:"予尝论健庵诗以汉、魏、四唐为主,不杂宋人一笔。是能主持风气,不为他说所移者。"①"昆山顾亭林先生融贯古今,学人非诗人也,而其诗醇雅可传。尚书为亭林外甥,熟于朝章国故之大,盈廷议礼,必折衷焉。及发言为诗,亦复诸体惬当,艺林谓酷似其舅,信然。"②

康熙元年壬寅(1662)徐乾学来游岭南。③梁佩兰招同徐乾学、魏礼、王鸣雷、高俨、湛用喈、程可则、何绛、梁槤、陈恭尹、陶璜集六莹堂分赋。此时梁佩兰和徐乾学皆为以才华著称的新朝举子,不过此后二人却在仕途上沉浮迥异。徐为康熙九年庚戌(1670)一甲三名进士。授编修,官至刑部尚书;而梁佩兰却自从顺治十四年丁酉(1657)乡试夺魁之后,在会试中却屡屡受挫。宦海的升沉自然会使二人的心态发生微妙的变化。

梁佩兰《赠徐健庵宫赞》诗云:

> 仆本海邦人,凤昔承顾盼。贫家破茅屋,夜坐恒至旦。辨论摧箭锋,文赋回鸟澜。中间一挥手,远隔同朔雁。十年此度来,云泥更相判。不忘故交好,相见成燕衎。刻我肺与肝,毋使金石烂。(之五)

这一组诗写于康熙二十年之后。其一、其二对徐氏多所称颂。

---

① 邓汉仪辑:《诗观二集》卷2,《四库禁毁书丛刊》集部第2册,影印康熙慎墨堂刻本,第28页。

② 沈德潜等编:《清诗别裁集》卷9,上海古籍出版社1984年版,第374页。

③ 徐乾学《丹霞澹归禅师塔铭》云:"予以癸卯游岭南,遇师广州,朝夕谈论甚欢。"(见《丹霞山志》卷8,雍正十一年刻本,第438页。)癸卯为康熙二年(1663),但综合多种资料,知徐氏当为康熙元年(1662)来粤。见本书上编第三章第三节《明遗民陈恭尹交接风格转变述论》之《一、入狱前的陈恭尹与仕清之人》注释。

这首诗夸说自己的才质,回忆与徐氏过去的友谊,对徐氏曾给予的帮助表示感谢。

> 瑶台敞太清,金镜耀四海。美人乘早旭,膏沐呈光彩。君王召相见,果尔夸绝代。出入陪金根,侍从随羽盖。东邻有好女,宝璐为杂佩。欲嫁无良媒,妆成敛眉黛。(之三)

这首诗中东邻好女,欲嫁无媒之比,显然表达的是希求徐氏援引之意。梁佩兰虽有才华,但屡战屡败的现实,使他有托足无门之感。志挫难免气短,尽管梁佩兰长徐氏两岁,但也甘愿拜其门下:

> 侧闻太华西,诸峰列儿孙。黄河纳九曲,星宿为溯源。春风鼓萌芽,桃李知受恩。大儒秉道德,志士归其门。(之四)①

总之这组诗的主旨是希望徐氏伸出援助之手。

康熙二十一年壬戌(1682)梁佩兰第五次参加会试落第,在京期间有诗送徐乾学。康熙二十七年戊辰(1688)春梁佩兰进京。二月十九日梁第七次应会试。"己未(按:为二月十六日),以大学士王熙、左都御史徐乾学为会试正考官,兵部右侍郎成其范、左副都御史郑重为副考官。"② 榜发,得魁本房,中会试第十名。三月二十六日,应殿试。二十八日,读卷。二十九日,传胪。中二甲第三十七名,赐进士出身。此时梁佩兰年已六十。接着他拜见座师徐乾学,有《上徐健庵夫子》十二首七言律诗。

> 圣人耳目资明辨,天下文章待鼓钟。名世昌期真不忝,及门何幸得相从!(之一)

---

① 《六莹堂集》,第126页。
② 《清实录》卷133《圣祖仁皇帝实录二》,中华书局2008年版,第4308页。

> 真宜宰相培元气,岂独尚书是黑头?《博物》张华那足比,新成《金鉴》拟千秋。(之四)
>
> 斯文今见大宗师,圣主求贤值此时……天高自觉星辰正,地广偏多草木滋。(之十)

徐氏在当时确有极高的声誉。所谓"圣人耳目"、"大宗师"等并非谀词。梁佩兰对徐乾学的称颂应该是真诚的。在这一组诗中梁佩兰也表达了对徐氏的无限感激之情:

> 孤桐半死真怜我,三十年来未发声。(之十二)
>
> 直是怜才一片心,江河争与此心深。明珠近日来南海,翡翠从今宿上林。望去蓬莱三岛见,行听风雨一龙吟。美人且莫伤迟暮,落叶哀蝉遇赏音。(之十一)①

梁佩兰自从顺治十四年丁酉(1657)二十九岁乡试夺取解元之后,三十多年来屡试屡败,时至暮年方如愿以偿,其对座师的感激之情,语言难尽其意。三十多年的滑流寸折,其早年的雄心壮志早已消磨殆尽。"孤桐半死"道尽了梁氏心中无限酸楚。在他将要心灰意冷之际,比自己还年轻两岁的徐乾学却成了救拔自己的座师。

梁佩兰与徐乾学初交之时也许只是惺惺相惜。这种友谊延续至徐氏成为在朝显宦之后,却染上了梁佩兰希风望泽之意。

2. 接近圣躬之贵胄

纳兰性德

纳兰性德(1655—1685)②,初名成德,以避太子讳而改为性德,字容若,号楞伽山人,满洲正黄旗人。太傅明珠长子。康熙十年辛亥(1671)举顺天乡试,康熙十五年丙辰

---

① 《六莹堂集》,第303—304页。
② 纳兰性德生于顺治十一年甲午(1654)十二月十二日,公历已是1655年1月。

(1676)应殿试,赐进士出身,官至一等侍卫。有《通志堂集》二十卷。

梁佩兰与纳兰性德结识的具体时间尚不清楚。但通过梁佩兰写给他的诗,以及梁佩兰来京的时间可知他们二人当结识于梁佩兰康熙十二年(1673)会试前后。康熙六年(1667)梁佩兰去北京参加会试时,纳兰性德才十二三岁,二人不太可能有诗酒往还之事。康熙九年(1670)的会试梁没有参加,不曾来京。康熙十一年壬子(1672)徐乾学主顺天乡试,纳兰性德及第。康熙十二年梁佩兰来京会试,寓慈仁寺,结交顾大申、闵亥生等。梁佩兰与纳兰性德结识的时间大约也在此时。《六莹堂二集》卷四有《题顾梁汾所藏楞伽山人遗迹,寄纳兰侍读恺功》诗。诗云:

> 吁嗟斯人不可见,流光倏忽如虹电。回忆从前十九年,通志堂中集名彦。丹毂时为清夜游,箫笳屡发南皮宴。君才直足赋凤凰,君书耐久同羲献。①

这首诗最迟写于康熙二十三年甲子(1684)十一月之前。因为这一年的八九月间纳兰性德寄书邀梁佩兰赴京共选两宋诸家词。梁佩兰接到邀请之后,于这年的十一月赴京。之后梁就一直在纳兰性德处,直到康熙二十四年(1685)五月纳兰性德病卒。若从康熙十二年后延十九年,大约是康熙二十一、二十二年。这个时间梁佩兰有可能不在京城,才用得着诗寄纳兰性德。如果这一推测正确的话,就可以肯定梁佩兰于康熙十二年(1673)会试前后,曾在纳兰性德的通志堂中与众位诗坛名家唱和游宴。

康熙二十一年壬戌(1682)京城结诗社,众推朱彝尊、方中德与落第举子梁佩兰共主坛坫,一时间梁佩兰声名大重。

---

① 《六莹堂集》,第192页。

这一时期梁佩兰与纳兰性德应该会有接触。因为这次梁佩兰自二月抵京至本年九月方离京师,在京盘桓半年有馀。梁佩兰也一定不会错过这个与太傅之子、文坛名家纳兰性德加深感情的机会。再者自康熙十二、十三年之后梁佩兰的朋友如朱彝尊、严绳孙、姜宸英等已经成了纳兰家渌水亭的座上宾。纳兰家的渌水亭已经成了满汉文人经常宴集唱和之处。当时的许多著名文人如朱彝尊、顾贞观、严绳孙、姜宸英、陈维崧、秦松龄等都是渌水亭的常客,围绕在纳兰性德的周围。其中很多人都是梁佩兰的朋友。游走于京师的这群文人在这半年多的时间里,一定不会不汇聚于渌水亭这个令他们向往的地方。

纳兰性德于康熙二十三年甲子(1684)八九月间,寄书邀梁佩兰赴京共选两宋诸家词,这一正式邀请的发出应该是基于对梁佩兰深刻的了解。《点绛唇·寄南海梁药亭》词云:

> 一帽征尘,留君不住从君去。片帆何处,南浦沉香雨。 回首风流,紫竹村边住。孤鸿语,三生定许,可是梁鸿侣?①

这首词,显示出此前二人交往颇为密切,可以说二人已经成了知音。

无可否认二人虽为文字知音,但同时交往中的二人难免也有其现实的计虑。

> 崇兰郁深涧,青松挺重冈。志士无外营,气味同孤芳。掩户二十年,坐卧惟一床。耒苗事东皋,垂钓歌沧浪……劝我入帝京,结束衣与装……及尔见君子,和颜悦而康。顾念我草泽,自忘躬貂璫。令德美在中,粹然著圭璋。共陈风雅言,正音讽洋洋……古来重知音,牙旷垂誉望。清渭无浊流,暾日凝祥光。道义苟可投,金石镌久

---

① 纳兰性德:《通志堂集》卷6,《四库全书存目丛书》集部第247册,影印康熙三十年徐乾学刻本,第276页。

长。(《赠成容若侍中》)①

这首诗作于梁佩兰应邀来京之后。梁佩兰在诗中称赞性德不弃寒微愿与之结交,并希望他们之间的友谊如金石般长久。他在此诗中言及自己的落拓不遇,固然源于自哀自悯的心态,但也难以排除其寄望被惠泽之用意。与梁佩兰写给其他达官贵人的赠诗相比照,更可以确信梁氏有此用意。

康熙二十四年乙丑(1685)春,梁佩兰会试下第。五月二十三日,梁佩兰与姜宸英、顾贞观、吴雯宴集于纳兰性德斋中,同咏庭中夜合花。纳兰性德次日卧病,七日后,即不幸夭卒。年仅三十的纳兰性德病卒,是极为不幸的。这对梁佩兰来说也是一个重大打击。不但编选宋词的伟大工程未能完成,而且对于梁佩兰来说,也失去了一条能够导己入仕的阶梯。

梁佩兰对好友的英年早逝,悲痛至极,哭成《挽成容若》十二首。

> 尚有贫交在,缘君昔共亲。青绫薇省客,白屋镜湖人。检集翻千遍,登山哭万巡。不堪肠断处,坟上白杨新。(之八)

> 一时云雨散,几处友朋孤。泪作天河落,心将塞草枯。平生无此哭,不是为穷途。(之十一)

这两首道出了他心中之隐忧。性德乘化而去,抛下了他这位贫贱之交,何人提携呢?梁佩兰虽云"平生无此哭,不是为穷途",实际上这两句诗可以从反面理解。他不但哭性德英年早逝,同时也哭自己命运多舛。最后一首更能显示出他的绝望:

> 生死元无著,枯荣却此分。楼台看落日,车盖叹浮云。鸟影当前过,钟声昨夜闻。芙蓉朝萎谢,零露更纷纷。(之十二)②

---

① 《六莹堂集》,第127页。
② 《六莹堂集》,第231页。

梁佩兰既汲汲于功名，又常常以功名如浮云来自我宽慰。昨夜钟声从梵刹佛宫飘来，梁佩兰顿时似乎大彻大悟。

梁佩兰结交纳兰性德，虽有对年轻而才华出众的性德的爱赏，也难以排除梁氏心中有依靠性德和其父明珠进入仕途的计虑。纳兰性德虽贵为太傅之子，少年得志，但对梁佩兰等老大不能进步之人，却格外尊重。梁佩兰在祭纳兰性德的文中写道：

> 留我朱邸，以风以雅；更筑闲馆，渌水之下……我念室家，南北万里；不能即归，暂焉依止。公为相慰，至于再三……

> 黄金如土，惟义是赴；见才必怜，见贤必慕。生平至性，结于君亲；举以待人，无事不真。（《祭成容若文》）①

正是因为性德对汉文化的热爱以及待人的真诚，才有可能使众多诗坛名流都汇聚于渌水亭畔。

不必为贤者讳，不但梁佩兰结交纳兰性德有功名之虑，其他的著名文人也同样如此。朱彝尊清初曾奔走抗清，但清朝统治稳固之后，他却一改初衷。并且他非常坦率地说："客长安者，务攀援驰逐耳。"② 康熙十三年甲寅（1674）于大雪之后，他突然身着布衣麻鞋来到渌水亭拜访比自己年轻二十六岁的纳兰性德。"朱竹垞犹结交成容若，以为梯荣之地。"③ 清人即已指出朱彝尊的这一心态。梁佩兰的另一位朋友顾贞观也曾来到渌水亭下，结交比自己年轻十八岁的纳兰性德。"洎谗口之见攻，虽毛里之戚，未免致疑于投杼，而吾哥必阴为调护，此其

---

① 《六莹堂集》，第428—429页。
② 徐珂编：《清稗类钞》第7册，《狷介类》之"朱竹垞不攀援驰逐"条，中华书局2010年版，第3227页。
③ 徐珂编：《清稗类钞》第7册，《狷介类》之"王文简不以诗寿明珠"条，中华书局2010年版，第3234页。

知我之独深。"① 顾氏之来，亦有求助之意。由于纳兰性德的保护，才使顾贞观从困境中解脱出来。其他如严绳孙、姜宸英、陈维崧、秦松龄等主动来与比自己年少许多的纳兰性德结交，都或隐或显地抱有这种目的。

二、名享天下之诗人

梁佩兰所交享誉诗坛的仕清之人更多，有本属岭南之文士，如程可则、方殿元等；亦有他乡之名彦，如朱彝尊、王士禛、宋荦、严绳孙、陈维崧、姜宸英、潘耒、赵执信、顾贞观、孔尚任等。

1. 影响梁氏之名流

享誉诗坛的仕清之人可以分为几类。其中对梁佩兰诗风曾经产生过影响的如王士禛、朱彝尊、宋荦等。

王士禛

梁佩兰于康熙六年在京会试期间与王士禛结交。康熙六年丁未（1667）梁佩兰会试落第。为解其心中烦闷，程可则与梁佩兰同游西山，王士禛作《送周量同梁芝五游西山》诗：

> 西山香山妙无比，一道飞泉万松里。马曹自矜能挂笏，不知落汝芒鞋底。猢狲藤子青铜坚，为汝一日穷缘攀。遥想空山下风露，嗒然坐对开禅关。②

康熙十三年（1674）甲寅，王士禛《感旧集》刻成，卷十三录梁佩兰《洛阳》诗一首。另外王士禛在其《居易录》、《香

---

① 纳兰性德：《通志堂集》卷19附录顾贞观所写祭文，华东师范大学出版社2019年版，第384页。
② 王士禛著，李毓芙等整理：《渔洋精华录集释》卷四，上海古籍出版社1999年版，第550页。

祖笔记》和《分甘馀话》等著作中多次提及梁佩兰和他们之间的友谊和往事。

康熙二十一年壬戌（1682）盛夏，王士禛招同梁佩兰、蒋景祁、冯廷櫆等宴集唱和。梁佩兰有诗《新城王阮亭祭酒招同蒋京少、冯大木、白子常宴集，用柳柳州〈雨后独至愚溪〉"高树临清池，风惊夜来雨"句为韵，得十首》。

> 盛夏草木焦，火旻遍煎熬。闭门在客舍，何以散郁陶……故人念我来，真契忘位高。（其一）

梁佩兰与王士禛一者蹇滞一者亨通，但友谊却使他们忘记了贵贱之分。他在诗中一方面感念王士禛不居高自傲，同时也禁不住抒发自己老大不遇的悲愤：

> 吾慕燕昭王，高筑黄金台。马骨收已朽，千载生馀哀。（其九）①

这首诗悲叹自己怀才不遇。这种愤懑也是梁佩兰诗歌的主题之一。九月梁佩兰将离京师，王士禛以《雨中较湼槃遗集简梁药亭（药亭将游吴郡)》②诗送行。

王士禛于清朝定鼎不久即已入仕，并且一路官运亨通，可算是清朝新宠。梁佩兰《寿王阮亭先生》诗云：

> 本朝元老公为最，剑履频邀圣主恩。身是仙人餐沆瀣，名垂风雅并乾坤。高天北斗三能正，泰岱东方五岳尊。遥望蓬莱沧海上，金银宫阙见朝暾。③

清军入关之时，王士禛的家族经历了巨大的劫难，但王士禛本人却及早入仕新朝。梁佩兰说他"本朝元老公为最，剑履频邀圣主恩"一点都没夸张。王士禛不但"频邀圣主恩"，而且

---

① 《六莹堂集》，第124、125页。
② 见王士禛：《带经堂集》卷37，《渔洋续诗》卷15壬戌稿，《续修四库全书》集部1414册，影印康熙五十年程哲七略书堂刻本，第287页。
③ 《六莹堂集》，第325页。

还风雅超俗,领袖一代诗坛。

王士禛于康熙初年在诗坛上已经崭露头角,其后他的神韵说更是风靡一时。王士禛神韵说倾倒一代的时候,也正是梁佩兰极力博取功名和诗名之时。他在京会试期间常常与当时诗界名流王士禛、朱彝尊、纳兰性德、宋荦等唱和往还,难免受到他们的影响。在王士禛等人的影响下,他的诗风以及对诗歌创作的基本看法都发生了重大转变。王士禛和朱彝尊等人对梁佩兰诗风的影响请参阅上编第六章第五节《梁佩兰前后期诗风的不同与当时诗歌思潮的转变》。

王士禛虽是朝中显宦,但梁佩兰与之交游唱和却不见有干谒的痕迹。至于他心中是否深隐此意,则不可凭空臆想。

2. 渌水亭边唱和人

在纳兰性德周围,会聚了不少当时著名的诗人和名士,朱彝尊、顾贞观、严绳孙、陈维崧、姜宸英等皆是。纳兰家的渌水亭成了他们吟咏唱和的理想场所。梁佩兰在京期间也不时与会。

严绳孙

严绳孙(1623—1702)字荪友,号藕渔,无锡人。明刑部尚书一鹏孙。甲申弃诸生,以诗文擅名。康熙十八年(1679),以布衣荐试博学鸿词,授检讨,与修《明史》。迁宫允,历官日讲起居注官,山西乡试正考官,右中允,康熙二十三年(1684)告归。著《秋水集》。

康熙二十三年十一月梁佩兰应纳兰性德之邀赴京。本年冬,严绳孙"典顺天武闱乡试,事竣"①乞归。梁佩兰作《送

---

① 朱彝尊:《承德郎日讲官起居注右春坊右中允兼翰林院编修严君墓志铭》,朱彝尊:《曝书亭全集》卷76,上海中华书局聚珍仿宋版《四部备要》本,第9页。

严藕渔予假南还,次原韵》送别:

> 观空始觉云无影,习静方知性是真。(之三)
>
> 风光无处不淹留,物外何时得暂休?精舍自今依马迹,蓬池犹忆鹢龙舟。(之四)①

梁佩兰欲以禅佛观空世间一切,包括自己为之竞逐一生的场屋之事。"物外何时得暂休"一句道出了梁佩兰此时欲进不能,欲罢而心犹不甘的尴尬。

康熙二十六年丁卯(1687)春,严绳孙入粤。梁佩兰同屈大均、陈恭尹、吴文炜等与之游宴唱和。梁佩兰以名花丫兰赠之,并请严绳孙为法性禅院题写匾额。梁佩兰作《绿研诗为严藕渔赋》五首。

本年秋,严绳孙归无锡,梁佩兰作《送严藕渔归锡山,次予假原韵(时严客在粤)》四首:

> 相过似我怜同调,三耳无劳较是非。(之一)
>
> 归去定知忘客苦,交游难得见君真。(之三)②

明清之际,舍生取义,杀身成仁,乃志士遗民之语;世事幻梦,莫较是非,常常成为出仕新朝者的遁词。对严氏来说"三耳无劳较是非"真是知己之言。严绳孙感药亭道出了自己心声,作《酬梁药亭次余南归诗韵见送之作,并简别陈元孝、屈翁山、吴山带诸子》四首。③

严绳孙与梁佩兰皆为求仕之人,又同为渌水亭边的诗坛名流。严、梁二人心迹颇有相通之处。

---

① 《六莹堂集》,第 305 页。按:《岭南三大家诗选》作《次和严藕渔南归述怀四首》。

② 《六莹堂集》,第 306 页。

③ 严绳孙:《秋水集》卷 7,见《四库禁毁书丛刊》集部第 133 册,影印康熙雨青草堂刻本,第 594 页。

3. 交自少小之乡党

程可则

生平见前。顺治八年辛卯（1651）程可则举清朝在粤首次乡试。"壬辰［顺治九年（1652）］会试，举礼部第一，以磨勘首义，不得与殿试"，① 归南海。顺治十七年庚子（1660）春程可则应阁试，授内阁撰文中书，寻改内秘书院。康熙元年壬寅（1662）秋末，程可则以父丧归粤，梁佩兰同王鸣雷、陶璜、朱竹庵前往吊慰。这一年魏礼亦自海南回广州，梁佩兰与魏礼、湛用喈再次过访程可则并留宿于程可则戢山草堂分韵赋诗。徐乾学于这一年来游岭南。梁佩兰招同程可则、徐乾学、魏礼、王鸣雷、高俨、湛用喈、何绛、梁槤、陈恭尹、陶璜集六莹堂分赋。这是一次比较大型的文人聚会。梁佩兰几乎招集了全部当时能够参与的岭南文人与徐、魏二人相聚。

康熙二年癸卯（1663）四月初四夜，梁佩兰与程可则、王邦畿、王鸣雷、陈恭尹订游海幢寺。四月梁佩兰招同程可则、张宸、丘象升、汪汉翀、王邦畿游五羊观。这年夏天梁佩兰、程可则、丘象升、王鸣雷往海幢寺访释阿字、澹归。程可则《海日堂集》卷二有《同丘曙戒、王震生、梁药亭过海幢寺访阿字、丹霞二师》诗。之后梁佩兰与程可则又游海珠寺。这年夏秋之间，梁佩兰与程可则、陈恭尹出广州郊外漫步闲话。七月七日，梁赎回所典当之六莹琴，喜而赋诗，程可则、王鸣雷、朱竹庵、陶璜等与之唱和。程居丧期间与梁佩兰过往如此频繁，可见二人之亲密。是年秋，程可则与梁佩兰一同过访陈子升。陈子升诗云：

> 严城旅食笑孤身，结驷同来第一人。近市久知齐晏

---

① 郝玉麟修，鲁曾煜纂：（雍正）《广东通志》卷48，见《广州大典》第250册，影印雍正九年刻本，第214页。

子,登坛何有汉韩信。官街鼓响迎秋急,卜肆帘垂过雨新。歌罢无车终不出,愧君风雅为扶轮。①

陈子升感叹自己落魄江城,称赞程氏、梁氏扶轮风雅。

康熙三年甲辰(1664)梁佩兰在京应试,程可则与众人宿六莹堂,祝愿他此次场屋报捷。这年秋天程可则守丧期满,起复入都。《海日堂集》卷四有《甲辰秋免丧赴都留别羊城诸亲友》诗。

康熙四年乙巳(1665)程可则在京有诗寄梁佩兰等同社诗友。

康熙六年丁未(1667)梁佩兰会试再次落第,为解梁佩兰心中之抑郁,程可则与之同游西山。临行王士禛作《送周量同梁芝五游西山》诗送之。这年秋天梁佩兰南归,程可则作《雨中怀梁药亭》诗赠行。

康熙十二年癸丑(1673)春梁佩兰会试再次失利,寻离京,作《出京口号寄程周量》四首。其一云:

珂马丁当入禁庐,出京人驾小牛车。不因痛哭空陈策,那得穷愁更著书?

梁佩兰心中有无限悲苦,也只有向知己述说:

一个腐儒无处立,太行山色照来高。(其三)

有人问我作何事,答道昭王冢上来。(其四)②

胸中之愤懑不诉诸知己,还能向何处宣泄呢?四月程可则出任桂林知府,顺道回乡。之后赴桂林上任,梁佩兰作《送程湟溱职方出守桂林》诗送行:

大朝四月望日晓,皇帝宣下九重诏……愿祝皇帝万岁

---

① 陈子升:《程周量、梁芝五二子同过(二子会试乡试各第一)》,见《中洲草堂遗集》卷13,《丛书集成续编》第151册,影印道光二十年(1840)诗雪轩校刊本,台北新文丰出版公司1988年版,第369页。

② 《六莹堂集》,第106页。

令我太守官爵尊大禄长久，太守赋诗刻石垂不朽。借问太守是何人？朝中司马程湟溱。①

这首七言古诗气势煊赫，洋洋洒洒数百言。

梁佩兰与程可则有着乡党之谊，在师承上也有一定的关系。程可则师从陈邦彦，梁佩兰自称是陈私淑弟子。这也是拉近二人关系的一个因素。

三、镇抚一方之大员

梁佩兰所交地方大员也有不少，如吴兴祚、石琳、朱宏祚、殷化行、陈肇昌、左岘等。

吴兴祚

生平见前。梁佩兰热衷仕进，认为清初各种政治势力都急需人才，正是他应该乘时而出的时候。他积极应试，却屡屡受挫。场屋不利，其他门路也不妨试试。他人的提携，不但有利于自己进入仕途，对科举应试也没有害处。总督两粤的兵部尚书吴兴祚就近在眼前，再者吴也是一位能诗善咏之人，这样的共同爱好，也可以拉近两人的感情。梁佩兰的《上吴留村大司马》四首颇有章法。

> 玄黄亘天地，子气回阳春。玉衡运其机，节候方蕴隆……光流湘漓西，光流虎门东。顾彼宇下人，瞻仰同苍穹。（其一）

四首诗可分三部分。第一首诗是说现在形势一片大好，阳气正盛，万物方得其时。第二、第三首是歌颂吴大司马文武兼善，来粤之后军民绥和：

> 辕门日鼓吹，入夜传虮箭。政事填丘山，举之若羽

---

① 《六莹堂集》，第48—49页。

> 扇。从容坐铃阁，对客同芳宴。挠酒金留犁，沘笔龙尾砚。兴酣落蝌蚪，顷刻尽东绢。大略驱群才，风流轶儒彦。古来推谢公，今日重得见。（其三）
>
> 上居葡萄宫，天下歌太平。公持节钺来，百粤为肃清。文武奉宪法，小大廉且明。军民赖绥和，出入如弟兄。士习归频璧，民农遵沟塍。岁时一蒐苗，俎豆藏甲兵。玳瑁为朱旗，孔翠为旄旌。勋伐勒铜柱，千载垂令名。上曰惟公贤，永为粤金城。（其二）

第四首点明主旨，希望吴大司马能够助一臂之力，让他乘时而出：

> 名材出豫章，美竹产云梦。天地生我时，忍使终无用？如何蓬室士，岁月惟抱瓮？守拙任沉冥，陶情类疏纵。荷公顾细微，风雅时见重。走兽尊麒麟，飞鸟托鸾凤。请为《下里》歌，金石待磨砻。（其四）①

这四首诗虽然是为干谒而作，但用语委婉，表达含蓄，并不会使人觉得不自然。

康熙二十三年甲子（1684）五月四日，梁为吴兴祚书"偶值放衙闲啸咏，何妨挂笏对云山"楹联。

"康熙二十八年己巳（1689）六月，两广总督吴兴祚，以鼓铸不实黜官。"② 康熙二十九年庚午（1690）冬吴兴祚欲离粤北上，梁佩兰送之以五古长诗《吴留村制军北归，诗以送之》，对吴兴祚的政绩善行多所称颂。最后又指斥了暗中算计的小人：

> 公为请设局，粤饷可给半。讵为军储资，翻来小人

---

① 《六莹堂集》，第 129 页。
② 赵尔巽等撰：《清史稿》卷 7，中华书局 1977 年版，第 228 页。按：吴之后石琳继任两广总督。梁佩兰与石琳亦有交游，作《寿石琅公制军》诗。

讪。凤皇鸣高冈,弋者思挟弹。①

梁佩兰于康熙二十七年(1688)中进士入翰林,第二年即请假南归。此时的他已看淡了许多事情,向佛之心日炽。他此时的颂美之辞应该是由衷之言。

陈肇昌

陈肇昌(1635—?),字省斋,湖广黄冈人。顺治十五年(1658)进士。康熙十七年(1678)任广东提学道,康熙二十年(1681)去任。

康熙二十年辛酉(1681)广东提学道陈肇昌任满还都,梁佩兰作《赠陈省斋学使二十韵》五言排律:

> 斯文真主邕,大雅复椎轮。叔夜闲依柳,西施久负薪。云泥瞻碧汉,道德仰人伦。遇赏元牛铎,当锋即兔毚。倘蒙沧海水,应纵尺波鳞。②

梁佩兰在诗中称颂陈肇昌主持斯文,士子仰望,且感叹自己怀才不售。

陈肇昌长子陈子山,次子陈仲夔,时侍父在粤,与屈、梁、陈三家亦有交游,且颇为密切。陈仲夔,字大章,号雨山,于康熙二十七年(1688)中进士选为翰林馆庶吉士,与梁佩兰有同年之谊。

第三节 梁佩兰与明遗民之交游

梁佩兰尽管自年轻时期即热衷仕进,但他也结交了不少前明遗民。许多已经入仕新朝的高官显贵结交遗民,有其化解仕清之羞,和求得汉族士人谅解的用意。而对于梁佩兰这样一位迟迟未能进入仕途的失意者来说,这也许不是其主要的目的。

---

① 《六莹堂集》,第135页。
② 《六莹堂集》,第295页。

就梁佩兰来说，我们任何过多的联想也许都是多馀的穿凿附会。他与遗民文人的交往应该主要是出于文人之间的惺惺相惜，或切磋诗文的需要。同时，也不能简单地以他积极入仕而否定他一定程度地怀抱故国之情。积极入仕是出于现实的考量；而故国之情则主要生成于人的本能与传统文化的结合。因此他与遗民交游，还可能有着与遗民共诉故国之情的内在需要。

一、梁佩兰与岭南遗民文人群

梁佩兰结交的岭南遗民文人很多，主要有屈大均、陈恭尹、谢元汴、张穆、高俨、陈子升、王邦畿、岑徵、何巩道、何绛、王鸣雷、陶璜和遗民僧成鹫等。在他与这些遗民之间，笔者几乎看不出政治归属所造成的隔阂。

顺治十七年庚子（1660）初秋，梁佩兰与岑梵则、张穆、陈子升、王邦畿、梁槤、何绛、梁观、陈恭尹集于高俨西园旅舍唱和。这之中除梁佩兰外，皆为遗民。心系故国的遗民并没有因梁佩兰作出与自己完全不同的政治选择而排斥孤立他。本年仲夏魏礼来粤，寄宿梁佩兰家。本年秋，梁佩兰邀岭南遗民文人梁槤、何绛、陈恭尹、陶璜等与魏礼游宿灵洲山寺，并各吟诗纪其事，寄语王邦畿、王鸣雷：

> 此夜吟诗不肯休，村前村后水中洲。潮声出海鸟归树，月色下山人上楼。难得老僧时共语，重怜良友不同游。忽看远映生空思，漠漠兼葭一气秋。（《宿灵洲山寺同魏和公、何不偕、陈元孝、陶苦子、家器圃，因寄王说作、东村》）①

此诗的意境，出脱凡尘，空旷净远。之后梁佩兰又与陈子升、

---

① 《六莹堂集》，第93页。

王邦畿、梁梿一起共赋秋夜。

康熙元年壬寅（1662）中秋，梁佩兰与岑梵则、张穆、陈子升、王邦畿、高俨、庞嘉鳌、梁观、屈士煌、屈大均、陈恭尹等岭南遗民宴集于广州西郊。屈大均为述崇祯皇帝御琴事，座中为之罢酒，陈子升、陈恭尹皆有七古长歌《崇祯皇帝御琴歌》。

> 烈皇宵衣坐璇殿，欲奏南薰和赤县。朱丝七轸轸七弦，一时进绝君王前。君王三月骑龙去，神物潜行越河泗。罗浮道士搜遗弓，五拜亲瞻翔凤字。来归泣语临秋浦，白日晶晶倏飞雨。(陈恭尹《崇祯皇帝御琴歌》)①

梁佩兰当时虽无作品留下，但可以肯定在这种氛围中他难免受其感染，难免不生故国之情。本年冬夜遗民岑梵则、王邦畿、王鸣雷又集梁佩兰寓斋烧烛论诗。就年龄而言，梁氏要小于这几位遗民，然而他们之间却齐集梁佩兰处深夜对语。可以看出他们之间关系是相当亲密的。

康熙二年癸卯（1663）四月初四夜，梁佩兰与王邦畿、王鸣雷、陈恭尹、程可则订游海幢寺。王邦畿《浴佛前四夜与周量、芝五、震生、元孝订游海幢寺先柬阿首座分得城字》诗云：

> 春风已作三朝别，夏月哉生此夕明。堪叹华年同逝水，却思野寺隔孤城。栽池小藕经时长，浴佛馀香濯虑清。有约届期谁后到，大师有罚记渠名。②

本月梁佩兰又约王邦畿、程可则、张宸、丘象升、汪汉翀共游五羊观。夏，梁佩兰与遗民王鸣雷及丘象升、程可则往海幢寺

---

① 《陈恭尹集》，第61页。
② 《耳鸣集》七言律二，见《广州大典》第435册，影印清初古厚堂刻本，第802页。

访释阿字①及澹归和尚。程可则《海日堂集》卷二有《同丘曙戒、王震生、梁药亭过海幢寺访阿字、丹霞二师》。这一时期梁佩兰与这些岭南遗民可谓交游频繁。梁佩兰于顺治十四年（1657）中举之后其功名欲极度膨胀，但这些颇重名节的遗民却与之过往不绝。

康熙二年癸卯（1663）七月七日梁佩兰赎回所典当的六莹琴，喜而赋诗。遗民王鸣雷、陶璜等亦于当日唱和祝贺。王邦畿有《和梁芝五〈琴六莹典人十七月，几不归，癸卯牛女夕得金赎还，喜赋〉之作》。诗云：

> 银烛生花月上弦，小星双渡大河前。箫声谙得红楼语，琴曲欣逢白雪篇。今夜忽然还太古，元音终是属高贤。欢情似为离情倍，莫恨西风动隔年。②

陈子升未能赴六莹堂与会，却也寄诗相贺。王说作未受政治归属的影响，在诗中肯定梁佩兰堪为高贤。这年重阳日六莹堂前一朵梅花先时绽放，王邦畿、陈恭尹又齐集梁佩兰处赋咏。王邦畿《六十四方草堂堂前梅重阳日一花开》诗云：

> 高枝独立迥无邻，先报琼华第一春。气骨定知名士品，须眉应类上仙人。似窥玉盏酬佳节，疑笑金英狎隐

---

① 阿字，为海幢寺首座。曾与真乘禅师往沈阳访函可禅师。孙静庵《明遗民录》云："真乘禅师，与父圆实同出家。祖心戍沈阳，真乘与阿字欲出塞访之，以父在，迟迟其行。圆实呵之曰：'而兄不知死所，道谊之谓何？'遂含泪出门，徒步万里访祖心。相见之次，而圆实之讣音至。祖心哭之诗云：'扶子携孙入化城，闽天风雨草鞋轻。'则知真乘父子，固空隐住西禅时所剃度也。顾与治谓真乘少与祖心同学，同著时名，同依空隐老人剃发。而祖心之送阿字诗云：'少小不相识，缘师起相思。毅然请独行，随身破衲衣。'则阿字与祖心先不相知者。阿字后住海幢寺为首座，与程周量、王说作往来有诗。"（见孙静庵，赵一生标点：《明遗民录》，浙江古籍出版社1985年版，第361页。）

② 《耳鸣集》七言律二，见《广州大典》第435册，影印清初古厚堂刻本，第803页。

沦。冰雪文章谁并美,草堂新咏见丰神。①

"气骨定知名士品"句,应是对梁佩兰的肯定。是年秋梁佩兰赴京会试,王邦畿、何绛以诗送之。

康熙三年甲辰(1664),梁佩兰在京应试,陈恭尹、王邦畿、王鸣雷和程可则宿六莹堂,想是为梁佩兰祈祷,希望他此次场屋报捷。陈恭尹有《春夜同王说作王东村程周量宿六莹堂怀主人梁药亭》。程可则为清朝新贵,梁佩兰为清朝举子,身份与这些遗民迥然不同,不过从这些交往看,他们之间的关系倒是比较密切。其得其失,颇为这些遗民牵挂。这班遗民对梁佩兰积极入仕,不但表示充分理解,同时还寄有深切的期望。很不幸,这次会试梁佩兰又铩羽而归,继而南游吴越。游吴期间,梁佩兰作《客吴门寄王说作》诗云:

> 万重山外千重水,追忆同君旧入林。为友过于兄弟谊,望余兼有父师心。春晴谁信无莺语,秋气偏来迓客吟。又是一年时节了,吴门枫落大江深。②

梁佩兰心情之糟糕毋需多言,有意思的是在这首诗中直言二人友情超过兄弟,王邦畿之于他,堪比父师渴望他应试一举得中,金殿唱名。

康熙四年乙巳(1665)王邦畿卒,梁佩兰作《挽王说作》五首:

> 未哭歌先短,穷交二十年。几人泉下路,似汝世间贤!(其一)

> 亦有《江南赋》,缠绵类《楚词》。重华不可就,山鬼至今悲。老去梳头发,闲来执钓丝。衣冠相见日,空叹

---

① 《耳鸣集》七言律二,见《广州大典》第435册,影印清初古厚堂刻本,第805页。
② 《六莹堂集》,第90页。

不同时。(其四)①

此诗其一痛陈他们之间的深情厚谊,贫贱穷途之交,尤其可贵。其四主要叙述了王邦畿的故国深情。"重华不可就,山鬼至今悲",这山鬼之悲是否也是梁氏之悲呢?

是年春,屈大均北上金陵,梁佩兰与陈子升、陈恭尹一起为之饯行,同赋《罗浮蝴蝶歌》。

康熙五年丙午(1666)之后梁佩兰里居期间,常与陈子升、陈恭尹等遗民唱和。梁佩兰在陈子升《中洲草堂遗集识》中说:"(陈子升)自丙午、丁未以后,多半与予及陈元孝往还,唱酬题咏。"②

康熙六年(1667)丁未梁佩兰会试落第,秋南归,抵里。何巩道作《问梁药亭下第》以表安慰:

> 扁舟知尔称闲身,不向长安寂寞春。白璧枉劳三献楚,黑貂何用更干秦?山轩别去愁芳草,海国归来理钓纶。一夜西风吹梦醒,沙鸥今日始相亲。③

康熙十年辛亥(1671)八月,梁佩兰与遗民屈大均、陈恭尹、林梧等一起泛舟东莞东湖,至晚宴集于吏部郎中尹源进兰陔别墅。

康熙十二年癸丑(1673)秋查容归海宁,梁佩兰与遗民张穆、屈大均、陈恭尹以诗送之:

> 同时我友陈与屈,共君凭吊飞健笔。大珠小珠星月

---

① 《六莹堂集》,第60页。
② 陈子升:《中洲草堂遗集》卷首,《丛书集成续编》第151册,影印道光二十年(1840)诗雪轩校刊本,台北新文丰出版公司1988年版,第269页。
③ 何巩道:《槲巢诗集》不分卷,见《广州大典》第441册,影印清钞本,第359页。何巩道,字皇图,广东香山人。明诸生,工诗,著《槲巢诗集》。其父何吾驺,于崇祯、隆武、绍武、永历四朝,俱官大学士。何巩道少聪慧,入清后徜徉自废,绝意仕进,亦为遗民之流。正值盛年,为怨家夜杀于道。

上编　岭南三大家的交游和创作

出，前古后今事非一。(梁佩兰《送查韬荒归秀州》)①

查容于康熙十一年壬子（1672）冬入粤后，梁佩兰与屈大均、陈恭尹、张穆等遗民与之有所交往。查容不但是这些岭南遗民的朋友，同时也是梁佩兰的好友。

康熙十七年戊午（1678）梁佩兰与遗民庞祖如和遗民僧成鹫②等避乱于弼唐。成鹫《纪梦编年》"戊午"条云："惟弼唐为安土，盖先儒之后，俗厚人淳，有理学之遗风焉。明经祖如高士法启，弼唐公后昆也，避地者咸奉之为居亭。梁药亭太史为首倡，予亦与焉。买地十馀亩，环溪卜筑，匝以箐篁，森然有山水之趣。药亭顾而乐之，谓同事者曰：'此漫隐之所，我辈岂蓬蒿人耶！'遂名其地为漫溪，自号漫溪翁焉。"③

康熙十九年庚申（1680）梁佩兰、方殿元、吴文炜、黄河澄与遗民何绛、陶璜、陈恭尹等重修兰湖白莲诗社。入清以来，参与诗社活动的岭南文士，有遗民，也有积极科进之人，而此后岭南文人雅集，参与者遗民日渐稀少，仕清之人日见其多。康熙二十二年癸亥（1683）四月十日，潘楳元招

---

① 《六莹堂集》，第35页。

② 释成鹫（1637—1722），本名方颛恺，字麟趾，番禺人。方殿元从弟。其父骐举明季乙酉（顺治二年）科乡荐。顺治六年、永历三年己丑（1649），补明诸生。时永历行宫在肇庆，明亡弃去。己未（康熙十八年）别母，礼石洞为居士，法名光鹫。第二年八月至西宁（今郁南县），欲躬耕而未果。辛酉（康熙二十年）六月，礼石洞禀受十戒，晚年从平阳祖派，更名成鹫，字迹删，又曰即山。成鹫、陶璜、何绛等与海上奉永历正朔者结为生死之交，尝渡海至澳门、琼州，踪迹突兀，实有所图。陈恭尹居西樵，成鹫自号东樵，若之抗。陈恭尹死后，成鹫为文祭之。成鹫与屈大均、梁佩兰等皆有唱酬。其文尽情发泄，不拘守八家准绳。颇有似《庄子》处。诗亦快吐胸臆，不作禅语，无雕琢摹仿之习，仍是经生面目。著有《咸陟堂诗文集》、《纪梦编年》等。

③ 释成鹫：《纪梦编年》"戊午"条，见成鹫和尚著，曹旅宁等点校：《咸陟堂集》第2册，广东旅游出版社2008年版，第310页。

梁佩兰、陈恭尹、林梧、王世桢、汪煜、查嗣瑮、徐令、王完赵集其视苍楼送春。其中可以肯定为岭南遗民者只有陈、林二人。

康熙二十四年（1685）冬夜，梁佩兰同陈恭尹、王鸣雷、林梧、陶璜等宴集于西郊差山堂，分韵赋诗。①梁佩兰在仕途上一再受挫，在他萌生退意之时，陈恭尹耐心劝勉。康熙二十七年戊辰（1688）梁佩兰中会试第十名。何绛、陈恭尹等寄诗庆贺。陈恭尹诗云：

> 同人在处交相庆，异梦行时早报祥。岭海近来萧索甚，回天期尔续文康。（《寄怀梁药亭（三首）》之二）
> 比来频得欲归音，知尔青山恋恋心……翰苑此时声价重，莫将文字卖鸡林。（《寄怀梁药亭（三首）》之三）②

陈恭尹等遗民为梁佩兰进士得中而交相庆贺，且为他决意南归而衷心高兴。"莫将文字卖鸡林"，可以说是知己之言。

康熙二十八年己巳（1689）初夏梁佩兰请假南归。陈子升、屈大均以诗词贺梁佩兰南还。陈子升云："心轻进士举，归以骚人托。"③

> 才人得志，喜锦绣昼还，秋气晴爽。凤阁鸾台第一，紫微初掌。炎方休沐承恩返，驻吴帆、玉人同上……富贵神仙总得，有何退想？文章百卷虽尘垢，喜高名日月皆仰。（屈大均《桂枝香·贺梁太史给假南还》）④

陈子升、屈大均等遗民为梁佩兰博取功名而庆贺，又为他得志南还而高兴。梁佩兰此时真可谓功名神仙。

---

① 吕永光：《梁佩兰年谱简编》本年条，见《六莹堂集》，第472页。
② 《陈恭尹集》，第380页。
③ 陈子升：《赠梁芝五》，见《中洲草堂遗集》卷5，《丛书集成续编》第151册，影印道光二十年（1840）诗雪轩校刊本，台北新文丰出版公司1988年版，第299页。
④ 《屈大均全集》第2册，第1482页。

康熙三十一年壬申（1692）正月十七日大汕邀屈大均、梁佩兰、陈恭尹、龚翔麟、王煐、陈廷策、陈子升、王世桢等十多人，社集长寿寺离六堂。参与的岭南遗民只有陈子升、屈大均、陈恭尹。此后参与这种雅集的遗民愈来愈少。

二、梁佩兰与来粤遗民之交游

梁佩兰与来粤遗民的交游不算很多，主要有魏礼、彭士望、王世桢、蓝涟、张杉、张梯、高兆、金堡等。在梁佩兰所交来粤遗民中，其交游最为密切的是"易堂九子"之一魏礼。

魏礼

生平见前。魏礼曾数次来粤，多次客居梁佩兰家。顺治十五年戊戌（1658）魏礼入粤，客梁家。魏礼《舟抵章贡与芝五述别》诗云：

> 高秋八九月，秋色何清真。白玉为君堂，栏杆镂锁文。图书列成行，一一皆精新。帘笼青翠树，墀藓斑驳纹。命我村奚奴，襆我敝衾裯。眠我湘竹床，为我更夕飧。我之好友止，厥维何、陶、陈。络绎各宾客，皆属诗书人。月上散花雪，未到先氤氲。手擘蕉子香，叹息荔枝辰。海风鼓洪波，陈、何东南奔。我为乘风叶，徜恍忽逢君。喜就同舟约，竟夕托清言。山川识人面，奄忽章水滨。君前执我手，惆怅期明春。相将度高秋，薜萝待君扪。①

从这首诗可以看出两人之间的友谊。这期间魏礼不但受到梁佩兰的热情招待，还结识了陈恭尹、何绛、陶璜等遗民朋友。至

---

① 魏礼：《魏季子文集》卷2，见魏际瑞等著，林时益辑：《宁都三魏全集》，《四库禁毁书丛刊》集部第5册，影印道光二十五年宁都谢庭绶绶园书塾重刻本，第506页。

于魏礼为何入粤即客梁家,则不得而知。时已入秋,梁佩兰准备参加第二年的会试,与湛用喈、魏礼同行北上。舟中值魏礼生日,梁佩兰赋诗以贺。梁佩兰《舟中值和公生日,得诗三章》其一云:

  夷齐非好饿,采蕨必首阳。子陵非好贫,钓鱼必桐江。君看忘名士,出处关纲常。仁义为华簪,诗书当糇粮。松柏有直心,车轮无转肠。藏名以为珍,闻名以为殃。

  飞鸟傍朱凤,走兽尊麒麟。我本泥涔人,慕君坚白身。食梅必知酸,食桃必知辛。苟其志尚存,他山可为邻。(其二)①

梁佩兰这两首诗所蕴含的心思是多面的,其表达可谓迂回吞吐,曲折盘绕。他既认为"采蕨必首阳"、"钓鱼必桐江",出处关乎纲常,同时又云"飞鸟傍朱凤,走兽尊麒麟",为他积极入仕寻找借口。不过,每个人都要为自己的选择负责:"食梅必知酸,食桃必知辛。"梁佩兰行至赣州与魏礼分别。

顺治十七年庚子(1660)仲夏,魏礼再次入粤,仍寄宿梁佩兰家。这期间魏礼结交粤中遗民更多。这年秋天,梁佩兰与魏礼、梁梿、何绛、陈恭尹、陶璜游宿灵洲山寺,各吟诗纪其事,并寄语王邦畿、王鸣雷。梁佩兰作《宿灵洲山寺同魏和公、何不偕、陈元孝、陶苦子、家器圃,因寄王说作、东村》。诗云:

  此夜吟诗不肯休,村前村后水中洲。潮声出海鸟归树,月色下山人上楼。难得老僧时共语,重怜良友不同

---

① 黄永纶修,杨锡龄等纂:《宁都直隶州志》之《艺文志四》,道光四年刊本。此诗梁佩兰《六莹堂集》(初集)卷2题作《赠魏和公》只有第一首,且字句有出入,另外两首《六莹堂集》失收。

游。忽看远映生空思，漠漠蒹葭一气秋。①

这首诗只说友情不及各自身份的不同。同游者中唯有梁佩兰一人为热衷仕进者。

顺治十八年辛丑（1661），魏礼往海南，第二年即康熙元年壬寅（1662）魏礼自海南渡海回广州，留羊城一月。梁佩兰再与之相晤。时程可则正丁忧在家，徐乾学游粤。梁佩兰与魏礼、湛用啔一起过访留宿程可则蕺山草堂，并拈题分赋。梁佩兰又招同魏礼、徐乾学、王鸣雷、高俨、湛用啔、程可则、何绛、梁槤、陈恭尹、陶璜集六莹堂分赋。一月之后，魏礼归宁都。

康熙十二年癸丑（1673）梁佩兰会试落第南归，途经宁都，会彭士望。魏礼有书致之。魏礼在《魏季子文集》卷九《答梁药亭》中畅言相别十三年以来对梁氏的思念，以及自己的所历所感。

魏礼性格桀骜不驯，"（魏）禧尝称其沉毅刚苦，勇于义概。虽水火白刃不易其一言，謇謇谔谔。尊亲之前，无所回其是非。性卞，须张如钩子，人触其须则怒发不可忍。然挥金无吝色，儒而近侠"。② 有着这种性格的遗民魏礼，与热衷仕进的梁佩兰为何能成为非常亲密的朋友，其中委曲作为后来之人难以尽知。如果仅仅从政治的角度显然无法进行解读。

彭士望

生平见前。康熙十二年癸丑（1673）梁佩兰会试落第南归，途经宁都，过访彭士望。

康熙十四年乙卯（1675）彭士望来广州，时梁佩兰在粤，二人当有接触。彭士望对梁佩兰及其诗都评价甚高：

梁药亭狂士也，与人少可，而其中固有所不屑为。以

---

① 《六莹堂集》，第93页。
② 邓之诚：《清诗纪事初编》，上海古籍出版社2013年版，第206页。

> 是落落得傲物名。药亭弗顾也……药亭既得苏子瞻六莹琴,以名其堂,即以堂名其诗。惟与北田诸子及里之素朴能文者日哦其中。而药亭之诗极似其人……俱以老法驭之。尤善长句,才格在供奉、奉常间,乐府跳脱拗折,自言其意不欲似古人,益心贱李于鳞、王弇州剽割作寒乞相。①

在这篇序文中彭士望对梁佩兰有一些细节刻画,并对梁佩兰大加赞赏。

张杉、张梯

生平见前。康熙十九年庚申(1680)张杉游粤。张杉之侄任职广东盐市司提举,张杉过其任所。李士桢《抚粤政略》载,康熙十九年(1680)至二十一年(1682),广东盐课提举为张溱。张溱或即其侄。康熙二十年辛酉(1681)张杉欲返越州。梁佩兰有《送张南士归四明》诗:

> 四壁原无愧,皇天贱汝躬。但能依老母,即可答先公。心事萌香草,呻吟托病虫。白云持几片,期与故人同。(其三)②

尽管梁佩兰人生取舍有别于张杉,但对张杉的侠心义胆和遗民情怀还是给予了肯定和赞颂。张杉未及归即病卒于岭南。

康熙二十五年丙寅(1686)春日,镇远将军王永誉府中牡丹盛开。梁佩兰和张梯应王永誉之招同屈大均、陈恭尹、张远、陈阿平等雅集于倚剑堂,赏花分赋。梁佩兰有《王孝扬将军招同屈翁山、陈元孝、方鹤洲幕府雅集,时牡丹盛开,分赋得"盐"字》。诗云:

---

① 彭士望:《六莹堂诗序》,见彭士望:《耻躬堂文钞》卷6,《四库禁毁书丛刊》集部第52册,影印咸丰二年刻本,第108页。按:梁佩兰《六莹堂集》未收此序。

② 《六莹堂集》,第54页。

> 将军武库本森严,儒雅风流掌玉铃。自喜著书同杜预,谁从作赋拟江淹?光风彩燕穿红幕,绮席新词续《昔盐》。况是采兰天气候,牡丹花发正当帘。①

本年夏,梁佩兰再与张梯、陈恭尹、王世桢、朱研、周文康、林梧、董克灌、王完赵集于潘楳元视苍楼分赋。

王世桢

生平见前。康熙二十年辛酉(1681)吴兴祚督粤,王世桢应吴兴祚之约来广州。康熙二十二年癸亥(1683)四月十日、康熙二十五年丙寅(1686)夏,梁佩兰两次与王世桢等集视苍楼分赋。

康熙三十年辛未(1691)夏,王世桢与屈大均、陈恭尹、林梧等集于六莹堂,众人以诗送王世桢归无锡。梁佩兰作《送王础尘归毗陵,次原韵》:

> 历块平生遍九州,黄河倒日看飞流。雄心静后犹时动,仙骨生成不待修。世路风尘怜北首,土风诗句纪南游。惠山茅屋还无恙,听取泉声共耳谋。(其二)②

"雄心静后犹时动",梁佩兰对王世桢一生的行迹以及其复国之志是非常清楚的,并且也清楚其不甘就此罢休的心思。

康熙三十一年壬申(1692)正月十七日,释大汕邀梁佩兰、王世桢、屈大均、陈恭尹、王煐、龚翔麟、陈廷策、陈子升、廖焞、季煌、沈上钱、方正玉、朱汉源、黄河澄、黄河图社集长寿寺离六堂,分韵赋诗。梁佩兰作《上元后二夕,长寿石公邀同龚蘅圃、王紫铨、陈毅庵、方鹤洲、朱汉源、陈生洲、季伟公、陈元孝、屈翁山、廖南昉、黄葵之、摄之社集离六堂分韵》:

> 石林好似绿槐街,不论宫靴与笋鞋。幽处尽堪延步

---

① 《六莹堂集》,第306页。
② 《六莹堂集》,第311页。

履,闲来真欲外形骸。十分春色凭花笑,一片孤情向酒埋。拟学维摩留半榻,夜阑烧烛话空斋。(其二)①

"不论宫靴与笋鞋",明末清初岭南诗社成员复杂,有遗民,有当地官员,也有南下的朝中显宦,他们常常齐集一堂,吟诗填词。

王世桢立志恢复,以至于未遂其志,临终愤不归葬。积极入仕的梁佩兰与之成为朋友,其相处之道确有后世之人不易明白之处。

蓝涟

生平见前。蓝涟来粤非止一次,他何时初来岭南不得而知。康熙三十三年甲戌(1694)蓝涟来粤,与岭南三家皆有交游。康熙三十四年乙亥(1695)端午,梁佩兰招同蓝涟、屈大均、陈恭尹、王煐、廖燀、吴文炜、王隼泛舟珠江观竞渡。这一年的除夕蓝涟仍滞留粤中,并与陈恭尹等人在王煐寓斋一起守岁。

康熙三十五年丙子(1696)正月二十九日,蓝涟和梁佩兰应王煐之招同屈大均、陈恭尹、袁景星、史申义、王原、于廷弼、史万夫、岑徵、廖燀、吴文炜、王隼、林贻熊、陈阿平、曾秩长、梁无技、黄汉人宴集于广州城南寓斋,席上分赋。这年夏望后二日,王煐再招同梁佩兰、蓝涟、李录予、袁景星游灵洲宝陀寺,留宿于释敏言僧舍,分赋。梁佩兰作《王紫诠观察招同李山公宫詹、袁休庵通政、蓝采饮山人游灵洲宝陀寺,留宿敏言上人精舍,限韵九首》:

话到佳山意已遥,松门今始共良宵。照林水色疑霜雪,点地山花满桂椒。清梦石床移簟冷,白檀香篆向人摇。孤心独忆三生事,容易繁华托寂寥。(其二)②

---

① 《六莹堂集》,第309页。
② 《六莹堂集》,第312页。

在寺言佛,这九首诗,首首及禅,并非应景之作,梁佩兰晚年确有向佛之心。

三、梁佩兰与其他遗民之交游

梁佩兰所交遗民除著籍岭南者和外省入粤遗民之外,还交有吕潜、罗牧、石涛等。

吕潜

吕潜(生卒年不详),字半隐,号孔昭,别号石山农,四川遂宁人,为故明兵部尚书吕大器长子。举崇祯十六年(1643)进士,授太常博士。博学、工诗、善画,性旷达,淡于仕进,乱离后,流寓江左四十馀载,卖书画自给娱老。善花草,用笔放纵,而不越矩矱,神气清朗可贵。

> 吕潜,字石山,号半隐……崇祯十六年进士,授太常博士。明年李贼陷京师,时大器官南京,以劾马士英去,入粤。潜奉母寓苕,复客于扬。初闻父殁都匀,继遭母故邗江,流离遘播,极人世琐尾之苦。以蜀道险远,且继有滇黔之乱,往来苕与扬者四十年,至康熙二十四年始扶母柩旋里,并迁父柩至遂。先是,潜离蜀,女生才五月,至是四十六年矣,潜见女有"牵衣惊老大,掩涕述流离"之句。归名其楼曰课耕,日惟徜徉山水,年八十六卒。所著有《怀归》、《守闲》、《课耕》诸诗文集。①

康熙二十四年乙丑(1685),吕潜自扬州扶母柩归蜀。梁佩兰于这一年会试落第南归,经扬州。梁佩兰与吴绮、卓尔堪等赋诗送吕潜归蜀葬母。蜀道险远,吕潜变卖衣囊为路资,终

---

① 孙海等修,李星根纂:(光绪)《遂宁县志》卷3"学行",见四川省地方志编纂委员会辑:《四川历代方志集成》第1辑第16册,国家图书馆出版社2015年影印本,第635页。

于还蜀。"假贷于亲串,斥卖其衣囊,仅乃得道路之十一,先生毅然遂行。"① 卓尔堪作《送吕半隐太常归蜀葬母,同吴蔺次、梁佩兰赋》:

> 辞乡曾记日,四十四经春。门巷多新草,山川是旧邻。空囊归旅榇,野服拜先人。遗老江湖少,蚕从问隐沦。②

梁佩兰与吕潜交往不多,亦未见二人之唱和之诗。

石涛

石涛(1642—1707),即朱若极,明靖江王后裔,籍广西全州,更名元济,字石涛。明亡为僧,精于绘事,为清初一大家,所为诗画"排奡纵横,真气充沛",为后世所宗。

康熙四十二年癸未(1703)春,梁佩兰应诏抵京。四月梁佩兰等三十人,以不习满文,谕"归进士班用"。③ 九月离京,沿运河行至扬州,居留扬州期间与石涛结识。梁佩兰诗云:

> 闭门长许日相寻,不负神交十载心。乱后王孙成白首,对来风雪况寒林。苍梧八桂天何远,楚水三湘梦独深。得似神仙住人世,丹砂还学铸黄金。(《赠石涛道人》)④

由"神交十载"句,知梁佩兰与石涛早就相互了解,神交

---

① 孙海等修,李星根纂:(光绪)《遂宁县志》卷4《艺文上·吕大器传》之附录陆廷抡《吕半隐怀归草堂诗序》,见四川省地方志编纂委员会辑:《四川历代方志集成》第1辑第16册,2015年国家图书馆出版社影印本,第721页。

② 卓尔堪辑:《遗民诗》之附录《近青堂诗》,《四库禁毁书丛刊》集部第21册,影印康熙刻本,第740页。

③ 《清实录》卷212《圣祖仁皇帝实录三》,中华书局2008年版,第5093页。

④ 《六莹堂集》,第327页。

已久。

石涛是有着特殊身份的遗民，不但遗民多乐与之交游，而且如梁佩兰之积极入仕者也喜与之结交。

康熙亲政之后，推行满汉一家的政策，就现在掌握的文献而言，笔者没有见到明确禁止官员与遗民交游的规定。就梁佩兰个人来说，他与遗民交游唱和应该没有什么特别严肃的政治目的。也许仕清之人与遗民交游，在当时人看来属平常之事。不过，这类平常之事却让讲政治的现代人大为费解。

第五章　岭南三大家的思想与诗歌的抒情内容

第一节　屈大均的王霸人格

屈大均有着强烈的儒学情结和对儒学的坚强信念。坚守儒学的文字充塞了他文章的各个角落。儒学是其全部思想中最基本、最重要的组成部分。因为他处处明确宣示这一点，所以其思想中的儒学成分，已毋庸论述。尽管他自认为是一位儒者，但他的行为和诗文却又明显地表现出他存在着许多异于儒者的地方。王霸思想就是其中非常重要的一面。

屈大均是以经营天下的英雄豪杰自许的人，欲如张良一样，安顿好天下之后，仙游世外。甚至刘邦的丞相萧何、曹参都遭其鄙薄。中原板荡，沧海横流，正是他扬志奋起之时。他性格躁狂、乐观，不顾时势，敢以一人之力抗滔天洪水。

屈大均异于常人的性格特质其实前人早有发现。他非常亲密的朋友梁佩兰在《六莹堂集》卷二《寄怀屈翁山客雁门》诗中云："平生论王霸，中具胆与识。"① 与屈大均同时而稍后

---

① 《六莹堂集》，第21页。

的诗人费锡璜这样评价他:"一代声名出至公,诗人原自属英雄。"① 近代人陈融在《颙园诗话》中引胡汉民语:"翁山如燕、赵豪杰。"陈融在《读岭南人诗绝句》中也说:"从来燕赵称豪杰,舍却沙亭何处寻?"② 此以地名沙亭指代大均。如果仅仅说屈大均具有英雄豪杰的品性,似乎还有些不够到位。其作品中的英雄之气太过充沛,似乎已经超出了我们通常所谓的英雄豪杰,以至于显示出较为明显的王霸之气。王霸之气或王霸人格,因受传统文化的影响,向来为人们所讳言。人们即使发现某人具有这样的品性,也一定曲为释解,或笼统地称之为英雄豪杰,除非他本人已经称王称霸。清初宋长白在评价屈大均时就曾经如此用笔:"吾欲以竟陵所云'有霸气而不必其王,有菩萨气而不必其佛',移以赠之。"③ 宋长白犹抱琵琶半遮面式的评论,其实已经透露出这样一个事实:在屈大均身上有一种王霸之气。

屈大均乐于自比或认同的人格类型主要有四类:志士遗民、得道神仙、蛟龙神虬、帝王之师。从他所乐于自比的后两种人格类型看,也可以肯定他应该有着不同于常人的图王图霸的人格特质。

一、自比神龙

屈大均天生异质。年少之时,天然禅师一见,即被其英特

---

① 《屈翁山先生以四诗寄我,论诗大旨与鄙意符合,先生没后,乃见其诗于集中,作此寄吊》之一,见费锡璜:《掣鲸堂诗集》之《七绝一》,《四库禁毁书丛刊》集部第 187 册,影印康熙刻本,第 290 页。

② 转引自郭绍虞、钱仲联、王蘧常编:《万首论诗绝句》,人民文学出版社 1991 年版,第 1797 页。

③ 宋长白:《柳亭诗话》卷 25,见《续修四库全书》集部 1700 册,影印康熙天苗园刻本,第 353 页。

之气所吸引，随后命之入粤秀山就学于陈邦彦。① 陈邦彦授学不同于他人。屈大均在《秋夜恭怀先业师赠兵部尚书岩野陈先生并寄恭尹》中云：

> 忆昔从师粤秀峰，授书不与经师同。捭阖阴谋传鬼谷，支离绝技学屠龙。天下山川能聚米，壮夫词赋薄雕虫。小子生年方十五，意气飞腾思食虎。喷玉才蒙伯乐看，追风便向天墀舞。②

这首诗作于顺治五年戊子（1648），时屈大均年方十九。屈大均的天生资质和后来所学，决定了他将来的作为不同寻常。他多次说到其志不在诗文，其才足补苍天：

> 著述工何益？斯文岂在兹。（《道援堂作》）③
> 予技非雕虫，为天补衮裳。彤管何光辉，贻君殊未央。（《留别槎山诸子》）④

屈大均常常以神龙、潜龙、蛟龙、苍龙自比。好作此比者，若非神经错乱，即为非凡之人。

> 神虬久蛰无人识，黄鹄高飞奈我何！高飞忽向天山月，月炤天山皎如雪。（《会稽春暮酬南海陈五给谏怀予（原作"子"，据康熙间刻本改）塞上之作兼寄西樵道士薛二》）⑤

尽管蛟龙久藏，无人知晓，但他相信一旦时机来到，则一飞冲天。这首诗作于顺治十八年辛丑（1661）。其时抗清行动皆归于失败，但他依然充满自信。屈大均有着不同于常人的性格特质。他天性乐观自信，屡挫屡奋，极少颓丧哀叹。他偶尔也写

---

① 《屈氏族谱》卷 11 云："孝廉曾起莘见而奇之，俾从陈邦彦学于粤秀山。"（见《屈大均全集》第 8 册，第 2114 页。）
② 《屈大均全集》第 1 册，第 172 页。
③ 《屈大均全集》第 1 册，第 581 页。
④ 《屈大均全集》第 1 册，第 85 页。
⑤ 《屈大均全集》第 1 册，第 142 页。

感慨,也抒写英雄失路之悲,但不会被悲观的情绪困扰。几乎山穷水尽之时,他也少言悲愁。他永远活跃,一往直前。他张扬、外露、不甘寂寞,天生一副豪杰品性。

顺治十五年戊戌(1658)屈大均北上出塞,来到辽东之后,因不悉当地环境,误入险地。

> 疑兵四面来,但闻鼛篥声。行行迷失道,误入骨都营……神龙困蝼蚁,勺水不能兴。凤鸟失其群,见辱海东青。(《拟渡三岔河有寄》)①

尽管他自信能兴云作雨,但神龙失水,也有可能被困于蝼蚁。蛟龙天生与他物不同,藏则莫测其深,行则动地惊天。

> 山水频开阖,仙源不可寻……猿鸟声相乱,蛟龙气自深。(《从大小鸬鹚诸滩上郴州题莲子精舍》)②

> 谁佐中兴业?桐江百尺丝。潜龙虽勿用,威凤亦来仪。(《严(原作"岩",据康熙间刻本改)滩作》)③

南明抗清军事力量一再受挫,许多人都心生沮丧,但屈大均仍自信满怀:

> 谁为主……王孙志,一剑纵横未许。屠沽休说欺汝。江山一任无人管,自有几双鸥鹭。君莫去,还就我、扶胥北岸题诗处。(《摸鱼儿·柬友》)④

"君莫去,还就我",有如孙权对赤壁抗曹之前的周瑜所说:"邂逅不如意,便还就孤,孤当与孟德决之。"⑤ 清朝初年尽管还有一些反清势力在不断抵抗,但大局已定。屈大均有时也深感无处用武。尽管不得其时,他也很少为此哀伤。他相信只要

---

① 《屈大均全集》第1册,第60页。
② 《屈大均全集》第1册,第344页。
③ 《屈大均全集》第2册,第1045页。
④ 《屈大均全集》第2册,第1448页。
⑤ 司马光:《资治通鉴》卷65,建安十三年戊子,上海古籍出版社1987年版,第439页。

时机到来,一定能成就大业,而现在能够做的只能是暂且归隐。即便是归隐,也是虎踞龙盘:

> 犹存人种在,多难五旬馀。爪发皆神剑,心肝是素书。时来终大任,事去且端居。(《读史记有作》之三)①

> 秋气高无极,峰峰积雨凉。白云吞七泽,红叶满三湘。禹迹留盘石,仙宫傍夕阳。蛟龙多蛰此,吾亦隐文章。(《天岳》)②

不得其时,则蛟龙处阴,以待时机:

> 潜龙宁勿用,雷雨将乘时。(《游罗浮作》)③

> 孤鹤先知曙,神龙善处阴。(《同陈子游五台作》之二)④

他相信,只要抱道自守,一定能回转日月:

> 汉家名士惟忠武,相见江东豁我愁。道在定回双日月,书成亦是一《春秋》。真龙自昔兴三户,威凤何须历九州?贱子只今狂简甚,将从毛扇学风流。(《有赠》)⑤

"三户"原意为楚国之屈、昭、景三姓。"真龙"指汉家帝王。他相信只要时机到来,王霸之事,谈笑间即可成就。《为王璞庵题骑白鹿图》诗云:

> 乾坤此日尚鸿濛,王霸雌雄一笑中。他时忆我罗浮顶,可有风云起伏龙?⑥

后面两句明白说出他虽归隐,却时时有再起之心。屈大均虽然有时也感慨天步艰危,偶一言悲,但不为悲困:

---

① 《屈大均全集》第1册,第458页。
② 《屈大均全集》第1册,第296页。
③ 《屈大均全集》第1册,第15页。
④ 《屈大均全集》第1册,第257页。
⑤ 《屈大均全集》第2册,第822页。
⑥ 《屈大均全集》第1册,第135页。

故国松楸里,君臣几杜鹃。卧龙成白首,跃马已黄泉。(《春山草堂感怀》之五)①

不得其时,暂时归隐山野。潜龙处阴,固然未尝不可,但人生苦短,倏忽已成白首。自少年到白首,依然空怀壮志。他仰问苍天,不知这种等待何时是个尽头:

　　徘徊燕市上,慷慨酒中人。自许为鸿鹄,何时奋翼同?(《送客》之一)②

屈大均晚年常与仕清之人交游,杯酒唱和日久,锐气有所销减。官员邀约,贵人来访,碍于情面,亦要婉言以对。如此以往,则渐就彀中:

　　使君轩车忽相访,鸡鸣犬吠惊乡邻……逾垣闭户岂中道,礼尚往来吾当循。威凤有德贵能下,神龙之性期终驯。使君吐哺向白屋,刍荛之智图咨询……知公相契在默识,忘怀自此日以真。(《奉答张观察枉顾沙亭村舍之作用韵》)③

时深日久,自感龙性驯顺。尽管意气消磨,但时至暮年,仍时思奋发,不甘隐忍以终。

　　丈夫志经营,岂曰生不辰?依人七尺贱,隐忍成埃尘。(《赠孔参军》)④

这首诗作于康熙二十七年(1688),时大均已五十九岁。下面是作于康熙三十年(1691)和三十一年(1692)的两首诗,更见其慷慨奋发之气:

　　平生知己桂山君,君若为龙我作云。湖海相将同白首,芝兰早得共清芬。风云动色惟高义,日月争光岂至

---

① 《屈大均全集》第1册,第285页。
② 《屈大均全集》第1册,第456页。
③ 《屈大均全集》第1册,第190页。
④ 《屈大均全集》第1册,第27页。

>文？嗟子最能知此志，贻来书札思氤氲。(《寄答王仲昭》)①
>
>黄鹄有心终一举，白云无恙自重来。(《自中宿上韶阳道中有作》之一)②

虽然说屈大均性格乐观思进，但偶尔也会流露颓丧之气。毕竟他一生所事，屡试屡挫。其康熙十一年（1672）《高廉雷三郡旅中寄怀道香楼内子》诗就曾透露出这种情绪：

>驰驱嗟命苦，四十好端居。深井宁无里，中田尚有庐。堂前呼犬子，膝下玩蚕书。莫问霸王事，吾才日以疏。(其十一)③

毕竟晚年衰象尽露，同时所有的反清军事行动都已宣告失败，清朝的统治已经彻底稳固下来。尽管如此，他开口仍是帝王师、王霸事：

>终同黄绮辈，懒作帝王师。(《老至》之二)④
>
>谁令英霸器，自失乱离时？(《癸酉秋怀》之十四)⑤
>
>君来惭地主，值我最贫时……英霸吾非器，龙光骋已迟。(《送黄叔威还闽》之三)⑥

尽管他偶露颓丧，但仍自视很高，还是以英霸器、帝王师自比。尽管最后一首他说"英霸吾非器"，实际上这正透露出他平时是以英霸器自许的人。

屈大均常常自比神龙、蛟龙、潜龙，足见其不可一世的心理，从其行迹，亦可知其才质非同常人。尽管有人说他不识时

---

① 《屈大均全集》第2册，第1011页。
② 《屈大均全集》第2册，第1017页。
③ 《屈大均全集》第1册，第416页。
④ 《屈大均全集》第2册，第704页。
⑤ 《屈大均全集》第2册，第795页。
⑥ 《屈大均全集》第2册，第766—767页。

务,但也正是这种不识时务,透露出他非为庸常之辈。自古以来,英杰之士,正是那些敢以个人抗拒整个世界的人。你可以说这样的人不自量力,不计后果,但不能不承认,这才是真正能翻天覆地的英雄豪杰。不论他们是否会取得成功,但他们却能刺激这个世界的活力。屈大均正是这样的英霸之器。龚贤评屈大均"龙章凤姿,辉映南海",① 并非不实之词。

二、自比帝王师

屈大均少年时代即自命不凡,常自比蛟龙、神龙,自许英霸之器。成年之后更自命为帝王之师。

历史上那些帮助帝王夺取天下的所谓的帝王之师中,屈大均最崇敬张良。张良,字子房,相传为城父(今河南郏县东)人。韩国贵族之后,秦灭韩后,图复韩国,结交刺客,在博浪沙(今河南原阳东南)狙击秦始皇未中。后更姓名,逃至下邳(今江苏睢宁北)。传说遇黄石公,得《太公兵法》。在秦末农民战争中,先聚众而起,后归刘邦,助其建立汉朝。汉建立后,封留侯。晚好黄老,弃人间事,从赤松子游。屈大均作品中的张良具有特殊的意义,是理解其心态的关键。他作品中的张良形象也即是他对自己的期许。就屈大均一生的行迹来看,甚至有可能是以张良作为自己仿效的对象。他在自寿诗中云:

> 长兄张子房,小弟周亚夫。肝肠剖出如白日,泰山一诺堪捐躯……莫嫌三十犹沉沦,夷门曾有抱关人。(《长歌为玉龙子寿》)②

---

① 王晫:《今世说》卷4,古典文学出版社1957年版,第53页。
② 《屈大均全集》第1册,第173页。

大均向来雄视一切。他不但在诗歌中表现出对张良的敬仰,甚至自视为张良之伯仲。他在《双头莲》词中自命为救神州陆沉的张良:

> 京洛无归,伤万里神州,陆沉都尽……须发愤,向首飞扬,争雄一天鹰隼。 状貌尚似留侯……耿耿丹心难烬。①

他在效张良博浪沙刺秦之后,其狂胆侠情有所消退。再者中年之后,随着阅历的增加,他清楚地意识到荆轲式的勇武难成大事,因而他多次在诗中表示荆轲不堪仿效,应该像张良后来一样隐忍受术,成就伟业:

> 隐忍成功名,何如张子房。子房非儒者,为气何坚刚?其终如鲁连,其始如荆卿。平生予所希,君亦慕其狂。终古两盗雄,兰池与博浪……汉初两孺子,不得与偕行。强忍亦已久,中夜起彷徨。(《读史赠陈献孟并送其行》)②

> 老人教强忍,命之下取履。岂有王者师,而为血气使。(《咏古》之十六)③

从其一生行踪来看,不论他是有意仿效,还是隔世偶同,他与张良主要有三个方面的相似之处:而立之前他曾出塞谋刺满洲要人,未获成功,这类乎张良的博浪沙狙击秦王。其次,欲为帝师佐王中兴。这一愿望虽未能实现,但其一生所奔走者,正为此事。他最终的愿望是如张良功成身退,飘然世外。

除张良之外,在这类人中,他提及最多的就是诸葛亮。康熙十八年(1679)夏,屈大均因曾参与吴三桂反清,为逃避追捕,避地南京。康熙十九年(1680)冬由金陵返粤抵沙亭。

---

① 《屈大均全集》第2册,第1437—1438页。
② 《屈大均全集》第1册,第28页。
③ 《屈大均全集》第1册,第46页。

其《归越书怀代景大夫作》云:

> 携家两载适东吴,虎踞龙盘待霸图……西川欲去因先主,南越频归为老夫。展转无成空白发,养亲依旧一屠沽。①

代景大夫,乃大均自指。其中"西川欲去因先主",说诸葛亮随刘备进军西蜀,应是隐喻当年他从军湘桂之事。就民间所接受的情况而言,诸葛亮主要是一位能攻善守的军事天才,其次才是治国理民的政治家。屈大均所接受的诸葛亮也受此影响。

他在有关作品中言及诸葛亮时主要突出这样一个方面:诸葛亮威震华夷,留一脉正统。

> 武侯擒孟获,刻石耒阳川。威震华夷日,心劳将相年。三分留正统,二《表》格皇天。终古英雄客,看碑泪泫然!(《耒阳观诸葛武侯碑》)②

> 花落锦城哀望帝,月明瑶瑟怨湘君。一丝正统悬天地,六尺真孤托水云。(《赠张丈天生》)③

在明末清初那个时期,摆脱清朝统治是这些反清人士心头所悬的最大目标。孔明可谓让"夷人"慑服的帝王之师,姑且不论所慑服者是"南夷"或者"北夷"。

> 六十人流未有闻,又添时节两秋分。絮巾尚拥辽东雪,毛扇终挥蓟北云。(《六十二岁生日作》之三)④

毛扇是指诸葛亮手中的那把羽扇,具有特指性。这首诗中的"蓟北云"当指入侵中原的北部少数民族。除此之外,他还肯定了诸葛亮以儒术治军和对刘汉的忠诚:

> 细蹀花骢出,麾幢拂晓云。葛巾汉名士,毛扇蜀将

---

① 《屈大均全集》第2册,第842页。
② 《屈大均全集》第1册,第345页。
③ 《屈大均全集》第1册,第143页。
④ 《屈大均全集》第2册,第1008页。

军。节制凭儒术,忠诚致大勋。自矜年四十,于道亦曾闻。(《生日同诸将郊行作》)①

诸葛亮出师未捷身先死,他自己也空怀壮志成白首:

> 故国松楸里,君臣几杜鹃。卧龙成白首,跃马已黄泉。风雨悲寒食,干戈失墓田。先人薇蕨在,采采暮云边。(《春山草堂感怀》之五)②

> 相怜被发久,未戴建安巾。惨淡南阳气,萧条朔漠春。(《哭蔡二西》之三)③

春山草堂是屈大均沙亭居所。在这一组诗中屈大均感叹自己两鬓飞霜,而所事无成。诸葛亮人称"卧龙",此处则是大均自指。《哭蔡二西》一诗中的"南阳"也是指孔明出山之前所居之南阳。这两首诗中以诸葛亮来比况自己的意思是明显的,同时这两首诗中的衰飒萧瑟之气也比较浓重。

范蠡也是屈大均诗歌中多次出现的帝王师形象。从屈大均有关的作品中可以看得出来,最让他津津乐道的是范蠡功成身退,美人风流:

> 范蠡未霸越,五湖安可浮?(《梧宫》)④

> 登高山兮临深渊,一麾敌国皆流血……君王未雪夫椒耻,臣子难宽范蠡谋。(《游会稽山怀古并酬陶生见赠》)⑤

屈大均平生志愿功成身退,仙游尘外,但时艰势危,功名难就。大仇未雪,怎可如范蠡携美人泛舟太湖?

> 风流谁似大夫长?一载西施遂渺茫。佳丽至今馀笠

---

① 《屈大均全集》第1册,第358页。
② 《屈大均全集》第1册,第285页。
③ 《屈大均全集》第1册,第650页。
④ 《屈大均全集》第1册,第557页。
⑤ 《屈大均全集》第1册,第178页。

> 泽，精灵何处不夷光？洞庭花枕鱼鳞屋，胥口云连玉屟廊。终古红颜感知己，春来争荐早梅芳。（《太湖怀范大夫》）①

> 浮海鸱夷一棹多，飘然应自老烟波。身全岂合为齐相？赀累将无愧越娥。子死千金当市井，师遗一策是岩阿。会稽山下馀汤沐，士女犹传《采葛歌》。（《范蠡》）②

范蠡，字少伯，楚国宛（今河南南阳）人，由楚入越，助越王勾践灭吴。弃官泛太湖，浮东海至齐，变姓易名，自称鸱夷子皮，耕于海边，致产数十万。旋迁于陶，以经商致富，称陶朱公。这两首诗对范蠡的通脱和风流表示了由衷的赞叹。范蠡的这种通脱风流也正是屈大均平生之所慕。

除上面提及的张良、孔明和范蠡之外，屈大均偶尔也会咏及吕尚和乐毅。吕尚在他诗歌中主要以潜龙待时的形象出现。他作于康熙七年的《赠张丈天生》云：

> 蘼芜采得贻何人？念尔丘园白发新。葛巾定漉陶潜酒，渭水应垂尚父纶。（《赠张丈天生》）③

吕尚垂钓渭滨，待到晚年才出山助武王夺得天下。乐毅，中山国灵寿（今河北灵寿）人，燕昭王时入燕任亚卿。燕王姓姬，属宗国。乐毅在屈大均的诗歌中是以存宗国、留正统的能人形象出现的：

> 诸葛王佐才，乃慕乐将军。燕昭本姬姓，豫州亦懿亲……燕号为宗国，西向制强秦。孔明为刘氏，与乐同一身。帝蜀岂本怀？汉业徒三分。悲哉孝献没，一日能无

---

① 《屈大均全集》第2册，第1023页。
② 《屈大均全集》第2册，第897页。
③ 《屈大均全集》第1册，第143页。

君?元年纪章武,掩泪当秋旻。(《咏古》之二)①

运筹帷幄的阴谋之士是他常自比拟的。管仲、萧何这样的政治家,他也偶一自比:

> 亚匹管萧吾亦尔,英雄命苦成拘儒……托凤攀龙既已矣,拂衣且先归黄垆。姿才冠绝亦何益,天生我辈填沟渠。总揽《国殇》向地下,厉鬼亦可相驰驱。(《哭王处士》)②

好友王世桢去世,悲痛难禁,他悼念亡友,同时也感念自己有管仲、萧何之能,终无所用。经天纬地之才,无奈却终生经营文字。这里虽以萧何自比,但他有时也鄙薄萧何为刀笔吏:

> 利剑在掌中,出入风雷驱。萧曹刀笔吏,项羽乃匹夫。苟能拯水火,何辞七尺躯。(《赠友人》之一)③

正史言萧何、曹参为刀笔吏,未必有鄙薄之意,而屈大均这首诗中的"萧曹刀笔吏,项羽乃匹夫",其鄙薄之意却是明显的。屈大均这一评价,足见其狂傲和雄视一切的心理。

至于屈大均是否秉具张良、萧何之才,我们姑且不论,但他在作品中表现出来的这种心态和气势,已让人震撼。这样的比附,在他作品中到处可见,非偶一为之。从其诗风和在在皆是的此类比附来看,可以说他的人格类型是一种王霸人格。

他自己常如此比附,难免让人疑其为自大狂。他自己也意识到这一问题。他在《翁山诗外》卷三《放歌行为潘子寿》中云:"与君往往谈王霸,笑杀当垆娇女儿。"与他同时代的,对他有较多了解的人是如何评价他的呢?当时的著名词人陈维崧在《念奴娇·读屈翁山诗有作》一词中作出了这样的评价:

---

① 《屈大均全集》第1册,第74页。
② 《屈大均全集》第1册,第208页。
③ 《屈大均全集》第1册,第61页。

"亟跳三边，横穿九塞，开口谈王霸。"① 屈、陈二人是颇为相知的朋友。对屈大均的行迹非常了解的岭南遗民陈子升在《屈道人歌》中亦称之为"云中龙"、"犹龙之老子"。宁都魏氏与屈大均有两世交情。"魏世俲谓关尹子云：'蛟，蛟而已，不能为龙，亦不能为鱼、为虾、为蛤，惟龙则能之。'大均盖进于是。"②

曾经于明清两代都位居要职的曹溶对屈大均也有类似的评价。曹溶在《怀屈翁山二首》之一中评论说："弥天留短褐，长啸揖诸侯。"③ 曹溶不但非常欣赏屈大均的作品，而且对他的行踪也十分了解。曹溶《怀屈翁山二首》之一诗云："凤城冠盖列如麻，作手今归处士家。九塞诗篇浑剑镞，十年踪迹半龙蛇。"④ 屈大均神龙见首不见尾，长期作龙蛇隐现。曹溶的评价和对他的龙蛇之比，也透露了屈大均这一人格类型的某些特征。曹溶虽为贰臣，但屈大均与他关系却非同一般。曹溶尽管年龄长翁山很多，却对翁山非常敬重。（参见上编第二章第三节《屈大均与贰臣交游考论》。）

著名诗人潘耒诗云：

> 威凤生来五色文，览辉不下离人群。三峰谒帝携毛女，五岳寻仙冠切云。笔落霞标天外见，诗成鸾啸岭头闻。灵均旧是风骚祖，香草蛾眉并属君。（潘耒《赠屈翁

---

① 陈维崧：《念奴娇·读屈翁山诗有作》，见《迦陵词全集》卷18，《续修四库全书》集部第1724册，影印康熙二十八年陈宗石患立堂刻本，第298页。

② 张其淦：《明代千遗民诗咏》卷1"屈翁山"，《清代传记丛刊》第66册，台北明文书局1985年影印本，第74页。

③ 曹溶：《静惕堂诗集》卷22，见《四库全书存目丛书》集部第198册，影印雍正三年李维均刻本，第191页。

④ 曹溶：《静惕堂诗集》卷36，见《四库全书存目丛书》集部第198册，影印雍正三年李维均刻本，第318页。

山二首》之一）

潘太史的鸾凤之比，也可以说一定程度上透露了屈大均的这种人格特征。不过到了晚年，由于时势的变化，屈大均还是一定程度上收敛了早年的桀骜不驯。潘耒也指出了屈大均的这种变化：

> 燕山晋塞早凭凌，老去丘园自枕肱……琴心久歇辞谣诼，龙性初驯避弋矰。（潘耒《赠屈翁山》之二）①

这种变化其实屈大均自己也意识到了。康熙二十七年（1688）广东驿盐道张云翮亲往沙亭拜访，屈大均诗云"威凤有德贵能下，神龙之性期终驯"即是证明。屈大均晚年与仕清之人的交游唱和，委曲周旋，这也一定程度地说明他原来雄视一切的性格驯顺了一些。这种改变的外部环境汪宗衍在《屈大均年谱》中说得很清楚：

> 世讥其晚年辄与官吏诗酒往还，余维先生于东北西北之行，所图不遂，复有郑成功、吴三桂之依附，亦皆失败，两遭连染罗织，而台湾郑氏亦未几降清，其时已势穷力竭……当时情势，其有不得已而然者欤。②

这种变化固然缘于当时外部环境的强制，但像张云翮这种礼贤下士的官员屈尊拜访，作为生活中的个人，屈大均能不温颜以对吗？

三、屈大均的王霸之气与其作品的复国主题

屈大均的这一人格类型，对他诗歌的内容和风格都产生了极大的影响。屈大均雄肆踔厉的诗风，一定意义上可以说，正

---

① 潘耒：《遂初堂诗集》卷7《江岭游草》，见《续修四库全书》集部1417册，影印康熙刻本，第257页。
② 《屈大均全集》第8册，第1941页。

是源自他的王霸人格和躁狂自信的性格。这种人格也直接导致他不甘驯服于清朝的统治和他奔赴江海关山力图复国的抗清行动。综观他的一生，可以说他的一生是抗清、反清的一生。屈大均一生存留下来的诗歌作品数千首，其中有关抗清复国的作品所占比例最大。抗清复国也是其诗歌最为重要的主题。屈大均的王霸之气也主要呈现于他以复国为主题的诗歌作品之中。

屈大均一生蹈危涉险，力图复明，其作品常常抒写其兴复朱明的大志。在这些作品中其王霸之气得以尽情地展现。

> 蚩尤祭后霸图雄，一剑能成赤帝功。龙起不曾阶尺土，人归何必在重瞳？天边星宿朝东升，沛上旌旗卷大风。此日留侯方寂寞，咸阳王气望无穷。(《读史》)①
> 太子捧金卮，美人弹箜篌。数石不得醉，悲歌恨仇雠。歌舞欢未终，将军刎其头。惊风起燕台，滹沱咽不流。男儿得死所，其重如山丘。白刃若春风，功名非所求。(《过涿州作》)②

这两首诗作于他三十岁之前。屈大均年轻之时即雄视一切，有挥剑定天下之气概。这两首诗中呈现出的侠肝义胆，磅礴豪情堪匹张良、荆轲。"霸图雄"，"赤帝功"，世间还有何等功业堪与之并？其王霸之气已沛然而出。

顺治十五年（1658）屈大均出关北上，名为出塞寻访函可，实有所图，有一去不返的心理准备。屈大均此时年少气盛，即使他并不相信仅凭一把匕首即能建不世之功，但此时的他也有可能如张良使勇士椎杀秦王一样猛浪。

> 洪河无停流，惊枝无栖翰。志士生乱离，七尺敢怀安。青萍不刈黍，明月宁沉渊。断袂别亲友，成败俱不还。诛秦报天下，一死如泰山。宝马与美人，乌足酬燕

---

① 《屈大均全集》第2册，第818页。
② 《屈大均全集》第1册，第5页。

丹。(《出永平作》)①

　　浮云无归心，黄河无安流。神鱼腾紫雾，苍鹰击高秋。类此雄豪士，滔滔事远游。远游欲何之？驱马登商丘。朝与侯嬴饮，暮为朱亥留。悲风起梁园，白草鸣飕飕。挥鞭控鸣镝，龙骑如星流。超山逐群兽，穿云落两鹜。归来宴吹台，酣舞双吴钩。惊沙翳白日，垂涕向神州。徒怀匹夫谅，未报百王雠。(《过大梁作》)②

他一路上流连关塞故垒，慷慨赋诗。这些作品流露出他此时不能平静的心绪。他间关跋涉，抵达奉天，混进沈阳故宫，窥探形势，结果被捉。此时有诗言及他"蛟龙被困"的情况。

　　之后他入关南返，浪游吴越，结交志士遗民，联络张煌言、郑成功等海上抗清力量，以图恢复。

　　吴下要离子，相逢意气存。千金生壮士，一饭死王孙。返马亡秦塞，维舟破楚门。他时功业就，痛饮在中原。(《吴江赠顾茂伦》其二)③

这首诗有岳飞当年"痛饮黄龙府"的豪气。屈大均以英雄之姿，纵横诗坛，所为诗多豪杰气象，致显霸气。凌誉钊《国朝岭海诗钞》卷三引张超然评屈大均的话说："其气浩然充塞于两间，故其诗汪洋灏汗，见称于世。"

顺治十六年（1659）他三十岁时所作的《长歌为玉龙子寿》一诗云：

　　卫霍鹰扬自有时，荆专狗盗终何用！我有纯钩一雌雄，三金吐焰芙蓉同。纷纷虎豹不足刺，出天入地如飙风。自从欃枪犯帝阙，四渎波翻天柱折。包胥恸哭无人闻，勾践深冤难自雪。因之游心八阵盘，奇正相生环无

---

① 《屈大均全集》第1册，第59页。
② 《屈大均全集》第1册，第4—5页。
③ 《屈大均全集》第1册，第299页。

端。龙蛇变化在掌握，全师一掷非所安……倾家交结高阳徒，燕姬酒楼争挎捕。千山杀气渔阳惨，五夜笳声大帐孤。逢君沙漠至，意气相欢呼。长兄张子房，小弟周亚夫。肝肠剖出如白日，泰山一诺堪捐躯……莫嫌三十犹沉沦，夷门曾有抱关人……悬黎追琢始成器，豫章郁结方有神。天生我技能穿杨，时来三箭谁能当？汉贼由来不两立，男儿岂必封侯王。①

陈永正先生认为，玉龙子应为作者自称，诗为自寿诗。此时的他壮怀激烈，英勇无匹的豪气喷薄而出。

顺治十八年辛丑（1661）缅甸人执永历帝献于吴三桂军前，第二年即康熙元年（1662）永历帝被害于昆明。郑成功也于这一年去世。这年秋天屈大均怅然南还归里，迁居沙亭。乡居期间他也不忘国事：

  夙闻太阿剑，霜锷莲花发。楚王一麾之，三军尽流血……千里登吹台，慷慨思报仇……洪河崩底柱，蔓草连神州……长歌蓬池上，击筑睢水头。（《和陈元孝登吹台作》）②

"洪河崩底柱"，"三军尽流血"，这是何等残烈雄霸的景象！

  万里银河水倒飞，千条瀑布天争落。吹笛空为壮士声，何时一战似雷霆？沙场后逢夜明月，会有葡萄醉卫青。（《八月十八夕风雨歌》）③

一夜风雨让他作大战沙场之联想。从其用语可以清楚地看出他不是把自己想象成一位奔忙于疆场的战士，而是雷霆怒发的三军统率，犹如项羽之大战巨野。

屈大均的王霸之气，中年之后至晚年依然消减不尽：

---

① 《屈大均全集》第1册，第173页。
② 《屈大均全集》第1册，第65页。
③ 《屈大均全集》第1册，第147页。

> 慷慨干戈里，文章任杀身。尊周存信史，讨贼托词人。素发垂三楚，愁心历九春。(《春山草堂感怀》其十二)①

康熙八年（1669）八月，屈大均携继室王华姜归抵番禺。这首诗作于他回乡之后。此时屈大均已年过不惑，复国之事已不见希望，但他依然慷慨任气，犹如鲁仲连誓不帝秦。

康熙十二年癸丑（1673）十一月，吴三桂反清，以蓄发复衣冠号召天下。屈大均早已按捺不住他的复明之心，不辨真伪，即应响而起。这年冬天屈大均自粤北入湘从军。尽管这次所事非人，但其拳拳复国之心如冰壶秋月。

屈大均行至粤北乳源县时，拜访了隐居当地的高士周诩。他希望周诩能授之以术。《奉赠高士周以濂先生》诗云：

> 白发垂霜雪，端居岳麓峰。客星光隐现，王命论从容。薇蕨留饥凤，风云待伏龙。天人多秘策，授我定尧封。②

康熙十三年（1674），屈大均从军湖南，于蒸水之上望舜帝庙宇，诗云：

> 我后生南岳，神兵扫北畿。威灵群帝接，光耀八龙飞。紫盖留金殿，朱陵望玉旂。几时从大隗？还驾五云归。(《望桂宫》其三)③

他希望能借助舜帝威灵，大军横扫边塞，恢复中原。诗中龙影王气腾跃。

> 人生非麋鹿，安能恋山林？翩翩裘马子，四海求知音。一呼疮痍起，戈矛凤所任。许君以驰驱，杀身毋沉吟。宁食猛虎肉，莫伤壮士心。壮士昔穷贱，一饭酬千

---

① 《屈大均全集》第1册，第286页。
② 《屈大均全集》第1册，第371页。
③ 《屈大均全集》第1册，第295页。

金。功名有反覆,英雄难陆沉。苟不达王命,弓藏悲良深。愚哉万人敌,叹息为淮阴。(《示李总戎》)①

从军时期的屈大均,精神亢奋,欲展平生才学,此时的他不屑做一遗民。三藩之乱被平定后,他避地金陵两年。尽管清朝统治已经彻底稳固,但他时至暮年仍不息雄心:

黄鹄有心终一举,白云无恙自重来。(《自中宿上韶阳道中有作》其一)②

逃秦一任四衰翁,兴汉只须两孺子。(《糠覈行赋赠陈子》)③

前一首诗作于康熙三十一年(1692),时屈大均已六十三岁。其王霸之气依然充塞于天地之间。第二首作于他去世的前一年,康熙三十四年乙亥(1695)。

就屈大均来说,其终生最大的追求莫过于恢复朱明了。他以自己雄肆踔厉的诗风在他大量的诗作中对这一抱负作出了淋漓尽致地抒写。这一抱负是他诗歌作品中最为突出的主题。也正是在有关这一主题的作品中清楚地展现了他那种不可一世的王霸之气。

第二节 屈大均的仙人情结

屈大均虽然曾先后剃度于函昰和道盛,但其诗文却几乎没有对佛乘的皈依之念。相反,他文章中却有不少站在儒学立场上对佛家的批评。他虽然站在儒家立场上对道教有所批评,并宣称他抛弃玄学,但他的诗歌却显示出他受道家、神仙家影响很深。屈大均作品中的游仙之念,是其作品的最为重要的主题

---

① 《屈大均全集》第1册,第7页。
② 《屈大均全集》第2册,第1017页。
③ 《屈大均全集》第1册,第214页。

之一。这一主题在其作品中的重要性,仅次于其复国的主题,因为复国和仙游是屈大均最为重要的两大人生理想。尽管他在清初诗坛上有着极其突出的地位,但他在诗文之中所表现出来的以文自见的愿望却远远弱于这二者。

一、学玄何曾又弃玄

屈大均自称二十有二开始参禅学玄。康熙元年(1662)屈大均归粤省母,为侍养之便而蓄发,时年三十三岁。此时他脱下僧服,却仍"戴一偃月玉冠",犹留一道士身份。

屈大均逃于沙门的时间是明确的,脱去僧服的时间虽有不同的说法,但还是有较为明确的时间点。其入道始于何时,终于何时却不甚清楚。

> 庚寅年二十一,又复髡,则予遂圆顶为僧……以家贫母老,菽水无资,不可以久处山谷之中与鹿麋为伍。既已来归子舍,又不可以僧事亲,于是复留发一握为小髻子,戴一偃月玉冠,人辄以罗浮道士称之。(《髻人说》)①

根据这段话的意思,其道士的身份似乎应该是始于他脱去僧服之时。《广东新语》卷十二亦云:"方是时,予虽弃沙门服,犹称屈道人,不欲以高僧终,而欲以高士始。"② 不过也有一些材料与此有所抵触。《翁山文外》卷五《归儒说》云:"予二十有二而学禅,既又学玄。"显然这则资料与以上的资料是有矛盾的。始于何时已不易了解,其终于何时同样也不甚清楚。屈大均在《归儒说》说:"予二十有二而学禅,既又学玄。年三十而始知其非,乃尽弃之,复从事于吾儒。"这段话

---

① 《屈大均全集》第 3 册,第 471 页。
② 《屈大均全集》第 4 册,第 321 页。

的意思很清楚,就是说他三十岁之后把他之前学到的佛老之学全抛弃了。所言年三十而尽弃之,显然与《髻人说》中的说法是相互矛盾的。屈大均同时代的人的记载如何呢?曾经作诗表示愿从屈大均学诗的成都人费锡璜云:"翁山少为诸生,国变弃而为道士,称'花田之农',未几又弃而为僧。"① 这一记述更让人对屈大均作道士的时间产生了混乱。

屈大均入道弃道于何时,既然他自己所言都相互矛盾,我们不妨暂时抛开这些纠缠不清的材料,在他诗文中寻找有关的线索。

笔者通过研读他的诗歌作品,可以知道他从二十多岁开始接受道教思想,直到晚年也没有真正抛弃,因为他始终保持着对神仙世界的强烈向往。神仙世界是道教文化的一个重要组成部分。屈大均咏叹"神人"、"至人"的作品很多。"神人"、"至人"属于道教神仙谱系。

> 我年十五芙蓉妍,麻姑携手相缠绵。服食青霞犹未毕,忽见海日如金盘……形见神藏龙蜿蜒,内圣外王体自然。仲尼不及姑射仙,黥人仁义徒多言。吾心皎皎秋月圆,一死一生如浮烟。鹑衣鷇食可忘年,何为烦忧著《太玄》,聊与君游游不还。(《四百三十二峰草堂歌有赠》)②

此诗作于顺治十二年(1655),时屈大均二十六岁。据此诗可知他在很早的时候即已对神仙玄学充满了向往。

> 至人御六气,呼吸走百川。是非总天籁,悠悠诚何言?天下久忘我,无劳烹小鲜。泽雉有饮啄,优游聊终

---

① 费锡璜:《道援堂序》,见屈大均著,沈用济选:《道援堂集》卷首,康熙四十五年(1706)刻本。
② 《屈大均全集》第1册,第140—141页。

年。(《黍谷》)①

此诗作于顺治十五年（1658），同样表达了对神仙的向往。屈大均所谓"予二十有二学禅，既又学玄"，即使不太准确，相去也不会太远。然而他所说的"年三十而始知其非，乃尽弃之"，就不可信以为真了。

中年之后他言仙之诗在《诗外》中所占比例仍然很高：

> 至人握大象，长为天下君。澄潭龙不见，嘘气成风云。维彼蒲衣子，渊玄莫能伦。朝隐泰山霞，暮游洪河津。仁义乃蘧庐，逍遥葆其真。(《咏怀》其一)②

陈永正先生认为这一组《咏怀》十七首当作于中年之后。这首诗中的黄老思想是非常明显的。另一组《咏怀》二十一首，也同样表达了强烈的神仙思想：

> 峨眉有仙人，颜如曒日光。蜿蜒御双龙，云气四飞扬。朝游蓬莱山，暮归太微堂。天命自流行，混沌居中央。我为德充符，万物皆无伤。窅然丧天下，乃能应帝王。(《咏怀》其二)③

这一组诗作于康熙十三至十五年（1674—1676）从军湘桂期间，时大均大约四十六岁。另外，这一组诗的第八、九、十和十四首也表现出了对神仙的向往。

屈大均在给母亲的祝寿诗中，也言及道教中的人物。陈永正先生认为这一组八首《寿母》诗，作于康熙二年（1663）或三年（1664），时大均三十四五岁。

> 葳蕤三珠树，上有孤凤凰。凝神慕姑射，尧舜如粃糠。大子歌《离骚》，中子进椒浆。(《寿母》其五)④

---

① 《屈大均全集》第1册，第59页。
② 《屈大均全集》第1册，第1页。
③ 《屈大均全集》第1册，第55页。
④ 《屈大均全集》第1册，第9页。

上编　岭南三大家的交游和创作

这类诗作屈大均晚年也有很多。他作于晚年的作品，略举几例：

> 麻姑何秀峙，散发至腰脊。上下飞峰间，不肯相扶掖……一下曜真台，人间愁跋踏。百虑生黄埃，世务婴繁剧。(《登罗浮绝顶奉同蒋王二大夫作》)①

> 平生好峤岳，所至栖丹丘……发晞笼葱（原作"充"，据康熙间屈明洪补刊本《翁山诗外》改）林，手弄芙蓉鸥。日月还雾虹，元气郁不流。研精在玄奥，吾且以销忧。(《冲虚观》)②

这两首诗作于康熙二十三年（1684），诗中的神仙思想也是明显的。此时大均已经五十五岁。再如作于康熙二十六年的《题蒲涧帘泉宴坐图为朱君》：

> 羽化英雄事，吾生未寂寥。无花非药饵，有酒即松乔。汝逐安期去，能将蒯彻招。朱明深洞口，未隔水帘遥。(《题蒲涧帘泉宴坐图为朱君》之四)③

"麻姑"、"松乔"、"安期"等，皆入神仙谱系。屈大均晚年这类作品很多，在他此时的全部作品中所占比例很高。无须再举例证。

通过这样简单地排比，即可明白屈大均所谓中年之后抛弃玄学之说是不确切的。

二、对神仙人物的敬仰和对神仙境界的向往

屈大均中年之后没有抛弃玄学，并且在作品中表达了对神仙人物的极高崇敬，和对神仙境界的热切向往。屈大均作品中

---

① 《屈大均全集》第1册，第97—98页。
② 《屈大均全集》第1册，第15页。
③ 《屈大均全集》第2册，第680页。

经常出现的神仙人物很多,除了前面提到的至人、神人、赤松子、王子乔等之外,还有一些,如毛女、广成子、后羿、容成、何仙姑、徐福、黄石公、嵇康,等等。

葛洪、徐福、嵇康等虽是历史人物,但屈大均在作品中是把他们当作神仙人物来歌咏的:

何代葬神仙,朱明深洞边。遗衣化蝴蝶,五色似霞鲜。(《葛洪衣冠冢》)①

葛令当年勾漏去,求仙却娶鲍家姝(原作"妹",据康熙间屈明洪补刊本《翁山诗外》改)。双栖红翠三花树,对写烟霞五岳图。芙蓉自可为金液,蛱蝶何知在玉壶?将子罗浮明日返,人疑桂父与麻姑。(《咏葛稚川赠内》)②

葛洪(283—363),字稚川,号抱朴子,丹阳句容(今属江苏)人。东晋道士、炼丹家。葛洪好神仙导养之法,从西晋方士郑隐学道,晚年闻交趾出丹砂,求为勾漏令,携子侄前往,至广州,为刺史邓岳所留,乃止于罗浮山炼丹,在山积年而卒。在屈大均的诗歌之中徐福和嵇康之于葛洪出现的次数相对较少。

屈大均在作品中也表达了对安期生的高度敬仰:

痛饮狂歌度此生,从他竖子日成名。英雄只有安期子,玉舄翩翩东海行。(《遣怀》)③

自古仙人多卖药,风流我最慕安期。今君莫使秦皇得,烟雾苍苍信所之。(《赠盛南樵卖药》之一)④

从"今君莫使秦皇得"一句可以看出,屈大均把对神仙的向

---

① 《屈大均全集》第 2 册,第 1092 页。
② 《屈大均全集》第 2 册,第 810 页。
③ 《屈大均全集》第 2 册,第 1153 页。
④ 《屈大均全集》第 2 册,第 1261 页。

往与"逃秦"思想结合在了一起。安期生,秦代方士,琅琊(今属山东)人。受学于河上丈人。据传,得道已久,卖药海边,时已千岁,人呼千岁公。始皇东游,与语三日夜,赐金帛数千,皆置之而去,留书并一赤玉,曰:后千年求我于蓬莱山下。安期生是黄老学说的重要人物,《史记·乐毅列传》言其学说传曹参。

屈大均平生喜交游,他的赠答送别之作很多。他中年之后直至晚年,在这类作品中为了表达自己对所送或所赠之人的赞颂,常常把他们与神仙人物联系到一起。

康熙十八年己未(1679)屈大均携妻子避地南京,在苏州送别王鹿田时云:

> 白鹤孤飞向九皋,无家不觉此身劳。梁鸾岂必妻能敬(原作"敌",据康熙间屈明洪补刊本《翁山诗外》改),梅福何须婿亦高?诸将只今多绣鬈,遗民自昔一方袍。相思屡过娄江上,风雪依依恋羽毛。(《娄上别王鹿田》)①

王鹿田无家室,遁入空门三十馀年。在这首诗中他把王鹿田比作梅福。梅福,字子真。汉代道家。九江寿春(今属安徽)人,少学长安。为郡文学,补南昌尉。见王莽专政,弃家入道,入鸡笼山修炼,遇仙人引度,仙去。

惠州太守王煐与屈大均关系密切,屈大均临终前甚至把后事托付给这位清朝官员。其《奉题惠州王子千太守罗浮纪游诗后并以为赠》云:

> 惠阳贤太守,公暇事罗浮。再作袁宏疏,重开邓岱游。干旄先白鹿,人吏后青牛。主客参双岳,仙灵至十洲。麻姑披露冕,葛令拂云裘。五色禽时逐,三花树辄留。②

---

① 《屈大均全集》第 2 册,第 837 页。
② 《屈大均全集》第 2 册,第 1050 页。

麻姑，一说为东汉建昌人，修道于牟州东南姑馀山。尝应仙人王方平之召，降于蔡经家，年十八九，貌美，手指似鸟爪，自言"已见东海三次变为桑田"。

屈大均不但与王煐关系亲密，而且与王煐的下属官员关系也很不错。其《赠惠阳俞别驾》诗云：

> 罗浮多年无主人，惠阳太守今如神。公与卧治同清静，风流文采俱仙真……股肱之郡贵公等，朱轓不日闲行春。芙蓉四百且登陟，葛洪鲍靓招为邻。①

鲍靓，晋代道教徒，葛洪妻父。字太玄，东海（今山东郯城一带）人。学兼内外，明天文河洛书。仕历南阳中部都尉、南海太守。尝与许谧往还。又传尝见仙人阴长生，得受道诀。百馀岁卒。葛洪、许迈曾师之。

屈大均对道教中的神仙人物充满了钦慕，对神仙世界也充满了向往。自青年时代开始他就对神仙生活有不尽的遐想。屈大均于顺治十五年（1658）到康熙元年（1662）间浪游吴越，结交甚多。一方面联络反清志士，一方面又向往着神仙的生活。此一时期的《舟中鸣琴与客作》诗云：

> 汝为流水我高山，天籁何曾落世间。一曲怀仙人不见，片帆空与白云还。②

他自青年到晚年一直保持着对神仙生活的遐想。约写于从军湘桂时期的《咏怀》组诗之十、十一、十二等，都表达了这一渴求：

> 危冠切青霞，长裾扫八裔。我岂学游仙，逍遥自无外。日月在掌中，收来有六辔。顾谓王子乔，至道须臾契。四海如镜明，何劳去昏瞖？（其十三）③

---

① 《屈大均全集》第1册，第207页。
② 《屈大均全集》第2册，第1262页。
③ 《屈大均全集》第1册，第56页。

作于晚年的《虎门观海作》一诗云：

> 八月水益大，吾欲浮演漾。槎从海若取，食须天吴饷。倏忽至云汉，客星恣摩荡。抚手笑黄姑，独处徒惆怅。①

偶见云水相连的奇景，屈大均再次生发乘风御气的联想。

综观屈大均的诗歌作品，可以清楚地发现，他终其一生都对神仙人物充满了景仰，对神仙世界充满了向往。这也是他诗歌最为重要的主题之一。

三、屈大均作品中仙人之特质

屈大均从年轻时代就有着建功立业的强烈渴望，同时又对神仙式的生活心往神驰。屈大均有很多咏叹神人、至人和仙人的诗作。通观他的这类作品，可以发现他所谓的至人、神人和仙人有着独特之处。

他作品中所谓的至人、神人和仙人的独特之处，在于这些所谓的至人、神人和仙人不但蝉蜕尘埃之外，同时又有着特别的法力，能操纵日月，驾御六气，救苍生于苦厄。一般而言，普通民众想象中的仙人，优游世外，忘却凡间俗务，而屈大均诗歌中的仙人则乐于经营天下。

> 至人御六气，呼吸走百川。(《黍谷》)②

> 至人与天游，鼋鼍皆默化。利剑决浮云，玄珠烛长夜。(《咏怀》其二)③

至人、仙人法力无边，嘘气可去阴霾，挥剑可定天下。

> 子房本仙人，才大无其偶。游戏楚汉间，赤帝在两

---

① 《屈大均全集》第1册，第90页。
② 《屈大均全集》第1册，第59页。
③ 《屈大均全集》第1册，第1页。

  手。潜跃但乘时,谁见神龙首?(《蓬山篇为顾子丰及其配双寿》)①

  子房久辟谷,颜如朝霞披。白龙何蜿蜿,与我游天池。功业嗟未建,下民方调饥。洁身乃小节,谁能混鸱夷。(《咏怀》其四)②

在屈大均诗歌之中,张良本来就是一位蝉蜕尘垢的仙人,只不过因秦无道,才乘时出世,成就一番英雄事业。这样的仙人、至人不但如神龙能隐能现,还可内圣外王,立功、立德、立言。

  我年十五芙蓉妍,麻姑携手相缠绵。服食青霞犹未毕,忽见海日如金盘。悟道直出轩皇先……形见神藏龙蜿蜒,内圣外王体自然。(《四百三十二峰草堂歌有赠》)③

屈大均信奉玄学,他作品中的神人、至人和仙人具有特别的法力。屈大均精研易学,其《翁山易外》是可藏之名山,传之久远之作。他认为精通易学者可以颠倒日月,掌控阴阳,驱遣鬼神:

  吾尝欲以《易》为诗,颠倒日月,鼓舞雷风,奔五岳而走江淮河汉,使天地万物皆听命于吾笔端。神化其情,鬼变其状。神出乎无声,鬼入乎无臭,以与造物者同游于不测。(屈大均《六莹堂诗集序》)④

中原板荡,陵谷陆沉,他希望神人、至人和仙人操纵阴阳,扭转乾坤:

  龙蛇日起陆,天方发杀机。闭门造奇器,阴阳相推

---

① 《屈大均全集》第1册,第34页。
② 《屈大均全集》第1册,第2页。
③ 《屈大均全集》第1册,第140—141页。
④ 《六莹堂集》,第4页。

移。北斗有天枢,握之谁能知?(《咏古》其二十四)①这样的仙人虽然可以游于尘垢之外,但在黎民涂炭之时,会乘时而出,救苍生于倒悬。他希望自己能如神人、至人一样挥戈回日,"愿借鲁阳戈"②,日月重安排。

屈大均在诗作中不但自比神人、至人和仙人,还常常自比神龙、潜龙、蛟龙、苍龙。神龙、蛟龙等,亦如至人、神人善于飞腾变化:

> 龙本无形以神化,真形往往与松同。龙之隐者但高卧,人不见龙见髯翁。髯翁鳞甲多怒决,柯如苍铜枝屈(原作"出",据康熙间刻本改)铁。(《王不庵作卧龙松歌为予寿诗以酬之》)③

> 潜龙宁勿用,雷雨将乘时。(《游罗浮作》)④

> 神虬久蛰无人识,黄鹄高飞奈我何!高飞忽向天山月,月炤天山皎如雪。(《会稽春暮酬南海陈五给谏怀予(原作"子",据康熙间刻本改)塞上之作兼寄西樵道士薛二》)⑤

在屈大均的作品中蛟龙、神龙和潜龙与神人、至人和仙人,显然有相近之处。仔细分析可以发现,这两者是不完全相同的:蛟龙、神龙在他的作品中主要突出了他所谓的神人、仙人乘时而出,安顿天下,立功当世的一面,但不具有神人、仙人那种优游尘埃之外,宵然遗世的特征。

天地倾覆,沧海横流。屈大均悲天悯人,欲如神龙腾变,整顿天下,成就一番英雄事业,不愿遽然优游世外做一神仙:

---

① 《屈大均全集》第1册,第47—48页。
② 屈大均:《于忠肃墓》,见《屈大均全集》第1册,第304页。
③ 《屈大均全集》第1册,第190页。
④ 《屈大均全集》第1册,第15页。
⑤ 《屈大均全集》第1册,第142页。

> 佯狂予非高阳徒，九龄好道守丹炉。丹成欲济苍生厄，未遂轩皇升鼎湖。（《赠张丈天生》）①

屈大均声言自己少年好道，炼就金丹，只为解救苍生之苦。

> 纷纷天下逐雌雄，安期枉去说重瞳。仙人本为苍生出，大道难令浊世容。（《春日怀白华园》）②

这里"重瞳"指项羽。屈大均感叹天下纷争之时，仙人安期生游说项羽将是徒劳。"仙人本为苍生出"，屈大均自以为如张良本为仙人，但因一副拯世济人的心肠，使他不能遽然弃尘世如敝屣。让屈大均深感痛苦的是功业迟迟未就，不知何时才能羽化成仙：

> 未有英雄羽化期，茫茫一剑报恩迟。（《塞上感怀》）③

天柱已折，大厦既倾，多少英雄豪杰已仙游世外：

> 英雄多羽化，高尚更安期。岂乏留侯舌，差为霸者师。登台驾玄鹤，涉海握神芝。父老菖蒲会，千秋空尔思。（《鹤舒台》）④

屈大均自认为有张良佐王之才，但现在英雄无地用武，也只好驾鹤乘槎，游戏天边了。自己过去多少惊天动地的英雄壮举，都休去提起。况且早有英雄骑鹿去，在那里不会寂寞：

> 羽化英雄事，吾生未寂寥。无花非药饵，有酒即松乔。（《题蒲涧帘泉宴坐图为朱君》之四）⑤

在这几首诗中屈大均所谓的仙人乃是英雄所化。二者原本一体，其所不同只是不同时段呈现出的不同的形态而已。

---

① 《屈大均全集》第1册，第143页。
② 《屈大均全集》第1册，第144页。
③ 《屈大均全集》第2册，第809页。
④ 《屈大均全集》第1册，第220页。
⑤ 《屈大均全集》第2册，第680页。

谁佐中兴业？桐江百尺丝。潜龙虽勿用，威凤亦来仪。月上千峰夕，云生万壑时。那知天子贵？适与故人期……山鬼骖玄豹，桐君把翠旗。客星光灼烁，仙洞路逶迤。下视云台将，高为帝者师。论兵嫌吕尚，象物得庖羲。（《严（原作"岩"，据康熙间刻本改）滩作》）①

白马小儿窃天禄，青牛老人去函谷。君今白鹿行翩翩，岂为茅山高卧足！乾坤此日尚鸿濛，王霸雌雄一笑中。他时忆我罗浮顶，可有风云起伏龙？（《为王璞庵题骑白鹿图》）②

蛟龙乘时，变化飞腾，成就中兴大业。显然这里的神龙、潜龙与佐王中兴的英雄又是合一的。

从以上所引屈大均的作品可以看出，屈大均所谓的神人、至人、仙人与英雄豪杰、英霸器、帝王师与神龙、蛟龙、潜龙等是有齐同之处的。仙人、神人悲悯苍生、乘时出世，则以神龙、蛟龙的形象变化飞腾，成就英雄事业。如若不得其时，则潜龙勿用，复作仙人、神人游于尘垢之外。

四、采药服食

屈大均一生对神仙境界充满了向往，并且如道教中人曾采药服食。这类活动更能显示出其强烈的仙人情结。

顺治十年癸巳（1653）屈大均北游，顺治十一年甲午（1654）居庐山玉川门精舍。他在诗中曾言及在庐山采药之事：

三叠泉边阁，春云映雪明。听松忘日永，采药喜天

---

① 《屈大均全集》第 2 册，第 1045 页。
② 《屈大均全集》第 1 册，第 135 页。

晴。谷暖兰先吐，林幽鸟不鸣。寥寥人境外，一病入无生。(《玉川门精舍春日》)①

玉川门在三叠水口。《庐山志》卷九云："观山之北为麻姑崖，上为大鹏峰。其旁有毗庐峰，其下有玉川门，门内有铁壁精舍。"《桑疏》："玉川门者，当三叠水口，其两崖壁立万仞，涧从中辟，路行处两石相磋，中穿一窦，游者低首而进。其石色白如玉，故名。"② 屈大均虽然在心理上没有皈依佛教，但身在佛门，也偶尔使用佛语，"一病入无生"即是其诗歌中极少出现的空门之语。佛教有"无生无灭法忍"，就是把心安住在不生不灭的中道实相上不动，简称"无生忍"。此时屈大均年方二十许，身为释子，学禅亦同时学玄，既修"无生"又言"采药"。这也照应了他所谓的"予二十有二而学禅，既又学玄"的说法。③ 由此可知，屈大均年轻之时就有采药服食之事。

屈大均晚年的作品更是多次提到采药之事：

仲春已清和，逍遥可行药。炎洲多灵草，勾萌先咀嚼。采兰者谁子？邂逅当林薄。无营似白华，无欲同朱萼。绿叶与紫茎，平生所磨错。微雨土膏滋，本根远相索。其旁石菖蒲，尺寸琼瑶削。紫茸何葳蕤，九节含风弱。安期所服饵，玉颜以灼灼。秦帝于我求，蓬莱奋云蹻。千岁与君期，神仙多戏谑。桥下流辇辇，少君与斟酌。

诗后注云：

---

① 《屈大均全集》第 1 册，第 298 页。
② 徐新杰校点：《庐山志》卷 9，据康熙版校点，中国人民政治协商会议、江西省九江市庐山区委员会文史委员会、星子县委员会文史资料研究委员会 1991 年 5 月印刷，第 301 页。
③ 屈大均：《归儒说》，《屈大均全集》第 3 册，第 123 页。

>　　安期生常与李少君采菖蒲,酌醕醹水于广州城东。(《行药城东作》)①

春暖晴和,正是山中采药之时。这首诗中的屈大均俨然成了道教中神仙人物。并且从诗后小注知,他甚至以李少君、安期生相比附。

屈大均采药曾不辞辛劳远道粤西山中,攀崖穿洞,采撷灵药:

>　　石窟俯身入,洞天穿地底。绝壁攀莓苔,幽丛掇花蕊。奇葩爱无名,大药疑不死。猴姜既蔓引,凤苈复披靡。(《采药西宁承张大令使君命其侄孙豫表陪探燕子岩大峒龙井诸胜》)②

西宁,在罗定州,即今郁南县。张大令即张溶,河南祥符人。康熙六年(1667)进士,二十二年(1683)秋任西宁知县,颇有善政。乡人立祠祀之。屈大均与之关系颇为亲密,康熙二十三年(1684)屈大均采药西宁,张命其侄孙陪同。

屈大均不顾年已衰迈远道粤西采药,近在身边他最为钟爱的罗浮山,更是他多次光顾的地方:

>　　采药复何事?持筐入翠微。平生多远志,白首未当归。露湿花粘足,云干月在衣。蝉声与流水,自喜赏音希。(《采药》)③

罗浮山在屈大均心中有着特殊的位置。罗浮不但是其桑梓之地,岭南第一名山,更是一座仙窟灵宅所在的神山。屈大均非常崇敬的葛洪就曾炼丹于此,并终老此山。葛洪在此山中采药炼丹,羽化成仙,屈大均亦仿葛洪采药服食:

>　　葛令当年惟服食,君今亦欲事丹砂。仙山更可栖浮

---

① 《屈大均全集》第1册,第101页。
② 《屈大均全集》第1册,第93页。
③ 《屈大均全集》第1册,第517页。

岳，玉女何妨得鲍家。色似芙蓉非外物，光含日月是心花。故园梅发休相忆，且向炎天共岁华。(《兰溪童君以丹砂见赠兼示忆梅之作诗以答之》)①

屈大均是否自炼丹药，虽未可知，但从此诗题即可知道他对丹砂颇有兴趣，否则就不会有人以丹砂赠之。从此诗中也可看出他接受馈赠时的喜悦。

笔者不能肯定屈大均真的就有服食丹药之事，但他在诗中多次提到他有意仿效仙人服食确是事实：

夜夜焚香到晓钟，鸣琴亦未绿尘封。诗因五岳辞多怪，酒得诸花味更浓。欲补图经先太华，将营服食首乔松。乘时未敢频为客，燕雀卑栖且一峰。(《焚香作》)②

四百罗浮在枕边，一年春向一峰眠。梦为蝴蝶元非我，生作蜉蝣亦是仙。服食尽多真日月，经营终少幻山川。逍遥见说须无待，姑射神人本自然。(《奉和澹翁六叔父开春病起之作》其六)③

屈大均采药服食，其目的也许并非想同道教中的仙人一样白日霞升，蝉蜕尘垢，但延年益寿的愿望一定包含其中。《寿汪虞部》一诗就明确说出了这一愿望：

南阳老人汉郎官，七十面如红玉盘。家近浮丘丈人馆，御女早得轩皇丹……君今垂老多欢乐，左鬓会应生肉角。著书已当内外篇，采药还期南北岳。从来大道贵传人，长生有术予将学。④

这首诗赞颂汪起蛟鹤发童颜，御女、服食有术，得以健康长寿，并表示愿意向他学习长生之道。屈大均晚年虽然非常贫

---

① 《屈大均全集》第 2 册，第 876 页。
② 《屈大均全集》第 2 册，第 873 页。
③ 《屈大均全集》第 2 册，第 941 页。
④ 《屈大均全集》第 1 册，第 121—122 页。

困,却连续纳妾,是否与他接受道教的御女养生思想有关呢?

> 吾将终罗浮,服食惟朱草……黄帝昔成仙,其术惟房中。素女为之师,浮丘为之宫。真人在玄牝,出入如虚空。日月一相摩,光彩成青童。吾慕鲁女生,翩翩骑白龙。仙成上太华,毛女千人从。君今有窈窕,左右争芙蓉。我亦容成子,大道在其躬。相将且驻年,紫髓而方瞳。时来建勋伐,乃追太保公。(《古诗为叶金吾寿》)①

这首诗中,服食、御女以求长生的意识比较清楚。鲁女生,汉末晋初女道士。容成,即容成公,古之仙人,传为黄帝之师。

屈大均年轻时壮游四方,复明大计幻灭之后,归隐家山,采药养生之思更见炽烈。

屈大均宣称中年之后抛弃玄学,而事实并非如此。在那个特殊的时代,他如此宣示,只不过是借此提醒人们注意他对儒学的推崇,呼唤人们继承儒家道统。他认为道统续,则治统续,天下免于沦亡。他虽然极度推崇儒学,但并没有因此而抛弃玄学。这两者在他的思想中是并存的,并且形成了一种互补关系。他归隐家山之后,这种神仙玄学思想给他的心灵带来了更多的慰藉。相反当他用儒家的观念来衡量这个时代世人的作为时,则给他带来很多烦恼。他痛言这个时代仁义沦丧、竖子成名。

屈大均晚年归隐意识非常明显,不过由于特殊的原因,他并没有真正地归隐深山或乡野。他的隐只是思想意识上的隐,并非实际的隐居。虽然他曾两次薙度,但他皈依禅佛的意识却几乎不见于其诗歌之中,相反他隐于黄老,隐于神仙的思想在其诗歌中却随处可见。隐于黄老,隐于神仙也是其诗歌最为重要的主题之一。

---

① 《屈大均全集》第1册,第20页。

第三节　屈大均逃禅归儒辨

屈大均"逃禅归儒"这一说法由来已久。不过,这一说法还需要进一步探讨。事实上,无论就其变换的行头,还是就其整体的思想,"逃禅归儒"都不是一种恰当的说法。

屈大均在理论上并没有否定佛乘,只不过是把佛学纳入了儒学的体系之内,使佛学就正于儒学。严格地说,他不曾抛弃过儒家学说,所以也不存在回归的问题。他曾经习诵过、接触过禅佛,虽然后来脱下僧衣,极力辟佛,但在理论上并没有真正抛弃佛学。

顺治四年丁亥(1647)屈大均随业师陈邦彦起兵,独领一队。顺治六年己丑(1649)赴肇庆行在,上《中兴六大典书》给南明永历帝。顺治七年庚寅(1650)十一月清军再陷广州。这年冬,屈大均礼函昰于番禺圆冈乡雷峰海云寺为僧,法名今种,字一灵,名所居曰"死庵"。屈大均此时匆忙逃进禅佛,同这个时期许多曾经参与抗清的志士逃往寺庙丛林出于同样的心理:逃避斧钺之祸。一层僧服成了抵挡刀剑的甲胄。

> 岁丙戌,予年十有七,而髡人皆作辫,依金钱鼠尾之制,而予所留残发不盈一握……庚寅年二十一,又复髡,则予遂圆顶为僧,然犹不肯僧其帽,终岁间戴一青纱幅巾。壬辰年二十三,为飘然远游之举,以城市中不可以幅巾出入,于是自首至足,遂无一而不僧。(《翁山佚文·髻人说》)①

顺治三年丙戌(1646)和顺治七年庚寅(1650),清军两破广州,皆强令薙发。既强令薙发,他索性一剃而净。因此可以说

---

① 《屈大均全集》第3册,第471页。

屈大均遁入丛林，乃被逼而成。尽管已经落发，但他还不肯戴上僧帽，后来为了抗清奔走的方便才首足皆僧。从他二十一岁海云寺落发之后对僧服的拒斥可以看出，尽管他当时也可能做了一些功课，但在心理上他并没有皈依佛乘。由此也可以看出即使为僧之时，他也没有放弃他开始于少年时期的对儒学的信仰。

屈大均虽然穿上了僧服，心理上并没有产生宗教式的皈依感。他身披僧衣，却仍然从事反清活动，这与红尘之外的身份并不一致。虽然说他没有产生宗教式的皈依心理，但并不否定他某些诗作富有禅意，也不能否认他个别文章对禅佛的肯定。

康熙元年（1662）屈大均脱下了僧服，他在自己的诗文中表露了他蓄发的原因：

> 五岳游难遍，归来复闭关。只因恋慈母，不忍住深山。草长多麋鹿，江清有白鹇。物情皆慕侣，吾亦倦知还。（《北游初归奉家慈还居沙亭作》其四）

> 白尽高堂发，秋霜满海天。早营乌鸟养，莫恋沃洲禅。井邑烽烟里，山河战伐边。绝裾谁忍再？空有壮心悬。（《北游初归奉家慈还居沙亭作》其五）①

在这两首诗中他已经明白说出了自己蓄发的原因：为了便于赡养老母。屈大均在《髻人说》中说得更为明白：

> 既已来归子舍，又不可以僧而事亲，于是复留发一握为小髻子，戴一偃月玉冠，人辄以罗浮道士称之。（《翁山佚文·髻人说》）②

屈大均所说的这些理由非常实际。尽管这一理由非常现实，也非常合理，但这并不是他还俗的全部原因。除此之外，另一重要原因则是他对佛乘的理解：

---

① 《屈大均全集》第 1 册，第 218、219 页。
② 《屈大均全集》第 3 册，第 471 页。

> 予二十有二而学禅，既又学玄。年三十而始知其非，乃尽弃之，复从事于吾儒。盖以吾儒能兼二氏，而二氏不能兼吾儒，有二氏不可以无吾儒，而有吾儒则可以无二氏云尔。故尝谓人曰，予昔之于二氏也，盖有故而逃焉，予之不得已也。夫不得已而逃，则吾之志必将不终于二氏者，吾则未尝获罪于吾儒也……使天下二氏之人皆如吾之叛之，而二氏之门无人焉，吾之幸也；使天下儒者之人皆如吾之始逃之而终归之，而吾儒之门有人焉，则又吾之幸也。然昔者，吾之逃也，行儒之行，而言二氏之言；今之归也，行儒之行，而言儒者之言，而人以为未尽合于吾儒也。以为新会、馀姚之言，犹似夫禅之言也。吾窃以为不然。夫新会、馀姚，孔门之冢子冢孙也。新会曰致虚，馀姚曰致知，夫非《大学》明德，《中庸》明善之旨耶……禅之精，尽在于儒，欲知禅之精，求之于儒而可得矣……处则以新会为师，出则以馀姚为法，诚禅也。（《归儒说》）①

他认为儒学可以涵盖佛老，而佛老则不能涵盖儒学。禅学之精髓尽在儒学之中。人们可以通过学儒而得之。在另外一篇文章中他对儒学与佛学的高下进行了比较：

> 吾少尝学于禅，私谓禅者之精微，乃吾儒之精微，禅者得其似，而故以为不似，其亦以为至高至美矣，不知乃在吾儒范围之中。盖其徒得吾儒之偏，而不得其正；徒得吾儒之私，而不得其公。（《过易庵赠庞祖如序》）②

他认为儒学要比佛学广大，佛学只得儒学之一角。至于其精微之处，则与儒学无别。

屈大均在他的文章中总是力图用儒家思想来总制佛老，删

---

① 《翁山文外》卷5，《屈大均全集》第3册，第123—124页。
② 《翁山文外》卷2，《屈大均全集》第3册，第87页。

削、演绎佛老之学以入儒学。他这种努力与他所谓的"禅之精,尽在于儒"的思想有着密切的关系。甘京在《翁山文外·题辞》中亦云:

> 屈子翁山所著,谈《易》最多,而叙论诸篇,则凡《老子》、《参同契》、《阴符》诸书,无不能言其概,而必归正之于儒。①

这段话是说,屈大均以儒为正,以儒为本,以儒学为衡量佛老的标准。

康熙元年(1662)屈大均尽管开始蓄发,尽管他还曾在《归儒说》中说"予二十有二而学禅,既又学玄,年三十而始知其非,乃尽弃之",并不能证明他就真正地否定或抛弃了佛老之学。在同一篇文章中,他又说"吾儒能兼二氏,而二氏不能兼吾儒,有二氏不可以无吾儒,而有吾儒则可以无二氏","禅之精,尽在于儒,欲知禅之精,求之于儒而可得矣"。从这段话可知,实际上他又间接地肯定了佛老。屈大均推尊儒学,他认为儒学博大精深,是天地间的伟大真理。"吾儒能兼二氏",则说明佛老也无谬误,也不应该被否定,否则"能兼二氏"的"吾儒"中也就包含了谬误。

屈大均蓄发之后,并没有真正还俗,仍保持一方外之人的形象。如前面所引《髻人说》云:"既已来归子舍,又不可以僧而事亲,于是复留发一握为小髻子,戴一偃月玉冠,人辄以罗浮道士称之。"《广东新语》卷十二亦云:"方是时,予虽弃沙门服,犹称屈道人,不欲以高僧终,而欲以高士始。"② 这些都说明屈大均蓄发之后,并没有真正还俗,好像又做起了道士。凌凤翔这样描述他眼中的屈大均:"岌岌其冠,衣服古

---

① 《翁山文外》卷首,《屈大均全集》第3册,第2页。
② 《屈大均全集》第4册,第321页。

制，自号山人。"① 其诗友陈子升亦作《屈道人歌》颂美。既然他在《归儒说》中说"予二十有二而学禅，既又学玄。年三十而始知其非，乃尽弃之"，就应该是不但背弃佛乘，也应该同时抛弃黄老和道教。实际情况如何呢？《屈大均的仙人情结》一节已经讨论过，屈大均曾扬言抛弃玄学，实际上并没有真正抛弃。同样屈大均对待佛学也是如此。他这里所谓的"尽弃之"，并不准确。他没有真正抛弃佛老之学，所弃者仅是僧人的这一身份而已。

屈大均在文章中曾对与佛教有关的一些事情发表过否定性的感叹：

> 嗟夫，仆常为僧，僧之事最幽昧险谲，变诈不穷，所作多为阴恶，不可告人，而所号为善知识者尤甚。其中曲折崎岖，仆尽知之。嗟夫，天下之为僧者亦众矣，方其服，圆其顶，彯（原作"形"，据潘耒《救狂砭语·屈翁山复石濂书》改）其鬓须，谓皆佛之令子，毋乃谬乎？仆平生绝无他长，惟有为僧不终，毅然反俗，为光明正大之举。且弃拂子，舍传衣，推倒宝华王座，即善知识，亦不屑为洞上正宗，三十四代祖师，亦羞恶而不肯作。知者以为仆智量过人，不知者以为背畔佛祖。诚有如兄所云"三教罪首者"矣。（《翁山佚文·复石濂书》）②

这段话是大均与大汕交恶之后在书信中的相互诋毁。尽管大均所说也许是实，但这也只是针对某些僧人而言，并非对整个佛学的否定。

明末清初，一些人为了逃避战乱，一些人无所适从为寻求心理上的安宁，纷纷涌向僧寺禅院，因此这个时期僧徒人数

---

① 凌凤翔：《翁山诗外序》，见《翁山诗外》卷首，《续修四库全书》集部第1411册，影印康熙凌凤翔补刻本，第255页。
② 《屈大均全集》第3册，第488页。

大增:

> 吾广州所有书院皆毁于兵,独释氏之宫日新月盛,使吾儒有异教充塞之悲,斯道寂寥之叹……今使有一醇儒于此,能以斯道讲明庵中,使儒者不至流而为禅,而禅者亦将渐化而为儒,于以维持世道,救正人心,昌明先圣之绝学,其功将为不小。(《过易庵赠庞祖如序》)①

这段话也仅是感叹释氏之盛,儒教衰落,欲"昌明先圣"之学,使人不至于流而为禅。其中并不见有对佛学真正的否定。

总之,在屈大均的文章中,笔者没有发现他在学理上对佛老之学进行的真正的批评。一些否定性文字多是就当时佛教界的一些情况而进行的形而下的批评。

如上所述,屈大均尽管说"尽弃"禅、玄,实际上并没有尽弃,而是有所选择。蓄发之后,并没有真正还俗,而是做起了道士。他的这种选择,又是出于何种动机呢?

这也许与其时人们的特殊心理有关,如对外来者、对发肤衣冠的特殊情感和态度等。佛教是外来宗教,清朝是外来政权。在屈大均的眼中清人是政治军事上的入侵者,佛教则是文化的入侵者。在他心中,二者皆属被排斥的对象,排满排佛,以维护华夏治统与道统的纯洁。清初政府强令薙发,这对汉人的传统观念是一个极大的冲击,对汉人的民族情怀是一个极大的挫伤。尽管在"留发不留头"的强制下,汉人不得不屈从,但在心理上却有很强的抵触情绪。皈依佛乘,在形式上也有一个薙度的程序,也是一个人成为僧人的标志。屈大均在一定意义上把满人薙发与僧徒之薙度等同了。在形式上二者具有一致性。薙发与否成了一个人是否臣服清朝、是否皈依佛乘的标志。由于这二者在形式上的相似性,在清初这一特殊的时期和

---

① 《翁山文外》卷二,《屈大均全集》第3册,第86—87页。

人们特殊的心理背景下，屈大均在一定意义上把佛教和清朝等同了。

另外，明中叶后大行其道的心学曾引禅入儒。明末心学与禅学相杂，学风空疏，一些学者把空谈误国也一定程度地归罪于禅学了。再者明代佛门风气窳败，这种情况也难免影响到当时人们乃至屈大均对禅佛的评价。

屈大均在《归儒说》中把佛老之学置于儒学之下，在另一篇文章中他对黄老之学还有进一步的论述：

> 古帝王相传之天下至宋而亡。存宋者，逸民也。大均曰，嗟夫，逸民者，一布衣之人，曷能存宋？盖以其所持者道，道存则天下与存，而以黄老杂之，则亦方术之微耳，乌足以系天下之重轻哉……嗟夫，今之世，吾不患夫天下之亡，而患夫逸民之道不存……道统失，治统因之而亦失。（《书逸民传后》）①

他认为道统续，则治统续；道统亡，则治统亡，天下遂亡。屈大均呼唤遗民继承道统，以免天下之亡。他认为以黄老之轻不足系天下之重，儒家文化乃华夏文化的精髓，若逐二氏而弃儒，则华夏文化遂亡，天下则真亡矣。

黄老、道教是华夏固有的传统文化。屈大均只是认为不可以逐黄老，忘儒学，往而不返，实际上他并没有否定黄老道教。

在外在形象上，道士带发修行，与僧徒不同。在时人看来，薙发与否，是从清与从汉的标志，是守护华夏文明与屈从"蛮夷"文化的标志。因此屈大均以道士的形象出现，既保持了发肤衣冠的完整，又避免了蓄发所带来的祸患。这仍是一种权宜之计。

---

① 《翁山文钞》卷8，《屈大均全集》第3册，第394页。

从外在的衣饰看，他逃禅并未归儒，而是归了道；从他的信仰和文化认同看，他从受学之日起，就未曾离开过儒学。未曾离开，自然也就不存在回归的问题。他虽两次薙度，曾与其他僧人一样做了功课，但并不能说明他就对佛乘产生了信仰，相反从他薙发之后的反清行动看，他并没有真正皈依佛门，也没有对佛乘产生皈依的心理。尽管从他的《空隐老人华严宝镜跋》和甘京在《翁山文外·题辞》的评论来看，可以肯定他对禅佛有较为深入的理解，但这也只是对相关知识和禅理的掌握。他近乎宗教信仰般狂热认同的还是儒家文化。

　　总之，屈大均并没有在理论上否定佛老，而只是把佛老之学统摄于儒学之下，把佛老之学纳入儒学的范围之中而已。就其外在的行头而言，他弃僧衣，却着道冠；就其思想而言，他始终未曾抛弃儒学，只是在其变换行头的过程中，掌握了一些佛理而已。因此所谓的"逃禅归儒"这一说法并不恰当。

第四节　陈恭尹畏祸忧死之阴影

　　三藩之乱后陈恭尹交游达官贵人，在当时即遭人非议。这更是他后世遭人褒贬的依据。我们很容易把他处世态度和方式的转变，归因于时代的变化。的确，此后清朝统治渐趋稳固，大多数遗民对清朝的态度都发生了不同程度的变化。时代的强迫固然是一个重要的原因，但陈恭尹的这种转变还有着他个人特殊的心理原因。

　　康熙十三年（1674）前后，三藩之乱爆发。康熙十七年戊午（1678）秋，陈恭尹因曾为尚之信延揽，涉嫌下狱。在狱中二百馀日，至第二年春方被释放。这次牢狱之灾对他刺激很大，在他心中形成了挥之不去的阴影。他原来诗歌中的无所畏惧，气吞山河的英雄主义不见了，代之而起的是名高招祸的畏惧心理。他感到处处潜伏着危险、死神终日在自己身边徘徊：

> 门前一步是风波，身后千秋我何有。（《赠萧壮行》）①

> 乱日生何乐，馀年死与邻。（《狱中杂纪（二十六首）》之十一）

> 迟留关厄数，速免或他侵。死地寰中满，为忧岂独今。（《狱中杂纪（二十六首）》之十七）②

> 君不见天上之星坠为石，又不闻地中有雷生霹雳。星有光芒犹可避，雷无定所谁能测。杀人岂必干与戈，尺地寸天皆局踏。重城高寝自谓安，中夜思之眠岂得。（《行路难（九首）》之一）③

他畏惧灾祸的心理，在这几首诗中是非常明显的。他认为天地间充满杀机，在这张大网中，他无处可逃。人心险恶，切不可被表象所迷惑：

> 上天天有弧，入地地无涂。（《海中吟》）④

> 江滨之人少慈惠，一网高张百禽殚。不虞永断匹偶恩，食肉卖毛为得计。（《行路难（九首）》之二）

> 孔雀之血能杀人，翠钿金尾光彻身。古来贤圣不外饰，蛙声紫色能乱真……君子温温如白玉，利口便便中有毒。其毒愈甚文愈高，请君记取孔雀毛。（《行路难（九首）》之八）⑤

---

① 《陈恭尹集》，第143页。
② 《陈恭尹集》，第150—151页。
③ 《陈恭尹集》，第161页。
④ 《陈恭尹集》，第58页。
⑤ 《陈恭尹集》，第161—163页。

传说孔雀毛和胆能毒人致死。漂亮的外表掩藏着可能随时发动的杀机。普天之下,无非死地,四海之内,血污横流,能活到今天,算是有幸了:

> 幸以不材老,能忘时序心。(《寒树得阴字》)①

> 日暮将何适,归飞尚有林……幸无弹射患,安梦得于今。(《宿鸟》)②

> 烽火兼舟楫,艰危四十馀。几为弓外鹄,一葬海中鱼。债岂他生偿,名应狱吏书。(《狱中杂纪(二十六首)》之十五)

由于他认识到"门前一步是风波","雷无定所谁能测",因此他小心避祸,出语谨慎:

> 死生闻有命,缄口欲如何。(《狱中杂纪(二十六首)》之八)③

> 是非好恶何有定,昨者高岸今为渊。劝君且自酣杯酒,劝君不用狂开口。正言自古有戈矛,上士闻之皆却走。(《行路难(九首)》之三)

他有时甚至幻想销声匿迹于这个世界,隐形于人们视线之外:

> 何能变化为蟭螟,飞入睫中人不识。(《行路难(九首)》之一)

> 未回劲翮排天门,莫使霜毛刺人眼。(《行路难(九首)》之四)

"千年老鹤",光彩耀眼,难免会成为善射者的猎物,何如小小飞虫,入眼不见?

> 卞和入山得璞玉,献之未售先刖足。秦王易以十五城,赵国不与终受兵。从来至宝物所忌,锥刀之末今人

---

① 《陈恭尹集》,第 529 页。
② 《陈恭尹集》,第 529 页。
③ 《陈恭尹集》,第 150—151 页。

争。小民止可求粗足，朝饭糟糠暮饦粥。轻裘肥马不易夸，有司视尔如仇家。(《行路难（九首）》之五)①

便有笔花生夜梦，何成？才尽江淹累始轻。(《南乡子·玳管》)②

陈恭尹参透了兴衰荣辱变幻不定的至理。卞和因宝致祸，已足为戒；江郎之才，成为压身之技。

他认为他之所以得祸，在于"虚名为累"，"蝉无遮噪叶，豹有害身文"。③ 他希望做庄子式的无用"散木"：

隰有桑，阪有漆，朝朝斤斧无虚日。社西老树且千年，于人无益已则全。美材岂合终弃置，用之贵得逢英贤。昨者公家求大木，匠石顾之蒙见录。(《行路难（九首）》之六)

畏首畏尾身馀几，智士畏名如畏鬼。君不闻隋家白鹤自拔毛，周庙牺鸡啄其尾。(《行路难（九首）》之七)④

刘然评《行路难》之七云："勘透世事，犹幸以不才终其天年，非甘自乐也。"⑤ 树木受斫，因是有用之材；白鹤遭囚，乃因羽毛鲜亮。

陈恭尹偶尔也想及时行乐，随波逐流，"是非好恶何有定，昨者高岸今为渊"，不必为难自己。

葡萄酒，黄金卮，玉箫瑶瑟声参差。佳人长袖为君舞，今时不饮将何须。是与非，得与失，百年都是攒眉日。(《行路难（九首）》之七)

落花一别树，安择清波与污泥。自古皆有死，刀兵床

---

① 《陈恭尹集》，第161—162页。
② 《陈恭尹集》，第557页。
③ 陈恭尹：《狱中杂纪（二十六首）》之六，《陈恭尹集》，第150页。
④ 《陈恭尹集》，第163页。
⑤ 刘然：《诗乘初集》卷3，《四库禁毁书丛刊》集部第156册，影印康熙玉谷堂刻本，第138页。

第无高低。梦中得食醒难饱,夷齐身饿名不朽。流芳一日不易为,遗臭万年安足道。(《行路难(九首)》之九)①

是非得失,无须计较,佳人美酒,且为一日之乐。高人名贤,大奸巨盗,百年之后,无非一个"土馒头"。

陈恭尹诗歌中这种畏祸忧死的心理是非常清楚的。这种心理产生的原因他在《江村集小序》有所透露:

四年之间,虚名为累,日周旋刀锋箭镞中,自有生以来未有危于斯者,视丁亥之祸覆巢毁卵殆有甚焉。(《江村集小序》)②

另外他在《梁寒塘墓志铭》一文中更是直接把这种转变与其"意外之祸"联系到了一起。

先生(按:梁槤)没二年,而滇粤变乱,尹邁意外之祸,几于不免,遂浮沉间俗间,视先生瞠乎后矣。③

这里所谓的"意外之祸"即是指这次牢狱之灾。"浮沉间俗间"即指他与达官贵人的交游。他自己心生畏惧,他的家人更是如惊弓之鸟,担心再惹祸端,乃至把他的作品付之一炬。他在《复八十老人祝石书》说:

往时颇有所选述,自戊午遭意外之诬,下狱二百馀日,家人惶迫,时惧更以文字得罪,取付秦炬,唯拙诗以先有刻本得存。④

陈恭尹去世之后不久,陈赣刻《独漉堂集》时,称《文集》卷九之《奏疏》、《启事》、《笺白》手稿遭火,未刻。邓之诚认为此即陈赣等怕文字遭祸,而谎称被焚。"《文集》第九卷《奏疏》、《启》、《笺》原缺。谓毁于火。实惩于大均军中草,

---

① 《陈恭尹集》,第163—164页。
② 《陈恭尹集》,第139页。
③ 《陈恭尹集》,第659页。
④ 《陈恭尹集》,第719页。

为大汕劫持，因畏祸不敢刻耳。"①

他心中的这一阴影给他的诗歌创作也带来了一些影响。彭士望在《独漉堂集序》中云："束缚归里，非其所好，磨砻圭角，低头就之，随物肖形，以其类应，浑浑莫窥其际；间有刑天舞戚、衔木填海之思，跃冶迸出，随即遮扫，灭去爪迹。"②随着时间的流逝，尽管晚年的陈恭尹心中的家国之恨有所消减，但这种刻骨铭心之痛还是不时地流露出来。其家人既然能把他写成的诗文付诸水火，自然那些不经意流露出来的伤痛与仇恨他也有可能会随手抹去。长此以往，他保存下来的诗作在整体风貌上就会相应地发生一些变化。

陈恭尹担心再次惹来"无妄之灾"，故筑室广州城南，以便"浮沉闾俗间"，置身清朝官员的眉睫之前。陈恭尹在《小禺初集小序》中云：

> 予中年倦于游而食指日繁，取资于笔墨，遂不能不与人世往来。干戈之际，又往往以不出见人，积为疑谤。③

此处他清楚地解释了后来"与人世往来"的两个原因：其一为生计所迫，其二即是藉以与当地官员交往来消除他人的疑虑，进而保全自己和家人。在面临作座上宾或阶下囚的选择时，陈恭尹最终不得不选择前者。

陈恭尹交游官员以保全自己和家人这一行为同时还有着另外一层意义：即延续忠臣烈士之种。陈恭尹早年积极抗清，往来于闽浙数年。

> 留闽浙者七年。一日，有父友遇于途，责之曰："君先人未葬，四世宗祧无托，奈何徒欲以一死塞责，绝先忠臣后耶！"恭尹泣而谢之。（冯奉初《明世袭锦衣金事怀

---

① 邓之诚：《清诗纪事初编》，上海古籍出版社2013年版，第303页。
② 《陈恭尹集》，第2页。
③ 《陈恭尹集》，第183页。

远将军陈元孝先生传》)①

陈恭尹这一家族人丁不旺，其前四世单传。在中国古人的观念中，传宗接代是极为重要的事情。当一个人面临这样重大的问题时，其他任何事情都不再重要。陈恭尹及家人的存亡，于私，关乎着这一家族是否能延续香火；于国，则关乎着忠臣烈士是否绝后的重大问题。他岂能置如此重大事情于不顾，而以身涉险？正是在这一层意义上，我们不能苛责陈恭尹"降志辱身"（朱彝尊语），礼接贵人。

正是在这层意义上，我们才更容易理解陈恭尹为什么在面对危险和死亡时，其早年与后来所表现出来的态度有如此巨大的反差。早年他怀着刻骨铭心的国恨家仇，不顾生死，蹈海涉江。父亲朋友的当头棒喝使他猛然醒悟。随着时间的流逝，他也慢慢淡漠了心中的仇恨。再者由于意识到反抗的徒劳，他保命以延续香火的意念，在意识层面慢慢膨胀，逐渐占据了支配地位。

康熙十七年戊午（1678）之后，经历了这次"无妄之灾"的重大打击和一个时期的反省，陈恭尹的处世方式转变了。年轻时期的意气和刚健消失殆尽，代之而起的是柔术应世：

> 遇物时能曲，垂天自不斜。可怜无尺土，亦复着高花。柔是长生道，清宜处士家。柴门开一角，山月也从遮。（《藤》)②

不过这种柔以处世的策略并不能让自己完全满意。与官宦之人交往，他自己对此也心有不安。自我反省时，他自己也感到与遁迹山野，不入城市者相比，心中有愧；与靦颜仕清者相较，相距不算太远：

> 生来忧患日观爻，清固难居浊未淆。驷马肯回穷巷

---

① 《陈恭尹集》，第767页。
② 《陈恭尹集》，第530页。

辙，一枝真愧野人巢。敢论方朔能肥遁，差免杨雄更解
嘲。(《长洲张宗肃见访别后有诗次韵奉答》)①

投湘承有赋，向往倍情深。只以千行泪，酬君一片
心。年华虚晼晚，踪迹叹浮沉。不及王家子，终身松柏
林。(《次答姚叔烟见怀之作（六首）》之二)②

"肥遁"即飞遁。《易·遁卦·象传》："肥遁无不利。"然而生于这片天地无处飞遁，则只好"浮沉闾俗"了。陈恭尹柔以处世，虽心存故国，但还是自感有愧前贤。

陈恭尹早年谨慎交游，晚年却与清朝官员交往频繁。遗民与清朝官员交接，虽然在清朝统治稳定之后并不稀见，但陈恭尹与他人相比则更进一步。他晚年干脆筑室羊城，常住广州以便与人交游。陈恭尹后来应世方式的转变，有时代的原因，也有他个人心理的原因。他自己非常清楚，在消除统治者的疑虑，保全家人的同时，也带来了他人对自己改辙易节的怀疑。甚至他非常亲密的朋友梁佩兰对他交接官宦都略有微辞，其友人岑徵更讽刺他："可怜一代夷齐志，却认侯门是首阳。"③"北田五子"之一梁槤认为"陈恭尹所与多不择人"，"辄骂之曰：向与公言何事而仆仆走城市"。④ 客观而言，岑、梁之评有些苛刻，因为陈恭尹有非岑徵、梁槤可比之处。陈恭尹不但当时名高为累，而且又是岭南丁亥之役的发动者陈邦彦之子，是官方重点监视之人，稍有不慎即会引起官方过度的解读。汪兆镛就认为岑、梁等人的评论过于苛刻，甚至对朱彝尊"降

---

① 《陈恭尹集》，第470页。按：《陈恭尹集》和康熙五十七年刻本《独漉堂集》均作"杨雄"，当为"扬雄"之误。
② 《陈恭尹集》，第403页。
③ 张其淦：《明代千遗民诗咏》卷2"岑霍山"，《清代传记丛刊》第66册，台北明文书局1985年影印本，第93页。
④ 张其淦：《明代千遗民诗咏》卷3"梁器圃"，《清代传记丛刊》第66册，台北明文书局1985年影印本，第152页。

志辱身"之说也表示反对:"忧患馀生,绘《听剑图》自况,间与当代士夫文字往还,而玩世之意寓于湛冥之中,哀郢之思寄诸歌哭之外,固未尝有所降辱也。"[1] 比较而言岑、梁之议过于苛刻,而汪氏之评又爱之略过。

对于陈恭尹来说,顺治四年丁亥(1647)的家难和康熙十七年戊午(1678)的牢狱之灾,最具有决定性的意义。前者决定了他的人生取舍,而后者则改变了他的应世方式。丁亥家难逼使他矢志复国,归隐市井,赢得生前身后之誉;戊午遭系则使他畏祸保身,屈志交接,遭受当下日后之毁。作为后世的研究者,应该如何评价陈恭尹前后应世方式的转变呢?如果我们不太苛责古人,将心比心,把他放在那个特殊的环境中去看待的话,也许朱彝尊当年"降志辱身,终当进之逸民"的评论,在今天看来仍不失为一种比较公允的论断。

第五节 陈恭尹诗歌的抒情内容

陈恭尹浓缩了那个悲惨时代最为悲惨的一面。他童年失恃,少年遇国变而全家受戮,作为烈士遗孤,又遭官府监视和追捕。遭际若此,非陈诗何以泄其愤、抒其怀?也许这也就是陈恭尹为什么主张诗写性情,且强调抒写悲哀、郁愤、离乱之情的原因。陈恭尹是清初著名遗民,又是烈士遗孤和有志于当世之人。因此故国之思、遗民情怀、身世之悲、恢复之志和无成之叹等就成为其诗歌的主要抒情内容。而这几个方面的内容又都紧密地联系着那个天崩地解的时代,以及他坎坷的遭际和人生选择。

---

[1] 汪兆镛:《重修陈独漉先生墓碑铭》,《微尚斋杂文》卷6,民国三十一年(1942)铅印本。

一、"京洛风尘起"、"我生良不辰"

崇祯十七年甲申（1644）李自成攻陷北京，清军入关，顺治称帝北京。第二年五月清军破南京，南明弘光王朝覆亡。顺治三年丙戌（1646）十二月清军攻陷广州。南明永历帝逃奔桂林，清军尽锐穷追。第二年恭尹父邦彦明知寡不敌众，仍用围魏救赵之计，起兵高明山中，约陈子壮、张家玉等会攻广州。其后，陈邦彦转攻他处，一月十馀捷。后被围清远，力竭被俘，慷慨赴死。其间举家遭戮，只有长子陈恭尹逃脱。陈恭尹十二岁丧母，十七岁又遭覆巢之厄。他每念及国破君亡，全家受戮，辄失声恸哭。陈恭尹诗云：

> 昔我三小弟，俊迈难具论。国难一时尽，反令愚者存。岂无友朋好，终念骨肉恩。不见蒲苇中，鸿雁相飞翻。双雁飞上天，孤雁无与言。（《拟古（三首）》之二）①

冯奉初云："恭尹以蒙难馀生，幸完卵于覆巢之下，颠沛流离，屡濒于死，故其生平多沉痛哀怨之词。"② 陈恭尹一生的不幸遭际都肇始于这一重大变故。这一变故决定了他的人生取舍和走向，也决定了他此后的情感基调。这一重大变故在他心灵当中所造成的伤痛，终生难以抚平。覆巢毁卵之叹屡见诸诗文之中：

> 多年瘗玉烟犹暖，当日倾巢卵幸存。（《移家西归留别湛克正克茂外弟兼柬同人（二首）》之一）③

---

① 《陈恭尹集》，第29页。
② 冯奉初：《明世袭锦衣金事怀远将军陈元孝先生传》，《陈恭尹集》，第768页。
③ 《陈恭尹集》，第136页。

不辰吾最甚,十二丧慈闱。对食啼葱叶,当秋泣线衣。(《修先墓作(六首)》之三)①

我生良不辰,京洛风尘起。(《拟古(三首)》之三)②

他人远游、归省,或亲慈子孝地生活,这样的生活场景常常触动他旧日的伤痛。他在送怡然上人汀州省母时云:

吾生早作无依子,世外偏怜有母人。(《送怡然上人汀州省母次梁药亭韵》)③

蹇予生不辰,水深聊自濊。不无危苦词,敢并骚些读。岂知堕泪猿,更作求声谷。(《次答刘沛然兼送之端州》)④

康熙十七年戊午(1678)秋,陈恭尹因涉嫌参与三藩事件,下狱二百馀日。他在狱中诗云:

春前殇两稚,灾祸不云孤。岂谓妻孥泪,居然泣老夫。(《狱中杂纪(二十六首)》之二十二)⑤

三藩乱后,清朝统治已经稳固。经此变故,他更心存危惧,开始明哲自保。陈恭尹"自念身历沧桑,恐终不为世所容,及筑室羊城之南,以诗文自娱。贵人有折节下交者,无不礼接,于是冠盖往来,人人得其欢心。议者或疑其前后易辙"。⑥

与朋友在一起欢聚时,他也会流露出对其身世的伤痛。他在《人日次梁药亭韵兼柬川南长寿》中诗云:

衰颜与懒岁俱增,心在冰壶更著冰。七日为人虽复

---

① 《陈恭尹集》,第230页。
② 《陈恭尹集》,第29页。
③ 《陈恭尹集》,第225页。
④ 《陈恭尹集》,第325页。
⑤ 《陈恭尹集》,第151页。
⑥ 冯奉初:《明世袭锦衣金事怀远将军陈元孝先生传》,《陈恭尹集》,第767—768页。

尔，五伦于我独存朋。①

"五伦于我独存朋"后注曰："予于朋友一伦，差可无憾，馀皆有不可言者。"陈恭尹自认为生平遭际堪伤，而独于友人差可慰怀。

> 我生不辰稀所慰，唯以同心作同气。同心海内几人存，白首尘中觉无谓。(《高固斋以长歌赠别赋答》)②

> 白首甘为陇亩民，生来摧折不曾春。(《次韵答徐紫凝（四首）》之一)③

> 此生如叶任风吹，高下随之不自私……生我昂藏虚七尺，年年寒食一增悲。(《春感十二首次王础尘》之四)④

陈恭尹对自己身世的悲叹直至暮年也不见少。周在浚颇有文名，喜交天下文士。康熙三十六年丁丑（1697）春，周在浚来广州，与梁佩兰、陈恭尹唱和赠答。周在浚数奇不遇之感让陈恭尹大发感慨。他在《次答周雪客》中云：

> 须眉白尽似非吾，感物依然独向隅。百岁春光驹过隙，一生行迹雁衔芦。非鱼庄叟宁知乐，如凤寒虫只自呼。君是梁园贵公子，未应同恸阮公途。⑤

尤其是最后两句，似乎可以作如此的解读：他们二人本非同道，周在浚没有必要强作悲悯。他晚年对身世的悲叹再如：

> 我已无家四十年，偶然卜隐来城阿。(《筑室谣和何不偕（三首）》之三)⑥

> 千秋名立举家捐，心死灰寒四十年。(《赣儿受室承

---

① 《陈恭尹集》，第 519 页。
② 《陈恭尹集》，第 330 页。
③ 《陈恭尹集》，第 525 页。
④ 《陈恭尹集》，第 390 页。
⑤ 《陈恭尹集》，第 518 页。
⑥ 《陈恭尹集》，第 187 页。

诸公赠诗赋答》)①

  生岁同君馀亦似，少来多难老来贫。（《赠胡韶先》）②

陈恭尹在诗歌中不但悲叹自己的不幸身世，也曾对冥冥中的命运之神进行质问。其文《辩命赋》中这种质问最为激烈：

  天府六星，四曰司命……闻诸星经，是主咎灾，往者圣贤，穷则呼之……吾独何辜，乱如此怃？豺当路立，虎入郭处。张为风云，翕为雷雨。人之有室，上栋下宇。吾独何辜，率彼旷野？陆有蜂虿，溪有射工。含沙奋螫，毒甚刀弓。人之有口，变紫为红。吾独何辜，结舌于胸？（《辩命赋》）③

"吾独何辜"一句反复出现。其中蕴涵的感情是强烈的。这段文字非常清楚地表现出他强烈的悲愤。

  陈恭尹的身世之悲，是对那个时代的悲叹。这样的诗歌是凝结于诗人心灵之中的历史的叹息。明末清初国人普遍遭受了巨大的灾难，而陈恭尹代表了那个时代最堪悲悯的一类，发而为诗，难免如空谷寒猿。

二、"生死白刃间，壮心未云已"

  顺治年间是南明与清军反复争夺的时期，南明的抵抗于西南和东南尤为激烈。顺治八年辛卯（1651）郑成功起海上，一度让人燃起复国的希望。陈恭尹欲往投之，入福建不得就。顺治九年壬辰（1652）他自福建经江西，至杭州，徘徊于江浙一带，秘密结连抗清人士。顺治十一年（1654）自吴越归

---

① 《陈恭尹集》，第160页。
② 《陈恭尹集》，第126页。
③ 《陈恭尹集》，第569页。

娶。四年后陈恭尹与何绛一起出崖门，渡铜鼓洋，欲收拾海上馀众，无成。八月与何绛一道度大庾岭，取道湖南欲往西南从永历帝。遇阻，顺治十六年己亥（1659）北走衡湘，渡彭蠡，下池州，憩于芜湖。此时郑成功大举围攻金陵，张煌言进取徽宁，"恭尹与共策画"①。继而抵汴梁，渡黄河，徘徊太行山下。陈恭尹南北奔走期间所写诗文慷慨豪迈，英雄气足：

> 射虎射石头，始知箭锋利。居世逢乱离，始辨英雄士……生死白刃间，壮心未云已。猛士不带剑，威武岂得申。丈夫不报国，终为愚贱人。中夜召仆夫，将适赵与秦。方建金石名，安念血肉身。抗手谢俦侣，明日西问津。（《拟古（三首）》之三）②

> 客有燕赵人，临流发清弹。一鼓霜霰零，再鼓凝冰散。萧萧徵羽声，举坐皆窃叹。（《杂诗》）③

这类诗，虽意在抒情写志，却也隐约地透露出陈恭尹奔走天下的消息。此时的陈恭尹以英雄自许，志在匡济时艰，岂能采薇首阳，自洁其身：

> 与君交好二年来，天轰地裂奔风雷。相逢一度一鼓掌，笑杀时无英杰才。坐使神州沦劫灰，念之不觉心魂哀。守持廉节止自了，天生我辈何为哉。宁为夷吾小器匡天下，莫作西山高蹈终蒿莱。（《赠任五陵》）④

陈恭尹矢志复明，故而其前期诗文风云气盛，这类诗为数很多。邓之诚《清诗纪事初编》列举了陈恭尹作品中的一些诗句进行说明：

> 如日前椎晋鄙。后椎秦始。不信海西驰。久饮东京

---

① 邓之诚：《清诗纪事初编》，上海古籍出版社2013年版，第302页。
② 《陈恭尹集》，第29页。
③ 《陈恭尹集》，第341页。
④ 《陈恭尹集》，第142页。

水。曰谤声易弭怨难除。秦法虽严亦甚疏。夜半桥边呼孺子。人间犹有未烧书。曰犬马岂能忘旧主。梦魂犹恐负先臣。曰南国干戈征士泪。西风刀剪美人心。曰海水有门分上下。江山无界限华夷。曰生死白刃间。壮心未云已。曰欲寄悲歌向燕市。荆卿行后更无人。曰哀哉晚世士。不幸有其心。皆深心苦语。动人魂魄。①

顺治末年,南明虽然仅存一隅之地,但陈恭尹壮志未歇,尚存再延朱明国运之望。这些诗句皆显示出陈恭尹恢复故国的志士之心。

陈恭尹《游侠词》塑造出了一位少年游侠的形象:

> 左刀如白虎,右剑象苍龙。直走长城北,风云满路中。(之一)
>
> 相见一杯酒,天涯即弟兄。出门赠百万,上马不通名。(之二)
>
> 十年居委巷,上有白头亲。此别逢知己,微躯亦借人。(之三)②

显然诗中少年英雄是陈恭尹的心理形象。这类诗作还有一些。他时刻盼望着有朝一日能一展抱负,报仇复国:

> 龙虎片云终王汉,诗书馀火竟烧秦……最是五陵游侠客,年年磨剑候风尘。(《怀古十首·咸阳》)③
>
> 君不见五陵年少插两弓,左射右射皆能工。金丸如星羽如月,骄马蹴踏鸣秋风。林中走兽猎已尽,仰面四顾苍天空。(《行路难(九首)》之四)④

由于陈恭尹晚年常与当地官员虚与委蛇,所以给人以委曲求

---

① 邓之诚:《清诗纪事初编》,上海古籍出版社2013年版,第302页。
② 《陈恭尹集》,第136页。
③ 《陈恭尹集》,第70页。
④ 《陈恭尹集》,第162页。

全，辱身自保的印象。实际上这只是他刻意制造的人格面具。他凌厉的气势，赴死的决心在其诗中并不少见：

> 可怜中夜梦，跃马尚能豪。（《病足舟中即事》）①
>
> 归来酒力薄，安寐不至旦。雄剑鸣鞘中，夜起视星汉。（《杂诗》）②

故国不复甚至让他夜不安眠。《杂诗》收在《唱和集》中，可知此诗是与他人的唱和之作。根据诗意，当时也许曾有荆轲刺秦之谋。

虽说陈恭尹晚年意气销磨，但他此时创作的一些题画诗，仍然能显露出对自我的期许：

> 搏击西风力有馀，高枝独立意何如。羽毛已具飞扬势，莫老磻溪待后车。（《题画鹰》）③
>
> 日行三万力何长，博得瑶池一夕觞。画谱至今图八骏，史书空自笑周王。（《题八骏图》）④

对他有深入了解的好友梁佩兰说：陈恭尹"尝绘《九边图》，置之箧中"，"智深勇沉，有志当世之务"。⑤ 从其诗歌之中，可以看出陈恭尹年轻之时，其胸中确实涌动着一股英雄之气。

南明势危，国祚日窘，其复国之志却没有稍歇。陈恭尹曾自比精卫有志填海：

> 自从星月一晦冥，文章正脉几于绝。挑灯昨夜读君书，字字行间皆有血。君父之辱义正同，有口莫向他人说。精卫填海海未干，愚公移山山可裂。山崩海竭必有时，此心不与天壤灭。蘸笔须到星宿源，磨锋必用昆吾

---

① 《陈恭尹集》，第 174 页。
② 《陈恭尹集》，第 341 页。
③ 《陈恭尹集》，第 190 页。
④ 《陈恭尹集》，第 191 页。
⑤ 梁佩兰：《前锦衣卫指挥佥事私谥贞谧先生独漉陈公行状》，见《陈恭尹集》，第 764—765 页。

铁。但能闭户造坚车，今古修途同一辙。（《答潘子登》）①

海中何所有，有树名三珠。上有同巢鸟，分飞从鹓雏。西飞黑水头，北飞越黄河……口饥不谋食，终日衔枯芦。人情有独嗜，此鸟宁谓愚。（《海中吟》）②

陈恭尹虽然知道复国的希望渺茫，但仍不息雄心，欲效精卫之填海，愚公之移山。其复国之心不灭，将与天地同存。

丁亥之祸虽覆巢毁卵，却没有使陈恭尹畏缩不前，反而使年轻的他怀抱着国仇家恨逾岭涉江。恢复故国是陈恭尹一生的理想，也是他诗歌中的最为重要的主题之一。

三、"乾坤无故国"、"濯足归沧浪"

陈恭尹早年南下入海，北上渡河，皆为恢复故国，无奈朱明气数已尽。顺治十六年（1659）东南劲旅郑成功、张煌言败走海上，西南永历皇帝逃奔缅甸。陈恭尹于郑州道中，遇十八年前梦中所见，以为南明之事至此为已，乃运数使然。陈恭尹曾寄希望的南明彻底覆灭了，对此他在诗歌之中抒发了无尽的哀思：

百年饮恨孤儿在，三月伤心万国同。老泪只应镌楚竹，招魂空自赋江枫。金陵佳气松楸里，铜柱高标指顾中。（《壬申清明即事次杜韵同王础尘（二首）》之二）③

每有乘桴叹，常深彼黍嗟。乾坤无故国，白首尚天涯。（《挽张桐君（四首）》之一）④

---

① 《陈恭尹集》，第510页。
② 《陈恭尹集》，第58页。
③ 《陈恭尹集》，第212页。
④ 《陈恭尹集》，第200页。

这两首诗皆作于晚年。作为前明烈士遗孤，每年三月都将生出无限的哀思，非为伤春，而是为故国之没。因为三月十九为崇祯皇帝殉国之日。

陈恭尹因覆巢毁卵之恨，其故国之悲尤为沉痛。无论是登山临水，还是赠别唱和，皆可见其黍离之思。其故国之悲不择地而出。陈恭尹远游和乡居期间皆有登临怀古之作，这些作品有故国幽情的舒泻，也有对何以失国的反思。

> 广武城头发浩叹，千秋阮籍称狂生。君不见高皇用武平方国，百粤怀柔独文德。斯楼结构自初年，其废其兴岂人力……倚天长剑又何人，侧身四望乾坤窄。(《己巳九日镇海楼作》)①

广州城中的镇海楼建于明朝定鼎之初，至清初则已呈破败之象。此楼之兴废见证了明朝的兴衰。睹楼思明，兴废难说皆由人力。

陈恭尹曾济江北上，历中都，抵汴梁，渡黄河，徘徊太行山下，历览中州之胜，帝王之乡。

> 汉王生长难忘处，尺土犹书故宅名。四海自飞鸿鹄羽，中宵人哭白蛇声。轻沙浅草堪调马，习俗群儿敢说兵。千载英雄同一辙，徐州南是凤阳城。(《怀古十首·沛中》)

王侯出布衣，小儿喜言兵。沛中为帝王之乡，凤阳乃生长英雄之地，陈恭尹历览刘汉朱明的隆兴之地难免生发联想。

> 敝车驽马雒城边，盛事空凭故老传。嵩室有声君万岁，土圭无影日中天。礼亡已验伊川发，涕下徒伤贾傅年。莫问汉家图画处，丹青磨灭化苔钱。(《怀古十首·洛阳》)②

---

① 《陈恭尹集》，第199页。按：《陈恭尹集》作"阮藉"，当为"阮籍"之误。

② 《陈恭尹集》，第71页。

据此诗可知陈恭尹曾至洛阳。洛阳这九朝古都，不知曾让多少士人产生"如醉"、"如噎"的黍离之悲。这里层层叠叠的汉家遗迹，如今也让他萌生无限伤逝之情。

> 山中麋鹿若为群，岭外双鱼杳不闻。贫甚独存冯客剑，雪深持上岳王坟。西湖歌舞春无价，南宋楼台暮有云。休恨议和奸相国，大江犹得百年分。（《西湖》）①

南宋奸臣虽弃中原给金人，但还能对峙江南一百馀年。明末清初之人常以宋比明。陈恭尹此处"休恨"一词，着实让人为明末之事生无限感慨。

陈恭尹每当遇着声气相投之人，其故国之思便毫无遮拦。无锡王础尘，流落岭南，是一位与陈恭尹、屈大均等交往密切的遗民，他们之间唱和尤多：

> 世间何日不风云，从虎从龙各自分……莫笑南枝无北向，汉陵松柏气氤氲。（《春感十二首次王础尘》之十）②

> 四海有同心，风期每相属……岂知堕泪猿，更作求声谷。义心知调古，直气识节促。悠然金石音，出自丝桐腹……旧宫禾黍地，当欢或成哭。（《次答刘沛然兼送之端州》）③

陈恭尹越鸟南枝，志节不移。四海之内，无论识与不识只要有故国之心，皆为兄弟。康熙元年壬寅（1662）秋屈大均归自吴越，岭南诸人集于广州西郊，陈恭尹《秋日西郊宴集同岑梵则张穆之家中洲王说作高望公庞祖如梁药亭梁颙若屈泰士屈翁山时翁山归自塞上》诗云：

> 黍苗无际雁高飞，对酒心知此日稀。珠海寺边游子

---

① 《陈恭尹集》，第 11 页。
② 《陈恭尹集》，第 391 页。
③ 《陈恭尹集》，第 325 页。

合,玉门关外故人归。半生岁月看流水,百战山河见落晖。欲洒新亭数行泪,南朝风景已全非。①

志士归来,聚首一处,百感交集。此时南明势力基本消歇,半生事业付诸流水。对于陈恭尹来说,往事不堪回首,故国只在自己的咏叹之中,抒写故国之思也是他作品的主题之一。

陈恭尹晚年虽因常交接清朝官员而遭非议,但其遗民的身份还是得到了普遍的认可。他不但始终不肯出仕,而且也不做官员的幕僚。只要翻阅一下他的作品,读者很难不被他的遗民情怀所感染。

伯夷和叔齐是遗民鼻祖,在明清之际是两个具有象征意义的特殊符号。这两个具有特殊意义的意象,常常出现在当时遗民的诗文之中。陈恭尹有时借助这两个人物抒写其遗民之志:

梦登首阳山,郁哉何巍巍。上有二子坟,下有三春薇。宁从白鹤巢,不从凤鸟飞。(《感怀(十七首)》之十一)②

老眼何曾着贵人,壮心足使吞溟渤。而今万事付儿孙,寂寞荒丘采薇蕨。唯有新诗似少年,夜夜高吟松下月。(《西郊赠岑梵则》)③

"首阳"、"薇蕨",都是与伯夷、叔齐相关的意象。二人不食周粟,采蕨首阳山中。言"首阳"、"薇蕨",即如言伯夷、叔齐。

在遗民心中魏晋之际的阮籍、嵇康和晋宋之交的诗人陶渊明,也有着与伯夷、叔齐同样的意义。这也是在明清易代之际,人们赋予他们的新的意义:

好鸟飞来韵不孤,从来寄托属吾徒。贞操只许陶彭

---

① 《陈恭尹集》,第62页。
② 《陈恭尹集》,第53页。
③ 《陈恭尹集》,第331页。

泽，直道无妨鲁大夫。(《越台新柳诗十首和王础尘》之九)①

陶渊明不愿为五斗米折腰，而隐居田园。在文学史上他本来主要是以隐士的形象出现的，与兴亡更代没有太多关系。但在明清之际，他却具有了新的价值。其弃绝宦情之高风，堪为遗民之表率。

> 家承节烈声相应，旧隐山林气尚豪。出处与君皆有当，未将消息问山涛。(《饮刘信宜阶六寓邸赋赠》)②

> 夏侯未死犹传业，叔夜如生亦采薇。(《狱中柬黄畏斋杨巍材陈是庵》)③

嵇康心怀曹魏，触怒司马集团，被杀。陈恭尹臆度若他不死亦当隐居山野，不食晋粟。

> 白头游兴未能忘，几度西湖上画舫。失路久为狂阮籍，写经仍是懒嵇康。(《写碑惠州泮宫屡醉叶御六卫立组学署即事赋柬》)④

陈恭尹常自比阮籍，以为亦如阮籍之狂。在这个特殊的时代，不少历史人物都被拿来作重新品评。王昭君这一人物通过遗民的品评也获得了新的意义：

> 生死归殊俗，君王命妾来。莫令青冢草，生近李陵台。(《明妃怨》)⑤

王昭君受命和亲，死葬漠北，仍怀恋故主。如果我们把梁佩兰的《王昭君》一诗拿来对照来读，则更值得玩味。梁佩兰诗云：

---

① 《陈恭尹集》，第389页。
② 《陈恭尹集》，第391页。
③ 《陈恭尹集》，第158页。
④ 《陈恭尹集》，第341页。
⑤ 《陈恭尹集》，第336页。

> 妾生在汉地，焉敢忘汉恩？当时不嫁胡，谁知绝世人！①

两相对比，梁、陈二人的心理图景之差别显得非常清楚。

伯夷、叔齐、陶潜、阮籍等这些历史人物在陈恭尹的作品中，基本上具有共同的意义指向。陈恭尹也通过对这些历史人物的咏叹，传达了他的遗民情怀。

除了借助历史人物表达其遗民之志外，陈恭尹更多的时候是直接抒写其遗民之思：

> 着我远游冠，插我忘归羽。命驾将何之，三星在南户。夕鸟下高林，翩翩赴其侣。人生各有志，荣辱何常主。(《感怀（十七首）》之十四)②

> 云满空江覆渚葭，诸峰佳处不全遮。十年有约横潭路，一棹初寻处士家。深巷暮蝉和细雨，短篱疏树带高花。此来卜隐兼耕读，相过从今未有涯。(《过徐拜石横潭村居》)③

朱明已成过往，遗民相约隐居乡野，从今以后，互通声气，以慰寂寥。

> 百年世禄焕纶丝，身隐新朝志未衰。(《题黄君球行乐（二首）》之二)④

> 玉雪肌肤不着泥，濯缨何处是清溪。齐州九点非吾土，遮莫桃源在楚西。(《题钱鉴涛濯足图》)⑤

天下之大，皆非我土，举世混浊，何处可得清净？

陈恭尹自己守节不移，还时常与其他遗民王础尘、魏礼等

---

① 《六莹堂集》，第121页。
② 《陈恭尹集》，第53页。
③ 《陈恭尹集》，第355页。
④ 《陈恭尹集》，第289页。
⑤ 《陈恭尹集》，第450页。

抱团取暖，相互鼓励，抒写同心：

> 万里知交各南北，几人同上金精峰。（《以香瘿杯为魏和公寿系之以歌》）①

魏和公，即魏礼。魏礼等隐居金精峰上。值其寿辰，陈恭尹寄杯以贺。金精山巅固然是理想的隐居之所，喧闹的羊城同样也可以作为自己的隐居之地。《人日喜晴招王础尘洪药倩潘涵观王紫巌集得一山房分得十三元》诗云：

> 欢无不合宁须酒，忧未能忘且树萱。城市古来多隐地，买山非欲拟桃源。②

王世桢江南无锡人，早年有志于四方，后入吴兴祚、王煐幕中。陈、王二人皆为遗民，只要心远利禄，隐于都市也未尚不可。

> 分居岭北南，异地幸同心。匪石能攻玉，如兰即断金。君从卜肆隐，予卧海门深。春别不曾送，秋风劳夜吟。（《寄曾省之》）③

曾省之，其生平未详，从陈恭尹此诗，可知当为岭北遗民。只要二人同有故国之心，虽隔天涯，亦不为远。

陈恭尹高隐羊城，不但常与当地遗民交游唱和，抒写怀抱，同时还经常与岭北共有遗民情怀的人保持联系，赠诗赠物，互相鼓励，共守志节。

四、"守持廉节止自了，天生我辈何为哉"

对于一位"有志当世之务"的人来说，不得已隐居乡野，以处士终老，最是痛心之事。终生见弃于世所产生的失路彷徨

---

① 《陈恭尹集》，第343页。
② 《陈恭尹集》，第359页。
③ 《陈恭尹集》，第64—65页。

情绪，随着时间的推移愈益强烈地在陈恭尹的心中涌动摩荡。这种失落的情绪，老而无成的感叹常常出现在陈恭尹后期的诗文中。

陈恭尹本来对自己的期许是很高的。其《赠任五陵》云：

> 试与极言当世计，达变通经还审势。如此人居草泽间，苍生岂得无凋弊。与君交好二年来，天轰地裂奔风雷。相逢一度一鼓掌，笑杀时无英杰才。坐使神州沦劫灰，念之不觉心魂哀。守持廉节止自了，天生我辈何为哉。宁为夷吾小器匡天下，莫作西山高蹈终蒿莱。①

立功当世是自己原本的打算，隐居乡野乃不得已之事。对自己期许愈高，其失落感就愈强烈。

陈恭尹青年时代即急于建立功名，年仅三十即言老大无成。《增江后集》作于陈恭尹三十岁至四十六岁之间。此集之中已有很多老大无成的感叹：

> 寡出春已生，多愁老先及……伤哉逝川叹，恸矣岐途泣。百年曾几何，三十未能立。（《早发新塘浦向广州东山舟中作》）②

他年仅三十，即生夫子川上之叹。

> 子抱荆山珍，我握灵蛇蛛。良价一不（原作"不一"，据康熙五十七年刻本改）值，千驷犹泥涂。埋骨置土中，焉辨贤与愚。修名惧不立，归哉南山隅。（《怀何不偕（三首）》之三）③

陈恭尹感叹骐骥陷泥，宝珠无售。修名不立，百年之后焉辨贤愚？陈恭尹的悲叹甚于寻常的怀才不遇：

> 无成三十老渔蓑，旧国深惭此屡过。生计未知何事

---

① 《陈恭尹集》，第142页。
② 《陈恭尹集》，第76页。
③ 《陈恭尹集》，第77页。

好，诗篇唯觉别人多。(《夜起西山草堂口占别吴又札梁颙若梁亮圃》)①

陈恭尹有志四方，同时也欲以诗文自见。一生所成唯文字笔墨，馀者皆空江流云。

康熙二十五年（1686），陈恭尹五十六岁，是年冬移家小禺山，筑室广州城南。为消除疑谤，常与清朝官员交游，杯酒唱和之际，更频繁地流露老大无成的失落感。收录在《小禺初集》、《小禺二集》和《小禺三集》中的作品，为世所弃的感慨也相应地更加深沉了：

> 无穷志业总成赊，老去吾生渐有涯。(《夜度黄脊沙漫成寄示赣励》)②

> 少日趋庭过，中年闭户居。耻为无用学，必读有源书。衰白心徒苦，经纶事已虚。(《端江五日写怀（六首）》之五)③

陈恭尹受其父影响，不为无用之学。但他此时已露衰象，而四方之志已成泡影。

> 老作书鱼钻简篇，伤心长是小春前……昧谷日斜难却返，昆池灰冷不重燃。生前生后何穷事，泪洒西风罔极天。(《丙子生日归锦岩先祠次去年韵》)④

对古代士人来说，诗文虽然重要，但其重要性却远在功名之后。三不朽之中，"立言"已落"立德"、"立功"之后，而诗文更在"立言"之外，属雕虫篆刻之小技。一世老此营生着实可叹。

陈恭尹与遗民朋友经常互相勉励共守志节，但同时也为终

---

① 《陈恭尹集》，第493页。
② 《陈恭尹集》，第193页。
③ 《陈恭尹集》，第197页。
④ 《陈恭尹集》，第241页。

生不能有所作为而叹息。时光易逝，老大无成之感在这类诗作中挥之不去。《次和王础尘辛未岁除（八首）》云：

> 无成六十总空过，往事追寻鬓自皤……风树有怀嗟弗及，馀年遽莫更蹉跎。（之三）
>
> 狂吟终岁掩闲园，莫叹年残昼易昏。（之五）
>
> 行止唯天所命之，不将颓暮叹斯时。（之一）①

王世桢是陈恭尹非常亲密的遗民朋友，两人早年皆有志四方，因此二人唱和之诗，多深心苦语。

> 门前一步是风波，身后千秋我何有。（《赠萧壮行》）②

萧壮行生平不详。此诗前面皆为赞美萧壮行之语，最后这两句突然转言自己终生无所成就，十分突兀，也十分感人。

> 时来疏放百无能，知有龙门未拟登。孟德功成悲老骥，仲翔身后托青蝇。百年尚剩三分日，两岁同归一夜灯。车笠虽殊皆有叹，和章遥寄剡溪藤。（《次和王惠州子千己巳岁除杂感韵（四首）》之四）③

陈恭尹常与惠州知府王煐交游唱和。此诗作于王煐来知惠州的康熙二十八年己巳（1689）除夕。陈恭尹时至暮年，功业未成，而这一切归根结底，是因为他"知有龙门未拟登"。

> 力穷天地外，独立夕阳时。物态皆吾巧，春风不自知。舌从荆妇笑，香遣稚儿司。究竟成何事，年年催鬓丝。（《苦吟分得丝字》）④

天地之外，夕阳之下，一位白发苍苍的老者，独自哀叹。

陈恭尹虽然坚守志节，终生隐居，但他眼见他人或自己身

---

① 《陈恭尹集》，第427—428页。
② 《陈恭尹集》，第143页。
③ 《陈恭尹集》，第393页。
④ 《陈恭尹集》，第505页。

边的朋友出仕新朝，高居上游，难免心生艳羡。康熙三年甲辰（1664）秋，程可则守丧期满，起复入都。陈恭尹作诗送行：

> 人生出处各有宜，看君高步何崔嵬……沧海终为百谷王，如君气度谁能量。从此一抔封已毕，报恩身健日偏长。(《送程周量起复入都》)①

程可则为官京师，陈恭尹"落魄南江"，心中有无限感慨，因寄诗抒怀：

> 薇省仙郎安好无，别来三见落庭梧……故人落魄南江上，稳系藤蓑作老夫。(《寄程周量》)②

生发如此的感慨，对于一个深受儒家入世观念影响的传统士人来说也是情理中事。正因为他有艳羡之情，却终生不仕新朝，才更让人钦佩。有时候他也会自我安慰，强作达观。《王川南使君紫诠招同李宫詹山公袁通政密山梁太史药亭蓝山人采饮游灵洲予以事不果往诸公分韵及之仍同游韵（八首）》之四云：

> 无才久已安衰拙，不与扬云叹寂寥。③

> 自知消长理，岂敢恨蹉跎。子夜泉心正，南天海运多。(《夜潮》)④

> 疏狂惭授简，不恸阮生途。(《又次前韵即事呈吴留村司马钱葭湄太常》)⑤

这种自我安慰是无力的，不能真正使自己摆脱无成之感的困扰。

陈恭尹虽因终生无成，感慨良多，但他至死甘愿做一遗民。其志可悯，其节可表！

---

① 《陈恭尹集》，第102页。
② 《陈恭尹集》，第120页。
③ 《陈恭尹集》，第514页。
④ 《陈恭尹集》，第533页。
⑤ 《陈恭尹集》，第402页。

陈恭尹的诗是其真性情、真精神的流露，既是他个人心灵的历史，也是那个悲惨时代的历史。陈恭尹以其个人的方式和角度表现了那个特殊的时代。他举家遭戮的身世，使他萌生刻骨铭心的家仇国恨，走上抗清复国的道路。其亡国之痛较之他人也更为炽烈。自甘隐沦，以诗文写其遗民情怀，又带给"有志当世之务"的他终生无成的浩叹。其抒情内容的这几个方面存在逻辑上的内在联系。

第六节　梁佩兰之"独醒"与其出处的选择

明末清初，朱明政治腐烂之深，清军推进之快，皆使人愕然。转瞬间陵谷位移的变局，使汉族士人不得不思考其中原因，也迫使此一时期的士人不得不考虑个人的出路和定位。变局发生之初，有的人奋然而起，义无反顾；有的人发奋抗争，后迫于局势而中途改道；有的人冷眼旁观时局的演变，不失时机地出仕新朝。固然由于时势的强迫，当时的人被时势裹挟着，也都一定程度地丧失了自主选择的从容，但这些不同的选择，毕竟还是与个人的性格、遭际和主观认识有着一定的关联。

岭南三家在清军入主中原时都还是少年，佩兰稍长，刚满十五周岁。以此时年龄而言，之后他们无论是否出仕清朝都不需背负太多的心理负担。因此我们不能以屈、陈二人宁作遗民，而非议佩兰热衷仕进。梁梅《论诗绝句（专论粤东诗人）》之九云："三家孤诣绝微参，出处殊途各不惭。"这一评价应该说比较达观和公允。他如是选择，固然因其性格，同时也有其主观认识的原因。他对时局的认识，以及他个人的态度，在其作品中都可以看出。

上编　岭南三大家的交游和创作

一、反抗空自苦，迂阔真堪笑

明朝末年政治的腐败已经到了不堪收拾的地步。当时就有人认为败局已成，急图之，败；缓图之，亦败。就如一座将要倾覆的大厦，只要有人轻轻一推，它立刻就会变成一堆朽木烂瓦。梁佩兰在作品中也曾言及明末政治的腐败和明朝最终败亡的不可避免。《题孙虞桥先生遗训册》云：

> 陆地平沉遍水烟，救时无计可回天。欲循《禹贡》疏淮海，反筮明夷厄圣贤。①

他认为这种败局早就形成了。其《厓门二首》虽言宋人，实悼明事。其二云：

> 诸君不抵黄龙府，宋室兴亡早已分。天地升沉原有数，海门风雨岂堪闻！奸臣失计安南渡，飞将无缘入北军。一上高厓重凭吊，慈元荒殿又斜曛。②

厓门是南宋抗元的最后据点，也是陆秀夫背负幼帝投海自尽之处，常为清初人咏叹。梁佩兰怀古伤今，感叹在岳飞不抵黄龙时就已经决定了宋室的最终败亡。字面上说南宋之事，实际上他所感叹的却是明末的政局。《端州》一诗中更直言明事：

> 百尺嵩台两高峡，端州形胜正当中。鱼龙海国成行殿，冰雪幽燕已故宫。天运不堪沉草昧，野人偏喜见华虫。于今只有牂牁水，一气西流直向东。③

端州一度是南明永历帝的驻跸之处，也是清初人常常咏叹的地方。他认为兴废升沉，原有定数。朱明国运已尽，人力不可回天，逆天数而行，只能徒自辛苦。清军南下广东时，大局已

---

① 《六莹堂集》，第 328 页。
② 《六莹堂集》，第 298—299 页。
③ 《六莹堂集》，第 299 页。

定,瓯越一隅已不堪固守。《台关》云:

> 台关天半五丁开,鸟道迂盘蚁垤回。翡翠越裳能北贡,橐驼边塞亦南来。秦人旧是屠睢入,汉使曾经陆贾回。休说一丸堪自守,几番王霸已成灰。①(按:"橐驼"原作"橐驰",据康熙四十四年刻本改。)

他甚至嘲笑明末抗清将领陈邦彦"迂阔",不识时务,谓其组织义军围攻广州,以牵制清军追击永历帝的努力于事"无补"。

> 先是甲申之变,先公以诸生走南都,上政要万言书。隆武初闻其才,授为监纪推官。适乡试榜发,复荐第七人。时天下版籍已尽归本朝,瓯骆仅一隅,正当日落虞泉,而犹欲遂其鲁阳之志,亦迂阔而不知其无补者也。(《前锦衣卫指挥佥事私谥贞谥先生独漉陈公行状》)②

这一段话,非常清楚地表明了他对明末抗清行动的看法。陈邦彦是其乡先辈,又是他至为亲密的朋友陈恭尹的父亲,并且他还自称是陈邦彦的私淑弟子。对一个在其乡里普遍受人爱戴的先辈如此评价,用语真够直率!在陈恭尹去世时,应其子邀请,在为陈恭尹所作的行状中,他如此用语,几乎可以说有点不够敬重。其《秋园》一诗更是出语不逊,笑人不自量力,以卵击石:

> 卧起中宵立,无人自卷帏。众声奔耳乱,万态约心微……最怜萤火小,流影学星飞。(之八)③

"最怜萤火小,流影学星飞"一句,他也许无意实指某人某事,我们也不必去穿凿附会。但所指为哪一类人,是不成问题的。在那个时候,志士遗民明显地挟有语言的优势,相反仕清

---

① 《六莹堂集》,第299页。
② 《六莹堂集》,第430页。
③ 《六莹堂集》,第52页。

之人在某种情况下一定程度地出现失语现象。而梁佩兰居然对志士遗民的行为作如此的评价,并且把此诗收入自己的诗集,刻印出版。他为人之直率,以此可知。陈永正先生云:"两句当有所喻。读者自可以意求之,然穿凿解释,指实为某人某事而发,则似可不必。"于"众声奔耳乱,万态约心微"两句,又曰:"两句颇有'万物静观皆自得'意。社会的变乱,斗争的复杂,诗人是了解的,但他不愿置身其中,这正是梁佩兰跟屈大均等抗清志士相异之处。"①

梁佩兰在诗歌中通过象征和比喻,显示了他对时局和对抗清行动的看法。在《公无渡河》一诗中,他把不识时务,逆天数而行之人比成强行横渡黄河的狂夫:

> 公无渡河。噫!公渡河。公渡河何之?河流嘶嘶。噫!②

《公无渡河》为乐府旧题,说一个狂夫大清早跑到黄河边上,要强行渡过激流汹涌的黄河。他的妻子追过来,未能阻止。狂夫溺水之后,他的妻子悲痛欲绝,作《公无渡河》一曲,曲终亦投河自尽。后来常有诗人拟作咏叹。梁佩兰作《公无渡河》其寓意应该说是非常明确的。这首诗用字不多,仅"噫"、"何之"两个带有强烈主观色彩的叹词和问语的运用,就把全诗的意向和感情凸显出来了。他在《耕田歌》一诗中更急切地呼唤人们应该各安本分,回家种田:

> 三月谷雨春鸠呼,地脉井水占有无。此而不耕田,胡为乎?此而不耕田,胡为乎?壶中有酒,盘中有鱼,水中有蒲。此而不耕田,胡为乎?此而不耕田,胡为乎?尧舜大圣在上治天下,容我巢许在下安其愚。此而不耕田,胡

---

① 陈永正等选注:《岭南历代诗选》,广东人民出版社1993年版,第342页。
② 《六莹堂集》,第11页。

> 为乎？此而不耕田，胡为乎？后羿弯弓射九日，徒使万世大笑空尔劳。此而不耕田，胡为乎？此而不耕田，胡为乎？①

连续地发问"此而不耕田，胡为乎？"把他的意向和强烈的感情，表达得淋漓尽致，清楚明白。他告诉人们现在"尧舜大圣在上治天下"，如果强为不可为之事，只能是"后羿弯弓射九日，徒使万世大笑空尔劳"。他认为时势如此，乃是天意：

> 帝王天有命，龙虎气更新。（《苍梧杂咏》之十一）②

可以肯定这种认识是他入仕新朝的一个重要的心理基础。

从这些引文中我们已经可以知道他对时局的认识和他对抗清行为的看法。在他看来这些志士遗民真可谓不识时务。整个朱明王朝政治腐败溃烂，皇帝昏庸怠政，到底它又有什么值得肯定的地方呢？他们尚气而行，死守着腐烂垂死的朱明王朝，真是愚蒙昏愦。尽管士人出仕新朝，其动机人人明白，但作为仕清者个人而言，却不便把这种动机向他人言说。易代之际，尚言气节的士人，控制着时下的舆论，他产生强烈的孤独感是必然的。

二、"此时还独醒，心迹与谁同"

对于梁佩兰的这种认识，我们没有必要作出是非之评价。可以肯定的是，他在诗中所表达的是他真实的心声。他这种认识在当时虽然不应该是独此一家，但事实是多数人都不太愿意把这种认识公之于遗民占有话语优势的环境之中，最多也只是

---

① 《六莹堂集》，第 26 页。
② 《六莹堂集》，第 55 页。

与自己最亲密的人或志同道合的人谈论谈论。正是基于这种事实,梁佩兰很容易产生"众人皆醉,唯我独醒"的心理。

这种独醒的心理他在诗歌中多次表露。《阁夜》云:

> 百寻孤阁郡城东,帘卷前山一角风。哀壑有光星在底,明河无影月临空。群生静息鸿蒙里,秋气森归耳目中。不是夜深能独醒,海门谁见日初红!①

他认为众人如在梦中,尚未启蒙发悟,只有他出脱蒙昧,望见红日初升,一个"新时代"的开始。《旅夜》一诗更为直率:

> 旅夜知何遣,虚斋默坐中。涩灯吟苦句,断雨听幽虫。万物俱交气,群生未发蒙。此时还独醒,心迹与谁同?②

他认为"群生"冥顽不化,尚"未发蒙",这种心迹能向谁诉说呢!

由于这种心理,他势必要产生强烈的孤独感。他的《踏莎行·江上闻笛》词就表达了他这种强烈的孤独感。其中"孤舟独钓四茫茫"一句,显然是化用了柳宗元《江雪》的诗意。虽然他与柳宗元产生孤独感的原因不同,但其感受却是相似的。他化用柳诗,是不是也有意表明他的孤独有如柳柳州呢?

梁佩兰表达他强烈孤独感的诗作很多。笔者随便再举几首:

> 不知天地里,还有几人同。是处堪成托,吾生藉有终。寂寥随往日,草木见东风。赢得家人语,时时只此中。(《苦吟》)③

> 瀑布一千丈,前山流最深。幽人坐高馆,正理山中

---

① 《六莹堂集》,第87页。
② 《六莹堂集》,第69页。
③ 《六莹堂集》,第75页。

琴。(《弹琴》)①

他不知天地之间是否有人能够真正理解他的心思。他孤独地存在于这个世界,"处高望远,曲高和寡,俯瞰着愚蒙的芸芸众生",只能独自吟咏自己幽独的心曲。

  古潭天上镜,岳色漫相侵。苍雪空成水,孤云寂照心。(《秋潭》)②

  不知长夜为谁孤,犹向山中伴老夫。几树雨声千叶落,十年心迹一时无。星临野水涵秋镜,壁写茅斋上画图。但得对君双眼醒,不妨寒色照来枯。(《灯》)③

梁佩兰春闱屡试屡败,强烈的失落感会同强烈的孤独感,使他的心灵愈加向佛陀靠近:

  青灯抱孤影,耿耿向床头。衡汉四天寂,草堂今夜秋。真能开病眼,莫更照深愁。颇怪风惊树,寒霜满地流。(《秋灯》)④

梁佩兰"一灯独明",不能点亮众人之心。他时时感到异样的孤独和凄冷在包围着自己。

  自成标格好威仪,不踏云枝便雪枝。山馆半开流瀑处,石楼长闭落棋时。秋空带病吟真苦,月下孤行影自随。何日结同僧伴侣,殷勤相对语相思?(《鹤》)⑤

  青山心一片,谁与共因依?夕照烟初暝,孤云影独归。(《归云》)⑥

他孤独的心境,在这些诗中有清楚的显现。虽然孤寂清冷,却有在认识上胜过他人的感觉。在他看来他就是这一只"不踏

---

① 《六莹堂集》,第78页。
② 《六莹堂集》,第77页。
③ 《六莹堂集》,第89页。
④ 《六莹堂集》,第263页。
⑤ 《六莹堂集》,第91页。
⑥ 《六莹堂集》,第250页。

云枝便雪枝","自成标格好威仪"的野鹤。与这种孤独感相联系,一些幽僻、苦吟、孤寂、荒寒、瘦病甚至自闭的意象也常常出现在他这类诗歌之中。

如果一个人长期被幽僻、孤独等情绪所笼罩,很容易产生一种乐于长期幽居于这种情绪的惰性。这种情绪虽然消极,但颇富诗意。人们在仔细品味这种情绪的过程中,会产生一种苦涩却又诱人的快感。梁佩兰诗中常常出现的这些意象,也表明了他在苦闷和孤寂之中体味出了一种自我肯定的愉悦。

三、休说天下兴亡事,一生闲对牡丹吟

梁佩兰"众人皆醉,唯我独醒"的心理,以及不便宣讲自己想法的现实,使他产生了强烈的孤独感。同时这种现实又是长期存在,难以改变的。于是梁佩兰就非常策略地,踏踏实实地积极会试,休去说是说非,说兴说亡。

梁佩兰的这种心理在其《洛阳》一诗中表现得比较典型:

客居寥绝少人寻,只有诗僧共少林。中岳气生朝日湿,黄河声应夜钟深。瓜分地势蟠如腹,尺度天文界在心。无限兴亡无可说,一春闲对牡丹吟。①

"无限兴亡无可说,一春闲对牡丹吟"所传达的不仅仅是文人

---

① 王士禛:《感旧集》卷13,《四库禁毁书丛刊》集部74册,影印乾隆十七年刻本,第393页。按:《六莹堂集》卷8所收《洛阳》一诗与此稍异:"东都遗迹与谁寻?洛下词人自古今。中岳气生朝日湿,黄河声应夜钟深。平生玉几升龙卷,几度瑶笙降鹤音。无限兴亡无可说,一春闲对牡丹吟。"(见《六莹堂集》,第96页)两者差别是明显的,但最后两句都是一样的,这两句也是此诗的中心,也是梁佩兰所要表达的重点。《感旧集》所收之诗第六句"尺度天文界在心",更能见出梁佩兰心存矩度,不愿言说的心理。愚意以为《感旧集》所收《洛阳》一诗更好,更清楚地传达了梁氏的心理。

一般的兴亡之感，同时还传达了他对当时遗民话语优势的逃避心理。这种心理在他别的一些诗中也有所流露：

> 春风试上越王台，锦绣山河四面开。今古兴亡犹在眼，大江潮去复潮来。(《粤曲》之一)①

这首诗中不愿评说是非的态度也比较清楚。首句中"试上"二字，尤其值得玩味，透露出作者那种非常幽隐的心理。

> 世间无事非棋局，高天厚地原刺促。虹亭袖手总不言，旁观日在松陵屋。呜呼！君不见勾践争博徒相欺，刘毅一掷百万群道之？何似烂柯樵人归路失，海中见赌龙宫橘？(《题徐虹亭看奕轩图》)②

在他看来为兴亡存废而奔忙劳碌，只是徒自欺蒙。这首诗中他力图表现的是其超然局外的心态。如果是一般的朝代更迭，人事变迁，梁佩兰以棋局视之，袖手不言，可看作是标榜清高的文人套语。明清更代，在当时看来则非如一般的兴废更代。他不说兴亡，闲吟牡丹，那个时代的人们是否以高人视之则难以确言。白发蒙头，莫论是非的心理，在《送严藕渔归锡山，次予假原韵》诗中他作了更为明确的宣示。其一云：

> 相过似我怜同调，三耳无劳较是非。③

很显然，这种心理只能同与自己有相同看法的人言说。孰是孰非休去评说，也许正是许多入仕新朝者的策略之举。

他不想评论人间的是是非非，不但是为了逃避遗民占有优势的话语环境，同时也是为了逃避残酷的时局：

> 人情大抵因时节，客路如斯免滞淫。休说近来边外事，北军俱有向南心。(《早雁》之一)
>
> 草堂初报远人归，深夜欣欣起揽衣。已笑灯花开磊

---

① 《六莹堂集》，第105页。
② 《六莹堂集》，第191页。
③ 《六莹堂集》，第306页。

落，更怜老眼望依稀。乾坤何处非行役，霜雪分明有杀机。避地古来贤者事，及时应得愿无违。（《早雁》之二）①

清军南下，国人继明末农民战争之后又要面临一次巨大的劫难，而他却不愿言说。自己无奈避地山中，却借圣贤来自我慰解。因"救时无计可回天"，无奈他才"山中老宿对谈禅"，希望皈依佛乘超脱劫运轮回，进入永恒的世界。

龙池灰劫那能坏，身在三千与大千。（《题孙虞桥先生遗训册》）②

梁佩兰晚年一心向佛，盖缘于仕途失意，同时也是为了掩饰积极仕清而未能及时入仕的尴尬。

他休说边事，从积极的意义上可以解作不忍言说，因为战争势必会带来血腥的杀戮。如果把这句话与之前所举诗作联系在一起，那么他休说边事，则更多的是出于对遗民话语优势的逃避，和言说不当给自己带来灾难的担心。

四、"愿借云雷手，乘时济险屯"

梁佩兰的"独醒"和他强烈的富贵功名欲，对他的人生选择有决定性的影响。

梁佩兰在《王昭君》一诗中，对历史上受命和番的王昭君的评价，非常清楚地说明了他出仕清朝的理由：

妾生在汉地，焉敢忘汉恩？当时不嫁胡，谁知绝世人！③

这首诗虽言昭君，实为己事。他积极仕清的心理动机昭然若揭：若不入仕新朝，其功名富贵何以实现！前文已述梁佩兰这

---

① 《六莹堂集》，第88页。
② 《六莹堂集》，第328页。
③ 《六莹堂集》，第121页。

首诗是与陈恭尹等人的唱和之作。陈诗与梁诗两相比较,判然有别。这两首诗也可说是二人性格和人生取舍的一个很好的注脚。

梁佩兰比较早地认同了清朝的统治,也惊叹于清朝疆域的辽阔:

> 今日边陲同北塞,中原天地尽南溟。(《镇海楼》)①

存废兴亡,冥冥中早有定数,称帝称王,乃是天命。他认为现在正是各种政治势力急需人才的时候,希望莫废时机,及早入仕:

> 诸侯方好士,束帛礼贤人。草野曾何补?名山自觉春。帝王天有命,龙虎气更新。愿借云雷手,乘时济险屯。(《苍梧杂咏》之十一)

他认为应该趁此风云变幻的时候,蛟龙腾空,及早用于当世,并自喻南溟之鹏,呵问何时方能高登云路:

> 好友三年隔,秋来寄彩缯。重言天下事,细卷剡中藤。阿阁巢朱凤,南溟有大鹏。何时到官舍,同拥雪寒灯?(《苍梧杂咏》之十)②

尽管他选定了入仕清朝的道路,但他心中却有愧意,尤其在面对志节之士之时:

> 飞鸟傍朱凤,走兽尊麒麟。我本泥涔人,慕君坚白身。食梅必知酸,食桃必知辛。苟其志尚存,他山可为邻。(梁佩兰《舟中值和公生日,得诗三章》其二)③

此诗作于顺治十五年戊戌(1658)秋天。他乘舟北上,准备

---

① 《六莹堂集》,第298页。
② 《六莹堂集》,第55页。
③ 见黄永纶修,杨锡龄等纂:《宁都直隶州志》之《艺文志四》,清道光四年刊本。此诗梁佩兰《六莹堂集》(初集)卷2题作《赠魏和公》只有第一首,且字句有出入,另外两首《六莹堂集》失收。

参加第二年的会试。时与湛用喈、魏礼同行,舟中值魏礼生日,他作此以贺。

在入仕的道路上受挫之后,他也对自己当初出处行藏之选择产生了怀疑:

> 离乱终难定,行藏早自疑。不才成老大,多病卧茅茨。车盖非吴会,湘江读《楚词》。沙头枫落满,日暮更何之?(《苍梧杂咏》之十二)①

显然其出处行藏的选择并非出于所谓的道义,而是缘于利害得失的实际计虑。

> 前途犹未止,一过一徘徊。(《舟发阊水至饶阳道中作》之一)②

> 一误入世间,坎壈怀百忧。(《赠高澹人学士》之三)③

当初一念之误,致使抱恨终身。现在两鬓飞霜,仍困场屋,真是后悔莫及。回忆当年因仕隐游移不定而问卜鬼神,得"肥遁"卜辞时,他禁不住自己失声苦笑:

> 江北黄芽菜,湖南白荡茭。种时方甲拆,收日尽霜苞。身贱忘甘旨,家贫仰素庖。笑将《周易》筮,肥遁得初爻。(《种菜》)④

显然此时,他对自己当初没有应卜辞所示而隐遁,以求身后之名后悔不已。顺治十四年(1657)之后直到康熙二十六年(1687)三十年间,屡上公车,皆铩羽而归。

> 春日东林策蹇驴,归来湖上岁将除。一年两度经庐

---

① 《六莹堂集》,第55页。
② 《六莹堂集》,第56页。
③ 梁佩兰:《六莹堂二集》卷2,见《广州大典》第436册,影印康熙四十七年戊子(1708)刻本,第627页。
④ 《六莹堂集》,第255页。

岳，悔不山中去读书。(《江行杂咏》之三十)①

此时梁佩兰心中悔意泛起，但事已至此，回复原初已不可能。路走回头，势必让世人怀疑当初的动机，更惹人笑骂：

苦被浮名遣，蹉跎又一时。往来空自笑，前后不堪思。独夜灯相吊，还山鹤定疑。菊花天气好，最忆是东篱。(《舟发阊水至饶阳道中作》之八)②

北上既不就，东归应复然。文章难一第，辛苦易经年。古驿飞新叶，寒江落旧烟。山中有生计，且种白云田。(《东归》)③

这些诗透露出梁佩兰当初在出处行藏、利害得失方面曾进行过认真地权衡。卜辞所示他应该隐遁，做一遗民，而最终却为自己的这一"独醒"所贻误。美名已失，而又仕途滞涩，真是悔之莫及！

在社会出现危难的时候，需要呼唤人间的浩然之气，但洪

---

① 《六莹堂集》，第356页。梁佩兰《江行杂咏》这组诗当非一时之作，或为药亭多次江行之作累积而成。李君明《广东文人年表》据吕永光撰《梁佩兰简谱》康熙四十二年（1703）年条所述，认为这组诗作于康熙四十二年，或误。《六莹堂集》（初集）刻于康熙二十年辛酉（1681）梁佩兰北上应试之前。这组诗共35首收在《六莹堂集》（二集），王隼将这组诗中的13首辑入《岭南三大家诗选》，而王选成于康熙三十一年（1692），说明这组诗中的部分作品成于康熙二十年至康熙三十一年之间。此处所引这首诗，即被王隼辑入《岭南三大家诗选》。康熙二十七年（1688）春，梁佩兰抵京第七次参加会试，终于及第。因此可以确定此诗作于康熙二十年至康熙二十六年（1687）之间。这六年之间，梁氏两次进京。第一次康熙二十年离粤北上，康熙二十二年（1683）南归；第二次康熙二十三年（1684）冬应纳兰性德之邀进京，康熙二十四年（1685）落第南归。药亭苦吟，其诗常反复修改，初稿与定稿可能相隔多年。这首诗不像是过庐山时所写，而是事后回想一路走来的感慨。所谓"一年两度经庐岳"亦不可呆板释解。

② 《六莹堂集》，第57页。

③ 《六莹堂集》，第69页。

水滔天，唯有少数奇杰之人能力挽狂澜。而真正的奇杰之人，很难产生于深受传统文化影响的文人雅士中间。那些正气凛然的文人，能够做到的至多是杀身成仁，以其精神力量来感召世人，却不具备扭转时局的能力和气魄，更莫论凡俗之辈。因此在研究这一时期士人的心态时，不应该把所有士人都看作是超凡的存在。首先要肯定这样一个前提：他们都是凡人，都要面临困扰他们的最基本的生存问题。在这一变局中活着本身也已经成了最为艰难的事情。同时明末政治之不堪，也为众多士人不作其无谓的祭品提供了充足的理由。士人们面临的不但有巨大的外部压力，同时还要不断提防"识时务者为俊杰"的古训对其意志的侵蚀。另外亚圣孟子"民为贵，社稷次之，君为轻"的观念也为一些人提供了另外一种思路。支持士人们生死赴之，采薇首阳的力量是什么呢？只有在黑暗中明灭不定的一丝信念。梁佩兰尽管曾问卜鬼神，但由于其性格和他对时局的认识，在认真权衡过利弊之后，最终还是决定出仕新朝。但让他不平的是，命运把他推上兴奋的巅峰之后，却又长期把他冷落在谷底。

不论其立场如何，可以肯定他的这种心迹是真实的。这种心迹其实也是当时许多入仕新朝者所共有的，只不过大多数人都不愿形诸笔端。正是因为多数人不敢付诸吟咏，所以他的这些诗才更珍贵。他敢于把这种认识写进作品，并且刻印流传，本身就值得我们重视。我们作为现代的研究者，似可不必有太多的顾虑，完全可以站在更为超然的立场上去研究他们当时的言行。志士遗民的浩然正气，固然值得肯定和弘扬，但我们现在完全可以把明朝和清朝仅仅看作是两个对立的政治集团。至于何者能真正代表和延续华夏文明，应该以当时和之后的事实来作判断。当时士人所担心的天下之亡，也即华夏文明的消亡，并没有真正发生，所亡者，乃朱明一国耳。

第七节　梁佩兰由入世到出世的思想转变以及与之相应的诗歌抒情内容

梁佩兰年轻时期有着对富贵功名的强烈渴望，不过这一强烈的入世思想与纯粹的儒家的入世观念并不完全一致。他中年之后屡试屡挫，于是产生了强烈的怀才不遇之怨愤。为了化解这一痛苦，梁佩兰晚年礼佛更加虔诚，其皈依佛乘的意识更为强烈。梁佩兰由入世到出世的思想转变，只是一个逻辑的过程，并没有明确的时间分界。与这一转变相联系，梁佩兰诗歌的抒情内容也包括相应的三个部分：富贵功名之渴望、怀才不遇之怨愤和皈依佛乘之意念。这三个方面相互关联，存在着逻辑上的因果关系。

一、"天公生成非小可，男儿富贵总由我"

梁佩兰有着强烈的对富贵功名的渴望。尽管在这条道路上屡屡受挫，常常访道问禅，某些诗歌嗅不出一点人间烟火的气息，但他对功名的渴望，自早年以至晚年都没有消泯。

对富贵功名的强烈渴望，是他早年诗歌的一个重要内容。他在这些诗中直写襟怀，对这一渴望不作任何修饰和遮掩。他本来就非常自负狂傲，"为人流荡无检"①，所以这时的诗歌也显得雄直奔放，流走畅达。

顺治十四年丁酉（1657）梁佩兰参加了广东乡试，夺取解元。他亢奋不已：

---

① 陈在谦评辑：《国朝岭南文钞》卷 2《林穆庵文》之林明伦《答关桥孺书》，清道光学海堂刊本，广州镕经铸史斋印行。

> 呜呼！男儿有笔如铁足自雄，何况逐猎应手鸣雕弓！会当射策对天子，安能踯躅坎壈悲途穷！（《送贾生归襄陵》）①

这些作品中的自负和自信是显而易见的。他前期的一些作品词锋逼人，出语直率。他对功名富贵的渴望，丝毫没有掩饰：

> 宝刀在鞘常欲试，黄金在手常欲使。男儿七尺负志气，女子得嫁添妩媚。（《捉搦歌》之一）

> 今年吉事定满屋，厩中马肥饱仓粟。（《捉搦歌》之二）

> 东方属木南方火，土在中央列人坐。天公生成非小可，男儿富贵总由我！（《捉搦歌》之四）②

他博取富贵功名的自信和自负在这些作品中喷涌而出，真正是直抒胸臆，爽朗率真。《赠族弟景》中他那种自负狂傲，目空一切的神态更是表露无遗：

> 男儿在世无所倚，安得功名耀闾里！泰山只作一撮泥，黄河不当半杯水……结交但亲鲁勾践，托宿每过吴专诸。赤骠大马五花队，鞴出权奇少人对。豪猪靴映狐白裘，麒麟屩表龙鳞袋……近闻天子重武功，地北天南尽拜封。壮士不容歌《陇上》，将军多诏入云中。越王城头夜吹角，越王城畔寒星落。突骑来飞羽檄文，前茅去振鐎于铎。③

当一个人的自负太过膨胀时，泰山、黄河都会成为他手中的玩具。现在清军正追亡逐北，急需武弁，正值捞取功名的最佳时机。

---

① 《六莹堂集》，第37页。
② 《六莹堂集》，第16页。
③ 《六莹堂集》，第38—39页。

> 男儿七尺堕地作虎子,骨相森森具奇气。不能为文便学武,笑取人间一大帅。承明掌故握赤管,争似貂裘坐龙骧?(《题陈天池小影》)①

在他看来现在博取功名富贵易如反掌,谈笑间即能如愿。

他早年不但有很多作品表达了对富贵功名的渴望,而且这种渴望还伴随着冲破传统仁义道德的冲动。他并不愿做一个循规蹈矩的儒者,对传统的评价标准,表现出了强烈的破坏冲动:

> 羽翼生两腋,烟云荡心胸。安能日在小宇宙,偪侧复偪侧,磨中作一蚁,裤中作一虱?孔丘桎我以仁义,桀跖黥我以盗贼;不能笑傲九垓,挥洒八极;登山畏危,涉水畏溺。(《望罗浮》)②

这些诗流走畅达,有横空出世、摆脱羁束之想,流露出对儒家仁义道德束缚自己的不满。

仕途受挫之后,他并不甘心,不能相信就这样终老无闻:

> 未必终贫贱,文章似长卿。(《夜宿廖南昉客舍话旧,兼订还粤》之四)③

他自认为有司马相如和李白那样的才华,不相信会这样老死乡里:

> 有男总角腰麒麟,读书立志穷《丘》、《坟》……今者天地彰至仁,阳明玉烛温如春。太白睒睒将没湮,泽国出玉山出银。六龙五凤行车辚,日月双驾银河津。君胡与予仍贱贫?呜呼,我曹岂得长贱贫!(《柬林沂泽》)④

他始终不能明白像他这样有才华的人,为什么屡考不中。在他

---

① 《六莹堂集》,第186页。
② 《六莹堂集》,第41页。
③ 《六莹堂集》,第229页。
④ 《六莹堂集》,第38页。

看来他生逢其时,天地至仁,此时正是朝廷大力汲引人才的时候,然而他却怀才不遇。他禁不住要高声发问:"君胡与予仍贱贫?"他不甘心终无所用,并发誓要有所作为:

> 直排阊阖升文昌,羽衣金节明月珰……衡岳朱鸟云低昂,誓振羽翼凌穹苍。(《寄酬孟端士春坊》)①

他继续暗自磨砺,憧憬着一朝锋芒毕露。《新城王阮亭祭酒招同蒋京少、冯大木、白子常宴集,用柳柳州〈雨后独至愚溪〉"高树临清池,风惊夜来雨"句为韵,得十首》之七云:

> 匣中有宝剑,截发自铸成……安能养死水,终欲擘青冥。②

他不相信贫贱是他的最终结局,相信终有一天,会再次扬眉吐气。《题黄仲宾浮海图》云:

> 丈夫得意会有时,莫叹升沉愿难果。③

多次碰壁后,他早年的自负没有了,那种横空而出的狂傲消失了,但仍愿做一位鼓吹休明、润色鸿业的词臣:

> 操五色之管,侍天子之侧,赓卿云之颂,续喜起之歌,表彰盛业,鼓吹休明。(《南塘渔父诗抄序》)④

他希望能按"圣人之书","以达于政",作一名"以经术润饰吏治"的儒者,报效朝廷。

康熙二十七年戊辰(1688)春,年已六十的梁佩兰第七次赴京会试,中会试第十名,殿试名列二甲第三十七名进士。发榜之日,他正与朋友方正玉在寓所坐论祢衡、岑牟及王维《郁轮袍》之事。捷音传来,他"色不为动",淡然道:"老而

---

① 《六莹堂集》,第44页。
② 《六莹堂集》,第125页。
③ 《六莹堂集》,第194页。
④ 《六莹堂集》,第419页。

成名,归得肆力于《丘》、《索》,足矣。"① 此时虽然会试得中,但早年举人及第时的兴奋却没有了,内心深处"一经终老良足羞"(蒲松龄语)的心理难以消除。经朋友的敦促方才赴京,发榜时"色不为动",后来嗜谈佛老,这些行为其实都有自我解嘲的作态成分,也为自己屡试屡败的羞惭涂上一层保护色。不过,他会试及第时的平淡反应,一定程度上也是真实的,因为此时的他对自己的仕途已经心灰意冷。正因为此时他已经心灰意冷,所以才于第二年即乞假南归。三十年后终一第,还是可以给受伤已久的心灵以一丝慰藉的:

> 美人且莫伤迟暮,落叶哀蝉遇赏音。(《上徐健庵夫子》之十一)②

尽管人至暮年方进士及第,他还是希望有所作为。《登第后作》云:

> 迂拙敦微尚,名山久自扃。世人矜目睫,吾道托青冥。霜雪松张盖,云霄鹤露形。不嫌身晚达,犹可报明廷。③

是年五月十一日,朝廷选授梁佩兰等三十四人为翰林院庶吉士,同人公推梁佩兰为馆长。翰林院庶吉士属于闲职,平时并无具体的事情可做。梁佩兰一年后即请假南归。

康熙四十一年壬午(1702)为庆贺翌年三月玄烨五十寿辰,有诏敕令长期在京师外的庶吉士赴翰林馆供职。十二月,七十四岁的梁佩兰再次离粤北上。虽年至衰迈,但仍雄心未泯。《陈献孟、甥曾志伊、婿李敬宣、澡躬、侄孙雪苑偕儿述、沂、竑送予舟至禺阳,赋此留别》云:

> 我年已老尚北征,见者咄咄共称怪……遭逢休明世希

---

① 吕永光:《梁佩兰年谱简编》,《六莹堂集》,第473页。
② 《六莹堂集》,第304页。
③ 《六莹堂集》,第234页。

> 有,幸得鼓吹吾已快。丈夫立志人则传,自古铸金谁不坏?①
>
> 幽州朔客北道来,为我前头执鞭弭……风云遇合冀我皇,眼见斯民方殿屎。(《沂儿送予至禺阳,不忍遽回,临别留一扇索予书。舟次韶石,灯下作长篇寄之》)②

此时梁佩兰心情轻松,按捺不住自己的兴奋,一路上不时流露出渴望皇帝重用的心思:

> 不忘故人书万里,圣朝词赋重邹枚。(《腊月十九日江上立春作》)③
>
> 白发未曾忘报国,皇天焉肯滞斯人。山峰送我云为马,沙礐吞篙石作鳞。明日计程江北路,雪中应见柳芽新。(《韶阳江行》之一)④

康熙四十二年癸未(1703)春,抵京,时梁佩兰已是七十五岁的老人。三月十八日,康熙帝五十寿辰,群臣献祝颂诗文,梁佩兰上《恭颂万寿诗》十二首。正当他满怀希望玄烨对自己的垂顾时,四月例值翰林院散馆考试,二十日,庶吉士梁佩兰等三十人,以不习满文,有谕归进士班用。这对于他来说也是一个不小的打击。梁佩兰不肯就选县令,亦不请留内阁中书。九月朔日,同沈用济自潞河乘舟南还。在回乡途中情绪大坏,他尽管已惯于以山水慰解、以佛老宽释,但一路上不少诗作还是透露出了作者那种难以掩饰的失落,与来京路上的轻松愉快相比较,差别非常明显:

> 短烛烧三寸,长船欹半间。坐深同白日,心远及青山。病鹤高秋唳,寒鱼独夜鳏。都将杜陵梦,付与早潮

---

① 《六莹堂集》,第197—198页。
② 《六莹堂集》,第201页。
③ 《六莹堂集》,第323页。
④ 《六莹堂集》,第323页。

还。(《不寐》)①

最后两句很清楚地表达了他的失落和绝望。

> 半年留蓟北,一月入山东。水涨寒无色,云愁暗有风。夕阳鸦影瘦,旷野草根空。入夜闻孤角,高楼驿火红。(《次德州作》)②

这首诗有凄寒、孤瘦的特色。梁佩兰一路上诗作很多,其主色调暗淡孤愁,与进京路上之作在色调上形成了鲜明的对比。他南还的路上回想起早年的用世之心及最终结局,感慨良多,对天地和人生进行了一次形而上的思考:是谁在操纵着这一切?到底谁是济世之人?

> 不道雷声破,高秋变积阴。归帆惊客路,列缺见天心。日月中流失,蛟龙一夜吟。最怜关气候,人事共升沉。(《九月雷》之一)

> 已近重阳节,犹闻百里雷。风云人不测,天地尔何哀?野烧枯桑尽,寒汀旅雁回。艰难真满目,谁是济时才?(《九月雷》之二)③

梁佩兰直接表达追问人生和宇宙的诗作不多。这两首诗所透露出的,是他在付出了整整一生的努力之后的思考。深秋九月,雷声震震,天地阴阳其理何在?他不清楚是谁在控制着天地阴阳、人事沉浮。

康熙四十三年甲申(1704)春,梁佩兰抵粤后,也即在他生命的最后一年,还念念不忘让他魂牵梦绕的京都:

> 遥望昔时歌舞地,等闲还欲上朝台。(《春日郊行》)④

---

① 《六莹堂集》,第287页。
② 《六莹堂集》,第288页。
③ 《六莹堂集》,第286页。
④ 《六莹堂集》,第328页。

心似紫驼仍北向，身同朱鸟已南飞。(《赋答》)①

梁佩兰自年轻时代念兹在兹的就是金殿唱名，跻身显宦之列。举人、进士的桂冠人们梦寐以求，而自己亦曾摘取，然而时至晚年，亦未真正操权柄于朝中，或示威仪于一方。垂暮老人，僻处岭南，犹黯然北向。

梁佩兰对功名富贵的追求，贯穿了他的一生。经过几十年的涓流寸折，其用世之心，至晚年已消磨殆尽。尽管中了进士，仕至翰林，但进士及第之时已是六十岁的老人，七十六岁时又因不习满文，谕归进士班用，至此他已经彻底幻灭。回想起早年的用世之心，他感慨不尽。

二、"梁生抱璧不得价"、"海中长有鲛人泣"

梁佩兰以高才自负，对富贵功名充满渴望，但不幸的是自顺治十四年丁酉（1657）之后直到康熙二十七年戊辰（1688）三十年间，会试却屡试屡挫。他认为当时正值清廷大力征召人才的时候，而自己却仕途淹蹇。其心中之怨愤，不知向何处发泄。甚至怀疑真正能任贤使能的燕昭王似的贤君是否存在。

梁佩兰自认为才高可比李白，亦如李白自喻为扶摇直上的大鹏。诗中亦尝言他怀珠抱玉，赋比司马长卿：

梁生抱璧不得价，日在幽州学骑马。(《柬李湘北太史》)②

我有一颗珠，得自龙王宫。十年系衣带，光彩与月同。试持比月恐不及，海中长有鲛人泣。(《赠汪茗文民部》)③

---

① 《六莹堂集》，第329—330页。
② 《六莹堂集》，第44页。
③ 《六莹堂集》，第45页。

他认为生逢其时，正可一展才艺，实现自己多年的梦想。然而他的这一夙愿并没有按照他的意愿顺利实现。三十年间屡困场屋，这对于一个自视很高的人来说，情绪难免大起大落。他忽而极度自信，忽而又极度自卑。诗歌中的他忽悲忽狂，哭笑无常：

> 我登李白楼，欲饮李白酒。不得见李白，饮酒亦无友。古今世界如酒糟，不是成粕便成糟……才人落魄好潇洒，痛饮即是痛哭者。我欲渡河恨无梁，我欲升天恨无梯。请起李白在千古，相与对饮成醉泥。摘取天上日月星宿当酒钱，撑取地下江淮河汉当酒船。更叱沧溟化酒泉，神龙吸海鲸吸川。饮酒之外何有焉，饮酒之外何有焉！（《登李白酒楼》）①

当他眼见赳赳武夫安享荣华，而能诗善文的他却穷愁潦倒，于是生发出腐儒无用的感慨：

> 绿旗军妇拨金槽，紫帐哥舒带宝刀。一个腐儒无处立，太行山色照来高。（《出京口号寄程周量》之三）②

他有志功名，闭门著书并非目的：

> 男儿贵在行胸臆，闭户著书真可惜！（《赠于子先学使》）③

> 不因痛哭空陈策，那得穷愁更著书。（《出京口号寄程周量》之一）④

作为一个不事生产，除了舞文弄墨而别无他长的文人，若不能及时入仕，又有何出路呢？高歌豪饮，极度的自信自负之后，紧接着便是极度的自卑，乃至自衰：

---

① 《六莹堂集》，第49页。
② 《六莹堂集》，第106页。
③ 《六莹堂集》，第166页。
④ 《六莹堂集》，第106页。

> 男儿可怜虫，志气不得伸。(《送邵横庵入秦》)①
>
> 男儿志气塞天地，举动琐细真闾阎。(《永光寺寓斋同朱悔人、宋山言醉后放歌，限"盐"字韵》)②

多次进京会试，只是无谓的奔波。此种痛苦不知向谁诉说。"大笑不言，长歌当哭。"(《大块篇》)③ 他忽哭忽笑，如痴似狂。然而天意从来高难问，不知是谁操纵着这一切。这样的结果也只有自己默默地承受：

> 积来黄土恨，赢得白头归。知尔沾霜露，凄然泪满衣。(《夜宿廖南晖客舍话旧，兼订还粤》之三)④

长期的压抑，长期怀才不遇的怨愤，让他产生自轻自贱，甚至自残自毁的意向：

> 但令沉醉死，不必哭秋风。(《秋帘》)⑤
>
> 带霜红柏树，啼月白头乌。痛饮心先死，寒吟骨并孤。(《秋屋》)⑥

醉死、心死、骨孤等施之于己的用语之刻毒，似乎无以复加。其诗集中多次出现刘伶醉死即埋的意象：

> 宁把酒，莫问天，天岂为汝饮酒怜？宁问天，莫把酒，荷锸一埋酒何有？(《题把酒问天图》)⑦
>
> 刘伶荷锸死便埋，阮籍六十日不醒。漉巾更有陶柴桑，并起千古同酩酊。(《赔酒石歌为顾书宣赋，次原韵》)⑧

---

① 《六莹堂集》，第45页。
② 《六莹堂集》，第169页。
③ 《六莹堂集》，第123页。
④ 《六莹堂集》，第229页。
⑤ 《六莹堂集》，第264页。
⑥ 《六莹堂集》，第262页。
⑦ 《六莹堂集》，第195页。
⑧ 《六莹堂集》，第203页。

这些作品中的死亡意识是明显的,并且有强烈的自虐倾向。他痛饮狂歌,潜意识中有用酒来摧残自己以获得快感的冲动。与此相关在不少作品中也出现衰病、羸瘦、凄寒、孤寂的意象。

应试的道路上屡行屡踬使他产生对朝廷求贤的怀疑和"前不见古人,后不见来者"的感慨。《新城王阮亭祭酒招同蒋京少、冯大木、白子常宴集,用柳柳州〈雨后独至愚溪〉"高树临清池,风惊夜来雨"句为韵,得十首》之九云:

> 吾慕燕昭王,高筑黄金台。马骨收已朽,千载生馀哀。①

仕途淹蹇,使他生发多年上燕台,昭王不复在的感叹。他愤然大呼:

> 燕昭王安在哉?千年郭隗人又来,骏马欲踏黄金台。黄金台,不可见。角一声,风四面。打人雪花大如拳,射人雪花密如箭。驽马驰,骏马悲。骏骨朽,驽马肥。人才难得而易失,人主不可不知。(《金台吟》)②

> 荔枝龙眼花尽开,岭南归去心悠哉。有人问我作何事,答道昭王冢上来。(《出京口号寄程周量》之四)③

多少年来他在仕进的道路上屡屡碰壁,在极度的绝望中,他产生强烈的破坏冲动。他拔剑出鞘,却四顾茫茫,不知砍向哪里。

> 莫叹儒无用,尊前拂剑看。(《送何东户之郧阳张将军幕》)④

> 惊风欻来天马下,夜半无人空四野,月落城头星照瓦。琉璃匣吐莲花铤,腰出走马插豹鞬。直行万里入幽

---

① 《六莹堂集》,第125页。
② 《六莹堂集》,第43页。
③ 《六莹堂集》,第106页。
④ 《六莹堂集》,第227页。

燕，幽燕报仇多少年！(《走马引》)①

他所谓的剑，固然可以解作长才、抱负，但在此处他所说的剑更大程度上所指代的是他心中那一股破坏的冲动。夜半无人，直行万里，匣吐利刃，而不知仇家是谁。同样《拔剑行》中的剑也可作如此解释：

> 少年血气何太苦，中夜拔剑屡起舞。自言能击白猿公，向天一指无长虹。②

中夜拔剑，斫地刺天，与"月黑杀人，风高放火"所显示的心理特征大概相差不会太远。他自己也意识到心中的这一冲动的破坏性，所以希望亲近女色来消解这种破坏的欲望：

> 男儿可怜虫，志气不得伸。不如在客舍，日日亲美人。美人近前客心醉，一日可当一百岁。莫使雄心再发时，偷学磨刀向黑水。(《送邵横庵入秦》)③

最后两句严加管束这种破坏欲的意思非常明确。他想把这种破坏的冲动往社会所允许的方向引导。人受到长期压抑之后，产生破坏冲动是正常现象。只要把自己的破坏冲动控制在一定的限度之内，或者以某种合适的方式进行释解，就不会带来太大的负面效应。

不能实现的对功名富贵的渴望，使梁佩兰产生了强烈的怀才不遇之怨。这一情绪的宣泄也是他诗歌的重要主题之一。如果这种怨不能以适当的方式进行宣泄，积而久之则必然给个人和社会带来负面的结果。梁佩兰抱璧难售之怨，事实上已经使他产生了愤懑的情绪和破坏的冲动。他清楚地意识到这种情绪和冲动不可潜滋暗长，把这种情绪导向佛陀世界，是最为恰当的选择，也完全符合传统的文化逻辑。

---

① 《六莹堂集》，第119页。
② 《六莹堂集》，第120页。
③ 《六莹堂集》，第45—46页。

三、"嗟余岁月徒蹉跎"、"近来学道称居士"

梁佩兰与明末清初许多岭南文人一样常与僧人交游,但他们交游僧人的动机并不完全相同。陈子升、金堡等逃于佛禅,是迫于当时的政治压力,不愿与清人共同生活在一个世俗的世界。梁佩兰很大程度上走的是传统文人因仕途受挫而参禅问道的老路。他为了消解场屋失利所带来的痛苦和长期被困滋生的破坏欲而走进禅佛的世界。

梁佩兰自年轻时起就常与僧人交游,愈老愈炽。"佩兰少慕清净,喜奉佛,凡方外无不与交。"① 他乐于礼佛参禅,晚年自称二楞居士。他一生中所交僧人很多,仅在岭南的僧人就有广州长寿寺僧大汕,丹霞山别传寺僧澹归,法性寺僧达津、愿光,灵洲宝陀寺僧敏言,大通寺僧成鹫,海幢寺僧阿字,罗浮山华首台僧人尘异,罗浮山石洞离幻禅师等。其中一些僧人能诗善咏,还参与兰湖白莲诗社,与梁佩兰等人时相唱酬。除交游岭南僧人之外,他在南来北往的旅途中和在京师应试小住期间也造访寺僧,参禅问道,作诗诵偈。梁佩兰与僧人们迎来送往之时,写下了大量与这些僧人有关的作品。

岭南长寿寺僧大汕是他交往密切的诗友之一。"(大汕)初至狮子林时,佩兰与敝友翁山为其护法之始。"② 之后僧俗二人交游三十馀年。《六莹堂集》中保存下来与大汕有关的诗作很多:《六莹堂集》(初集)卷六的《寄怀石翁》六首、《石翁入住长寿禅院赋赠》二首、《秋夜同诸公宿离公禅房》;《六莹堂二集》卷三的《送石公之安南》,卷五的《长寿寺十

---

① 潘耒:《救狂砭语》,上海古籍出版社1983年版,第207页。
② 潘耒:《救狂砭语》,上海古籍出版社1983年版,第207页。

咏》，卷六的《送黄摄之从僧开法安南》六首，等等。

梁佩兰诗集中有关其他寺僧的诗歌也很多，如：《六莹堂集》（初集）卷五所收《寄月上人》、《赠白岳老僧》、《寄离上人》、《寒食郊外访尘上人》、《除夜宿华林寺呈宗公》；《六莹堂二集》卷二所收之《题浮村上人三笑图卷》、《初入罗浮登华首台，宿尘公精舍》、《宝积寺》，卷五所收之《寄远公》、《寄敏公》、《寄心公》、《寄尘公》、《寄一公》、《宿端公禅房同徐檗庵茅巨澜》、《送乐说和上奉华首、雷峰、千山、海幢、栖贤、丹霞三世语录，往秀州楞严寺入藏，时取道粤西》，卷六所收之《予将北征，过访天公方丈赋此志别》、《晚泊海幢》、《飞来寺》，卷七所收之《贻浮村上人和韵》二首、《赠石涛道人》，卷八所收之《送敏上人归灵洲》二首、《题药地愚者画石》；《六莹堂集·佚诗》录收的《柬兰湖心公》、《心公借瓮堂题壁》、《七夕奉寄心公，兼柬金茅吴山带、灵洲敏公》，等等。这里所列举的只是一小部分。在这些作品中梁佩兰写到了这些僧人的生活和思想，也涉及他与这些僧人的交往和情感。仅此即可看出访僧求佛成了梁佩兰诗歌的重要内容之一。

梁佩兰虽然长期奔波于科进之途，却又涉足禅佛很深。梁佩兰不但写僧人的生活、思想和情感，同时也写到了自己的方外生活和参禅悟道的事情。檀萃在《楚庭稗珠录》中说："梁六莹初亦为僧，不久而归举解元。"① 檀萃为乾隆时人，与梁佩兰所生活的时代已经相隔有日，所记是否准确不能肯定。吕永光先生说梁佩兰"为了避祸，据说他还一度出家为僧"。②

---

① 檀萃：《楚庭稗珠录》卷4《论三家》，广东人民出版社1982年版，第127页。
② 见陈永正主编：《岭南文学史》，广东高等教育出版社1993年版，第339页。

吕永光先生又说"兴亡交替之秋,儒士不得志于时者,多逃于佛老二氏。梁佩兰曾出家为僧,后来自号二楞居士,与释教自有渊源"。① 尽管他年轻的时候是否出家,不能确证,但他晚年礼佛更加虔诚,自称二楞居士却无可怀疑。即使他早年确曾出家,也只是受时风所染而致。梁氏这一应时性行为不是其思想发生深刻演变的结果,因此并不影响本文的论述。

  近来学道称居士,早已观空礼法王。(《答佟声远次原韵》之三)②

  嗟余岁月徒蹉跎,白头始自称维摩。(《题尚栎山》)③

  且待冬来返岭南,再辟湖斋种无限。自居丈室号维摩,还期天上将花散。(《对菊歌》)④

从这些作品即可看出他与禅佛的关系。他不但晚年自称二楞居士,而且他早就认同了僧人。

  梅花十里黄村路,花候谁能更掩关。满地月明怜昨夜,一天寒色在前山,冰融野壑崖前折,僧立溪桥影自闲。拟欲置身茅屋里,白头相对不知还。(《黄村探梅》)⑤

  十年闭户似深山,老衲心清一片闲。今日却令猿鹤笑,白云流影到人间。(《夜过贾生》)⑥

这两首诗收录在梁佩兰刊刻于康熙二十年辛酉(1681)的《六莹堂集》(初集)之中。根据诗意前一首诗中的"僧",应该是指自己;第二首诗中的"老衲"也很有可能是作者自

---

① 吕永光:《六莹堂集前言》,见《六莹堂集》,第13页。
② 《六莹堂集》,第375页。
③ 《六莹堂集》,第206页。
④ 《六莹堂集》,第209页。
⑤ 《六莹堂集》,第94页。
⑥ 《六莹堂集》,第108页。

指。如果这个推测正确的话,也就说明他自己在心理上早就认同了僧人。

梁佩兰常常访僧问道,与僧人一起谈禅论玄。在这些诗作中出现了大量的与禅佛有关的词汇。其《王紫诠观察招同李山公宫詹、袁休庵通政、蓝采饮山人游灵洲宝陀寺,留宿敏言上人精舍,限韵九首》之七云:

> 稻田风定隔溪烟,返照山中似晓天。一带水光惟匝地,半间云住是何禅?虚空铃铎飞檐下,历落星辰迫坐前。同在白莲清净里,蒲团虽设不曾眠。①

> 庄生善玄理,禅悦与深契。野马既已忘,毒龙不烦制。千光散圣灯,卍字续佛慧。东林缅前迹,匡岳行复继。礼公金伽黎,还瞻世尊髻。(《题浮村上人三笑图卷》)②

蒲团、铃铎、白莲、野马、毒龙等等皆为佛家语汇。这类诗很多,再举几首。《九日同陈元孝、姚敦仁、王蒲衣暨远公雅集诃林风幡堂,迟徐虹亭不至,分得"江"字》云:

> 寺门停午钟初定,居士今来是姓庞。未有菊花簪鬓短,早从幡影证心降。(之一)

> 禅堂四面敞虚窗,叶落闲阶树一桩。香饭熟时飞鸟下,寒池深处毒龙降。佳游莫过因花事,大笑何妨向酒缸。风雅爱君酬唱好,夕阳天际眼空双。(之二)③

这几首诗从意境来说还不算太好。不过从这几首诗所用佛家词汇可以见出他与禅佛的关系。下面这首诗就意境来说,比前面几首要好很多,已与禅境无别:

> 夜色当秋老,幽期特赴公。地流兰叶露,人坐藕花

---

① 《六莹堂集》,第 313 页。
② 《六莹堂集》,第 159 页。
③ 《六莹堂集》,第 314 页。

风。孤阁棋声细,寒湖雁影空。白檀灰一炷,禅定与谁同?(《夜宿心公兰湖》)①

在《六莹堂集》中这类作品不胜枚举。有时与他人一起共游禅寺,有时只身造访僧寮。与之交游的僧人又多能诗,因此主客间常常限韵或次韵作诗吟对。

梁佩兰不但与其僧友禅侣一起吟咏丛林之事,即使是以他闲居生活为题材的诗作也常常出现僧、寺、钟、磬等方外之物,以及"毒龙"、"金粟"等佛家特有的概念。这些诗更能见出其心境的澄明:

听虫冥百念,终不断高吟。孤屿潮方起,南溪月已深。寺钟过水庙,霜叶覆沙禽。亦是人间夜,能关静者心。(《秋夜》)②

风尘迎客少,钟磬礼僧多。拾得新红叶,溪头学制蓑。(《十九秋诗·秋衫》)③

从这些诗作可以看出他观空的努力,是否曾经出家已不重要。他不但与僧人谈禅论佛,诗友相逢或次韵赠答也喜作禅语。《吴承云从白园来访予,湖屿盘桓旬日,相与唱和,得诗二十首》之十八云:

不向黄龙着死灰,也从金粟悟如来。谈诗共作谈禅客,恐有昙花灯上开。④

自笑萧萧白发人,住山无计不知贫。夕阳片影鸟飞尽,古柳一株蝉噪新。甫里先生通凤好,维摩居士说前因。秋来明月天河迥,自觉观心午夜真。(《次韵答朱甸

---

① 《六莹堂集》,第 248 页。
② 《六莹堂集》,第 52 页。
③ 《六莹堂集》,第 263 页。
④ 《六莹堂集》,第 368 页。

安》)①

《六莹堂集》中言禅言佛的作品很多。直接用佛家的概念来写禅的诗歌,并不能表明他真正悟入,也不一定是成功之作,相反那些写得较好的作品却几乎不见这些概念。这样的作品反而写出了他禅定的空明感,物我合一时的心灵的宁静。这也是他真正有神韵的作品:

> 修修半园竹,落落孤烟晚。相对如幽人,潇湘意何远。(《题狄向涛舍北林塘二十首·款竹步》)②

> 落照沉山影,微风撼石头。无人空野寺,新月忽孤舟。(《珠江候月》)③

这两首诗空明澄澈,不染纤尘,几近摩诘晚作。再如:

> 四山高不动,一水静生寒。身世吾何有?乾坤汝自宽。(《夜泊黄沙口》)④

> 霜角咿咿绕欲空,城南城北更西东。一天黄叶四山树,满院鸣蝉前夜风。话到夕阳迟不厌,看来流水去何穷。分明海上悬帆影,翻似江光照落枫。(《霜角》)⑤

这样的作品在他的诗集中为数不少。这样的诗虽然几乎没有直接使用禅家词汇,但其中却禅意很足。作者在这些诗中也没有刻意表达某种哲理,他所描写的只是其即目所见,但目击道存,这样的情景却深通禅理。这样的即景会心之作,所描写的正是佛家所谓的"现量"。

这些诗清迥绝尘,有山僧忘世之意。这些诗所呈现出来的意境也正是梁佩兰后期诗作所极力追求的"于灯取影,水取

---

① 《六莹堂集》,第330页。
② 《六莹堂集》,第335页。
③ 《六莹堂集》,第256页。
④ 《六莹堂集》,第247页。
⑤ 《六莹堂集》,第330—331页。

空，风无声，云无色，烟无气"① 的神韵境界。这种风格也是他后期诗歌的主导风格。诗作写至此地，诗、禅已浑然合一。就诗而言，其诗已至化境；就禅而言，其人已经悟入；就诗境而言，已达王国维所谓的"无我之境"。《六莹堂集》中与禅佛有关的诗作很多，以禅佛慰解其失落也是梁佩兰诗歌的重要内容。

综观梁佩兰的一生，其思想的转变，从逻辑上说经过了三个阶段：积极入世，渴望功名富贵；怀才不遇，心生怨愤；参禅观空，皈依佛乘。其诗歌的抒情内容也相应地形成了这样三个方面。其诗风前后时期的不同也深受这一思想转变的影响。

---

① 陈恭尹：《答梁药亭论诗书》，见《陈恭尹集》，第636页。

第六章　岭南三大家诗之风格和文学主张

第一节　屈大均雄肆仙超的诗风

一、前人各种不同的观点

屈大均的诗歌作品数量庞大,艺术水平超越时人。在其生前即有不少人慕其名,学其诗,对他的诗歌进行品评。古人对屈大均的诗歌所进行的评论已经很多,对其风格的认定也有多种不同的说法。总括起来大致有以下几种比较有代表性的意见。

1. "神似太白"、"超然独行"

神似太白的观点最早由屈大均的朋友王士禛提出。

> 最早知音是阮亭,青莲不得擅仙灵。九天咳唾纷珠玉,乱作飞泉下杳冥。

诗后注曰:

> 王阮亭云:"翁山先生诗殆如太白所云'咳唾落九天,随风生珠玉'者。"(《屡得友朋书札感赋》之三)①

---

① 《屈大均全集》第 2 册,第 1349 页。

除阮亭之外,持类似观点的人很多。王士禛的门人吕履恒也有近似的说法:

> 白也飘然诗思高,微词托兴似离骚。三闾苗裔天才秀(岭南屈子),可与青莲代捉刀。(《漫题六首》之二)①

康熙三十八年己卯(1699)潘耒再次入粤,他在《广东新语序》中云:

> 翁山之诗,祖灵均而宗太白,感物造端,比类托讽,大都妙于用虚。②

屈大均去世后不久,费锡璜在《屈翁山先生以四诗寄我,论诗大旨与鄙意符合,先生没后,乃见其诗于集中,作此寄吊》之三云:

> 南海诗坛有大宗,负书怀饼愿相从。一闻太白骑鲸去,梦断罗浮四百峰。③

这首诗表达了他对屈大均诗歌的推崇,并把屈大均比作李白,并表示愿从之学诗。宋俊在《柳亭诗话》中说:

> 《翁山诗外》力祖唐音,而于太白为最近。张祖望诗"吾爱屈翁山,诗词拟李白"是已。④

《柳亭诗话》作于屈大均去世八年之后的康熙四十三甲申(1704)。以上这些评论都出自与屈大均生活在同一时代或稍后的当代人之口。

此后类似的评价还有很多。清代中期的梁善长在《广东

---

① 吕履恒:《梦月岩诗集》卷20,清吕宪曾、吕宣曾刻本。
② 潘耒:《广东新语序》,《屈大均全集》第4册,卷首第1页。
③ 费锡璜:《掣鲸堂诗集》之《七绝一》,见《四库禁毁书丛刊》集部第187册,影印康熙刻本,第290页。
④ 宋长白:《柳亭诗话》卷25,见《续修四库全书》集部1700册,影印康熙天茁园刻本,第353页。

诗粹》中说:"一灵自谓五律可比太白,而气体亦多似杜。"①

晚清之后,屈大均的作品基本解禁。他再次被人们关注。其作品再次进入人们的视野,又引起了一些人的评论。程秉钊《国朝名人集题词》注云:"翁山五言,神似青莲;独漉七言,不减工部。洵并时之劲敌。"谭献《复堂日记》:"屈氏深秀,由奇得之,喷薄处郁郁有至性,此君与邝湛若皆神似太白,不徒形似。"②谭献同时对岭南三家分别进行了评论,亦分别指出三人似某人,或源出何人。徐世昌《晚晴簃诗汇》卷十八《诗话》云:"诗自谪仙入,念乱忧生,盘郁哀艳。又以初遭鼎革,每多故国之悲。"③陈融《颙园诗话》云:

> 余于清初粤三家诗,久欲有所论列,而未敢着笔,问于不匮主人(引者按:指胡汉民)。主人曰:"……五言有逼近景纯、太白者……翁山五言古咏怀咏古有近太白者,他作则不尔。如《哭王华姜》、《挽陈恭人》等篇,于太白无有也。"……不匮主人之说如是,余为所赞同者。④

胡汉民分别指出翁山哪些作品似太白,而哪些不似,如此分析则比较详细、中肯。

时至现代持这一看法的也不乏其人。章培恒、骆玉明两位教授说:

> 无论在诗歌还是人格上,屈大均对李白都极为推崇,其《采石题太白祠》诗扬李抑杜:"千载人称诗圣好,风

---

① 梁善长辑:《广东诗粹》卷10,《广州大典》第493册,影印乾隆十二年达朝堂刻本,第146页。
② 谭献:《复堂日记》卷4,见《丛书集成续编》第217册,台北新文丰出版公司1988年版。
③ 徐世昌辑:《清诗汇》,北京出版社1996年版,第195页。
④ 转引自陈永正主编:《屈大均诗词编年笺校》,中山大学出版社2000年版,第1370—1371页。

流长在少陵前。"他的诗也常有逼近李白风范之作,如《鲁连台》:"一笑无秦帝,飘然向海东。谁能排大难,不屑计奇功?古戍三秋雁,高台万木风。从来天下士,只在布衣中。"首联的洒脱飘逸,尾联的明快豪爽,真是"神似太白,不独形似"。①

近年来在学术刊物上也不止一人撰文直接或间接提及屈大均诗歌的这一特点。

总之,自屈大均生前以至现代,都有人肯定屈大均的诗歌神似太白。

与此相关联的一种观点是说屈大均诗"超然独行"。持这种观点的人也有不少。

屈大均同时代的毛奇龄《岭南屈翁山诗集序》云:

> 其为诗廓然于天地之间,独抒颢气,澴澴落落焉,一切齷与齪不足以间也⋯⋯翁山诗超然独行,当世罕俦。②

乾隆年间的沈德潜评曰:

> 缪天自云:"诗有俚语,经顾宁人笔辄典;诗有庸语,入屈翁山手便超。"洵为定论⋯⋯五言律如天半朱霞,云中白鹤,令人望而难即。大家逸品,兼擅厥长。③

沈德潜这一段评语,虽未直言屈大均诗超然独行,但其意思非常接近。

清末亦有类似的评价。金天翮《天放楼文言》卷十《答樊山老人论诗书》云:"亭林端委,翁山奇服,别具仙骨。"林昌彝《海天琴思续录》卷六:"本朝吴野人诗多辣,屈翁山

---

① 章培恒等主编:《中国文学史》下册,复旦大学出版社1996年版,第418页。
② 毛奇龄:《毛西河先生全集·序》卷5,萧山陆凝瑞堂藏板,嘉庆元年重印本。
③ 沈德潜等编:《清诗别裁集》卷8,上海古籍出版社1984年版,第299页。

多超,顾亭林多郁,朱竹垞多雅。"① 陈衍在《感旧集小传拾遗》卷四中说:"王于一云:'屈五赋性既超,选材亦别,余子在人海和酬,处士独拔地作空中语。'……诸骏男云:'翁山诗白雪方洁青云直上。'"②

总之,大均诗"神似太白"、"超然独行"这一特点是非常突出的。从其生前至当今都有不少人作如是评价。

2. 诗宗屈骚

最早提出屈大均诗宗屈骚的应为曹溶。曹溶虽比翁山年长许多,但二人却交情深厚。曹溶《杂忆平生诗友十四首》之五云:

> 五岭曾看续楚《骚》,名家更拾锦成毫。参差那得联征袂,绿柳城边响夜涛。③

《怀屈翁山二首》之一云:

> 君是骚人裔,椒兰践远游……瑶草烦勤寄,金戈勿浪愁。④

这两首实际上已经明确指出了屈大均诗歌与《离骚》的渊源关系。

对屈大均有深切了解的至交朱彝尊说:"翁山诗原本三闾

---

① 林昌彝:《海天琴思续录》卷6,见《海天琴思录、海天琴思续录》合刊本,上海古籍出版社1988年版,第389页。
② 陈衍:《感旧集小传拾遗》卷4,台北明文书局1985年《清代传记丛刊》影印本。
③ 曹溶:《静惕堂诗集》卷44,见《四库全书存目丛书》集部第198册,影印雍正三年李维均刻本,第384页。
④ 曹溶:《静惕堂诗集》卷22,见《四库全书存目丛书》集部第198册,影印雍正三年李维均刻本,第191页。

大夫,自王逸以下,多屏置不观。"① 他又在《九歌草堂诗集序》中说:

> 予友屈翁山为三闾大夫之裔。其所为诗多怆恍之言,矆然自拔于尘壒之表。盖自二十年来,烦冤沉菀,至逃于佛老之门,复自悔而归于儒。辞乡土,跋塞上,走马射生,纵博饮酒,其傥荡不羁,往往为世俗所嘲笑者,予以为皆合乎三闾之志者也。嗟夫!三闾悼楚之将亡,不欲自同于混浊,其历九州,去故都,登高望远,游仙思美人之辞,仅寄之空言,而翁山自荆、楚、吴、越、燕、齐、秦、晋之乡,遗墟废垒,靡不揽涕过之,其憔悴枯槁,宜有甚焉者也。然三闾当日,方叹恨国人之莫知,今海内之士,无不知有翁山者,则所遇又各有幸不幸焉。呜呼!难言矣……予与翁山相遇南海,嗣是往来吴、越,十年之间,凡所与诗歌酒宴者,今已零落殆尽,至窜于国殇、山鬼之林,散弃原野,翁山吊以幽渺悽戾之音,仿佛乎九歌之旨。世徒叹其文字之工,而不知其志之可悯也。②

在这一段文字中,朱彝尊对屈大均推崇已极,甚至说屈原悼楚之亡仅寄诸空言,不如屈大均之关山塞垒,亲履其迹,其中酸楚,不可尽言。在屈大均生前,指出屈大均诗宗屈骚的著名文人还有潘耒。他在《广东新语序》中云:"翁山之诗,祖灵均而宗太白。"不过他所说的是屈大均诗源出二家:三闾和太白。像潘耒这样同时指出其源出二家者,还有一些,如吕履恒

---

① 转引自汪宗衍《屈大均年谱》顺治十七年条。按:《年谱》曰:"《明诗综》八二《静志居诗话》云:'翁山诗,原本三闾,王逸以下,多屏而不观。后入越,读书祁氏寓山园,足不下楼者五月,始具曹、刘、潘、左诸体'。"(《屈大均全集》第8册,第1882—1883页。) 经笔者仔细查阅本人所见《明诗综》和《静志居诗话》几种版本,皆无此语。且《静志居诗话》二十四卷未收屈大均,只于卷二十二收陈恭尹。

② 朱彝尊:《曝书亭集》,世界书局1937年版,第453—454页。

等。于大均身后，费锡璜评曰："翁山诗为人所不能为，言人所不敢言。怨悱孤愤，要皆本《离骚》之旨。"①

清代中期至晚清，持这种观点的人也有很多。略举几例，如梁善长《广东诗粹》："一灵上人感时伤乱，慷慨悲歌，离骚之遗也"②，谭莹《乐志堂诗集》卷七《偶捡阅架上明人诗漫赋》："离骚哀怨阅千春，香祖园中得替人。三百年来谁抗手？岭南复有屈灵均（屈大均）。"③ 龚自珍《夜读〈番禺集〉书其尾》："灵均出高阳，万古两苗裔。郁郁文词宗，芳馨闻上帝。"④ 黎耀宗《论诗绝句》："谁怜踪迹浑樵渔，地老天荒故国墟。香草美人幽怨在，家风真不愧三闾。"⑤ 晚清道、咸年间南海人颜君猷《论岭南国朝人诗绝句》之一论屈大均曰："交广从来是楚乡，湘累苗裔擅词章。顽民不颂周家圣，手掬寒泉吊首阳。"严迪昌先生在《清诗史》中评论颜君猷这一绝句时这样说：

> 这首论诗绝句有两点值得称道：一是从地域空间探溯楚《骚》流变渊源，二是更多地把握心灵脉动，以揭示诗人家国兴亡之慨。较之简单地只是从"屈"姓氏族关系来论述屈大均为"灵均苗裔"，颜氏这二十八字的提示显得更富史识，从而以点见面，由此及彼，具有湘粤遗民

---

① 费锡璜：《道援堂序》，见屈大均著，沈用济选：《道援堂集》卷首，康熙四十五年（1706）刻本。
② 梁善长辑：《广东诗粹》卷首，见《广州大典》第493册，影印乾隆十二年（1747）达朝堂刻本，第6页。
③ 谭莹：《乐志堂诗集》卷7，见《广州大典》第460册，影印咸丰十年（1860）吏隐园刻本，第470页。
④ 龚自珍：《龚自珍全集》第9辑，上海人民出版社1975年版，第455页。
⑤ 转引自陈永正主编：《屈大均诗词编年笺校》，中山大学出版社2000年版，第1366页。

群某种共性认识的概括意义。①

从这段评语,也可看出严迪昌先生也持有类似的看法。

近年来也有人撰文提及屈大均诗歌的这一特点。杨子怡先生在《屈大均诗歌的文化精神与美学品格》一文中,从文化学的角度分析了屈大均诗歌与屈原、杜甫和李白诗在文化上和美学上的渊源关系。② 魏传强在《不才多祖离骚辞:由意象的运用看屈大均受屈原的影响》一文中说屈大均在香草意象、斗争精神意象和飘渺的仙气意象三个方面受到了屈原的影响。③

3. 兼宗李、杜

最早提出屈大均诗兼宗李、杜者当是康熙年间的周炳曾。周在《翁山诗略序》中云:"翁山之诗,兼李、杜而有之,取材极博,熔铸以自成家,而一轨乎法之正。"④ 乾隆年间梁善长评云:"一灵自谓五律可比太白,而气体亦多似杜。"⑤ 近代人胡汉民云:

> 五言有逼近景纯、太白者……翁山五言古咏怀咏古有近太白者,他作则不尔。如《哭王华姜》、《挽陈恭人》等篇,于太白无有也。故其《序寒香诗集》,亦自谓"有杜之忱",知其瓣香所在矣。又,翁山《序荆山诗集》

---

① 严迪昌:《清诗史》,浙江古籍出版社2002年版,第320页。
② 《汕头大学学报》,1998年第4期,第33—51页。
③ 《山东行政学院山东省经济管理干部学院学报》,2004年第3期,第145—147页。
④ 《屈大均全集》第8册,第2126页。按:周炳曾《序》实为凌本《翁山诗外》作,非为《翁山诗略》作。详见下编第一章第二节《屈大均著作之版本》。
⑤ 梁善长辑:《广东诗粹》卷10,见《广州大典》第493册,影印乾隆十二年(1747)达朝堂刻本,第146页。

云:"诗之衰至宋元而极。明兴百餘年,北地李献吉崛起,斟酌三唐,以少陵为宗,而后风雅之道振。"数语足见三家当时趋向,盖钟、谭之后又一变也。①

这三者所言实际上略有差别。周氏混而言之;梁氏之评非常严谨,仅言其气体似杜,可比太白之说则为引述屈大均自己的话;胡汉民所言之似李、似杜亦分别细微。

总之,似李似杜之说,都分别抓住了屈大均诗歌的一个侧面。

4. 偪塞悲诧

最早指出屈大均诗歌这一特点的应该算是钱谦益了。顺治十六年己亥(1659)屈大均持浪杖人书访钱谦益。钱氏在《罗浮种上人集序》中说:屈大均"历神都,望陵庙,感激偪塞,啜泣为诗。呜呼!铜人之泣汉也,石马之汗唐也"。② 钱氏之意为屈大均伤故国之倾覆,作《黍离》、《麦秀》之哀叹。稍后于钱氏,朱彝尊也指出屈大均"诗多怆恍之言"。③ 屈大均去世后不久,卓尔堪评曰:"(大均)为屈原后,少丁丧乱,长而远游,其所跋涉者秦赵燕代之区,其所目击者宫阙陵寝边塞营垒废兴之迹,故其词多悲伤慷慨。"④

屈大均少遭丧乱,其诗中自有愤慨不平之气。广东巡抚傅泰在雍正八年(1730)十月的奏折中说:"翁山元孝书文中多

---

① 陈融:《颙园诗话》,转引自陈永正主编:《屈大均诗词编年笺校》,中山大学出版社2000年版,第1370—1371页。
② 《钱牧斋全集·有学集》卷21,第886页。
③ 朱彝尊:《曝书亭集》,世界书局1937年版,第453页。
④ 卓尔堪辑,萧和陶点校:《遗民诗》,华东师范大学出版社2013年版,第411页。

有悖逆之词,隐藏抑郁不平之气。"① 这一段反面的评价,却也抓住了屈大均诗歌的某些特征。清代中期岭南人林明伦在《答关桥孺书》中说:

> 吾乡自梁药亭三家后,学者甫离句读,便束书不观,竞为浮诡靡曼之诗,妄意得嗣三家之风流。不知屈、陈二公所遭之世与今不同,故其为诗,人不能学,学之则于不哀而哭,不病而呻,虽工亦伪。②

这段话也从一个侧面说出了屈大均生活在那个特殊的时代,积郁在心中的大悲大痛。

清代中晚期之后,类似的评论很多。何日愈《退庵诗话》卷一:"屈翁山……诗沉郁豪迈,横绝一世。"大均哭华姜"数绝深情款款,几于一字一泪,令人不堪卒读"。③ 屈大均写沧桑之变,悲而能壮;悼念爱妻则悲伤凄绝。谭献《明诗录序》云:

> 至若屈、顾处士,鼎湖之攀既哀,鲁阳之戈复激,慷慨任气,磊落使才,凭臆而言,前无古昔。乃有怨而近怒、哀而至伤者,则是时有为之也。④

徐世昌辑《晚晴簃诗汇》卷十八《诗话》:"诗自谪仙人,念乱忧生,盘郁哀艳。又以初遭鼎革,每多故国之悲。"⑤

笔者认为屈大均诗歌虽有故国之悲,但总的来说,却悲而

---

① 上海书店编:《清代文字狱档》,上海书店出版社2007年版,第129页。
② 陈在谦评辑:《国朝岭南文钞》卷2《林穆庵文》,清道光学海堂刊本,广州镕经铸史斋印行。
③ 何日愈:《退庵诗话》卷1,广东高等教育出版社1996年版,第22—23页。
④ 谭献:《明诗录序》,见《复堂类集》文一,《丛书集成续编》第161册,台北新文丰出版公司1988年版,第68页。
⑤ 徐世昌辑:《清诗汇》,北京出版社1996年版,第195页。

能壮,哀而不伤。如此持论并非说他遵循了传统诗教的"温柔敦厚"、"哀而不伤"。其诗之所以悲而能壮,哀而不伤,与他的个性有着密切的关系。他个性奇倔,不肯随时俯仰,在心中难免积结抑郁不平之气。这一股愤慨不平之气,也正是屈大均诗歌形成慷慨雄肆风格的原动力。其既悲且伤之作,虽时或有之,但为数不多,以悼念爱妻华姜之作最为突出。除此之外既悲且伤者实际上很少。

5. "纵横阖辟"、慷慨豪宕

最早指出屈大均诗歌这一特点的是岭南三家之一的陈恭尹。康熙二十年辛酉(1681)梁佩兰北上会试之前刻其诗为《六莹堂集》。陈恭尹序云:

> 吾与齿雁行者,梁子药亭、屈子翁山,为能发摅性灵,自开面目……翁山纵横阖辟,朴茂奇古……予窃谓:翁山,江河之水也……翁山之味醇而冽。(《梁药亭诗序》)①

他这段文字应该说是准确地概括了屈大均诗歌那种抒写自我,开阔动荡的风格。清初散文大家汪琬对屈诗的评论与陈恭尹所言有某些相近之处。其《送屈介子序》谓翁山"其为人雄放自喜,尝远走吴越、燕赵、秦晋之乡,结纳其豪杰,辄乘间作为诗歌相倡和,其词深沉跌宕,有风人之旨"。② 他所谓的"深沉跌宕",用语虽与陈不同,但所指相近。康熙四十三年甲申(1704)沈用济在《道援堂序》中云:"收三百年之馀

---

① 《陈恭尹集》,第593页。
② 汪琬:《送屈介子序》,见李圣华笺校:《汪琬全集笺校》之《钝翁前后类稿》卷23,人民文学出版社2010年版,第543页。

气,悲歌慷慨,正言不讳者翁山也。"① 陆釜云:"国朝谈诗者,风格遒上推岭南,采藻新丽推江左。言岭南者,翁山豪宕,药亭深稳,而清苍高浑,吐弃一切,则推元孝。"② 这一段文字不但论列三家,还把三家放在一起与江左三家进行比较。诚然,江左三家虽然其影响和成就要高于岭南三家,但可以看出陆釜显然更为推崇岭南三家"遒上"的风格。

屈大均诗"纵横阖辟"的特点是比较突出的。有的人虽肯定这一特点,同时也有人指出其诗的不足。"刘震东郊谓:'粤东之屈,开辟而粗,新城之王,娟秀而弱。'"③ "北田五子"之一的何绛"论诗甚严,常以卤莽目翁山"。④

清代末年也不断有人对屈大均的诗歌作出类似的评价。陈田云:"翁山五言咏古诗,突兀奇崛,多不经人道语;七律雄宕豪迈;五律隽妙圆转,一气相生,有明珠走盘之妙。与区海目后先合辙。"⑤ 区海目,即区大相,字用孺,号海目。广东高明人。其诗持律颇严,尤长于五律。邱炜菱《五百石洞天挥麈》卷一云:"屈、顾二公诗学皆从杜出,其一种悲凉肮脏之意,早已相视而莫逆矣。屈终以此名家。"⑥ 肮脏,意为高亢刚直。邱炜菱之"悲凉肮脏"近乎悲凉慷慨之意。

---

① 沈用济:《道援堂序》,见屈大均著,沈用济选:《道援堂集》卷首,康熙四十五年(1706)刻本。
② 陆釜:《问花楼诗话》卷3,见郭绍虞编选:《清诗话续编》,上海古籍出版社2016年版,第2190页。
③ 杨钟羲著,雷恩海、姜朝晖校点:《雪桥诗话全编》之《雪桥诗话续集》卷5,人民文学出版社2011年版,第1076页。
④ 杨钟羲著,雷恩海、姜朝晖校点:《雪桥诗话全编》之《雪桥诗话三集》卷2,人民文学出版社2011年版,第1499页。
⑤ 陈田:《明诗纪事》辛签卷11,上海古籍出版社1993年版,第3049页。
⑥ 邱炜菱:《五百石洞天挥麈》卷1,光绪二十五年(1899)邱氏粤垣刻本。

前人对屈大均诗歌特色的评价,经笔者综合整理后,大致得出这五种主要不同的说法。不过,需要说明的是这五种主要的观点,并不能涵盖前人所有的评论。个别人的一些看法,在笔者看来没有抓住屈诗的突出特征,在此不作胪列。

二、雄肆豪宕

在笔者看来,屈大均诗歌其实有着两种迥然不同的风格:雄肆豪宕、峭艳仙超,简言之,则为雄肆仙超。体现这两种风格的作品都数量庞大。二者所占比例虽非均等,但忽视任何一个方面,都不能说是准确地把握了屈大均诗歌的基本特色。这两个方面看似互不关联,其实,这两者都源自屈大均的两大理想和他身上的王霸之气。

屈大均的诗歌作品最为突出的一个特色就是雄肆豪宕。体现这一特色的作品数量最为丰富。虽然屈大均的诗歌就各种诗体来说,艺术水平并不均衡,但屈大均诗歌的这一特色则在多种诗体中都有所体现。

屈大均历来最受人推崇的是其五言律。其《鲁连台》一诗为清代多家诗文选本选录。诗云:

> 一笑无秦帝,飘然向海东。谁能排大难,不屑计奇功。古戍三秋雁,高台万木风。从来天下士,只在布衣中。(《鲁连台》)[1]

鲁连台,又名高士台,山东茌平境内,因鲁仲连而得名。《战国策·赵三》云:齐国高士鲁仲连居赵,值秦攻赵,魏国使者辛衍垣提议尊秦昭襄王为帝以解围,仲连曰:"彼则肆然为帝,过而遂正于天下,则连有赴东海而死矣。"秦将因而退兵

---

[1] 《屈大均全集》第1册,第328页。

五十里。屈大均这首诗作于顺治十五年（1658）。沈德潜评曰："一起突兀，三四十字成句，五六写台，结语见自己抱负。一只字，不许他人共为天下士也。有胆，有力。"①"一笑无秦帝"，其目空强秦之豪气，浩荡而来；最后两句，则雄视一切，"天下士"唯我而已。屈大均之雄肆洒脱于此可见。

> 天晓滁阳望，苍茫大野开。风威肃人马，烟色惨墩台。慷慨无衣赋，艰虞不世才。平生一匕首，为子入秦来。（《同杜子入秦初发滁阳作》）②

这一首诗作于康熙四年（1665）岁暮，时屈大均与杜恒灿途经滁阳入陕西。屈大均西入边塞，本有为而来，肆然直言"平生一匕首，为子入秦来"，其胸中豪气沛然而出。

> 可惜纵横客，尊周计莫陈。鲁连如不死，天下岂为秦！（《读史》）③

这首诗虽为《读史》，吟咏古人，实际上是借古喻今。鲁连即是鲁仲连，是屈大均的心理形象。诗中的鲁仲连，一人振臂即可遏止天下之倾覆。其雄肆之气，天高地厚亦不得牢笼之。

屈大均五言最受称道，其七言律绝亦很多雄肆豪宕的佳作。屈大均虽以诗文留名后世，但他人格当中却没有文人的细弱和迂阔，相反却秉有古人有些讳言的王霸之气。其七律《读史》就较能表现出他这一特点。

> 蚩尤祭后霸图雄，一剑能成赤帝功。龙起不曾阶尺土，人归何必在重瞳？天边星宿朝东升，沛上旌旗卷大风。此日留侯方寂寞，咸阳王气望无穷。（《读史》）④

---

① 沈德潜等编：《清诗别裁集》卷8，上海古籍出版社1984年版，第301页。
② 《屈大均全集》第1册，第240页。
③ 《屈大均全集》第2册，第1069页。
④ 《屈大均全集》第2册，第818页。

此诗作于何时不甚清楚。但从诗中气势可以看出此诗应该作于南方的抗清势力还在活动的时候。诗中他自比张良,待时已久,一挥心头之剑,帝业即可成就,真可谓大气磅礴!沈用济云:"屈翁山如金虹饮海。"① 这一评价非常形象准确。

> 铁骑横穿万马分,大黄亲解左贤军。汉家飞将多猿臂,射虎天山箭没云。(《咏李广》其一)②

屈大均怀古诗多咏叹秦汉间事。这首七言绝句中的李广是以抗击匈奴著称于世的汉代名将。诗中的李广英武雄肆,一人奋武即可冲决千军万马。

> 石子冈前落日催,千秋人尚礼魂来。从来地下多生气,白骨何妨委绿苔。(《石子冈》)③

这首七绝是顺治十六年己亥(1659)屈大均游南京雨花台时写下的。石子冈,即是雨花台,以盛产五彩鹅卵石而得名。宋时,金兵进逼建康,守臣皆降,唯溧阳县知县杨邦义坚拒金帅完颜宗弼(兀术)的诱降。卒被剖心于雨花台下。明方孝孺建文初年为翰林侍讲。燕王夺位,命方孝孺起草登极诏书。方不从,被夷灭十族。方孝孺葬于石子冈畔。屈大均对景感怀,慨然赋诗。"从来地下多生气"一句,让人感到阴间鬼雄距离生人是如此之近。虽为另间存在,但仍能让人隐约地感到他们的雄直和刚猛。

屈大均狂肆奇崛,慷慨任气。他欲奋一人之志,经略天下于不可为之时,写作诗文也直抒胸臆,不怕文字致祸。《春山草堂感怀》之十二云:"慷慨干戈里,文章任杀身。"他这样的性格也使他的诗歌作品呈现出与之相应的特征。

---

① 沈用济、费锡璜:《道援堂集附记》第 2 则,屈大均著,沈用济选:《道援堂集》卷首,康熙四十五年(1706)刻本。
② 《屈大均全集》第 2 册,第 1332 页。
③ 《屈大均全集》第 2 册,第 1172 页。

屈大均诗歌的雄肆豪宕在其五言古诗中有更为清晰地显示。屈大均不耐寂寞，露才扬己，其诗作也气势腾挪飞荡。

> 神虬乐泥蟠，鸿鹄安紫荆。飞腾亦何难？所贵忘吾形。子房久破产，一身如浮萍。英雄不失路，何以成功名？高歌送君酒，词采郁纵横。（《赠朱士稚》）①

这首诗作于屈大均而立之前。年轻时的屈大均浪迹江海关塞，颇有古时游侠之风。大均胸怀大志，出言亦大气磅礴：

> 鸿鹄何苍茫，背负青天飞。白波卷沧海，声如鬼神驰……拔山岂无力，枭雄吾不为。慷慨发冲冠，伤哉失路悲。（《咏怀》其二十一）②

这首诗气势宏大，浩气满天地。这类作品在其诗集之中俯拾即是。再如：

> 英雄耻割据，拂衣游江湖。我为沉水香，君为博山垆……利剑在掌中，出入风雷驱。萧曹刀笔吏，项羽乃匹夫。苟能拯水火，何辞七尺躯。王侯如敝屣，山林堪长娱。（《赠友人》其一）③

这首诗中的屈大均真是目空一切。利剑在手，项羽、萧何即不堪与之为伍，其雄豪恣肆清晰可见。

屈大均才高气盛，虽一再受挫，却从不怨叹生不逢时。他在为自己三十岁的生日所作的自寿诗中云：

> 卫霍鹰扬自有时，荆专狗盗终何用！我有纯钩一雌雄，三金吐焰芙蓉同。纷纷虎豹不足刺，出天入地如飙风。自从欃枪犯帝阙，四渎波翻天柱折……长兄张子房，小弟周亚夫。肝肠剖出如白日，泰山一诺堪捐躯……莫嫌三十犹沉沦，夷门曾有抱关人……天生我技能穿杨，时来

---

① 《屈大均全集》第 1 册，第 6 页。
② 《屈大均全集》第 1 册，第 58 页。
③ 《屈大均全集》第 1 册，第 61 页。

三箭谁能当？汉贼由来不两立，男儿岂必封侯王。瓶中况有丹砂在，只须功成便翱翔。(《长歌为玉龙子寿》)①

屈大均有霸略雄心，又性格乐观。虽然从不满二十岁的少年开始，即屡行屡蹶，但直到暮年还雄风犹在：

大江以南谁狂奴？故人未兴何所图……亚匹管萧吾亦尔，英雄命苦成拘儒……姿才冠绝亦何益，天生我辈填沟渠。总揽《国殇》向地下，厉鬼亦可相驰驱。(《哭王处士》)②

这首诗写于知交王世桢去世之时，王与屈皆是有志王事的遗民。此诗虽是悼念好友，实际上也兼叹自己志不得伸。这两首诗在这类作品中很具有代表性，不但能清楚地显示其雄霸的性格，也较能显示其诗风的雄肆豪宕。

屈大均以英雄之姿，纵横诗坛，故所为诗亦多雄肆豪宕之气。屈大均诗歌这一特色的形成与其雄豪恣肆的性格和"尚气格，务辞华"③诗学主张皆有关系。屈大均无论为文还是行事都任侠使气。这一特点使他生前就以奇崛强直著称于世，也使他形成当世罕有，后世可羡而不可学的诗风。

三、峭艳仙超

屈大均寡俗情，不拘拘于世间矩矱，因此他为人为文皆雄奇超俗。屈大均虽然站在儒家立场上对道教有所批评，并宣称抛弃玄学，但他的诗歌却显示出他受道家、神仙家影响很深。其诗风也烙上了明显的老庄及神仙的色彩。庄老及神仙思想使

---

① 《屈大均全集》第1册，第173页。
② 《屈大均全集》第1册，第208页。
③ 屈大均：《翁山佚文·梁无闷诗集序》，见《屈大均全集》第3册，第440页。

他的诗歌出现大量的神仙意象；他恣肆雄鸷的个性使其诗作之中奔腾着一股突兀奇崛的气势；他在描绘神仙意象时常常使用奇幻瑰艳的色调。这三者结合在一起，就使其诗歌呈现出特有的峭艳仙超的特色。

屈大均峭艳仙超的诗风在他各体诗作中都有明显的表现。其五言律《大蝴蝶》云：

> 二月大蝴蝶，家家出茧来。仙衣成凤子，光采似花开。芍药人争喂，麻姑使莫催。养成三尺翅，骑汝入蓬莱。①

> 羡君游海岳，缥缈羽衣轻。北斗斟元气，昆仑采玉英。千金若草芥，一笑成功名。谁似鲁连子，高风振赵城。(《赠鲁山人》)②

屈大均本来希望如张良一样，安顿好天下之后，飘然仙游。但时命限人，至死他安顿天下的愿望都未能实现。甚至他也未能如鲁仲连片言却秦。奇功未建，徒慕驾鹤远游的神仙。屈大均重视色彩的使用，喜欢的是奇幻瑰艳，而不是清丽淡雅。屈大均在描绘仙界物象时，常常浓墨重彩，营造出一种奇瑰峭艳的氛围：

> 秋气高无极，峰峰积雨凉。白云吞七泽，红叶满三湘。禹迹留盘石，仙宫傍夕阳。蛟龙多蛰此，吾亦隐文章。(《天岳》)③

这首诗虽然表现了作者心头的凄凉和准备归隐的意向，但诗中大面积鲜红的颜色笼罩在"禹迹"、"仙宫"、"蛟龙"等意象之上，不仅没有给人萧飒衰颓的感觉，反而让人产生奇瑰峭艳、脱离凡界的幻觉。

---

① 《屈大均全集》第1册，第379页。
② 《屈大均全集》第1册，第441页。
③ 《屈大均全集》第1册，第296页。

康熙四年（1665）底屈大均入陕西。明年三月王宜辅导大均登上华山。登华岳，览三秦，慨然赋诗。其七言律《华山作》云：

> 青天低插芙蓉乱，白帝高临落雁孤。太乙西来朝紫翠，首阳东走入虚无。仙人博戏凌丹壑，毛女琴声隐玉壶。万古云霄随变化，秦皇汉武莫能图。①

此诗是他年轻时的作品。屈大均超脱俗世的思想，自早年起就非常强烈，并且他仙游的愿望至晚年都不见衰减：

> 仙山镇日白云封，磴道依稀四百重。分去只成双瀑布，合来元是一芙蓉。台边月作麻姑镜，洞口风为羽客钟。古观无人黄叶满，鹿麛行处有遗踪。（《重至都虚观作》其二）②

这首七律作于康熙二十三年（1684），时大均已五十五岁。其仙游思想依然如其早年。诗中大量的神仙意象，营造出一个奇幻、仙超的境界。

相比较屈大均最喜欢使用古体诗，尤其是用五言古体来描绘神仙世界：

> 仙童颜姣好，迎我双琼箫。东游扶桑阙，西渡绛河桥。至道非无形，如月悬中宵。揽之盈玉手，欲赠彼娇娆。人生如电影，千载不崇朝。念彼牛山涕，乘化且逍遥。（《赠友人》其五）③

屈大均强烈向往神仙世界，常常用大量的篇幅来描绘他心中的仙境，有时甚至几乎整首诗都是对神仙人物或神仙世界的描绘和铺陈。这些也较能体现他峭艳仙超的诗风：

> 仙人空桐子，变化如阴阳。朝霞一膏沐，神光流未

---

① 《屈大均全集》第 2 册，第 814 页。
② 《屈大均全集》第 2 册，第 938 页。
③ 《屈大均全集》第 1 册，第 62 页。

央。忘身故委蛇，八极纷翱翔。伊予从之游，矫掌承玉浆。日月如贯珠，吐纳养其黄。庄生化蝴蝶，相遇鸿濛乡。羽翼何葳蕤，餐花临扶桑。东海涌其波，浮云四飞扬。尧轩去已久，斯民多忧伤。苟非姑射人，谁能应帝王？薄言税吾驾，深山垂衣裳。（《咏怀》其八）①

这首诗描绘了一个流光溢彩，光艳夺目的神仙世界，只是在最后几句他才表达出归隐的意愿和对民生的忧叹。屈大均渴望仙人的生活，希望像仙人一样超脱凡尘，游戏日月，春荣秋杀皆不能对其生命构成伤害。

屈大均也常常使用七言古体来表现他对神仙世界的向往。这也许与古体诗更适合于驰骋想象，用大量笔墨来渲染和铺陈有关：

秋风忽起飘井桐，白凤西飞紫凤东。何处思君最凄断，流泉潺湲秦望峰。秦望高兮烟霭重，我持明月照鸿濛。云间夏后金书在，松下秦皇玉辇空。遥望庐山倚南斗，三石梁边君隐久。《阴符》宝剑与何人？玉麈青莲应在手。几宵乘月弹瑶琴，寄我潇湘帝子吟。梅花乱落云门寺，经岁相思未嗣音。此日登高眺东海，日出天台佳气在。黄屋将浮碣石来，紫芝尚向（原作"何"，据康熙间屈明洪补刊本《翁山诗外》改）商山采。采紫芝兮使心愁，功名让与屠沽流。仙人肌体如冰雪，姑射山中自可留。（《登秦望山寄酬庐山无可大师》）②

这首诗写于顺治十八年（1661），时大均刚过而立之年。下面一首写于康熙二十九年（1690），大均已六十一岁。其峭艳仙超的诗风一如年轻之时：

峤南自古无大雪，况复罗浮火洞穴……地炉烧出日轮

---

① 《屈大均全集》第1册，第2页。
② 《屈大均全集》第1册，第176页。

红,天井迸来云箭白。咫尺空濛接海津,光摇宫阙失金银。玉作越王烽火树,瑶华飞满珊瑚身。天鸡夜半冻不叫,曜灵忍失朱明照。久伤乌羽坠重光,安得烛龙衔一爝。欲挽羲车力士无,穷阴苦逼岁华徂。麑裘不暖难消夜,生拥瑶琴影太孤。(《罗浮对雪歌》)①

康熙二十九年庚午岭南大雪。这首诗写罗浮山雪景。虽然所写为雪景,但他变雪白为瑰艳,足见屈大均对这种色调的热爱,而瑰艳奇幻的色彩,也正是形成峭艳仙超风格的基本元素。

他这一风格的形成固然源自于他特有的气质和其仙游的理想,同时也与他对屈骚的学习有着密切的关系。他对屈原的学习,不限于学习屈原抗志不屈的人格和对儒学的坚守,同时还有意识地学习屈骚"惊采绝艳"、驰骋幻域的为文之风。屈原本不入神仙谱系,但屈大均认为屈原也是神仙,因此他志怀恢复,而又渴望仙游世外,与他宗法屈骚并不矛盾。

综观屈大均的诗歌作品,其雄肆豪宕、峭艳仙超的风格是明显的,在当时也独树一帜。雄肆豪宕和峭艳仙超这两个方面看似互不关联,其实是有相通之处的。其雄豪恣肆、异乎常人的个性带来他倏忽山海的行为方式和神出鬼没的为文方式。他诗作中雄肆跌宕的文气,也会带来奇峭超凡,突兀险绝的文风。因此,这两者并非互不关联,实际上是有着内在联系的。

回顾一下前人对屈大均诗歌风格的评论,笔者发现其实诸多评论也不外乎这相互关联的两个方面。如前所述,前人对屈大均诗歌风格的评论主要有五种不同的说法。这五种说法可以分为两个方面:以"纵横阖辟"、慷慨豪宕和侘傺悲诧为一极,近乎雄肆豪宕;以"神似太白"、"超然独行"为一极,与诗宗屈骚相结合,而近乎峭艳仙超。兼宗李杜一说,可一析

---

① 《屈大均全集》第1册,第201页。

为二，似杜归入前者，似李归入后者。不过需要再加以说明：《离骚》"惊采绝艳"，沉郁哀伤兼而有之，屈大均的诗歌亦庶几近之。因此完全把诗宗屈骚一说归入后者实际上并不十分恰当。恰当地说，诗宗屈骚一说是连结前者和后者的枢纽。不过，虽说诗宗屈骚为连结二者的关键，但并非说它能涵盖这两个方面。屈骚之风与屈大均诗歌雄肆豪宕的特质并不一样。

第二节 屈大均对"丽"与"则"这一对诗学概念的发展

屈大均的思想长期以来就比较受研究者的关注。不过，学者们关注的重点主要停留在与其身份有关的遗民思想、儒释之争等。屈大均是明末清初一个颇有争议的人物，其思想是丰富的、多方面的和深刻的，有待从多个角度深入挖掘。其文学思想即值得深入研究。民国之前有关的评论，散见于本书有关的引述之中，此不赘述。二十世纪后半段，郭预衡先生《中国散文史》认为屈大均首先是盛称儒者之文，而鄙薄文人之文；崇正学、辟异端，其说甚为迂执。① 王镇远、邬国平两先生认为屈大均文学思想首先是宗骚，其次是主张"以《易》为诗"。散文方面"以唐宋大家为归"，尚理兼尚自然。② 毛庆耆先生把屈大均的文艺思想概括为三个方面："以道为本的本体论、以化为贵的创作论、以经为宗的批评论。"③ 这些评论代表了那个时代学术研究的特点和相关研究的深度。对屈大均诗

---

① 郭预衡：《中国散文史》下册，上海古籍出版社1999年版，第458—459页。
② 王镇远、邬国平：《清代文学批评史》，上海古籍出版社1995年版，第166—172页。
③ 毛庆耆：《屈大均文艺思想的内容》，见《岭南文史》1997年第1期，第30页。

学思想进行系统研究的是香港学者董就雄教授2009年出版的《屈大均诗学研究》一书。

许多人认为屈大均的思想非常庞杂,当笔者对其思想深入研究之后却发现,他各个方面的思想包括诗论和文论,其实都是围绕着同一个核心展开的。这个核心就是"则"。

屈大均论诗、论文、论人、论天道,经常使用"则"这一概念。汉代扬雄"诗人之赋丽以则,辞人之赋丽以淫"①的论述,最早使"则"成为文学批评的一个重要概念。在之后近两千年的使用过程中,"则"这一概念的内涵和外延没有发生明显的变化。王士禛在作于顺治十三年(1656)的《丙申诗序》中提出的典、远、谐、则诗歌审美四原则之一的"则",也是如此。而这一概念的适用范围至屈大均却获得了突破性的扩展。他不但在论述诗文时使用这一概念,在论述天道自然时也经常使用,认为天地日月之运行变迁也要遵循"则"。因此在屈大均思想中,"则"这一概念成了诗道、人道、天道皆要遵循的宇宙法则,既是其第二哲学中的概念,也是其第一哲学中的概念。笔者在综合整理其相关文字之后,认为这一概念是他在融合儒家之道、《易》学思想和屈骚创作特点之后形成的。

一、诗学层面上的"丽"与"则"

屈大均谈论诗歌的文字很多,"则"是一个统贯一切的核心概念。他大量的有关"则"的论述,使"则"具有了纲领性的意义:"诗以丽为贵,扬子云云,诗人之赋,丽以则……

---

① (汉)扬雄著,(晋)李轨等注:《宋本扬子法言》,国家图书馆出版社2017年版,第91—92页。

发乎情，止乎礼义者，其则也。盖诗以膏泽而丽，又以情而丽，以礼义而丽，不淫而后可以好色，不乱而后可以怨诽，以合乎其则，合乎则而后能变化，不失其正，斯则丽之至者哉。"① 在这里，他对"则"与"丽"这一对概念略有阐释。

从他大量有关的文字中可以知道"丽"、"则"是他论诗的最高原则。"西京十九篇，丽则同芳轨。"② "新诗多丽则，胜地有楼台。"③ "君诗推典则，一一可弦歌。"④ "《风》、《雅》只今谁丽则？不才多祖楚《骚》辞。"⑤ 尽管他也非常推崇李白和杜甫，但比较而言，他最推崇的还是屈原。因为在他看来，屈骚是"丽"、"则"的最高典范。"《离骚》多讽谏，比兴即春秋……后生师典则，不向杜陵求。"⑥ 他虽然常常"丽"、"则"并提，其实，在他的诗学思想中，这二者并不对等。"则"为本，"丽"为末。分而言之，为"则"与"丽"；合而言之即为"则"。因为他所谓的"则"本身即为"丽"与"则"之辨证。诗道尚变，但要变而不失其正，"丽"而不失其"则"。他这一思想与儒家的传统诗教是一致的。

在一些地方，他并没有用"则"这一概念，而是根据行文的需要使用了"正"、"雅"、"礼"、"典"等概念。这些概念在具体的语境中与"则"有着同等的意义："今夫诗以《风》、《雅》相兼为贵，然与其《风》而不《雅》，毋宁《雅》而不《风》。《风》犹之《乐》，《雅》犹之《礼》……

---

① 屈大均：《无题百咏序》，《屈大均全集》第 3 册，第 71 页。
② 屈大均：《赠王给事》，《屈大均全集》第 1 册，第 96 页。
③ 屈大均：《余子生日赠之》，《屈大均全集》第 1 册，第 389 页。
④ 屈大均：《寄陆太守》，《屈大均全集》第 2 册，第 1516 页。
⑤ 屈大均：《西蜀费锡璜数枉书来自称私淑弟子赋以答之》，《屈大均全集》第 2 册，第 1351 页。
⑥ 屈大均：《赠某大司马》，《屈大均全集》第 1 册，第 271 页。

为学莫贵于善变,变而不失其正,其变始可观。《易》道尚变,《诗》亦然。"① 这一段文字中"雅"与"风"、"礼"与"乐"、"正"与"变"这三对概念,也正如"则"与"丽"的关系。"郭子数就古陋巷读修来所撰《乐圃集》,与之讲求正变,沿溯源流,其诗歌之善,出《风》入《雅》,有典有则。"② 这一段文字中的"典"与"则"具有同等的意义。不过他在论诗时,使用最多的还是"则"与"丽"这一对概念。

屈大均在诗论中发展起来的"则"这一概念,也延伸到了文论领域。在论文时,他有时使用"正"、"理"、"礼"等概念代替"则"。他所使用这些概念大都与"则"处于同一层次上,具有同等的意义。其文学思想以儒学为本体,以儒家经典作为衡诗论文的尺度。他认为儒学能涵盖佛老,世间之学唯有儒学才是衡量一切、裁定一切的"则"。要"有典有要,一以经术为归"。

他在《广东文选凡例》中说:"是选以崇正学、辟异端为要,凡佛老家言于吾儒似是而非者,在所必黜……务使百家辞旨,皆祖述一圣之言,纯粹中正,以为斯文之菽粟,绝学之梯航。"③ 他认为儒学为正大之学,至公、至正。因此那些在作品中阐述、弘扬儒家之道的唐宋古文家,就得到了他的肯定。"为文当以唐宋大家为归,若何李、王李之流,伪为秦汉,斯乃文章优孟,非真作者。吾广先哲,文体多出于正,可接大家之武者实繁其人,是选无遗美焉……是选中正和平,咸归典则,于以正人心、维风俗,而培斯文之元气。"④ 屈大均编

---

① 屈大均:《书淮海诗后》,《屈大均全集》第 3 册,第 168 页。
② 屈大均:《滋阳郭君诗集序》,《屈大均全集》第 3 册,第 282 页。
③ 屈大均:《广东文选凡例》,屈大均辑,陈广恩点校:《广东文选》,广东人民出版社 2008 年版,卷首第 1 页。
④ 屈大均:《广东文选凡例》,屈大均辑,陈广恩点校:《广东文选》,广东人民出版社 2008 年版,卷首第 1—2 页。

《广东文选》的标准非常明确,所选之文,要有"典"有"则",非是者一概不录。

他在整体上肯定了阐扬儒学的唐宋古文大家之文,但是对其中学儒不醇者却有所批评:"文自两汉以来,莫正于唐,莫纯于宋。考亭、横渠,中正精粹,集文事之大成,而朱子之理尤盛。盖理,水也;言,浮物也。理盛则言之短长与声之高下者皆宜。而昌黎以为气,水也;言,浮物也,此非知文者也。是故君子有穷理之功,而无养气之功。气之刚大以直,而塞乎天地,皆穷理之功之所为。"① 这里只举考亭、横渠,而不及欧阳修和苏氏父子,足见其对为儒不醇者是不给予完全肯定的。他甚至批评韩愈这位儒学思想不太精纯的古文大家为"非知文者"。"吾尝谓文人之文多虚,儒者之文多实,其虚以气,其实以理故也。天下至实者,理而已耳;至虚者,气而已耳。为文者,能以理而主其气,则气实,否则气虚,故有谓文以气为主者非也。儒者之道,舍穷理之外无馀事,穷理所以尽其性,尽其性所以至其命,命至矣,性尽矣,如是而发为文,广大为外,精微为内,高明为始,中庸为终,其造诣有非文人之所敢望者。噫嘻,岂非文之至乎其极者哉?"②

屈大均评论一个人的文章,主要看他的文章是否有坚实的"理",其文中之气是否以"理"主之。这里的"理",显然是儒学之理。此"理",隐于内,为"理"、为"道";显于外,为"礼"、为"则"。这一儒家学说中的"理",在屈大均论人、论诗、论文、论天道的理论体系中,就转化成了"则"这一概念。此"理"、此"则",也即是"正"。"为文者,能以理而主其气",穷理以尽其性,以至其命,发而为文"岂非文之至乎其极者哉"?

---

① 屈大均:《无闷堂文集序》,《屈大均全集》第 3 册,第 68 页。
② 屈大均:《无闷堂文集序》,《屈大均全集》第 3 册,第 68 页。

如前所述,在屈大均的诗学思想中,与"则"相对的是"丽",与"正"相对的是"变"。这二者是辩证统一的。分则为"则"、为"丽",为"正"、为"变";合则为"则"、为"正"。"则"中寓"丽","正"中寓"变"。屈大均的诗学思想是相当辩证的,并非一概讲"则"、讲"正",而不讲"变"。

为诗作文要能行自然之变,"为学莫贵于善变,变而不失其正,其变始可观"。① 文章之变,亦如天地自然穷极万变,皆"不过其则"。屈大均论诗论文,以儒家之道为本,衡之于儒学经典,同时又强调以化为贵。"理化而其气与之俱化,是之谓天地至文。"② 万变而不失其"正",不离其"则",这才是自然之文,天下至文。这里"正"与"变","则"与"丽"是辩证统一的。既强调儒家之道,同时又尚变、尚丽、尚自然。

屈大均不满于当时诗坛的状况。对诗坛上的"风有馀而雅不足"的现象,用"则"这一原则进行了批评:"诗之亡,亡于不雅焉耳。今天下之为诗者,亡虑数千百家,无华戎,无贵贱,无贤不肖,无不为诗,盛极矣,盛极而实衰,则以风有馀而雅不足,雅不足则其风亦非肆好之风。所以者,舍古而师今,舍远而师近,舍君子而师小人,江河日下,而不知反其本也。"③ 这段文字是就诗坛的整体现状而言的,使用的虽是"雅"与"风"这一对概念,实际上运用的还是"则"与"丽"这样一种思想。

就某人的具体创作而言,他也使用同样的观念进行评论:"启图能承家学,与李烟客、罗季作、欧子建、邝湛若四五公

---

① 屈大均:《书淮海诗后》,《屈大均全集》第 3 册,第 168 页。
② 屈大均:《黄太史文集序》,《屈大均全集》第 3 册,第 56 页。
③ 屈大均:《粤游草序》,《屈大均全集》第 3 册,第 436 页。

者唱和,其雄才绝力,皆可以开辟成一家,而兢兢先正典型,弗敢陨越。所著悉温厚和平,光明丽则,绝不为新声野体,淫邪佻荡之音,以与天下俱变,是皆岭南之哲匠也。"① 屈大均肯定区启图、李烟客等人"皆岭南哲匠",其诗作"光明丽则,绝不为新声野体"。黎遂球也是岭南著名诗人,为屈大均所敬仰,但以"则"绳之,为黎赢得"牡丹状元"的一类诗作,却被他斥之为"皆丽句也"。

> 美周诗,五古最佳,有《古侠士磨剑歌》云:"十年磨一剑,绣血看成字。字似仇人名,难堪醉时视。"《结客少年场》云:"生儿未齐户,结客少年场。借问结交人,不数秦舞阳。泣者高渐离。深沉者田光。"……是皆不失英雄本色,他体仿佛西昆,则伤于绮靡矣。黎美周尝客扬州于郑氏影园,与词人即席分赋《黄牡丹》七律十章,已糊名殿最,钱牧斋拔美周第一,郑氏以书报曰"君已录牡丹状头矣",以二金罍赉之。其后美周过吴下,人皆称牡丹状元。其诗有曰:"月华蘸露扶仙掌,粉汗更衣染御香。"又曰:"燕衔落蕊成金屋,凤蚀残钗化宝胎。"皆丽句也。②

显然屈大均真正肯定的是其"不失英雄本色"的符合"则"的诗作。《黄牡丹》之类的诗作"丽"则"丽"矣,但"伤于绮靡"。

总之,就整体的诗学思想而言,"则"是屈大均品诗评文的最核心的概念。同时他也讲求"丽"与"则","风"与"雅"的辨证关系。"变"不能失矩,"丽"不能逾规,宁可舍弃"丽",舍弃"变",也要坚持"正"和"则"这一根本原则。

---

① 屈大均:《屈大均全集》第 4 册,第 322—323 页。
② 屈大均:《屈大均全集》第 4 册,第 316 页。

二、哲学层面上的"丽"与"则"

屈大均不但用"则"这一概念来谈论诗文,同时还用它来解释天道自然、人间万象。"则"这一概念,在他的思想中已经上升到了第一哲学的层面。

他在《张子诗集序》中说:

> 天之为文以日月,而日月不过其则。日过其则,则日过乎月,而日为月所食;月过其则,则月过乎日,而月为日所食,而万物皆受其灾眚矣。故则者,日月之礼也。人之性与日月同体,才则日月之光明也。礼者,所以使日之中,月之正者也……盖以谓《风》者,月之所为,月至子而中,喜怒哀乐未发之时也;《雅》者,日之所为,日至午而正,喜怒哀乐已发而中节之时也。中节而后,光明盛实,阴不失于寒,阳不失于暑,洋洋乎太和之所发育,而为天地之至文。①

在这里"则"已经超越诗学,成了哲学意义上的概念,成了日月运行、天道往复、人之为人的一种大法则、一种宇宙原则。既然这是一种宇宙法则,则天地间万事万物,都不可能超越这一原则。《易》也一样。尽管"《易》道尚变",但仍然遵循"则"这一原理。

屈大均常常借诗谈《易》,借《易》论诗。其诗学思想不但有着较明显的《易》学色彩,而且,其诗学原则也融到了其《易》学之中。"吾观《诗》与《易》相为表里……予尝欲著一书,以《易》为经,以《诗》为纬,不以《易》传

---

① 屈大均:《张子诗集序》,《屈大均全集》第3册,第69页。

《易》，而以《诗》传《易》，合二经为一，以男女之道贯通之。"① 《易》为内，《诗》为外，《诗》是《易》的具体延展。在《六莹堂诗集序》中他说："《诗》亦《易》之外《象》、《爻》、《象辞》也欤！"《诗》与《易》，一表一里。

　　《易》蕴含着天道自然，《诗》所包含的也不仅仅是世事人为的东西，同样也蕴含着天道自然："古圣人多以《诗》言道，三百五篇，天人终始之本，性命通复之源，广大精微，无言弗及。子思作《中庸》，多称引之，以明其旨。"② 在这一意义上，《诗》与《易》处于同一层面上。"《易》道尚变，《诗》亦然。""为学莫贵于善变，变而不失其正，其变始可观。"③《诗》道、《易》道是相通的。他认为"为诗者能善用夫一阴一阳之韵，使清浊高下以序相谐，大不过刚，细不过柔"。④ 诗蕴含乾坤阴阳，通于男女之道。《诗经》多言男女，合乎阴阳之道。《易》也是如此，其阴阳、乾坤之说，亦源自天地男女。"盖男女之道，可以无所不通，明乎男女之道，而《易》与《诗》之精微皆得之矣……盖以天地之大，亦男女而已耳……五伦之间，父子兄弟而外，无不可以夫妇言者，其道盖本之日月。"⑤ 显然，其意思是君臣之义乃天道自然，与《诗》道、《易》道相为贯通，本乎日月，可以夫妇言之。《诗》与《易》同为原始儒家之经典，皆通于男女之道。虽言男女，但不逾礼、不失道。从这个角度看，《诗》与《易》有着相通之处，遵循着同样的正变原则。

　　"易"本身是活跃的，变动不居的，与诗是一样的。"予

---

① 屈大均：《无题百咏序》，《屈大均全集》第 3 册，第 71 页。
② 屈大均：《六莹堂诗集序》，《屈大均全集》第 3 册，第 61 页。
③ 屈大均：《书淮海诗后》，《屈大均全集》第 3 册，第 168 页。
④ 屈大均：《怡怡堂诗韵序》，《屈大均全集》第 3 册，第 278 页。
⑤ 屈大均：《无题百咏序》，《屈大均全集》第 3 册，第 71—72 页。

尝谓不善《易》者，不能善诗。《易》以变化为道，诗亦然。故曰：知变化之道者，其知神之所为，诗以神行，使人得其意于言之外，若远若近，若无若有，若云之于天，月之于水，心得而会之，口不可得而言之，斯诗之神者也。"① "《诗》之道无穷，其学之亦如学《易》……吾尝欲以《易》为诗，使天地万物皆听命于吾笔端，神化其情，鬼变其状，神出乎无声，鬼入乎无臭，以与造物者同游于不测。"②《易》道、《诗》道皆尚变，但要变而不失其正。无论是诗学还是易学，其中都贯通着同样一种精神，同样一种原则。《易》本身就是"本"、是"源"、是"正"、是"则"、是辨证的，是丽与则、正与变的统一："予昔从《离骚》以学三百五篇，今更从三百五篇以学《易》，以《易》为正，以诗为奇，《易》不必其内，正而奇之，则《诗》不必其外，奇而正之，皆可矣。"③ 此处"奇"即"变"之意。屈大均"以《易》为正"，又说"《易》道尚变"。在他看来《易》本身即为"正"，是正与变的统一。"变"寓于"正"，"丽"寓于"则"。"正"可以寓"变"，而"变"不可以寓"正"。

至此，可以看出屈大均的《易》学思想与诗学思想是相互关联的，都贯通着同样的原则。这一原则即是"正"与"变"、"风"与"雅"、"乐"与"礼"、"丽"与"则"的辨证统一。"则"，"盖本日月"，源自天道自然。因此，"则"在这里已经上升到了哲学的层面。事实上，屈大均也常常在哲学的意义上使用"则"这一概念。

---

① 屈大均：《粤游杂咏序》，《屈大均全集》第3册，第79—80页。
② 屈大均：《六莹堂诗集序》，《屈大均全集》第3册，第61—62页。
③ 屈大均：《翁山诗外自序》，《屈大均全集》第1册，卷首第2页。

三、屈、《骚》：现实层面上体现"丽"、"则"的人、文典范

在古代所有的诗人中，屈大均最为推崇的就是屈原。朱彝尊《明诗综》卷八十二《静志居诗话》云："翁山诗，原本三闾，王逸以下，多屏而不观。"① 屈大均还曾自言："予为三闾之子姓，学其人，又学其文，以大均为名者，思光大其能兼风雅之辞，与争光日月之志也。"②

屈原是那个时代志士仁人的精神象征。在那个天崩地解的时代，屈原在许多志士仁人的诗作中成了一个特定的符号，一个抗志不屈，九死不悔的意象。陈邦彦被俘前题诗于壁曰："平生报国怀深，望断西方好音。已共苌弘化碧，还同屈子俱沉。"③ 曾经参加秘密抗清活动的归庄也瓣香屈子。其《九日普济寺养疴》诗云："《离骚》读罢钟初歇，支枕长吟梦不成。"④ 阎尔梅奔走流离，喜读《离骚》，诗云："痛饮读骚门闭住，西园花下即深山。"⑤ 屈大均《樊义士墓志铭》云："崇祯十七年三月，京师陷。君（按：布衣樊洁）辍耕走华山西峰，日夕哭⋯⋯结庐于西峰以居。凡四年间，每遇霜黄木

---

① 转引自汪宗衍：《屈大均年谱》顺治十七年条，见《屈大均全集》第 8 册，第 1882 页。笔者仔细查阅所见《明诗综》和《静志居诗话》的几种版本，皆无此语。《静志居诗话》未收屈大均。这几种版本当属乾隆禁毁删后的版本。

② 屈大均：《自字泠君说》，《屈大均全集》第 3 册，第 127 页。

③ 《陈恭尹集》，第 759 页。

④ 归庄：《归玄恭遗著·诗钞》，《续修四库全书》集部第 1401 册，影印 1923 年上海中华书局铅印本，第 623 页。

⑤ 阎尔梅：《书梁吟梁斋中》之三，《白耷山人诗集》卷 8，《续修四库全书》第 1394 册，影印康熙刻本，第 460 页。

落,风雨晦冥之候,人未尝不闻其哭泣。朗月之夕,或歌《蓼莪》,或诵《离骚》、《山鬼》。其声悲酸凄楚,断续于幽林激濑之中,呜呜不止。"① 屈原这种人格、这种精神,在历史上曾感动过无数仁人志士。屈原这种九死不悔、忠君报国的精神,体现出来的也正是"则"、"正"的儒家道德理想。

屈大均在《自字泠君说》中说,学习屈原不但要"学其文",更要"学其人"。"文可以不如三闾","为人则不可以不如三闾"。屈大均这种主张,在明末清初那个时代是有特定意义的。"汝之二兄,昔者追从车驾,朝向昆明,暮趋腾越,艰难险阻,濒九死而弗移。人谓汝二兄'忠贞并笃',盖善学其祖灵均也者。夫吾家为三闾大宗子姓之秀,固宜以灵均为师,忠以致身,文以流藻,以求无负先大夫所以垂光来叶至意。"② 生当那个时代的志士应该像屈原那样重"修能"、养"内美",虽死不悔。王朝鼎革,志士不得已为遗民,但变而不失其正,不受新朝利禄引诱,保持自己的节操。《翁山诗外自序》云:"司马迁谓三闾之志可与日月争光,夫岂以其词之能兼《风》、《雅》乎哉?《诗》言志,《离骚》亦然。"③ 这是从屈原的人格方面来说的。

屈大均认为屈原的作品虽语言夸诞,却合乎经术;"惊采绝艳",却有典有则:"《离骚》合经术,规谏心无穷。子其玩微词,追琢为楚风。逸邪譬云蜺,君子喻虬龙。金相而玉质,惊采开童蒙。"④ "离骚多讽谏,比兴即春秋……后生师典则,

---

① 《屈大均全集》第3册,第368页。
② 屈大均:《哭从弟孚士文》,《屈大均全集》第3册,第217—218页。
③ 屈大均:《翁山诗外自序》,《屈大均全集》第1册,卷首第2页。
④ 屈大均:《送从弟无极归里》之三,《屈大均全集》第1册,第12页。

不向杜陵求。"①《离骚》合乎儒家经典,《诗》亡《骚》继,风雅愈深。《朱人远曾经屈沱作歌屈沱者三闾大夫所居楚人谓江之别流为沱云》之二云:"《诗》亡《骚》乃作,风雅变逾深。不是忠诚者,安知讽谏心。"②"湘累亦寓言,荒淫为《九歌》……称文虽渺小,其旨咸包罗。"③

屈大均对屈原"微言"、"巧说",寓意深远的表现方法,对他发愤抒情,放言天外的文风,对其作品奇特丰富的想象,窈冥恍惚的境界,以及对他宏丽瑰玮、"耀艳深华"的语言都十分推崇:"三闾多微言,游仙托荒诞。追琢风谏心,光彩争云汉。《离骚》能好色,《九章》多怨叹。洋洋变《风》、《雅》,发愤成波澜。"④ "三闾之《天问》,亦犹庄子之放言也。不必有其人,不必有其事,不必有其言,怨愤、无聊、不平,呵而问之,佯狂而道之,不可以情理而求之。《南华》、《离骚》二书,可合为一,《南华》天放,《离骚》人放,皆言之不得已者也。"⑤ 屈原作品的瑰丽璀璨、委曲尽情、寓托深渺的艺术特征,是屈大均所心慕手追的。屈原"酌奇而不失其真,玩华而不坠其实"⑥的创作原则也是他所强调的。屈原的作品耀艳绝丽,但瑰奇而不失"则",合乎儒学经义。"合乎则而后能变化,不失其正,斯则丽之至者哉。"⑦ 既求作品有变化,又不能流而不返。

屈大均认为屈原是遵循"则"的最高典范,是矗立在志

---

① 屈大均:《赠某大司马》之二,《屈大均全集》第1册,第271页。
② 《屈大均全集》第1册,第561页。
③ 屈大均:《赠友》之五,《屈大均全集》第1册,第11页。
④ 屈大均:《赠友》之四,《屈大均全集》第1册,第11页。
⑤ 屈大均:《读庄子》,《屈大均全集》第3册,第178页。
⑥ 刘勰:《文心雕龙·辨骚》,刘勰著,陆侃如、牟世金译注:《文心雕龙译注》,齐鲁书社1995年版,第134页。
⑦ 屈大均:《无题百咏序》,《屈大均全集》第3册,第71页。

士遗民心中的一座精神丰碑；屈原的作品是"丽"而又"则"的典范，它能为后来者提供丰富的艺术营养。屈大均是三闾之后，同时他也认为自己是屈原的精神后裔、诗学后裔。此乃其论诗宗骚之本。

屈大均论诗以儒为本，尚变，尚化，同时又"变"而不失其"正"，"丽"而不失其"则"。他认为作诗与为人一样皆应守其道，抱其本，才能纵横自得。就其本人一生的行迹来说，也是如此。他忽释忽道、忽墨忽儒，行迹不定，行头屡变，但万变不失其"则"，不离乎"吾儒"。作志士，不能复国，则作遗民；作遗民不得任其情志，则优游于官府宦海。要之，始终守其遗民之道，以布衣终老。临终之时还屡问长子，其体位正否。

四、屈大均诗学思想的贡献及其他

有人认为屈大均的文学思想过于保守。如前所述，郭预衡先生在《中国散文史》中就认为屈大均崇正学、辟异端，盛称儒者之文，而鄙薄文人之文的思想就是迂腐和保守的。不过，屈大均这样"保守"的文学主张是缘于其特殊的社会政治思想和严酷的社会环境的。

处于明清鼎革之际的仁人志士，摆在他们面前的一个严峻的事实，就是朱明王朝何以如此不堪一击，败给了文明程度远不及自己的异族。鼎革之后，士夫们纷纷归顺清朝，遗民的生存状况极其艰难。面对这样的事实，屈大均认为要想恢复华夏的治统，以免天下之亡，只有坚持道统，用纯正的儒家思想来维系华夏文化不被"蛮夷"征服。其《书逸民传后》云：

  以予观东汉矫慎，非逸民也。其学黄老，诡谲于圣人，至身没而有人复见之于燉煌，益怪诞不可以为训。而

> 范晔采之,与梁鸿同传,至比于孔子之所称者,谬甚矣哉。南昌王猷定有言,古帝王相传之天下至宋而亡。存宋者,逸民也。大均曰,嗟夫,逸民者,一布衣之人,曷能存宋?盖以其所持者道,道存则天下与存,而以黄老杂之,则亦方术之微耳,乌足以系天下之重轻哉……世之蚩蚩者,方以一二逸民伏处草茅,无关于天下之重轻,徒知其身之贫且贱,而不知其道之博厚高明,与天地同其体用,与日月同其周流,自存其道,乃所以存古帝王相传之天下于无穷也哉。嗟夫,今之世,吾不患夫天下之亡,而患夫逸民之道不存。吾党二三子者,身遭变乱,不幸而秉夷齐之节,亦既有年于兹矣。然吾忧其所学不固而失足于二氏,流为方术之微,则道统失,治统因之而亦失。①

他认为道统续,则治统续;道统亡,则治统亡,天下随亡。屈大均呼唤遗民承续道统,以免天下之亡。他认为以释老之轻不足以系天下之重,儒家文化乃华夏文化的精髓,若逐二氏而弃儒,则华夏文化遂亡,天下则真亡矣。屈大均在《归儒说》中把佛老之学置于儒学之下:"吾儒能兼二氏,而二氏不能兼吾儒,有二氏不可以无吾儒,而有吾儒则可以无二氏。"② 在社会政治思想领域中,屈大均坚执儒学,力持道统的主张,实际上也可以简化为充益着道统和儒学精义的"则"。

可以说,屈大均"保守"的文学思想与其"保守"的社会政治思想有着直接的关联。而且,这种"保守"的社会政治思想,又与那个时代特殊的社会政治环境有着直接的关联。这种特殊的社会政治环境影响了这一时期大批文人士夫的思维。不但屈大均的思想有"保守"倾向,其实这一时期许多学者文人的主张都有所谓的"保守"的倾向。顾炎武提倡

---

① 《屈大均全集》第 3 册,第 394 页。
② 《屈大均全集》第 3 册,第 123 页。

"文须有益于天下","文之不可绝于天地间者,曰明道也,纪政事也,察民隐也,乐道人之善也。若此者,有益于天下,有益于将来,多一篇,多一篇之益矣。若夫怪力乱神之事,无稽之言,剿袭之说,谀佞之文,若此者,有损于己,无益于人,多一篇,多一篇之损矣"。① "故凡文之不关于六经之指、当世之务者,一切不为。"② 屈大均力倡有典有则、以经为宗,盛称儒者之文与顾炎武讲求经世致用、强调文章的社会功能一样都是出于同样的时代原因和相近的心理背景。如果盲目谓之"保守"、"正统",则非知人论世之谈。

不少人认为屈大均的思想非常庞杂,其实,这是一个误解。当笔者对其思想深入研究之后却发现,"则"这一概念统摄了其思想的各个主要方面,且其全部思想几乎都是围绕着这一核心展开的。总之,"则"这一概念,贯通于屈大均论诗、论文、论天道、论人为的所有理论之中,处于其全部思想的最核心位置。屈大均以"则"为核心的思想贯通于文学、哲学、社会、政治等各个层面,成为笼盖一切的概念。

屈大均因着时代的需要,极大地扩充了"丽"与"则"这一对诗学概念所包含的内容,使之扩展到哲学、社会和政治等层面,而且,还成为其为文、为人的最高准则。如前所述,扬雄最早使"则"成为文学批评的一个重要概念,在其后近两千年的使用过程中,"丽"与"则"这一对诗学概念的内涵和外延都没有发生明显的变化。时至清初,屈大均才对"丽"与"则"这一对诗学概念的内涵和外延进行了极大的扩充。这可算作是屈大均对中国文学理论发展史的一个贡献。

---

① 顾炎武著,黄汝成集释:《日知录集释》卷19,上海古籍出版社1985年版,第1439页。
② 顾炎武:《与人书三》,《顾亭林诗文集》,中华书局1983年版,第91页。

第三节　陈恭尹诗歌雄郁苍凉的整体风貌

一、前人的评述

陈恭尹的诗歌特点前人已有不少评述。前人的评论大体上可以归纳为四种不同的看法。四种观点各有侧重,分别概括了陈恭尹不同作品的特色。

第一种观点认为陈恭尹之诗"冲和涵澹"。

这一看法出自梁佩兰和陈恭尹本人。康熙二十年辛酉(1681)梁佩兰刻《六莹堂集》(初集),陈恭尹序之。陈恭尹在序中对屈大均、梁佩兰和他本人的作品作了首次品定:"翁山之味醇而冽,药亭之味洁而旨,予之味澹而永。"① 陈恭尹对自己此前诗文的评价并不一定准确,如果他的这一评价用于其后的作品,和之后他自己诗风的追求,倒有几分接近。康熙十七年戊午(1678)遭缧绁之后,陈恭尹主动调整了自己涉世的方式,这一调整也影响到他情感的表达和其诗歌的风格。这一特征在其《唱和集》中表现比较突出。

陈恭尹去世前一年,即康熙三十八年(1699),梁佩兰为陈恭尹次子陈励诗集《东轩诗略》作序。梁在序中说:

> 独漉诗罗笼万态,而细入毫芒。每一涉笔,山岳不移,招摇四照。然以冲和涵澹写其磊落不平之气,时或有之。②

"时或有之",意即其部分作品,而非全部作品具有这一特点。彭士望《独漉堂集序》评曰:

---

① 陈恭尹:《六莹堂集序》,《六莹堂集》,第7页。
② 梁佩兰:《东轩诗略序》,《六莹堂集》,第420页。

> 元孝《感怀》十六首，即性情为风雅典则，平淡中出之……《自励诗》脱屣诟辞，痛定针砭，爰感懦夫，此敛华落实之候。①

费锡璜也有与之相近的说法：

> 元孝幽澹冲素自为一体，在屈、梁二家中其犹孟襄阳乎？李、杜以排山倒海之力而每心折襄阳者，高情远致自不可即也。②

除此之外，张维屏也有相近的看法。他认为陈恭尹七律多杰作，并举《邺中》怀古一诗为例评曰：

> 通篇议论出以含蓄，镕铸归于自然，七律到此地步，所谓代无数人，人无数篇者也。③

陈所谓"澹而永"，彭所谓"典则平淡"、"敛华落实"，张所谓"含蓄"、"自然"与梁所谓"冲和涵澹"意思相距不远。这一特点用来指称其后期部分作品比较恰当。其后期作品很少有他早年的郁勃奋张之气。此时其情感之流已趋于平缓，不再是原先的那种幽咽涌动了。中有大痛，却出以平淡，这是痛定之后的沉着和成熟。

第二种观点认为陈恭尹之诗"清迥绝俗"，"得唐人三昧"。

这是王士禛的看法。《渔洋诗话》卷上云：

> 南海耆旧，屈大均翁山、梁佩兰药亭、陈恭尹元孝齐名，号"三君"。元孝尤清迥绝俗。其诗如"离忧在湘水，古色满衡阳"、"帆随南岳转，雁背碧湘飞"、"映花

---

① 《陈恭尹集》，卷首第2页。
② 沈用济、费锡璜：《道援堂集附记》第4则，见屈大均著，沈用济选：《道援堂集》卷首，康熙四十五年（1706）刻本。
③ 张维屏：《国朝诗人征略》卷5，见《广州大典》第93册，影印清道光咸丰年间刻本，第626页。

溪路闭,漱水石根虚"、"桄榔过雨垂空地,瑃瑁乘潮上古城"、"家山小别吟兼梦,水驿多情浪与风"之类,皆得唐人三昧。①

另外,王士禛《居易录》所摘录的陈恭尹诗也属此类。这显然是王士禛从自己的神韵诗学出发,仅就陈恭尹的部分作品作出的评价。这不但以偏概全,而且还有屈人适己之嫌。王士禛主衡当时诗坛,而且这又是对陈恭尹作品作出的较早的评价,因此这一观点虽然片面,但还是有一定影响。《广东通志·陈元孝先生传》就引述了王士禛的这一观点。

第三种观点认为陈恭尹之诗"清苍高浑,警策意深"。

汪端评陈恭尹之诗云:"五律气格高古。七律奇警苍凉。"②陆蓥《问花楼诗话》卷三云:"国朝谈诗者,风格遒上推岭南,采藻新丽推江左。言岭南者,翁山豪宕,药亭深稳,而清苍高浑,吐弃一切,则推元孝。"③应该说这一观点抓住了陈恭尹诗歌的某些特征,也基本符合陈恭尹诗歌的主要特征。

严迪昌先生认为:"恭尹诗以七言律最擅长,又独佳于咏史怀古。俯仰今昔,借题抒情;清苍高浑,警策意深。"④实际上不但陈恭尹早期的咏史怀古诗有这一特点,后期很多诗作也有清苍高浑的特色。

第四种观点认为陈恭尹之诗"郁勃沉雄"。

这一观点出于今人,是以研究岭南文化而著称的几位著名

---

① 王士禛:《渔洋诗话》,见丁福保辑:《清诗话》,上海古籍出版社 2015 年版,第 179 页。
② 《明三十家诗选初集》卷 12,同治蕴兰吟馆刊本,转引自郭培忠:《陈恭尹集前言》,《陈恭尹集》,前言第 7 页。
③ 陆蓥:《问花楼诗话》卷 3,见郭绍虞编选:《清诗话续编》,上海古籍出版社 2016 年版,第 2190 页。
④ 严迪昌:《清诗史》,浙江古籍出版社 2002 年版,第 341 页。

学者的观点。持这一观点的主要是陈永正、郭培忠、刘斯奋等先生。陈永正和郭培忠先生都认为"恭尹诗沉雄郁勃,诗格与杜甫为近……不拘泥于宗唐宗宋的偏见,而兼采众长,直抒胸臆"。① 刘斯奋等认为陈恭尹的七律诗"既豪迈雄奇,而又蕴藉含蓄,郁勃沉雄但不晦涩生硬,做到举重若轻,舒卷自如"。②

总之,以上这四种观点各有识见,应该说都对陈恭尹作品的特色进行了很好的概括。

二、陈恭尹早期的诗风

前述四种观点虽各有识见,但都难以涵盖陈恭尹的大多数作品。笔者认为"雄郁苍凉"四字最能显示陈恭尹作品的主导风格。相对而言前期作品于雄郁苍凉之中,时显气肆愤张;后期则于雄郁苍凉之外,时显清迥澹永。此处所谓前后期的风格是就大多数作品且粗略言之,不可拘泥。

陈恭尹前期作品有直抒胸臆者,有慷慨豪迈者,有抑郁沉痛者,有凄凉哀伤者。要之发抒性情,直言愤懑者少;舒泄伤痛,哀沉不振者少。终以雄举振起哀伤,沉着约其肆狂。

陈恭尹早年一些作品直抒胸臆,慷慨豪迈,有明显的英雄主义倾向,显示出气肆愤张的特点。如:

> 射虎射石头,始知箭锋利。居世逢乱离,始辨英雄士。我生良不辰,京洛风尘起。生死白刃间,壮心未云已。猛士不带剑,威武岂得申。丈夫不报国,终为愚贱

---

① 陈永正主编:《岭南文学史》,广东高等教育出版社1993年版,第230页。

② 刘斯奋、周锡䪖选注:《岭南三家诗选》,《前言》,广东人民出版社1980年版,前言第15页。

人。中夜召仆夫,将适赵与秦。方建金石名,安念血肉身。抗手谢侪侣,明日西问津。(《拟古(三首)》之三)①

陈恭尹前期昂扬奋发,有英雄救溺之心:

> 试与极言当世计,达变通经还审势。如此人居草泽间,苍生岂得无凋弊。与君交好二年来,天轰地裂奔风雷。相逢一度一鼓掌,笑杀时无英杰才。坐使神州沦劫灰,念之不觉心魂哀。守持廉节止自了,天生我辈何为哉。宁为夷吾小器匡天下,莫作西山高蹈终蒿莱。(《赠任五陵》)②

诗中的陈恭尹目空时辈,大丈夫生当"天轰地裂",莫肥遁西山,坐使神州沉沦。

陈恭尹在《中游集小序》中云:"予之初游也,志不期归。念二人之窀穸未卜,五世之宗祐无托,乃黾勉毕婚,虽家寄增江而心未尝不在万里外也。"③ 此时陈恭尹不顾生死,慷慨远游,其复国之志,流泄笔端,时以游侠自许:

> 左刀如白虎,右剑象苍龙。直走长城北,风云满路中。(《游侠词(三首)》之一)

> 相见一杯酒,天涯即弟兄。出门赠百万,上马不通名。(之二)

> 十年居委巷,上有白头亲。此别逢知己,微躯亦借人。(之三)④

此时的陈恭尹与屈大均在心态上非常接近,屈大均自比荆轲,陈恭尹亦有驰骋万里,誓死复仇之心。

> 龙虎片云终王汉,诗书馀火竟烧秦……最是五陵游侠

---

① 《陈恭尹集》,第29页。
② 《陈恭尹集》,第142页。
③ 《陈恭尹集》,第31页。
④ 《陈恭尹集》,第136页。

客,年年磨剑候风尘。(《怀古·咸阳》)①

  君不见五陵年少插两弓,左射右射皆能工。金丸如星羽如月,骄马蹴踏鸣秋风。林中走兽猎已尽,仰面四顾苍天空。(《行路难(九首)》之四)②

陈恭尹这些作品中的游侠形象,较能体现他此时的心态。另外他的某些作品如"前椎晋鄙,后椎秦始"还带有一些杀伐之气。

  客有燕赵人,临流发清弹。一鼓霜霰零,再鼓凝冰散。萧萧徵羽声,举坐皆窃叹。归来酒力薄,安寐不至旦。雄剑鸣鞘中,夜起视星汉。(《杂诗》)③

这首诗收录在《唱和集》中,可知此诗是与他人的唱和之作,根据诗意当时也许有荆轲刺秦之谋。

国势日窘,年岁渐长,直抒胸臆的作品益少,其心中汹涌奔腾的感情受到理性的节制,变成了一条涌动于冰下的暗流,表面上看似平静,而内里却潜抑着巨大的力量,从而使其作品呈现出雄郁苍凉的特色。

陈恭尹遭遇坎坷,十二岁丧母,十七岁又举家被难。但他并没有畏缩逃避,而是从此立志报国,抗清复仇。人在少年,遭此不幸,难免哀叹自己的身世:

  不辰吾最甚,十二丧慈闱。对食啼葱叶,当秋泣线衣。(《修先墓作(六首)》之三)④

  蹇予生不辰,水深聊自漉。不无危苦词,敢并骚些读。岂知堕泪猿,更作求声谷。(《次答刘沛然兼送之端

---

① 《陈恭尹集》,第70页。
② 《陈恭尹集》,第162页。
③ 《陈恭尹集》,第341页。
④ 《陈恭尹集》,第230页。

州》)①

《独漉堂集》中虽有一些抒发自己身世之悲的作品,但他并没有沉湎于这种情绪,而是能从这种情绪中超脱出来,化哀伤为郁勃沉雄:

> 百年饮恨孤儿在,三月伤心万国同。老泪只应镌楚竹,招魂空自赋江枫。金陵佳气松楸里,铜柱高标指顾中。(《壬申清明即事次杜韵同王础尘(二首)》之二)②

此诗既哀叹自己的身世,更悲悼故国,气足势弘,其中积郁着一股雄浑悲凉之气。

陈恭尹大量的吊古咏史诗写于前期。这些作品识见超卓,气势宏大,境界开阔,雄郁苍凉,历来受人推崇。如:

> 山中麋鹿若为群,岭外双鱼杳不闻。贫甚独存冯客剑,雪深持上岳王坟。西湖歌舞春无价,南宋楼台暮有云。休恨议和奸相国,大江犹得百年分。(《西湖》)③

明末清初人们习惯于将明比宋。秦桧虽然可恨,南宋却能与金朝分治百年,而南明廷臣连一个像秦桧一样的能臣都没有。陈恭尹有感于明末之事,一反成见,可谓"警策意深",对南明君臣的嘲讽很见力度。就其气势、情感和意境而言,可谓之雄郁苍凉。

> 虎迹苍茫霸业沉,古时山色尚阴阴。半楼月影千家笛,万里天涯一夜砧。南国干戈征士泪,西风刀剪美人心。市中亦有吹篪客,乞食吴门秋又深。(《虎丘题壁》)④

旧迹苍茫,霸业淹沉,英雄途穷,美人泪尽。不用"雄郁苍

---

① 《陈恭尹集》,第 325 页。
② 《陈恭尹集》,第 212 页。
③ 《陈恭尹集》,第 11 页。
④ 《陈恭尹集》,第 13 页。

凉"四字，似乎无以言说其意境之美、情感气势之浓烈雄浑。
再如：

  山木萧萧风又吹，两厓波浪至今悲。一声望帝啼荒殿，十载愁人拜古祠。海水有门分上下，江山无地限华夷。停舟我亦艰难日，畏向苍苔读旧碑。(《厓门谒三忠祠》)①

  子规啼罢客天涯，蜀道如天古所嗟。诸葛威灵存八阵，汉朝终始在三巴。通牛峡路连云栈，如马瞿塘走浪花。拟酹昔贤鱼水地，海棠开遍酒人家。(《怀古十首·蜀中》)②

陈恭尹的咏史抒怀诗很多，几乎每一首都值得称道，在康乾时期最受各选家、评家之青睐。各家选本在评论陈恭尹的这些诗作时，大多都注意到了他识见之高超。就其风格特征来看，这些诗与其他诗作一样也显示出其雄郁苍凉的特色。

陈恭尹诗歌意境的苍凉之美早已有人指出。朱祖谋云："碧瀣苍梧几废兴，苍凉怀古屈梁能。输他独漉堂中叟，老向中原拔帜登。"这首诗意思非常清楚，尽管岭南三家皆长于"苍凉怀古"，但屈、梁二人都无法与陈恭尹相匹敌。事实也是如此，就诗歌意境的苍凉而言，陈恭尹高出二家很多。其他人也有类似的说法，杭世骏《题独漉先生遗像》诗云："凄凉怀古意，岂是屈梁能？"③ 陆蓥云："清苍高浑，吐弃一切，则推元孝。"④ 就这些诗的意境而言，以"苍凉"称之最佳；就其诗中情感和气势而言，则当用"雄郁"形容。合之则为

---

① 《陈恭尹集》，第28页。
② 《陈恭尹集》，第71页。
③ 张维屏：《国朝诗人征略》卷24，见《广州大典》第93册，影印清道光咸丰年间刻本，第771页。
④ 陆蓥：《问花楼诗话》卷3，见郭绍虞编选：《清诗话续编》，上海古籍出版社2016年版，第2190页。

"雄郁苍凉"。

陈恭尹其他类型的诗也同样显示出雄郁苍凉的特色：

> 郁孤台上望，了了见西江。山色奇无尽，滩声怒未降。帆樯通九域，形胜控南邦。雄略凭君在，宁为鼎可扛。(《次答础尘留别诗（四首）》之四)①

陈恭尹登高望远，山势水声似乎都是在图解自己胸中之事。《清明日同霍禹洲家大斌舟入高峡泊阅江楼下即事作》云：

> 东风乘兴好西行，三月牂牁水尚清。峡上篙痕穿石细，楼前山色极天横。花当令节千枝放，酒酹长江百感生。五十年前龙见处，白头重说与诸卿。②

岭南三月，江水汤汤，作者临江感怀。五十年前他曾在此陛见永历皇帝，当年的情景还都历历在目，然而这一切如今都远去了。

> 广武城头发浩叹，千秋阮籍称狂生。君不见高皇用武平方国，百粤怀柔独文德。斯楼结构自初年，其废其兴岂人力……倚天长剑又何人，侧身四望乾坤窄。(《己巳九日镇海楼作》)③

镇海楼，明开国时所建。作者睹物思明，难免兴发英雄途穷之叹。

> 衡山西下洞庭东，泪竹斑斑万古同。曾记狂歌荆国日，早将身拜舜皇宫。采芝且免忧高盖，结柳何堪送五穷。知子共为姁水后，此心相喻不言中。(《次答宗人育璞》)④

陈恭尹的这些诗雄郁苍凉的特色是显见的。他的这些诗是那个

---

① 《陈恭尹集》，第410页。
② 《陈恭尹集》，第296页。
③ 《陈恭尹集》，第199页。按：《陈恭尹集》作"阮藉"，当为"阮籍"之误。
④ 《陈恭尹集》，第288页。

时代特殊的历史作用于特殊的人物后,自碧血中滋生出的悲剧之花。

其遗民友人彭士望在《独漉堂集序》中云:

> 元孝有大气鼓橐其中,郁不得逞,远览放游,束缚归里,非其所好,磨砻圭角,低头就之,随物肖形,以其类应,浑浑莫窥其际,间有刑天舞戚、衔木填海之思,跃冶迸出,随即遮扫,灭去爪迹,始以我法用古人,久之并不见法,惟有真意盘旋楮上。予故谓元孝,今之杜甫也。①

陈恭尹"大气鼓橐","郁不得逞",发而为诗,其中气势和情感也必然雄郁高浑。彭士望以杜甫拟之,庶几为是。然而就杜甫而言,他心中多少还有大唐复兴的希望,而陈恭尹的大明则随东流之水永远地逝去了。因此他的诗在雄郁之外又多了一层苍凉。

总之,雄郁苍凉最能显示陈恭尹作品的主导风格,其前期作品于雄郁苍凉之中,时显气肆愤张。

三、陈恭尹后期的诗风

十七岁时国破家毁,决定了陈恭尹之后的生命旅程。其诗歌雄郁苍凉特色的形成也基于这一遭际和其后的人生选择。这一特征贯穿于他一生的诗歌创作。早年他立志复仇,使其诗作于雄郁苍凉之中,时显气肆愤张;后来由于复国无望,经康熙十七年(1678)的牢狱之灾后,因惧文字得祸,他诗作中的愤肆之气逐渐减少。尽管如此,其诗仍不失雄郁苍凉的特征。只是于雄郁苍凉之外,时显清迥澹永。如:

> 各抱先臣痛,龙髯不可攀。杞人天果陨,桑者日无

---

① 《陈恭尹集》,卷首第2页。

闲。旧血传心碧，新霜点鬓斑。即今无隐逸，何处买青山。(《次答温杜公（四首）》之三)①

此诗虽然不像前期诗作那样忿忿不平，但其中所郁结的家国之痛，并不比前期诗作减少太多。其特色依然是以雄郁苍凉为主。

> 我生不辰稀所慰，唯以同心作同气。同心海内几人存，白首尘中觉无谓……三山五岭本同风，千里帆樯指顾中。朱明之末赵宋似，车辙幸不厓门同。田横岛上多义士，无成无败皆英雄……且将欢笑乐今日，莫使临岐感叹生。(《高固斋以长歌赠别赋答》)②

这首诗感叹自己身遭不造，及海内坚守素志者稀少，但是看不出任何伤感和衰飒。当作者从更大的历史时空背景中来看待自己的遭遇时，也就超越了个人的不幸。全诗亦呈现出雄郁苍凉的特色。此类作品再如：

> 神驱海岳星辰落，穴走蛟龙洞府开。今昔登临人屡换，与君终日暂徘徊。(《同禹洲大斌游七星岩作》)③

> 斯世萧条不忍看，壮心磨尽况衰残。每从行迈歌离黍，曾受深恩愧伐檀。嬴氏首功终短祚，汉家王业不偏安。(《春感十二首次王础尘》之十二)④

雄郁苍凉这一特色的形成大概需要这些要素：英雄之气、兴亡之感和诗人积郁着的大悲大痛等。陈恭尹的这类诗中，这几种要素可以说都是具备的。

这类作品在《独漉堂集》中很多，例子不用再举。不过陈恭尹后期作品也偶尔出现言辞愤激之作。如：

---

① 《陈恭尹集》，第 476 页。
② 《陈恭尹集》，第 330 页。
③ 《陈恭尹集》，第 296 页。
④ 《陈恭尹集》，第 391 页。

> 天之为文星与月,人之为文笔与舌。自从星月一晦冥,文章正脉几于绝。挑灯昨夜读君书,字字行间皆有血。君父之辱义正同,有口莫向他人说。精卫填海海未干,愚公移山山可裂。山崩海竭必有时,此心不与天壤灭。蘸笔须到星宿源,磨锋必用昆吾铁。但能闭户造坚车,今古修途同一辙。(《答潘子登》)①

此诗沉雄郁勃,盘郁着一股不可释解的仇恨。这首诗是写给与自己有类似经历的朋友的,读朋友书信,忆自己身世,难免言辞愤激。尽管如此,前期诗歌的飞扬之势已经很难看到了。

陈恭尹后期的作品风格与前期一样都以雄郁苍凉为主,与前期不同的是,此时他也创作出很多清迥澹永之作。如《越台新柳诗十首和王础尘》:

> 好鸟飞来韵不孤,从来寄托属吾徒。贞操只许陶彭泽,直道无妨鲁大夫。(之九)
>
> 濯濯清姿不易形,岭南霜树未凋零。东皇行处无人见,凭仗高枝着意青。(之十)②

尽管朱明王朝覆灭了,但陈恭尹等遗民仍抗志不屈,如陶渊明持节弥高,如岭南经霜之柳永不凋谢,一股正气仍回荡于天地之间。

> 同声赖有如兰侣,把臂犹存旧竹林。闭户寂寥谈往事,白头凄断百年心。(《元夕寓梁叅符山馆雨中同吴又札梁巨川谈乱离往事有作》)③
>
> 长贫可有青山买,善病如将白发谋。多谢高飞云外鹄,忘机吾已狎沙鸥。(《答叶桐初》)④

---

① 《陈恭尹集》,第 510 页。
② 《陈恭尹集》,第 389 页。
③ 《陈恭尹集》,第 470 页。
④ 《陈恭尹集》,第 348 页。

这些遗民互通声气，相互鼓励，宁可与樵夫渔翁为伴，老死山野海滨，穷途贫贱，却澹泊超然。这些诗确有如王士禛所云之"清迥绝俗"的特点。

陈恭尹后期写了不少题画诗，这些诗大多表现了他终老山野的志向：

燕台风月不曾孤，爱写吴山入画图。威凤偶然来阿阁，白鸥原只恋江湖。（《题枫江渔父图为徐虹亭（二首）》之二）①

青松白石不沾尘，野服科头意自真。一坐空山非易得，十年南北倦游人。(《题甘衷素小影》)②

一卷慵开独坐吟，不冠不袜坐松阴。天涯何患无知者，流水高山共此心。(《题静像（善琴）》)③

这些诗显现出作者那种高远超迈的精神境界，其清迥澹永的特征比较明显。用梁佩兰的话说则为"以冲和涵澹写其磊落不平之气"④。

随着时代的变迁，流逝的时光慢慢地销蚀了陈恭尹心中的仇恨。其诗歌之中所积郁的家国之痛也相对于前期有所减弱。"冲和涵澹"亦非不是其真实的心境。

总之，就大多数作品而言，陈恭尹既不是襟怀直抒，感情一泄无馀；也不是悱恻哀伤，沉溺不振。他发抒性情，而不狂肆；感叹兴亡，清苍高浑；状写哀痛，沉挚力雄。从整体上看，其作品则呈现出"雄郁苍凉"的风貌。

---

① 《陈恭尹集》，第 337 页。
② 《陈恭尹集》，第 201 页。
③ 《陈恭尹集》，第 287 页。
④ 梁佩兰：《东轩诗略序》，《六莹堂集》，第 420 页。

第四节　陈恭尹的性情论诗学观

"岭南三大家"之一的陈恭尹以诗歌创作实绩,而不以诗文理论立名于当代。他的诗学思想在当时和日后极少有人关注,他对于文学创新的理论突破也不曾为人注意。他论诗力主性情,其所谓的"性情"主要指的是"情",且偏于指悲哀、郁愤、离乱之情。他对神韵诗学的批评,对秦汉、唐宋之争和新、旧辨证关系的论述都有值得重视的地方。

一、创新:不在新字句,而在新性情

文学的因革和新旧自古以来就为人们所关注。综观文学批评史,比较多的论述都立足于文学与时代的关系:认为时代升降,文学亦因之而变。与此不同,陈恭尹认为诗人自写其性情,有别样的性情,即有别样的文章,文章高下不与时代升降相关。

陈恭尹论诗力主性情,他对新与旧关系的论述也立足于其性情论。他在《答梁药亭论诗书》中说:

> 养心养气,久乃可臻其妙,未易以笔墨蹊径求也。弟窃以为当求新于性情,不必求新于字句,求妙于立言,不必专期于解脱。盖新旧无定名,解脱无定位,若谓今不经用者为新,人不共为者为解脱,又乌知新者异日之不为旧,而解脱者之非缠缚也?李赞皇有言:"文章如日月,终古常见而光景常新,此所以为灵物。"吾常佩服其言,而未能学。夫日月以其精华为日新,而忘其形体之旧,文章以其性情为不朽,而忘其言语之寻常。假使日舍其圆而

方,月变其弦而角,新则新矣,尚未必不为怪物也。①
这段论述非常透辟和辨证。"养心养气……求新于性情,不必求新于字句",可谓发前人所未发。

综合陈恭尹全部的诗学思想和这段文字的大意,"养心养气……求新于性情,不必求新于字句",所强调的应该是创作主体要有独特的性情,也即个性。而且独特的性情并不是先天赋予的,需要长期"养心养气"的培养过程。有独特的"新"的性情,则文章自新。要想"新"文章,则必需"新"性情。陈恭尹在这里谈到了作家个性培养和个性对创新的影响的问题。这在中国古代文学批评史上应该还是第一次,对文学创新的理论不无启发。

刘勰在《文心雕龙》中详细论述了文学的因革问题。其中涉及性情与通变关系的论述却很少:"凭情以会通,负气以适变。"此句意谓:"凭借自己的情感来继承前人,依据自己的气质来适应革新。"② 显然这样的论述还比较简略。明代袁宏道也论及古今新旧问题,但他也只是以为:"世道既变,文亦因之,今之不必摹古者也,亦势也……人事物态,有时而更,乡语方言,有时而易,事今日之事,则亦文今日之文而已矣。"③ 袁宏道从"势"、从时代的变迁来理解古今新旧问题。袁宏道的朋友江进之曾把新旧与性情联系在一起。他在给袁宏道《敝箧集》所写的序言中说: "要以出自性灵者为真诗尔……流自性灵者,不期新而新;出自模拟者,力求脱旧而转得旧。由斯以观,诗期于自性灵出尔,又何必唐,何必初与盛

---

① 《陈恭尹集》,第636页。

② 刘勰著,陆侃如、牟世金译注:《文心雕龙译注》,齐鲁书社出版社1995年版,第390页。

③ 袁宏道:《江进之》,见袁宏道著,钱伯城笺校:《袁宏道集笺校》,上海古籍出版社1981年版,第515—516页。

之为沾沾哉。"① 这段话批评的对象是七子派的摹拟之风。流自性灵,则文章自新,这样的论述尚显粗疏。这里所谈的创新重点在情感和内在意蕴上。若出于庸俗灵魂的老生常谈,文章就很难保证在这方面有多少创新之处。江进之只是强调写出性灵,不管其性情是否有别于他人,是否具有独特性。他没有谈到性情的独特性,也即作家的个性。明代公安派对创作主体性灵的论述大抵如此。相比之下,陈恭尹的论述显然更符合实际,更深入了一层。

性情论也是明末清初的一个热门话题。当时讨论这一问题的人有享誉天下的诗界巨擘,也有名不甚显的诗家论家。比较著名的如以钱谦益为首的虞山派和以陈子龙为代表的云间派、西泠派,就性情与格调孰本孰末、孰主孰次互有论争。王夫之说:"诗以道性情,道性之情也。性中尽有天德、王道、事功、节义、礼乐、文章。"② 黄宗羲认为性情"有一时之性情,有万古之性情"③,对性情进行了合乎儒家政教精神的规范。吴乔诗学思想作为虞山派冯班诗学的继续,与钱谦益诗学思想有一定的继承性,强调"诗中须有人"、"意为主将"④。朱彝尊论诗首标"言志",由言志而肯定缘情,以情之深浅与真伪评判诗之高下。王士禛也不反对"吟咏情性",但他把性情纳入了他神韵诗学的逻辑之中。其他如周亮工、归庄、叶燮、陈祚明、贺贻孙、施闰章、宋琬等也都有一些零星的论述。总之,在这一时期这些著名的诗人和诗论家中,除了陈恭尹之

---

① 江进之:《敝箧集叙》,袁宏道著,钱伯城笺校:《袁宏道集笺校》,上海古籍出版社1981年版,第1685页。
② 王夫之著,周柳燕校点:《明诗评选》卷5,上海古籍出版社2011年版,第219页。
③ 黄宗羲:《马雪航诗序》,黄宗羲著,沈善洪主编:《黄宗羲全集》第10册,浙江古籍出版社2005年版,第95—96页。
④ 吴乔:《围炉诗话》卷1、卷2,广文书局1969年版。

外，笔者没有发现其他人就性情本身的形成进行过有价值的论述，也从未把性情看作"新"的对象。在他们看来性情只是影响的施加者。

在陈恭尹看来性情不但是影响的施加者，同时也是一个接受"改造"的对象，是"新"的对象。诗文创新的根本在于"新"自己的性情，培养自己的个性，使自己的性情具有独特性。陈恭尹的这些思想显然有对孟子的"养气"说、公安派的性灵说，以及其他相关的诗学思想的发展和综合。同时，陈恭尹也在此基础上做出了超越前人的重要发展。其"养心养气……求新于性情"，"文章以其性情为不朽"等，指出了文学创新和文章不朽的根本。无论抒情性的文字还是叙事性的文字，都以状写人的性情或性格为重要目标。成功地写出"新"的具有独特性的性情或性格，则自然感人，传之不朽。这应当说是陈恭尹在性情论和创新问题上的重要突破。

二、宗唐、宗宋、必秦、必汉，"皆非也"

自明中期至清初祖秦汉、宗唐宋的问题，在诗文界一直争论不休。陈恭尹尽管僻处岭南，也无法完全回避这一问题。

陈恭尹从其性情论出发，认为文章只要能写出人"新"的性情以及天地万物之情状，使人感动，也就达到了目的。文章的好坏与时代先后、社会治乱没有关系。后世之人不必管它是秦、是汉，似唐，还是似宋。其《岭南五朝诗选序》说："诗所以自写其性情，而无与于得丧荣瘁之数者也，故不以时代而升降。"① 《次韵答徐紫凝》之四又云："文章大道以为

---

① 《陈恭尹集》，第 750 页。

公,今昔何能强使同。只写性情流纸上,莫将唐宋滞胸中。"①这是他关于秦汉唐宋之争的基本观点。他在《屈翁山文抄序》中又详细地分析了这一思想:

> 近世之为秦汉者曰:"唐以后书,吾不读也。"为唐宋大家者,则曰:"彼模拟剽窃者,伪也。"二者交讥,予以为皆非也。夫文之为用,所以写天地万物之情,而传于人,述古今万事之变,而垂于后。其写物也,须眉毕见,生气跃然;其述事也,治乱有源,脉络井井。使读者如身入其中,喜者欲舞,怒者欲奋,哀者欲泣,乐者欲歌,足以示劝惩而起顽懦。苟能如是,不必问其为秦、为汉、为唐、为宋,皆天下之劲兵也。而孰敢与之争?若夫理义多而不实,是唱筹之沙也;文采备而不精,是儿戏之军也;句读具而不炼,是市人之驱也;段落散而不整,是首尾不应之蛇也。即其人而真秦汉,真宋唐,亦必败之兵矣,而可以战乎?②

自明中叶到清初一直纷纷攘攘的秦汉、唐宋之争,陈恭尹一言以蔽之曰:"皆非也。"他指出这种争论的无谓,可以说振聋发聩。诗文"写天地万物之情",自然也包括人的性情。文章只要能够做到"须眉毕见,生气跃然","脉络井井","喜者欲舞,怒者欲奋,哀者欲泣,乐者欲歌",即"不必问其为秦、为汉、为唐、为宋"了。陈恭尹的这些论述可谓简洁明快。

陈恭尹在这里实际上是想通过强调诗写性情,而力图超越秦汉、唐宋之争。清初确实有一些人力图超越秦汉、唐宋之争,但最终真正实现这种超越的人却很少。王士禛以神韵说超越了唐宋之争,陈恭尹从性情论出发同样也实现了这种超越。

---

① 《陈恭尹集》,第525页。
② 《陈恭尹集》,第587页。

三、以遗民诗学的立场对辇下诗学的批评

明末清初,诗坛上一片哀怨悲痛之音。钱谦益说:"兵兴以来,海内之诗弥盛,要皆角声多,宫声寡;阴律多,阳律寡;噍杀恚怒之音多,顺成啴缓之音寡。"① 此时虽然无人能真正主导诗坛走向,但综观当时的诗歌创作和诗歌理论,却可以清楚地看出当时诗歌创作上的两个重要趋势:抒写性情和以诗存史。这是当时诗歌创作自然形成的整体倾向。志士、遗民是清初诗歌创作的主流。他们所说的"性情",主要是悲愤激荡的民族情感。这一观念甚至影响到入仕新朝和准备入仕的人。

康熙初年文化领域内各个方面都在进入历史性的转换期,顺治时期一度群星丽天的诗界此时已趋沉寂,诗坛正需要新的宗主出现。其后,清朝统治慢慢稳固下来,诗坛上的那种噍杀愤躁之气,悲慨怨痛之音,已经显得比较刺耳,甚至摹写底层文人凄声寒魄的凄清幽眇、僻峭冷涩的变风变雅之作也已不合时宜。同时随着时光的流逝,遗民也麻木了亡国的剧痛。这种剧痛化为如丝如缕的感伤。王士禛倡导的神韵说正好迎合了当时人们的这一心态。

王士禛能在钱谦益之后成为诗坛领袖,其神韵说独领风骚,除了其个人因素、时代运会之外,也与当时文化政策的导向有着重要的关系。康熙皇帝曾多次对他进行提携:

> 康熙帝谕内阁:"王士禛诗文兼优,着以翰林官用",遂以侍读直南书房,开始时来运转。康熙十八年(1679)三月,"鸿博"试于体仁阁,天下才彦云集京师,然而诗

---

① 钱谦益:《施愚山诗集序》,见《钱牧斋全集·有学集》卷17,第760页。

> 文词坛恰值群龙无首，权威空缺。王士禛被任命为国子监祭酒，而且在此前一再得御赐"存诚"、"清慎勤格物"以及御笔《枫桥》诗幅等，恩宠有加，位渐隆尊，实在是极好的机遇，他有了足够的资格来填补空缺。①

康熙皇帝有意栽培，一定程度上是因为神韵说正好迎合了当时的文化政策。正是在这一意义上，神韵说在当时实际上成了辇下诗学的代表。当时许多诗人都深受神韵派的影响。

不过，王士禛的这一诗学思想在当时并没有得到所有著名诗人的认同。陈恭尹就曾对神韵"宗主"王士禛表示过"不满"。陈恭尹根植于其遗民立场的性情诗学与王士禛的神韵诗学多有抵触是在所难免的。陈恭尹的"不满"是赵执信透露出来的："阮翁昔奉使过岭，著《皇华纪闻》，极称元孝，而元孝顾大有不满之言。虽文人自古相轻，然阮翁之受侮可谓不少也欤！"②赵执信所谓的"大有不满之言"，其具体内容，赵氏未明确说出，我们则不得而知。

其实，在陈恭尹向赵执信透露他的看法之前，陈恭尹曾就神韵诗学与梁佩兰进行过仔细的辩论。严迪昌先生认为："梁氏在赴京会试以至入翰林院期间，先后与王士禛、朱彝尊等交游，诗学观念受影响很大……从梁佩兰的审美观中已明显见出'神韵说'倾向，也就是说，该时梁氏在诗学观上程度不等地成了辇下诗风的附庸，与在野人氏异其趣了。"③梁佩兰在与陈恭尹的信中表明了他此时对诗歌的基本看法："性情欲流，规格欲别，词语欲化。""于灯取影，水取空，风无声，云无

---

① 严迪昌：《清诗史》，浙江古籍出版社2002年版，第449—450页。
② 赵执信：《怀旧集·第十首小传》，《饴山诗集》卷16，《饴山堂集》，台北：中华书局2016年版，第5页b面。
③ 严迪昌：《清诗史》，浙江古籍出版社2002年版，第345页。

色,烟无气。"① 他认为"无色之色,无味之味,无声之声,此之谓化"。② 梁佩兰"取影"、"取空"、"无声"、"无色"、"无气"的诗法以及对韦应物的推崇,实际上与王士禛所倡导的神韵说是完全一致的。针对梁佩兰的观点,陈恭尹在《答梁药亭论诗书》中进行了辩驳:

> "于灯取影,水取空,风无声,云无色,烟无气",此皆气象之似,须成诗后观之,非可按为实法。必信斯言,韦苏州犹有惭色,王仲初去之益远。夫"性情欲流"者,欲其跃动也,欲其酣畅也,欲其呈露也。然必务留馀地,使读者寻绎得之,过尔痛快,便近于俚……"规格欲别,词语欲化"者,欲其不板滞也,欲其不陈腐也。故救板滞者以活,救陈腐者以鲜,亦皆不欲其过……于兄灯影水风云烟之喻,觉不相似。兄首推韦苏州,则近似之矣,然苏州有道之士,养心养气,久乃可臻其妙,未易以笔墨蹊径求也。弟窃以为当求新于性情,不必求新于字句,求妙于立言,不必专期于解脱。③

严迪昌先生针对陈、梁二人的这次争论,这样评价:"梁氏所见示的诗境诗法的比喻,全属强调'虚'与'无'的审美趣味,实际上就是'不着一字,尽得风流'的神韵诗法。恭尹直言不讳指出'非可按为实法',针对性很强。""这里'笔墨蹊径'与'实法'是一个意思,但角度不同,'蹊径'实即'门径',门庭之径;'实法'则是特定的遵循之法或规则。此中言外有音,其反对宗派式的门户定见是很明白的。至于强调'养心养气',强调'求新于性情'、'求妙于立言',而否定只在字句上求'解脱'('解脱'者实际就是离'实'就

---

① 陈恭尹:《答梁药亭论诗书》,《陈恭尹集》,第635—636页。
② 梁佩兰:《大樗堂初集序》,《六莹堂集》,第408页。
③ 《陈恭尹集》,第636页。

'虚'的那种'摇曳'、'空灵'法),陈恭尹此番诗论与'神韵说'的针锋相对,当可不言而喻。"① 陈恭尹与梁佩兰二人之间的争论,自然对当时开始风行诗坛的神韵说没有产生多少影响。梁佩兰在自己的实际创作中也没有真正接受陈恭尹的建议,因而其晚年诗风呈现出明显的神韵特色。尽管如此,这次争论也并非毫无意义。

陈恭尹与梁佩兰的辩论实际上是陈恭尹带有遗民立场的性情诗学与开始风行诗坛的神韵说之间的一次争论,是一次以志士遗民占主体、以遗民诗风为主导的清初诗坛向非遗民所主导的诗坛转变过程中的一次论争。正如严迪昌先生所说:陈恭尹与梁佩兰的这一论争实际上是遗民诗学与辇下诗学的一次论争。因此,其意义已经不限于二人之间。

四、陈恭尹对清代诗学的影响

研究清代诗学的学者们都知道在神韵诗学风靡天下之时,赵执信曾犯众怒批评王士禛,却很少人知道早在赵执信之前,陈恭尹在《答梁药亭论诗书》中曾有过一段对神韵诗学的批评。

陈恭尹《答梁药亭论诗书》疑作于康熙六年丁未(1667)。这一年梁佩兰三十九岁第三次进京会试,在京期间曾写信给陈恭尹。陈恭尹《得梁药亭燕台书,因怀石埭之行》诗即作于此时。"梁药亭燕台书"疑即"梁药亭论诗书"。王士禛在《古夫于亭杂录》卷六回忆道:"康熙丁未、戊申间,余与茗文(汪琬)、公猷(刘体仁)、玉虬(董文骥)、周量(程可则)辈在京师为诗倡和,余诗字句或偶涉新异,诸公亦

---

① 严迪昌:《清诗史》,浙江古籍出版社2002年版,第346—347页。

效之。"① 此处虽未提及梁佩兰，实际上在此期间他也参与了新一代诗人之间的诗文活动。梁佩兰这次会试落第，程可则与之同游西山以解其心中烦恼，王士禛作《送周量同梁芝五游西山》赠行。此时王士禛的神韵诗学思想已经形成，并正在上升为主流诗学，梁佩兰在与之交游之时难免受其影响。当接触到这一主流诗学时，梁按捺不住兴奋写信告知多年的诗友。尽管在见到确凿的证据之前，笔者不能完全肯定"论诗书"即"燕台书"，但"论诗书"作于此时却是极有可能的。即便《答梁药亭论诗书》不是康熙六年之作，考梁佩兰的行迹可知其写作时间不会晚于康熙二十七年戊辰（1688）。因此可以肯定梁、陈之争一定发生在赵、王之争之前。

赵执信《谈龙录序》云："余幼在家塾，窃慕为诗，而无从得指授。弱冠入京师，闻先达名公绪论，心怦怦焉每有所不能惬。"②"弱冠入京师"，指其康熙十八年己未（1679）十八岁时进京会试。风靡诗坛的神韵诗学虽然不能契合其心，但他此时尚没有提出自己明确的诗论主张。尽管赵执信于康熙二十八年己巳（1689）革职之前已经对王士禛的神韵诗学有所不满，但康熙三十年辛未（1691）前后二人矛盾还没有表面化。其不满至革职后方在《题冯大木晴川集后》诗中明确表露："渔洋诗翁老于事，一一狎视海鸟翔。赏拔题品什六七，时放瓦釜参宫商。"③ 此诗虽批评了王士禛，但这也只是批评王士禛所奖掖的诗人良莠不齐。他对其诗学的批评更在此之后。一般而言，身居高位或官场得意之人，论诗一般不会力主性情。

---

① 王士禛撰，赵伯陶点校：《古夫于亭杂录》，中华书局1988年版，第135页。

② 赵执信著，陈迩冬校点：《谈龙录》，人民文学出版社1981年版，第5页。

③ 赵执信：《饴山堂诗集》卷3《还山集》，《饴山堂集》，台北：中华书局2016年版，第3页a面。

而极力鼓吹性情或性灵之人，往往是那些在仕途上遭到挫折，或是对仕宦没有太高期望之人。这背后其实有着"发愤抒情"的心理背景。赵执信自康熙二十八年（1689）被革职之后远离了政坛。其诗学思想很可能就是在其仕途遭受重挫之后逐渐形成的。之前，其诗学思想只是处于萌芽或隐约朦胧的状态。据考证，赵执信明确批评神韵诗学的时间，是在康熙三十五年丙子（1696）于岭南结识陈恭尹之后。赵执信写于此时的《独漉堂集序》云："余晚得读先生之诗，既大快其积愿，又自以言为世忌，不能改悔，失意薄游于万里之外，而得持论之同于先生，兼以坚其所自信，而幸其不孤也……先生曰：'子之必名余于似也，其自待视二十年来之世之论者若何也？请子自书之，以为吾序。'"① 从《序》中可知，赵执信因持论同于陈恭尹而"坚其所自信"，也即是说此前他对自己的诗学思想仍不够自信。陈恭尹面对风靡诗坛二十多年的神韵诗学，明言不介意赵执信引他作为同调以抗时论，且云"请子自书之，以为吾序"。这段话也显示出陈恭尹的胆识。赵执信的《论诗二绝句》也是作于这一年，其二云："无弦只许陶彭泽，会得无弦响更长。若使无弦亦无响，人间悦耳足笙簧。"② 这是对王士禛《论诗绝句》"解识无声弦指妙，柳州那得并苏州"的批评。此后赵执信更批评王士禛"诗中无人"，"言与心违"。赵氏认为由此招致王士禛的愤怒。二人矛盾激化，遭到围攻之后，赵执信曾因"谤多"，而"袖手"数年不敢作诗。康熙三十六年（1697）之后至康熙四十年（1701）几乎没有诗作，或许就是"袖手"之故。赵执信《冯舍人遗诗序》云："明年（按：康熙四十年）将往哭先生，适渔洋公暂假归新城。余过

---

① 《陈恭尹集》，卷首第3—4页。
② 赵执信：《饴山堂诗集》卷7《鼓枻集》，《饴山堂集》，台北：中华书局2016年版，第6页a面。

谒公，问先生临殁状，相对陨涕。时余方以论诗逢公之愠。"①这段话从一个侧面又证明了赵执信对神韵诗学的激烈批评主要发生在康熙三十五年（1696）之后的数年之间。

陈、梁之间的论争和王、赵之间的论争，尽管都是就主性情或主神韵这一问题，但实际上这两次论争却有着完全不同的背景。王、赵之争发生在神韵诗风靡天下多年之后，诗界为之救偏补弊的过程之中。这一论争预示了其他诗学思想正在消解神韵诗一统天下的局面。陈、梁之争则发生在以志士遗民占主体，以遗民诗风为主导的清初诗坛向非遗民所主导的诗坛转变的关节点上。此论争之后新朝的"盛世"之音逐渐取代了明末以来的离乱之音，而成为诗坛的主流。陈恭尹从其性情论出发，对神韵诗学的评论，对文学新旧关系的论述，以及有关秦汉、唐宋之争的评论，都有前人未发之处。他的创作和诗学思想对年轻的赵执信大有影响。严迪昌先生认为陈恭尹之后的赵执信和袁枚"性灵说"一系列核心观点，在陈恭尹的文章中都已启露端倪。

历代的研究者都比较重视赵执信在清代诗风转变过程中的重要作用，但基本上都忽略了赵执信作出犯众怒挑战神韵诗学这一决定的艰难，因而也都忽略了作出这一决定的过程中，陈恭尹给予赵执信的理论和信心的支持。除此之外，陈恭尹对清初诗学理论的批评也有许多可取之处。更为重要的是陈恭尹的诗论思想把文学创新的理论推进到了更深的一个层次上。

---

① 赵执信：《饴山文集》卷2，《饴山堂集》，台北：中华书局2016年版，第8页b面。

第五节　梁佩兰前后期诗风的不同
与当时诗歌思潮的转变

康熙二十一年壬戌（1682）京师结诗社，众人公推朱彝尊和落第举子梁佩兰等共主坛坫。梁佩兰在清初声誉之隆以此可见。有清一代虽不断有人品评梁诗，却不曾有人对他的诗歌进行过系统的论述。梁佩兰的诗风前期与后期有着明显的不同。这种变化实际上因应了时代的变迁和当时诗歌思潮的转变。梁佩兰诗风和诗歌观念的变化是明清变局伊始至清朝统治稳定之后社会思潮和诗歌整体取向转变的一个缩影。笔者所谓前期和后期，基本上以康熙二十年辛酉（1681）梁佩兰五十三岁时为界。是年梁佩兰把自己此前的作品编辑刊刻，名曰《六莹堂集》，然后匆忙进京会试。其后的作品由方正玉等编入了《六莹堂二集》。康熙二十年（1681）前后，持续多年的三藩之乱也行将结束，清朝的统治已经稳固，许多士人在心理上也已经逐渐接受了这个少数民族政权。笔者为了突出梁佩兰前后不同时期诗风转变的外在和内在的原因，故而采取了这一比较粗略的分期。

一、前期之雄健豪放

梁佩兰前期的作品，总的来看具有词锋显露，风格雄健，意概恢宏的特点。显示出来的作家的精神状态也是慷慨豪迈，气盛势张。

在梁佩兰各体诗作中，其七言古诗历来最受人推崇。《养马行》作于顺治七年庚寅（1650）。时清军再破广州，二十二岁的梁佩兰复携家逃难，眼见清军的暴虐，愤然作《养马

行》:

> 贤王爱马如爱人,人与马并分王仁……马肥王喜王不嗔,马瘠王怒王扑人……西关马厩在城下,城下放马马散行。城下空地多草生,马头食草马尾横……白马王络以珠勒,黑马王络以紫缨……王日数马,点养马丁。一马不见,王心不宁。百姓乞为王马,王不应。①

这首诗的直率和锋芒是显而易见的。沈德潜评曰:"以赞颂之笔,写讽刺之旨,贵畜贱人如此,其败亡也必然矣。此种诗前无所承,后无所继,应是独开生面之作。"② 作于这一时期的《日本刀歌》也广受推崇:

> 龙形虎气生气骄,抽出天上星摇摇……有时黑夜白照人,杀人血渍紫绣新……相传国王初铸时,金生火克合日期。铸成魑魅魍魉伏,通国骷髅作人哭。人头落地飞纸轻,水光在水铺欲平。国王恃刀好战伐,把刀一指震一国。红毛得刀来广州,大船经过海若愁。③

沈德潜评曰:"字字锋铓逼人,骇胆栗魄。"④ 这两首诗可谓气势逼人,风格雄健。读者不知不觉间即被这种凌厉的气势所裹挟。清军入主中原之初,许多汉族士人表现出强烈的排满情绪。甚至许多后来入仕新朝者,在心理上也经过了一段时间的调适。《养马行》是唯一一篇保存下来的梁佩兰正面描写清军暴行的作品。梁佩兰之所以敢于把此诗收入《六莹堂集》,原因非常简单:耿精忠和尚可喜后来又成了清朝剿伐的对象。我们完全可以相信,清军的入侵曾在梁佩兰心中激起过强烈的反

---

① 《六莹堂集》,第26—27页。
② 沈德潜等编:《清诗别裁集》卷16,上海古籍出版社1984年版,第639页。
③ 《六莹堂集》,第29页。
④ 沈德潜等编:《清诗别裁集》卷16,上海古籍出版社1984年版,第640页。

抗情绪。他创作的含有这种情绪的作品也许并非仅此一首。不过他后来入仕清朝，这类作品自然会被汰除。

他早年有不少诗作表达了对富贵功名的渴望。这些诗直写襟怀，流走畅达，有横空而出之势、摆脱羁束之想。七言古诗《望罗浮》：

> 羽翼生两腋，烟云荡心胸。安能日在小宇宙，偪侧复偪侧，磨中作一蚁，裈中作一虱？孔丘桎我以仁义，桀跖縣我以盗贼。①

这首诗表现出来的神态，显然与传统文化所肯定的谦谨儒雅大相径庭。梁佩兰才高气足，词锋显露。《赠族弟景》中他那种自负狂傲，目空一切的神态更是表露无遗：

> 男儿在世无所倚，安得功名耀闾里！泰山只作一撮泥，黄河不当半杯水……近闻天子重武功，地北天南尽拜封。壮士不容歌《陇上》，将军多诏入云中。②

顺治十四年丁酉（1657）梁佩兰参加了广东乡试，夺取解元。他亢奋不已，作《送贾生归襄陵》云：

> 男儿有笔如铁足自雄，何况逐猎应手鸣雕弓！会当射策对天子，安能踽躅坎壈悲途穷！③

他具有这种特色的作品很多。朱庭珍《论诗》之三十八云："药亭长古气雄豪，五律翁山品最高。各向岭南夸绝技，天风万里卷银涛。"④朱庭珍的这首绝句可以说指出了梁佩兰七言古诗雄健豪放的风格。

他雄健豪放的风格不但在他最有代表性的七言古诗中有突

---

① 《六莹堂集》，第41页。
② 《六莹堂集》，第38—39页。
③ 《六莹堂集》，第37页。
④ 转引自郭绍虞、钱仲联、王蘧常编：《万首论诗绝句》，人民文学出版社1991年版，第1049页。朱庭珍，字筱园，石屏人。有《穆清堂诗钞》。

出的显示,而且这一风格在其前期的乐府诗中也有所体现。同样这些诗也词锋逼人,出语直率。如:

> 宝刀在鞘常欲试,黄金在手常欲使。男儿七尺负志气,女子得嫁添妩媚。(《捉搦歌》之一)①
>
> 东方属木南方火,土在中央列人坐。天公生成非小可,男儿富贵总由我。(《捉搦歌》之四)②

他博取富贵功名的自信和自负在这些作品中喷涌而出。这些作品直抒胸臆,爽直率真。

前期的其他诗体,也同样有意概恢宏,高朗雄健的佳作。其五言律诗如:

> 碛日苍黄色,烽烟古涿州。八旗回大将,万马出诸侯。禹服环中土,尧京控上游。抱书当未献,翻欲倚吴钩。(《涿州》)③
>
> 青齐千里外,直北更添衣。风雪交河壮,沙云大陆飞。路长防马倦,草浅令鹰饥。进我黄羊炙,居人射猎归。(《景州》)④

这些诗中,其雄健豪放,词锋显露的特点也是明显的。清朝初年,清军虽然靠武力控制了行政权,但遗民却在一定程度上控制了当时的话语权。那些出仕清朝者,虽然占居高位,但在某些场合却出语忸怩。从《涿州》一诗中的"八旗"、"禹服"、"尧京"等词语,我们也可以看出他出语直率,词锋显露的特点。

梁佩兰前期雄健豪放,词锋显露的特点,在其七言律诗中也能体现出来:

---

① 《六莹堂集》,第16页。
② 《六莹堂集》,第16页。
③ 《六莹堂集》,第68—69页。
④ 《六莹堂集》,第68页。

中条西尽九边分,一面关雄百万军。宝剑并人磨黑水,角弓终日射黄云。山空鸟鼠飞无次,川乱鱼龙出每群。信是帝王州壮丽,秦皇坟对汉皇坟。(《咸阳》)①

易水拟歌歌不成,荆轲去后少人听。身捐太子心全腐,手劫秦王血尚腥。朔雪布来河路黑,边沙飞入马毛青。平生白草黄云意,学插雕弓倚雁翎。(《燕中》)②

在他前期的七言律诗中具有这种风格的作品是很多的。虽然在其前期个别作品中,他显得情绪低沉,但意境还是比较开阔,格局也比较宏大。

与梁佩兰同时和稍后的人已经对他的作品表现出了热切的关注,并且有不少人对他的作品作出了较有见地的品评。方依岩说:"少年,才思奇特,辟语惊人;一变而浑含包举,意概恢宏。"③ 樊潜庵说:"高浑朴茂,直抒性灵,而才识并轶。"④ 这些评论虽有见地,但仅能用之于其部分作品,若就其整体而言,则显得有些片面。

以上笔者着重谈论了梁佩兰前期作品的主要特征。但我们也应该注意到,他前期作品中也不乏清雅淡远,超然绝俗,气格沉静的诗作。如:

夕照催群息,阳林见汝归。月生池下影,山入静中机。受气知天厚,为心逬夜微。不应星四动,寒叶满阶飞。(《宿鸟》)⑤

听虫冥百念,终不断高吟。孤屿潮方起,南溪月已

---

① 《六莹堂集》,第95页。
② 《六莹堂集》,第95页。
③ 梁佩兰:《六莹堂二集·评词》,见《广州大典》第503册,影印道光二十年南海伍氏诗雪轩刻本,第375页。
④ 梁佩兰:《六莹堂二集·评词》,见《广州大典》第503册,影印道光二十年南海伍氏诗雪轩刻本,第378页。
⑤ 《六莹堂集》,第80页。

深。寺钟过水庙,霜叶覆沙禽。亦是人间夜,能关静者心。(《秋夜》)①

不过最能代表他前期诗歌特色的还是如上所说之雄健豪放,流走畅达的作品。清初多家诗歌选本,所选梁佩兰的早期诗歌,也多属这类作品。

二、后期之静照敛彩

梁佩兰后期诗作整体上呈现出这样的特色:清幽澹逸,超旷无尘,寻幽觅远之际,时露独处禅栖之意。前期诗作直抒襟怀,以气势取胜,后期诗作则静照敛彩,以神韵取胜。

梁佩兰常常游赏岭南山水,一生又多次北上,沿途所见之江帆水影、风雪寒山都被他收入笔端;他乡居之时,日常所见之青苔蝉虫、孤灯片云,也常常成为吟咏的小物小景;另外他乐于访僧问道,山林泉流,野寺僧寮也时常进入他的诗中。在他的这些作品中我们很难见到他现实的计虑,世俗的忧患。他不少诗作,可谓远离尘嚣,悠然忘世,一些作品几乎达到了他与陈恭尹的信中所说的"风无声,云无色,烟无气"的境界。

> 马当风信好,倏忽到浔阳。得与匡庐近,都忘汉水长。悠然念前哲,一去问柴桑。不觉虎溪月,月光来夜航。(《次浔阳》)②

> 如何相见后,亟亟放归舟?高咏连朝听,寒灯昨夜留。江云随鸟没,塔影向人浮。十里沙村路,山钟木叶秋。(《送徐铎愚归滘洲》)③

在过访僧宇梵刹和南来北往的旅途中,他即兴创作的山水诗很

---

① 《六莹堂集》,第 52 页。
② 《六莹堂集》,第 251 页。
③ 《六莹堂集》,第 259 页。

多。这些诗一气神行,有神无迹,神韵俱佳。

梁佩兰后来在会试中连续遭到打击,向佛心炽。栖心息虑之时,所写即目所见之物,更让人感到他远离尘嚣。

在处总无尘,为芳不入群。寂寞谁似我?幽绝最怜君。浊世留闲地,青天失片云。一斋门巷里,连缀几曾分。(《青苔》)①

万山收夕照,林薄更纷纷。落叶不知处,乱烟同一云。牛羊归路失,钟磬隔樵闻。稍待西峰月,清光彻夜分。(《夕林》)②

这些诗往往是作者即景会心之作,了无用心,而道心禅意俱足。

他的一些咏物诗及题画诗也有这样的特点。

霜角呜呜绕欲空,城南城北更西东。一天黄叶四山树,满院鸣蝉前夜风。话到夕阳迟不厌,看来流水去何穷。分明海上悬帆影,翻似江光照落枫。(《霜角》)③

无心任出笼,直与高天杳。黄叶蔽前林,疏风散清晓。(《题渔洋山人放鹇图》之一)④

此类清淡闲远之作在后期的作品中所占比例很大。不过有些诗,显得过于孤寂清冷。

梁佩兰后期具有清雅淡远之韵味的诗,大多集中在他的五言、七言律绝中,尤其集中在五言律绝中。最能表现他雄健奔放特点的七言古诗,在其后期则较少创作。与他很有交情的宋荦评论道:"性绝外营,则心澄内照。读柴翁诗,得其超旷渊

---

① 《六莹堂集》,第 244 页。
② 《六莹堂集》,第 239—240 页。
③ 《六莹堂集》,第 330—331 页。
④ 《六莹堂集》,第 340 页。

深,便可想其生平澹然尘境之外。"① 友人龚蘅圃评论说:"如空山月明,遥天鹤唳,清旷无尘。"② 如此看来,在当时他的这一风格,已经得到了人们的认可。十九世纪的何曰愈在《退庵诗话》卷八中说:"梁药亭太史有《江行杂咏》诗,清新澹逸,颇似王孟。"③ 无论与他同时代的人还是在他之后的人都不约而同地发现了他后期诗歌的这一特点。他后期诗歌的这一重要特点证明了他此时已经融入了当时诗坛的主流。这种"清超越俗"④ 的诗风也正是当时以王士禛为代表的风靡一时的"神韵派"所极力倡导的。

另外,梁佩兰后期不少诗作还呈现出雅正平和的特色。《六莹堂二集》中这类诗也为数不少。

> 岁维癸未歌太平,四海内外无甲兵。京师年登米价贱,民间饱饭还食面……近者海运为赈民,欲使颠仆沾皇仁。又发金钱自内帑,天地之恩诚浩荡。(《岁维癸未行》)⑤

这首诗歌功颂圣,其雅正平和的面目不待多言。

> 葳蕤紫鸾凤,天下瞻文章。珍采被羽仪,叫啸含笙簧。遭逢休明代,应运扬辉光。(《赠高澹人学士》之一)⑥

---

① 梁佩兰:《六莹堂二集·评词》,见《广州大典》第503册,影印道光二十年南海伍氏诗雪轩刻本,第376页。
② 梁佩兰:《六莹堂二集·评词》,见《广州大典》第503册,影印道光二十年南海伍氏诗雪轩刻本,第376页。
③ 何曰愈著,覃召文点校:《退庵诗话》,广东高等教育出版社1996年版,第163页。
④ 梁善长辑:《广东诗粹》卷首,见《广州大典》第493册,影印乾隆十二年达朝堂刻本,第6页。
⑤ 《六莹堂集》,第207—208页。
⑥ 《六莹堂集》,第128页。

进士及第，入值翰林院之后，梁佩兰写了很多歌功颂德，点缀太平的作品。这些作品既乏前期作品的雄豪之气，也不具备清新淡远的韵味。这种雅正平和的作品，虽得到当时一些人的肯定，实际上缺乏感人的力量。

梁佩兰的友人王煐在《岭南三大家诗选序》说："药亭之诗，如良金美玉，韬锋敛采，温厚和平。置之清庙明堂，自是瑚琏圭璧。然宝气难掩，时复光焰夺目……药亭之诗，才人之诗也。"①白勖庵评曰："此天地之间气，风雅之正音也。"②这些评价虽然在一些人看来有恭维奉承之嫌，但考虑到当时诗歌思潮和社会思潮的变化，也不能贸然判定这些评论为腴词虚言。清朝的统治毕竟已成事实，人们毕竟普遍乐于安定的生活。审美标准发生这样的改变，虽然说是应和了某阶层的主观愿望，但也不能说这种转变不是势所必然。李澄园称其诗曰"真风雅之正宗"③。方依岩云："药亭敏性潜心，熔异才于正矩之中。"④ 如果把这样的评价放在当时那个具体的环境之中，应该说这是客观而真诚的评论。雅正平和是梁佩兰后期诗歌的特征之一，但非主导风格。

如上所述，梁佩兰后期的诗歌总体上明显具有清幽淡远、静照敛彩的特征。这种特点的形成以及其诗风的转变，与他后期所受诗歌思潮的影响，以及他的诗歌主张有着密切的关系。

---

① 王隼辑：《岭南三大家诗选》卷首，见《四库禁毁书丛刊》集部第39册，影印康熙刻本，第156页。
② 梁佩兰：《六莹堂二集·评词》，见《广州大典》第503册，影印道光二十年南海伍氏诗雪轩刻本，第376页。
③ 梁佩兰：《六莹堂二集·评词》，见《广州大典》第503册，影印道光二十年南海伍氏诗雪轩刻本，第377页。
④ 梁佩兰：《六莹堂二集·评词》，见《广州大典》第503册，影印道光二十年南海伍氏诗雪轩刻本，第375页。

三、梁佩兰诗风的转变与其时代之诗歌思潮

明清鼎革之际,诗坛上一片哀怨悲痛之音。清军入关之初,强烈的民族感情和重人品、重气节的精神回荡在诗坛。清政府也一定程度地容忍了士人对旧朝的怀恋情绪,对这样的诗歌创作也没有一概压制。卓尔堪甚至选刻《明遗民诗》。钱谦益说:"兵兴以来,海内之诗弥盛,要皆角声多,宫声寡;阴律多,阳律寡;噍杀恚怒之音多,顺成啴缓之音寡。"① 钱氏对此风虽持否定的态度,但可以肯定的是此时的诗歌写出了当时人们的真情实感。此时虽然没有哪一位领袖人物真正能主导诗歌发展的走向,反观当时的诗歌创作和诗歌理论,却可以清楚地看出当时诗歌创作上的两个重要趋势:抒发性情和以诗存史。这是当时诗歌创作自然形成的整体取向。志士、遗民是清初诗歌创作的主流。他们所说的"性情",主要是悲愤激荡的民族情感。当时岭南诗人的创作大多也与这一整体取向一致。普遍认同的岭南诗风的"雄直"之气,也正是在波谲云诡的时局和这种诗歌观念影响之下形成的。这一观念影响之深,甚至波及本非志士遗民的梁佩兰。梁佩兰前期作品的显露奔放,雄健恢宏的特点虽源于个人的性情,但无可否认也与这一诗歌潮流有着一定程度的联系。

康熙二十年(1681)之后,清朝统治已经稳固,国人已厌听金戈铁马之声。诗坛上变风变雅之作已显得有些不合时宜,悲慨怨痛之音也显得有些刺耳。亡国的剧痛在时光不断地淘洗下,已经化为如丝如缕的感伤。王士禛倡导的神韵说此时

---

① 钱谦益:《施愚山诗集序》,见《钱牧斋全集·有学集》卷17,第760页。

应运而生。

王士禛初入诗坛就以清远而又不乏感伤的《秋柳四章》而名噪一时。他倡导的神韵诗的特点在《秋柳四章》中已经得到了清楚的体现。王士禛在写于顺治十三年（1656）的《丙申诗序》中提出了典、远、谐、则四项原则。《丙申诗序》标志着他神韵诗学开始形成。其中"远"的原则，即要求间接地表达意旨，与要展示的生活保持一定的距离。这一艺术原则对于刚刚从血与泪的变局中走出来，又不得不接受当下这一形势的汉族士人来说，正适合他们表现这一特殊时期的感伤情绪。王士禛在诗中表现的东西总是那样遥远朦胧，如梦如幻。"他的处世态度和他的创作态度在基本点上是相通的，用一句美学上的术语来说，就是与所生存的世界保持一段距离。这种态度是清初神韵诗学崛起的精神基础，也是它获得人们强烈共鸣的时代原因。"① 正因为这一时代的原因，年轻的王士禛迅速占据诗坛最显耀的位置，成了继钱谦益之后新时代的诗坛领袖。梁佩兰汇入这一诗歌大潮之中，有着自己心性气质的潜在原因，但这也是他主观上调整自己切入诗界和社会的角度所带来的结果。与诗坛上情况相一致，戏曲舞台上充满感伤和怀旧的《长生殿》和《桃花扇》也轰动一时。这同样也是出于当下人们这种特殊的心态。

梁佩兰多次进京与当时诗界名流王士禛、朱彝尊、纳兰性德、宋荦等唱和往还。梁佩兰与王士禛结交于康熙六年丁未（1667）第三次会试落第之时。王士禛当时在诗坛上已经崭露头角，其后他的神韵说更是风靡一时。在这种情况下，梁佩兰难免受其影响。在此之前梁佩兰虽然已是享有一定声誉的当代诗人，但还未入当时诗界的中心。随着他多次北上，与诗坛名

---

① 王小舒：《神韵诗学论稿》，广西师范大学出版社2001年版，第40页。

流交游唱和,他逐渐融入了当时诗界的主流。他对诗歌创作的基本看法以及他的诗风也都深深地受到了这一潮流的影响。他曾给陈恭尹写信表明他此时对诗歌创作的基本看法:"性情欲流,规格欲别,词语欲化。""于灯取影,水取空,风无声,云无色,烟无气。"并且他"首推韦苏州"之诗作为创作圭臬。① 他认为"无色之色,无味之味,无声之声,此之谓化"。② 梁佩兰"取影"、"取空"、"无声"、"无色"、"无气"的诗法及其对韦应物的推崇,是与王士禛的神韵说完全一致的。王士禛神韵说继承了司空图、严羽等人"不着一字"、"不落言筌"的理论。他于康熙二十七年(1688)编刊的标志着神韵说成熟的《唐贤三昧集》,所极力推崇的也正是王、孟、韦、柳一派的诗歌。严迪昌先生认为:"梁氏所见示的诗境诗法的比喻,全属强调'虚'与'无'的审美趣味,实际上就是'不着一字,尽得风流'的神韵诗法。"严先生并且认为梁佩兰力求在语言文句上寻求的"解脱","实际就是离'实'就'虚'的那种'摇曳'、'空灵'法"。③ 从陈恭尹的《答梁药亭论诗书》我们可以比较清楚地看出梁佩兰此时对王士禛神韵说的接受。尽管陈恭尹站在他抒写性情的立场上对梁佩兰新接受的诗学思想进行了有力的辩驳,但从梁佩兰后来诗风的转变,和他后来论诗的文字可以看出,他最终还是一定程度地接受了王士禛所倡导的神韵说。

严迪昌先生认为:"梁氏在赴京会试以至入翰林院期间,先后与王士禛、朱彝尊等交游,诗学观念受影响很大……从梁佩兰的审美观中已明显见出'神韵说'倾向,也就是说,该时梁氏在诗学观上程度不等地成了辇下诗风的附庸,与在野人

---

① 陈恭尹:《答梁药亭论诗书》,《独漉堂集》,第755、756页。
② 梁佩兰:《大樗堂初集序》,见《六莹堂集》,第408页。
③ 严迪昌:《清诗史》,浙江古籍出版社2002年版,第346页。

氏异其趣了。"① 不过梁佩兰所受王士禛等人的影响是多方面的，不仅仅受其神韵诗学的影响。王士禛在典试蜀川和祭告南海时期，曾有意识地学习杜甫、韩愈和苏轼等人，以表示自己能兼善不同的风格。王士禛的学生盛符升在《蚕尾续诗集总述》中云："康熙壬子秋祗奉朝命典试益州，有《蜀道集》二卷，《蜀道驿程记》四卷。其诗高古雄放，观者惊叹，比于韩、苏海外之篇。"② 王士禛亦自言"《蜀道》、《南海》豪放之格"。③ 王士禛这个时期的新尝试，对梁佩兰也产生了影响。其友人张尚瑗在《六莹堂集序》中说："其少作，间亦驰骤于十子、七子之间。晚年与新城（按：指王士禛）、商丘（按：指宋荦）诸先生游，则时时瓣香韩、苏，示能兼长。"④ 邓之诚说："早岁之作，尚不脱七子窠臼。及交王士禛、朱彝尊，始参以眉山、剑南。晚岁犹驰逐风气，与后进争名。"⑤ 从前人的评论中可以知道，王士禛对梁佩兰的影响是多方面的。不过梁佩兰主要接受的还是王士禛神韵诗学的影响。

如上所引有人认为在梁佩兰所交诗坛名人中，朱彝尊也对他产生了一定的影响。他与朱彝尊结交相对较早。朱彝尊顺治十三年丙申（1656）秋来粤后，二人就已有交往。不过朱彝尊对梁佩兰的影响应该产生于康熙十八年（1679）朱试鸿博之后。此前的朱彝尊还是南北奔走的抗清志士。他醇正博雅的诗学主张也是形成于入仕清朝之后。严迪昌先生认为朱彝尊的诗学思想主要有这样几个方面："概括起来说，他力主扶

---

① 严迪昌：《清诗史》，浙江古籍出版社2002年版，第345页。
② 王士禛：《带经堂集·蚕尾续诗集》卷首，《续修四库全书》集部1414册，影印康熙五十年程哲七略书堂刻本，第476页。
③ 《皇朝文献通考》卷234，《景印文渊阁四库全书》第637册，台湾商务印书馆1986年版，第434页。
④ 张尚瑗：《六莹堂集序》，见《六莹堂集》，第2页。
⑤ 邓之诚：《清诗纪事初编》，上海古籍出版社2013年版，第986页。

'正',力求其'醇',尊唐贬宋,博'学'取'材',其一切议论大致不出此四点。"① 从梁佩兰后来的诗作特点和他论诗的文字,笔者看出他在诗学观念上与朱彝尊相近。他说:"性情温厚,音节和平……毕竟雅人深致:总于温厚和平,意旨不爽毫芒。"②"不幸而时命限人,则拔剑斫地,发为哀吟。有如晓角秋笳,酸人心鼻。此亦变风变雅之一体也。然而未免有损天和。"③ 他虽然认为诗以自道其情,肯定人某些时候会"怫郁佗傺、突兀不平",但他仍希望诗人应该归之于"性情之正"④。"文,欲其静以正也,又欲其奥以博也。静以正,则其体严;奥以博,则其用广……若夫文人学士,以著述为事,则必其平时学殖,搜罗百家,牢笼万有,纵观古今之大,细察品物之盛。"⑤ 显然,他"温厚和平",静正、殖学的主张与朱彝尊的文学思想有相通之处。不过梁佩兰后期的诗歌主张和其作品所显示的雅正面目,是他接受了朱彝尊的影响还是他主观选择的结果,我们未能见到直接的材料以资证明。所能见者皆是他人的评述。在缺乏直接材料的情况下,说这是时势的强迫、他人的影响和主观的选择等多种合力共同作用的结果,也许才更为恰当。

梁佩兰对性情论、神韵说和温厚雅正的诗学思想都给予了充分的肯定,从不抑此扬彼。他似乎曾试图把这三者整合到一起,不过,最终还是在理论上举鼎乏力。梁佩兰通过自己的选择,使其诗作既有即时的性情之真,又有清幽旷远的神韵,同时大体上又不逾越温厚雅正的传统诗教,最终使其后期诗作在

---

① 严迪昌:《清诗史》,浙江古籍出版社2002年版,第506页。
② 梁佩兰:《中洲草堂遗集序》,见《六莹堂集》,第414页。
③ 梁佩兰:《南塘渔父诗抄序》,见《六莹堂集》,第419页。
④ 梁佩兰:《大樗堂初集序》,见《六莹堂集》,第407—408页。
⑤ 梁佩兰:《杨大山文集序》,见《六莹堂集》,第411—412页。

整体上呈现出清幽淡远、静照敛彩的特征。

总之,梁佩兰诗歌所呈现出来的面目,是他依据时势和个人的才具,进行自我选择的结果。梁佩兰诗歌的风格和诗歌观念的变化也是明清变局伊始至清朝统治稳定之后社会思潮和诗歌整体取向转变的一个缩影。

第六节　岭南三大家的雄直诗风

如前所论屈、梁、陈三人之诗各具特色:雄肆豪宕是屈大均诗歌最为突出的一个特色;雄郁苍凉最能显示陈恭尹作品的主导风格;梁佩兰前期作品风格雄健豪放,意概恢宏,其后期诗作虽然整体上清幽淡远、静照敛彩,但仍不乏雄健豪迈之作,尤其是其七言古体。屈大均、陈恭尹之诗和梁佩兰前期作品属雄直一路是没有问题的。因此,从整体上看三家作品,其雄直之风是比较明显的。

有关岭南三大家作品之雄直气,在前人的评论中也能找到旁证。洪亮吉《道中无事偶作论诗截句二十首》其五云:

> 药亭独漉许相参,吟苦时同佛一龛。尚得昔贤雄直气,岭南犹似胜江南。①

沈汝瑾《国初岭南江左各有三家诗选阅毕书后》云:

> 鼎足相持笔墨酣,共称诗佛不同龛。珠光剑气英雄泪,江左应惭配岭南。②

邓之诚也有类似的看法。他在《清诗纪事初编》卷八中云:

> 洪亮吉遂有句云:"尚得古贤雄直气,岭南犹似胜江

---

① 《更生斋诗》卷2,洪亮吉著,刘德权点校:《洪亮吉集》,中华书局2001年版,第1244页。

② 转引自郭绍虞、钱仲联、王蘧常编:《万首论诗绝句》,人民文学出版社1991年版,第1702页。

南。"大均与东南畸人逸士游,未改故步。佩兰与中原士大夫游,俊逸胜而雄直减矣。①

这段话意思非常明确,屈大均等雄直之气保持始终,而梁佩兰早期有雄直之气而后来有所减弱。清朝中期的著名诗人洪亮吉和清代末年的沈汝瑾的评价可以说代表了清代不同时期的人们对岭南三大家诗风的共同看法。洪亮吉明确道出了岭南三家诗的雄直之气胜过江左三家。沈汝瑾虽未明确道出,但所言"珠光剑气英雄泪"也有雄直之意。除此之外还有一些人也有类似的观点。程秉钊《国朝名人集题词》:"浩瀚雄奇众妙该,遗民谁似岭南才?"陆蓥《问花楼诗话》卷三云:"国朝谈诗者,风格遒上推岭南,采藻新丽推江左。"程秉钊之"雄奇",陆蓥之"遒上"与所谓"雄直"之意相距不远。陈永正先生等也有类似的看法。岭南三大家诗的雄直特色,几是公论。

岭南三大家总体上这一特色的形成,无可否认与他们的个性和个人遭际有着密切的关系。明末清初时局的突变也是激发他们慷慨悲歌的一个重要原因,尤其是就屈、陈二人来说。除此之外,他们这种诗风的形成也与岭南文学的传统和历史上某些著名诗人的影响有一定关系。

一、三家雄直诗风的历史远因

岭南文学的历史可以上溯到汉代。汉代杨孚曾作《南裔异物赞》,这是现存最早的岭南诗歌。这篇作品文辞优美生动,典正雅健。之后,很长一个时期无名家出现。至唐代才有张九龄(678—740)横空出世。唐代之前岭南地区虽文化落后,但中国历史上长江以南第一位宰相张九龄却出自粤北山

---

① 邓之诚:《清诗纪事初编》,上海古籍出版社2013年版,第986页。

区。出自韶关的张九龄,正直贤明,他不但在政治上赢得开元盛世最后一位贤相的美誉,在文学史上也有很高的地位。其诗清淡深远、刚健遒直,无齐梁绮靡之风。他以自己的文学实绩,以其"文场元帅"(唐玄宗语)的影响力和崇高的政治地位力纠齐梁绮靡之风,为开创有唐一代诗风作出了突出的贡献。如果说张九龄在唐代文坛上只能称作宗匠的话,那么在岭南地区,他则是公认的文学宗主。他的出现为岭南文学树立了一个良好的形象和开端。他刚健遒直的诗风,和所谓的"曲江规矩"对岭南文学和岭南三家都有很大的影响。屈大均说:

> 吾粤诗始曲江,以正始元音,先开风气。千馀年以来作者彬彬,家三唐而户汉魏,皆谨守曲江规矩,无敢以新声野体而伤大雅。(《广东文选·凡例》)①

张九龄之后岭南文学进入一个比较沉寂的时期。到了北宋,出自张九龄故里的余靖(1000—1064)又给岭南文学增添了光彩的一笔。余靖为人刚正不阿,以外交著称于时。其诗"清劲幽峭、质朴疏朗,一洗西昆铅华,与张九龄并称岭南二诗宗"②。他对岭南文学的发展也产生了一定的影响。

南宋名臣崔与之(1158—1239),增城人,少卓荦有奇节。其时南宋政局江河日下,颓势已成。他却力图扭转颓势,知其不可为而为之。其诗抒发政治理想,沉郁深挚、苍劲激昂。梁善长《广东诗粹》评曰:"七言古体,宋崔菊坡(与之)高华壮亮,犹有唐人遗音。"③ 李昂英(1201—1257),番禺人,生于官宦之家,深受崔与之器重。他性情刚直,在朝

---

① 屈大均:《翁山文外》卷2,康熙刻本。
② 陈永正主编:《岭南文学史》,广东高等教育出版社1993年版,第348页。
③ 梁善长辑:《广东诗粹》卷首,见《广州大典》第493册,影印乾隆十二年达朝堂刻本,第6页。

多次弹劾权臣，"直声动天下"。宋理宗云："李昴英，南人，无党，中外颇畏惮之。"其诗刚直激昂、奇崛遒健。其门人李春叟在《初刻李忠简公文溪集序》中评曰："刚方正大之气，蟠郁胸次。泄而为文，光芒自不可掩。"① 崔与之和李昴英之诗，同属"雄直"一路，而又各具特色。宋代的余靖、崔与之和李昴英的诗风，在一定程度上可以说是对张九龄刚健遒直诗风的继承和发展，同时也对后来者产生了不小的影响。

南宋末年，岭南为抗元的最后据点。宋朝行将覆亡之际，在岭南涌现出一批慷慨抒情的诗人。赵必𤩽（1245—1294）为宋太宗十世孙，因祖父任粤盐官，遂落籍东莞。宋末曾参与粤中军事。国变后，每望厓山，伏地大哭，设文天祥画像于堂朝夕泣拜。晚年与陈庚、陈纪、黎献、李春叟等故宋遗民交游。"宋亡，隐居终身，故其发为诗歌，多愤懑激烈、黍离麦秀之致。诗见言外。"② 李春叟于宋末亦曾参与粤中军务，其诗沉雄劲健，深挚悲壮。陈纪于宋亡之后与兄陈庚偕隐居家，与赵必𤩽、赵时清等遗民交游唱和。其诗借景抒怀，寄托亡国之痛，风格雄浑悲慨，沉郁苍凉。这一时期亦如明末在岭南地区形成了一个为数颇众的遗民诗人群体。亡国之痛、遗民之恨自是其诗所抒写的重要主题。他们的诗作虽时有哀叹感伤，但整体上以沉痛苍凉、慷慨悲壮为主。这一批诗人"形成独特的风格，实开岭南诗派之源"。③ 这种风格的形成应该说是与其人生选择和其不屈的心态有着密切的关系的。他们对岭南后

---

① 郑洛书：《文溪李公文集序》、李春叟：《初刻李忠简公文溪集序》，见李昴英：《李忠简公文溪集》卷首，乾隆三十八年久远堂重刻本，《广州大典》第418册，第33、30页。

② 陈向廷：《覆瓿集叙》，见赵必𤩽：《秋晓先生覆瓿集》卷首，《广州大典》第501册，影印诗雪校刊本，第704页。

③ 陈永正主编：《岭南文学史》，广东高等教育出版社1993年版，第348页。

世诗人的影响主要不是在艺术层面,而是在人格和精神上的感召。宋末这一诗人群体对明末清初岭南诗人,尤其是遗民诗人给予了重要的精神上的支持,相应地对明末清初岭南诗人、岭南三大家诗风的形成,其影响也是不言而喻的。

元末明初,诗人孙蕡、王佐、赵介、李德、黄哲结社于广州南园抗风轩,称"南园五先生"。孙蕡七古笔力雄健,意态横肆;王佐诗作清圆流走,雄俊丰丽;李德炼气归神,静穆淡远;黄哲用笔清劲,颇有气骨。五子之中孙蕡成就最高。"孙蕡之诗,既有'气象雄浑'的一面,又有'清圆流丽'的一面,直接继承张九龄、邵谒的传统。""南园五子一反元诗的浅薄靡弱,上追三唐。"① 其流风余韵,在当地影响甚远。丘濬为诗"格律精严,不失矩度"(程克勤语);陈献章为明代著名哲学家,其诗超妙冲淡,清新自然。明嘉靖时期,岭南诗派再度活跃起来。朱彝尊说:"岭表自'南园五先生'后,风雅中坠,文裕力为起衰,如黎惟敬、梁公实辈,皆其弟子。嘉靖中'南园后五先生',二子与焉。盖岭南诗派,文裕实为领袖,不可泯也。"② 所谓"南园后五先生"一般是指黄佐门下的欧大任、梁有誉、黎民表、吴旦、李时行等数位诗人。黄佐为陈献章门人,诗作风格雄直奇丽,壮浪恣肆,后人尊为"吾粤之昌黎"。欧大任气韵沉雄,宏阔高华;黎民表感慨殊深,深秀庄严;李时行"栖踪霞外"(文徵明语),"格高调逸"(檀萃语);吴旦婉曲有致,清新俊逸。梁有誉诗才秀出,"学诗于泰泉,又与乡人结社……所得于师友者深,虽入王、

---

① 陈永正:《岭南诗派略论》,见《岭南文史》,1999 年第 3 期。
② 朱彝尊著,黄君坦校点:《静志居诗话》,人民文学出版社 1990 年,第 297 页。

李之林，习染未甚"。① 区大相生当万历衰世，关注现实，摆脱复古思潮的影响，"力祛浮靡，还之风雅"。三家对区海目的诗歌非常推崇。屈大均在《广东新语》中说："明三百年，岭南诗之美者，海目为最。"② 王士禛也说："粤东诗派，皆宗区海目大相。"③

以上所述比较著名的岭南诗人，不但各人有各人的风格和特色，单就诗人个体来说其作品也不是仅仅如上述之单一风格。要之，整体来看，岭南诗坛在千年的发展过程中，比较偏于雄直一路，雄直一脉如草蛇灰线，虽时隐时显，却贯穿始终。总之，岭南文学的传统，尤其是张九龄、区海目等著名诗人和宋末元初大批诗人对三家诗风的形成都有着直接或间接的影响。

岭南三大家这一诗风的形成，其最直接、最重要的因素是其时代遭际和诗人个体的性格。他们对岭南文学传统的继承，也是依据自己的性格和需要经过了个人化的取舍。一个人对传统的接受不可能是均衡的、全方位的，只能是有所偏重的、不全面的接受。岭南三大家对岭南文学传统的接受也是如此。

二、三家雄直诗风的历史近因

明代末年政乱国危，岭南诗坛涌现了一大批爱国诗人。这一时期他们的创作在岭南诗歌史上居有很高的地位。他们的人生选择和诗歌创作对岭南三大家都产生了直接影响。他们当中

---

① 朱彝尊著，黄君坦校点：《静志居诗话》，人民文学出版社1990年，第388页。
② 《屈大均全集》第4册，第315页。
③ 王士禛：《渔洋诗话》，见丁福保辑：《清诗话》，上海古籍出版社2015年版，第206页。

比较突出的有所谓的"岭南前三家":邝露、黎遂球和陈邦彦三人。

邝露(1604—1650)狂傲不羁,出处行藏迥异世俗,因避祸出走广西。后度桂岭,入湖南,泛洞庭,出九江,至江浙,北上京师,复南行至安徽。沿途历览山川,广交朋友,意欲共纾国难。清军入关后,他赴南京进光复之策。至九江,因南京陷落而折回。清顺治三年丙戌(1646)清军攻广州,守城激战中痛失长子。顺治七年(1650)奉使还广州,清军再攻广州,邝露与城中诸将戮力守城十月馀,城破,他整肃衣冠,怀抱古琴,环列古玩图书于身旁,端坐就戮,年仅四十七岁。他在岭南诗歌史上有着很高的地位,有"旷世未易之才"、"旷代仙才"之誉。著有《峤雅》二卷。其诗意境深窈,词采华茂,悲劲苍凉,被称为"粤中屈原"①。屈大均和陈恭尹在作品中多次咏及邝露。

黎遂球(1602—1646)于甲申之变后,积极抗清,清顺治三年丙戌(1646)任南明隆武政权兵部职方司主事,率两广水陆义师驰援江西赣州,与清兵苦战三日,入城与督师阁部杨廷麟会师,合力拒守。城破时率师巷战,中箭而死。黎氏于诗歌创作也较有成就。崇祯初年自北京落第南归,行至扬州,参加江淮名士举办的"黄牡丹会",即席赋诗十首,名列第一,被誉为"牡丹状头",诗名大噪。其后,与陈子壮等十一位诗人倡复南园诗社,世称"南园十二子"。其诗雄直痛快,高华俊爽。有"粤之太白"之誉。② 著有《莲须阁集》。

陈邦彦(1603—1647)为陈恭尹之父。"性刚正果毅,忼

---

① 温汝能辑,吕永光等整理:《粤东诗海》,中山大学出版社1999年版,第978页。

② 温汝能辑,吕永光等整理:《粤东诗海·例言》卷首,中山大学出版社1999年版,第20页。

慨喜任事，识见通敏，穿穴古今。"① 南明弘光初北上南京，上《中兴政要书》三十二策，不为所用。隆武时为大学士苏观生所荐，授监纪推官，未赴，旋中广东乡举，晋兵部职方司主事，监粤西"狼兵"入赣作战。隆武政权倾覆后，返回岭南，组织兵马，顺治四年丁亥（1647）七月与陈子壮、张家玉等互为犄角，攻广州，以牵制清军快速西追永历皇帝。攻广州失利，转战三水、高明、新会、香山，一月十馀捷。与驻守清远的卫指挥使白尚灿合兵拒守。九月，破城，陈邦彦巷战被执，被磔于广州，全家被祸。陈邦彦诗法杜甫，笔力老健，感慨深沉，在明清之际影响很大，其风格慷慨苍凉，被称作"粤中杜甫"。著有《雪声堂集》。②

应该说明中期之前的岭南先贤对三大家的影响还是间接的，而邝露、黎遂球、陈邦彦和明末岭南诗坛领袖陈子壮则对他们产生了多方面的直接影响，尤其是陈邦彦。

岭南三大家在自己的作品中多次表达对这些前辈的景仰之意，并自觉地向他们学习。屈大均曾师从陈邦彦，梁佩兰也自称是陈邦彦的私淑弟子。梁氏读陈邦彦遗集，并赋诗表达对他的敬仰之意。康熙十六年丁巳（1677）屈大均访黎遂球之子黎延祖、黎彭祖于番禺板桥之菂园，拜黎遂球像。黎延祖、黎彭祖兄弟二人于国亡之后隐居不仕。黎延祖藏其父遗书《莲须阁集》，并搜求先世诗文，共得十九人。陈恭尹选刊为《番禺黎氏存诗汇选》。从这些可以看出陈、黎等三人对岭南三大家有重要影响。

---

① 阮元修，陈昌齐等纂：《广东通志》卷285，见《广州大典》第256册，影印道光二年刻本，第651页。

② 温汝能辑，吕永光等整理：《粤东诗海》，中山大学出版社1999年版，第964页。

三、特殊的地域对三家雄直诗风的影响

"岭南三大家"之所以能形成"雄直"这一特色,也应当与这一特殊的地理环境有一定的关系。王士禛与程可则语曰:岭南人才最盛,"正以僻在岭海,不为中原、江左习气熏染,故尚存古风耳"。① 岭南人背倚南岭,面海而居。周边非山即海,平原狭窄。群山和大海深刻地影响着他们的心理,也塑造了他们的性格。古代由于大山的隔阻,在当地许多居民的意识中他们离"中国"远,离南洋近;离岭北远,离大海近。南洋似乎就是他们的一家亲戚。跋涉山涧、拨船下海,是他们的日常生活。他们看惯了深山幽谷、大海波峰。山、海的形象和性格已经内化到当地人的心里。山风劲吹,大海咆哮;时风激荡,人们应时而鼓舞。"岭南滨海之人,狎波涛,轻生死,嗜忠义若性命。"② 当地人大海染成的性格对"岭南三大家"雄直诗风的形成应该说也有着潜在的影响。

连绵的五岭隔阻了岭南与中原的交通,同时也减弱了中原和其他地区的文学风气对它所造成的影响和冲击。岭南地区地理上的相对封闭性,也使之更容易区别于中原、江左而独立发展,更容易形成自己的特色。岭南地区地理上的相对独立性,对其不同于中原诗风的形成有着重要的影响:

> 百川东注,粤海独南其波;万木秋飞,岭树不凋其叶。生其土俗,发于咏歌,粤之诗所以自抒声情,不与时为俯仰也。(陈恭尹《征刻广州诗汇引》)③

岭南地区虽然认同中原文化,认同中国的文化传统,但温柔敦

---

① 王士禛:《池北偶谈》,中华书局1982年版,第251页。
② 邓之诚:《清诗纪事初编》,上海古籍出版社2013年版,第302页。
③ 《陈恭尹集》,第635页。

厚的传统诗教，传至岭南也势必发生一些改变。正如潘耒《羊城杂咏》之六所云："地偏未染诸家病，风竞堪张一旅军。"① 梁佩兰亦云：

> 盖尝与独漉、翁山论诗，谓吾粤人人自成面目，不在天下风气之内。诚以诗之高在标格，远在神韵，精在骨髓。（梁佩兰《东轩诗略序》）②

梁佩兰所谓"不在天下风气之内"，恰好道出了岭南三大家这一诗风形成的重要原因。山西人张晋《仿元遗山论诗绝句》之五十二首云："瘴雨蛮烟海尽头，岭南三老尽风流。"③ 也许正是这海尽头的"瘴雨蛮烟"为他们提供了孕育其"雄直"诗风的特有的地域环境。

除以上所述之外，明末清初这一陵谷位移的巨变，对岭南三大家诗风的形成所产生的影响也是明显的。屈、梁、陈三人的个性和经历也是他们形成这一特色的一个重要原因。这些毋庸赘述。

屈大均和陈恭尹早年都曾是抗清志士，做文人雅士并非其首要的志向。梁佩兰虽然积极仕清，但在他思想当中却有着冲破传统观念的东西。其七言古诗《望罗浮》云：

> 安能日在小宇宙，偪侧复偪侧，磨中作一蚁，裈中作一虱？孔丘桎我以仁义，桀跖黥我以盗贼。④

这样的思想显然与一般的文人儒士不同。戴森《论诗绝句》之十四谓岭南三家"倚天长剑切云冠"，陆继辂《杂题》之四

---

① 潘耒：《遂初堂诗集》卷7《江岭游草》，见《续修四库全书》集部1417册，影印康熙刻本，第255页。
② 《六莹堂集》，第420页。
③ 转引自陈永正主编：《岭南文学史》，广东高等教育出版社1993年版，第353页。张晋，字隽三，山西阳城人。诸生。著有《艳雪堂诗集》。
④ 《六莹堂集》，第41页。

曰:"岭南三家豪杰士,蛮乡特立作诗人。"① 称三人尽为豪杰是否准确,姑且不论,但这一诗句却也指出了他们性格当中的一些东西。

总之,岭南三大家"雄直"诗风的形成,与其特殊的时代、地域以及他们特殊的遭际和性格皆有关系。同时岭南文学史上一些著名诗人也对三家这一诗风的形成有着重要的影响。

---

① 陆继辂:《崇百药斋三集》卷10,见《续修四库全书》集部1497册,影印道光八年安徽臬署刻本,第205页。陆继辂,字祁孙,一字修平,江苏阳湖人。嘉庆庚申举人,官贵溪知县。

第七章 岭南三大家散文和词创作及他们在清代文坛上的地位

第一节 屈大均的散文创作

屈大均在《翁山文外自序》中说："予所著有《翁山易外》、《广东新语》、《有明四朝成仁录》、《翁山文外》、《诗外》凡五种，号曰《屈沱五书》。五书中，自视唯《文外》最下，未能尽善，辄欲弃而不录。二三友人以为，此非予之文，乃予之心所存。天地之心在日月，以薄蚀而愈见其文；圣人之心在六经，以残阙而愈见其文；子之心在文外，以为未尽善，而愈见其文。后之君子，求子之文于尽善之中，非子之知己；求子之文于未尽善之中，斯子之知己已。庸可弃诸？"其《文外铭》又曰："有外之言，是吾用晦。"① 翁山的这段自我解说，不可视为饰非文过之巧言。《自序》与《铭》置诸首尾，有郑重提醒之意。徐信符《翁山佚文辑序》云："其中亦有诋斥胡虏，触犯忌讳，其后乃弃而不录……无怪翁山《自序》谓'《文外》未能尽善，心在《文外》，以为未尽善，而愈见其文也'。"② 其文不但如徐氏所说有触犯忌讳，弃而不录之处，更有欲言不敢言、不尽言之隐。读者当从其"残阙"之

---

① 《屈大均全集》第 3 册，卷首第 1 页。
② 《屈大均全集》第 8 册，第 2134 页。

处、"未尽善"处,求其隐意、发掘其文学。"以残阙而愈见其文",其文、其心正在其"未尽善"之处。屈大均散文作品现存有《翁山文外》十六卷,《翁山文钞》十卷,《翁山佚文》三十馀篇,《皇明四朝成仁录》十二卷,另有《广东新语》二十八卷,真可谓卷帙浩繁。如此数量庞大的散文作品,除《广东新语》作为杂著被人关注外,至今却极少有人对其散文创作的情况进行研究。

屈大均作为"岭南三大家"之一颇为研究者关注,但这种关注也仅限于其诗歌,对其散文的研究明显不足。比较而言屈大均的散文成就在当时算是比较突出的。前人曾给予他的散文以很高的评价,但这些评论多是在为他的诗文集题辞作序时附带论及的。魏世俶云:"予读屈子《翁山文外》,浩瀚磅礴,能自行其气。"① 何磻称:翁山之文"一铲韩、欧窠臼,独成三代以上之文"。② "屈大均论文崇尚唐宋,所为文以清辞华赡著名……事实上大均所为文如其诗词,同样表现出才、学兼优,随意着笔皆成妙作。收入在文集中的序、记、志、传、专论以及书札等,无不文质纷华,而叙述和论说诸体尤为擅长。偶以俚语入文,别裁取舍精当,读来清新别致,向为论者所推重。"③ "发而为文,含弘光大,不拘拘于汉、唐、宋诸家,而理足词达,如风行水上,波澜自生。其深造之言,刚健之气,非学《易》之功不至此。"④ "先生之文,简洁清高,浸淫秦、汉,盖其身当鼎革,迁徙流离。读《谒孝陵记》、《王惠愍哀

---

① 魏世俶:《翁山文外序》,见《魏昭士文集》卷3,魏际瑞等著,林时益辑:《宁都三魏全集》,《四库禁毁书丛刊》集部第6册,影印道光二十五年宁都谢庭绶绂园书塾重刻本,第323页。
② 何磻:《翁山文外题辞》,见《屈大均全集》第3册,卷首第4页。
③ 欧初、王贵忱:《屈大均全集前言》,见《屈大均全集》第1册,前言第7—8页。
④ 张远:《翁山文外题辞》,见《屈大均全集》第3册,卷首第2页。

辞》诸篇，怆怀故国，独写孤忠，广漠无人，泪随声咽，草野韦布之士，乃有如先生之奔走关外，志存呼吁者，真不愧湘累之遗裔矣。先生一生，虽穷困孤苦，然诗文为精魂毅魄，沉郁篋底，终腾作日月之光。"① 这些多是零碎之言，对他的散文进行系统研究的文章还不多见。有之，即为李文约之校点、整理《翁山文外》过程中对一些问题的说明，和朱希祖对翁山著作的考证。

大均散文数量庞大，大致可分为这样几类：人物传记、哀祭文、墓表铭文、序、书后、跋、记等。这些散文从总体上来看，始终贯彻着作者一切以儒学为旨归的思想。作者也通过这些散文表达了他心中积郁的遗民情思。另外具有百科全书性质的《广东新语》不但是研究岭南的重要资料，同时也有很高的文学价值，有不少清新可读的美文。

记类散文，写得出色的有很多。《孝陵恭谒记》为《翁山文外》首篇。作为遗民的屈大均其用意是明显的。开篇详述了明孝陵王气郁集、龙蟠虎踞的位置。紧接着一句："旧有松数十株，苍翠阴森，与岩石云林相蔽亏，皆六朝古物，今弥望无一存矣。"其《黍离》之悲，《麦秀》之叹和盘托出。接着移步换景详细记述了孝陵的布局和物什，不时再加以古时所有之物，"今皆亡矣"，"今亦亡矣"的慨叹。文章最后几句尤其让人动容：

> 臣大均自至陪京，尝三谒孝陵，以及东陵，匍匐阶墀，与二三宫监相向而哭。松楸已尽，御气虚无，仿佛神灵其犹未远也耶。有牧马蕃儿，方斫殿柱，柱上金龙鳞爪，半欲摧残。臣大均与以多钱，拜之而求其免。呜呼！

---

① 潘飞声：《嘉业堂本翁山文外序》，见《屈大均全集》第 8 册，第 2131 页。

尚忍言哉？亦尚忍而不言哉！①

该文记叙与抒情交合无间，虽为记游之文，但不啻为一篇催人泪下的抒情散文。除这一篇记之外，如《先圣庙林记》、《御琴记》、《登华记》、《黎太仆公画像记》、《二史草堂记》、《卧蓼轩记》和《浮湘记》等都非常优秀。

哀祭类散文总量与其他类作品相比并不算太多，但却有不少让人酸鼻欲泪的佳作，尤其是哀悼其妻女的作品。大均一生多次婚姻，最能打动他心灵的是其继室王华姜。康熙五年丙午（1666）翁山三十七岁游历西北时"继室王孺人来归"。"先是有榆林王壮猷者，乙酉秋，建义旗于园林驿，战败投城下而死，馀一女养于侯某家……王（作者按：华姜）好驰马习射，诗画琴棋，无所不善，伉俪甚笃。"② 翁山抱经世之志，而有雄略；华姜为忠臣之后，文武兼善，又天生丽质。二人志趣相投，伉俪情深意笃。华姜去世后大均写了一系列哀悼华姜的散文和诗歌，如《辛亥人日祭华姜文》、《葬华姜文》、《焚悼俪集古文》、《以荔枝荐华姜文》等。从这一系列的悼文中足见大均之深情。其中《辛亥人日祭王华姜文》追忆了他与华姜相识以来的往事，文章赞美了华姜的美丽和贤德。在翁山所有的哀祭文中最让人感动的还是《哭稚女阿雁文》。阿雁是华姜留下的唯一的孩子。

  呜呼，痛哉！至是而华姜真死矣。予自华姜之死，不见华姜，见雁如见华姜焉。天或者怜其母，而祐其子乎！异日成立，为忠臣之外孙，孝子之甥，以留榆林王氏一丝之脉乎！是虽女也，亦将如一丈夫子矣，而今已矣。嗟夫，予之不德，天降祸于予之身，可也。奈何降祸于华

---

① 《屈大均全集》第3册，第2页。
② 汪宗衍：《屈大均年谱》"康熙五年"条，《屈大均全集》第8册，第1903页。

姜，且及于雁。①

这里虽是悼念阿雁，实兼悼念华姜，名为悼念幼女，实亦抒发亡国之痛。忠臣之女，孝子之妹，忠臣之外孙，义士之外甥不可杀，而杀之，怎不触动他对死国烈士的怀念。接着回忆阿雁尚在襁褓之中就经历风涛霜雪，舟车颠簸之苦从遥远的北部边塞来到岭南。再写他为生计，去雷阳之前的情形。"濒行，雁坐一小榻啜粥，拈匙直视予无语。予入舟，即为《别稚女诗》，有云：'可怜初绝乳，未解一牵衣。'"②没想到这一次出行大均即永别了他刚满四岁的女儿。这篇散文，读来让人感到有无限酸楚。另外写得较好的哀祭文还有《死事先业师赠兵部尚书陈岩野先生哀辞》、《哭从弟乎士文》、《王惠愍先生哀辞及序》、《韩石畊哀辞》、《殇女说哀辞》等。这些文章所涉及的事情大多都与明末清初那段历史有关。

序，包括赠序、书序等，这类散文在翁山文集中数量较大。《广东新语自序》介绍了编著《广东新语》一书的目的和意义。告诉读者不可因为它仅记载了"一乡一国"而忽略其价值。

> 今夫言天者，言其昭昭，而其无穷见矣；言地者，言其一撮土，而其广厚见矣；言山言水者，言其一卷石，言其一勺，而其广大与不测见矣……故曰：语小天下莫能破焉。夫道无小大，大而天下，小而一乡一国，有不语，语则无小不大……是书则广东之外志也。不出乎广东之内，而有以见乎广东之外。③

这篇文章颇具哲理，道无大小，人们可以小见大，观局部而知整体。书序和赠序中应酬性的文字大多写得平实、理学意味较

---

① 《屈大均全集》第 3 册，第 222 页。
② 《屈大均全集》第 3 册，第 223—224 页。
③ 《屈大均全集》第 3 册，第 45 页。

重，有主理尚论之嫌。但一旦涉及与明末这场大动荡有关的人事，就完全不同了。翁山有许多序文写及明末志士、遗民。周秋驾学有渊源，是夏允彝和陈子龙的学生、夏完淳的友人。借为周秋驾祝寿之机痛悼吕宣忠和夏完淳忠孝两全。其对抗清志士的怀念之情洋溢在笔墨之间。

> 嗟夫！人尽臣也，然已仕未仕则有分，已仕则急其死君，未仕则急其生父，于道乃得其宜。存古当丙戌之变，年仅十六，与其友崇德吕宣忠亦年十有六，而从长兴伯吴公易、总兵黄蜚起兵太湖三泖间，战败而死，殉其君亦以殉其父，忠而且孝。天地之所赖以长存，日月之所赖以不坠，江河之所赖以无穷，乃在一成童之力。至今读其《大哀》一赋，淋漓呜咽，洋洋至万馀言，犹似未尽《麦秀》、《采薇》之短，《大哀》之长，固皆与《风》、《雅》同流，《春秋》一贯，为一代之大文，谁谓古今人不相及耶？（《周秋驾六十寿序》）①

另外，《哀陈恭人诗序》、《红螺词序》、《荆山诗集序》、《西屈族姑韩安人遗诗序》、《过易庵赠庞祖如序》、《寿王山史先生序》等都是非常优秀的序文。

书后、跋一类散文数量较大，一些文章很能见出他对历史的评价。大均之善论由此亦可看出。《书友人所作殷三仁论后》一文盖有感于明末之事，有意写翻案文章。

> 管、蔡畔而微、箕不畔，微、箕其能无愧于心耶？使当日者，微、箕出其智勇，助武庚以图光复。武庚，孝子，管、蔡，忠臣，而顽与迷之民相与响应，周之为周，诚未可知也。呜呼，殷有一仁而不能救殷之亡，有二仁而不能兴殷之灭，其自为则诚得矣，如宗社何？吾其不能无

---

① 《屈大均全集》第 3 册，第 92—93 页。

> 所憾也已！友人某尝为《殷三仁论》，于微、箕有不足之辞，盖以讽今代之为宗臣藉口遁荒为不失忠贞之节者，使微、箕为法受过，亦诚有所不得已者也。①

这篇文章一反成说，却也言之成理，具有很强的现实针对性。《翁山文外》卷九《书伯夷传后》颂扬遗民，溯其原始："古无死节之士，有之，自夷齐始。"夷齐所行之义"高厚如天地，光明如日月，错行如四时，流如川，峙如山岳"。遗民所行之义何以如天地，如日月，他在《书逸民传后》一文中有进一步的论述。

> 古帝王相传之天下至宋而亡。存宋者，逸民也。大均曰，嗟夫，逸民者，一布衣之人，曷能存宋？盖以其所持者道，道存则天下与存，而以黄老杂之，则亦方术之微耳，乌足以系天下之重轻哉……世之茕茕者，方以一二逸民伏处草茅，无关于天下之重轻，徒知其身之贫且贱，而不知其道之博厚高明，与天地同其体用，与日月同其周流，自存其道，乃所以存古帝王相传之天下于无穷也哉。嗟夫，今之世，吾不患夫天下之亡，而患夫逸民之道不存……道统失，治统因之而亦失。②

从此处所引之文来看，前人评大均散文"理足词达，如风行水上，波澜自生"③，诚为确论。

大均散文中的许多墓表、铭文不但有较高的史料价值，同时也有较高的文学价值。《樊义士墓志铭》记布衣樊洁居贫力耕以养。崇祯十七年（1644）三月，京师陷。樊洁辍耕走华山西峰，日夕痛哭，以至于死。

> 结庐于西峰以居。凡四年间，每遇霜黄木落，风雨晦

---

① 《屈大均全集》第3册，第158页。
② 《屈大均全集》第3册，第394页。
③ 张远：《翁山文外题辞》，见《屈大均全集》第3册，卷首第2页。

冥之候，人未尝不闻其哭泣。朗月之夕，或歌《蓼莪》，或诵《离骚》、《山鬼》。其声悲酸凄楚，断续于幽林潋濑之中，呜呜不止。有一白鹿尝旋绕其门，哀鸣至旦。久之，君目肿痛失明。素无童仆，不复能自治饮食，竟以死，年止四十岁。①

此文叙其事，歌其志。樊洁之情不但动人而且让野鹿为之感动。《翁山文外》卷八《自作衣冠冢志铭》云：

予于南京城南雨花台之北，木末亭之南，作一冢，以藏衣冠。自书曰"南海屈大均衣冠之冢"，不曰处士，不曰遗民，盖欲俟时而出，以行先圣人之道，不欲终其身于草野，为天下之所不幸也……衣冠之身，与天地而成尘；衣冠之心，与日月而长新。②

此文虽短，但寓大悲大痛及弘愿于其中。此文位于卷首，与位于卷末的《翁山屈子生圹自志》可相互参看。作为有志于天下的屈大均，生作冢墓，绝非游戏。二文在《翁山文外》卷八一首一尾，寓意明确。其他写得较好的墓表、铭文如《华姜衣笄冢志铭》、《亡媵陈氏墓志铭》、《四殇冢志铭》、《幼女阿端圹志铭》、《钟广汉墓志铭》、《先考澹足公处士四松阡表》、《伯兄白园先生墓表》和《仲兄铁井先生墓表》等。

书启类散文，数量不多。《与孙无言又》记述自己在北方边地，英雄墓前，日与豪杰读书射猎。"觞咏于雁门之关，广武之戍，慷慨流连，不知其身之羁旅也。""近来能走马，不弱并州儿也。"此文虽短，却显示出翁山的豪侠形象。《与龚柴丈书》云：

幕府多暇，出寻武灵、武安战阵（原作"陈"，据《屈大均全集》改）之遗迹，恨平生学古兵法，不得当此

---

① 《屈大均全集》第3册，第368—369页。
② 《屈大均全集》第3册，第146页。

> 黄沙白草一展所长，徒饮酒赋诗，以送岁月，致千（原作"乎"，据《屈大均全集》改）秋之下，以词人目我，岂不伤哉？不如足下闭门灌溉，为於陵仲子之所为，犹得全高士之节。昔人遭时不偶，则退而为高士。①

此文透露出英雄失路之悲，归隐田园之念。在翁山文集中对隐逸山野之人时有微词，而此书却显示出他对龚柴丈种花弄鸟、读书写山这种生活的向往。也许这是眼看大势已去，恢复无望之时的意冷之词。虽为意冷之词但仍显慷慨豪迈。《复王山史书》、《答汪栗亭书又》、《复吴绮园书》、《与石濂书》、《复石濂书》和另外四篇骈体书启等也都较有特点。

传记、行状类散文很多。《翁山文外》卷三、《翁山文钞》卷四和《翁山佚文》中传记、行状类作品很富特点。传主主要是明末为国事死难的烈士、不仕清朝的遗民和坚守志节的烈女。《翁山文外》第三卷之《锡眵传》行文不长，但其遗民之恨却最为激烈：

> 锡眵性多言，每谈先朝遗事，扼腕弥日。遭乱感愤，闻雷震，辄叹息曰："雷、雷，何不向广州击平南王，而在此轰轰耶？若平南王不可击，请击锡眵。锡眵有目，诚不忍见此世界也！"②

锡眵言辞之激烈无以复加，其恨之深至生自毁意向。《诰封定远将军王君行状》叙述一明末抗清遇难志士，颂扬了定远将军的善行高才。该文叙述从容不迫，寓含深情。《高士传》记载了明末一组遗民，翁山在此有意为明遗民立传。另外《顺德给事岩野陈公传》、《文烈张公行状》、《继室王氏孺人行略》、《继室黎氏孺人行略》等都是很好的作品。这类散文最

---

① 周在浚等辑：《赖古堂尺牍新钞·三选结邻集》卷4，见《四库禁毁书丛刊》集部第36册，影印康熙赖古堂刻本，第566页。
② 《屈大均全集》第3册，第109—110页。

引人注目的当为《皇明四朝成仁录》。这部书有很高的史料和文学价值。翁山毕其一生广事征集崇祯、弘光、隆武、永历四朝的死节之士数百人的事迹，撰成此书，至民国年间，叶恭绰编成十二卷的"大著作"。此书是以时间为经，以地域为纬，再以地系人，有传有赞，融纪传体和纪事本末体为一炉的当代史。尽管他二十岁前后就已开始写作，但最后仍未能完成，抱恨而终。他临终之前诗云："所恨《成仁》书，未曾终撰述。呜呼忠义公，精神同泯没。"(《临危诗》)① 这部著作的撰写尤其是第六卷之后对弘光、隆武、永历三朝的近五百位死节之士事迹的记述，有作者深刻的用意。像朱熹作《资治通鉴纲目》为天下定正统一样，大均亦欲通过这部著作来为南明争正统地位。这种用意在他的诗作中也有过表述。《翁山诗外》卷四《季伟公赠我朱子纲目诗以答之》云：

> 年来辞赋已无心，早岁《春秋》元有志。书法只今在草野，一部《成仁》吾《史记》。上师尼父下紫阳，空名不敢遗天王。天留一岛作华夏，茫茫海外长相望。②

这些作品具有较高的史料价值，可补正史之不足，其中许多人物传记也有较高的文学价值，如《皇明四朝成仁录》卷十中《顺德起义诸臣传》之陈邦彦传，《东莞死事诸臣传》之张家玉传等。两文主要记述了屈大均的业师兵科给事陈邦彦和大学士吏部尚书张家玉抗清死难的过程。许多记载死难志士的传记写得既委曲备至，又慷慨豪迈。如卷十二《广东死事三将军传》写王兴自焚一节：

> 十一年，境内荐饥，（王）兴散粮储以赈……久之，城中食尽，兴令兵民散出就食。时升米二千钱，鼠一钱百，人虽饥羸，无有异者。兴私谓其弟曰："城可恃而食

---

① 《屈大均全集》第1册，第110页。
② 《屈大均全集》第1册，第187页。

不支，天也。我终不降，弟善抚诸孤以续先祀，我死且不朽。"乃密斫大棺一具藏之。十二年八月，城将陷，（尚）可喜使使来招。望日，日夕，兴令将士登陴严守，自与妻张氏朝服及诸妾北拜谢恩，置酒相诀。张氏与妾十五人皆缢死，兴举火自焚。比晓，敌人入视，兴与妻妾十七人骸骨皑然，乃取所斫大棺合殓之。时兴年四十五。①

这段文字对王兴自焚的前后交代甚详，写出了王兴慷慨悲壮的结局。

屈大均的山水写景之作主要集中于他的《广东新语》的第三、四卷。屈大均一生乐于山川之游，岭南山水，游历殆遍，也留下了很多山水记游之作。这些作品大多并不单纯记游写景，而是在写景之时，不时地穿插与此相关的史实、传说和诗文。他写家乡山水的《罗浮》一文就是这方面的代表作：

> 罗浮之状，雨则两山相合，晴则两山相离，尝有白云如水，汪洋数十百里，诸峰漂散，如有海在于山中然者。铁桥者，天之所以拘系二山，使之不随（按："不随"二字，原无，据康熙三十九年木天阁刻本补）白云流浪者也……罗浮乍合乍离，变态不定。予有《罗浮曲》云："可怜罗浮山，离合亦有时。天雨罗浮合，天晴罗浮离。"……向称罗浮在海之中，不知海乃在罗浮之中，自朝至暮，白云如波涛，浩浩无际，予身渺然，乃一叶之舟，尝言登罗浮有如浮海……天晓时，云如万箭从崖石隙飞出，遇风则彼此相射，如战斗状……出时四山摇荡，惟闻风雨驰骤声，岩岫漂流，乍远乍近，乱峰浮者如泡沫，沉者如坠云，日光隐隐，如五彩绮罗。日东则雨西，日西则雨东，日下则风雨上，风雨下则日上，是皆云之所变怪。②

---

① 《屈大均全集》第3册，第906—907页。
② 《广东新语》卷3，《屈大均全集》第4册，第75—77页。

这一段主要描写的是山中的云雾。罗浮山为粤中名山,气势雄伟,风景秀丽。本文细致地描述了罗浮山的气势、泉源、瀑流、云雾和古迹,同时还穿插一些传说,征引一些史实和诗文,给自然山水染上了不少人文的色彩。

翁山的学术文章本不在论述之列,在此略作述说。屈大均的学术论文,考辨精细,这一特点突出地表现在《四书考》等学术类文章中。甚至记、说辩等非学术性散文中的某些作品也有同样的表现。如《翁山文钞》卷三之《鼻天子冢碑》一文即有此特点。该文云:始兴县南二十里,有鼻天子冢。有人以为是虞舜之弟象的坟墓。象本来未为天子,何以称之为"鼻天子"呢?然后翁山广泛征引资料,来说明舜之弟象何以称为天子。先后引用了《史记》、《山海经》、《括地志》、《括地志传》、《礼记》、《书》等典籍中的资料。可谓考辨史实一丝不苟。另外如《文昌阁记》、《侯王庙碑》、《唐晋王祠记》、《先夫人祔葬记》、《孔子姓孔说》、《有子称子说》等也是如此。非学术性散文中一些作品即已如此,学术性文章《四书考》就毋庸赘言了。《四书考》为大均与何磻合撰,分为《大学考》五卷,《中庸考》六卷,《论语考》十卷,《孟子考》七卷。朱希祖云:"屈、何二公考证《四书》之作,不事空言。"[①] 屈大均之所以要考辨"四书",固然是因为屈大均本来就对学术研究有浓厚的兴趣,另外还和他对儒家文化与华夏治统关系的理解有一定的关联。他在《书逸民传后》等文中认为儒学乃华夏文化的精髓,"若逐二氏而弃儒",则华夏文化将失其传承,"亡天下"的悲剧将不可避免。屈大均一生坚执儒说,不惜耗费大量精力撰述《四书考》,当有借弘扬儒家道

---

① 朱希祖:《屈大均(翁山)著述考》,见《屈大均全集》第8册,第2141页。按:《屈大均(翁山)著述考》,以下行文中简称《著述考》。

统、虚幻地延续华夏治统的意识。屈大均另外一部学术著作《翁山易外》显示了他对易学研究之精深。

关于大均散文的特点，前人的论述尚嫌简而零碎。在此，笔者不妨对这一问题进行一次较为系统地探讨。大均长于叙述，深得《史记》笔法。有些作品很注意人物性格的刻画，三言两语，人物形象即跃然纸上：

> 浦子口有一闽人，己亥秋七月，在延平王国姓成功军中。王攻南京弗拔，军溃败后，是人流落浦子口，乞食市中。发长不翦，不语不言，有司拘之欲杀，即引颈就刃。使之剃发，不答。官以为疯子也，释之。五年发长委地，人皆称曰长发乞人云。(《长发乞人赞 有序》)①

这一段话用极为简省的语言不但说明长发乞人的来历还刻画出了他的性格。《八百里人赞 有序》写一人善跑，号"八百里人"：

> 身瘦小，不多食饮，日惟啖二麦饼。胫毛长二寸许，举足若秋鹰，顷之灭没。每当平沙旷野欲止，则直奔一树，以两手抱树，久之，其神乃定。抱树不牢，则两足又蹈空而驰去矣。②

这一段话不足八十字，此人的形象已经鲜活。

有些作品像司马迁刻画人物一样，通过其少年时代的一件小事来揭示人物的主要性格。如《翁山佚文》中的《文烈张公行状》即是如此，先叙早年言行以见其人之性情。"幼从诸同学登黄旗峰，峰陡险，皆有难色。公独造绝顶，举觞属其师林公浡曰：'我辈作人非第一流不可！'林公惊异之。"③

屈大均《皇明四朝成仁录》仿《史记》之法，多把传主

---

① 《屈大均全集》第3册，第208页。
② 《屈大均全集》第3册，第212页。
③ 《屈大均全集》第3册，第456页。

分类写入合传之中。同一时期在同一地方殉难的志士合为一传,多以殉难之地名篇。《皇明四朝成仁录》写明末死难烈士,虽以记录史实为主,但对人物性格的刻画也很重视。这类作品对材料的选择非常重视,如同《史记》一样,常常只选择传主一生中几件能够凸显其性格的重要事件进行记述。当然,出于突出主题的需要,这类作品对志士抗清殉难的过程叙述比较详细。事件发展虽纷纭复杂,但作者的叙述却显得从容不迫,错落有致,条理分明,充分表现出作者高超的叙事水平。写抗清志士奔赴国难,从容就死,其中流贯着一股浩然正气。因此这类作品整体上显得英气浩荡而又从容舒展;委曲备至而又慷慨悲壮。如《异姓亲王死事传》之李定国传、《前广州死难诸臣传》之苏观生传、《广东死事三将军传》之王兴传和陈奇策传、《南海起义大臣传》之陈子壮传等皆有这一特色。《皇明四朝成仁录》中的作品受作者所掌握的材料的限制,有长有短,有详有简,不可一概而论。

  翁山长于论说。说理性的文字大多能做到"理足词达,如风行水上,波澜自生"。上文已提到的《广东新语自序》、《书友人所作殷三仁论后》、《书逸民传后》等即是如此,一反常见而又说理畅快,透彻易解。《题周子画像》云:

> 平山周子以今癸亥为六十,甲子一周,问言于予。予观《易》数,九终而六始,六终而九始。九者,一也,一以剥之,尽而后复,明岁为上元甲子,周子将复其初矣。初之阳为乾,潜龙以勿用,为无穷大用……其见于身者,齿落复生,发种种复长,貌枯悴复童孺如红玉。①

这段话在现代人看来,虽有诡辩之嫌,但其说辞却不悖易学原理,使人不得不佩服他的论说能力。不过有些文章就显得有些

---

① 《屈大均全集》第 3 册,第 183—184 页。

晦涩：

> 日月者，以天为心，人以心为天，日月不得乎天，无以为日月，人不得乎心，无以为圣人。昔者圣人作《易》，专以日月为言，盖以天不可见，可见者日月，日月之中有天焉。非天无以为光明，见日月之光明，斯见天之精神所在矣。人之心，天也，日月得之，以为日月，人得之，以为圣人；不得之，且无以为人。然何以得之？其以无思得之，无思而未尝无思乎？其以不学得之，不学而未尝不学乎？学在不学之中乎？思在无思之中乎？诚如是而久之豁然。（《得斋说》）①

虽然不能说这段文字没有道理，但对不少人来说就显得晦涩难懂了。

大均重经术，尚议论。有些文章显示出浓厚的理学色彩，甚至个别文章显得有些迂腐。这种现象的出现，与他的经世思想和文论主张有一定的关系。这类文章所呈现出来的主体形象与其诗歌的抒情主体形象，判若两人。这种差别当源于大均雄肆的个性与儒家经世理念的反差以及文体对作者的限制作用。在经世思想方面，他最服膺的是孔孟程朱，同时他也用醇儒的标准来要求自己；文论主张方面，他虽称赞唐宋古文，但对韩愈文论颇有微词。这可能是因为在他看来韩愈的儒学思想驳杂不纯。

> 吾尝谓文人之文多虚，儒者之文多实，其虚以气，其实以理故也。天下之实者，理而已耳；至虚者，气而已耳。为文者，能以理而主其气，则气实，否则气虚，故有谓文以气为主者非也。儒者之道，舍穷理之外无馀事，穷理所以尽其性，尽其性所以至其命。（《无闷堂文集

---

① 《屈大均全集》第3册，第126—127页。

序》）①

此序对宋代散文称赞颇多，而且多就理学家之文而言。他某些说理散文显得理实意平当与他这种经世思想和文论主张有关。

大均抒情性的作品，情深意厚，婉而有致，少促节急声。有时虽激切慷慨却不显得踔厉焦躁。上文已经提到的最让人鼻酸泪流的《哭稚女阿雁文》以及他纪念王华姜的大量悼文已经清楚地显示出大均之深情。《翁山文钞》卷五《钟广汉墓志铭》叙其友钟广汉有志著史，但不幸年刚三十，书未成而客死他乡，写来颇为动情：

> 广汉未死前数日，为一书以遗予，大略谓山川之乐不如家庭，友朋之欢不如母子，劝予早归。予读而再拜，泪淫淫其不可止也……呜呼，孰谓可游如广汉，竟不可游，而不可游如予者，尚得以性命苟全耶！死生呼吸耳，年三十者不得长，而予年四十其可保耶。使广汉家居端坐，凝神伏气以自养，寿或可延。不然，而正命死于父母之手，亦为人子之幸。今至是，其何以解其亲之哀且痛，而瞑目于泉下耶！②

此文对友人的哀痛之情颇为感人。钟广汉只是大均的一位普通朋友。大均大量的赠人唱和之诗，与之相关的也只有两首。对待普通朋友即已如此，更莫论其至交和家人了。上文提到的《与龚柴丈书》慨叹其空怀经世之才，而不得其用，心中应有无限感慨，甚至应有几多愤懑，但文中之情并不显焦躁。

屈大均颇为深情，无论对其妻室，还是对其朋友皆用情很深。无论诗词还是散文作品，总的来说都感情充沛。总之，翁山长于叙事，善于说理，抒情文字情深意厚。又如前人所论，翁山出脱唐、宋，韩、欧窠臼，直追汉魏以至三代之文；其深

---

① 《屈大均全集》第 3 册，第 68 页。
② 《屈大均全集》第 3 册，第 370 页。

造之言，刚健之气，得力于学《易》之功，理足词达，自行其气，浩瀚磅礴。

就清初散文而言，屈大均的散文无论数量还是质量在当时都是比较突出的。若将其文放到古文谱系当中，在与当时及不同时代的文章进行比较研究之后，当会有所发现。《皇明四朝成仁录》是一部记载明清之际杀身成仁者的叙事性著作，其叙事比较独特，文体也有特色，若从叙事学和文体学等文学的角度切入，亦会有所发现。其文中保存了大量被正史遮蔽的信息，可以从历史学的角度与正史及同时期的杂史比较研究，既可以文证史，亦可补正史之不足。

第二节　陈恭尹、梁佩兰散文简说

一、陈恭尹之文

陈恭尹不以文称名，但不可忽视其文的价值。《独漉堂文集》十五卷，存文数量可观。陈恭尹曾与清初三大古文家之一的魏禧认真讨论过立身、为文、为学之事。二人曾就"为文之道"和为文之法深入切磋。陈恭尹《与魏冰叔》中云，魏禧"所示为文之道，皆弟意中所悉也"。① 由此可知陈恭尹之文，亦非率尔为之者。不但其心存乎其文，而且文中亦保存了大量被正史遮蔽的信息，亦可起到以文证史，以文补史的作用。

卷九《奏疏》、《启事》、《笺白》手稿尽毁，仅存其目，陈恭尹文实存十四卷。其中第一卷最能见出作者之心，也是陈恭尹所有文章中最有特色的部分。第一卷有赋八篇，和文

---

① 《陈恭尹集》，第637页。

《七别》一篇。《七别》虽未以赋名之,其实也应该归入赋体文章之中。这一卷赋多为其早年之作。康熙十三年甲寅(1674)初刻本《独漉堂集》即有此一卷赋。

这一组赋可以视之为陈恭尹抒情写志之文。尤其是《辩命赋》更是如此。这篇赋表达了他对自己命运的反躬自问。此中不平之气甚显。

> 天府六星,四曰司命。夜见庭隅,傍连斗柄。垂精耀芒,若发号令。陈子适仰见之,俯而叹曰:闻诸星经,是主咎灾,往者圣贤,穷则呼之,殆谓此耶?吾有所疑,何能下听,愿得毕辞……吾独何辜,乱如此怃?豸当路立,虎入郭处。张为风云,翕为雷雨。人之有室,上栋下宇。吾独何辜,率彼旷野?陆有蜂虿,溪有射工。含沙奋螫,毒甚刀弓。人之有口,变紫为红。吾独何辜,结舌于胸?人之与物,其间几希。相彼鸟矣,饱啄高飞。如彼潜鳞,泳之游之。吾独何辜,载渴载饥?

这一段中"吾独何辜"一句,就像是一首乐曲的主旋律一样,反复出现,表达了他心中强烈的不平之气。之后笔锋渐转,认为一切未定,还有作为的可能。

> 假寐而思,若有大人,玄冠绛衣,为予释之曰:山可极,止于命也;天不可测,未有定也;玉师于砾,损乃益也;艺黍获稷,逾求所得也。

所谓"大人"其实是他思想的另外一面。角度一经转换,也就不再自怨自艾了:

> 上天苍苍,厥命靡常。朝为白云,暮化为黄。为虹为霞,五色施彰……高居大爵,为利诚厚。苟非其义,亦何足取……是富贵者,颇异人否?非有八臂,四目两口……老子于穷,将固其守。小心翼翼,是谓文王。仲尼大圣,亦畏于匡……他山之石,用砺干将。怨仇之毁,君子良

> 朋。试子多难，将周其防……妻嫂不炊，六王折节。糠核而肥，席门多辙。楚母进餐，刘兴项灭。不有忍也，其机不发。与子饥寒，以劳筋骨。四者之来，天其玉汝。或不自爱，予何能助！守此而老，即汝之宝。抱是而终，即子之通。其屈甚短，而伸无穷。吾言止矣，鹄举而逝。①

他用圣人处困来比况自己现实的处境。最后一句"吾言止矣，鹄举而逝"，更可看出他不甘命运的安排，跃跃欲试的神态。

陈恭尹的《荔枝赋》在命意上类似于屈原《橘颂》一文，属于言志述怀之作。他在文中先言羊城广州之位："五色仙羊，双星牛女。离火正文明之位，海水即鹍鹏之所。"这里"百宝所生，不可胜举"，而荔枝为众果中之珍贵者。最后说荔枝这种水果，立命炎天，不可迁移：

> 地异则叶脱枝干，途长则色衰味薄。盖其不变者，类志士之用心；而可传者，乃圣人之糟粕。②

顺治十六年己亥（1659）陈恭尹与何绛一起北游留滞湘中之时，仿枚乘《七发》体，作《七别》一赋。文中"言子"为作者自称，"何子"乃指何绛。此赋亦为言志之作。序云："昔枚乘作《七发》，傅毅、张衡、崔骃、曹植之徒并慕效之，辞旨各美，然颇恨其声色侈靡，非壮夫之志。""用写予怀，非曰与古人争胜也。"此时的陈恭尹对复明之事，仍抱有希望：

> 时隆则圣人穷，事失而智士出。故英雄无终困之时，天道有好还之日。节侠之士，则莫不修怨愤，悯颠踬，报德于危，求伸于屈。③

顺治十五年戊戌（1658）陈恭尹二十八岁。这年春天，陈恭

---

① 《陈恭尹集》，第569—570页。
② 《陈恭尹集》，第571—572页。
③ 《陈恭尹集》，第581、586页。

尹与何绛出厓门,渡铜鼓洋,访故人于海外,欲收拾海上抗清残馀,无成而反。八月与何绛北上欲取道湖南,西入云贵,寻找南明军队。《北征赋》即述其此时北上之事。"戊戌之秋,白露八月,予将有行,告庙及室"①,历清远,过浈江,逾梅关,至湖南。取道宜春,度岁于昭潭,而滇黔路绝。西南未能成行,乃登南岳,泛洞庭,操楫江汉。之后渡彭蠡,下池州,寓芜湖。适值郑成功围金陵,张煌言进取徽宁。陈恭尹与共策画。因郑成功骄懈,旋即败退,张煌言亦间道出海。陈恭尹这次远游志在西南,而行在东北。因有顾忌,故而作者闪烁其辞。若不悉其生平,几不辨其所为。

《荔枝赋》、《辩命赋》和《七别》所言为志士之心,《北征赋》所言则为志士之行。当复明已成泡影,陈恭尹即抱定遗民之志,安于箪瓢藜藿。《小斋赋》云:

> 若夫箪瓢在巷,乐以忘忧;藜藿入间,贫而非病。斯固贤士之高风,而非书生之薄命也。若乃卵无既覆之巢,瓮绝可悬之牅。恒兀兀以终日,将栖栖而白首。②

此赋既有安贫乐道之意,又有覆巢孑遗之恨。《菊赋》为咏物之作,托秋菊而寄其遗民之襟怀:

> 香断续而或闻,心固结其未展。幸见赏于高贤,惧芳时之已晚……进之几研之间,赐之燕闲之暇。掇其金英,荐之玉豆,则足以畅叙幽情,发扬大雅。倘其弃捐勿用,枯槁空谷,充屈子之夕餐,伴陶公之幽独。亦可以忘百忧于中怀,疗风眩于头目。③

《菊赋》作于康熙二十四年乙丑(1685),其时陈恭尹已进入暮年。心中愤激渐退,无论其诗或其文都有澹泊恬然之色。

---

① 《陈恭尹集》,第576页。
② 《陈恭尹集》,第575页。
③ 《陈恭尹集》,第581页。

陈恭尹所存赋共九篇。从整体上看，抒情写志的色彩非常明显。这也是陈赋最为突出的特色。

《独漉堂文集》卷十《墓志铭》、卷十一《传》、卷十二《行状》虽文体有别，但多是些具有传记性质的叙事性散文。卷十三《祭文》虽有较强的抒情性，但其中也有不少叙事性的内容，这些叙事性内容，也一定程度地显示出所祭之人的某些性格特征。陈恭尹这类作品所记多为与明末清初这场大动荡有关之人。这些人在这场浩劫中也大多表现出了在他看来值得称道的品质。

卷十《墓志铭》共六篇，墓主皆为在这场大动荡中表现出高尚情怀之人。《明明经如珩湛公墓志铭》中的湛粹为陈邦彦之友。顺治四年（1647）陈邦彦起兵抗清，清军追捕陈恭尹。湛粹匿陈恭尹于田舍之中，并自留县衙四十馀日，出千金贿赂县令，使陈恭尹免于一死。《华姜墓志铭》中的王华姜为屈大均之妻，明末义士王壮猷之女。《何左王墓志铭》中的何衡"甲申之后，天下多故，遂绝志进取，隐居教授。为人行方而和，非道义不言"，出游吴楚间，后隐居罗浮以终。①《罗秀才墓志铭》中的罗璟"高才不试，中更变乱，奉母避地，常正衣冠而居。遇时辈贵人，虽故交，闭户绝不往来。闻仗节死义之士，欣然曰：'丈夫当如此也。'"② 陈恭尹叹为志士。《梁寒塘墓志铭》中的梁槤为"北田五子"之一。"早岁感慨世难，每思投袂而起，常斥千金产资同人远游。既落落无所成，乃与同邑何左王衡、何不偕绛、番禺陶苦子璜暨尹闭关北田"，③ 隐居读书。《蔡艮若墓志铭》中的蔡艮若于"崇祯末，年十二三，应童子试，冠一军……性至孝，笃气谊，狷介，少

---

① 《陈恭尹集》，第 657 页。
② 《陈恭尹集》，第 658 页。
③ 《陈恭尹集》，第 659 页。

许可，座有意外客，即艴然去之"。① 蔡与陈恭尹等结茅亭荷池中，杜门事古。陈恭尹这六篇铭文显然有表彰志士之意。

卷十一《传》和卷十二《行状》所记之人亦多如卷十。《张金吾家珍传》中的张家珍为"增城文烈公家玉仲弟。文烈起兵时，君年十七，常着小金冠，披紫铠，别率所部千人为奇兵，转斗数胜"。②《司理林公传》中的林渶为张家玉业师，张家玉起兵时，曾与之共为谋画，后入狱死。《王础尘行状》中的王础尘早年亦有四方之志。《陶握山行状》中陶璜性孤僻，嗜吟咏，乱后挈妻子入穷山之中。卷十三《祭文》所祭之人亦如前数卷，多为抱志士和遗民情怀之人。陈恭尹此数卷散文，不但表彰了节义之士，同时还保留了这场大动乱中的一些可贵的资料。这些散文在写法上，善于抓住人物最为突出的性格特征和作者想要突出的品质进行重点刻画。

另外，陈恭尹也有不少诗序和文序，在这些序文中对他的性情论诗学观进行了较为深入的分析。笔者于上编第六章第四节《陈恭尹的性情论诗学观》一节进行了详细的论述。此处从略。除此之外其他部分，如卷五《记》，卷六《上书、书牍》，卷七《设论、条议》等也有很多篇目值得称道。

陈恭尹之文记录了明清鼎革之际很多当事人的行迹、情感和思想，保存了大量被正史遮蔽和忽略的信息，不但有较高的文学价值，也有重要的史料价值，有证史补史之用。这些文章不但记录了那个时代，也记录了陈恭尹这位特殊时代典型人物的心迹。但其文字摧折锻炼，千回百转，非熟玩，则不闻其无声之哭、不言之痛，见其刑天舞戚、精卫填海之思。

---

① 《陈恭尹集》，第660页。
② 《陈恭尹集》，第661页。

二、梁佩兰之文

梁佩兰的散文现存不多。吕永光先生于《六莹堂集》共收其佚文二十五篇,董就雄教授《梁佩兰集校注》又增加数篇。所辑佚文多是为他人诗集、文集所撰序言。这些序文所论多为他对诗文的看法。从这些文章当中,不但可以看出其为文之道,也可以看出其为人处世之道。

康熙三十二年癸酉(1693)春,梁佩兰、陈恭尹为吴文炜辑录订刻《金茅山堂集》。梁佩兰在序中云:

> 诗以自道其情而已矣。情之所至,一倡三叹而已矣……性情勃然而兴,跃焉而出,激发焉而不能自禁。故夫天地、日月、风雨、露雷、山川、草木、动植,鸟兽飞走、鱼龙变化,无一而非吾性情之物。而吾之喜怒哀乐,或则言笑,或则歌舞,或则感慨,或则幽咽,一一见于讽咏之间,而诗成焉。此天地之真声也……故夫情之不真,非诗也,团土刻木而已矣……夫性情,无所谓庸与奇也。诗亦如是而已矣。予尝持此说以与诸子论诗,莫不以为然……予粤处中原瓯脱,人各自立,抒其性情,翁山、元孝而外,山带其一也。①

在这篇文章中他强调诗写真情,反对摹拟。不过这一思想在当时并无新意。

他虽然讲求诗写真情,但他不赞成在诗中抒写悲伤怨愤之情。

> 不幸而时命限人,则拔剑斫地,发为哀吟。有如晓角秋笳,酸人心鼻。此亦变风变雅之一体也。然而未免有损

---

① 《六莹堂集》,第415—416页。

天和。则又不如即现前之景物,写逸士之幽怀。虫鱼草木,静观焉而得其消息之机;世故物情,冷觑焉而穷其变幻之态。任意挥斥,只自怡悦,不求人知。与乎于耕、于钓、于酒、于狂者,同一用意。若是者,谓之诗隐。(《南塘渔父诗抄序》)①

梁佩兰在这篇文章中认为即使遭逢不幸也不要作不平之鸣,应该即现前之景物,写逸士之幽怀。他对南塘渔父何杙隐于诗颇为称道,而对其好友王隼"写其呵壁问天、磊落扼塞、怫郁侘傺、突兀不平之气"颇有微辞:

抑予更有感焉:以蒲衣美才,上有怜才之君,下有荐贤之相,使之出入承明,给赐笔札,振其鸿藻,与相如《谏猎》、子云《甘泉》,亦何必异?而故卑处孤芦,徘徊彳亍;徒步于台岭,担簦于八闽,荡楫于蠡湖,息影于庐岳;以凄思苦调为哀蝉落叶之词,致自托于佳人、君子、剑侠、酒徒、闺闱、边塞、仙宫、道观,以写其呵壁问天、磊落扼塞、怫郁侘傺、突兀不平之气。(《大樗堂初集序》)②

梁佩兰对文人学士应该做的事情在《南塘渔父诗抄序》中说得更清楚:

士夫生钟岳渎之秀,饱读古今之书,含英咀华,发为文章,必思有以自见。幸而操五色之管,侍天子之侧,赓卿云之颂,续喜起之歌,表彰盛业,鼓吹休明。词章之用,莫此为著。(《南塘渔父诗抄序》)③

他的意思是要呼唤文人学士,当此圣明之时,多写"灯取影,水取空,风无声,云无色,烟无气"的神韵之作来点缀太平,

---

① 《六莹堂集》,第419页。
② 《六莹堂集》,第408页。
③ 《六莹堂集》,第419页。

润色鸿业。他在《中洲草堂遗集序》说:"毕竟雅人深致:总于温厚和平,意旨不爽毫芒。"① 梁佩兰如此持论,则完全忽略了文人学士所应该承担的社会责任,也丢弃了文人学士作为社会的良心所应该秉持的社会批判意识。

以上所举例证虽然是梁佩兰为文而发,但这又何尝不是他处世为人的思想方式呢?从这些论诗论文的文字中不是也可以发现他积极入仕新朝的思想动因吗?当然也是他为自己的选择寻找的理论依据。

梁佩兰的政论文《荀彧论》一反成见,似有警策之处。

> 论荀文若者多矣。然予一以蔽之,曰:"其节不足道也。"或曰:"惟智亦然。"……然操之奸邪,人尽知之。以彧之智,与操周旋日久,反不察其为人,彧不若是之愚也。且操之以高帝自负,而以子房待彧,非一日矣……彧既诲操以盗天下之技,而欲操无盗人之天下,将谁欺乎?然则曷为死之?曰,操死之耳。操死之者何?九锡之议,彧沮之也。沮之者何?彧既以取天下之术诲操矣,而又欲自隐其名,此彧之自以为智,而后世之所谓不智者也。②

荀彧为曹操的重要谋士,最后因劝阻曹操夺汉家天下而被曹所杀。梁佩兰谓荀彧"既诲操以盗天下之技,而欲操无盗人之天下,将谁欺乎?"粗略看去,似有道理,但仔细想来,汉末乱世,曹操若无盗天下之技,则早为人灭。荀彧匡扶汉室之愿必将付之流水。再者,操篡汉自立之意绝非先天固有,当萌生于各种政治、军事力量数十年间纠缠博弈的过程之中。以此看来,梁氏所论若非英雄欺人,则为儒生迂腐之谈。

当时有人对梁佩兰的散文评价很高。樊潜庵谓"其文如韩潮苏海,浩渺洸洋":

---

① 《六莹堂集》,第414页。
② 《六莹堂集》,第406—407页。

先生为岭南三君子冠。其文如韩潮苏海，浩渺洸洋，莫可涯际……癸未令临高，始得诣六莹堂交先生，尽读辛酉以后作。其前冲融之气，至是扩而为排荡磅礴。昔人谓昌黎、眉山晚岁诗文益奇肆宕岸，良足征也。（梁佩兰《六莹堂二集·评词》）①

梁佩兰现存散文不多，对其散文笔者难以作出更为深入的论述。

陈恭尹与梁佩兰的散文，就其数量而言，所存者难以与其各自所存之诗相比。岭南三大家以诗名世，不以散文见称。三人之诗，各自有尊崇之人，三人诗名之序第也有不同的说法。若仅就三人之文，大均居首，恭尹次之，梁殿其后，毋庸置疑。

第三节　屈大均雄豪劲健的词风

岭南三大家词远远无法与其诗创作成就相比。不但其数量很少，而且在当时也没有像其诗那样受人关注。但就屈大均个人来说，其词却值得称道，在清代词史上有着很高的地位。

屈大均著有《骚屑》词，一名《道援堂词》，传本甚少。据《翁山文外》卷十五《复汪扶晨书》知屈大均《骚屑》词最早刻于康熙二十八年己巳（1689）。在现存多种屈词版本中，人民文学出版社1996年版《屈大均全集》之《翁山诗外》是最佳的版本，存词三百七十四首。其中卷十八之《浣溪沙·杜鹃》与卷十九之《山花子·杜鹃》内容完全相同；开卷第一题《如梦令》二首，作一首计。

清徐肇元等刻本《屈翁山诗集》，其中附词一卷，共八十

---

① 《广州大典》第503册，影印道光二十年南海伍氏诗雪轩刻本，第378页。

二首（开卷第一题《如梦令》作二首计）。康熙年间刻凌凤翔补修本《翁山诗外》之卷十六至卷十八为词，其中卷十八"嗣出"，实未刻。此本与人民文学出版社 1996 年版《屈大均全集》本相比较，前三百七十四首全部相同，唯凌本最后重复收录第三百五十二首《七娘子》作第三百七十五首。清宣统二年庚戌（1910）上海国学扶轮社本《翁山诗外》卷十八至卷二十为词，共三卷（卷二十目录题曰"嗣出"，实为二卷），三百七十四首。宣统本与人民文学出版社 1996 年版《屈大均全集》本相比较，所收词次第和数量完全相同，唯此本第十八卷之第四十五首《一落索》，《屈大均全集》本题为《浣溪沙·又》；第七十二首《锦缠·示小姬辟寒》，《屈大均全集》本题为《锦缠道·示小姬辟寒》；第一百零二首题为《梦江口》，《屈大均全集》本纠正为《梦江南》。

《骚屑》词旧有单行本，因乾隆禁书，其词流传未广。《清代禁毁书目四种》所列《屈翁山词》，即《骚屑》词。嘉道之后文禁渐弛。嘉庆初王昶编《明词综》卷十录屈大均词七首（署名一灵）。民国时期叶恭绰《全清词钞》第一卷收屈词八首。20 世纪 30 年代武进赵尊岳辑刻大型词集《惜阴堂汇刻明词》，收屈大均词一百八十二首。[①] 中华书局 2004 年版饶宗颐、张璋纂《全明词》，与《屈大均全集》本相比较，少收屈大均词五首：《明月逐人来·新月》、《木棉花慢·飞云楼作，楼在端州公署后，己丑，皇帝南巡，尝驻跸其上》、《茶瓶儿》、《渔歌子》、《春光好》。《全明词》本屈大均词开卷第一题《如梦令》，作二首计。

缘于禁毁，屈词未得广泛流传，故清人论者亦少。谭莹（1800—1871）《乐志堂诗集》卷六《论词绝句》云：

---

① 赵尊岳辑：《明词汇刊》，上海古籍出版社 1992 年影印本。题曰：《道援堂词》，且附有词话一则。

> 国初抗手小长芦,除是番禺屈华夫。读竟道援堂一集,彭(孙遹)邹(祇谟)说擅倚声无?(屈大均)

谭莹认为在词创作上即使是以词著称的彭孙遹、邹祇谟也不及大均。近代词学大家朱祖谋(孝臧)对屈词评价很高:"湘真老,断代殿朱明。不信明珠生海峤,江南哀怨总难平。愁绝庾兰成。(屈翁山)"① 朱氏之意为屈词中所蕴含的浓郁的故国之痛,有似庾信江南之哀。今人欧初、王贵忱在《屈大均全集》前言中评论说:

> (屈大均词)格律高秀,气韵豪迈,多忧时感事之作……近代词学大家朱祖谋,推大均词为清初之冠。②

陈永正先生长期从事诗词研究,他认为:

> 屈大均词,当为有明一代殿军,其比兴要眇之旨,实与屈原为近,无论思想与艺术上之成就,均远过于清初阳羡、浙西诸人……(朱孝臧)以屈氏冠诸所举清名家之首,可见其推挹之至了。③

这些评论都指出了屈大均词在明清时期词史上的崇高地位。不过也有一些相反的评价。清人丁绍仪《听秋声馆词话》卷十六云:"《道援堂集》,颇近青莲,顾多触犯本朝语……集后附词一卷,远不如诗,可存者数词而已。"卷二十又云:"南海谭玉生广文莹……推崇戴石屏与本朝之毛西河、屈翁山,谓屈词足以抗手竹垞。此与番禺张南山司马维屏服膺郑板桥、蒋藏

---

① 朱祖谋:《望江南·杂题我朝诸名家词集后》之一,见《彊村语业》卷3,《续修四库全书》集部1727册,影印民国彊村遗书,甲子讬鹃楼雕版本,第559页。
② 《屈大均全集》第1册,前言第7页。
③ 陈永正选注:《岭南历代词选》,广东人民出版社2017年版,第69—70页。

园词,同似门外人语。"① 这些评论是否准确,笔者不愿逐一分析,但概而言之,批评者多是就屈词非正宗本色而发论。"气之清浊有体"②,其词风与其性格、气质有一定的关联,也与其奔走天下的经历有关。

屈大均天生一副豪杰品性,发而为文、为诗、为词,皆难掩其雄豪之气。其诗雄肆豪宕,其词也雄豪劲健。郭则沄《清词玉屑》卷二云:

> 顺康才士,抗怀藐世者,无如屈翁山。初披缁为僧,旋返儒服,漫游南北,所交尽遗逸。其《道援堂集》多触时忌语,附词一卷,有《冬夜与李天生宿雁门关·长亭怨慢》云……盖已灰心匡复,而未改灌夫口吻。③

其词这一特色的形成,不但与其个性、气质有关,更与其平生四海奔走的抗清经历有着密切的关系。

> 往日水犀二万,战血剩龙湫。零落艨艟影,雨外沉浮。 不忍崧台凭吊,更有无玉玺?试问沙鸥。自黄龙朝去,波涌失宸楼。叹三宫、春随蜃气,与杳潮、变幻海西头。(《八声甘州》)④

康熙二十四年(1685)四月吴兴祚招屈大均等陪同王士禛游端州。明末清初的端州曾是战事多发之处,也是永历帝都。屈大均登上崧台,感慨今昔:往昔江上血战,艨艟穿梭;现而今杀声消尽,空馀流云逝水。

> 桂林旧部,多年散、监军亦向农圃。宝刀血锈,花骢

---

① 丁绍仪:《听秋声馆词话》,见《续修四库全书》集部1734册,影印同治八年刻本,第174、206页。
② 曹丕:《典论·论文》,见郭绍虞主编:《中国历代文论选》第1册,上海古籍出版社1979年,第158页。
③ 郭则沄:《清词玉屑》卷2,天津古籍书店1982年版,复印丙子冬日蛰园校刊本。
④ 《屈大均全集》第2册,第1496页。

齿长,总归尘土。英雄命苦,恨当日、江山不取。令三千、奇材虓虎,冷落尽无主? 回忆沙场上,日日投醪,气雄相鼓。旧标在否?几人还、锦衣歌舞。(《凄凉犯·得旧部曲某某书》))①

康熙十三、十四年屈大均曾从吴三桂监军桂林。这首词即是回忆当年从军之事。战事入词,更增豪气。

平沙雪积,正层冰、千里冻河流。浑脱浮沉难渡,泥污紫貂裘。系马苦投山戍,望关门,半掩武安楼。喜草间毚兔,健儿多射取,醉舥边愁。 卷叶更吹觱栗,向悲风、惊起鬼啾啾。酹酒长城枯骨,寻取月支头。细小不堪丹漆,任乌鸢、衔去作高丘。念国殇如许,未归魂在白狼沟。(《南浦》)②

此词虽未直写所历战事,其内容却与其终生的抗清事业密切相关。屈大均词雄豪劲健的特点在这类词中是显而易见的。这种题材更易成就其词的这一特色。

屈大均资质非凡,自小即有大志。屈大均作词亦如苏、辛,其词不但可以言情,也可言志。其言志之作,亦雄豪劲健:

京洛无归,伤万里神州,陆沉都尽。英雄无分,把壮志、销向边头红粉。诀绝欲向蓬壶,便成仙谁忍?须发愤,向首飞扬,争雄一天鹰隼。 状貌尚似留侯,但秋来揽镜,微霜霉鬓。年将耳顺,奈一片、耿耿丹心难烬。(《双头莲》)③

神州陆沉,屈大均欲奋其智勇,挽狂澜于既倒,但垂暮之年仍未见恢复。心中盘郁的这一股泻泄不尽的愤懑,流入词中,使

---

① 《屈大均全集》第2册,第1413页。
② 《屈大均全集》第2册,第1437页。
③ 《屈大均全集》第2册,第1437—1438页。

其词劲拔雄豪:

> 送春帆圣湖归好,苦寒还欲君驻。消魂一路多烟草,况复乱丝风絮。谁为主……王孙志,一剑纵横未许。屠沽休说欺汝。江山一任无人管,自有几双鸥鹭。君莫去,还就我、扶胥北岸题诗处。低斟桂露。待兰畹编成,玉杯书毕,始问庾关路。(《摸鱼儿·柬友》)①

正是"一剑纵横未许"的王孙之志,才使其词涌动着一股巨大的力量。"君莫去,还就我",确有一股王者之气。这些词刚劲雄豪,不减稼轩之风。

屈大均奔走海内数十年,其沙海关塞的经历,对其词这一特色的形成,也产生了重要的影响。北地关塞的风光常常出现在他的词作之中:

> 塞门近、西风乍卷,片片沙起。吹作龙鳞万里,河吞倒入地底。欲饮马、榆溪无滴水。更无定、冻解全未。向公子扶苏墓傍坐,天寒苦难已。　遥指,溃城半壁凝紫。与寸寸长蛇,常山势,断续无首尾。(《浪淘沙慢·绥德秋望》)②

绥德在陕北。屈大均于康熙五年(1666)正月寓居陕西三原,六月至代州,这一年间他游踪不定,当于秋后再返秦,游陕北。

> 五谷三崤,函关天阻,大河吞渭同流。叹虎狼秦灭,但百二关山,四塞空留。守险少人谋,把西京、御气全收。剩虚无宫阙,斜阳千里,隐映林丘。(《过秦楼·入潼关作》)③

这首词开篇即气象开阔,磅礴豪雄。

---

① 《屈大均全集》第2册,第1448页。
② 《屈大均全集》第2册,第1389页。
③ 《屈大均全集》第2册,第1439—1440页。

> 边风边雨，苦重阳寒绝。教榆柳、未秋无叶，枝枝雪。趁胡鹰始击，代马初肥，禽鸣兽咽。云东云西围猎。
> 向高阙，相将蒙古部，南飞倏忽。更千群、锦袍驰突。女回鹘，笑鞍挏紫兔，箭落黄雕，腥臊自割。胭脂半霑鲜血。(《镇西》)①

北地边塞风光壮丽，其居民的性格亦显粗豪。屈大均写边塞风光雄豪劲健，写内地风光亦有这一特色：

> 苦忆开平，惊涛里，石厓飞上。恨长江中断，天门相向。形势依然龙虎在，英雄已绝楼船望。教祠宫，日夕起悲风，松楸响。　临牛渚，停兰桨；月未起，潮先长。但通宵慷慨，谁闻高唱？(《满江红·采石舟中》)②

屈大均泛舟长江，水滨夜吟，亦慷慨悲壮。

屈大均吊古感事之作多与明末之事相关。康熙五年丙午(1666)屈大均来到西北，与王华姜结为伉俪。王华姜为榆林王壮猷之女。其家世为边将，壮猷建义旗于园林驿，战败，不降，投城而死。屈大均《八声甘州·榆林镇吊诸忠烈》词当有感于此事而作：

> 大黄河、万里卷沙来，沙高与城平。教红城明月，白城积雪，两不分明。恨绝当年搜套，大举事无成。长把秦时塞，付与笳声。　最好榆林雄镇，似骆驼横卧，人马皆惊。更家家飞将，生长有威名。为黄巾、全膏原野，与玉颜、三万血花腥。忠魂在，愿君为厉，莫逐流萤。③

将军战死，本来容易引发人们的伤悼之情，但屈大均的这类吊古词却写得慷慨豪壮。张德瀛《词徵》卷六云：屈翁山词"有《九歌》、《九辩》遗旨，故以'骚屑'名篇。观其《潼

---

① 《屈大均全集》第 2 册，第 1434 页。
② 《屈大均全集》第 2 册，第 1382 页。
③ 《屈大均全集》第 2 册，第 1387 页。

关感旧》、《榆林镇吊诸忠烈》诸阕,激昂慨慷,如蒯通读《乐毅传》而涕泣,其遇亦可悲矣"。①《双声子·吊东皋别业故址》亦有同样的特点。词云:

> 幸狐狸,知谢公白血,珍同水碧金膏。微躯安惜,乾崩坤裂,平陵一死鸿毛。与龙髯马角,和粪土、同委干濠。炊残白骨,牛羊总成、一片腥臊。②

词注云:"谢公谓故督师大学士陈公子壮也。"陈子壮曾于顺治四年丁亥(1647)与陈邦彦等同时起兵,最后死难。东皋在广州东门外,东皋别业为子壮从兄所建,子壮等常唱和其中。顺治初东皋为清兵牧马之地。词寓无限感慨。

> 青燐似雨,白骨连沙,吹魂最苦悲风。怨杀将军城坚,只要相攻。分兵乳源无计,令胡笳横截泷东。抽营遁,委金吾,花甲惟遍芙蓉。 肝脑空膏绿草,恨野田,狐兔曾饫元戎。几度秋肥,爰爰得脱雕弓。呜呜向人悲啸,眼迷离、谁辨雌雄? 终射汝,及豪豨特荐鬼雄。(《声声慢》)③

陈永正先生认为这首词记监军时事。这首词不但风格雄豪劲健,甚至让人感到有些阴森血腥。

屈大均虽有很多壮怀激烈的词作,但是其悲凉愁绝之作也为数不少。尤其是其后期之作,更包含有深刻的绝望。不过尽管他写绝望之情,也不失英雄之气和内在的力量。如:

> 东西雁翅,两作飞楼,江间一片沉浮。四角呜呜,螺声飒起高秋。凄凉尉佗台上,恨边声、飞满炎洲。风吞吐,尽秦关汉塞,处处含愁。 绝似金笳催泪,与明妃、诸曲哀怨同流。未曙频吹,匆匆人马难留。无边战魂惊

---

① 张德瀛:《词徵》卷6,民国十年(1921)刊本。
② 《屈大均全集》第2册,第1438页。
③ 《屈大均全集》第2册,第1430页。

起，逐行营，朝暮啾啾。那管得，一军中、人尽白头！（《声声慢·闻城上吹螺》）①

萤苑烟寒，雁池霜老，一秋懒（原作"嫩"，据康熙间屈明洪补刊本《翁山诗外》改）吊隋宫。念梅花小岭，有碧血犹红。自元老金陵不救，六朝春色，都入回中。剩无情，垂柳依依，犹弄东风。 君臣一掷，早知他、孤注江东。恨《燕子》新笺，牟尼旧合，歌曲难终。二十四桥如叶，笳声苦、卷去匆匆。问雷塘燐火，光含多少英雄？（《扬州慢》）②

后一首词作于顺治十七年庚子（1660）词人游扬州之时。明末戏剧家阮大铖有《燕子笺》、《牟尼合》等传奇，盛演一时。"牟尼"，为梵文"宝珠"音译。马士英、阮大铖把持南明朝政，挟私报复，弘光帝耽于声色，时局危殆，故曰"恨"。弘光年间，史可法督师扬州，清兵破城，屠城十日，一时间烟花扬州成了一座鬼城。"笳声苦"，"光含多少英雄"，其悲凉哀伤，溢于言表。

悲落叶，落叶落当春。岁岁叶飞还有叶，年年人去更无人。红带泪痕新。（《梦江南》其一）③

悲落叶，叶落绝归期。纵使归来花满树，新枝不是旧时枝。且逐水流迟。（《梦江南》其二）④

这组词愁绝悲绝，中有大痛大悲，真是"一字一泪"。"且逐水流迟"，此"五字，含有无限凄惋，令人不忍寻味，却又不容已于寻味"。⑤ 陈永正先生认为："明亡于三月，南明绍武政

---

① 《屈大均全集》第 2 册，第 1444 页。
② 《屈大均全集》第 2 册，第 1384 页。
③ 《屈大均全集》第 2 册，第 1408 页。
④ 《屈大均全集》第 2 册，第 1409 页。
⑤ 况周颐：《蕙风词话》卷 5，见《续修四库全书》集部 1735 册，影印惜阴堂丛书本，第 383 页。

权亦亡于正月,皆当春令,故以落叶设喻。"① 这一见解颇有道理。不过把这首词看作是悼念其亡妻之作也未尝不可。屈大均这些词作虽然直写悲愁伤痛之情,但这种情感并不柔弱,其悲愁是一种浓愁劲悲。

> 血洒春山尽作花,花残人影未还家。声声只是为天涯。 有限朱楼当凤阙,无穷青冢在龙沙。催归不得恨琵琶。(《浣溪沙·杜鹃》,② 按:这首词与《翁山诗外》卷十九之《山花子·杜鹃》内容相同。)

这首词悲极而劲,其中有乡愁亦有故国之悲。

> 杜宇何处?声声凄楚。溅血成痕,猩红染雨。开落朵朵氤氲,无穷古帝魂。 君臣忽隔蚕丛路,因情误,故国茫茫失路。恨年年寒食,与野死重华,总无家。(《河传》)③

清康熙元年壬寅(1662)南明永历帝被吴三桂缢杀于昆明郊外。这首词当为此而作。此词声情激楚,语短调促,凄怆欲绝。

> 马嘶不出,边风起、声舍一片悲箫。白榆叶尽,黄榆又落,总成萧瑟。长城已失,但千里、龙沙没膝。(《凄凉犯》)④

这首词虽然写无穷之悲,其雄豪劲健的特色却又是非常突出的。

前人曾针对屈大均的某些作品进行过较为深入的分析,对其词的风格也进行过具体的评论。如:

---

① 陈永正选注:《岭南历代词选》,广东人民出版社2017年版,第83页。
② 《屈大均全集》第2册,第1402页。
③ 《屈大均全集》第2册,第1424页。
④ 《屈大均全集》第2册,第1504页。

上编　岭南三大家的交游和创作

> 记烧烛、雁门高处。积雪封城,冻云迷路。添尽香煤,紫貂相拥夜深语。苦寒如许,难和尔,凄凉句。一片望乡愁,饮不醉,炉头驼乳。　　无处,问长城旧主,但见武灵遗墓。沙飞似箭,乱穿向、草中狐兔。那能使、口北关南,更重作、并州门户。且莫吊沙场,收拾秦弓归去。(《长亭怨·与李天生冬夜宿雁门关作》)①

这首词中出现的空旷寥廓的边塞风光,显然与他长期奔走边塞的生活有关。这首词雄豪劲健,尤其是下片,更能见出屈词的这一特色。叶恭绰于《广箧中词》评该词云:屈大均词"纵横排荡,稼轩神髓"。夏承焘《金元明清词选》亦云:"明代词人,罕有其匹。"②叶、夏二人对屈词评价极高。严迪昌先生在《清词史》中对这首词作出了更为全面的评价:"纵横排荡,尽扫倚声家常话套语,纯以气韵运转,情溢毛锥。最难得的是精炼凝重而又多用白描口语,故而情景皆充满活力生气。"③

> 恨沙蓬、偏随人转,更怜雾柳难青。问征鸿南向,几时暖,返龙庭。正有无边烟雪,与鲜飙千里,送度长城。向并门少待,白首牧羝人。正海上、手携李卿。　　秋声,宿定还惊。愁里月、不分明。又哀笳四起,衣砧断续,终夜伤情。跨羊小儿争射,怎能到、白蘋汀。尽长天、遍排人字,逆风飞去,毛羽随处飘零,书寄未成。(《紫荑香慢·送雁》)④

鲜飙劲吹,沙蓬逐人,逆风落羽,一南海之人流落于北地雄关

---

① 《屈大均全集》第2册,第1388—1389页。
② 夏承焘、张璋选:《金元明清词选》,人民文学出版社1983年版,第279页。
③ 严迪昌:《清词史》,江苏古籍出版社2001年版,第108—109页。
④ 《屈大均全集》第2册,第1386—1387页。

翰海之中。这样险绝的环境,适与雄豪之人相互衬托。陈永正先生评曰:"此词可称屈氏代表作。以归雁自喻,有感于身世漂泊,壮志难酬,故其词亦声厉而情哀,明季诸家中,实无与伦比者。"① 这首词虽然写悲,但其悲亦是英雄之劲悲。叶恭绰《广箧中词》评曰:"声情激楚,喷薄而出",不失雄豪劲健。

不过屈大均的某些作品,雄豪太过,有粗豪之嫌。如:

> 割肉如山生啖取,黄羊不及青羊饫,腹饱还须多饮乳。庐帐里,膻风吹起沙如雨。 两两调神蒙古女,花冠对插山鸡羽。大汉将军香火主。歌且舞,威灵莫把蕃儿怒。(《渔家傲·观边女调神》)②

虽说屈大均词雄豪劲健的特色比较突出,但他的词也不乏其他类型的作品。虽说屈大均性格乐观自信,但他也有情绪低落的时候:

> 魂梦满江飞,茫茫何处归?和烟雨,千里霏微。芳草不知人有怨,愁望处、只萋萋。 不用接天低,王孙路已迷。恨罗裙色映东西。泪共风花相远近,乌桕下、觅香闺。(《唐多令》)③

这首词即显示出屈大均的消沉和哀愁。他常年远游异乡,也时露思乡之情:

> 鹧鸪鸡,为谁啼杀夕阳西。一声声,迸思乡泪,霜洒香泥。 茫茫客路迷。烟树千重蔽,魂梦三春滞。花休艳艳,草莫萋萋。(《殿前欢》)④

---

① 陈永正选注:《岭南历代词选》,广东人民出版社2017年版,第77页。
② 《屈大均全集》第2册,第1466页。
③ 《屈大均全集》第2册,第1414页。
④ 《屈大均全集》第2册,第1425页。

念故园春早……向空囊一哭,泪满衫袖,只添消瘦。(《锦帐春》)①

这两首写乡愁的词,就与前面的雄豪劲健之词大异其趣。屈大均的闲情小词,更能显示出其词的另一种风格:

无数落花人不惜,拾红浴,向清溪。胭脂不使作香泥,莺掠去东西。　休絮乱,与丝齐。牵人只似柔荑。无情枉作有情啼,杜鹃声且低。(《更漏子》)②

屈大均虽善写北地朴野风光,然而他写水乡旖旎风景的小词,也值得称道:

夹浦夭桃树树斜,一湾不见一湾花。云带岸,水侵沙,白鸥多处有人家。(《渔歌子·又》)③

屈大均写其低落的情绪,其词忧愁哀婉;写乡愁、闲情、美景之词则显得婉约清丽。这一词风正好显示出屈大均性格的另外一面。

总之,屈大均尽管时有哀愁消沉的情绪,但这一点不掩其乐观自信的总体性格。其词虽有忧愁哀婉、婉约清丽的一面,但整体上仍呈现出雄豪劲健的特征。屈词非正宗本色,在明清词史上独具特色,在岭南更是前无古人,后鲜来者。从现有的评论看,肯定大均词者越来越多。

第四节　陈恭尹、梁佩兰词简说

一、陈恭尹词

陈恭尹填词不多,现存词二十九首。附于诗集之后,作为

---

① 《屈大均全集》第 2 册,第 1427 页。
② 《屈大均全集》第 2 册,第 1486 页。
③ 《屈大均全集》第 2 册,第 1463 页。

第十五卷。20 世纪 30 年代武进赵尊岳辑刻大型词集《惜阴堂汇刻明词》，存陈恭尹词二十九首，① 与《独漉堂集》所收词同。中华书局 2004 年版饶宗颐、张璋纂《全明词》全部收录。

陈恭尹词多为咏物和送人之作。咏物之词，时有寓意，且格调高朗：

> 何处高霞？映我疏篱茅屋。卷帘深坐，见一天新绿。东风着意，叶底深红相续。层层吐焰，重重苞束。火树珊瑚，怎似他，闲草木。丹心无限，化作光明烛。山榛隰苓，想见其人空谷。可怜今古，同然蕉鹿。（《传言玉女·咏红芭蕉》）②

红芭蕉，即美人蕉，形似芭蕉而矮小，花色红艳。该词借咏红蕉来表现他高尚的节操，意象明晰，色彩明丽。

陈恭尹和梁佩兰各有一组《南乡子》咏物词十首，题目只有一首稍有不同，陈为《蕉衫》、梁为《葛衫》，其他完全相同。这两组词显然是二人唱和之作。所咏多为岭南风物，写来颇有情趣。通过这两组词的比较更能见出陈恭尹喜借所咏之物，抒写襟怀这一特点：

> 开落谷中何不可？知希。（《南乡子·丫兰》)③

> 只售溪翁与野樵。不到贵人身上着，翛翛。且伴鱼竿坐板桥。（《南乡子·蕉衫》）④

这两首词表达了陈恭尹甘作遗民的信念。自开自落于穷山野岭，孤芳自赏的这一株丫兰，是他移情的对象。在梁佩兰的同

---

① 赵尊岳辑：《明词汇刊》，上海古籍出版社 1992 年影印本。题曰《独漉堂诗馀》，且附有词话一则。
② 《陈恭尹集》，第 559—560 页。
③ 《陈恭尹集》，第 555 页。
④ 《陈恭尹集》，第 558 页。

题之作中难以读出其中有何寓意。陈恭尹词不但有所寓意，从中还能看出其身世之悲。陈恭尹《南乡子·玳管》云：

> 幸脱四灵名，却被移封入管城。终老腐儒孤掌上，冰兢。寂寂相依到五更。　表里极虚明，毫末兼邀顾兔荣。便有笔花生夜梦，何成？才尽江淹累始轻。①

陈恭尹在《江村集小序》中云："四年之间，虚名为累，日周旋刀锋箭镞中。"② 他在诗歌中也时常感叹自己为名所累，为才所累。终生一介腐儒，无所成就，却还如履薄冰。如此终生，怎不让他大发浩叹："便有笔花生夜梦，何成？才尽江淹累始轻！"

二、梁佩兰词

梁佩兰以诗名于清初，存词不多，却有特色。《六莹堂二集》卷八后附诗馀十八首。中山大学出版社1992年版吕永光校点本《六莹堂集·补佚》从蒋景祁选的《瑶华集》中又辑词三首。这三首词《六莹堂二集》原刻失收。

康熙二十五年丙寅（1686）蒋景祁辑《瑶华集》刻成。卷三于［山花子］词牌下录梁佩兰词《七夕赠女温荑》、《湘妃庙》、《雒神》三首。这三首词多用《六莹堂初集》卷八《七夕赠女温荑》、《湘妃》、《洛神》三首七律成句。蒋景祁《瑶华集》于粤中词人，独取梁佩兰词，于此可见蒋景祁对梁佩兰的推崇。陈永正先生评梁佩兰词曰："梁词绵邈幽峭，风格遒上，为清初粤词大家。"③ 严迪昌云：梁佩兰词"精炼而

---

① 《陈恭尹集》，第557页。
② 《陈恭尹集》，第139页。
③ 陈永正选注：《岭南历代词选》，广东人民出版社2017年版，第64页。

颇见奇崛"。①

梁佩兰词与屈大均词相比,其情思未若屈词之苦痛悲愁。其词风虽未若屈词之劲健,但也应归入遒上一路。

> 高峡云愁,清湘水咽。龙吟夜半飞寒铁。孤舟独钓四茫茫,红衫几点沾残雪。　斑竹萧骚,黄芦凄切。江楼梦到关山月。关山月苦照何人?闺人泪作燕支血。(《踏莎行·江上闻笛》)②

这首词当作于北上或南归途经湖南之时。在其所有词作中可算是写情最深、最苦的了。前面已经论及梁佩兰曾经认真考虑过自己的行藏出处,最终选择了出仕新朝。但三十年间六上公车,皆铩羽而归。欲出仕新朝,自然在一定程度上被情恋故国的遗民所疏离;屡试不中,实际上又被新朝拒之于门外。这种处境的尴尬,也造成了他极强的孤独感。一叶孤舟漂零在高峡之间、湘水之上,夜半时分,寒风中又传来凄厉的铁笛声,漂泊在外的游子,其思乡之泪怎不作胭脂之色随风飘飞。

梁佩兰的《山花子》两首咏古词很有特色,很受称道。

> 水阔潇湘见二妃,江空露下少人知。一望渚烟迷到处,暗灵旗。　太息雅琴成绝调,并弹瑶瑟寄相思。奈有九峰遥对起,至今疑。(《山花子·湘妃庙》)③

这首《山花子·湘妃庙》,蒋景祁《瑶华集》、王昶《国朝词综》皆选入。湘妃庙在湖南宁远县南。相传舜帝南巡,二妃娥皇、女英追至湘江。舜死苍梧,二妃投水。当地人以之为湘水之神,立庙纪念。谭献《箧中词》评曰:"善学唐人。"

> 一片精灵立水宫,似曾相见不曾通。惆怅桂旗和玉佩,忽如逢。　何处倏来仪仿佛,若为将去影朦胧。莫怪

---

① 严迪昌:《清词史》,江苏古籍出版社2001年版,第110页。
② 《六莹堂集》,第387页。
③ 《六莹堂集》,第404页。

上编　岭南三大家的交游和创作

停车曹植在，赋惊鸿。(《山花子·雒神》)①

《雒神》所写迷离惝恍，似乎在追寻一种惆怅而缥缈的幻梦。

梁佩兰填词不多，而赠别送行之作就占相当的比例。其中有些作品写得很好：

> 蓟北归帆，江乡直溯秋潮去。玉鲈肥处，饱听菰蒲雨。　一度春来，邓尉山中住。梅花侣，吴姬笑许，斜倚吴箫语。(《点绛唇·送友人》之一)②

严迪昌先生评这首词云："促拍跳荡，有爽劲韵味。"③

> 月下清淮，思君夜泛吴船去。征人归处，点点珠湖雨。　蝴蝶飞来，邀我还山住。轩辕侣，罗浮寄许，书报长安语。(《点绛唇·送友人》之三)④

纳兰性德于康熙二十三年甲子（1684）八九月间，寄书邀梁佩兰赴京共选北宋、南宋诸家词，并寄《点绛唇·寄南海梁药亭》词。是年十一月间梁佩兰进京，至第二年秋方离京南归。梁佩兰这首词当作于这一时期他在京期间。词想象友人归乡后的生活，自己也动了回乡的意念。

梁佩兰《山花子·七夕赠女温蕖》值得一提：

> 小女聪明独好奇，要同天女斗天丝。捉得蜘蛛金盒里，费思惟。　丫角髻行参佛礼，生罗衣写望仙词。索我乌丝阑细字，赠温蕖。⑤

这首词写出了一个小女孩的天真无邪，活泼可爱。这样的作品在词史上不是很多。

总之梁佩兰填词虽然不多，但其词颇具特色，颇有感人

---

① 《六莹堂集》，第404页。
② 《六莹堂集》，第388页。
③ 严迪昌：《清词史》，江苏古籍出版社2001年版，第110页。
④ 《六莹堂集》，第388页。
⑤ 《六莹堂集》，第404页。

之处。

  岭南三家词亦如其诗，多写其性情。变乱之际，多了风云之色，少了男女柔情。对于三家词的特点，陈永正先生分别言之："岭南三家词中，屈大均以情韵胜，陈恭尹以气格胜，而梁佩兰则以用笔胜。"① 岭南三大家虽然不以词名世，但其词在岭南词史上却有着较为重要的地位。岭南于三家之前，填词者不多。三家之后的乾嘉时期，填词蔚为风气。此风的形成，岭南三大家应有开创之功。"岭南词风炽盛于乾、嘉，后来道光时期南海谭莹在《乐志堂诗集》卷六《论词绝句》中论列岭南词人多达四五十人，这开创风气之端应归于清初这'三大家'。南粤丝竹清雅而时出恢奇的情致，从屈、梁、陈三家词中也已足窥其消息的。"②

第五节　岭南三大家在清代文坛上的地位和影响

  评价某个群体在文坛上的地位，不但要看他们是否创造了独一无二的东西，同时也要看他们对当时和后来所造成的影响。其影响之大小，时人或后人对他们的评价是一个重要的指标。对岭南三大家地位的评说不能忽略这些评价，而这些评价本身对他们独特的成就已经作出了清楚的说明。

  有清一代，屈、梁、陈三人得到了普遍的推崇和肯定。

  屈大均不满三十岁时，曾访当时文坛领袖钱谦益。钱为大均作《罗浮种上人诗集序》。后来钱氏写信给毛晋说："罗浮

---

① 陈永正选注：《岭南历代词选》，广东人民出版社2017年版，第65页。
② 严迪昌：《清词史》，江苏古籍出版社2001年版，第111页。

一灵上座,真方袍平叔,其诗深为于王所叹,果非时流所可及。"① 钱谦益在当时文坛上地位之高,片言即可使一位无名之辈声誉鹊起。一位年未而立之人受到钱谦益如此的评价,足见其诗歌的价值。屈大均拜访钱氏之前,王士禛已经给予屈诗以很高的赞誉:"翁山先生诗殆如太白所云'咳唾落九天,随风生珠玉'者。"② 钱、王二人相继为文坛领袖。这样两位人物的肯定已经可以说明问题了。后来王士禛的门人吕履恒也有与王氏类似的说法:"白也飘然诗思高,微词托兴似《离骚》。三闾苗裔天才秀,可与青莲代捉刀。"③ 固然这是从屈大均诗风来说的,并非说是屈大均诗歌地位可追屈原和李白,但评其诗能神似太白,甚至可代李白捉刀,对一位诗人来说,这已经是极高的评价了。顾炎武《屈山人大均自关中至》云:"弱冠诗名动九州,纫兰餐菊旧风流。"④ 屈大均同时代的著名文人毛奇龄在《岭南屈翁山诗集序》中云:"其为诗廓然于天地之间,独抒颢气,濩濩落落焉,一切龌龊不足以间也。""翁山诗超然独行,当世罕俦。"⑤ 这些评价明确肯定了屈大均在当代诗坛罕有其匹的地位。费锡璜更推屈大均诗为一代所宗:"一代之兴必有一代之诗,一代之诗必归一代之才。诗有盛有衰,有正有变;而人之为诗也,有钜有细,有醇有薄。今之总

---

① 钱谦益:《与毛子晋》,见《钱牧斋全集·牧斋杂著·钱牧斋先生尺牍》卷2,第302页。
② 屈大均:《屡得友朋书札感赋》小注,《屈大均全集》第2册,第1349页。
③ 吕履恒:《漫题六首》之二,见《梦月岩诗集》卷20,清吕宪曾、吕宣曾刻本。
④ 王冀民:《顾亭林诗笺释》,中华书局1998年版,第686页。
⑤ 毛奇龄:《岭南屈翁山诗集序》,见《毛西河先生全集·序》卷5,萧山陆凝瑞堂藏板,嘉庆元年重印本。

其盛,持其正,力钜而气醇为一代所宗者,其南海屈翁山先生乎?"①

清代中期之后屈大均在文坛上的地位仍然很高。乾隆年间开一代诗风的沈德潜评曰:"缪天自云:'诗有俚语,经顾宁人笔辄典;诗有庸语,入屈翁山手便超。'洵为定论……五言律如天半朱霞,云中白鹤,令人望而难即。大家逸品,兼擅厥长。"②沈德潜评其诗为大家逸品,直与顾炎武并举。

清代晚期亦有类似的评价。金天翮《答樊山老人论诗书》云:"亭林端委,翁山奇服,别具仙骨。"③林昌彝《海天琴思续录》卷六云:"本朝吴野人诗多辣,屈翁山多超,顾亭林多郁,朱竹垞多雅。"这些评价表达出这样一个意思:屈大均是清初屈指可数的几位独具特色的诗人之一。

屈大均之诗在其有生之年即广受欢迎,成为许多人学习的对象。其影响之大,以致有"翁山派"之说。《翁山诗外》卷十六《屡得朋友书札感赋》云:"笃谷同心复同调,平湖皋旭亦渊通。三吴竞学翁山派,领袖风流得两公。"原注:"周笃谷、郭皋旭皆嘉兴人,最赏予诗,以一时吴越相师法者为翁山一派云。"学大均诗者有士子,有闺秀,亦有僧人。"诗僧显鹏,永嘉人,字彬远,号啸翁,又号鹤使,隐于杭之东郊栖禅院。有诗八册……形貌奇古,与人语未尝言诗,而其诗昭彰跌宕,具体翁山……亦有托而逃焉者也。其《读屈翁山集》云:'东风吹雨满柴关,日暮空林独往还。李白已亡工部死,眼前

---

① 费锡璜:《道援堂序》,见屈大均著,沈用济选:《道援堂集》卷首,康熙四十五年(1706)刻本。
② 沈德潜等编:《清诗别裁集》卷8,上海古籍出版社1984年版,第299页。
③ 《天放楼文言》卷10,苏州文新印刷公司1917年版。

留得一翁山',可以见其师资之所在矣。"①

徐嘉炎在屈大均逝世后为《屈翁山诗集》所撰序文说:"吾友番禺屈翁山,诗名遍天下。其殁后,单词断句流传人口者,争秘箧枕,如蔡中郎之于仲任也。"康熙间文士周炳曾在屈大均卒后一年,为《翁山诗外》所作序文称:"翁山之诗,为当世学士大夫所脍炙,以至遐方僻壤,小生俗儒,知与不知,皆啧啧叫呼之,姓氏几遍海内。"② 从这些引述以及屈大均著作所流布的情况,我们可以相信屈大均在当时的影响已遍及海内。

金天翮在《与郑苏戡先生论诗书》中说:"洎嘉、道间,诗教凌迟,诡言躁行之徒接迹,则仓山之烈也。天翮于三百年诗人,服膺亭林、翁山,谓其歌有思,其哭有怀;其拨乱反正之心,则犹《春秋》、《骚》、《雅》之遗意也。"③ 金氏所言固然偏于屈大均反清思想,但在众多遗民诗人中独独拈出顾炎武和屈大均两人,也足见屈大均在后世人心中地位之高。近时粤中诗人冼得霖云:"三百年间粤派开,上追太白汝奇才"④,认为清代三百年粤中诗派,由屈大均开其先河。

陈恭尹在有清一代也广受推崇。清代中期的杭世骏从不轻易称许某人,但他对陈恭尹却推尊有加。《听松庐诗话》云:"杭堇浦、洪稚存皆雄视骚坛不轻许可者。堇浦《题独漉遗像》有云:'岭海论风雅,平生一瓣香。'又云:'凄凉怀古意,岂是屈梁能。'稚存论陈、屈、梁诗有云:'尚得古贤雄直气,岭南犹似胜江南。'稚存兼称三家,堇浦尤尊独漉,要

---

① 杨钟羲著,雷恩海、姜朝晖校点:《雪桥诗话全编》之《雪桥诗话续集》卷1,人民文学出版社2011年版,第760—761页。
② 周炳曾:《道援堂集序》,《四库禁毁书丛刊》集部52册,影印清刻本,第462页。
③ 《天放楼文言》卷10,苏州文新印刷公司1917年版。
④ 冼得霖:《题屈翁山年谱》二首之二,见杨伟群选:《岭南当代诗词选》,广东人民出版社1986年版,第197页。

其推许之意俱已至矣。"① 之后的欧阳述《杂题国朝人诗集各一首》之三云："哀丝豪竹小《凉州》，合付旗亭倩女讴。唱到十篇《怀古》咏，一时梁屈也低头。(《独漉堂集》)"② 显然他也最为推尊陈恭尹。陈恭尹的怀古诗在当世确实无人可与比肩。近代人陈融在《颙园诗话》卷十一中云："怀古七律，三家同时有作，以元孝最见称于当时。"③ 朱祖谋《冬夜检时贤诗集率缀短章》之三："碧澥苍梧几废兴，苍凉怀古屈梁能。输他独漉堂中叟，老向中原拔帜登。(陈元孝)"他们认为其怀古诗，不但屈大均和梁佩兰难以匹敌，甚至当时诗坛皆无人可及。陈恭尹在当时诗坛上的地位和影响由此可见一斑。

三藩之乱被平定之后，清朝的统治已经稳固，遗民作为一个群体的存在逐渐成为过去，人们也漫漫淡漠了改朝换代的剧痛。遗民们悲怆的呼喊渐趋微弱，新朝新人开始在诗坛上引领风骚。梁佩兰此时获得了很高的声望。"先生为岭南三君子冠……先生直浮屠合尖，至于造极，故噪名宇内垂六十年。"④ 樊庶（号潜庵）的这一评价在一定程度上代表了当时许多人的看法。张损持也有类似的评价："药翁诗如其人，其品高，其意笃，其气温厚，其内蕴渊博，其体格超越，绝非凡近可拟。"⑤ 康熙二十一年壬戌（1682）京师结诗社，众人公推朱彝尊和落第举子梁佩兰等共主坛坫。梁佩兰在清初声誉之隆以

---

① 张维屏：《国朝诗人征略》卷5，见《广州大典》第93册，影印清道光咸丰年间刻本，第625页。
② 转引自郭绍虞、钱仲联、王蘧常编：《万首论诗绝句》，人民文学出版社1991年版，第1675页。
③ 吕永光选录：《评词补辑》，《六莹堂集》，第444页。
④ 梁佩兰：《六莹堂二集·评词》，见《广州大典》第503册，影印道光二十年南海伍氏诗雪轩刻本，第378页。
⑤ 梁佩兰：《六莹堂二集·评词》，见《广州大典》第503册，影印道光二十年南海伍氏诗雪轩刻本，第378页。

此可见。王南村这样评价梁佩兰："于燕台旅邸得读公诗。接席倾箧，长啸高吟。其情之至也，神之融也，气之浑也，声之和也，神明变化之能事备矣。斯之谓诗，斯之谓古今来所必不可少之诗。"①他认为梁佩兰之诗情、神、气、声、神明变化，诸方面得而兼之，是古往今来必不可少之诗。李澄园评当代诗人云："岭南三家为海内诗坛之杰，太史梁公尤岭南之杰……真风雅之正宗。"②这一评价更能见出梁佩兰在当时声望之高。

屈、陈、梁三人在不同时期，各自分别都获得了很高的评价，也赢得了很高的文学地位。他们作为一个整体，得到了更多人的推崇。沈用济云："国初南海梁药亭、屈翁山、陈元孝三君出，而天下无不宗之。"③费锡璜《奉赠梁药亭前辈》诗云："伟哉三家起南海，公与屈陈雄一代。屈力弘博陈冲希，公尤奇变穷诸态……直堪鼎足立中原，讵止三分峤岭外？此日屈陈已九京，正风正雅惟公在。"④他在《友鸥堂集序》又说："海内自屈翁山、杜茶村、阎古古、顾黄公、孙豹人、申凫盟、梁药亭诸前辈没后，论诗首推闽中黄叔威。"⑤他所列举的这七个人自是他所认定最值得称道的当代诗人。康熙五十二年（1713）至五十四年（1715），汪观超越地域的限制，在全国范围内遴选大家编成《五大家诗》十七卷。所谓的"五大

---

① 梁佩兰：《六莹堂二集·评词》，见《广州大典》第503册，影印道光二十年南海伍氏诗雪轩刻本，第376页。
② 梁佩兰：《六莹堂二集·评词》，见《广州大典》第503册，影印道光二十年南海伍氏诗雪轩刻本，第377页。
③ 沈用济：《道援堂序》，见屈大均著，沈用济选：《道援堂集》卷首，康熙四十五年（1706）刻本。
④ 费锡璜：《掣鲸堂诗集》之《七古一》，见《四库禁毁书丛刊》集部第187册，影印康熙刻本，第232页。
⑤ 费锡璜：《友鸥堂集序》，见黄鹭来撰：《友鸥堂集》卷首，上海古籍出版社1979年版。

家"分别是阎尔梅、杜濬、梁佩兰、屈大均和陈恭尹。由此足见"岭南三大家"在当时影响之大。岭南三家自己吟诗,有时也会成为别人吟咏的对象:"海上烟云致足夸,岭南三子各名家。虞翻著述嵇含状,贝阙珠宫天一涯。"①"倚天长剑切云冠,露洗芙蓉手把看。欲往从之飞雨雪,罗浮清梦不胜寒。(岭南三家)"②

不少人喜欢拿"江左三大家"与"岭南三大家"进行比较,潜意识中把二者当作了同一个时代的诗人。事实上,二者年龄相差悬殊。明末钱、吴二人领袖诗坛时,屈、陈、梁尚是幼童。出于多种原因"岭南三大家"虽不能领袖当时诗坛,却也誉满海内。"江左三大家"领袖文坛于前,"岭南三大家"驰誉天下于后,二者前后相继,相互辉映,就总体成就而言,却难以一言论定。不过,在某个时期或在某人的口中,"岭南大三家"地位之高足跨"江左三大家"。

邓之诚认为王隼为"岭南三大家诗选。隐以抗江左三家"。③ 隐与"江左三大家"相抗虽是主观推测,却不无道理。王隼特以三人为限,只取岭南诗人,可能与以地域和三人一组的启发有关。陈衍即是如此理解:"岭南依样仿江南,独漉骚馀鼎足三。敌得天山鬓边雪,离忧古色满江潭。"④"岭南三大家"与"江左三大家"地位孰高孰低,当时就有不同的评论。

---

① 吴衡照:《冬夜读诗偶有所触辄志断句非效遗山论诗也得十五首》之六,转引自郭绍虞、钱仲联、王蘧常编:《万首论诗绝句》,人民文学出版社1991年版,第797页。

② 戴森:《论诗绝句》之十四,转引自郭绍虞、钱仲联、王蘧常编:《万首论诗绝句》,人民文学出版社1991年版,第1198页。

③ 邓之诚:《清诗纪事初编》,上海古籍出版社2013年版,第986页。

④ 陈衍:《戏用上下平韵作论诗绝句三十首(止论本朝人,及见者不论)》之五,见钱仲联编校:《陈衍诗论合集》之《石遗室论诗诗录》,福建人民出版社1999年版,第1101页。

费锡璜《屈翁山先生以四诗寄我，论诗大旨与鄙意符合，先生没后，乃见其诗于集中，作此寄吊》五首，其一云："一代声名出至公，诗人原自属英雄。笑他江左耽吟客，尽落元和变调中。"① 不过当时一些人把"岭南三大家"置于"江左三大家"之上，并不是就其整体上的成就和影响而言。然而，就风格的雄直遒劲来说，岭南三家远胜江左三家则毋庸置疑。洪亮吉《论诗绝句》云："药亭独漉许相参，吟苦时同佛一龛。尚得昔贤雄直气，岭南犹似胜江南。"洪亮吉所言正是此意。从诗歌的遒劲来说是这样，从诗歌中所蕴含的英雄之气来说也是如此。仅从字面上，并没有发现他从整体上对二者进行的评价。沈汝瑾《国初岭南江左各有三家诗选阅毕书后》云："鼎足相持笔墨酣，共称诗佛不同龛。珠光剑气英雄泪，江左应惭配岭南。""翁山奇气胜虞山，被禁仍留天地间。忠孝更推陈独漉，贰臣相对合羞颜。"② 第二首诗从忠孝节义这一传统价值来进行判断，更无二说。不过这属于政治道德的评判。

蒋士超《清朝论诗绝句》之六云："药亭七古翁山律，诸体兼长独漉堂。岭峤诗人胜江左，湟溱辞更有声光。（梁佩兰、屈绍隆、陈恭尹、程可则）"③ 程秉钊《国朝名人集题词》云："浩瀚雄奇众妙该，遗民谁似岭南才？只应憔悴灵均裔，饭颗山头赌句来。"注曰："岭南三家诗胜于江左。翁山五律，神似青莲；独漉七言，不减工部。泂并时之劲敌。"④

---

① 费锡璜：《掣鲸堂诗集》之《七绝一》，见《四库禁毁书丛刊》集部第187册，影印康熙刻本，第290页。

② 转引自郭绍虞、钱仲联、王蘧常编：《万首论诗绝句》，人民文学出版社1991年版，第1702页。

③ 转引自郭绍虞、钱仲联、王蘧常编：《万首论诗绝句》，人民文学出版社1991年版，第1774页。

④ 转引自郭绍虞、钱仲联、王蘧常编：《万首论诗绝句》，人民文学出版社1991年版，第1573页。

这两则资料很清楚是从整体上，作出了岭南三家胜于江左三家的判断。这一判断是否准确，姑且不论，不过岭南三家在清代文学史上的地位从这些比较评价中即可见出一斑。在清初诗坛上，"江左三大家"的地位非常之高。领袖明末文坛的人到底是钱谦益还是吴伟业虽有争论，但再无第三人堪与之并肩却是事实。钱、吴二人再与龚鼎孳联手，强强联合的"江左三大家"就整体而言，其地位实际上在当时是再没有哪一个文学群体可与之相匹敌了。面对这样一种事实，还有不少人作出岭南三家胜于江左三家的判断，这足可看出岭南三大家在清代影响之大和在清代诗坛上地位之高。

对这种抑此扬彼的评价，有人不太赞成。陆蓥《问花楼诗话》卷三云："国朝谈诗者，风格遒上推岭南，采藻新丽推江左。言岭南者，翁山豪宕，药亭深稳，而清苍高浑，吐弃一切，则推元孝。"他从"风格遒上"和"采藻新丽"两个方面分而言之，可以说这种评价是较为公允的。梁梅的评价更是息事宁人："三家孤诣绝微参，出处殊途各不惭。自写各人真面目，岭南何必胜江南。"① 两方六人各自写出自家面目，后来之人又何必让已经作古的文人"势不两立，一决雌雄"呢？闽人郭曾炘作出的评价更为冷静，可以说对六人都给予了应有的肯定。《杂题国朝诸名家诗集后》云："王李钟谭变已穷，岭南江左各宗风。六家诗继三家起，盛世元音便不同。""一般谤海坐鸣蛙，浪迹翁山异牧斋。晚近禁书才稍出，都教纸贵洛阳街。"② 这一评价可以说更能服众。

---

① 梁梅：《论诗绝句（专论粤东诗人）》之九，转引自郭绍虞、钱仲联、王蘧常编：《万首论诗绝句》，人民文学出版社1991年版，第923页。

② 转引自郭绍虞、钱仲联、王蘧常编：《万首论诗绝句》，人民文学出版社1991年版，第1480、1481页。

岭南三大家各自在不同时期,其地位实际上是有一定变化的。清朝初年,尽管有很多人给予屈、梁、陈以较高的评价,但他们在当时的实际地位并不算太高。至其晚年,当他们的作品积累日渐丰富,应该收获声望的时候,社会思潮和诗文思潮在这个时候发生了重大转变。屈、陈二人的作品已经不合时宜了。因此在清朝初年至清朝统治稳固之后,他们并没有赢得他们应该得到的地位。清朝中期大规模禁书之后,屈、陈二人甚至湮没无闻,因此岭南三大家的实际地位在清朝中前期并不算太高。另外,岭南地区文化相对落后这一观念,也一定程度地影响了时人对岭南三大家的评价。因此岭南三家在清代中前期并没有获得他们应该得到的地位。但时至晚清在排满思潮的影响下,岭南三家却又得到了极高的评价,江左三家已不堪与之相提并论了。

下编 岭南三大家著作的存佚和流布

第一章　岭南三大家著作之版本

第一节　三家合集之版本

《岭南三大家诗选》

《岭南三大家诗选》二十四卷，王隼辑。康熙三十一年壬申（1692）王煐出资刊刻。《六莹堂》八卷、《道援堂》八卷、《独漉堂》八卷。四册，十行十九字，黑口，左右双边，单鱼尾。此本藏中山大学图书馆、广东省立中山图书馆、清华大学图书馆等。中山大学图书馆藏有两部，其中"又一部钤'人境庐藏书'"。① 又藏天津人民图书馆、美国普林斯顿大学葛思德东方图书馆。② 陈建华主编《广州大典》第 501 册据广东省立中山图书馆藏本影印，《四库禁毁书丛刊》集部第 39 册据清华大学图书馆藏本影印。两种影印底本版式相同，但卷首王煐序文刻工字迹不同。广东省立中山图书馆藏本有扉页，扉页有"漻庐藏板"字样，清华大学图书馆藏本则无；前者缺末

---

① 中山大学图书馆编：《中山大学图书馆古籍善本书目》（增订本），广西师范大学出版社 2014 年版，第 835 页。

② 骆伟编著：《岭南文献综录》，广东人民出版社 2016 年版，第 307—308 页。以下引用该书除另外注明外，均为此版本，不再另注版本信息。

页，后者末页未缺（末页有《石浪庵访破门上人》诗一首）。二者为同一版本，不同印次，序文重刻。

《岭南三大家诗选》二十四卷，王隼辑。清道光十九年（1839）万卷楼刻本。广东省立中山图书馆藏本，六册。扉页居中有"岭南三大家诗选"，右上有"贲隅王蒲衣先生辑"，左下有"万卷楼藏版"，页眉有"道光拾玖年新镌"字样。

《岭南三大家诗选》二十四卷，王隼辑。同治七年（1868）南海陈氏重刊本，藏广东省立中山图书馆、中山大学图书馆、华南师范大学图书馆、华南农业大学图书馆。① 广东省立中山图书馆藏本，扉页有"岭南三大家诗选"、"陈澧题"；末页有"粤东省城学院前翰芳斋承刻"、"番禺陈起荣奎垣覆校"字样。中国国家图书馆出版社2016年版《历代地方诗文总集汇编》影印。

《岭南三大家诗选》二十四卷，王隼辑。广东省立中山图书馆藏本，四册，扉页破损，有"三……槐"题"岭南三大家诗选"字样。广东省立中山图书馆藏同版又一本，六册。

《岭南三大家诗选》二十四卷，王隼辑。广东省立中山图书馆藏本，八册。

以上五种不同的版本，款式皆与康熙三十一年刻本相同：十行十九字，黑口，左右双边，单鱼尾。

《岭南三大家诗选》二十四卷，王隼辑。民国五年丙辰（1916）影缩本，藏广东省立中山图书馆。据同治七年南海陈氏重刻本影印缩印。卷首于总目之后附《四君合传》（排印，"摘自《清史稿》"），"梁佩兰墨迹"（"顺德何蒙夫先生藏"），《梁佩兰本传》（排印，"摘自《清史列传》"）。书末附"王隼墨迹"（"顺德何蒙夫先生藏"），《王隼本传》（"摘自《番禺

---

① 骆伟编著：《岭南文献综录》，第307—308页。

县志》卷四十三"），"印书题名"（"以姓氏笔画为序"），《跋》（署"丙辰秋月顺德潘小盘谨跋"）。

《岭南三大家诗选》二十四卷，王隼选。民国十年辛酉（1921）国华书局石印本。

《岭南三大家诗选》，沈用济于康熙四十三年甲申（1704）至四十五年丙戌（1706）间选。康熙四十五年刻《道援堂集》十卷，《独漉堂集》、《六莹堂集》亦当各为十卷。[1] 王源《屈翁山诗集序》云："乙酉来南越，适钱塘沈子方舟选《岭南三大家诗》，翁山也，陈高士元孝、梁太史药亭也。"[2]

《岭南三家诗钞》。此书不见著录。乾隆四十年四月十四日《江西巡抚海成奏恭缴应毁书籍折》所附清单其中有云："《岭南三家诗钞》一部。内屈大均诗二本，陈恭尹《独漉堂诗》一本。"[3] 疑为王隼或沈用济辑《岭南三大家诗选》。

《岭南三家诗选》，刘斯奋、周锡䪖选注。广东人民出版社1980年出版。

《五大家诗》

《五大家诗》十七卷，五册，汪观选，康熙五十四年乙未（1715）静远堂刻本。八行十九字，白口双边，单鱼尾。有总目，无细目。第一册《古古诗》凡三卷；第二册《茶村诗》

---

[1] 王富鹏：《沈用济选刻〈岭南三大家诗选〉考述》，《文献》，2016年9月。

[2] 王源：《居业堂文集》卷14，见《续修四库全书》集部1418册，影印道光十一年辛卯（1831）读雪山房刻本，第214页。

[3] 中国第一历史档案馆编：《纂修四库全书档案》，上海古籍出版社1997年版，第373—376页。以下引用该书均为此版本，不再另注版本信息和著者项。

凡三卷；第三册《药亭诗》凡三卷；第四册《翁山诗》凡四卷；第五册《元孝诗》凡四卷，皆近体诗。藏中国国家图书馆。所选五家，岭南三大家皆在其中。

第二节　屈大均著作之版本

经部

1.《翁山易外》

《翁山易外》最早由康熙《番禺县志》卷十七著录，云"《易外》屈大均撰"，未载卷数。《番禺县志》康熙二十五年（1686）孔兴琏主持修纂。《番禺县志》所著录者可能是写本或稿本。①

《翁山易外》七十一卷，屈明洪、明泳等编。卷首有屈大均《翁山易外自序》和张云翮《序》。十一行十九字，白口，四周单边。清康熙二十七年戊辰（1688）刻本。《广东省立中山图书馆古籍善本书目》云：广东省立中山图书馆藏本，十八册，有抄配。又一部，十六册，卷六十四至七十一抄配。②《广州大典》第133册据广东省立中山图书馆藏本影印。"同一康熙刻本的《翁山易外》，所知传世者仅有两部，均有残缺页，系广东省中山图书馆藏本。"③

《翁山易外》七十一卷，清抄本，北京大学图书馆藏。卷

---

① 孔兴琏修，彭演等纂：（康熙）《番禺县志》卷17，见《广州大典》第276册，影印广东省立中山图书馆藏本，第511页。
② 广东省立中山图书馆编：《广东省立中山图书馆古籍善本书目》，国家图书馆出版社2012年版，第7页。
③ 欧初、王贵忱：《屈大均全集前言》，见《屈大均全集》第1册，前言第14页。

首有屈大均《翁山易外自序》，而无张云翺《序》。《四库禁毁书丛刊》经部第 5 册据北京大学图书馆藏本影印。

《翁山易外》七十一卷，清抄本，卷首有屈大均《翁山易外自序》和张云翺《序》。原为徐信符藏本，今藏于广东省立中山图书馆。①

《翁山易外》六卷，四册，旧抄本。卷首有潘耒《易外叙》、龚鼎孳《序》和屈大均《自序》。"藏台湾省图书馆"，真伪存疑。② 此本屈大均《自序》与七十一卷抄本和刻本屈大均撰之《翁山易外自序》不同。

2.《四书考》

《四书补注兼考》二十八卷，其中《大学考》五卷、《中庸考》六卷、《论语考》十卷、《孟子考》七卷，屈大均、何磻（东滨）撰。附屈大均《先圣年谱》，何磻《亚圣年谱》。康熙时三间书院刻本。③ 汪宗衍《屈大均年谱》（以下简称《汪谱》）认为是康熙二十八年刻本。④

《四书补注兼考》十九卷，其中《大学考》一卷、《中庸考》一卷、《论语考》十卷、《孟子考》七卷，何磻、屈大均撰。康熙年间广州三间书院刊本。卷首有邬庆时题诗。此书分上下两格，上为考，下为补注等。藏香港中文大学图书馆。

---

① 何淑苹：《屈大均〈翁山易外〉研究》，台湾花木兰文化出版社 2009 年版，第 92 页。

② 何淑苹：《屈大均〈翁山易外〉研究》，台湾花木兰文化出版社 2009 年版，第 105—113 页；王绍曾主编：《清史稿艺文志拾遗》下册，中华书局 2000 年版，第 1304 页。

③ 朱希祖：《屈大均（翁山）著述考》，见《屈大均全集》第 8 册，第 2141 页。

④ 汪宗衍：《屈大均年谱》康熙二十八年条，见《屈大均全集》第 8 册，第 1973 页。

《广州大典》第144册据香港中文大学图书馆藏本影印。

《四书考》六卷,十二册,十行二十二字,红格,白口,四周单边,钤有"徐信符藏"朱文印。屈大均、何磻撰,民国抄本,藏广东省立中山图书馆。① 黄荫普《广东文献书目知见录》著录的徐信符南州书楼藏传抄本《四书考》六卷盖为此本。

《四书补注兼考》十九卷,五册,清刻本,何磻补注,屈大均参补,何磻、屈大均考。藏齐齐哈尔市图书馆。②

3.《易月象》(今不见)

《易月象》。朱希祖《著述考》曰"未见"。《翁山文外》卷十有《易月象》一文云:"予撰《易月象》,取上经二卦,下经二卦,以为一月之象……凡四十八卦,以之配十有二月,为四十八用卦,而十六体卦不与焉……圣人上律之以为位天地之本,下袭之以为育万物之原,故曰:圣人则天。嗟夫,则天者,亦则夫《易》而已矣,则夫《易》者,亦则夫此月令而已矣。"③ 何淑苹博士云:"观《易外》,亦可从而窥见《易月象》一书内容梗概。"④

4.《诗义》(今不见)

《诗义》。朱希祖《著述考》曰"未见"。《翁山文外》卷二《诗义序》一文云:"予尝为《诗义》一书,纯以《春秋》

---

① 广东省立中山图书馆编:《广东省立中山图书馆古籍善本书目》,国家图书馆出版社2012年版,第24页。
② 见http://www.guoxuedashi.com/shumu/1232584kd.html 国学大师网,2020年版。
③ 《屈大均全集》第3册,第176—177页。
④ 何淑苹:《〈翁山易外〉研究》,台湾花木兰文化出版社2009年版,第80页。

为言，以为今之世，匪惟《诗》亡，而《春秋》亦亡。夫子之所通焉者，至是而大穷，其义遂不能行于天下。举世之所谓公卿大夫者，皆不可以王之风、王之正月，为夫子所大书特书者与之言。嗟夫，《诗》者，事父事君之具也。不知王之所以为王，则何以事其君父，将忠于其所不当忠，孝于其所不当孝，忠与孝至是而不得其正，徒为名教之罪人而已矣。"①

5.《论语高士传》（今不见）

《论语高士传》。朱希祖《著述考》曰"未见"。《翁山文外》卷二《林处士七十寿序》云："予尝取《论语》诸高士，各为一传，系以论赞，名曰《论语高士传》。"②《翁山文外》卷一《七人之堂记》云："予弱冠即慕栖隐，间取孔子所称隐者，录为一编，名曰《论语·高士传》，其堂则曰七人之堂。七人者，依《论语》之次序列之，首仪封，次晨门，次荷蓧，次楚狂接舆，次长沮，次桀溺，次丈人，为木主祠之，以志予之尚友。"③朱希祖先生认为："此书虽佚，然《接舆传》尚存于《文外》卷三，其他六人传或散入于《四书补注兼考》，未可知也。"④何淑苹博士推测"《论语高士传》撰成在前，其后屈氏或就《高士传》略作损益，另成一篇《接舆传》"。⑤

---

① 《屈大均全集》第3册，第38页。
② 《屈大均全集》第3册，第94页。
③ 《屈大均全集》第3册，第32页。
④ 朱希祖：《屈大均（翁山）著述考》，见《屈大均全集》第8册，第2141页。
⑤ 何淑苹：《〈翁山易外〉研究》，台湾花木兰文化出版社2009年版，第83页。

史部

6.《皇明四朝成仁录》

《皇明四朝成仁录》初撰于翁山早年，未竣。以抄本流传，康熙二十五年孔兴琏纂修《番禺县志》最早著录，云"《四朝成仁录》"，"屈大均撰"，未载卷数。①

《四朝成仁录》不分卷，清抄本，上海图书馆收藏。②

《皇明四朝成仁录》不分卷，清初抄本，藏香港中文大学图书馆。《广州大典》第187册据香港中文大学图书馆藏本影印收录。

《皇明四朝成仁录》十卷，旧抄本，日本静嘉堂文库收藏。③原陆存斋收藏，后归日本。民国三十六年叶恭绰云："陆存斋一本归于日本静嘉堂者，今在海东扃钥中，吾国胜利以还，仍不得一窥其蕴。"④

《皇明四朝成仁录》三卷本，清抄本，藏南京图书馆。⑤民国三十六年叶恭绰所谓"南京国学图书馆钞本三册"⑥，不

---

① 孔兴琏修，彭演等纂：（康熙）《番禺县志》卷17，见《广州大典》第276册，影印康熙刻本，第511页。
② 骆伟编著：《岭南文献综录》，第149页。
③ 骆伟编著：《岭南文献综录》，第149页。
④ 叶恭绰：《屈翁山先生〈皇明四朝成仁录〉序》，见《四库禁毁书丛刊》史部第50册，影印民国商务印书馆长沙影印排印广东丛书本，第463—464页。
⑤ 骆伟编著：《岭南文献综录》，第150页。
⑥ 叶恭绰：《屈翁山先生〈皇明四朝成仁录〉序》，见《四库禁毁书丛刊》史部第50册，影印民国商务印书馆长沙影印排印广东丛书本，第463页。

知是否为同一抄本。

《皇明四朝成仁录》十卷（或十四卷），清道光年间叶廷琯抄本，藏南京图书馆。骆伟云："此书收崇祯朝三卷、弘光朝二卷、隆武朝二卷，永历朝三卷。"① 民国三十六年叶恭绰云："道光中叶调生廷琯本为最善"，"吴县叶调生廷琯写本十四卷"。② 故此本疑为十四卷。

《皇明四朝成仁录馀编》四卷，清抄本，藏中山大学图书馆，一册，十四行三十字，白口，左右双边，单鱼尾。商衍鎏、商承祚赠书。③《皇明四朝增补成仁录馀编》四卷，清黄梅花屋校抄本。第一卷崇祯朝，第二卷弘光朝，第三卷隆武朝，第四卷永历朝。藏广东省立中山图书馆。《广州大典》第187册据广东省立中山图书馆藏本影印。

《皇明四朝成仁录》十二卷，六册，民国三十六年（1947）《广东丛书》铅印本。民国年间番禺叶恭绰以道光年间叶廷琯抄本为底本，与其他六种抄本相参校整理而成。④ 民国三十六年收入《广东丛书二集》，藏华南师范大学图书馆。⑤

---

① 骆伟编著：《岭南文献综录》，第149—150页。

② 叶恭绰：《屈翁山先生〈皇明四朝成仁录〉序》，见《四库禁毁书丛刊》史部第50册，影印民国商务印书馆长沙影印排印广东丛书本，第463页。

③ 中山大学图书馆编：《中山大学图书馆古籍善本书目》，广西师范大学出版社2004年版，第172页。

④ 民国年间叶恭绰集"吴县叶调生廷琯写本十四卷"，与"吴县张叔鹏炳翔重编本十五卷，番禺邬伯坚庆时重编本十二卷，番禺徐信符传钞本三册，新阳陈凤藻刊本一册，历史语言研究所钞本二册，南京国学图书馆钞本三册"，共七家刊抄本，后在陈乐素的帮助下编成十二卷的大著作印行。见叶恭绰：《屈翁山先生〈皇明四朝成仁录〉序》，《四库禁毁书丛刊》史部第50册，影印民国商务印书馆长沙影印排印广东丛书本，第463页。

⑤ 骆伟编著：《岭南文献综录》，第150页。

《四库禁毁书丛刊》史部第 50 册据北京大学图书馆藏"民国商务印书馆长沙影印排印广东丛书本"影印；台北明文书局 1991 年版《明代传记丛刊》第 66 和 67 册、台北新文丰出版公司 1988 年版《丛书集成续编》第 253 册、上海书店出版社 1994 年版《丛书集成续编》史部第 30 册影印。

7.《明季南都殉难记》

《明季南都殉难记》二册，不分卷，清抄本，十行十九字，无格，钤有"徐信符藏"朱文印。扉页题"屈翁山稿"、"明季南都殉难记"。卷首依次有陈凤藻撰《屈大钧先生传》和目录。目录首页题"番禺屈大钧原著"、"新阳陈凤藻参订"。书中"大均"皆误作"大钧"。广东省立中山图书馆收藏。陈氏《屈大钧先生传》所记与翁山生平事迹有出入。此书为翁山《皇明四朝成仁录》的部分内容，所记为南明弘光、隆武时期发生在江南的殉国节士之事。20 世纪 40 年代，叶恭绰整理《皇明四朝成仁录》时，卷六至卷九采录或参考了此书所载传文，删除了"剑自鸣斋主人"的按语。此书原稿为陈凤藻于光绪十八年壬辰（1892）侨寓粤东时，于市上购得。陈氏对翁山书稿进行了修订，并于某些人物传记后附"剑自鸣斋主人曰……"的按语，发表自己的评论，附录自己搜采所得相关史事。朱希祖《屈大均著述考》未及此著，20 世纪前的目录学著作也没有著录。《广州大典》第 187 册据广东省立中山图书馆藏抄本影印。

《明季南都殉难记》不分卷，铅印本，十二行三十字，一百四十八页。卷首依次有《凡例》四则、陈凤藻撰《屈大钧先生传》和目录。目录首页题"番禺屈大钧原著"、"新阳陈凤藻参订"。光绪三十三年（1907）国学丛书社和均益图书公司排印。今藏南京图书馆等。此书据抄本排印，故排印本与抄本内容相同。民国时期叶恭绰整理《皇明四朝成仁录》时所得"新阳陈凤藻刊本一册",① 即为此排印本。

8.《粤游见闻》

《粤游见闻》一卷,清抄本,无目录页,卷首题"南海屈翁山大均氏记"。藏广东省立中山图书馆。《广州大典》第231册据广东省立中山图书馆藏本影印。此书略述隆武帝和永历帝早期发生在闽赣粤桂的南明军事和政治活动,尤其是发生在粤地的活动。《粤游见闻》共五十三则,叙事简略,有些只是纲目式的叙述,似有史家作《春秋》记王事之意。《屈大均全集》未收,朱希祖《屈大均著述考》未言及,骆伟《岭南文献综录》等亦未著录。除卷首题"南海屈翁山大均氏记"外,第二十六则《五月清师渡钱塘江,方国安降,兵部尚书张国维死之》附杨文骢、马士英、阮大铖事。其后案语云:"屈大均曰:金人破两京,死者寥寥,宋遂以亡。清师渡江是何死者之多也?岂天之不祚明也耶!死有重于泰山者,张司马之辈是也;死有轻于鸿毛者,方国安辈是也……"据此知是书当为屈大均所撰。不过,广东省立中山图书馆所收藏《粤游见闻》,网页却将其作者署为瞿其美。2000年巴蜀书社出版的《中国野史集成》第34册也将作者署为瞿其美。两书内容相同,唯第二十六则案语"屈大均曰"改作"逸史氏曰:……",其后案语内容完全一样。《粤游见闻》作者到底是谁尚待考证。

9.《永历遗臣录》(今不见)

《永历遗臣录》,未见。朱希祖《著述考》曰"未见"。

---

① 叶恭绰:《屈翁山先生〈皇明四朝成仁录〉序》,见《四库禁毁书丛刊》史部第50册,影印民国商务印书馆长沙影印排印广东丛书本,第463页。

翁山《伯兄白园先生墓表》云:"予姑为之表,志其大略,他日将为《永历遗臣录》,以伯兄为录中之一人。"① 《永历遗臣录》与《成仁录》相互支撑和补充,以为鼓舞遗民之具。

10.《安龙逸史》(托名)

《安龙逸史》不分卷,清抄本,署为屈大均撰,藏上海图书馆。② 朱希祖《著述考》谓为托名之作。

《安龙逸史》一卷,清抄本,署为屈大均撰,藏江苏省吴县图书馆。③

《安龙逸史》二卷,署为屈大均撰。民国七年(1918)刘氏刊《嘉业堂丛书》本,藏清华大学图书馆,骆伟又云藏中山大学图书馆④。朱希祖《著述考》云:《安龙逸史》一卷,旧题屈大均撰,吴兴刘氏嘉业堂刻本。此书即无名氏之《残明纪事》。吴兴刘氏乃受作伪者之欺。⑤ 《安龙逸史》有署"溪上樵隐著"者。⑥《四库禁毁书丛刊》史部第19册据清华大学图书馆藏本影印。

11.《南渡剩策》(托名)

《南渡剩策》二卷,署为屈大均撰,旧抄本。朱希祖认为实非翁山所撰。⑦

---

① 屈大均:《伯兄白园先生墓表》,《屈大均全集》第3册,第142页。
② 骆伟主编:《岭南文献综录》,第139页。
③ 骆伟主编:《岭南文献综录》,第139页。
④ 骆伟主编:《岭南文献综录》,第139页。
⑤ 《屈大均全集》第8册,第2145页。
⑥ 雷梦辰:《清代各省禁书汇考》,北京图书馆出版社1989年版,第71、190页。以下引用该书均为此版本,不再另注版本信息。
⑦ 朱希祖:《旧钞本南渡剩策跋》,《明季史料题跋》,中华书局2012年版,第29页。

12.《闻史》(今不见)

《闻史》,未见。朱希祖《著述考》曰"未见"。《闻史》为屈大均重新修订的番禺屈氏族谱。附有春秋至明千馀年间屈姓五十馀人的列传和论赞。番禺屈氏原有《南宗屈氏家乘》,屈大均在其基础上重新修订,并更名《闻史》。《闻史自序》云:"吾番禺屈氏,当宋南渡时,有祖迪功郎讳禹勤者,实从关中来,始居沙亭,今至予十有八世,不知迪功郎之祖何人,或即三闾大夫之后未可知,要之皆楚之同姓,帝高阳之苗裔云尔。沙亭之屈故有谱,以迪功郎为始祖,自始祖至予曾从孙,凡二十一世。其谱曰《南宗屈氏家乘》,吾易其名曰《闻史》,而采古之屈氏知名者,自春秋至明千馀年,凡得五十馀人,各为列传,系以论赞,以冠《闻史》之首,并为古今屈氏世系,俾吾家子姓有所考焉。"①

13.《罗浮书》(今不见)

《罗浮书》,康熙年间佚逸,未见。笔者辑佚五十八条,八千多字。笔者所见目录学著作皆未著录此书,所见有关屈大均的研究文章和资料,以及各类禁书资料亦皆未及翁山此书,亦是翁山一部佚著。宋广业《罗浮山志会编》康熙五十六年丁酉(1717)刻本引录《罗浮书》五十八则,详见本书附录二。刻于康熙六十一年壬寅(1722)的吴骞辑《罗浮纪胜》二卷本,引录《罗浮书》二十三则。《罗浮山志会编·辑书目》列有屈大均《罗浮书》一书。

14.《女官传》

《女官传》一卷,清宣统上海国学扶轮社铅印《香艳丛

---

① 《屈大均全集》第3册,第46页。

书》本,藏广东省立中山图书馆。《广州大典》第187册据广东省立中山图书馆藏本影印。此实是《翁山文外》卷三《女官传》一文。按:翁山《书叶氏女事》亦为《香艳丛书》收录。

15.《先圣庙林记》

《先圣庙林记》一卷,清道光十一年(1831)六安晁氏刻《学海类编》本,藏中山大学图书馆,《广州大典》第229册据中山大学图书馆藏本影印。此实是《翁山文钞》卷二之首篇《先圣庙林记》一文。

《先圣庙林记》一卷,清道光十一年(1831)六安晁氏木活字排印《学海类编》本,藏华南农业大学图书馆。①

《先圣庙林记》一卷,上海商务印书馆1960年排印本。

16.《登华记》

《登华记》一卷,清稿本,《小方壶斋舆地丛书》,藏中国国家图书馆。②

《登华记》一卷,排印本,清光绪十七年(1891)上海著易堂铅印《小方壶斋舆地丛钞》本,藏华南农业大学图书馆。③ 此当为《翁山文钞》卷二《登华记》。

17.《永安县次志》

《永安县次志》十七卷,图一卷,张进篆修,屈大均纂。清康熙二十六年(1687)刊本,卷首有张进篆序。藏广东省立中山图书馆、中山大学图书馆。按:永安县,即今紫金县。

---

① 骆伟编著:《岭南文献综录》,第248页。
② 骆伟编著:《岭南文献综录》,第244页。
③ 骆伟编著:《岭南文献综录》,第244页。

《翁山文外》卷一《翁山亭记》："丁卯秋七月，予以志事至永安。"①

《永安县次志》，华东师范大学出版社2012年出版。

《永安县次志译注》，广东人民出版社2018年出版。

18.《定安县志》

《定安县志》八卷。康熙二十六年丁卯（1687），翁山先生应定安知县张文豹、教谕梁廷佐之聘，参与纂修《定安县志》。《清史稿艺文志拾遗》云："《定安县志》八卷，张文豹、梁廷佐纂修，康熙抄本。"②《中国地方志综录》："《定安县志》四卷。张文豹、梁廷佐。乾隆增修康熙二十五年本。"③《胜朝粤东遗民录》卷四："翁山曾寓定安，为修《县志》。"④《翁山文外》卷十四《王惠愍先生哀辞 有序》云："予以教谕梁君廷佐之请，为《吴端烈哀辞》，又为《王惠愍哀辞》。"⑤《吴端烈先生哀辞 有序》云："丁卯，教谕梁君廷佐自定安来，以予数问定安人物，因举先生以对。"⑥ 张文豹，湖广麻城人，岁贡，康熙二十三年定安县知县。

19.《番禺县志》

《番禺县志》二十卷。康熙二十五年丙寅（1686）刻本，

---

① 《屈大均全集》第3册，第35页。
② 王绍曾主编：《清史稿艺文志拾遗》上册，中华书局2000年版，第843页。
③ 朱士嘉编：《中国地方志综录》（增订本），商务印书馆1958年版，第250页。
④ 陈伯陶：《胜朝粤东遗民录》，上海古籍出版社2011年版，第273页。
⑤ 《屈大均全集》第3册，第232页。
⑥ 《屈大均全集》第3册，第233页。

孔兴琏修，彭演等纂。卷首有孔兴琏作于康熙二十五年丙寅十月的序文。翁山先生是否参与了《番禺县志》的修纂，笔者尚未见到确凿的资料。不过，林子雄先生是肯定的："屈氏又编纂广东地方文献，其中包括《广东文集》、《广东文选》、《广州府志》、《番禺县志》及《永安县次志》等。"① 《翁山诗外》卷十一有《赋赠番禺孔明府》诗："特简名贤向越台，素王苗裔鲁邦来。真知孝友能为政，自有神明不用才。泗水流添珠海满，尼山色映玉峰开。番禺自昔循良少，岂弟如公接上台。"② 孔兴琏与翁山先生交往比较密切。孔兴琏此时主持纂修《番禺县志》，请翁山先生参与其事，亦在情理当中。《番禺县志》卷十七著录翁山《易外》、《四朝成仁录》、《广东新语》等未刊著作稿本，皆未言卷数。康熙二十五年（1686）翁山这几部著作尚未定稿，向编纂者提供这一信息的当是翁山本人，这也从一个侧面说明翁山可能参与了县志的纂修。

20.《广州府志》（今不见）

《广州府志》，未见。朱希祖《著述考》曰"未见"。康熙二十六年丁卯（1687）六月，广州府知府刘茂溶聘屈大均修《广州府志》。《翁山文外》卷十三《慰妹婿李生文》："岁丁卯季夏……大均是时，方为广州太守纂修郡志。"③ 《翁山文外》卷二《福州府烈女烈妇传序》云："高子先烈女而后烈妇，各为年表。《烈女传》之有年表，自高子始。予顷者修《广州府志》，亦于烈女三致意，将仿高子，亦分为《广州府

---

① 林子雄《屈大均〈广东文集〉考述》谓翁山先生参与修纂《番禺县志》，见林子雄：《古版新语——广东古籍文献研究文集》，广州出版社2018年版，第117页。
② 《屈大均全集》第2册，第943页。
③ 《屈大均全集》第3册，第224—225页。

烈女烈妇传》一书，亦为年表，以与高子并行。"① 高子即高兆，字云客，号固斋，侯官人。《翁山文外》卷三《女官传》："旧《广州府志》载列女中，凡得六人，予简出别为《女官传》。盖谓女之仕也，能为天子诏，后治内政而有补于君德，亦与贤士大夫相等云尔。"题注云："其略载《广州府志》。"②

21. 薛熙撰《秦楚之际游记》

《秦楚之际游记》二卷，薛熙撰，屈大均评。康熙三十三年（1694）文翰堂刊本，叶恭绰跋。藏上海图书馆。③

子部

22. 《广东新语》

《广东新语》初撰于翁山早年，康熙《番禺县志》卷十七最早著录，未载卷数。《番禺县志》康熙二十五年（1686）由孔兴琏修。《番禺县志》所著录的当为写本或稿本。④ 笔者认为《广东新语》定稿初刻于康熙二十六年丁卯（1687）。此初刻本今已不传，所能见到的最早刻本是康熙三十九年庚辰（1700）木天阁刻本。⑤

《广东新语》二十八卷，六册，康熙三十九年庚辰（1700）木天阁刻本，十一行十九字，白口，四周单边，单黑

---

① 《屈大均全集》第3册，第57页。
② 《屈大均全集》第3册，第105页。
③ 骆伟编著：《岭南文献综录》，第270页。
④ 孔兴琏修，彭演等纂：（康熙）《番禺县志》卷17，见《广州大典》第276册，影印清康熙间刻本，第511页。
⑤ 见笔者未刊书稿《屈大均与明末清初岭南诗派》下编第一章。

鱼尾,卷首依次为潘耒康熙庚辰《序》、《自序》和总目。学界习称"木天阁本"。藏中国科学院图书馆、中山大学图书馆、广东省社会科学院图书馆。骆伟《岭南文献综录》著录此本亦藏华南农业大学图书馆、香港中文大学图书馆和山东省图书馆,山西省图书馆又藏清郭象升题跋本。① 香港中文大学图书馆藏本,十二册,清康熙间刻清末印本。缺牌记。全书避讳至清康熙间,卷首有康熙庚辰年潘耒序,刻板漫漶,断板甚多,其中卷九误将首页上半与第二页下半合印在同一页面上。②《广州大典》第218册据广东省社会科学院图书馆藏本影印、2005年版《四库禁毁书丛刊·补编》第37册据中国科学院图书馆藏本影印。

《广东新语》二十八卷,十册,水天阁小版框刊本,十一行十九字,白口,四周单边,单白鱼尾,版框高约178毫米,宽约132毫米。广东省立中山图书馆藏本,扉页中栏有隶书"广东新语"、右栏有行书"番禺屈翁山先生撰"、左栏"水天阁绣版"字样。卷首依次为潘耒康熙庚辰《序》、《自序》和总目。此本亦藏广州图书馆、中山大学图书馆。此为康熙庚辰木天阁翻刻本。学界普遍认为其款式字迹等摹仿木天阁本,而刻工却误"木"为"水",故习称为"水天阁本"。一般认为翻刻于康熙年间。笔者认为刻工误"木"为"水"之说出于臆测,事实上或许是有意为之。两个版本的一个明显区别是:木天阁本为单黑鱼尾,而水天阁本则为单白鱼尾,二者黑白分明。这一明显区别,当是有意为之,以此推之,改"木"为"水"亦或有意为之。《续修四库全书》史部第734册影印收录。广东省立中山图书馆又一本,十册,无扉页。

---

① 骆伟编著:《岭南文献综录》,第260页。
② 香港中文大学图书馆系统编:《香港中文大学图书馆中国古籍目录》,香港中文大学出版社2004年版,第601页。

《广东新语》二十八卷,十册。卷首以次为潘《序》、总目。扉页中栏有"广东新语",右栏上有"番禺屈翁山先生撰"字样。藏广东省立中山图书馆。广东省博物馆曾展出此本,疑其亦有收藏。当为"启智书局、儒雅堂"印本。

《广东新语》二十八卷,十册。卷首以次为潘《序》、总目。扉页中栏有"广东新语",右栏上有"番禺屈翁山先生撰",左栏上有"定实价银五大员正"、下有"双门底,启智书局、儒雅堂板"字样。藏广东省立中山图书馆。此印本扉页中栏、右栏与上条之扉页笔迹相同,当为同版,左栏之"启智书局、儒雅堂"等字疑为其后补刻。

《广东新语》二十八卷,八册。卷首以次为潘《序》、自序、总目。藏广东省立中山图书馆,官方网页著录为"文汇堂"本,清康熙庚辰年(1700)。

按:以上"文汇堂"本、"双门底,启智书局、儒雅堂板"三种印本,皆为十一行十九字,白口,四周单边,单白鱼尾,版框高约178毫米,宽约132毫米。经仔细比勘,发现其款式、字迹和版框大小等与水天阁小版框刊本完全相同,所异者唯在卷首。笔者疑其版片得自水天阁,而数次改刻卷首,多次印刷。《岭南文献综录》著录藏于华南师范大学和华南农业大学图书馆的二十八卷清刊本《广东新语》,笔者推测亦或出于此版。

《广东新语》二十八卷,水天阁大版框刊本,十一行十九字,白口,四周单边,单白鱼尾,版框高约192毫米,宽约134毫米。扉页中栏有隶书"广东新语"、右栏有行书"番禺屈翁山先生撰"、左栏有行书"水天阁绣版"字样。卷首依次为潘耒康熙庚辰《序》、《自序》和总目。此本其版框较前水天阁小版框刊本略大,故笔者姑且分别称之为"水天阁大版框刊本"和"水天阁小版框刊本"。"水天阁大版框刊本"亦藏广东省立中山图书馆。经仔细对勘，尽管其款式与水天阁小版框刊本完全相同，但所刻文字之点画俯仰等却有差异，而更逼近木天阁刻本。虽然扉页也署为"水天阁绣版"，但显然这是两种不同的刻本。此刻本，笔者疑为在失去小框版片之后，水天阁重又精刻而成。

《广东新语》虽经多次禁毁，但有清一代却流传甚广。坊间存藏多种印本，其版本源流一直困扰着相关的研究者。笔者研究之后，对其版本源流大体得出如下的认识：《广东新语》康熙二十六年丁卯初刻本失传。康熙庚辰木天阁本刻成于翁山去世之后，现亦为多家单位收藏。康熙年间水天阁据木天阁本进行翻刻，"文汇堂"本、"双门底，启智书局、儒雅堂"等在得到水天阁版片之后，数次改刻卷首，多次印刷，现在流传较广的即是据水天阁小框版片多次印刷的《广东新语》。水天阁在版片失去之后，重又精刻大框刊版印刷，但印本流传不广。

《广东新语》，台湾学生书局1968年出版。

《广东新语》，中华书局香港分局1974年出版。

《广东新语》上、下册，中华书局1985年出版。

《广东新语注》，李育中等注，广东人民出版社1991年出版。

23.《广东丛书》（今不见）

《广东丛书》，未见。朱希祖《著述考》曰"未见"。翁山先生在编纂《广东文集》时，因体例所限，约有百馀种粤人著作，无法收入《广东文集》，故计划编成《广东丛书》。"其集外诸家著书，非文体者，约有百馀种，若丘文庄之《大学衍义补》，湛文简之《格物通》、《周易测》、《二礼经传测》、《非老》、《非杨》，黄宗大之《皇极经世传》，黄文裕之

《乐典》，王光禄之《正学观水记》诸书，虽为体博大，为理精微，可以羽翼圣经贤传，概不编入，将别汇为《广东丛书》一部，俾与《广东文集》并悬日月，垂之无穷焉。斯二书也，丛书无所去取，贵大全也。《文集》中十汰二三，然亦宁宽毋严。"① 鉴于《广东文集》卷帙浩繁，未能尽刻，疑《广东丛书》未曾刊刻。

24.《渔书》（今不见）

《渔书》，十二篇。已竣，未见。朱希祖《著述考》曰"未见"。翁山《三月》诗云："三月潮鱼尽上田，渔人塞箔向江边。我家江口知渔事，著得渔书十二篇。"②《鸣榔》："白板未惊鱼，鸣榔响碧虚。数声明月上，十里蓼花初。予亦烟波客，能为雪夜渔。渔书三两卷，欲赠是三闾。"③《题白塘下刘氏园》："罢钓归来处，榕边系小舠。龙过云气乱，鱼上海声高。水屋栖能稳，渔书著未劳。晨昏知水节，多物伴香醪。"④一曰"十二篇"，再曰"三两卷"，以此看来，翁山《渔书》确曾编著。朱希祖先生认为"《渔书》十二篇。盖亦未刊行"。⑤ 从这几首诗，我们可以这样推测：《渔书》乃记录滨海之人渔事之作。《罗浮书》写山，《渔书》写海。

25.《三闾家言》（今不见）

《三闾家言》，未详既竣与否，未见。《广东新语》卷十七

---

① 屈大均：《广东文集总序》，见《广东文集》卷首，《广州大典》第489册，影印清康熙间刻本，第469页。
② 《屈大均全集》第2册，第1276页。
③ 《屈大均全集》第1册，第617页。
④ 《屈大均全集》第1册，第488页。
⑤ 朱希祖：《屈大均（翁山）著述考》，见《屈大均全集》第8册，第2149页。

《宫语》"三闾大夫祠"条："吾宗本荆楚人，文雅之士，固宜以《离骚》为家学，学其忠，复学其文，以无愧大夫之宗族，无负《离骚》之一书……祠既成，将使吾宗操觚之士，皆以祠为归，凡有所作，合之为《三闾家言》，附于《楚辞》之后，岂非大夫之所乐得于其苗裔者哉！"①

26.《种兰经》（今不见）

《种兰经》，未详既竣与否，未见。《广东新语》卷二十七《草语》"兰"条："旧说谓楚人贱蕙而贵兰，故其室西养蕙，而东养兰，南粤人亦然。予有《种兰经》云：'植以兰盎，培以兰泥。沃用豨毛之水，或兼白蚬之肥。半阴半阳，风日迟迟。温汤最善，人气尤宜。美人膏沐，灌之繁滋。于是芽抽不已，葩吐无时。发箭九节，开槬十枝。三岁一分，根忌盘结。瘠则少英，腴则多叶。'……今之所谓兰者，花虽香，叶乃无气，又其花质弱易萎，皆非可刈而佩者，斯乃蕙也，非兰也。沅、沣所生，在春而黄，在秋而紫，秋紫之芬馥，胜于春黄，岭南之兰不然，其非三闾之所采也明甚。予诗：'猗彼幽兰花，春黄而秋紫。颜色能随时，所以媚君子。'又云：'花叶皆有香，乃可持为佩。幽幽君子心，非兰无所爱。'"②

27."两论"（今不见）

"两论"，已竣，未见。《翁山文外》卷十五《复汪扶晨书》云："近刻《四书补注兼考》，以资后学，志在射利，或可代耕，而当涂欤助，只有空言，一手拮据，捉襟肘露，今方经始两论，未知何日刷青，忧甚！闷甚！"③信写于康熙二十

---

① 《屈大均全集》第4册，第419页。
② 《屈大均全集》第4册，第637—638页。
③ 《屈大均全集》第3册，第245页。

八年己巳（1689），此处所谓"两论"，不知何著。"未知何日刷青"云云，说明此"两论"已经写成，正在设法刻刊。

28.《问五家宗旨》（今不见）

广州长寿寺僧石濂大汕剽窃屈大均之诗为己作，翁山知后，作《与石濂书》劝其删除，二人由是交恶。大汕愤而指责翁山"背义"。翁山再作《复石濂书》云："所云背义，不过代兄作一《问五家宗旨》之书耳。"① 由此知翁山曾撰《问五家宗旨》一书。

集部

29.《翁山文外》

《翁山文外》，康熙初年刻本，四册，不分卷，藏中山大学图书馆，较徐信符所藏康熙刻二十卷本及十七卷本、国学扶轮社本多逸文十八篇。② 按：笔者十余年间，在中山大学图书馆多次查寻，皆未获见。伦明《翁山文外补校记》所谓"番禺陈椿轩太史之鼐家有原刻，最足本"③，不知是否为此本。康熙二十四年（1685）夏初，吴兴祚、屈大均、王士禛、黄与坚等饮于端州石室岩。吴兴祚与王士禛再欲疏荐大均，大均婉谢云："家有老母，吾岂能离朝夕之养？况余所著《诗外》、

---

① 屈大均：《复石濂书》，见《屈大均全集》第3册，第488页。
② 朱希祖：《屈大均（翁山）著述考》，见《屈大均全集》第8册，第2151—2152页。
③ 伦明抄本《翁山文外补》卷首，中国国家图书馆藏，民国抄本。

《文外》、《文钞》……诸书未竟,余之笔砚未可辍也。"①《翁山佚文·复汪栗亭书》云:"《诗外》一部千馀纸,《文外》一部三百一十纸奉寄。"② 此信写于康熙二十六年丁卯(1687)。由此推知,《翁山文外》当首刻于康熙二十五年丙寅(1686)至二十六年丁卯(1687)之间。《复汪栗亭书》谓"《文外》一部三百一十纸",《屈大均全集·前言》谓"广州郑谋信医生所藏十七卷本……四百六十七页",而二十卷本《文外》为三百九十页,显然这是三种不同的刻本。此康熙二十六年前后所刻"三百一十纸"之《翁山文外》当为初刻本,或即为朱希祖所谓"四册,不分卷","康熙初年刻本"。

《翁山文外》,目录谓二十卷,实为十六卷,康熙刻本。十一行十九字,四周单边,黑口双鱼尾。目录:卷一《记》;卷二《序》;卷三《传》、《行状》、《行略》;卷四《论》、《议》,注曰"嗣刻"(按:本卷只有《孟屈二子论》一篇,无《议》一体);卷五《说》;卷六《四书考》、《五经考》、《诸史考》,注曰"嗣刻";卷七《碑》、《碑记》、《墓碑》;卷八《墓表》;卷九《墓志铭》、《墓碣》;卷十《书后》、《书事》;卷十一《杂著》;卷十二《铭》;卷十三《赞》、《颂》、《箴》;卷十四《杂文》、《祭文》;卷十五《哀辞》、《耒》;卷十六《书》、《启》;卷十七《赋》;卷十八《翁山诗话》,注曰"嗣刻";卷十九《辽语》,注曰"嗣刻";卷二十《滇语》,注曰"嗣刻"。按:此本嗣刻之目凡五,卷四存《孟屈二子论》一篇,以一卷论,故云实为十六卷。朱希祖《著述考》谓"广州徐信符绍棨南洲书楼"曾收藏此刻本。③ 广东省

---

① 黄廷璋:《翁山诗外序》,见《屈大均全集》第1册,《翁山诗外》卷首,第1页。
② 《屈大均全集》第3册,第482页。
③ 《屈大均全集》第8册,第2149页。

立中山图书馆藏本钤有"黄氏忆江南馆珍藏印"、"荫普珍藏"朱文印,"禺山黄氏"白文印,扉页在"翁山文外"左上钤"三间家藏"白文印。卷首以次是隶书《翁山文外自序》三页,篆书《文外铭》一页,目录二页和张远、甘京、李稹、何磻四人题辞三页。自序末署篆书"四百三十二峰草堂藏书";《文外铭》末署隶书"大均"二字。《广州大典》第 438 册据广东省立中山图书馆藏本影印,但影印本将目录与《文外铭》前后倒置。香港大学图书馆亦藏有此本。① 《中国古籍善本总目》著录《翁山文外》二十卷,康熙刻本②,即此刻本。

《翁山文外》十七卷,康熙刻本,目录谓十七卷,删去第十八、第十九、第二十卷目录,除目录外,则皆与徐信符藏本无异。③ 未详藏于何处。

《翁山文外》十七卷,康熙刻本。"广州郑谋信医生所藏十七卷本,收文二百七十五篇(其中三篇重文),四百六十七页。"与二十卷本《文外》相比,"郑本多文六十六篇。其中四十三篇见于康熙刻本《翁山文钞》"。④ 此本当晚于初刻本和二十卷本《翁山文外》。

《翁山文外》十八卷。此刊本源流不明,相关的目录学著作未予著录,或为康熙刻本而晚于康熙刻《翁山文外》二十卷本。版式、字体等与二十卷本相同,亦为十一行十九字,四周单边,黑口双鱼尾。扉页题隶书"翁山文外"四字,钤"三间家藏"等印章。卷首以次为《翁山文外自序》,《文外

---

① 骆伟编著:《岭南文献综录》,第 384 页。
② 翁连溪编校:《中国古籍善本总目》第 5 册,线装书局 2005 年版,第 1528 页。
③ 朱希祖:《屈大均(翁山)著述考》,见《屈大均全集》第 8 册,第 2151 页。
④ 欧初、王贵忱:《屈大均全集前言》,《屈大均全集》第 1 册,前言第 18 页。

铭》,张远、甘京、李稹题辞三页,目录一页。隶书《自序》三页,款署篆书"四百三十二峰草堂藏书",篆书《文外铭》一页,款署隶书"大均"二字,刻意仿二十卷本,唯在"大均"二字下多一方"翁山"印章。目录十八卷:卷一《记》,卷二《序》,卷三《传》,卷四《论》,卷五《说》,卷六《解》,卷七《碑》,卷八《墓表》,卷九《墓志铭》,卷十《书后》,卷十一《杂著》,卷十二《铭》,卷十三《赞》、《颂》,卷十四《杂文》,卷十五《哀辞》,卷十六《书》,卷十七《赋》,卷十八《启》。版式、字体等虽仿二十卷本,但二者卷首、目录和篇目皆有不同。二十卷本卷首以次是《自序》、《文外铭》、目录二页和题辞;二十卷本题辞作者为张远、甘京、李稹和何磻四人,而十八卷本只有前三人;二十卷本收文244篇,十八卷本收文231篇。十八卷本中的57篇不见于二十卷本,44篇见于《翁山文钞》和翁山佚文。十八卷本《翁山文外》题辞首页页端、卷二、卷三、卷十首页有"上海图书馆藏"印章,卷八首页、卷十七末页底端有"广东省中山图书馆图书"印章,卷十八无卷端标示。《续修四库全书》集部第1412册影印时谓:"据上海图书馆藏康熙刻本影印,原书版框高196毫米宽272毫米。"《翁山文外》初刻于康熙二十六年丁卯(1687)。康熙二十七年戊辰(1688),何磻来番禺拜访翁山,翁山为作《节母彭孺人墓》。"岁戊辰,磻至番禺……请予为词,以表诸墓。"① 十八卷本《翁山文外》无何磻题辞,难道此即康熙二十六年的初刻本?据屈大均所述初刻本共三百一十页,作于康熙二十六年的《复汪栗亭书》云:"《文外》一部三百一十纸奉寄。"十八卷本《翁山文外》共四百三十七页,显然并非初刻本。《翁山文钞》刻于康熙三

---

① 《屈大均全集》第3册,第383页。

十四年（1695），所收主要是康熙二十六年后翁山之作。十八卷本中见于《翁山文钞》和翁山佚文的44篇作品，也进一步证明此非《翁山文外》初刻本。

《翁山文外》十八卷。"《翁山文外》十八卷，番禺屈大均撰，旧抄本，第六卷原阙，民国庚申吴兴刘氏嘉业堂刊。"①另，广东省立中山图书馆官网著录藏有"《翁山文外》十八卷，十册，光绪十年（1884）抄本"。然经笔者沟通，该馆工作人员反复查找，未见。

《翁山文外》二十卷，清抄本，清潘飞声跋。卷六、卷十八至卷二十原缺。② 藏中国国家图书馆。③

《翁山文外》二十卷，清宣统二年庚戌（1910）上海国学扶轮社铅印本。内四卷仍无文，且删去卷六、卷十八、卷十九、卷二十，四个卷目，实为十六卷。藏广东省立中山图书馆、香港中文大学图书馆、佛山市图书馆等。香港中文大学图书馆藏本谓十六卷，首一卷，四册。④ 骆伟先生又谓藏中山大学图书馆、华南师范大学图书馆。⑤ 按：笔者十馀年间，在中山大学图书馆多次查寻，皆未获见。

《翁山文外》十六卷，民国九年庚申（1920）吴兴刘氏刻《嘉业堂丛书》本，十一行二十一字，黑口，左右双边，单黑鱼尾。藏广东省立中山图书馆、首都图书馆等。《四库禁毁书丛刊》集部第184册据首都图书馆藏本影印。刘承干《嘉业

---

① 孙殿起：《贩书偶记》卷14，上海古籍出版社1999年版，第347页。

② 翁连溪编校：《中国古籍善本总目》第5册，线装书局2005年版，第1528页。

③ 骆伟编著：《岭南文献综录》，第384页。

④ 香港中文大学图书馆系统编：《香港中文大学图书馆中国古籍目录》，香港中文大学出版社2004年版，第411页。

⑤ 骆伟编著：《岭南文献综录》，第384页。

堂本翁山文外跋》谓:"《文外》向藏南海潘氏,予假得之,以寿之木……庚申季冬大寒节吴兴刘承干跋。"潘飞声《嘉业堂本翁山文外跋》云:"惟《文外》则原编十七卷为吾家秘藏,向称孤本。顺德李研卿太史应田手钞,先大父得之许青皋明经处,屡欲剞劂而未果者也……吴兴刘翰怡京卿特刊入丛书……今又竟余先人未逮之志,余深德之,因为序。戊午四月,邑后学潘飞声书于剪淞阁。"①

按:孙殿起《贩书偶记》卷十四云:"《翁山文外》十八卷,番禺屈大均撰,旧抄本,第六卷原阙,民国庚申吴兴刘氏嘉业堂刊。"② 欧初、王贵忱《屈大均全集前言》云:"《嘉业堂丛书》十二卷本《翁山文外》。"③ 骆伟谓:《翁山文外》二十卷,民国九年(1920)吴兴刘承干刊《嘉业堂丛书》本,藏中山大学图书馆,"内有四卷未刊"。④ 笔者十馀年间,在中山大学图书馆多次查寻,皆未获见。此处所谓二十卷、十八卷、十二卷刊本,笔者疑即民国九年吴兴刘氏嘉业堂刻《翁山文外》十六卷本。笔者据《四库禁毁书丛刊》集部第184册影印首都图书馆藏本知,嘉业堂刻本之《翁山文外》目录和内文皆明确标示为"十六卷",无"二十卷"等字样,不知何以有此不同的表述。

---

① 《四库禁毁书丛刊》集部第184册,影印刘氏《嘉业堂丛书》本,第195—196页。
② 孙殿起:《贩书偶记》卷14,上海古籍出版社1999年版,第347页。
③ 《屈大均全集》第1册,前言第18页。
④ 骆伟主编:《广东文献综录》,中山大学出版社2000年版,第242页;骆伟编著:《岭南文献综录》,广东人民出版社2016年版,第384页。

30.《翁山文钞》

《翁山文钞》十卷,清康熙三十四年(1695)刻本,广东省立中山图书馆藏。黑口,单黑鱼尾,左右双边,十行十九字。卷首有常熟薛熙孝穆《序》,文后有薛氏评点。目录页署"男:明洪、明泳编"。其目如下:卷一《序》,卷二《记》,卷三《碑》、《碑记》,卷四《传》,卷五《墓志铭》,卷六《墓表》,卷七《说》、《辩》,卷八《书后》、《杂著》,卷九《书》,卷十《颂》、《赞》、《铭》、《哀辞》。朱希祖《著述考》云:"《屈翁山文钞》十卷,常熟薛熙评,康熙刻本。余购自北平孙氏,前有薛熙《序》(陈恭尹《独漉堂文集》卷二,有《屈翁山文钞序》,此本逸去),又有《翁山文钞铭》一篇,篆文,盖翁山自书也……此为翁山晚年手定之本,其时《文外》行世已久,此本之文,十之九皆为《文外》所无,其为《文外》所有者,亦增删更易。"乾隆年间被禁,流传极少。"此书印本,盖在禁毁之后,其时刻版未毁,故凡'翁山'、'大均'及'《翁山文钞》'大题,皆刓去不印。"① 按:广东省立中山图书馆藏本并非如《著述考》所云诸多挖削,亦无篆文《翁山文钞铭》,盖与朱氏购藏本有异,疑为乾隆禁毁之前印本。《贩书偶记》第 347 页亦载。《四库禁毁书丛刊》集部第 120 册、《广州大典》第 438 册据广东省立中山图书馆藏本影印。《广东省立中山图书馆古籍善本书目》著录:"又一部四册。"②

《翁山文钞》残刻本,存四卷(卷一至卷四目录和正文),目录页署"男:明洪、明泳编"。版式与康熙年间《翁山文

---

① 《屈大均全集》第 8 册,第 2155 页。
② 广东省立中山图书馆编:《广东省立中山图书馆古籍善本书目》,国家图书馆出版社 2012 年版,第 198 页。

钞》十卷评刻本相同，当为十卷之残本。卷首有篆文《翁山文钞铭》（铭文末署"三外野人屈大均"）。黄荫普购存。1946年商务印书馆将《翁山文钞》四卷刻本影印收入《广东丛书》第一集，卷首有薛熙《序》、全部十卷目录、补屈大均官服像、李景新撰《屈大均传》，书后补黄荫普《翁山文钞跋》。其后附刻民国徐信符辑佚文《翁山佚文辑》三卷。上海书店版《丛书集成续编》集部第125册据《广东丛书》本影印。台北新文丰出版公司《丛书集成续编》第189册据《广东丛书》本，将此《文钞》四卷刻本与《佚文》拆分后，与《文钞》六卷抄本合并影印。

《翁山文钞》十卷，抄本，当藏中国国家图书馆①。题"常熟薛熙评"。1948年商务印书馆《广东丛书》第二集，循前例，以此抄本《翁山文钞》后六卷（卷五至卷十）与民国黄荫普等《翁山佚文二辑》一卷合并影印。上海书店版《丛书集成续编》集部第125册据《广东丛书》本影印。台北新文丰出版公司《丛书集成续编》第189册将此《文钞》六卷抄本与《佚文二辑》拆分后，与黄荫普藏《文钞》四卷刻本合并影印。

31.《翁山佚文》

《翁山佚文》旧抄本，方功惠辑，藏巴陵方氏碧琳琅馆，藏书后散佚，流入北平。今不见。

《翁山文外·逸文》四册，凡三十四篇，民国抄本，番禺徐绍棨（信符）藏。未见。朱希祖云："徐君信符又藏《翁山

---

① 黄荫普《翁山佚文二辑跋》谓"北平图书馆"，见《屈大均全集》第8册，第2136页。

文外·逸文》抄本四册,计文三十四篇,余亦借得传钞一部。"①

《翁山文外补》四册,不分卷,凡五十六篇,民国抄本,伦明辑抄。藏中国国家图书馆。书前有伦明朱笔校记一篇。

《翁山文外逸文》一册,民国抄本,未署辑者何人,笔者疑为朱希祖辑抄。藏南京图书馆。卷首有存目上、下两卷;存文凡二十七篇,与目录有异。曾损毁,后重新装订。

《屈翁山佚文》四卷,凡六十一篇。民国抄本,徐信符等辑,藏香港大学冯平山图书馆。

《翁山佚文辑》三卷(上、中、下),民国抄本,徐信符等辑,藏广东省立中山图书馆。1946年商务印书馆收入《广东丛书》第一集,此辑本附刻于《翁山文钞》四卷(卷一至卷四)残刻本后。题曰:"徐氏南州书楼辑本",前有民国二十九年番禺徐信符《翁山佚文辑序》。上海书店版《丛书集成续编》集部第125册据《广东丛书》本影印。台北新文丰出版公司《丛书集成续编》第189册据《广东丛书》本,将此本佚文从四卷《文钞》残刻本拆分后,与黄荫普、徐信符《翁山佚文二辑》合并影印。

《翁山佚文二辑》一卷,民国抄本,番禺黄荫普辑②,藏广东省立中山图书馆。书心有"广东丛书"字样,首页题"后学黄荫普辑",且钤有"黄氏忆江南馆珍藏印"、"荫普"朱文印和"禺山黄氏"白文印。书中题"黄氏忆江南馆、徐氏南州书楼辑本"。后附有民国三十六年黄荫普志语。1948年

---

① 朱希祖:《屈大均(翁山)著述考》,见《屈大均全集》第8册,第2153页。

② 《翁山佚文二辑》一般都著录为黄荫普辑,实际上其中数篇为徐信符抄存。黄荫普《翁山佚文二辑跋》云:"适《广东丛书》会议刊第二集,乃以此各本所无之文十五篇,献于叶玉父丈,俾与徐信符君所钞存之翁山佚文四篇并刻之,名曰《翁山佚文二辑》。"

商务印书馆《广东丛书》第二集收录，循前例，此辑本附于抄本《翁山文钞》六卷（卷五至卷十）后。题"黄氏忆江南馆、徐氏南州书楼辑本"。上海书店版《丛书集成续编》集部第 125 册据《广东丛书》本影印，台北新文丰出版公司《丛书集成续编》第 189 册亦影印收录。

32.《道援堂集》

《道援堂集》初刊本当刻于屈大均壮年。今不见。顺治十六年己亥（1659）屈大均持浪丈人书访钱谦益，钱氏为作《罗浮种上人诗集序》。徐嘉炎《屈翁山诗集序》云："忆自辛丑岁，翁山始至禾，偕竹垞同年访余南州草堂，论诗说赋，语及甲申来死事诸公，烛花红泪与目睫交映。时翁山尚混缁服，正撰《道援堂诗集》，有《题先大父像》一篇刻其中。"① 此辛丑为顺治十八年（1661），时翁山刚过而立之年，正漫游吴越联络志士。徐嘉炎既谓"有《题先大父像》一篇刻其中"，则知是时《道援堂集》已经付刻。

《道援堂》八卷，王隼选。属王隼辑《岭南三大家诗选》之局部，与《独漉堂》八卷、《六莹堂》八卷合刊。最早为康熙三十一年壬申（1692）王煐捐资助刻本，其后又出现多种刻本，此不赘述。见本章第一节《三家合集之版本》。

《道援堂》八卷，抄本。红格，九行二十一字。抄自王隼辑《岭南三大家诗选》。藏广东省立中山图书馆。

《道援堂集》十卷，一函六册，康熙四十五年丙戌（1706）刻本，十行十九字，黑口，四周单边，双鱼尾，有墨笔题识，藏中国国家图书馆。钱塘沈用济因不慊于王隼选本，于康熙四十三年甲申（1704）至四十五年丙戌（1706）间重

---

① 《屈翁山诗集》卷首，见《四库禁毁书丛刊》集部第 120 册，影印康熙李肇元等刻本，第 252 页。

选。卷首有费锡璜序和沈用济作于康熙甲申的序文,以及二人所作附记十六则。《道援堂集》为沈用济所辑《岭南三大家诗选》之局部,单独刊行。卷一、卷二为五言古,卷三、卷四为七言古,卷五、卷六为五言律,卷七为七言律,卷八为五言排律,卷九为五言绝句,卷十为七言绝句和杂体。朱希祖《著述考》谓之八卷,误。《中国古籍善本总目》第1528页、《贩书偶记》第347页、施廷镛《清代禁毁书目题注　外一种》① 著录。中国第一历史档案馆编《纂修四库全书档案》禁书资料亦及沈用济选《道援堂集》刊本。《岭南文献综录》著录此刻本亦藏山西大学图书馆。② 经比对,沈用济选辑翁山诗盖据凌凤翔《翁山诗外》等。

《道援堂集》十三卷(诗十二卷、词一卷),康熙末至乾隆早期刻本。十行二十一字,白口,单黑鱼尾,四周双边,卷首有毛奇龄《序》、周炳曾《序》和徐嘉炎《序》。朱希祖《著述考》认为此《道援堂集》十三卷,托名徐肇元抡三兄弟选刻。其中八卷诗盖出自徐肇元兄弟所选《屈翁山诗集》,其他四卷诗,选自凌凤翔《翁山诗外》。③ 藏中国国家图书馆、北京师范大学图书馆、广州图书馆、佛山市图书馆等。骆伟《岭南文献综录》著录亦藏中国科学院图书馆。《广州大典》第437册据中国国家图书馆藏本影印;《四库禁毁书丛刊》集部第52册据北京师范大学图书馆藏本影印。

对比两个影印本,发现中国国家图书馆藏本与北京师范大学图书馆藏本有同有异:二本不但款式相同,错误亦同,因此可以确认二者实为同一刻本。卷七是七言律诗,国图本和北师

---

① 施廷镛编著:《清代禁毁书目题注　外一种》,北京图书馆出版社2004年版,第145页。
② 骆伟编著:《岭南文献综录》,第384页。
③ 《屈大均全集》第8册,第2158页。

大本卷七页二十七版心皆误刻为"卷七，五言律"；二者目录页卷十三"附词"（目录页诗有细目，而词无细目）二字后，皆有"补遗"、"卷六，五言律"和"卷七，七言律"细目，内容分别补入正文卷六和卷七。不同之处：国图本目录页在"补遗"之后又有"补刻道援堂诗集目录"一百首，其实"补刻道援堂诗集目录"乃重复"补遗"诗题；二者扉页不同，北师大本题为"《道援堂集》，本堂藏版"①，国图本则为"《道援堂诗集》"。另，国图本在卷首周炳曾《序》后空白处有朱希祖手书案语一则。

  广州图书馆亦藏有《道援堂集》十三卷本。其款式和卷七页二十七版心之误刻与国图本和北师大本完全相同，因此可以认定三者皆为同一版本。另外，广图本与北师大本的扉页相同。与前二者相异之处是，目录页至卷十三"附词"二字而止，即"附词"二字之后即是空格，无"补遗"和"补刻道援堂诗集目录"。综合这些情况，可以对三种藏本作如是推测：广图藏本最早，北师大藏本在保留原版式和扉页的基础上，补刻了"卷六，五言律"和"卷七，七言律"细目，国图藏本则在北师大藏本的基础上更换扉页，再刻"补刻道援堂诗集目录"附于目录页"补遗"之后。

  朱希祖《著述考》云："《道援堂诗集》最初刻本，未见。今存者，有三本"，一为王隼选本，一为沈用济选本，"一为诗十二卷词一卷本，道光时刻，托名徐抡三兄弟选刻，前有徐嘉炎《序》及毛奇龄《序》、周炳曾《序》……此本所多四卷，选自凌本明矣。其他八卷，盖从徐抡三兄弟所选《屈翁

---

① 按：香港中文大学图书馆藏本扉页题"《道援堂集》，本堂藏版"，又谓"清嘉庆间（1796—1820）刻本，四册"。盖与北师大本同。（见香港中文大学图书馆系统编：《香港中文大学图书馆中国古籍目录》，香港中文大学出版社2004年版，第411页。）

山诗集》出……《屈翁山诗集》八卷,词一卷,嘉兴徐肇元抡三选,康熙刻小字本。前有《徐嘉炎序》。余购于广州,始知十二卷本《道援堂集》,盖增补徐刻而成"。① 笔者以《广州大典》第437册影印国家图书馆藏本《道援堂诗集》与朱希祖所言核验,若合符契。

这一《道援堂集》刊本存世较多,不过,对这一文献的著录比较混乱。《中国古籍善本总目》谓:《道援堂集》十三卷,康熙刻本,十行二十一字、白口四周双边。②《贩书偶记》谓:"《道援堂诗集》十二卷词一卷,番禺屈大均撰,道光间刊。"③《清代禁毁书目题注 外一种》谓:"《道援堂诗集》十三卷。"④《岭南文献综录》谓:《道援堂诗集》十二卷词一卷,道光刊本,广东省立中山图书馆、中山大学图书馆、华南师范大学图书馆、华南农业大学图书馆、香港中文大学图书馆、澳门大学图书馆收藏。⑤ 著录这一文献的还有其他,不再赘述。总之,著录这一文献时"《道援堂集》"、"《道援堂诗集》"、"康熙刻本"、"嘉庆刻本"、"道光刻本"、"清刻本"、"十二卷本"、"十三卷本"、"诗十二卷词一卷"等字样都出现过。笔者认为《中国古籍善本总目》、《岭南文献综录》、《贩书偶记》等所著录,当皆为此一刻本,或源出此刻本,或原版改头换面之后的重印本。

朱希祖先生认为此为道光刻本,汪宗衍先生认为"乃嘉

---

① 《屈大均全集》第8册,第2157—2159页。
② 翁连溪编校:《中国古籍善本总目》第5册,线装书局2005年版,第1528页。
③ 孙殿起:《贩书偶记》卷14,上海古籍出版社1999年版,第347页。
④ 施廷镛编著:《清代禁毁书目题注 外一种》,北京图书馆出版社2004年版,第145页。
⑤ 骆伟编著:《岭南文献综录》,第384页。

庆间人重刻"①，笔者认为当是康熙末年至乾隆早期的刻本。因为清代乾隆年间禁书资料已言及"《道援堂诗集》十三卷"②。故此刻本必在乾隆三十九年（1774）之前。如果此处禁书资料记录准确的话，那么此禁毁本当是《道援堂集》改头换面之后目录页带有"补遗"和"补刻道援堂诗集目录"的重印本《道援堂诗集》。

《道援堂五七律》一卷，抄本。天南遯叟题签。藏加拿大不列颠哥伦比亚大学图书馆。广东省立中山图书馆编《海外广东珍本文献丛刊》第一辑第 35 册影印。

33.《翁山诗略》

《翁山诗略》，又名《九歌草堂集》，初刻本今不见。汪宗衍《屈大均年谱》认为《翁山诗略》刻于康熙十六年丁巳（1677）顷。

《翁山诗略》四卷，卷四有目无文，乾隆十八年癸酉（1753）据康熙本翻刻。卷首以次为周炳曾《序》和目录一页。目录云："卷之四杂体，计四首"，实未刻。翻刻本为十一行二十三字，黑口，四周单边。笔者所见广东省立中山图书馆藏本，缺扉页和周炳曾《序》首页，卷一首页版心有"九歌草堂"四字，卷二首页版心有"散儒堂"三字，卷三缺首页，末页后重装页二十七、又二十七、二十八。"九歌草堂"、"散儒堂"皆为大均堂号。《四库禁毁书丛刊》集部第 184 册和《广州大典》第 438 册皆据广东省立中山图书馆藏本影印，皆著录为康熙刻本。影印本版心"九歌草堂"四字尚可依稀辨认，而"散儒堂"三字已不可辨识。《广东省立中山图书馆

---

① 汪宗衍：《屈大均年谱》，见《屈大均全集》第 8 册，第 1895 页。
② 施廷镛编著：《清代禁毁书目题注　外一种》，北京图书馆出版社 2004 年版，第 145 页。

古籍善本书目》谓钤有"蔡植兰藏书"朱文印，且谓为康熙刻本。① 朱希祖认为此本于乾隆十八年癸酉（1753）据康熙本翻刻，一书而前后异名。乾隆翻刻本《翁山诗略》前之周炳曾《序》，原为凌本《诗外》作，今凌本《诗外》反佚此序。《诗略》本刻于《诗外》之前，翻刻者不以朱彝尊《九歌草堂集序》冠于前，而误以周炳曾《诗外序》置于首，以致此书源流不明。② 事实上周炳曾《序》尚存于康熙刻凌凤翔补修《翁山诗外》复旦大学图书馆藏本卷首，朱希祖先生未曾获见。广东省立中山图书馆藏本书签载汪宗衍先生语云，"此本扉叶《屈翁山诗略》篆书，右旁'癸酉岁'楷书"。因藏本今缺扉页和周炳曾《序》首页，故"癸酉岁"三字未见。汪先生未见凌本《诗外》，以翻刻本《翁山诗略》卷首经过窜改的周炳曾《序》"集名《诗略》节取也"一语，谓"凌凤翔（仪吉）刻《翁山诗略》，周炳曾作序"。③ 见于凌凤翔补订重刊本《翁山诗外》卷首的周炳曾《序》云："丁丑再至粤，翁山殁矣。吾友凌仪吉与翁山交以诗最久。翁山既侈于诗，其殁也，卷帙寖多散失，凌子肯为整齐诠次之，属炳为之序……集名《诗外》仍之，翁山志也。"④ 以此确知周序实为凌本《翁山诗外》而作。汪先生之误实因受《翁山诗略》翻刻者随意窜改之误导所致。

《翁山诗略》四卷，三册，清抄本，九行十八字，蓝格，

---

① 广东省立中山图书馆编：《广东省立中山图书馆古籍善本书目》，国家图书馆出版社2012年版，第197页。
② 朱希祖：《屈大均（翁山）著述考》，见《屈大均全集》第8册，第2158—2159页。
③ 汪宗衍：《屈大均年谱》康熙三十六年条，见《屈大均全集》第8册，第1996页。
④ 《翁山诗外》首卷，《续修四库全书》集部第1411册，影印凌凤翔补订重刊本，第254页。

白口，四周双边。卷首以次为周炳曾《序》二页和目录一页，后附《药亭诗》上、下卷。藏广东省立中山图书馆。钤有"黄氏忆江南馆珍藏印"、"荫普珍藏"朱文印，"禺山黄氏"白文印。目录谓为四卷，卷四杂体四首，而正文实无卷四。据比较此《翁山诗略》抄本实为乾隆年间翻刻本《翁山诗略》的过录本。广东省立中山图书馆官方网页著录为"凌仪吉编"，或以汪宗衍先生之论为据而误以为凌凤翔编。

34.《翁山诗外》

《翁山诗外》十五卷，十六册，十一行十九字，黑口，四周单边，康熙刻本。东莞陈阿平编。钤有"南海式生苏氏所藏"、"荫普珍藏"、"黄氏忆江南馆珍藏印"、"徐绍棨"朱文印，"禺山黄氏"白文印。藏广东省立中山图书馆。卷首以次为隶书《翁山诗外自序》五页和目录二页。翁山门人陈阿平合翁山前刻《道援堂集》和《翁山诗略》两种，并益以集外之诗编成《翁山诗外》十五卷。无刻书年月。由翁山佚文《复汪栗亭书》推知，当刊于康熙二十五年丙寅（1686）至二十六年丁卯（1687）之间，此为《翁山诗外》首刻本。

《翁山诗外》十八卷，十一行十九字，黑口，四周单边，卷十六至卷十八为词，第十八卷原注"嗣出"，未刻。实为十七卷。藏中山大学图书馆、复旦大学图书馆、中国国家图书馆、中国科学院图书馆等。① 此刻为康熙三十六年丁丑（1697）后凌凤翔（字仪吉）在陈阿平原编基础上补修校订的

---

① 翁连溪编校：《中国古籍善本总目》第5册，线装书局2005年版，第1528页；骆伟编著：《岭南文献综录》，第384页；孙殿起：《贩书偶记》卷14，上海古籍出版社1999年版，第347页；中山大学图书馆编：《中山大学图书馆古籍善本书目》（增订本），广西师范大学出版社2014年版，第663页。

下编　岭南三大家著作的存佚和流布

重刊本。凌本除增刻词二卷外，又依原十五卷本进行了校订补刻。笔者所见广东省立中山图书馆藏本和《四库禁毁书丛刊》影印本各卷首著者项旁加刻"茗南凌凤翔校"六字，而《续修四库全书》影印本各卷首著者项旁却加刻"茗南凌凤翔订"六字。以此可知凌凤翔曾不止一次补修刊印。广东省立中山图书馆藏本，十二册，钤有"黄氏忆江南馆珍藏印"、"禺山黄氏"、"荫普珍藏"等印，卷首以次是《翁山诗外自序》隶书五页、屈大均撰《翁山诗外原序》一页、凌凤翔撰《序》二页和目录二页。按：凌序两页前后倒置。广东省立中山图书馆藏本和《四库禁毁书丛刊》、《续修四库全书》影印本，目录页仍署"门人陈阿平编"，在"卷之八五言律四"下补刻"卷之又八五言律五"，"卷之十一"改陈阿平本"五言排律全"为"五七言排律全"，卷之十五杂体之后补刻"卷之十六词一、卷之十七词二、卷之十八词三嗣出"。朱希祖据其所见中山大学图书馆藏本云："五律五（目录题卷之又八）一卷，七言律三（首题卷之又十，目录无）一卷，五古二（卷二）《诃林咏古》下补四首，此凌氏补刻之显然者也。其他补刻尚多，共有一百六十页左右。"① 这里朱先生谓凌本有"七言律三（首题卷之又十，目录无）"，但笔者所见广东省立中山图书馆藏本和《四库禁毁书丛刊》、《续修四库全书》影印本，无论目录还是正文皆无"七言律三"一卷。据笔者核验中山大学图书馆所藏凌本确有"七言律三"一卷。从内容和款式等可以确认"卷之又十七言律三"一卷由屈明洪补本误入。由此知中山大学图书馆所藏凌本有混搭现象。据笔者目验，陈阿平本"卷之二五言古二"止于页四十一《送铁井子》，广东省立中山图书馆藏本和《四库禁毁书丛刊》、《续修四库全书》影

---

① 朱希祖：《屈大均（翁山）著述考》，见《屈大均全集》第 8 册，第 2156 页。

印凌凤翔本,皆于同页起补《咏怀》诗,至页六十五。但此卷奇怪的是凌本却有两个页五十八,第一个页五十八仅在前半页刻《诃林咏古》一诗,后半页为空白。第二个页五十八至页六十五,共刻诗八首《老穀树为大风所摧诗以伤之》、《闭瓮菜 惠阳太守席上分赋》、《后割肉诗为汪孝妇作 有序》、《王母金孺人寿篇》、《送王立安还宝坻》、《题桃画》、《赠佟声远》、《临危诗》。而朱希祖先生误以为陈阿平本该卷结束于《诃林咏古》诗,且谓凌凤翔本"五古二(卷二)《诃林咏古》下补四首"。据笔者核对中山大学图书馆所藏凌本在《诃林咏古》后仅存四首,即为前述八首之前半,且第四首《王母金孺人寿篇》第十句一语未竟,即止于页六十二 a 面。由此知中山大学图书馆藏本此卷有损毁。《四库禁毁书丛刊》集部第120、121册据"中国科学院图书馆藏"本影印。影印底本"卷之二五言古二"页六十五原缺,编辑谓"此叶北图配补"。《中国古籍善本总目》第1528页和《岭南文献综录》第384页皆曰中国科学院图书馆藏本有"邓之诚跋",而就此影印本笔者未见"邓之诚跋"语。凌凤翔《序》云:"丁丑再至羊城,翁山死矣,哭之失声。及闻吴公留村没于王事,复以哭翁山者哭吴公……今没后,其《诗外》若干卷寖多亡轶,特取而补刻校正之。"① 吴兴祚号留村,卒于康熙三十六年丁丑,由此知凌本《翁山诗外》刊于是年顷。《续修四库全书》集部第1411册据"复旦大学图书馆藏清康熙刻凌凤翔补修本影印"。此影印本卷首以次为王隼撰《骚屑序》、周炳曾撰《序》、凌凤翔撰《序》、屈大均撰《翁山诗外原序》和《同订姓氏》名录。

《翁山诗外》,黄廷璋本,今不见。康熙年间刻,有黄廷

---

① 《翁山诗外》首卷,广东省立中山图书馆藏,康熙三十六年凌凤翔补订重刊本。

璋《序》,及所摹屈大均遗像。黄廷璋《序》云:"余每见知其诗文与著述者,容或未知其德行;知其德行者,容或未见其丰仪。是以恒有读其诗文,阅其著述,至欲瞻仰其德行而无从,想望其丰仪而不可得者,不知凡几……述先生大概而书之,并其遗像而摹之,庶使读其诗文者,共知其德行,共识其丰仪。"① 朱希祖《著述考》云:"黄本,盖由凌本而出者也……黄刻原本,又本凌本而略有增补者。如卷二五古末又多凌本诗四首,末有《临危诗》一首,殆为翁山绝笔。又七言绝句,亦多二题十四首。其他皆同凌本。"②《屈大均全集·前言》亦云:屈明洪本《翁山诗外》"仍为凌氏十七卷本旧观。只是卷首增加一篇黄廷璋题词及其所摹屈大均遗像,卷二五古末补诗四首,末有《临危诗》一首乃大均绝笔;七言绝句增补二题十四首,馀皆同凌本"。显然《前言》对屈明洪本有关五古和七言绝句的描述与朱先生对黄本的描述是一样的。难道《前言》将屈明洪本与黄本等同了?《前言》注释第十四云:"屈明洪补刊者仍依凌本卷次,为十七卷本,亦即世称黄(廷璋)本者。"③ 至此可知《前言》在一定意义上是将屈明洪本与黄廷璋本等同了。事实可能并不如此简单。《前言》这一结论的依据是什么呢?《前言》作者没有说曾对屈、黄二本进行过详细的比勘,笔者怀疑这一结论很可能是依据屈明洪本的面貌,以及朱希祖先生对黄本与凌本关系的描述而作出的臆断。如前所述,朱先生是以有残缺且混搭的中山大学图书馆所藏凌本为据作出的描述。凌本"卷之二五言古二"于《诃林咏古》

---

① 黄廷璋:《翁山诗外序》,《屈大均全集》第1册,卷首第1页。
② 朱希祖:《屈大均(翁山)著述考》,见《屈大均全集》第8册,第2156—2157页。
③ 欧初、王贵忱:《屈大均全集前言》,见《屈大均全集》第1册,前言第19、23页。

诗后实补八首，而非如朱先生所说凌本于其后补四首，黄本又多凌本四首。笔者就《翁山诗外》七言绝句将所见凌凤翔补修本与屈明洪本前后反复逐细对比，发现两者完全相同。屈明洪本"七言绝二"末二页现在虽缺，然据《屈大均全集·翁山诗外》知"七言绝二"屈明洪本与凌本同样结束于《望七星岩》和《一林》二题二首，因为20世纪末《屈大均全集·翁山诗外》是以屈明洪本作为底本进行点校的。朱先生以有残缺且混搭的中山大学图书馆所藏凌本为据作出如上结论，可以理解，但《全集·翁山诗外》既以广东省立中山图书馆藏屈明洪本作为底本，却不参考其所藏相对完整的凌凤翔本，而照录朱先生之言，且遗失《诃林咏古》诗，实稍有遗憾。

《翁山诗外》，康熙年间刻，残本，今不见。朱希祖曾在广州购得。"因缺首册卷一五古一卷，及第三册卷三七古一卷，前无序录，故不知何人所刻。"卷数与凌本同，而各卷首无"茗南凌凤翔校"六字，其诗有出于凌本、黄本之外者，故知亦非黄本。①

《翁山诗外》十八卷，屈明洪编，十一行十九字，黑口，四周单边。康熙屈明洪本为改补凌氏补刻本原版片之后的重印本，"卷之十八词三"依旧"嗣出"。目录页与凌凤翔本略同，唯易"门人陈阿平编"为"男明洪编"。正文部分补刻"卷之又十七言律三"一卷十题三十七首，这是明洪本最大的贡献，又将原各卷首著者项旁原刻的"茗南凌凤翔校"六字挖去。广东省立中山图书馆藏本，十二册，钤有"可观"、"琴飞衡"朱文印。卷首以次是重刻《翁山诗外自序》隶书五页、黄廷璋《序》和黄廷璋摹屈大均遗像。"卷之二五言古二"删除载《诃林咏古》一诗的第一个页五十八，这样虽然页码不再重

---

① 朱希祖：《屈大均（翁山）著述考》，见《屈大均全集》第8册，第2157页。

复,却因此遗失了《诃林咏古》一诗。总之,就所辑诗作而言,明洪本较凌凤翔本多出"卷之又十七言律三"一卷,而遗失五言古诗《诃林咏古》一首,除此之外二本皆同。《广州大典》第437册据广东省立中山图书馆藏本影印。此影印底本"卷之五五言律一"缺页一至页三,"卷之十五杂体"页一破损,《广州大典》影印之时,以凌凤翔本补,因此这两卷影印本首页皆有"茗南凌凤翔校"六字。因编者在此处未作说明,遂使读者容易产生影印底本为凌凤翔本与屈明洪本混搭的错觉。底本"卷之六五言律二"末缺一页二题八首;"卷之七五言律三"末缺七页二十二题四十三首;"卷之九七言律一"末缺二页八题十二首;"卷之十四七言绝二"末缺二页四题十六首;"卷之十七词二"末缺四页十七题十八首,影印时亦未作说明。

《翁山诗外》二十卷,清宣统二年庚戌(1910)上海国学扶轮社铅印本,藏广东省立中山图书馆、中山大学图书馆、华南师范大学图书馆、香港中文大学图书馆和佛山市图书馆等。[①] 诗十七卷,词三卷(卷二十词,目录题曰"嗣出",词实为二卷),前有屈大均《自序》,黄廷璋《序》,并有王隼《骚屑序》。目录题曰:"明洪编。"其底本为清代传抄屈明洪补刻本。宣统本将原本之"卷之又八"径改卷九,"卷之又十"改为卷十二,以次递推为十九卷,连同原本有目无文之"卷十八词三"一卷,共为二十卷。宣统本随意改动原本卷次,且校勘不精,文字错讹甚多。朱希祖《著述考》云:"末有归安王文濡《跋》,谓:'借江南图书馆所藏钞本付印。'……黄《序》云:'……述先生大概而书之,并其遗像

---

① 骆伟编著:《岭南文献综录》,第384页;香港中文大学图书馆系统编:《香港中文大学图书馆中国古籍目录》,香港中文大学出版社2004年版,第411页。

而摹之.'据此，则黄本原有翁山遗像，今本无矣。"① 按：笔者所见中山大学图书馆藏宣统庚戌上海国学扶轮社本有屈大均遗像，而没有王文濡《跋》。

35.《屈翁山诗集》

《屈翁山诗集》八卷、词一卷，徐肇元等选，康熙年间研露斋刊本，十行二十一字，白口双鱼尾，四周单边。藏中国科学院图书馆、广东省中山图书馆、华南师范大学图书馆和天津人民图书馆。②《贩书偶记》第347页云："鸳水徐肇元选，无刻书年月。约康熙间研露斋刊。"另，此本南京图书馆、福建省图书馆等多家藏书机构亦有收藏。③ 笔者以为《屈翁山诗集》选刻于康熙三十六年（1697）至四十二年（1703）之间。徐嘉炎《屈翁山诗集序》云："吾友番禺屈翁山，诗名遍天下，其没后，单词断句流传人口者，争秘箧枕。"④ 徐嘉炎，字胜力，号华隐，浙江秀水人，生于明崇祯四年（1631），卒于清康熙四十二年。由此可推知徐肇元选刻《屈翁山诗集》当在康熙三十五年丙子（1696）翁山离世之后，康熙四十二年徐嘉炎去世之前。广东省中山图书馆藏本研露斋刊本《屈翁山诗集》，四册，有徐嘉炎《序》，无徐肇元《跋》；扉页刻"屈翁山诗集"五字，右上"鸳水徐抡三选"，左下"研露斋藏板"；每卷卷端题"鸳水徐肇元抡三选"等。

《屈翁山诗集》八卷、词一卷，康熙徐肇元等刻本，十行

---

① 朱希祖：《屈大均（翁山）著述考》，见《屈大均全集》第8册，第2156页。
② 骆伟编著：《岭南文献综录》，第384页；翁连溪编校：《中国古籍善本总目》第5册，线装书局2005年版，第1528页。
③ 见国学大师网 http://www.guoxuedashi.com/shumu/1523712ib.html，2020年版。
④ 《屈大均全集》第8册，第2127页。

二十一字，白口双鱼尾，四周单边。藏广东省中山图书馆、中国科学院图书馆，《岭南文献综录》第384页谓藏香港大学图书馆。广东省中山图书馆藏本，八册，无徐嘉炎《序》和徐肇元《跋》，首页、尾页皆钤"禺山黄氏"白文印和"荫普珍藏"朱文印，首页页眉另钤"黄氏忆江南馆珍藏印"朱文印。笔者就款式、字迹等对广东省中山图书馆藏所谓的"康熙研露斋刊本"和"康熙徐肇元刊本"进行比勘，认为二者实为同版印刷。多种目录学著作著录为不同的版本，盖为书商将同一刊板改换首尾重印所致。《四库禁毁书丛刊》集部第120册据中国科学院图书馆藏本影印，有徐嘉炎《序》，无徐肇元《跋》。

按：徐肇元《屈翁山诗集跋》云："《翁山诗外》数十卷，盖汇《道援堂》、《九歌草堂》诸集之全也。板藏于家，旋复散失。海内能诗之士罕购其集。予偶获之古杭书肆，与仲弟繙阅再三，不无醇疵互见之处。因选录精者若干首，质之叔祖华隐公。欣赏之次，并叙昔年缔交始末，出赠别诸作见示，令附刻于后。"① 由此知书后还附有徐嘉炎与翁山赠别之作。朱希祖《著述考》云："徐肇元《跋》云：'选自《诗外》足本。'今世所传《诗外》，皆原版散佚后补刻，尚非足本，故徐氏所选，有出于今本《诗外》之外者。"② 笔者所见广东省立中山图书馆两种藏本及《四库禁毁书丛刊》影印本，皆无徐肇元《屈翁山诗集跋》，及所附徐嘉炎与翁山赠别诸作。

《屈翁山诗集》八卷、词一卷，清乾隆徐氏刊本，藏香港中央图书馆。③

---

① 徐信符辑：《翁山佚文辑》卷4，香港大学冯平山图书馆藏四卷本。
② 《屈大均全集》第8册，第2159—2160页。
③ 骆伟编著：《岭南文献综录》，第384页。

36.《翁山诗》

《翁山诗》四卷，一册，汪观选，康熙五十四年乙未（1715）静远堂刻本。八行十九字，白口单鱼尾，左右双边。前有汪观序。为汪观《五大家诗》之局部。藏中国国家图书馆。

《翁山诗》四卷，康熙五十四年乙未（1715）汪氏静远堂刻本。有叶恭绰跋。藏上海图书馆。① 当从汪观《五大家诗》析出。

37.《寅卯军中集》（今不见）

《寅卯军中集》二卷。朱希祖《著述考》曰"未见"。此集作于屈大均从军湘桂之时。《诗外》所载屈大均从军时作品四五十首，当从《寅卯军中集》中录出。按：《清代禁毁书目四种》、《纂修四库全书档案》、《清代禁毁书目题注 外一种》、《清代各省禁书汇考》等均记载屈大均《寅卯军中集》被禁毁。邓之诚所谓为大汕所劫持的"大均《军中草》"②，盖即此《寅卯军中集》。

38.《翁山诗钞》（今不见）

《翁山诗钞》，朱希祖《著述考》曰"未见"。《番禺县续志》之《屈大均传》云："著有《九歌草堂集》、《寅卯军中集》、《道援堂集》，后汇之为《文外》十七卷、《诗外》十七卷，附《骚屑词》二卷。他著有《易外》、《四书补注兼考》、《广东新语》、《登华山记》、《广东文选》。其《四朝成仁录》一书表章尽节诸臣，尤有裨世教。或并取《广东文集》、《十

---

① 骆伟编著：《岭南文献综录》，第384页。
② 邓之诚：《清诗纪事初编》，上海古籍出版社2013年版，第303页。

八代诗选》、《李杜诗选》、《今文笺》、《今诗笺》、《永历遗臣录》、《论语高士传》、《岭南诗选》、《诗略》、《诗钞》、《广东丛书》、《闰史》为'屈沱二十四种'奇书云。"① 这里提到的《九歌草堂集》和《诗略》实为一书，同书异名而已。《屈氏族谱》云："当时有文选楼，公居此，日事著述，随撰随刻，日不暇给。所著有《广东文集》、《广东文选》、《道援堂集》、《广东新语》、《十八代诗选》、《李杜诗选》、《今文笺》、《今诗笺》、《四朝成仁录》、《永历遗臣录》、《论语高士传》、《岭南诗选》、《诗略》、《诗钞》、《广东丛书》、《骚馀》、《文外》、《易外》、《诗外》、《翁山六选》、《军中集》、《文钞》、《四书补注兼考》、《闰史》，所谓《屈沱二十四种》奇书者，此也。"② 两处所谓的"屈沱二十四种"奇书，虽略有出入，但皆著录了《诗钞》一书。可惜今已不见。

39.《骚屑》

《骚屑》，又曰《道援堂词》、《屈翁山词》，凡二卷，有王隼序，传本很少，康熙二十八年己巳（1689）刻。《翁山文外》卷十五《复汪扶晨书》云："新刻《骚屑》中多四声谐协，有善歌者，其以是教之小红低唱，汝吹箫能如是乎？"③ 此信写于康熙二十八年己巳（1689），故知《骚屑》刻于是年。姚觐元《清代禁毁书目四种·禁书总目》谓之《屈翁山词》④。《骚屑》旧有单行本，而今所见屈词多附于《翁山诗外》后。

---

① 梁鼎芬等修，丁仁长等纂：(宣统)《番禺县续志》卷18，《广州大典》第279册，影印民国二十年刊本，第257页。
② 《屈氏族谱》卷11，见《屈大均全集》第8册，第2115页。
③ 屈大均：《复汪扶晨书》，见《屈大均全集》第3册，第245页。
④ 姚觐元辑：《清代禁毁书目四种·禁书总目》，《续修四库全书》史部第921册，影印杭州抱经堂书局印本，第433页。

《骚屑词》二卷，影印本，香港何氏至乐楼线装本，1978年出版。藏广东省立中山图书馆、广州图书馆。

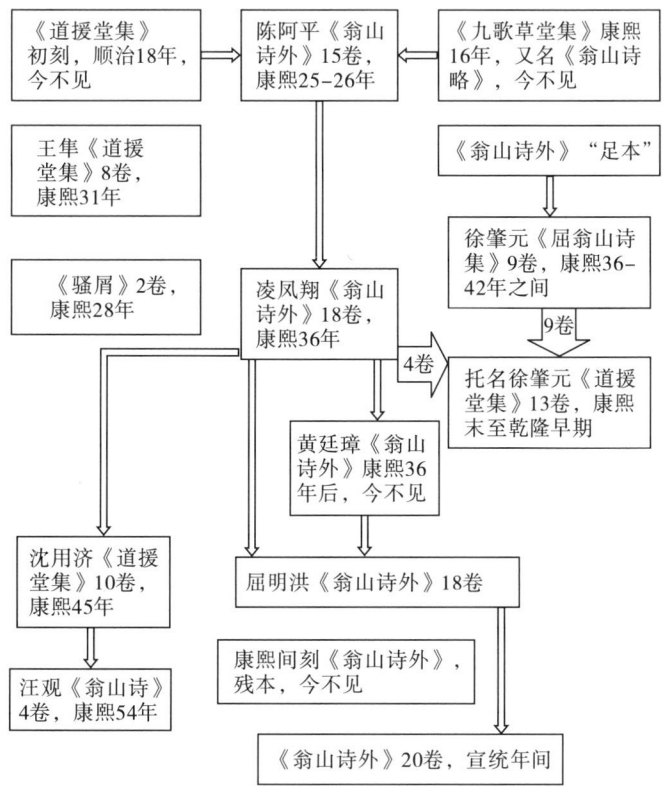

附图　屈大均诗集版本源流图

40.《崇祯宫词》

《崇祯宫词》一卷，行草写本，未署撰者。页十行，四周单边，白口单鱼尾。藏加拿大不列颠哥伦比亚大学图书馆。扉页题"《崇祯宫词》一卷"，卷末附《跋》，款署"番禺鲜民屈大均谨识于忠养堂"。《跋》以屈大均《天崇宫词序》改写而成。屈大均《天崇宫词序》云："东吴王生誉昌以其所撰

《崇祯宫词》上下二卷……属草泽臣大均为之序言。"盖有人故以王誉昌之《崇祯宫词》蒙混,致多人误作翁山所撰。首页"崇祯宫词"四字下方,自上而下钤有"秦馀"白文长方印、"民国庚辰"朱文方印、"蒲坂书楼"白文长方印、"姚均石藏书"朱文长方印和"紫云青华砚斋"朱文方印。由此知该写本曾经姚均石和梁汝洪收藏。2016年广东省立中山图书馆编《海外广东珍本文献丛刊》第一辑作为屈大均著作影印收录。

《崇祯宫词》一卷,李宗灏(煮石)抄本。

《崇祯宫词》一卷,徐信符抄本。据李宗灏抄本过录。

《崇祯宫词》一卷,莫尚德抄本。卷首有"番禺屈大均撰"字样。1955年莫氏据徐信符抄本过录。卷首有徐信符子徐汤殷《序》,卷末有莫尚德《跋》。曾于2017年6月由广东崇正拍卖有限公司拍卖。现不知为何人收藏。李、徐、莫抄本信息皆得自拍卖信息及所附图片。

41.《悼俪集》(今不见)

康熙九年庚戌(1670)正月二十七日,大均夫人王华姜病卒。明年二月,大均辑刻自己及海内四十馀人悼念华姜的诗文,取名《悼俪集》。

42.《广东文集》

《广东文集》,康熙刻本,藏南京图书馆。现存十六卷,分别为:(汉)陈元撰《陈议郎集》二卷,(汉)杨孚撰《杨太守集》二卷,(唐)刘轲撰《刘御史集》二卷,(明)林培撰《林光禄集》三卷,(明)谭清海撰《谭处士集》二卷,(明)杨起元撰《杨文懿集》二卷,(明)黎遂球撰《黎太仆集》三卷。《广东文集》编成于康熙二十六年前,凡二百馀集、三百馀卷,未全刻。因《文集》卷帙浩繁,未能尽刻,故"于诸集中拔其十之二三"①,成《广东文选》四十卷刊行。朱希祖《著述考》云"未刻全,存八册"。《清代禁毁书目四种》、《纂修四库全书档案》和雷梦辰《清代各省禁书汇考》②言及。《广州大典》第489册据南京图书馆藏本影印。

43.《广东文选》

《广东文选》四十卷,清康熙二十六年(1687)三闾书院刻本。其中文二十三卷、赋二卷、诗十四卷、词一卷。十一行十九字,白口,四周单边。卷首有刘茂溶序和自序。《纂修四库全书档案》、《清代各省禁书汇考》言及。中国国家图书馆藏本全,广东省立中山图书馆藏本缺第34卷。中山大学图书馆藏本钤"袁献祚珍藏印",二十八册。③《四库禁毁书丛刊》集部第136、137册据中国国家图书馆藏本影印,《广州大典》第489、490册据广东省立中山图书馆藏本影印。《岭南文献综录》著录此本华南师范大学图书馆亦有收藏。④

《广东文选》四十卷,清初红格抄本,有屈向邦跋。藏香港中文大学图书馆。⑤

《广东文选》抄本,存七卷。藏中国国家图书馆。中国国家图书馆出版社2016年版《历代地方诗文总集汇编》收录。

《广东文选》四十卷,陈广恩点校,广东人民出版社2009年出版。

---

① 屈大均:《广东文选凡例》,屈大均辑,陈广恩点校:《广东文选》,卷首第1页。
② 雷梦辰:《清代各省禁书汇考》,第167页。
③ 中山大学图书馆编:《中山大学图书馆古籍善本书目》,广西师范大学出版社2014年版,第843页。
④ 骆伟编著:《岭南文献综录》,第310页。
⑤ 骆伟编著:《岭南文献综录》,第310页。

44.《麦薇集》（今不见）

《麦薇集》，凡十卷。已竣，未见。朱希祖《著述考》曰"未见"。翁山先生云："尝博观昭代，始自崇祯之季，至于万历（按：当为'永历'，康熙三十四年刻本《翁山文钞》作'长历'）之年，为朝者四，为世者一，其间已仕未仕而为逸民者，隐忍不死，实繁其人。其身既系乎纲常，其言复合于《风》、《雅》，吾谨采之，编为一书，名曰《麦薇集》，以上拟夫箕子、伯夷焉。"①

45.《岭南诗选》（今不见）

《岭南诗选》，康熙初始编，未竣。朱希祖《著述考》曰"未成"。《岭南诗选》仿钱谦益《列朝诗集》之体，人各有传。《前集》自唐开元至明万历，《后集》自万历至清初。屈大均《广东新语》卷十二《诗语》"宝安诗录"条云："予撰《岭南诗选》前后集，《前集》自唐开元至明万历，《后集》自万历至今，人各有传，仿《列朝诗集》之体，积二十年，亦未有成书，可叹也。"②

46.《十八代诗选》 47.《李杜诗选》 48.《今文笺》
49.《今诗笺》 50.《翁山六选》（今不见）

《十八代诗选》、《李杜诗选》、《今文笺》、《今诗笺》、《翁山六选》，已竣，未见。朱希祖《著述考》曰"未见"。康熙二十四年（1685）春，王士禛奉使至粤。四月七日，自番禺至肇庆，翌日，与王士禛、程化龙等同登阅江楼。③ 九

---

① 屈大均：《麦薇集序》，见《屈大均全集》第 3 册，第 281 页。
② 《屈大均全集》第 4 册，第 323 页。
③ 蒋寅：《王渔洋事迹征略》，人民文学出版社 2001 年版，第 311 页。

日，吴兴祚招翁山与王士禛、黄与坚饮于端州石室岩。吴、王"皆欲荐先生于朝。先生曰：'家有老母，吾岂能离朝夕之养？况余所著《诗外》、《文外》、《文钞》、《广东新语》与所述《易外》、《四书补注》、《广东文选》、《广东文集》、《十八代诗选》、《李杜诗选》、《今文笺》、《今诗笺》、《翁山六选》诸书未竟，余之笔砚未可辍也。'"① 屈大均写于康熙二十八年己巳（1689）的《复汪扶晨书》云："所撰《十八代诗选》、《李杜诗选》、《今文笺》、《今诗笺》、《翁山六选》等书，久置箧笥，未能剞劂一二也……右湘、绮园诸君子倘有同事之举，请以《十八代诗选》为先。书出，将必大行。"② 由"久置箧笥"可知，此数种著作已经完成，无力刊行。

另外，《翁山文外》有四卷未刻之文：卷六《四书考》、《五经考》、《诸史考》，卷十八《翁山诗话》，卷十九《辽语》，卷二十《滇语》。此四卷，目录页皆曰"嗣刻"。就其规模，庶几可视作一部单书。《四书考》不存于《翁山文外》，而存于《四书补注兼考》中。其考证部分内容丰富，规模不小，可作旁证。既然"嗣刻"于《文外》，则不作单书计。

51.《屈大均全集》

共八册，欧初、王贵忱主编。人民文学出版社 1996 年出版。包括《翁山易外》、《四书补注兼考》、《皇明四朝成仁录》、《永安县志》、《广东新语》、《翁山文外》、《翁山文钞》、《翁山佚文》、《翁山诗外》和附录三种。这是现今收录屈大均作品最为丰富的版本。

---

① 黄廷璋：《翁山诗外序》，见《屈大均全集》第 1 册，卷首第 1 页。
② 屈大均：《复汪扶晨书》，见《屈大均全集》第 3 册，第 245 页。

52.《屈大均诗词编年笺校》

陈永正、吕永光、苏展鸿笺校,中山大学出版社 2000 年出版。后经陈永正(先生)修订,以《屈大均诗词编年校笺》之名,于 2017 年由上海古籍出版社再版。

第三节　陈恭尹著作之版本

1.《独漉堂稿》

《独漉堂稿》七卷(赋一卷、诗六卷),康熙十三年甲寅(1674)至十四年乙卯(1675)刊本,卷首有彭士望《序》、陈恭尹《初刻自叙》。九行十九字,白口,左右双边。诗第四卷分上下。此是陈恭尹生前刻本。广东省立中山图书馆藏本钤有"贻令堂藏书记"、"徐绍棨"朱文印。[①]《清史稿·志》卷一百二十三《艺文四》云:"《独漉堂稿》六卷。"《清代禁毁书目题注　外一种》著录《独漉堂稿》六卷刊本。《广州大典》第 438 册据广东省立中山图书馆藏本影印。

据卷首彭士望《独漉堂集序》知,此序写于陈、彭二人相见之后。彭氏虽与陈恭尹神交多年,但多处材料证明二人面晤于康熙十四年乙卯(1675)彭士望来粤之时。此刻本,多著录为康熙十三年甲寅(1674)刊。这里出现的时间上的些许误差当如此理解:始刻于康熙十三年甲寅,而刻成印刷于康熙十四年。

[①] 广东省立中山图书馆编:《广东省立中山图书馆古籍善本书目》,国家图书馆出版社 2012 年版,第 198 页。

2. 《独漉堂》

《独漉堂》八卷,王隼选。属王隼辑《岭南三大家诗选》之局部,与《道援堂》八卷、《六莹堂》八卷合刊。最早为康熙三十一年壬申(1692)王煐刻本,其后又有多种刻本,此不赘述。见前。

3. 《独漉堂集》

《独漉堂集》,沈用济于康熙四十三年甲申(1704)至四十五年丙戌(1706)间选。属沈用济辑《岭南三大家诗选》之局部,与《道援堂集》、《六莹堂集》合选。此书未见,刊刻与否不详。禁书资料虽载录沈用济选《道援堂集》,却未见明确署为沈用济选刻之《独漉堂集》。乾隆四十三年《湖广总督三宝等奏呈查缴应毁各书清单》有云:"《道援堂集》一部。刊本。是书屈大均著,沈用济选。计四本,全。《独漉堂集》一部。刊本。是书陈恭尹著。计四本。诗内语多隐刺。"[①] 按:此奏折中所谓《独漉堂集》疑为沈用济选刻本。

《独漉堂集》,《诗集》十五卷,《文集》十五卷(缺卷九《奏疏》、《启事》、《笺》)。康熙五十七年陈氏晚成堂刊本,扉页刻"独漉子诗文全集"、"晚成堂藏板",卷首有彭士望《序》、赵执信《序》、潘鼎珪《序》、陈恭尹《初刻自叙》及独漉子遗像。十行十九字,四周双边,黑口单鱼尾。藏中国国家图书馆。此刻本为作者去世后,后人收集整理而成,所收作品比较丰富。书末附陈赣《跋》语云:"先子《独漉集》,诗编二十卷,唯《寿言集》五卷未刻;文分十五卷,各体始刊卷首数篇,正在陆续发梓,故多寡不伦,篇次未定。不幸于康

---

① 《纂修四库全书档案》,第969—973页。

熙丁酉（按：即康熙五十六年）九月二十七夜三鼓竟遭回禄，不肖赣乖气致戾，弗克负荷，罪莫可逭。其《文集》，《奏疏》、《启事》、《笺白》第九卷手稿尽毁。"① "《独漉堂集》亦名《独漉子诗文全集》。"② 《四库禁毁书丛刊》集部第183册和《广州大典》第438册据中国国家图书馆藏本影印。

《独漉堂集》不分卷，康熙五十七年（1718）陈氏晚成堂刊本，藏中国国家图书馆。③

《独漉堂集》，《诗集》十五卷，《文集》十五卷（缺卷九《奏疏》、《启事》、《笺》），《续编》一卷。道光五年（1825）陈量平刻本，藏中国科学院图书馆。扉页刻"独漉子诗文全集"和独漉子遗像。卷首序文同康熙五十七年陈氏晚成堂刊本。《续修四库全书》第1413册据中国科学院图书馆藏影印。又藏香港中文大学图书馆、华南师范大学图书馆、华南农业大学图书馆。④

《独漉堂集》，《诗集》十五卷，《文集》十五卷，清宣统刊本。藏吉林省图书馆。⑤

《独漉堂集》，《诗集》十五卷，《文集》十五卷（缺卷九），《续编》一卷，后附年谱。民国八年（1919）广州超华斋刊本，藏中山大学图书馆、广东省立中山图书馆。笔者疑上条"清宣统刊本"实即此本。广东省立中山图书馆藏本共十

---

① 《广州大典》第438册，影印康熙五十七年陈氏晚成堂刊本，第686页。

② 王彬主编：《清代禁书总述》，中国书店出版社1999年版，第145页。

③ 骆伟编著：《岭南文献综录》，第375页。

④ 骆伟编著：《岭南文献综录》，第375、386页；香港中文大学图书馆系统编：《香港中文大学图书馆中国古籍目录》，香港中文大学出版社2004年版，第412页。

⑤ 骆伟编著：《岭南文献综录》，第375页。

册，第一册卷首以次是扉页题"独漉堂全集，邑后学苏珥盥署"，彭士望《序》，赵执信《序》，晋江潘鼎珪子登《序》，《初刻自叙》和陈恭尹肖像。肖像后题识署"同治壬戌苏廷魁敬题"、"宣统己未张学华补书"。第十册为温肃撰《陈独漉先生年谱》，年谱末页刻"广东省西湖街超华斋承刊印"。所谓"宣统己未"，实即民国八年己未（1919）。此本亦藏香港中文大学图书馆，《香港中文大学图书馆中国古籍目录》谓此"版本与道光本完全一致，惟版刻模糊"。① 此本当为民国八年广州超华斋据清道光五年（1825）陈量平刻本翻刻。这一刊本广东省立中山图书馆官网亦著录为"宣统己未"。人民文学出版社2018年版《陈恭尹集》，郭培忠先生《前言》所谓"中山大学藏宣统广东刻本《独漉堂集》"亦是民国八年（1919）广东超华斋刊本。

《独漉堂集》，郭培忠点校本。除《诗集》、《文集》、《续编》外，另有《补遗》和附录温肃撰《陈独漉先生年谱》。中山大学出版社1988年版。郭培忠先生修订后，更名《陈恭尹集》，2018年人民文学出版社再版。

4.《陈元孝诗》

《陈元孝诗》四卷，清抄本，藏中国社会科学院文学研究所。②

5.《独漉堂乐府》

《独漉堂乐府》二卷，清抄本，藏复旦大学图书馆。③

---

① 香港中文大学图书馆系统编：《香港中文大学图书馆中国古籍目录》，香港中文大学出版社2004年版，第412页。
② 骆伟编著：《岭南文献综录》，第386页。
③ 骆伟编著：《岭南文献综录》，第386页。

6.《岭南陈元孝先生诗钞》

《岭南陈元孝先生诗钞》一卷,清末抄本,藏山东省图书馆。①

7.《独漉堂诗选》

《独漉堂诗选》八卷,黎骚选,民国二十五年(1936)黄华出版社铅印本,藏中山大学图书馆。②广东省立中山图书馆亦有收藏。

8.《九边图》(今不见)

《九边图》,陈恭尹著。梁佩兰云:"君智深勇沉,有志当世之务,每纵论古今,如水传器,然才大而不得生遇其时。尝绘《九边图》,置之箧中,疏明陁陒。"③冯奉初亦云:"恭尹修髯伟貌,气局深沉,尝绘《九边图》,并身所经历,悉疏其险要,置诸行箧。"④乾隆四十七年十月初七日具文《湖北巡抚姚成烈奏解第十一次查缴应禁各书并缮单呈览折》所附"湖北省第十一次查缴应禁书籍并书板清单",其中有"《九边图》一部,刊本。无编辑姓氏。计一本,全"。⑤此《九边图》不知是否为陈恭尹所著。明末清初类似的著作不少,多处禁书资料言及,如:明魏焕著《九边考》、明许论著《九边图论》、郑文都编《边塞考》、明霍冀等汇编《九边图说》、明

---

① 骆伟编著:《岭南文献综录》,第 455 页。
② 骆伟编著:《岭南文献综录》,第 386 页。
③ 梁佩兰:《前锦衣卫指挥佥事私谥谧贞先生独漉陈公行状》,见《陈恭尹集》,第 764—765 页。
④ 冯奉初:《明世袭锦衣佥事怀远将军陈元孝先生传》,见《陈恭尹集》,第 768 页。
⑤ 《纂修四库全书档案》,第 1649—1658 页。

温陵郑大郁编《边塞考》、明海昌程道生辑《舆地图考》等。① 仅朱约淳《阅史津逮》就载有十一幅"九边图"。②

9. 陈恭尹辑《先友集传》（今不见）

《先友集传》二卷，陈恭尹辑并作序。选录陈邦彦和陈恭尹所交友人之诗文。"乃撰《先友集传》二卷，搜录遗诗文可观者，人为一编，而传系之，分两世之交为上下。"③ 此书今不见，有关禁毁的材料亦未见载录此书。陈恭尹《复八十老人祝石书》云："往时颇有所选述，自戊午遭意外之诬，下狱二百馀日，家人惶迫，时惧更以文字得罪，取付秦炬，唯拙诗以先有刻本得存。"④ 疑家人所焚之书其中包括《先友集传》和《九边图》。由所谓"颇有所选述"，疑《广州诗汇》和《重刻岭南文献》亦在所焚之列。

10.《广州诗汇》（今不见）

《广州诗汇》，既竣与否未详。陈恭尹《征刻广州诗汇引》云："百川东注，粤海独南其波；万木秋飞，岭树不凋其叶。生其土俗，发于咏歌，粤之诗所以自抒声情，不与时为俯仰也……请开秘笈，勿靳邮筒。湘江十六卷，匪惮其多；易水一二言，未伤为约。窃备佣史，敬授梓人。"⑤

11.《重刻岭南文献》（今不见）

《重刻岭南文献》，既竣与否未详。陈恭尹《重刻岭南文

---

① 雷梦辰：《清代各省禁书汇考》，第62、71、81、189页。
② 朱约淳：《阅史津逮》，见《四库全书存目丛书》史部第173册，影印清初彩绘钞本，第512—646页。
③ 陈恭尹：《先友集传》，见《陈恭尹集》，第606页。
④ 《陈恭尹集》，第719页。
⑤ 《陈恭尹集》，第635页。

献征启》云:"吾乡作者,代不乏贤。四始六义之文,两汉先秦之制,轻缣素练,仰淑前修,踵事增华,弥高往辙……某不揣荒芜,每思纂集。往读先辈某某所刻《岭南文献》,允为今古大观,犹不无挂漏贻讥,似宥于见闻未广,况其绝笔几及百年,宜有嗣音,以襄盛典……集无问于古今,人不分于久近,长章短韵,尺幅单词,凡属我粤之文,即惬所求之望,宜书副本,早付邮筒。"①

12. 陈邦彦撰《陈岩野先生集》

《陈岩野先生集》,顺治七年(1650)陈恭尹辑刻,卷首陈恭尹撰《先府君岩野陈公行状》、薛始亨撰《陈岩野先生传》、屈大均撰《顺德起义给事陈公传》。此辑刻本,今不见。"卷前一:恭尹撰《先府君岩野陈公行状》、薛始亨撰《陈岩野先生传》、屈大均《顺德起义给事陈公传》,注云:'载《四明成仁录》'。"② 按:此"四明"当为"四朝"之误。

13. 程可则撰《海日堂集》

《海日堂集》十卷,康熙二十七年戊辰(1688)冬,陈恭尹与连双河于端州同编,康熙二十八年(1689)三水县令程翔捐俸助梓。署为陈恭尹、程翔刊本。《岭南文献综录》著录为七卷,藏中国国家图书馆、南开大学图书馆、香港大学图书馆。③

---

① 《陈恭尹集》,第646—647页。
② 汪宗衍:《记永历刻本〈陈岩野先生集〉》,《广东图书馆学刊》1982年8月29日。
③ 骆伟编著:《岭南文献综录》,第381页。

14. 吴文炜撰《金茅山堂集》

《金茅山堂集》，陈恭尹与梁佩兰辑录订刻，并为之序。康熙三十二年癸酉（1693）王焕刻。未见。

15.《番禺黎氏存诗汇选》

《番禺黎氏存诗汇选》二十一卷，陈恭尹选，康熙三十三年（1694）黎延祖刊本。藏中国国家图书馆。《广州大典》第507册据中国国家图书馆藏本影印收录。

16.《独漉堂诗笺·江村集》

《独漉堂诗笺》，陈荆鸿笺注，台北中华书局1981年版。未见。

17.《独漉堂诗笺》

《独漉堂诗笺》，陈荆鸿笺，广东人民出版社2009年版。

18.《陈恭尹诗笺校》

《陈恭尹诗笺校》，陈荆鸿笺释，陈永正补订，李永新点校，广东人民出版社2016年版。

第四节　梁佩兰著作之版本

1.《六莹堂集》（初集）

《六莹堂集》（初集），梁佩兰选，刻于康熙二十年辛酉（1681）十月。卷首有朱茂晭《序》、屈大均《序》、陈恭尹《序》、王隼《序》。今不存。

《六莹堂集》（初集）补辑本，九卷。十行十九字，黑口双鱼尾，四周双边。有张尚瑗《序》、朱茂晭《序》、王隼《序》、屈大均《序》、陈恭尹《序》。梁佩兰子梁僧述、梁沂与方正玉等，在其初集自订本基础上加以补辑，康熙四十七年戊子（1708）刻，与康熙四十四年刻板《六莹堂二集》合并印行。此本是现存最早的初集版本。藏中国国家图书馆。

2.《六莹堂二集》

《六莹堂二集》八卷。十行十九字，黑口双鱼尾，四周双边。卷首有翁嵩年《序》、方正玉《序》。康熙四十四年乙酉（1705）梁佩兰去世之后，方正玉与梁佩兰子梁僧述、梁沂辑录梁佩兰康熙二十年后诗，编为《六莹堂二集》八卷，附诗馀。廖焯校阅，翁嵩年订正。十二月，翁嵩年与白章、姚炳坤、李夔龙、齐溥等分俸付刻，广东省立中山图书馆藏本钤有"荫普珍藏"、"黄氏忆江南馆珍藏印"、"晋芬"朱文印，"禺山黄氏"白文印。①

3.《六莹堂集》

《六莹堂集》初集九卷、二集八卷。此即上云《六莹堂二集》八卷和《六莹堂集》初集补辑本九卷之合刊本。康熙四十七年戊子（1708）印行。十行十九字，黑口双鱼尾，四周双边。初集卷首有张尚瑗《序》、朱茂晭《序》、王隼《序》、屈大均《序》、陈恭尹《序》；二集卷首有翁嵩年《序》、方正玉《序》。藏中国国家图书馆、中山大学图书馆、广东省立中山图书馆和南京图书馆。《广州大典》第436册据中国国家

---

① 广东省立中山图书馆编：《广东省立中山图书馆古籍善本书目》，国家图书馆出版社2012年版，第197页。

图书馆藏本影印。广东省立中山图书馆藏本有残缺，南京图书馆藏本有李芝绶跋并录、孙星衍批并跋。①

《六莹堂集》初集九卷，二集八卷，卷首附录有哀词和评词，附诗馀。道光二十年庚子（1840）南海伍崇曜重刻本。此本经谭莹（玉生）校勘，是较好的本子。版心有"诗雪轩校刊本"字样。九行二十一字，白口，左右双边。《文集》以残缺过甚，未及重刻。伍氏重刻所依底本盖为方正玉与梁佩兰子梁僧述、梁沂康熙四十七年戊子（1708）刻本。属伍氏辑《粤十三家集》之局部。藏中国国家图书馆、广东省立中山图书馆、上海图书馆。《广州大典》第503册据广东省立中山图书馆藏本影印。《四库全书存目丛书》集部第255册据中国国家图书馆藏本影印。

《六莹堂集》沈用济选，康熙四十三年甲申（1704）至四十五年丙戌（1706）间选，属沈用济辑《岭南三大家诗选》之局部，与《道援堂集》、《独漉堂集》合选。此书未见，刊刻与否不详。沈用济选编于梁佩兰弥留之际，去取之间曾商之梁氏。收录有其他刻本失收的梁氏两首诗《炮童谣》和《风筝谣》。沈用济云："癸未与药亭同舟南还，唱和百馀日，间出其平日著作，云以此相托，余因录藏行箧中。乙酉秋余自桂林回羊城，而药亭已殁。选择付梓，不忘故人之托也。"②

《六莹堂集》，吕永光校点补辑，中山大学出版社1992年出版。此校点本以康熙四十七年戊子（1708）《初集》、《二集》合刊本为底本，以道光二十年庚子（1840）伍崇曜重刻本为通校本。同时吕永光又参校王隼所编康熙三十一年（1692）刻本《岭南三大家诗选》、周大樽所编康熙四十一年

---

① 骆伟编著：《岭南文献综录》，第385页。
② 沈用济、费锡璜：《道援堂集附记》第15则，屈大均著，沈用济选：《道援堂集》卷首，康熙四十五年（1706）刻本。

（1702）薝卜楼刻本《法性禅院倡和诗》、温汝能所编嘉庆十八年（1813）刻本《粤东诗海》等。

4.《六莹堂》

《六莹堂》八卷，王隼选。属王隼辑《岭南三大家诗选》之局部，与《道援堂》八卷、《独漉堂》八卷合刊。最早为康熙三十一年壬申（1692）王煐刻本，其后又有多种刻本，此不赘述。见前。

5.《药亭诗》

《药亭诗》三卷，一册，汪观选，卷首有汪观《序》，康熙五十四年乙未（1715）静远堂刻本。八行十九字，白口单鱼尾，左右双边。为汪观辑《五大家诗》之局部。藏中国国家图书馆。《四库全书总目》卷一百八十三云："《药亭诗集》二卷，江苏周厚堉家藏本，国朝梁佩兰撰。佩兰，字药亭，番禺人。康熙戊辰进士，改庶吉士。是编乃休宁汪观所选，皆近体诗，卷首有朱文小印曰：'古体嗣出。'则不但非其全集，即选本亦尚未刻竣矣。"① 汪观先据王隼辑《岭南三大家诗选》选刻《药亭诗》二卷，稍后又据沈用济手抄《六莹堂集》补刻一卷，凡三卷。周厚堉家藏《药亭诗集》二卷本，或为先刻本。

《药亭诗》三卷，一册，汪观选，卷首有汪观《序》。康熙五十四年乙未（1715）静远堂刻本。八行十九字，白口单鱼尾，左右双边。从汪观辑《五大家诗》之中析出。藏日本内阁文库。《广州大典》第 436 册、广东省立中山图书馆编《海外广东珍本文献丛刊》第 1 辑据日本内阁文库藏本影印

---

① 永瑢等：《四库全书总目》，中华书局 1965 年版，第 1663 页。

收录。

《药亭诗》上、下二卷,清抄本,藏广东省立中山图书馆。九行十八字,蓝格,白口,四周双边。卷上五言律,卷下七言律,附于《翁山诗略》第三册之后。

6.《唐风》

《唐风》不分卷,清末抄本,藏吉林大学图书馆。①

7.《阳春县志》(今不见)

《阳春县志》,康熙十一年(1672)梁佩兰参与修订。

8. 陈维崧撰《迦陵词全集》

《迦陵词全集》,其中卷二十一为梁佩兰、高佑钽、劳之辨、王掞所选,康熙二十九年庚午(1690)刻。

9. 杨钟岳撰《搴华堂文集》

《搴华堂文集》二卷,梁佩兰选编,康熙三十一年壬申(1692)刻成。《岭南文献综录》谓广东省立中山图书馆藏搴华堂刊残本。②

10. 吴文炜撰《金茅山堂集》

《金茅山堂集》,陈恭尹与梁佩兰辑录订刻,并为之序。康熙三十二年癸酉(1693)王焕刻。未见。

11. 陈子升撰《中洲草堂遗集》

《中洲草堂遗集》,梁佩兰参与编定,卷首有梁佩兰《识》

---

① 骆伟编著:《岭南文献综录》,第385页。
② 骆伟编著:《岭南文献综录》,第385页。

语。现存道光二十年（1840）南海伍氏诗雪轩校刊本。

12. 王隼编《五律英华》

《五律英华》八卷，康熙年间刻本。每位作者名下所附里爵等情况的介绍，由王隼岭南诗友们编辑，梁佩兰曾参与其事。《广州大典》第481册据广东省立中山图书馆藏本影印。

13.《梁佩兰集校注》

董就雄校注，中华书局2019年版。

除此之外，梁佩兰又参与选编审定陈维崧《迦陵文集》、郑梁《寒村集》中的部分卷次。

另，《中国大百科全书》第一版"梁佩兰"条云："著有《六莹堂集》1集9卷、2集8卷，另有《广州府志》、《南海县志》等。"① 第一版"梁佩兰"条为曾扬华先生撰写，第二版在第一版的基础上稍加修改，内容相同，未署撰者。郭尔戺、胡云客修，冼国干等纂之（康熙）《南海县志》十七卷，为康熙三十年（1691）刻本，卷首有梁佩兰撰《南海县志序》，在纂修姓氏一项，笔者未见梁氏之名。康熙年间有康熙十二年（1673）汪永瑞修，余云祚、杨锡震纂《新修广州府志》和康熙二十六年（1687）广州府知府刘茂溶修《广州府志》。笔者亦没有发现梁佩兰参与修纂这两部《广州府志》的确凿资料。曾先生谓梁氏参与修纂当有所据，姑存于此。

---

① 中国大百科全书总编辑委员会《中国文学》编辑委员会、中国大百科全书出版社编辑部编：《中国大百科全书·中国文学》，中国大百科全书出版社1986年版，第413页。

第二章　屈大均诗文在康乾时期
　　　　被选录的情况

第一节　康乾时期载录屈大均作品的诗文选集

康熙十一年壬子（1672），徐釚辑《本事诗》十二卷。①

卷十二录屈大均诗十三首：《大小怜歌（华阴伎）》二首、《湖口舟中口号赠内子华姜》二首、《郭皋旭新纳粤姬赋赠》、《赠墨西》（有序）三首、《赠香东》（有序）三首、《携姬人华姜游华山》、《庞祖如以张乔美人画兰见赠诗以答之（有序）》。

康熙十一年壬子（1672），邓汉仪辑《诗观初集》十二卷。②

卷八录屈大均诗十九首：《观五老峰背三迭泉》、《登紫霄峰》、《从轩辕宅入迷居洞》、《琪林晚望》、《渡琼海》、《由云母峰上大小石楼》、《自冲虚观入锦屏峰》、《黍珠庵晚眺》、《金沙洞夜作》、《望五老峰》、《摄山秋夕宿天开岩下》、《邺城吊古》、《雁门秋望》、《舟次河西务》、《自湖口出杨子江》、《西樵大雨同雪公往碧玉洞观瀑布》、《南海神祠》、《送韩子之

---

① 《四库禁毁书丛刊》集部第94册，影印乾隆二十二年半松书屋刻本。
② 《四库禁毁书丛刊》集部第1册，影印康熙慎墨堂刻本。

下编　岭南三大家著作的存佚和流布

秦》、《竹枝词》。

康熙十一年壬子（1672），吴盛藻修，洪泮洙纂《雷州府志》。①

卷十《艺文志》，录屈大均诗十二首：《雷阳曲》十二首。

康熙十二年癸丑（1673），徐崧等辑《诗风初集》十八卷。②

共录屈大均诗三十四首：卷二录六首：《落花》、《过涿州》、《述怀》、《赠远》、《寄黄子》、《梅市别祁丈》。卷六录四首：《春日怀白华园》、《渌水曲》、《赠广陵龚子》、《寄薛二》。卷八录十六首：《寄湖南尹叟》、《春日洪州西山作》、《有怀》、《戏赠朱十》、《煤山》二首（其一为《翁山诗外》卷五《燕京述哀》七首其五；其二为《翁山诗外》卷八《洞庭曲》)、《寄陈恭尹》、《鲁连台》、《泰山咏遇》、《豆叶坪病起》、《浈阳舟中》、《海幢病中》、《沧洲见雁》、《观五老峰背三叠泉》、《天津夜泊》、《京江舟中望金焦二山作》。卷十四录三首：《登华山作》（《翁山诗外》卷十一作《和刘六茹登华》，二者内容有异）、《寄人》、《送韩子之秦》。卷十五录一首：《登娥避峰赠长春子》。卷十六录三首：《春日曲》二首、《寒食》。卷十七录一首：《湖上》。

康熙十七年戊午（1678），邓汉仪辑《诗观二集》十四卷。③

卷一录屈大均诗八首：《怀西岳》、《扶胥江夜泊》、《登浴日亭》、《言从浮峤直抵榆将访剩大师不果赋怀》、《天池》、

---

① 广东省地方史志办公室辑：《广东历代方志集成·雷州府志部》第1册，影印康熙十一年刻本，岭南美术出版社2009年版。以下引用《广东历代方志集成》均用此版本，不再另注版本信息和著者项。
② 《四库禁毁书丛刊》编纂委员会编：《四库禁毁书丛刊补编》集部第56、57册，影印康熙十二年刻本，北京出版社2005年版。
③ 《四库禁毁书丛刊》集部第1册，影印康熙慎墨堂刻本。

《舟泊宿迁》、《春日雨花台杂咏》二首。

康熙刻本，邓汉仪辑《诗观三集》十三卷，闺秀别卷一卷。①

卷二录屈大均诗二十二首：《送朱十》、《石公种松歌》、《居庸》、《河套》、《虞山望虞帝祠》、《经巩华城》、《铜马门》、《浮湘》二首、《南岳》二首、《军中》、《宣府吊古》、《垒道》、《南海神祠作》、《梅花岭》、《吊宁武周将军》、《郏县经故督师孙白谷先生战处》、《怀灏灵楼》二首、《姑苏杨柳枝》、《自秧家至黄窑道中所见》。

康熙十三年甲寅（1674），王士禛辑《感旧集》十六卷。②

卷十三录屈大均三十五首：《从轩辕宅入迷居洞》、《观五老峰背三迭泉》、《自冲虚观入锦屏峰》、《任嚣城》、《人日衡阳舟中》、《豆叶坪病起》、《题翁子东洞庭山馆》、《同杜子入秦初发滁阳作》、《登马陵》、《广昌》、《赠张穆之画马》、《唐晋王祠墓》二首、《望晋恭王园》、《大同作》、《入芦苞水》、《秋夕别岑公》、《子夜歌》、《渡河》、《秦倡引》、《始兴江口》、《泷中》、《江上望南岳》二首、《陈宫词》、《归风词》、《与弟登钓台》、《华山下二泉》、《客雁门作》、《别应州》、《霍州道中》、《寄戴务旃华山》。

乾隆十七年（1752）刻本附有卢见曾等《补遗》。《补遗》录屈大均诗十四首：《鲁连台》、《摄山秋夕宿天开岩下》、《游简寂观是陆静修故居》、《天池》、《历千尺崃百尺崃诸崄至岳

---

① 《四库禁毁书丛刊》集部第 2 册，影印康熙慎墨堂刻本。按：上有张潮题于康熙庚午冬月的序文，此集盖刻成于康熙二十九年或稍后。

② 《四库禁毁书丛刊》集部第 74 册，影印乾隆十七年刻本。按，目录曰，"释今种诗四十六首"，而正文题曰，"释今种，三十五首补遗十四首。今种字骚馀"。

顶》、《信都》、《寄伯佐》、《塞上》、《绝句》、《吴兴舟中》、《赠雪公》、《滩上吟》、《锦帆泾》、《别胡端孩》。

康熙十八年（1679）刻本，席居中辑《昭代诗存》十四卷。①

卷八录屈大均诗六十九首：《咏怀》二首、《与兄弟饮射作》、《赠易宣人》、《赠钦子》、《赠毛子》、《送从弟无极归里》、《孤燕篇》二首、《布政张公挽歌》、《听琴歌》、《愤歌》、《题伍子胥传赠友》、《西峰下窥水帘洞作》、《王允塞招饮竹林精舍醉赋》、《送客》、《舍弟大城刘稻赠以诗》、《从轩辕宅入迷居洞》、《宿金沙洞》、《从大小鸬鹚诸滩上郴州题莲子精舍》、《人日衡阳舟中》、《汉口》、《荆门》、《豆叶坪病起》、《雨过坐三峡桥望石人峰流水》、《玉川门精舍春日》、《望天平》、《赠李武曾灌园》、《历千尺崾百尺崾诸险至岳顶》二首、《大雪西峰作》、《登庆善寺阁（三原城西）》、《述昏》二首、《边夜》、《已恨》、《重别周量》二首、《陈正子方仲携游五台作》、《愁》、《送别祺公先生》二首、《别田约生》、《答定上人》、《越中寄庐山无可大师》、《华山作》、《望晋恭王园》、《重过易水》、《燕台秋日别缪天自之雁门》、《诸公饯予玉河亭子赋别》、《塞上逢李武曾》、《吊宁武周将军》、《西来》、《过吴不官草堂赋赠》、《旧业》、《赠雪公》、《遣怀》、《禹阳》、《泷中（在乐昌县北）》、《秋夕黄陵》、《南屏寺逢孙宇台》、《别应州》四首、《天边》、《柬赵子实》三首。

按：屈大均《翁山诗外》卷十六《题席允叔册子》序云："允叔有《诗存》一书，选予诗至五十馀首。"席允叔，名居中。辽宁锦川人。

---

① 《四库禁毁书丛刊》编纂委员会编：《四库禁毁书丛刊补编》集部第55册，影印康熙十八年刻本，北京出版社2005年版。

康熙二十年（1681），蒋鑨、翁介眉辑《清诗初集》十二卷。①

共录屈大均诗十首。卷二《五言古》三首：《述怀》、《咏怀》、《落花》。卷五《七言古》一首：《春日怀白华园》。卷七《五言律》三首：《邺城吊古》、《雁门秋望》、《鲁连台》。卷八《七言律》一首：《南海神庙》。卷十一《五言绝》一首：《春日》。卷十二《七言绝》一首：《春日雨花台杂感》。

按：汪宗衍《屈大均年谱》康熙二十年条据《禁书总目·补遗》三《清代禁书知见录》云："蒋鑨刻《清诗初集》十二卷载翁山诗五首"，误。

康熙二十五年丙寅（1686），释大汕《离六堂集》十二卷。②

卷首有屈大均《供母图》题辞和《离六堂集序》。

康熙二十六年（1687）刻，张溶修，区孟贤纂《西宁县志》。③

共录屈大均诗六首、文三篇。卷十一录文三篇：《泷西事略跋》、《童子雅歌序》、《文昌阁记》。卷十二录诗六首：《舟入罗旁》二首、《题山响亭》二首、《题龙井亭》二首。

康熙三十一年壬申（1692）九月，王隼辑《岭南三家诗选》二十四卷。④

录屈大均诗八卷。（诗题略）

康熙三十一年壬申（1692），陈维崧辑《箧衍集》十

---

① 《四库禁毁书丛刊》集部第 3 册，影印康熙二十年镜阁刻本。
② 《四库禁毁书丛刊》集部第 186 册，影印康熙怀古楼刻本。
③ 广东省地方史志办公室编著：《广东历代方志集成·肇庆府部》第 47 册。
④ 《四库禁毁书丛刊》集部第 39 册，影印康熙刻本。

下编　岭南三大家著作的存佚和流布

二卷。①

共录屈大均诗二十六首。卷一《五言古诗》五首：《寿母》二首、《哭华姜》三首。卷四《五言律诗》十一首：《从轩辕宅入迷居洞》、《观五老峰背三迭泉》、《自冲虚观入锦屏峰》、《车箱潭》、《太华作》二首、《长沙》、《荆门》、《宣府》、《湘阴》、《廉州》。卷五《五言排律》一首：《华岳》。卷七《七言古诗》三首：《南海神祠古木棉花歌》、《雷阳郡斋醉中走笔呈吴使君》、《女儿葛歌》。卷十一《七言绝句》六首：《泷中》、《醉赠邯郸少年》、《雷阳曲》、《蜀冈怀古》、《湖上别友人》、《姑苏柳枝词》。

康熙三十八年己卯（1699），潘耒辑刻《救狂砭语》。②

共录屈大均文三篇：《屈翁山与石濂书》、《屈翁山复石濂书》和《花怪》。

康熙三十九年庚辰（1700），黄登辑刻《岭南五朝诗选》包括残卷共三十八卷。③

第三帙之残卷十一录屈大均诗八十三首：《木末亭拜方正学先生像》、《昌平道中》、《邯郸道中》、《边词》、《历千尺峡百尺峡诸险至岳顶》、《又》、《渭川》、《初至雁门赠陈祺公使

---

①《四库禁毁书丛刊》集部第 39 册，影印乾隆二十六年华绮刻本。按：《篯衍集》又题曰《今诗篯衍集》。

② 潘耒：《救狂砭语》，上海古籍出版社 1983 年版，第 181—206 页。按：此书为潘耒《救狂砭语》与余宾硕《金陵览古》和陈孚益《馀生记略》合刻本。

③《四库全书存目丛书》集部第 409 册，影印康熙三十九年自刻本。按：全书分三帙，第一帙，"诗之为粤东作者"名宦［自唐至清］，共十七卷。第二帙，高僧［自明至清］、才女［清］，共四卷。第三帙，为岭南人之诗［自唐至清］，包括仕与不仕者，僧人及女子，标为十六卷。所标之第十六卷，最后缺页，缺林氏诗三首。其实第三帙共十七卷，第十卷与第十一卷之间，还有仅录屈大均诗的残第十一卷。包括残卷全书凡三十八卷。

君》、《繁峙道中赠赵侯苍篆》、《大同旅次》、《边夜》、《武灵王墓》、《张文献公祠》、《任嚣城》、《神宗》、《濠州作》、《登观象台》、《于忠肃墓》、《谒谢皋羽墓》、《马陵》、《白发》、《过夷门》、《鲁连台》、《通州望海》、《耒阳观诸葛武侯碑》、《长沙》、《汉口》、《遥题七盘岭》、《经韩侯钓台》、《次鱼洞》、《铜马门》、《步出虎山桥作》、《夷齐庙作》、《梧宫》、《梅鋗》、《春日过黄俊升社先生作于南轩》、《吊宁武周将军》、《晴川阁》、《九星岩》、《宁都魏叔子季子隐金精山诗以寄之》、《荆门咏古》、《壬戌清明作》、《闻张将军为僧赋寄》、《荆南归兴》、《寄从兄贡士员外》、《恭谒三大忠祠》、《范蠡》、《墨台》、《豫让》、《信陵君》、《虞卿》、《鲁仲连》、《伍子胥》、《燕昭王》、《赵武灵王》、《蔺相如》、《宋武帝》、《吕不韦》、《咏荆阿（当为"轲"）》、《和人谒昭烈惠陵》、《和友人朝天宫之作》、《过石霜园林作》、《沥湖舟泛》、《啼乌曲》、《黄山寒夜作》、《酌酒与徐抚辰》、《咏古》、《对梅》、《又》、《又》、《纨扇词》、《边上曲》、《秣陵春望》、《绿珠》、《第五泉》、《西湖曲》、《吴江曲》、《又》、《霍州道中》、《景阳宫》、《猎词》、《垓下》、《青溪观虞美人作》。

康熙四十年辛巳（1701），卓尔堪辑《遗民诗》十二卷。① 初刻本十二卷约刻于是年。

卷七录屈大均诗一百二十七首：《孤竹吟》、《过涿州作》、《大同感叹》、《赠朱士稚》、《落花》、《郁林山中作》、《秋风》、《送铁桥道人》二首、《洗象行》、《西樵歌》、《奈何帝歌》有序、《南海神祠古木绵花歌》、《女儿葛歌》、《鲁连

---

① 《四库禁毁书丛刊》集部第 21 册，影印康熙刻本。按：初刻本十二卷约刻于康熙四十年辛巳（1701）。后增为十六卷本，翁山诗仍载卷七内。而卓尔堪《遗民诗》天一阁本，卷七目录和正文第一人"屈大均"三字均被删，改为"今种"，小传中"翁山"二字亦被涂黑。

台》、《虎溪冬夜》、《望五老峰》、《登庐山绝顶》、《过彭蠡》、《海幢病中》、《从轩辕宅入迷居洞》、《江村春日》、《寄从兄泰士》、《天津夜泊》、《冬日英州山中》、《自湖口出扬子江》、《八月》、《幽州》、《过清远诸滩》、《题龚柴丈山房》、《舟上连州》、《秣陵》、《摄山秋夕作》、《灵谷探梅》、《福兴山中古梅》、《紫峰阁梅》、《燕京杂咏》四首选二、《恶少》、《朵颜》、《昌平道中》二首、《银钱山》、《居庸》、《宣府作》、《云州秋望》、《寒食》、《邯郸道中》、《边词》八首、《青牛台访彭荆山》、《浮图峪》、《紫荆关》、《再送天生携家自代返秦》、《望田子》、《军陵》、《偏头关》、《车箱潭》、《登马陵》、《居庸有感》、《塞下曲》、《邺城吊古》、《通州望海》、《天池》、《舟泊宿迁》、《吴门逢京兆杜子赋赠》、《春湖曲》、《寄湖南尹叟》、《昆湖》、《粤江秋夜同孔樵岚李香河赋》、《钓台》、《汉口》、《湖中有怀》、《怀西岳》、《扶胥江夜泊》、《登浴日亭》、《别稚女》、《端州道中》二首、《河头舟中》、《高流遇欧阳先辈赋赠》、《化州道中寄时子》、《途中遇雨作》、《化州道中》、《遂溪道中》、《次沙浒》、《廉州杂诗》、《钦州》、《阳江道上逢卢子归自琼州赋赠》二首、《沙亭作》、《合道山房作》二首、《冬菊》、《西樵作》三首、《过梅村作》、《渔洋探梅归至东西横塘作》、《寄沈阳剩人和尚》四首、《寄从兄赉士》、《候潮门眺望》、《狸子谣》二首、《雷塘》、《从军曲》、《春日雨花台杂咏》二首、《阊门曲》、《题妆台》、《从塞上偕内子南还赋赠》七首、《寄费滋衡》。

康熙四十四年乙酉（1705），朱彝尊辑《明诗综》一百卷。

汪宗衍《屈大均年谱》康熙四十四年条云：《明诗综》"卷八十二录翁山诗二十四首。原书初印本，乾隆后印本抽毁。录《又寄朱十》小五古、《琪林晚眺》五律，《篁村逢朱十》五律"。

按:《又寄朱十》和《篁村逢朱十》二诗,《翁山诗外》刻本未收。《屈大均全集·翁山诗外补遗》第 1510 页和陈永正主编《屈大均诗词编年笺校》第 153 页皆谓《又寄朱十》录自《明诗综》卷八;《篁村逢朱十》(即《曝书亭集》卷三所附《过朱十夜话》,二者第四句有一字之差),《屈大均全集·翁山诗外补遗》第 1510 页谓录自《明诗综》卷八十二。陈永正主编《全粤诗》亦有同样的说明。不过,笔者经目之《明诗综》却未见屈诗。

按:文渊阁《四库全书》集部第 1460 册《明诗综》卷八十二,其中屈大均诗全被抽毁。文渊阁《四库全书》之《明诗综》书首和每卷卷首皆无目录。第八十二卷抽毁之后所剩无几。《中山大学图书馆古籍善本书目》第 2485 号为《明诗综》,署曰:"《明诗综》一百卷清朱彝尊编,清康熙写刻本。"① 实际上此书不是康熙写刻本。中山大学图书馆藏本所夹书签注曰:"卷第一下项'胤'避讳,应为雍正,可以肯定本书不是康熙本。"此本书首有"钦定四库全书提要……"字样。书首目录页,卷八十二于"缪永谋五首"之后删去二人。所删第二人的姓名后,留有名后的"二十四首"四字,疑此即屈大均。正文页,从第九页下至十六页上皆为空白。第九页上为缪永谋诗,第十六页下开始即为"朱茂曙九首"。此本为乾隆删本无疑。上海古籍出版社 1993 年版之《明诗综》卷八十二目录为:郭爱、司彩王氏、沈琼莲、范氏、曹静照、宋蕙厢、朱谋㙔、朱恬烁、朱恬烷、朱珵堉、朱珵垿、朱效𨱆、朱硕㷆、朱器封、朱常洁。亦无屈大均之目。

康熙刻本,朱彝尊《曝书亭集》卷三附有屈大均诗一首。

---

① 中山大学图书馆编:《中山大学图书馆古籍善本书目》(增订本),广西师范大学出版社 2014 年版,第 827 页。

下编　岭南三大家著作的存佚和流布

朱彝尊《东官客舍屈五过谭罗浮之胜时因道阻不得游怅然有怀作诗三首》后附屈大均《过朱十夜话》："黄木湾头月，扶胥渡口舟。日方逾北至，火已渐西流。过雨收红豆，连波狎白鸥。夫君若萱草，一见即忘忧。"①《明诗综》卷八十二此诗题作《篁村逢朱十》，其中第四句"渐"作"见"。

按：《四库全书》收录朱彝尊《曝书亭集》时，屈诗被删。

康熙四十五年丙戌（1706），沈用济辑《岭南三大家诗选》。

其中《道援堂集》十卷。（诗题略）

康熙四十八年己丑（1709），刘然辑评、朱豫增辑《诗乘初集》十二卷，《诗乘发凡》一卷。②

卷五录屈大均诗四十一首：《赠朱士稚》、《西峰下窥水帘洞作》、《放歌行为潘子寿》、《鲁连台》、《登庐山绝顶》、《豆叶坪病起》、《钦州》、《沧洲见雁》、《江村春日》、《雁门秋望》、《天津夜泊》、《舟次汉江》、《暮春香山精舍》、《吉祥寺古梅》、《紫峰阁梅》、《登马陵》、《永平怀古》、《秣陵》、《登浴日亭（亭在南海神祠之右）》、《广昌》、《同陈子游五台》、《零陵道中晓行》、《具区山中作》、《金山口谒天下大师墓》、《杜曲谒杜子美先生祠》、《望岳》、《晴川阁》、《黄鹤楼》、《旧京感怀》、《春日步出青溪寻东园故址（东园为魏国公别业）》、《黄龙洞寻南汉天华宫故址（在罗浮）》、《谒昭烈惠陵》、《谒岳王墓》、《春水》、《耶溪》二首、《春曲》、《云州》、《望钟山》、《秣陵春望》、《君山夜泊》。

按：汪宗衍《屈大均年谱（后谱）》康熙四十九年庚寅（即大均卒后14年之"1710年"）条云：据康熙庚寅四月刊

---

① 朱彝尊：《曝书亭集》，上海：世界书局1937年版，第37页。
② 《四库禁毁书丛刊》集部156册，影印康熙玉谷堂刻本。

本，刘然辑《国朝诗乘》初集十卷，卷五选翁山诗四十一首。并言此书列入《抽毁书目》。笔者所见为十二卷。

康熙四十九年庚寅（1710），吴霮辑《名家诗选》四卷，闺秀一卷。①

卷一录屈大均诗二十首：《送朱十》、《登紫霄峰》、《从轩辕宅入迷居洞》、《渡琼海》、《自冲虚观入锦屏峰》、《邺城怀古》、《雁门秋望》、《怀西岳》、《登浴日亭》、《天池》、《居庸》、《虞山望虞帝祠》、《铜马门》、《送韩子之秦》、《南海神祠作》、《梅花岭》、《吊宁武周将军》、《郏县经故督师孙白谷先生战处》、《春日雨花台杂咏》绝句二首。

康熙五十四年乙未（1715），休宁汪观辑《五大家诗》十七卷。

内有屈大均诗四卷（诗题略）。汪观选刻《五大家诗》藏中国国家图书馆。凡阎古古诗三卷，杜茶村诗三卷，梁药亭诗三卷，屈翁山诗四卷，陈元孝诗四卷。

康熙五十六年丁酉（1717），宋广业辑《罗浮山志会编》二十二卷，卷首一卷。②

共录屈大均诗三十一首、文六十七则。卷二十一《艺文志·国朝五言律诗》八首：《宿金沙洞》（此诗未署姓名，《翁山诗外》卷五，第221页收有此诗）、《罗浮杂咏》四首（此诗未署姓名，《翁山诗外》卷七，第473页收有此诗）、《自冲虚观入锦屏峰》（此诗未署姓名，《翁山诗外》卷八，第583页）、《由云母峰上大小石楼》（此诗未署姓名，《翁山诗外》卷八，第583页收有此诗）、《从轩辕宅入迷居洞》（此诗未署姓名，《翁山诗外》卷五，第221页收有此诗）。卷二十一

---

① 《四库禁毁书丛刊》集部第170册，影印康熙刻本。
② 按：笔者所依据的刻本为《四库全书存目丛书》史部第240册，影印中国科学院图书馆藏康熙宋志益刻本。

《艺文志·国朝五言排律诗》一首:《奉题惠州王子千太守罗浮纪游诗后并以为赠》(此诗未署姓名,《翁山诗外》卷十三,第1050页收有此诗)。卷二十一《艺文志·国朝七言律诗》一首:《简书得干蝴蝶》:"羽化罗浮不记年,丹书蚕食得神仙……"(此诗未署姓名,《翁山诗外》卷十一,第1023页收有此诗。原诗共二首,此为其二。吕永光先生作为梁佩兰佚诗收在1992版《六莹堂集》)。卷二十二《国朝五言绝句诗》二十一首:《罗浮》(此诗署梁佩兰名,《翁山诗外》卷十四第1056页收有此诗,吕永光《六莹堂集补佚》收为梁佩兰诗)、《铁桥》四首(此诗署梁佩兰名,《翁山诗外》卷十四第1085页收有此四首诗,《铁桥》在《翁山诗外》共五首,此四首分别是其第1、3、4、5首,吕永光《六莹堂集补佚》收为梁佩兰诗)、《观瀑》(此诗署梁佩兰名,《翁山诗外》卷十四第1085页收有此诗,吕永光《六莹堂集补佚》收为梁佩兰诗)、《对梅》八首(此诗署梁佩兰名,《翁山诗外》卷十四第1085至1088页收有此首诗,《翁山诗外》之《对梅》共三十九首,此八首分别为其中的第1、3、5、10、11、15、17、39首,吕永光《六莹堂集补佚》收为梁佩兰诗)、《望狮子峰》(此诗署梁佩兰名,《翁山诗外》卷十四第1089页收有此诗,吕永光《六莹堂集补佚》收为梁佩兰诗)、《葛洪衣冠塚》(此诗未署姓名,《翁山诗外》卷十四第1092页收有此诗,吕永光《六莹堂集补佚》收为梁佩兰诗)、《罗浮曲》二首(此诗署梁佩兰名,《翁山诗外》卷十四第1066页收有此二诗,吕永光《六莹堂集补佚》收为梁佩兰诗)、《梅花村作》(此诗署梁佩兰名,《翁山诗外》卷十四第1082页收有此诗,吕永光《六莹堂集补佚》收为梁佩兰诗)、《倒挂鸟》二首(此诗署梁佩兰名,《翁山诗外》卷十四第1096页收有此二首诗,吕永光《六莹堂集补佚》收为梁佩兰诗)。

按：《会编》所收之诗，吕永光先生疑作梁佩兰佚诗收在1992版《六莹堂集》中的二十二首，笔者认为当为屈大均诗。董就雄教授《梁佩兰集校注》和陈永正先生《屈大均诗词编年笺校》亦有相同的看法。

宋广业《罗浮山志会编》所收屈大均文：《罗浮书》五十八则，《广东新语》八则，未明出自屈大均何书者一则。详见本书附录《屈大均佚著〈罗浮书〉辑佚及辨析》。

按：卷二十第九页至第十二页不存，第九页之前为梁佩兰之诗；卷二十二第六页至第十三页不存，第六页之前为梁佩兰之诗。《会编》有在梁佩兰后，继之为屈大均和陈恭尹的编排习惯，因此两处被抽毁者疑有屈大均诗。

康熙五十九年（1720）顺德堂刻本，毛德琦撰《庐山志》十五卷。①

录屈大均诗四首：卷五《观黄岩瀑布》、卷七《望五老峰》、卷九《五老峰背观三叠泉》、卷十五《登庐山绝顶》。

康熙六十一年壬寅（1722），陶煊、张璨辑刻《国朝诗的》六十卷。②

卷一录屈大均诗十八首：《哭华姜三首》选二、《烈皇帝御琴歌》、《绿绮琴歌》、《具区山中作》、《题怒吴楼》、《观五老峰背三迭泉》、《琪林晚望》、《黍珠庵晚眺》、《摄山秋夕宿天开岩下》、《雁门秋望》、《言从浮峤直抵榆将访剩大师不果赋怀》、《长沙》、《荆门》、《宣府》、《采石题太白祠》、《绿牡丹》、《汉关》。

按：《四库禁毁书丛刊》集部第158册内辑封谓为康熙六

---

① 《四库全书存目丛书》史部第239、240册，影印康熙五十九年顺德堂刻本。
② 《四库禁毁书丛刊》集部第158册，影印康熙六十一年壬寅（1722）刻本。

下编　岭南三大家著作的存佚和流布

十一年壬寅（1722）刻本，而禁书资料云："于康熙六十年刊刻。所选之诗，自国初至康熙年间人，如钱谦益、屈大均等诗皆经选入，其字句亦有违碍之处。"① 一谓"康熙六十一年"，一谓"康熙六十年"，两处所言稍异，当为同一刻本。

康熙六十一年（1722）刻，吴骞撰《惠阳山水纪胜·罗浮纪胜》二卷。②

共录屈大均诗一首、文二十四则。录《罗浮书》中的内容二十四则。卷下《题咏·诗》，录一首：《自冲虚观入锦屏峰》。

康熙刻本，闵麟嗣撰《黄山志定本》七卷。③

卷七录屈大均诗十四首：《莲花峰篇赠闵宾连》、《送韩石畊入黄山》、《天都峰》、《汪扶晨在黄山诗以寄之》二首、《题汪于鼎文冶始信峰隐居》、《黄山杂吟》二首、《送汪扶晨奉益然大师灵龛归黄山》五首。

康熙刻本，陈枚辑《凭山阁留青二集选》十卷。④

卷四《诗·婚姻》录屈大均诗一首：《贺陈子新婚》。

康熙刻本，陈枚辑、陈德裕增辑《凭山阁增辑留青新集》三十卷。⑤

共录屈大均词四首。卷七《应酬词·寿诞》录三首：《寿制府吴大司马（春从天上来）》（按：《翁山诗外》卷十八题作《春从天上来·寿制府大司马吴公》）、《寿百又三岁潘仁需

---

① 乾隆四十四年正月二十九日《军机大臣奏覆核陶汝鼐及黎元宽所撰违碍书情形并行文各省饬禁折》，见《纂修四库全书档案》，第994页。
② 《四库全书存目丛书》史部第241册，影印康熙六十一年吴本涵景野亭刻本。
③ 《四库全书存目丛书》史部第235册，影印清康熙刻本。
④ 《四库禁毁书丛刊》集部第155册，影印康熙凭山阁刻本。
⑤ 《四库禁毁书丛刊》集部第54册，影印康熙刻本。

（石州慢）》（按：《翁山诗外》卷十八题作《石州慢·为百又三岁潘仁需翁寿》）、《为梁淳儒百有五岁寿（万年欢）》（按：《翁山诗外》卷十九题作《万年欢·为百有五岁梁淳儒翁寿》）。卷七《应酬词·庆贺》录一首：《贺潘季子花烛（洞仙歌）》（按：《翁山诗外》卷十九题作《洞仙歌·赠潘季子花烛》）。

康熙刻本，周在浚等辑《赖古堂尺牍·三选结邻集》十六卷。①

卷四录屈大均书一通：《与龚柴丈》。

康熙刻本，钱肃润辑评《文瀫初编》二十卷，首一卷。②

共录屈大均文两篇。卷十八录《中露集引》。卷十九录《书石连禅师册后》。

康熙刻本，魏宪辑《诗持二集》十卷。③

卷二录屈大均诗十七首：《望五老峰》、《虎溪冬夜》、《天池》、《邺城吊古》、《勉弟》、《沧洲见雁》、《天津夜泊》、《秋日与阿兄》、《暮春香山精舍》、《京口舟中望金焦二山》、《题龚柴丈山房》、《吉祥寺古梅》二首、《福兴山中古梅》、《黄龙洞寻南汉天华宫故址》、《春日雨花台杂感》二首。

康熙刻本，江闿《江辰六文集》二十四卷，首一卷。④

引用屈大均诗。乾隆四十六年九月二十五日《湖南巡抚刘墉奏查缴应毁书籍折（附清单三）》云："《江辰六文集》，十一本。贵阳江闿著。内有引钱谦益语并屈大均诗。"⑤按：笔者所见为《四库禁毁书丛刊》集部第130册的影印本，未

---

① 《四库禁毁书丛刊》集部第36册，影印康熙赖古堂刻本。
② 《四库禁毁书丛刊》集部第173册，影印康熙钱氏十峰草堂刻本。
③ 《四库禁毁书丛刊》集部第38册，影印清康熙枕江堂刻本。
④ 《四库禁毁书丛刊》集部第130册，影印康熙刻本。
⑤ 《纂修四库全书档案》，第1390—1397页。

见屈大均诗，当为抽毁。

康熙刻本，刘授易《损斋诗集》十二卷。①

引用屈大均诗。湖南巡抚刘墉于乾隆四十六年十一月七日奏准应禁书籍折云："《损斋诗集》，湘潭刘授易著。内有《西山游记》，语涉谬妄。及引用屈大均诗，并《游丹霞金堡澹□（按：应为'归'）墓》诗。应销毁。计六本。又板片二百八十三块。"② 按：笔者所见为《四库禁毁书丛刊补编》集部第89册的影印本，未见屈大均诗，当为抽毁。

康熙间刻本，周豵辑《法性禅院唱和诗》。③

卷三录屈大均《五言排律》诗一首：《春日过西郊远布禅师别院登楼怅望有作，凡三十六韵并以为赠》。

雍正十年（1732）刊本，谢旻等监修《江西通志》。④

内有屈大均诗文。该书既见，而不见屈大均诗文，当缘抽毁所致。乾隆四十二年十月十八日，江西巡抚海成奏："志乘一书，用以考古信今，垂示后世，所关甚巨。臣查应毁各书内，亦有江省人著作。其书既已流传，未必不散见于原籍志乘，自应悉予划削。因饬委办书局同知潘汝诚、杜一鸿等将通省志书详加校核，果有前项违碍诗文并载及钱谦益、屈大均、金堡等诗文者，除《江西通志》已抽出篇页板片咨缴军机处查销改正外，现令布政使通行各府州县，将志书再行细查，概为删正抽换，并不得留其姓名，仍将废页板片解省汇缴军机处销毁。臣思各省查出应毁之书，盈千累万，其著书人事迹以及违碍诗文，正恐各原籍志乘内亦不无滥载，伏乞皇上敕下各

---

① 《四库禁毁书丛刊》编纂委员会编：《四库禁毁书丛刊补编》集部第89册，影印康熙刻本，北京出版社2005年版。
② 雷梦辰：《清代各省禁书汇考》，第33—34页。
③ 《广州大典》第515册，影印康熙间荟卜楼刻本。
④ 《景印文渊阁四库全书》第513—518册，台湾商务印书馆1986年版。

省，一体查校删正抽换，以垂永久，以正人心。"① 按：《江西通志》有谢旻等修雍正十年刊本，和于成龙等修康熙二十二年刊本两种，不知所抽毁者是何刊本。

赵弘恩等监修，黄之隽等编纂《江南通志》。②

内有屈大均诗文。该书既见，而不见屈大均诗文，当缘抽毁所致。

乾隆四十四年十月二十九日，安徽巡抚闵鹗元具文奏明："臣阅《江南通志》及各郡邑志，如钱谦益、金堡、屈大均辈所撰传记诗文，往往多有，而现在查出悖妄各书名目，列入该府县志乘者亦复不少。"③

乾隆三年戊午（1738），沈德潜、周准辑《明诗别裁集》十二卷。④

卷十二录屈大均诗六首：《鲁连台》、《晋太尉刘琨墓》、《摄山秋夕》、《自白下至檇李与诸子约游山阴》、《粤江秋夜》、《由云母峰上大小石楼》。

乾隆二十五年（1760）刻，沈德潜辑评《国朝诗别裁集》三十二卷。⑤

卷八录屈大均诗十五首：《赠朱士稚》、《奈何帝歌》、《家园示弟妹》、《摄山秋夕作》、《木末亭拜方正学先生像》、《灵

---

① 乾隆四十二年十月十八日《江西巡抚海成奏续进备选及应毁各书并祈校删志乘折》，见《纂修四库全书档案》，第731—732页。
② 《景印文渊阁四库全书》第507—512册，台湾商务印书馆1986年版。
③ 乾隆四十四年十月二十九日《安徽巡抚闵鹗元奏请通饬铲削志乘所载应销各书名目及诗文折》，见《纂修四库全书档案》，第1118—1119页。
④ 《四库禁毁书丛刊》集部第97册，影印乾隆刻本。
⑤ 《四库禁毁书丛刊》集部第158册，影印乾隆二十五年教忠堂刻本。

谷探梅》、《云州秋望》、《鲁连台》、《自白下至樵李与诸子约游山阴》、《广昌》、《杜曲谒杜工部祠》、《人日衡阳舟中》、《吊雪庵和尚》、《望晋恭王园》、《蜀冈怀古和卓子任》。

乾隆十二年丁卯（1747），彭廷梅辑《国朝诗选》十四卷。①

共录屈大均诗九首。卷二录六首：《虎溪冬夜》、《暮春香山精舍》、《自冲虚观入锦屏峰》、《摄山秋夕宿天开岩下》、《登鲁连台》、《望天平》。卷八录一首：《女儿葛歌》。卷十一录二首：《湖口舟中口号赠内子华姜》二首。

乾隆十二年丁卯（1747），梁善长选刻《广东诗粹》十二卷，《补编》一卷。②

卷十录屈大均诗三十五首：《咏怀》、《赠朱士稚》、《送朱十》、《高州大水作》、《水仙叹》、《望五老峰》、《舟上连州》、《秣陵》、《摄山秋夕作》、《云州秋望》、《大同旅次》、《忻口》、《鲁连台》、《自白下至樵与诸子约游山阴》、《浮湘》、《过晋太尉刘琨墓》、《长沙》、《自零陵至兴安道中作》、《阳朔道中》、《风洞寺晚眺》、《初秋春山作》、《罗浮杂咏》、《入秋乡江作》、《题怒吴楼》、《湘中作》、《由云母峰上大小石楼》、《润州作》、《重过易水》、《杜曲谒杜子美先生祠》、《和人巫峡中望十二峰之作》、《对梅》、《定情曲》、《春日曲》、《台城春望》、《青冢》。

乾隆二十七年壬午（1762），修竹卢刻本汪有典《望古集》六卷。③

---

① 《四库禁毁书丛刊》编纂委员会编：《四库禁毁书丛刊补编》集部第56册，影印乾隆十二年金陵书坊刻本，北京出版社2005年版。
② 《广州大典》第493册，影印乾隆十二年达朝堂刻本。
③ 《四库禁毁书丛刊》编纂委员会编：《四库禁毁书丛刊补编》集部第88册，影印乾隆二十七年修竹卢刻本，北京出版社2005年版。

引用屈大均作品。乾隆四十六年□月□□日,安徽巡抚闵鹗元奏准查缴应禁书籍折云:"《望古集》,二本,无为州汪有典著。内有狂妄处。并有钱谦益、屈大均等词。查汪有典所著史外已禁。此集应全毁。"① 笔者粗略翻检全部六卷,未予细读所有作品,故未发现屈大均的作品。《望古集》为汪有典个人著作,所谓"有钱谦益、屈大均等词",或为抽毁,或为文内引用,笔者未及发现。

乾隆三十九年甲午(1774)刻本,任果、常德修,檀萃、凌鱼纂《番禺县志》。②

卷十九录屈大均文一篇:《广东文集序》。

徐文弼辑《汇纂诗法度针》三十三卷,首一卷。③

卷三十三录屈大均诗一首:《鲁连台》。

朱滋年辑《南州诗略》十六卷。④

卷一录屈大均诗二首:《采石题太白祠》二首。

朱琰辑《明人诗钞正集》十四卷。⑤

《正集》卷十三录屈大均诗十九首:《咏古》四首、《咏怀》、《鲁连台》、《摄山秋夕宿天开岩下》、《历千尺壛百尺峡诸险至岳顶》、《自白下至檇李与诸子约游山阴》、《紫峰阁梅》、《华岳》、《陈宫词》、《雷阳曲》、《姑苏柳枝词》、《采莲号子》、《花田》、《泷中》、《客雁门作》、《湖上别友人》。

---

① 雷梦辰:《清代各省禁书汇考》,第133—134页。
② 《广州大典》第277册,影印乾隆三十九年刻本。
③ 《四库禁毁书丛刊》集部第170册,影印乾隆英德堂刻本。
④ 《四库禁毁书丛刊》集部第100册,影印清乾隆刻本。
⑤ 《四库禁毁书丛刊》集部第37册,影印乾隆刻本。

第二节　康乾时期载录屈大均作品的
诗文选集之未见者[①]

康熙十一年（1672）向山堂刻本，周京辑《近代诗钞》十三卷。

内有屈大均诗。乾隆四十二年四月初一日，浙江巡抚三宝查缴禁书折云："《近代诗钞》，周京辑。内有钱谦益、屈大均等诗。"[②] 乾隆四十六年十月初六日具文，十月十五日奏准之《署两江总督萨载奏续缴应禁书籍折》所附清单曰："《近代诗钞》，一部，五本。周雨郇辑。"[③] "周京，字雨郇，号向山，江南江宁府上元县人，生于明末天启六年（1626），卒年当在清初康熙四十二年（1703）之后。工诗文，操选政，懂医术，广游幕，喜交友，在明末清初的金陵文人圈中颇为活跃。现存著作包括选辑两部附有自稿的诗文选本：《近代诗钞》和《向山近钞尺牍小品》。"[④]

康熙十二年（1673）刻本，曾灿《过日集》二十卷（一曰"十六卷"）。

共录屈大均诗六首。卷二有：《阊门曲》、《题妆台》。卷十有：《寄陈恭尹》、《简魏畊》。卷十四有：《候潮门眺望》。

[①] 未见，是指笔者没有见到选本，载录屈大均作品的诗文选集信息，是通过相关资料获悉的。

[②] 雷梦辰：《清代各省禁毁书汇录》，第208页。

[③]《纂修四库全书档案》，第1410—1411页。

[④]（新加坡）王兵：《清初金陵文人周京考略》，见《历史档案》2016年第1期。

卷十七有：《南越王祠》。①

吴震方辑《说铃》。

内有屈大均《登华记》。"《说铃》内有屈大均《登华记》。"②

朱豫辑《国朝诗萃》。

内有屈大均诗。乾隆四十三年五月十一日《署云贵总督裴宗锡奏第四次查缴应禁书籍分别委员解京折》所附查禁各书清单云："《国朝诗萃》二部，四本。内有钱谦益、屈大均诗，应请抽毁。"③

王持辑《国朝诗隽》。

内有屈大均诗。乾隆四十九年正月初四日两江总督萨载奏准缴禁书折云："《国朝诗隽》，一部，一本，不全，王持选。内屈大均、阎尔梅诗三首，应请铲除。"④

叶闇辑《诗逢初选》。

内有屈大均诗。乾隆四十二年八月二十二日《两江总督高晋奏续缴违碍书籍板片折》所附书目清单云："《诗逢初选》一部。吴郡叶闇选。内有释一灵即屈大均并吴伟业、龚鼎孳等诗。"⑤

康熙刻本，王隼辑《梳山赠言》。

内有屈大均作品。乾隆四十七年八月二十八日《闽浙总督陈辉祖奏第二十二次缴送应毁书籍折》云："《梳山赠言》

---

① 见《翁山诗外补遗》，《屈大均全集》第 2 册，第 1521—1528 页；陈永正等：《屈大均诗词编年笺校》，中山大学出版社 2000 年版，第 105、1239、1132、136、140、1086 页。

② 姚觐元：《清代禁毁书目四种·违碍书目》，见《续修四库全书》史部第 921 册，影印杭州抱经堂书局印本，第 468 页。

③ 《纂修四库全书档案》，第 820—828 页。

④ 雷梦辰：《清代各省禁书汇考》，第 81—82 页。

⑤ 《纂修四库全书档案》，第 686—688 页。

一部,刊本。是书王隼编。不全。系哀集友人投赠诗文,中多屈大均作,应销毁。"① 按:此书中也应当有陈恭尹和梁佩兰的作品。

王道升辑《古学要览》。

内有屈大均诗。乾隆四十二年(1777)十一月二十二日江西巡抚海成奏准应禁书籍折云:"《古学要览》,本朝王道升编辑。内有屈大均诗,应摘毁。"②

徐鹤龄辑《白尘古迹诗选》。

内有屈大均诗。乾隆四十四年(1779)四月初五日江西巡抚郝硕奏缴应禁书籍折云:"《白尘古迹诗选》,江西建昌县徐鹤龄选。内有屈大均诗,应铲除。馀书仍行世。"③

彭渚、吴泰来辑《庐山古迹诗选》。

内有屈大均诗。乾隆四十五年(1780)六月二十四日江西巡抚郝硕奏准应禁书籍折云:"《庐山古迹诗选》,建昌彭渚、吴泰来同辑。中有屈大均诗十二首。"④

陈枚辑《留青采珍集》。

内有屈大均诗词。乾隆四十七年(1782)五月初二日《山西巡抚农起奏汇缴应禁书籍及板片情形折》所附清单云:"陈枚所选《留青采珍集》二部,载有钱谦益、屈大均、龚鼎孳等诗词。"⑤

① 《纂修四库全书档案》,第 1619—1622 页。
② 雷梦辰:《清代各省禁书汇考》,第 89—90 页。
③ 雷梦辰:《清代各省禁书汇考》,第 92—98 页。
④ 雷梦辰:《清代各省禁书汇考》,第 100—105 页。
⑤ 《纂修四库全书档案》,第 1571 页。

第三章　陈恭尹著作在康乾时期被选录的情况

第一节　康乾时期载录陈恭尹作品的诗文选集

康熙十一年壬子（1672），邓汉仪辑《诗观初集》十二卷。①

卷十一录陈恭尹诗四首：《送姜山上人游南岳》、《送何不偕之潮州》、《甘竹滩上留别何皇图即送之罗浮》、《送沈方邺游罗浮》。

康熙十二年癸丑（1673），徐崧等辑《诗风初集》十八卷。②

录陈恭尹诗四首。卷十二录一首：《虎头早春》（按：《独漉堂集·增江前集》作《新塘早春怀蔡艮若何不偕》，二者内容有异）。卷十四录三首：《送姜山上人游南岳》、《姑苏》、《燕台》。

康熙十三年甲寅（1674），王士禛辑《感旧集》十六卷。③

---

① 《四库禁毁书丛刊》集部第 1 册，影印康熙慎墨堂刻本。
② 《四库禁毁书丛刊》编纂委员会编：《四库禁毁书丛刊补编》集部第 56、57 册，影印康熙十二年刻本，北京出版社 2005 年版。
③ 《四库禁毁书丛刊》集部第 74 册，影印乾隆十七年刻本。

下编　岭南三大家著作的存佚和流布

卷十三录陈恭尹诗十八首：《从石浪庵至高台寺》、《登祝融峰》、《夏初郊行即事同周量芝五》、《送雪公归耕苍梧》、《赤壁舟中歌》、《过洞庭》、《归舟》二首、《八月十六夜泊舟长淮关怀故园别者》、《送涤上人》、《叶世颖重之中湘茅屋行后有寄》、《送魏和公归宁都》、《新塘早春》、《将发汉口寄毛子霞武昌》、《送陈人白王问溪归海南》、《燕台》、《楚中》、《蜀中》。

康熙二十年（1681），蒋鑨、翁介眉辑《清诗初集》十二卷。①

卷八《七言律》录陈恭尹诗一首：《送沈方邺游罗浮》。

康熙二十五年（1686），释大汕《离六堂集》十二卷。②

卷首有陈恭尹《卖卜图》题辞。

康熙二十六年（1687）刻，张溶修，区孟贤纂《西宁县志》。③

录陈恭尹诗二首，文一篇。卷十一文一篇：《山响亭诗序》。卷十二诗《题山响亭》二首。

康熙三十一年壬申（1692）刻，王隼辑《岭南三大家诗选》二十四卷。④

录陈恭尹诗八卷。（诗题略）

康熙三十一年壬申（1692），陈维崧辑《箧衍集》十二卷。⑤

录陈恭尹诗四首。卷八《七言古诗》一首：《送人归耕苍梧歌》。卷十《七言律诗》三首：《送姜山上人游南岳》、《过

---

① 《四库禁毁书丛刊》集部第3册，影印康熙二十年镜阁刻本。
② 《四库禁毁书丛刊》集部第186册，影印康熙怀古楼刻本。
③ 《广东历代方志集成·肇庆府部》第47册。
④ 《四库禁毁书丛刊》集部第39册，影印康熙刻本。
⑤ 《四库禁毁书丛刊》集部第39册，影印乾隆二十六年华绮刻本。按：《箧衍集》又题曰《今诗箧衍集》。

薛剑公不值》、《蜀中怀古》。

康熙三十九年庚辰（1700），黄登编《岭南五朝诗选》包括残卷共三十八卷。①

第三帙之卷十录陈恭尹诗一百零五首（按：目录云"一百七首"）：《春白纻歌》、《夏白纻歌》、《秋白纻歌》、《冬白纻歌》、《夜白纻歌》、《陇头流水歌辞》三解、《钜鹿公主歌辞》、《又》、《又》、《琅琊王歌辞》、《又》、《又》、《雀劳利歌》、《折杨柳歌》、《又》、《捉搦歌》、《博浪谣》、《夷山谣》、《日重光》、《月重轮》、《行路难》、《又》、《又》、《又》、《感怀》、《又》、《又》、《又》、《又》、《又》、《又》、《又》、《谒南岳庙》、《宿高台寺》、《海中吟》、《雨夜旅江阁述怀》（注曰："同王大雁、高望公、屈翁山、陶苦子赋"）、《杂诗》、《又》、《又》、《又》、《游七星岩》、《登罗浮》、《宿宝积寺》、《游黄龙洞》、《冲虚观》、《进帆石门怀古》、《木棉花歌》、《耕田歌》、《日本刀歌》、《赤壁舟中歌》、《送屈翁山之金陵》、《端州阅江楼》、《发舟中湘将登南岳》、《雨夜怀屈翁山》、《秋夕梁素子载酒过宿》、《江上》、《游尹澜柱铨部园林》、《又》、《又》、《西樵送王说作》、《次凤阳逢中秋》、《所见》、《秋园》、《又》、《又》、《又》、《又》、《又》、《又》、《秋夜王东村梁药亭刘汉水王蒲衣梁王顾家夔石过宿独漉堂读先司马遗集枉赠名篇赋答》二首、《宿鸟》、《春草》、《纸屏》、《湘管》、《玉冠》、《螺杯》、《画义》、《墨池》、《笔山》、《棋枰》、《怀罗浮》、《宿罗浮飞云峰候日出》、《雨后登楼迟梁器圃不至》、《送梁药亭北上》、《同何不偕梁器圃魏和公梁药亭陶苦子宿灵洲山寺柬王说作王大雁》、《姑苏》、《燕台》、《楚中》、《咸阳》、《沛中》、《洛阳》、《蜀中》、《邺

---

① 《四库全书存目丛书》集部第409册，影印康熙三十九年自刻本。

下编　岭南三大家著作的存佚和流布

中》、《金陵》、《隋宫》、《虎丘题壁》、《厓门谒三忠祠》、《送姜山上人游南岳》、《送何不偕》、《钱》、《将发汉口毛子霞在武昌不得更别舟中夜坐作诗寄之》、《送雁》。

康熙四十年辛巳（1701）前后，卓尔堪辑《遗民诗》十二卷，附《近青堂诗》一卷。①

卷六录陈恭尹诗六十九首：《夷山谣（夷山侯嬴所居）》、《南岳道中从石浪庵上至高台寺》、《登祝融峰》、《下祝融峰向白门寺道中作》、《早发新塘浦向广州东山舟中作》、《罗浮蝴蝶歌送屈翁山》、《游七星岩》、《宿宝积寺》、《游黄龙洞》、《耕田歌》、《祭幽歌》、《猿声歌》、《送雪公归耕苍梧》、《南海神祠古木绵（按：当为"棉"）花歌》、《赠余鸿客》、《归舟》二首、《喜陶苦子还自鹿步》、《雨夜怀屈翁山》、《秋晚杂兴》、《西樵送王说作》、《送梁器圃归顺德》、《闲居》、《次凤阳逢中秋》、《卖驴》、《送离患上人住静惠州兼怀叶许山》、《出门》、《所见》、《赠别赖子弦任切刚归宁都》、《李苍水兼寄相如》、《苦吟分得丝字》、《冬草得言字》、《寒树得阴字》、《宿鸟》、《藤》、《夜漏》、《送何不偕之桂林》、《春山》、《春草》、《春泉》、《夜潮》、《茶灶》、《人日新晴即事》、《春阴》、《狱中杂感（二十首选一）》、《初月》、《雨后登楼迟孔樵岚梁器圃不至》、《送雁》、《太息》、《喜王东村归》、《沛中怀古》、《邺中怀古》、《隋宫怀古》、《送姜山上人游南岳》、《送谭天水入燕》、《甘竹滩上留别何皇图即送之罗浮》、《秋日西郊宴集同岑梵则张穆之陈乔生王说作高望公卓文仲庞祖如梁药亭梁颗若屈泰士屈翁山时翁山归自塞上》、《将发汉口毛子霞在武昌不得更别舟中夜坐作诗寄之》、《送陈人白王问溪归琼州》、《苦雨偶成柬家牧止》、《赠沈方邺兼送之罗浮》、《送魏和公归

---

① 《四库禁毁书丛刊》集部第21册，影印康熙刻本。

宁都》、《寄怀何克谏何景雪》、《发舟寄湛用喈钟裴仙湛天石》、《立秋日送雪樵和尚开法曹溪》、《读秦纪》、《东湖曲》二首、《增城村居即事》。

康熙四十四年乙酉（1705），朱彝尊辑《明诗综》一百卷。

原书初印本，卷八十二录有陈恭尹诗，今本陈恭尹诗不存。

按：文渊阁《四库全书》集部第1460册《明诗综》卷八十二陈恭尹诗被删，文渊阁《四库全书》之《明诗综》书首和每卷卷首皆无目录，第八十二卷删后所剩无几。

又按，2014年编《中山大学图书馆古籍善本书目》第2485号为《明诗综》。陈恭尹诗亦被删。署曰："《明诗综》一百卷清朱彝尊编，清康熙写刻本。"实际上此书不是康熙写刻本，见前屈大均诗在该本载录情况。书首目录页，卷八十二于"缪永谋五首"之后删去二人，疑所删二人为屈大均和陈恭尹。此本盖为乾隆后删本。

又按：上海古籍出版社1993年版之《明诗综》卷八十二目录也无陈恭尹。

康熙四十八年己丑（1709），刘然辑评、朱豫增辑《诗乘初集》十二卷，《诗乘发凡》一卷。①

卷三录陈恭尹诗十二首：《行路难》二首、《赠萧壮行》、《苦吟》、《瘿瓢》、《秋园》、《望燕》、《过六贞女墓》、《二子庙》、《读秦纪》、《题严子陵垂钓图》、《石浪庵访破门上人》。

康熙四十九年庚寅（1710），吴霭辑《名家诗选》四卷，闺秀一卷。②

卷二录陈恭尹诗五首：《送人归耕苍梧歌》、《送姜山上人

---

① 《四库禁毁书丛刊》集部第156册，影印康熙玉谷堂刻本。
② 《四库禁毁书丛刊》集部第170册，影印康熙刻本。

游南岳》、《甘竹滩上留别何皇图即送之罗浮》、《过薛剑公不值》、《蜀中怀古》。

康熙五十四年乙未（1715）休宁汪观选刻《五大家诗》十七卷。

内有陈恭尹诗四卷。汪观选刻《五大家诗》藏中国国家图书馆。

康熙五十六年丁酉（1717），宋广业辑《罗浮山志会编》二十二卷，卷首一卷。①

可以肯定为陈恭尹诗者共七首、文一篇。卷十五《五言古诗》录五首：《登罗浮》（此诗未署姓名，《独漉堂集》，第95页收有此诗）、《宿宝积寺》（此诗未署姓名，《独漉堂集》，第96页收有此诗）、《游黄龙洞》（此诗未署姓名，《独漉堂集》，第96页收有此诗）、《罗浮蝴蝶歌送屈翁山》（此诗署陈恭尹名，按：《续修四库全书》影印本，此诗和陈恭尹名皆被挖）、《冲虚观》（此诗未署姓名，《独漉堂集》，第97页收有此诗）、《罗浮黄龙洞对雪》（此诗未署姓名，《独漉堂集》第242页收有此诗）。按：《罗浮山志会编》此卷以陈恭尹为明人。卷二十《国朝七言古诗》录一首：《子日亭成奉寄王子千使君》（此诗未署姓名，《岭南三大家诗选》卷十九收有此诗）。卷十《序》录一篇：《罗浮纪游诗序》（此文未署作者姓名。按：此序是陈恭尹为王煐《罗浮纪游诗》所作。此文与《独漉堂文集》卷三《罗浮纪游诗序》在字句上稍有不同。《续修四库全书》第725册影印天津图书馆所藏清康熙五十六年刻本将文中"翁山"二字挖去；而《四库全书存目丛书》史部第240册影印中国科学院图书馆所藏之康熙宋志益刻本未挖）。卷十二《跋》录一篇：《跋子日亭记后》（此跋未署姓

---

① 按：笔者所依据的刻本为《四库全书存目丛书》史部第240册，影印中国科学院图书馆藏康熙宋志益刻本。

名。按：此文实际上是《罗浮山志会编》卷十曾收过的《罗浮纪游诗序》一文的节略，与原文相较，节略六十多字)。

按：卷二十第九页至第十二页不存，第九页之前为梁佩兰之诗；卷二十二第六页至第十三页不存，第六页之前为梁佩兰之诗。《会编》有在梁佩兰后继之为屈大均和陈恭尹的编排习惯，因此两处被抽毁者疑有陈恭尹诗。

康熙六十一年壬寅（1722），陶煊、张璨辑刻《国朝诗的》六十卷。①

卷一录陈恭尹二十九首：《湘上寄梁器圃》、《新苗》、《木棉花歌》、《日本刀歌》、《送雪公归耕苍梧歌》、《张穆之画鹰马歌》、《送屈翁山之金陵》、《题鲍子韶独醉图》、《以端溪水岩小砚寄戴观察怡涛系之以歌》、《雨夜怀屈翁山》、《病柳》、《宿罗克生》、《赠洪药倩虞部》、《出门》、《春泉》、《狱中杂纪》、《送雁》、《寄喻赓三》、《蜀中怀古》、《邺中怀古》、《寄陆雄州孝山》、《寄青原药地禅师》、《同梁器圃宿罗澹峰石湖》、《将发汉口毛子霞在武昌不得更别舟中夜坐作诗寄之》、《夜起西山草堂口占别吴又札梁颢若梁亮圃》、《立秋日送雪樋和尚开法曹溪》、《雨后冯再来中丞招同王长文姜坤侯何涟若陈继袁诸子泛舟谒南海神祠登浴日亭望海是日晴霁诘朝复雨即事赋谢》二首、《李苍水司训长乐以罗浮蝶茧数双及茧布见寄云布即蝶茧所成翼日蝶出茧中五色纷掀玩对之间因成一律寄谢其意》。

康熙间刻本，周瓞辑《法性禅院唱和诗》六卷。②

录陈恭尹诗二首。卷一《五言古》一首：《己卯闰七夕后一日集西郊远公蓍卜楼》。卷五《七言律》一首：《游灵洲次远公韵》。

---

① 《四库禁毁书丛刊》集部第158册，影印康熙六十一年刻本。
② 《广州大典》第515册，影印康熙间蓍卜楼刻本。

下编　岭南三大家著作的存佚和流布

康熙间辑《海云禅藻集》①

卷四录陈恭尹诗二首:《寄海云铁机上人》、《寿雷峰天老和尚》。

乾隆三年戊午（1738），沈德潜、周准辑《明诗别裁集》十二卷。②

卷十二录陈恭尹诗七首:《蜀中》、《邺中》、《隋宫》、《发舟寄湛用喈钟裴仙湛石》、《虎丘题壁》、《秋日西郊燕集（时屈子归自塞上）》、《明妃怨》。

乾隆二十五年庚辰（1760）刻，沈德潜辑评《国朝诗别裁集》三十二卷。③

卷八录陈恭尹诗十二首:《日本刀歌》、《赠余鸿客》、《柏舟行为区母陈太君赋》、《边草》、《秋成》、《蜀中》、《邺中》、《隋宫》、《虎邱题壁》、《送姜山上人游南岳》、《发舟寄湛用喈钟裴仙湛天石》、《读秦纪》。

乾隆十二年丁卯（1747），彭廷梅辑《国朝诗选》十四卷。④

共录陈恭尹诗十五首。卷一录二首:《归舟》、《春泉》。卷三录七首:《苏台怀古》、《西湖吊岳王墓》、《蜀中》、《隋宫》、《洛阳》、《送姜山上人游南岳》、《邺中怀古》。卷五录三首:《登祝融峰》、《下祝融峰向白门寺道中作》、《新苗》。卷七录一首:《日本刀歌》。卷十一录二首:《二子庙》、《读秦纪》。

乾隆十二年丁卯（1747），梁善长编《广东诗粹》十二

---

① 《广州大典》第515册，影印道光十年粤省西湖街博文斋刻本。
② 《四库禁毁书丛刊》集部第97册，影印乾隆刻本。
③ 《四库禁毁书丛刊》集部第158册，影印乾隆二十五年教忠堂刻本。
④ 《四库禁毁书丛刊》编纂委员会编:《四库禁毁书丛刊补编》集部第56册，影印乾隆十二年金陵书坊刻本，北京出版社2005年版。

· 597 ·

卷,《补编》一卷。①

卷十《明诗》录陈恭尹诗二十四首:《四时白纻歌》、《吹台同何不偕赋》、《耕田歌》、《捉搦歌》、《缫丝歌》、《古意》、《感怀》三首、《下祝融峰向白门寺道中作》、《杂诗》、《王将军挽歌》、《送翁山之金陵》、《秋夕梁素子载酒过宿》、《冬草》、《宿鸟》、《夜漏》、《沛中》、《蜀中》、《邺中》、《隋宫》、《虎邱题壁》、《明妃怨》。

朱琰辑《明人诗钞正集》十四卷。②

卷十三录陈恭尹诗十八首:《行路难》、《广州客舍夜雪歌》、《木棉花歌》、《送雪公归耕苍梧歌》、《姑苏怀古》、《燕台怀古》、《楚中怀古》、《咸阳怀古》、《沛中怀古》、《蜀中怀古》、《邺中怀古》、《隋宫怀古》、《将发汉口寄毛子霞武昌》、《发舟寄湛用嘈钟裴仙湛天石》、《送姜山人游南岳》、《明妃怨》、《东湖曲》、《读秦纪》。

附:陈恭尹作品在《四库全书》中之存留

乾隆时期陈恭尹诗文被严加禁毁,而《四库全书》所采集诸书,涉及陈恭尹之处,却删除未净:

1. "陈恭尹:顺德人,父邦彦死义。恭尹博学工诗,与梁佩兰为岭南诗人大家。时名士多宗师之。"③

2. "陈恭尹《崇祯御制琴歌序》略曰:'庄烈帝尝宴坐便殿,鼓翔凤之琴。其琴流落人间,济南李家实构藏之。'"④

---

① 《四库全书存目丛书》集部第411册,影印清乾隆十二年达朝堂刻本。
② 《四库禁毁书丛刊》集部第37册,影印乾隆刻本。
③ 《钦定大清一统志》卷340,《景印文渊阁四库全书》第482册,台湾商务印书馆1986年版,第40页。
④ 《钦定续文献通考》卷110,《景印文渊阁四库全书》第629册,台湾商务印书馆1986年版,第195页。按:陈恭尹《独漉堂集》题作《崇祯皇帝御琴歌》,诗前有序。

3. 蝶："小凤凰，明陈恭尹《罗浮蝴蝶歌》：'罗浮大蝴蝶，言是小凤凰。六足盘胸间，四翅交文章。修眉若杨叶，绣腹如垂囊。仙人爱文采，挟之游帝旁。'"①

4. "余在广陵，有蜀士投诗一卷，余阅竟曰：'中惟乐府三篇最佳。'后二十年以詹事祭告南海，至广州，见罗浮布衣陈恭尹元孝。则三诗皆陈旧作，蜀士窃取入行卷者也。余笑陈曰：'一一鹤声飞上天'，赖吾能辨之。"②

5. "南海耆旧陈恭尹元孝，清迥绝俗，其诗如：'离忧在湘水，古色满衡阳'，'帆随南岳转，雁背碧湘飞'，'映花溪路闭，漱水石根虚'，'桄榔过雨垂空地，瑇瑁乘潮上古城'，'家山小别吟兼梦，水驿多情浪与风'之类，皆得唐人三昧。而平生游迹不出岭南，故知之者少。尤工书法，尝以端石寄余，手自篆刻云：'独漉所贻，渔洋宝之。'独漉，元孝别号也。"③

第二节　康乾时期载录陈恭尹作品的诗文选集之未见者④

康熙四十五年丙戌（1706），沈用济选刻《岭南三大家诗选》。

收陈恭尹诗疑为十卷。

---

① 《元明事类钞》卷40，《景印文渊阁四库全书》第884册，台湾商务印书馆1986年版，第637页。按：陈恭尹《独漉堂集》题作《罗浮蝴蝶歌送屈翁山》。

② 王士禛：《渔洋诗话》卷上，《景印文渊阁四库全书》第1483册，台湾商务印书馆1986年版，第834页。

③ 王士禛：《渔洋诗话》卷上，《景印文渊阁四库全书》第1483册，台湾商务印书馆1986年版，第843页。按：这段文字与通行本《渔洋诗话》有些微出入。

④ 未见，是指笔者没有见到选本，载录陈恭尹作品的诗文选集信息，是通过相关资料获悉的。

汪端辑《明十三家诗选》，有同治蕴兰吟馆刊本。

第十二卷有陈恭尹的作品。汪端在《明三十家诗选初集》评陈恭尹诗曰："元孝诗意在笔前，力透纸背。五古出入汉魏。七古不屑摹仿杜、韩，而纵横变化，实兼擅其胜。五律气格高古。七律奇警苍凉。""他的《九日登镇海楼》被汪端誉为'有拔山扛鼎之力'。"郭培忠《陈恭尹集前言》云："根据《独漉堂稿》、《岭南三大家诗选》、《明三十家诗选》、《艺文丛谈》、《陈独漉先生年谱》、《陈岩野先生文集》、《选选楼集》等辑补若干篇诗文，附于原书之后。"① 这段话说明其中保存有陈恭尹的作品。

《艺文丛谈》

同上见郭培忠《独漉堂集前言》。

陈邦彦《陈岩野先生文集》

同上见郭培忠《独漉堂集前言》。

岑徵《选选楼集》

同上见郭培忠《独漉堂集前言》。

韩纯玉辑《近诗兼》

据谢正光《清初人选清初诗汇考》知正式著录者四十六人，有陈恭尹诗。②

按：谢正光谓此书盖成于乾隆初年之前。

---

① 郭培忠：《陈恭尹集前言》，《陈恭尹集》书首，前言第7—9页。

② 谢正光、佘汝丰编著：《清初人选清初诗汇考》，南京大学出版社1998年版，第249页。

第四章　梁佩兰著作在康乾时期被选录的情况

第一节　康熙时期选录梁佩兰作品的诗文选集

康熙十一年壬子（1672），徐釚辑《本事诗》刻成。①

选梁佩兰诗一首：《赠妓》。

康熙十二年癸丑（1673），徐崧等辑《诗风初集》十八卷。②

卷十录梁佩兰诗二首：《寄题殷嘉生木渎山馆》二首。

康熙十三年甲寅（1674），王士禛辑《感旧集》十六卷。③

卷十三录梁佩兰诗一首：《洛阳》。

按：《感旧集》所录与《六莹堂集》卷八《洛阳》一诗内容有异，分别为："客居寥绝少人寻，只有诗僧共少林。中岳气生朝日湿，黄河声应夜钟深。瓜分地势蟠如腹，尺度天文界在心。无限兴亡无可说，一春闲对牡丹吟"；"东都遗迹与

---

① 《四库禁毁书丛刊》集部第94册，影印乾隆二十二年半松书屋刻本。

② 《四库禁毁书丛刊》编纂委员会编：《四库禁毁书丛刊补编》集部第56、57册，影印康熙十二年刻本，北京出版社2005年版。

③ 《四库禁毁书丛刊》集部第74册，影印乾隆十七年刻本。

谁寻,洛下词人自古今。中岳气生朝日湿,黄河声应夜钟深。平生玉几升龙卷,几度瑶笙降鹤音。无限兴亡无可说,一春闲对牡丹吟"。

康熙十七年戊午(1678),邓汉仪辑《诗观二集》十四卷。①

卷十二录梁佩兰诗二首:《送李镜月游七星岩》、《珠江送别张虞山》。

康熙二十五年丙寅(1686),释大汕《离六堂集》十二卷。②

卷首有梁佩兰《访道图》题辞(四言诗)和《离六堂诗序》。

康熙二十五年丙寅(1686),蒋景祁辑《瑶华集》二十二卷,附二卷。③

卷三收梁佩兰词《山花子》三首:《七夕赠女温黄》、《湘妃庙》、《雏神》。

康熙二十六年丁卯(1687)刻,张溶修,区孟贤纂《西宁县志》。④

卷十二录梁佩兰诗二首:《题山响亭》二首。

康熙三十一年壬申(1692)九月,王隼辑刻《岭南三大家诗选》二十四卷。⑤

录梁佩兰诗八卷。(诗题略)

康熙三十一年壬申(1692),陈维崧辑《箧衍集》十二

---

① 《四库禁毁书丛刊》集部第2册,影印康熙慎墨堂刻本。
② 《四库禁毁书丛刊》集部第186册,影印康熙怀古楼刻本。
③ 《四库禁毁书丛刊》集部第37册,影印康熙二十五年刻本。
④ 《广东历代方志集成·肇庆府部》第47册。
⑤ 《四库禁毁书丛刊》集部第39册,影印康熙刻本。

下编　岭南三大家著作的存佚和流布

卷成。①

录梁佩兰诗三首。卷四《五言律诗》二首：《丰湖留别罗颢甫》、《送张南士》。卷八《七言古诗》一首：《送查韬荒归秀州》。

康熙三十八年己卯（1699），潘耒辑刻《救狂砭语》。②

录梁佩兰文一篇：《梁药亭复书》。按：此文吕永光校点补辑本《六莹堂集·佚文》作《复潘稼堂书》。

康熙三十九年庚辰（1700），黄登编《岭南五朝诗选》，包括残卷共三十八卷。③

第三帙之卷九录梁佩兰诗一百一十三首（按：目录题曰"一百十四首"）：《帝临》、《日出入》、《斋房》、《朱鹭》、《艾如张》、《有所思》、《上邪》、《玄云》、《钓竿》、《公无渡河》、《燕歌行》、《前有一樽酒行》、《白纻舞歌》、《车遥遥》、《青溪小姑曲》、《白石郎曲》、《行路难》、《又》、《又》、《捉搦歌》、《雀劳利歌辞》、《杂诗》、《寄怀屈翁山客雁门》、《赠邵戒三太史》、《送胡韶先归豫章》、《进帆石门怀古作》、《谒南海神庙》、《赠魏和公》、《耕田歌》、《南海神庙铜鼓歌》、《日本刀歌》、《海市歌》、《听唐山人弹琴》、《金台吟》、《易水行》、《寄酬孟端士春坊》、《秋夜》、《访陈夔石西洲留宿石冈书屋》、《苍梧杂咏》、《又》、《寄离上人》、《舟发阆水至饶阳道中作》、《祁阳山庵赠静上人》、《除夜宿华林寺呈宗公》、《挽王说作》、《野望》、《人日王蒲衣过访》、《寄吴山带》、

---

① 《四库禁毁书丛刊》集部第 39 册，影印乾隆二十六年华绮刻本。按：《笾衍集》又题曰《今诗笾衍集》。
② 潘耒：《救狂砭语》，上海古籍出版社 1983 年版，第 207—209 页。按：此文为潘耒《救狂砭语》与余宾硕《金陵览古》和陈孚益《馀生记略》合刻本。
③ 《四库全书存目丛书》集部第 409 册，影印康熙三十九年自刻本。

《次京口》、《虎丘》、《次扬州》、《渡临淮》、《凤阳》、《黄河》、《韩庄早行》、《峄山》、《聊城》、《景州》、《雄县》、《涿州》、《江行杂咏》、《又》、《寄罗山人仲牧》、《送李苍水北上》、《又》、《秋夜同诸公宿离公禅房》、《冬日陈元孝诸子过宿六莹堂分赋》、《野寺》、《板桥》、《秋潭》、《钓艇》、《夕阳》、《古镜》、《古剑》、《琴囊》、《弹琴》、《寒灯》、《湘管》、《端砚》、《墨池》、《葛帷》、《春山》、《春帆》、《阁夜》、《自芙蓉移居三山复入平洲感赋》、《早雁》、《又》、《答王蒲衣匡庐见寄》、《灯》、《春园夜集迟陶握山不至》、《春日登粤王台》、《观暹罗使者入贡》、《铜石岩访刘仙遗迹用壁间韵》、《闻雁》、《金陵》、《姑苏》、《又》、《楚中》、《咸阳》、《燕中》、《沛中》、《雒阳》、《蜀中》、《邺中》、《隋宫》、《吴中杂咏》、《留别余大司农陆翼生王冰修魏禹平诸同学次司农送行韵》、《粤曲》、《出京口号寄程周量》、《送人》、《偶题》、《吴中杂咏》、《又》。

康熙四十八年己丑（1709），刘然辑评、朱豫增辑《诗乘初集》十二卷、《诗乘发凡》一卷。①

卷三录梁佩兰诗十一首：《子夜歌》、《羚羊峡》、《苍梧》、《舟发阊水至饶阳道中作》二首、《韩庄早行》、《挽王说作》二首、《挽成容若》、《燕京书怀》、《宿灵洲山寺同魏和公陈元孝因寄王说作东村》。

康熙四十九年庚寅（1710）刻，吴霱辑《名家诗选》四卷，闺秀一卷。②

卷二录梁佩兰诗四首：《送查韬荒归秀州》、《丰湖留别罗颙甫》、《送张南士》、《珠江送别张虞山》。

康熙五十四年乙未（1715），休宁汪观选刻《五大家诗》

---

① 《四库禁毁书丛刊》集部第156册，影印康熙玉谷堂刻本。
② 《四库禁毁书丛刊》集部第170册，影印康熙刻本。

下编　岭南三大家著作的存佚和流布

十七卷。

内有梁佩兰诗三卷。汪观选刻《五大家诗》藏中国国家图书馆。

康熙五十六年丁酉（1717），宋广业撰《罗浮山志会编》二十二卷，首一卷。①

可以肯定为梁佩兰诗共三十九首、文一篇。卷十《序》录文一篇：《题陈献孟游罗浮诗序》。卷二十《国朝各体诗》之《五言古诗》录十三首：《将至罗浮望四百峰作》、《罗浮》、《初入罗浮登华首台留宿》、《华首后山东溪》、《游黄龙洞》、《望瑶石台云母大小石楼》（按：此为梁佩兰诗，但诗下漏署姓字）、《冲虚观》、《朱明洞》、《冲虚观赠张道士》、《五龙潭览药槽药臼诸胜循潭曲激湍乱石上水帘洞》、《题罗浮水帘洞为殷军寿》、《赠天台子》、《罗浮蝴蝶歌》。卷二十《国朝各体诗》之《七言古诗》录二首：《惠州太守王子千罗浮子日亭落成歌以寄之》、《罗浮五色雀歌》。卷二十一《国朝五言律诗》录九首：《与诸子订游罗浮》二首、《蝴蝶茧》二首、《长生井》二首、《五龙潭》、《赠隐者》、《送离禅师归罗浮石洞》。卷二十一《国朝七言律诗》录九首：《忆罗浮梅花》、《送黄燕思游罗浮六首》、《初冬舟发东江赴钱蕉山明府游罗浮之约先此奉柬》、《华首台夜坐同陈献孟赋》。卷二十二《国朝五言绝句诗》录四首：《罗浮通天岩》、《合掌岩》、《曼陀石》、《药槽》。卷二十二《国朝七言绝句诗》录二首：《席间有谈罗浮神蝶者赋二绝句纪之》二首。

按：另外，《会编》另录有二十二首诗，吕永光先生疑为梁佩兰佚诗收在1992版《六莹堂集》中。笔者认为这二十二首诗当为屈大均诗，参见下编第二章。董就雄教授《梁佩兰

---

① 按：笔者所依据的刻本为《四库全书存目丛书》史部第240册，影印中国科学院图书馆藏康熙宋志益刻本。

集校注》和陈永正先生《屈大均诗词编年笺校》亦有相同的看法。①

康熙六十一年壬寅（1722），陶煊、张璨选刻《国朝诗的》六十卷。②

卷一录梁佩兰诗十四首：《寄怀屈翁山客雁门》、《送胡绍先归豫章》、《将军夜宴歌（效李贺体）》、《登李白酒楼》、《寄题殷丽木渼山馆》、《漂母祠》、《夜宿廖南晖客舍兼订归里》四首、《秋怀》、《赠叶犹龙金吾》、《吴中杂咏》、《赠王兵宪》。

康熙六十一年壬寅（1722）刻，吴骞辑《罗浮纪胜》二卷。

卷下《题咏·诗》，录诗一首：《望瑶石台云母大小石楼》。

康熙刻本，释大汕《离六堂二集》三卷、《潮行近草》三卷。③

卷首有梁佩兰《访道图》题辞。按：此处题辞与《离六堂集》中的题辞相同。

康熙刻本，钱肃润辑评《文瀫初编》二十卷，首一卷。④

卷十九录梁佩兰文一篇：《书超玉轩诗集后》。

康熙间刻本，周瓞辑《法性禅院唱和诗》。⑤

录梁佩兰诗十五首、文一篇。卷首录文一篇：《放生池序》。卷一《五言古》录一首：《己卯闰七夕后一日集西郊远公蒼卜楼》。卷四《五言律》录十首：《赋赠远公大师》、《奉

---

① 梁佩兰著，董就雄校注：《梁佩兰集校注》，中华书局2019年版，第2036页。
② 《四库禁毁书丛刊》集部第158册，影印康熙六十一年刻本。
③ 《四库禁毁书丛刊》集部第186册，影印康熙刻本。
④ 《四库禁毁书丛刊》集部第173册，影印康熙钱氏十峰草堂刻本。
⑤ 《广州大典》第515册，影印康熙间蒼卜楼刻本。

寄心公》、《宿心公兰湖同诸子分赋》、《七夕奉寄心公兼柬金茅吴山带灵洲敏公》、《和吴山带住兰湖兼贻之作》、《早春柬法性寺远公》、《初秋同诸公过访远公法性寺分得门字》、《柬兰湖心公》、《秋日同吴虎泉陈王屋甥曾秩长婿李藻躬儿孝穉灵鞠射洪过访远公蘐卜精舍分韵得瓜字》、《秋日偕诸子过访心公兰湖分赋次虎泉韵》。卷五《七言律》录一首：《游灵洲各赋诗成更次和远公韵》。《法性禅院唱和诗续集》卷四《五言律》录二首：《秋日同诸公集心公兰湖重修社事时闻官溪周冷泉久病初起以诗速其赴郡入社兼柬灵峰敏公》二首。卷五《七言律》录一首：《心公借甕堂题壁》。

雍正九年辛亥（1731）刻本，郝玉麟修、鲁曾煜纂《广东通志》。①

卷六十三录梁佩兰诗四首：《东皋关忠义庙新铸大钟歌》、《送人入安南》、《灵洲》、《丹灶》。

雍正十年壬子（1732）刊本，谢旻等监修《江西通志》。②

卷一百五十五录梁佩兰诗一首：《过赣州，是程周量旧游题诗处和韵》。按：《六莹堂集》题作《过虔州，是程周量旧游题诗处，有感和韵》。

嵇曾筠等监修，沈翼机等编纂《浙江通志》。③

卷二百七十四录梁佩兰诗三首：《常山道中》、《富阳县》、《桐庐县》。

雍正十二年甲寅（1734）刻，陈以刚等辑《国朝诗品》

---

① 《广州大典》第249册，影印雍正九年刻本。
② 《景印文渊阁四库全书》第518册，台湾商务印书馆1986年版，第609页。
③ 《景印文渊阁四库全书》第526册，台湾商务印书馆1986年版，第484页。

二十卷。①

卷五录梁佩兰诗二首:《丰湖留别罗颢甫》、《送张南士》。

乾隆十二年丁卯（1747），彭廷梅辑《国朝诗选》十四卷。②

录梁佩兰诗二首。卷一录一首:《丰湖留别罗颢甫》。卷七录一首:《登李白酒楼》。

乾隆十二年丁卯（1747），梁善长编《广东诗粹》十二卷,《补编》一卷。③

卷十二《国朝》录梁佩兰诗十七首:《燕歌行》二首、《白纻舞歌》二首、《读曲歌》、《杨叛儿》、《鄱湖曲》、《养马行》、《日本刀歌》、《采茶歌》、《金台吟》、《李东山筑园以养其母名之曰哺赋诗赠之》、《独立》、《秋夜》、《漂母祠》、《江行》、《板桥》。

乾隆二十五年庚辰（1760）刻，沈德潜辑评《国朝诗别裁集》三十二卷。④

卷十六录梁佩兰诗八首:《养马行》、《日本刀歌》、《易水行》、《惠州王紫诠太守筑罗浮子日亭落成作歌寄之》、《秋夜宿陈元孝独漉堂读其先大司马遗集感赋》、《次京口》、《沛中》、《阁夜》。

乾隆五十年乙巳（1785），香山陈兰芝选刻《岭南风雅》

---

① 《四库禁毁书丛刊》集部第39册，影印雍正十二年棣华书屋刻本。
② 《四库禁毁书丛刊》编纂委员会编:《四库禁毁书丛刊补编》集部第56册，影印乾隆十二年金陵书坊刻本，北京出版社2005年版。
③ 《四库全书存目丛书》集部第411册，影印乾隆十二年达朝堂刻本。
④ 《四库禁毁书丛刊》集部第158册，影印乾隆二十五年教忠堂刻本。

下编　岭南三大家著作的存佚和流布

三卷。①

共录梁佩兰诗三十三首。卷一下册录诗四首：《日本刀歌》、《漂母祠》、《江行》、《板桥》。卷一续录诗二首：《鹤》、《黄村探梅》。卷二上册录诗十六首：《赠邵戒三太史》二首、《呈赠诸咏》二首、《将军夜宴歌》、《送邵横庵入秦》、《赠汪苕文民部》、《赠郭青霞》、《南海神庙古本（按：当为"木"）棉花歌》、《养马行》、《易水行》、《惠州王紫诠太守筑罗浮子日亭落成作歌寄之》、《次京口》、《沛中》、《阁夜》、《登镇海楼》。卷三上册录诗十一首：《黄河》、《登白岳自紫玉屏降观沉香洞》、《寄题殷丽木溁山馆》、《凤阳》、《寄怀石公》、《韩庄早行》、《挽成容若》二首、《挽王说作》二首、《再偕水天炼师宿镇海楼》（注曰："一作梁绍裘诗"）。

朱滋年辑《南州诗略》十六卷。②

卷二录梁佩兰诗二首：《江行》二首。

第二节　康乾时期选录或引用梁佩兰作品的诗文选集之未见者③

康熙四十五年丙戌（1706），沈用济选编《岭南三大家诗选》。

收梁佩兰诗疑为十卷。其中《炮童谣》、《风筝谣》二诗，吕本《六莹堂集》失收。沈用济选《道援堂集》附记第十六云："此选方舟极苦心广为蒐罗，不遗馀力。如药亭《炮童

---

① 中山大学图书馆编：《中山大学图书馆古籍善本书目》（增订本）第2535号（见广西师范大学出版社2014年版，第842页）。此书共十二册，卷二末、卷三末有缺页，为乾隆五十年陈氏自刻本。
② 《四库禁毁书丛刊》集部第100册，影印乾隆刻本。
③ 未见，是指笔者没有见到选本，载录梁佩兰作品的诗文选集信息，是通过相关资料获悉的。

谣》、《风筝谣》皆自废簏败楮中得之。此药亭全稿所未备也。"

查羲、查岐昌辑《国朝诗因》不分卷。①

据谢正光《清初人选清初诗汇考》知第四册录有梁佩兰诗。

按：谢正光谓此书盖成于乾隆初年之前。

---

① 谢正光、佘汝丰编著：《清初人选清初诗汇考》，南京大学出版社1998年版，第330页。

第五章　岭南三大家著作之禁毁和流布

第一节　屈大均遗著案与清代中期禁书政策的形成
——兼论"寓禁于修"说之谬误

关于乾隆下令纂修《四库全书》的目的，长期以来就有所谓的"寓禁于征"和"寓禁于修"的说法。据笔者所掌握的材料看，乾隆于三十七年（1772）纂修《四库全书》之初并没有借此进行大规模禁书的动机。这一时期禁书政策的形成与乾隆三十九年（1774）屈大均遗著案的再次爆发有着密切的关系。为了讨论此一时期禁书政策的产生，我们需要弄清楚所谓的"寓禁于征"和"寓禁于修"这一说法的真伪，因为这一问题直接关系着对后来禁书工作开展和禁书政策制定的理解。

一、似是而非的"寓禁于征"和"寓禁于修"说

乾隆于三十七年（1772）正月初四日正式颁布诏书，要求从全国征集图书。在修书的过程中发动的禁书运动，给他带来了很多负面评价。禁书运动的发起使后世之人对他纂修《四库全书》的目的产生了怀疑。流行已久的普遍看法是乾隆借修书之名来实施其禁书的目的，亦即"寓禁于修"。"在征集图书的幌子下"，把全国各地的图书都集中起来，以便剔除

"一切不符合统治集团要求的东西"。① 其目的之一,"即'寓禁于征',以采访遗籍、开馆修书为名,对全国书籍进行一次彻底清查,把所谓'悖逆'、'违碍'书籍,或全部销毁,或部分'删改抽撤'"。②"高宗诏访遗书编纂《四库》,其政治作用,一言以蔽之,即寓禁于征。"③"总之,修书是手段,禁书是目的。"④ 笔者认为众口一词的"寓禁于修"说其实是不正确的。

康熙时期和乾隆登极之初编纂大型图书一般都不认为包含禁书的目的。乾隆以"稽古右文"之君自命,继承康熙编纂大型图书的做法,"御极之初,即诏中外搜访遗书;并命儒臣校勘十三经、二十一史……开馆纂修《纲目三编》、《通鉴辑览》及三通诸书"。⑤ 笔者认为乾隆纂修《四库全书》只是对他御极之初编纂大型图书这一行为的继续,起初并不包含禁书的目的。就目前所知资料,为修此书颁布最早的诏书是乾隆三十七年正月初四日下达的。从这一谕旨中我们看不出禁书的意图。他认为"康熙年间所修《图书集成》,全部兼收并录,极方策之大观",但还存在不足,"引用诸编,率属因类取义,势不能悉载全文,使阅者沿流溯源,一一征其来处",所以他才下令广征天下遗书,纂修更大规模的使阅者能"沿流溯源"的《四库全书》。乾隆起初认为征书会很快完成,"从此四库

---

① 安平秋、章培恒主编:《中国禁书大观》,上海文化出版社1990年版,第114页。
② 《纂修四库全书档案》,前言第4页。
③ 郭伯恭:《四库全书纂修考》,存萃学社编:《〈四库全书〉之纂修研究》,香港大东图书公司1980年版,第11页。
④ 王彬主编:《清代禁书总述》,中国书店出版社1999年版,第15页。
⑤ 弘历:《圣谕,三十七年正月初四日》,《景印文渊阁四库全书》第1册,台湾商务印书馆1986年版,卷首第1页。

下编　岭南三大家著作的存佚和流布

七略，益昭美备"，"以彰千古同文之盛"。① 自此之后至乾隆三十九年（1774）之前，我们所能见到的乾隆所有与修书有关的谕令都没有涉及禁书的计划。自乾隆三十七年开始征书，乾隆三十八年和乾隆三十九年是征书的高潮时期，乾隆三十九年之后，征书工作进入尾声。② 之后至修书结束虽然还不断有遗书征进，但所进很少。在征书开始和高潮期间不见有禁书的谕令，相关谕令也不见寓含禁书的意图，那么大臣们在征书过程中是否曾得到过皇帝的暗示而有意识地查缴过违碍之书呢？

可以肯定的是除高晋、萨载、钟音之外（乾隆三十九年三月，乾隆曾密令他们三位暗中查访在所征进之书中不见违碍书籍的原因），各地总督、巡抚在乾隆三十九年八月五日的查办违碍书籍的谕令之前，都不曾有意识地趁此机会去搜访违碍书籍。此一谕令颁布的时候征书工作也已进入尾声。乾隆三十九年十月初四日李侍尧和德保等关于查缴屈大均诗文的奏折云："从前臣等止就其书籍之是否堪备采择行司照常办理，竟未计及明末稗官私载或有违碍字句潜匿流传，即可乘此查缴以遏邪言，实属愚昧。"③ 作为"大学士，仍管两广总督"的李侍尧和广东巡抚且为满洲世仆的德保，直到乾隆三十九年征书工作进入尾声，还不知道要趁征书这一机会查缴违碍之书，这足以证明自乾隆三十七年正月开始征书之后，直到征书工作进入尾声，其间很长时期朝廷并没有查缴违碍之书的意图，各省督抚也没有意识到这一问题。因此所谓的"寓禁于征"和"寓禁于修"说是值得商榷的。

---

① 弘历：《圣谕，三十七年正月初四日》，《景印文渊阁四库全书》第1册，台湾商务印书馆1986年版，卷首第1—2页。
② 黄爱平：《四库全书纂修研究》，中国人民大学出版社1989年版。
③ 乾隆三十九年十月初四日《李侍尧等奏据缴屈大均诗文折》，见上海书店编：《清代文字狱档》，上海书店出版社2007年版，第131页。

据所见资料可知，有关查缴违碍之书的第一道谕令是乾隆三十九年（1774）八月初五日颁布的。"书中或有忌讳诞妄字句，不应留以贻惑后学者……其或字义触碍者，亦当分别查出奏明，或封固进呈，请旨销毁，或在外焚弃，将书名奏明，方为实力办理。乃各省进到书籍，不下万馀种，并不见奏及稍有忌讳之书。岂有裒集如许遗书，竟无一违碍字迹之理？况明季末造野史者甚多，其间毁誉任意，传闻异词，必有诋触本朝之语，正当及此一番查办，尽行销毁，杜遏邪言，以正人心而厚风俗，断不宜置之不办。此等笔墨妄议之事，大率江浙两省居多，其江西、闽粤、湖广，亦或不免，岂可不细加查核？高晋、萨载、三宝、海成、钟音、德保皆系满洲大臣，而李侍尧、陈辉祖、裴宗锡等亦俱系世臣，若见有诋毁本朝之书，或系稗官私载，或系诗文专集，应无不共知切齿，岂有尚听其潜匿流传，贻惑后世？"[1] 这道诏书的颁布标志着禁书工作的开始，而此时距离乾隆三十七年（1772）正月开始征书已经有两年半的时间了，征书工作已经进入尾声。

乾隆查缴违碍之书的想法大约产生于乾隆三十九年（1774）三月。最早知道乾隆这一想法的是萨载、钟音、高晋三位满洲世仆大臣。江苏巡抚萨载在乾隆三十九年九月初九日的奏折中说："臣系满洲世仆，若见有诋毁本朝之书，恨深切齿，即荷圣慈原宥，亦必奏请上裁，断不敢因书有忌讳，撤留不解，亦无在外焚弃之事。本年三月内，浙闽督臣钟音陛觐回任过苏，曾密传谕旨，令臣留心查察……并密札督臣高晋，一体查办。"[2] 这一密令又进一步证明在乾隆三十七年正月征书、修书之初并没有禁书的计划。如果当初有禁书的意图，他不可

---

[1] 《纂修四库全书档案》，第239—240页。
[2] 乾隆三十九年九月初九日《江苏巡抚萨载奏遵旨查办遗书及违碍书情形折》，见《纂修四库全书档案》，第253—254页。

下编　岭南三大家著作的存佚和流布

能在事过两年之后,征书高潮即将过去之时再秘密传达给萨载、钟音、高晋三人。既然乾隆最信得过的大臣在征书之初都不知道有禁书的意图,也就谈不上所谓的"寓禁于征"或"寓禁于修"这一策略。

另外,从乾隆三十九年以后处理复本的方式相对于此前处理方式的变化,也可以看出前后两个时期目的的不同。乾隆三十七年正月初四日所颁布的第一份关于征书的谕令说:"各省蒐辑之书,卷帙必多,若不加之鉴别,悉行呈送,烦复皆所不免。着该督抚等先将各书叙列目录,注系某朝某人所著,书中要指何在,简明开载,具折奏闻。候汇齐后,令廷臣检核,有堪备览者,再开单行知取进。"① 此时,乾隆只要求各省督抚把所征集到的书籍开具目录呈进,书暂放各处书局。经儒臣们详细阅览,来确定值得采进之书,以及同一种书中最好的版本,然后由四库馆臣通知该版本所在省地督抚呈进该书。那些重复的和不值得采录的书籍尽快还给原来藏书之人。后来四库馆臣又把已经呈进的书目开具清单,通知各省督抚不需重复开单呈进。"臣督饬苏松等属,广收博采,凡有续得之书,随时送局查核,除删去重复外,计又得书一百三十二种。理合另缮目录清单,恭呈御览。仰恳皇上敕下四库全书总裁大臣,一并核明,饬取到日,即行解送。"② "准四库馆单开删去各种外,实共存应解书一千三十二种。"③ 从这种处理方式,笔者相信此时征书不应该包含禁书的目的。因为应采录版本的复本和不堪采录的书籍、版本都有可能包含违碍的内容。若有禁书的打

---

① 乾隆三十七年正月初四日:《谕内阁著直省督抚学政购访遗书》,见《纂修四库全书档案》,第1—2页。
② 乾隆三十八年九月十六日《江苏巡抚萨载奏再陈续购书籍一百三十二种缮单呈览折》,见《纂修四库全书档案》,第154页。
③ 乾隆三十八年十月二十五日《两江总督高晋奏陈续购书目并委员汇解各书送馆校办折》,见《纂修四库全书档案》,第171—172页。

算,这些书即便不收缴上来,由中央统一处理,至少也要地方政府严加看管,绝不可能把复本和不堪采用的书籍、版本退还给藏书之人。乾隆三十九年(1774)八月之后对书籍的处理办法发生了重大的变化。"字义触碍者,亦当分别查出奏明,或封固进呈,请旨销毁",① 乾隆四十年(1775)九月暂护贵州巡抚韦谦恒不恰当地按照原来"将原书封固,发还书局"的方式来处理禁书,结果遭到乾隆的严厉斥责,并为此而丢官。"其现在缴到禁书,臣逐加检阅,均系各省奏明查禁,业已经进呈之书,自应在外销毁。除将原书封固,发还书局。(朱批:何不解事,糊涂至此?)"② 乾隆为此颁布谕令:"所办实属乖谬……各省查办违禁之书,屡经传谕,令各督抚检出解京,并经朕亲行检阅,分别查销,从无在外销毁者。两年以来,俱如此办理。韦谦恒岂不闻知?即如韦谦恒之意,将书封固候旨,亦应封存署内,静候批示遵行,乃竟将原书发还书局,实无此情理。幸而黔省人心稚鲁,或未必有潜留传播之事。若在江浙等省,闻有应毁之书,必且以为新奇可喜,妄行偷看,甚或私自抄存,辗转传写,皆所不免。是因查销应禁之书,转多流传底本,成何事体!……看来韦谦恒竟是一糊涂不晓事之人,岂尚堪胜封疆重任耶!"③ 安平秋、章培恒先生虽然认为"寓禁于征",但也明白道出了一个事实:"在乾隆三十九年八月的诏书下达以前,各省督抚是为皇帝找有益的著作而征集图书,所以复本一般都不要;在那份诏书下达以后,是

---

① 乾隆三十九年八月初五日《寄谕各督抚查办违碍书籍即行具奏》,见《纂修四库全书档案》,第239—240页。
② 乾隆四十年九月十五日《暂护贵州巡抚韦谦恒奏查缴禁书并发还书局候旨在外焚销折》,见《纂修四库全书档案》,第432—433页。
③ 乾隆四十年十月十四日《寄谕护理贵州巡抚韦谦恒将违禁书发还书局实属乖谬着明白回奏》,见《纂修四库全书档案》,第446—447页。

下编　岭南三大家著作的存佚和流布

为查禁坏书而工作，所以无论有多少种复本都在征集之列。最后如决定此书全毁，那就把这些复本也全部烧掉；如决定要抽毁，就把所有复本中的有关部分都去掉，然后再还给原收藏者。"① 从这两种不同的处理方式，我们应该可以看出修书的前期工作——征书过程中并不包含禁书的目的，否则这种处理方式就有可能使大量的违碍之书仍流传民间。

诱发乾隆产生查缴违碍书籍这一想法的原因，在乾隆三十九年（1774）八月五日的谕令中说得非常明白："各省进到书籍，不下万馀种，并不见奏及稍有忌讳之书。岂有裒集如许遗书，竟无一违碍字迹之理？况明季末造野史者甚多，其间毁誉任意，传闻异词，必有诋触本朝之语，正当及此一番查办，尽行销毁。"② 乾隆在另一谕旨中也表达了同样的意思："前以各省购访遗书，进到者不下万馀种，并未见有稍涉违碍字迹，恐收藏之家惧干罪戾隐匿不呈。"③ 明末清初有不少人著书诋斥清朝，然而由于藏书人隐匿不呈，此前所进书籍几乎不见有违碍之处。藏书者的刻意隐匿让乾隆感到十分意外和惶恐，使其原来的计划发生了重大转变，由修书衍生出禁书。

根据这些资料我们还可以相信乾隆皇帝就是禁书计划的首创者，且这一计划的产生是在征书工作开始两年之后，征书高潮行将结束之时。的确，乾隆未经某大臣建议而最早萌生查缴违碍书籍的想法，很容易让人怀疑一开始他就"包藏祸心"。不过这种疑虑很容易释解。如果说他当初秘而不宣不让一人知晓，作为个人行为则可，若是作为大规模的国家行为则不可想

---

① 安平秋、章培恒主编：《中国禁书大观》，上海文化出版社1990年版，第118页。
② 《纂修四库全书档案》，第240页。
③ 乾隆三十九年十一月戊午《屈稔浈等俱不必治罪谕》，见上海书店编：《清代文字狱档》，上海书店出版社2007年版，第135页。

象。即使一开始他本人就有禁书这一想法,我们还要看他是否曾为实现这一目的而将应该采取的措施隐藏或捆绑在征书的实际行动之中。在征书开始和高潮期间的修书行动中,笔者没有发现这种现象的存在。

乾隆三十九年(1774)之后虽然征书工作并未完全结束,但其时的重点已经从征书转移到了编纂和禁书的工作当中。此后乾隆颁布的很多禁书谕令几乎都与征书无关。在征书高潮结束和禁书工作真正展开之前,屈大均遗著案的再次爆发是一个划时代的事件。这一事件在这两种工作之间画上了一个醒目的分界线。面对屈大均遗著案再次爆发之前后两个时期,且其计划的产生相距两年有馀的不同工作,如果说是"寓禁于征",显然并不恰当。如果仅仅因为大规模禁书工作发生在从征书到修书的过程当中,就得出"寓禁于修"的结论,显然也有些牵强。是否"寓禁于修"毕竟要顾及修书的前期阶段——征书过程中的一些做法是否包含了为禁书而必须采取的措施。据所掌握的材料看,这一禁书计划和禁书行动是修书工作衍生出来的行为。以"修中生禁"代之,则显得更合乎实际。

二、禁书政策的酝酿和大规模禁书行动的突破性展开

明末清初汉人对清朝有很强的抵触情绪,此时产生的许多著作都有诋斥清朝的内容。按照乾隆的说法,在这近两年的征书高潮期间,各省督抚不曾奏进任何忌讳违碍之书。他令人暗访半年也毫无结果。乾隆三十九年(1774)八月他颁布谕令,让各省督抚全力查缴违碍书籍,"尽行销毁,杜遏邪言,以正人心而厚风俗,断不宜置之不办"①。这一谕令标志着大规模

---

① 《纂修四库全书档案》,第240页。

搜剔违碍书籍计划的产生。该计划并非就某几种违碍之书而言，而是就所有的对清朝来说有忌讳的书籍。

有人常不自觉地把文字狱和禁书混为一谈，其实这是相互关联的两类事情。乾隆三十九年（1774）之前，清朝已发生过多起文字狱。在案发的过程中虽有不少书被禁，但这些书还都是在某些文字狱个案中被禁的。往往文字狱案件是因，禁书为果。涉案人员或者被人告发，或者不小心撞上刀口。这些文字狱案件的发生和书的被禁还都具有一定的偶然性，所禁之书非常具体明确。而此后一个时期文字狱和禁书的因果关系发生了对转，文字狱的发生，是因为大规模禁书行动导致的。何书要禁、何书不禁并不明确具体。清朝前期顺治、康熙、雍正，包括乾隆前半期，朝廷还没有就某一案件生发开来，制定具有普遍意义的禁书政策，主动去搜剔所有的他们认为有违碍的书籍。这一谕令改变了前几代皇帝就事论事、就人论人的做法。该谕令的颁布意义重大。

这一谕令比较笼统，特别是对涉案人员的处置问题还只是停留在文字层面上。所谓的主动呈缴不加罪藏书之人的政策，还缺少一个典型的案例来证明其可信性。因此明察两月、暗访半年之后禁书工作没有丝毫进展。在颁布的这道谕旨中，乾隆对各省督抚也曾表示怀疑："其各省缴到之书，督抚等或见其书有忌讳，撤留不解，亦未可知。"[①] 各省督抚接到谕旨后，纷纷上奏剖心发誓确系未曾见到半点有触碍的文字。之后一段时间禁书工作完全陷入了僵局。

自乾隆在三十九年三月产生查缴违碍书籍的想法，中经三十九年八月初五日颁布禁书谕令，至同年十月屈大均遗著案再次爆发之前，是清代禁书政策酝酿的时期。

---

① 《纂修四库全书档案》，第240页。

正当这一禁书计划濒于流产之时，两广总督李侍尧于乾隆三十九年（1774）十月查出了经过四十多年的查禁仍未查缴尽净的屈大均著作。屈大均遗著案的再次爆发成了这次大规模禁书行动的转捩点，也是清代具体禁书政策形成的关键。乾隆三十九年十月初四日两广总督李侍尧和广东巡抚德保等奏曰："据南海、番禺二县查出逆犯屈大均族人屈稔浈等收藏该犯原著《文外》书籍，又据番禺县童生沈士成缴出屈大均《诗外》一种，及书铺潘明等缴出《广东新语》并岭南三家合刻诗集版片二分连刷成书十部……惟查三家合刻内梁佩兰、陈恭尹诗文语多悖逆，实属不应留存。"① 屈大均的著作早在雍正八年（1730）即已被禁，经过四十多年查缴居然还有人"胆敢将久经饬行销毁之书私自收藏"。这次乾隆一反很快批复奏折之常态，迟迟没有朱批也没有颁布有关谕令。一个月之后他终于做出了批示。经过半年多，特别是屈大均遗著案再次爆发之后一个多月的酝酿，禁书的具体政策终于出台了。同年十一月初九日乾隆不但批复了李侍尧等一个月前的两本有关此事的奏折，而且又颁布一道谕旨，初十日再下一道有关的谕令。在这两道谕旨中乾隆的态度显得格外的平静温和，反复强调私藏违禁书籍又经官查出的屈稔浈、屈昭泗没有被治罪，藏书之人只要把违碍之书交来也绝不治罪。其目的是以事实重申只要主动呈交就绝不治罪的政策。"凡有字义触碍乃前人偏见，与近时无涉，其中如有诋毁本朝字句必应削板焚篇，杜遏邪说，勿使贻惑后世，然亦不过毁其书而止，并无苛求，朕办事光明正大，断不肯因访求遗籍罪及收藏之人，所有粤东查出屈大均悖逆诗文止须销毁，毋庸查办，其收藏之屈稔浈、屈昭泗亦俱不必治

---

① 乾隆三十九年十月初四日《李侍尧等奏据缴屈大均诗文折》，见上海书店编：《清代文字狱档》，上海书店出版社2007年版，第130—131页。按：《纂修四库全书档案》"潘明"作"潘朋"（第269页）。

下编　岭南三大家著作的存佚和流布

罪。并着各督抚再行明切晓谕,现在各省如有收藏明末国初悖谬之书急宜及早交出,概置不究,并不追问其前此存留隐匿之罪,今屈稌溢、屈昭泗系经官查出之人尚且不治其罪,况自行呈献者乎?"①

禁书行动的瓶颈终于被突破。首先是江苏巡抚萨载在谕令颁布九天之后即上奏查缴到了违碍书籍。"苏属藏书之家吴成佐、孙嗣学及书贾钱金开等呈出《吾学编》、《雪屋集》、《博物典汇》等书数种。"② 接着湖广总督陈辉祖十一月三十日奏查出《博物典汇》、《前明将略》等违碍之书。同一日安徽巡抚裴宗锡奏缴到《洁身堂文集》等"伪妄"书籍九种。十二月初四日江苏巡抚萨载又奏查出《吾学编》等书。各省纷纷上奏,禁书行动进入了高潮。

三、屈大均遗著案与禁书政策的初步形成和实施

清代大规模禁书运动在乾隆三十九年(1774)屈大均遗著案上获得了突破性进展。屈大均遗著案再次爆发的重要不但体现在它是这一禁书行动的关键,同时此案本身也生成了许多具体的禁书政策,包括后来的一些重要政策也与此案有一定的关系。

(一)"自行缴出","并无干碍"

这一政策虽于乾隆三十九年八月初五日的上谕中就已明

---

① 乾隆三十九年十一月戊午《屈稌溢等俱不必治罪谕》,见上海书店编:《清代文字狱档》,上海书店出版社2007年版,第135—136页。
② 乾隆三十九年十一月二十九日《萨载奏遵旨查办伪妄书籍折》,见上海书店编:《清代文字狱档》,上海书店出版社2007年版,第136页。按:"孙嗣学",《纂修四库全书档案》作"孙嗣孝"(上海古籍出版社1997年,第294页)。

确,但此后三个月的情况表明,这一政策在当时显然没有带来任何效果。屈大均遗著案中被查出的屈稔渼和屈昭泗不被治罪的实例,使"自行缴出"不追究藏书之人这一政策获得了民众的信任。这一个案中的番禺县童生沈士成和书贾潘明自行缴出不被治罪,从另外一个角度再次向藏书者证明了这一政策的可信性。这一个案对此四人的处理终于使得禁书行动获得突破性进展。其影响之大难以估量,它影响到乾隆禁书计划的实施,影响到清代禁书历史的发展,甚至对中国的文化典籍的保存都产生了深刻的影响。

(二)"于书内黏签固封","解京销毁",版片亦需销毁

屈大均遗著案再次爆发前两月即八月初五日的上谕中说:"其或字义触碍者,亦当分别查出奏明,或封固进呈,请旨销毁,或在外焚弃,将书名奏明,方为实力办理。"此时乾隆对是否把违碍之书解京销毁并没有严格的要求,"在外焚弃"之后,只要"将书名奏明"即"为实力办理"了。但此后乾隆对这些大臣的信任度似乎有所降低。李侍尧等在为查缴屈大均诗文而进呈的奏折中说:"谨将《诗外》二十三本、《广东新语》一部、三家合刻一部粘签封固进呈,馀存书籍版片俟各属续有缴出一并烧毁。"① 乾隆亲眼看到被查缴到的屈大均诗文中的悖逆之处,方信李侍尧等所言为实,没有在他的催逼之下虚言搪塞。这是他颁布禁书谕令后第一次亲眼看到被查缴上来的悖逆之书。此时乾隆似乎无意中被他们提醒,若允许在外焚毁很有可能会给一些大臣投机取巧的机会,如此则给禁书工作带来难以堵塞的漏洞,只有缴到军机处查收转交御览之后方可证实大臣所奏不虚。"黏签封固进呈"御览,书籍、版片一

---

① 乾隆三十九年十月初四日《李侍尧等奏据缴屈大均诗文折》,见上海书店编:《清代文字狱档》,上海书店出版社2007年版,第131页。

并销毁,是李侍尧等在这次屈大均遗著案中的创造。之后各省督抚为了表示自己所奏为实纷纷效仿。

安徽巡抚裴宗锡奏:"所有现在缴到伪妄各书九种,逐一黏签封固进呈,请旨销毁,并开具清单,恭呈御览。"① 江苏巡抚萨载奏:"谨于书内黏签固封,并黏贴印花,送交军机处转呈御览,请旨销毁……至《雪屋集》书板,已据孙嗣孝同书缴出。其馀书板,现在分别根查,一并劈销。"② 乾隆对"黏签封固进呈"御览,书籍、版片一并销毁这一做法比较满意,于是在乾隆三十九年(1774)十二月二十三日上谕中明白指示各省督抚:"此等违碍书籍,不但印就书本,应行查禁,其版片自应一并销毁。但恐各省自行办理,尚未能切实周到。着传谕陈辉祖并各省督抚,遇有查出应禁书籍,一面将原书封固进呈,一面查明如有版片,即行附便解京,交军机处奏闻削毁。"③ 如前所述,贵州巡抚韦谦恒被罢官,就是因为没有真正领会皇帝的新政而欲在外销毁禁书。乾隆并声言:"令各督抚检出解京,并经朕亲行检阅,分别查销,从无在外销毁者。两年以来,俱如此办理。"④ 的确如此,自屈大均遗著案以来这一政策是一贯的。

(三)屈大均、钱谦益、吕留良、金堡等"自著之书,俱应毁除",相关碑碣扑毁或磨灭

"屈大均所著《广东新语》一部,检阅虽无忌讳,但查屈

---

① 乾隆三十九年十一月三十日《安徽巡抚裴宗锡奏缴到伪妄书籍九种请旨销毁折》,见《修纂四库全书档案》,第300—301页。
② 乾隆三十九年十二月初四日《江苏巡抚萨载奏查办违碍书并请旨销毁〈吾学编〉等书折》,见《修纂四库全书档案》,第302—303页。
③ 乾隆三十九年十二月二十三日《寄谕陈辉祖并各省督抚查明如有应禁书版片即解京销毁》,见《修纂四库全书档案》,第314页。
④ 《纂修四库全书档案》,第446页。

大均前因妄撰诗文语句悖逆,雍正七年间审办有案。"① 无论有无违碍之语,只要是乾隆最深恶痛绝的屈大均等人的著作就一概销毁。这一做法自始至终都没有改变。乾隆四十一年(1776)十一月十七日再下谕令:"钱谦益在明已居大位,又复身事本朝,而金堡、屈大均则又遁迹缁流,均以不能死节靦颜苟活。乃托名胜国,妄肆狂狺。其人实不足齿,其书岂复可存?自应逐细查明,概行毁弃,以励臣节而正人心。"② 这显然是以人废言,且又以言废人。后又在督抚们的建议下,乾隆诏令删削各家编著和方志中的屈大均等人的名字、诗文和议论等,相关书板进行挖改或劈销。与他们相关的各地的碑碣也一概扑毁或磨灭。

(四)抽毁和挖改

乾隆于三十九年(1774)十一月初步处理了屈大均遗著案,这一处理体现出当时的一些禁书政策。随着禁书工作的进展,乾隆在四十一年(1776)为了对新时期的禁书政策做出解释,对屈大均的遗著案又做出了进一步的处理。

禁书之初政策较为粗暴,即使是多人选集,各省督抚只要发现书中有违碍之处,不经详细查阅,不作区别对待便要全本查缴。"惟查三家合刻内梁佩兰、陈恭尹诗文语多悖逆,实属不应留存……谨将《诗外》二十三本、《广东新语》一部、三家合刻一部粘签封固进呈。"③ 尽管在此之前的雍正八年(1730)十月,广东巡抚傅泰在奏折中已说得明白,"岭南向

---

① 乾隆三十九年十月初四日《李侍尧等奏审拟屈稔淟等情形折》,上海书店编:《清代文字狱档》,上海书店出版社 2007 年版,第 132 页。

② 弘历:《圣谕,四十一年十一月十七日》,《景印文渊阁四库全书》第 1 册,台湾商务印书馆 1986 年版,卷首第 8 页。

③ 乾隆三十九年十月初四日《李侍尧等奏据缴屈大均诗文折》,上海书店编:《清代文字狱档》,上海书店出版社 2007 年版,第 131 页。

有三大家名号……查梁药亭诗文词无悖谬",但此时梁佩兰的作品还是遭到了毁禁。乾隆四十一年(1776)后这种滥查滥缴的做法得到了一定程度的纠正。"又若汇选各家诗文,内有钱谦益、屈大均所作,自当削去,其馀原可留存,不必因一二匪人,致累及众。"①

乾隆四十三年(1778)四库馆臣按照乾隆谕旨的精神对相关的禁书政策又有更详细的阐述和明确:"吴伟业《梅村集》曾奉有御题,其《绥寇纪略》等书亦并无违碍字句,现在外省一体拟毁,盖缘与钱谦益并称江左三家,曾有合选诗集,是以牵连并及。此类应核定声明,毋庸销毁。其《江左三家诗》、《岭南三家诗》内如吴伟业、梁佩兰等诗选亦并抽出存留。""钱谦益、吕留良、金堡、屈大均等除所自著之书俱应毁除外,若各书内有载入其议论,选及其诗词者,原系他人所采录,与伊等自著之书不同,应遵照原奉谕旨,将书内所引各条签明抽毁,于原版内铲除,仍存其原书,以示平允。其但有钱谦益序文,而书中并无违碍者,应照此办理。"② 其实这一政策并未得到严格执行,乾隆自己的行为也前后反复。湖南巡抚刘墉在乾隆四十六年(1781)的奏折中这样说:"《国朝诗选》,攸县彭廷梅选。内有吴伟业、陈恭尹、陶汝鼐、屈大均、龚鼎孳、梁佩兰、钱谦益等诗,均奉例禁。并所选诗中,有违碍,应销毁。"③ 尽管这一奏折与乾隆原来的谕旨有矛盾,但乾隆还是在这一年的十一月七日准奏了。

"不必因一二匪人,致累及众"的圣谕,表面上看似乎

---

① 弘历:《圣谕,四十一年十一月十七日》,《景印文渊阁四库全书》第1册,台湾商务印书馆1986年版,卷首第9页。
② 《办理四库全书档案》,乾隆四十三年四库馆违碍书籍条款。转引自黄爱平:《四库全书纂修研究》,中国人民大学出版社1989年版,第63页。
③ 雷梦辰:《清代各省禁书汇考》,第33—38页。

查禁标准有所放松,其实不然。与乾隆三十九年(1774)屈大均遗著案再次爆发时相比,后来查禁的范围反而扩大了很多。禁书工作初时所查禁的对象只限于"忌讳诞妄"和"诋触本朝"的书籍。屈著被禁,因为他"妄行撰刻《文外》、《诗外》等书,词句悖逆"。但是由于各督抚"工作卖力",查办的范围迅速扩大。沿着初期查禁"忌讳诞妄"书籍这一思路,后来被查禁的对象扩展到了本来不曾"诋触本朝"的戏曲、小说和明中叶的一些思想家(如李贽等人)的著作。

乾隆三十九年(1774)和乾隆四十一年(1776)对屈大均遗著案的两次处理,为当时各省督抚查办违碍书籍提供了一个可资借鉴的范式。清代禁书政策中比较重要的条款基本上都产生于对这一案件的处理当中,可以说这一案件的处理直接导致了清代禁书政策的形成。

乾隆中期以后禁书,与其前就事论事的禁书完全不同。其前禁书只是具体的事务性处理,而这次禁书则变成了针对全国的顶层政策性设计,完全突破了其前的禁书模式。这次面向全国的禁书政策也不是一次完成的,而是在实践的过程中逐步深化和完善的。由具体指导全部,由个案向其他扩展,最终形成其政策的普泛性。其前的禁书在文字狱发生之后,所要查禁的书籍明确而具体,涉及的人员也比较有限,只是个别相关的人员负责查缴销毁,也只有个别人员被治罪。而这次则不同,具体哪些书要禁毁,哪些不需禁毁并不明确具体。涉及的人员也非常多,著书者、藏书者"自行缴出",知情者向官府汇报,各省督抚人等负责调查、收缴,并"于书内黏签固封","解京销毁"。其前禁书是只涉及个别人的局部行为,而这次则几乎是所有人等皆有干系的全国性运动。

"寓禁于修"和"寓禁于征"说,突出了"禁"这一目的与"修"、"征"这些手段之间的关系。在对大量事实细节不太清楚的情况下,产生"寓禁于修"和"寓禁于征"的说法并不足怪。如果从事理逻辑的角度进行推理,清代帝王出于"非其族类"的心理,一开始就酝酿庞大的禁书计划,这种可能性难以排除。不过,通过对修书和禁书来龙去脉的梳理,可以看出禁书计划是在修书的过程中逐渐萌生的。乾隆时期的修书与禁书并非手段与目的之间的关系,而是一种行为衍生另一行为的行为递进关系。因此可以说,学界流行已久的"寓禁于修"和"寓禁于征"说并不正确,称"修中生禁"则更为合理。

乾隆三十九年(1774)屈大均遗著案再次爆发,是清代乃至中国历史上最大规模的禁书运动的关键性事件。乾隆三十九年三月至十月屈大均遗著案再次爆发,为清政府具体禁书政策的酝酿时期,这一事件为清朝历史上这次大规模禁书行动的展开提供了契机。对这一案件的处理也直接催生了中国历史上这一影响深远的禁书政策。

第二节　康乾时期屈大均著作之禁毁与流布

一、屈大均著作之三遭禁毁

屈大均的著作三遭毁禁,分别为:雍正八年(1730)、乾隆三十九年(1774)和乾隆四十一年(1776)。

雍正七年(1729),湖南人曾静派遣张熙投书川陕总督岳钟琪,陈雍正九大罪状,乞举兵反正。岳钟琪得其主名,奏闻雍正。雍正宥曾静而穷治吕留良和严鸿逵,大狱遂兴。九月,诏将吕留良、曾静、张熙等悖逆罪状,撰成《大义觉迷录》

颁行天下，并令贮一册于学宫中。①

雍正八年庚戌（1730），屈大均长子屈明洪，补惠来县教谕。屈明洪宣读《大义觉迷录》，见曾静之徒张熙供词，谓"有《屈温山集》，议论与逆书相合"等语。明洪以"屈温山姓名与父翁山声音仿佛"，十月，将翁山诗文集版片向广州府"亲自投首投监请正典刑"。②这一奏折虽然只言及《文外》、《诗外》、《文钞》等书，其实当时屈大均的其他著作和三家合刻诗集也同时被禁。这一点从乾隆三十九年十月初四日李侍尧和德保的奏折中可以看出：

> 于书肆中觅有屈大均所著《广东新语》一部，检阅虽无忌讳，但查屈大均前因妄撰诗文语句悖逆雍正七年间审办有案，今《新语》一种坊间尚有售卖，恐别项书籍销毁亦有未尽。③

从这段引文，我们可以知道当时《广东新语》和屈大均的其他著作曾一并被禁。但是经过四十多年的查禁，屈大均的著作仍流传于市面上。

乾隆于三十九年八月颁布禁书谕令，开始了我国历史上规模空前的禁书行动。但是明察两月，暗访半年之后，这一工作却没有丝毫进展。正当这一工作面临流产的时候，是年十月屈大均的著作在这次行动中首先又被戏剧性地查缴出来。乾隆三十九年（1774）的屈大均遗著案，使困扰乾隆皇帝很长时间的禁书工作终于获得了突破性进展。这一案件在当时生成了不少具体的禁书政策，清代禁书政策在此之后便逐步形成了。

---

① 雍正编纂，张万钧、薛予生编译：《大义觉迷录》，中国城市出版社1999年版。

② 雍正八年十月十九日《傅泰奏屈明洪缴印投监折》，见上海书店编：《清代文字狱档》，上海书店出版社2007年版，第129—130页。

③ 乾隆三十九年十月初四日《李侍尧等奏审拟屈稔湞等情形折》，见上海书店编：《清代文字狱档》，上海书店出版社2007年版，第132页。

下编　岭南三大家著作的存佚和流布

禁书运动的发展提升了相关人员的认识：违碍文字并非仅仅留存于著作者的别集当中。在督抚们的建议下，乾隆于四十一年丙申（1776）诏令删削各家编著和方志中的屈大均等人的名字和诗、文、词、议论等，挖改或劈销相关书板，与他们相关的各地的碑碣也一概扑毁或磨灭。如前所引，是年十一月十七日上谕云：

> 又若汇选各家诗文，内有钱谦益、屈大均所作，自当削去，其馀原可留存，不必因一、二匪人，致累及众。①

此谕令只涉及删削诗文选集中所选录的屈大均等人的诗文。之后抽毁之书又波及方志。乾隆四十二年十月十八日江西巡抚海成又奏云：

> 志乘一书，用以考古信今，垂示后世，所关甚巨。臣查应毁各书内，亦有江省人著作。其书既已流传，未必不散见于原籍志乘，自应悉予划削。因饬委办书局同知潘汝诚、杜一鸿等将通省志书详加校核，果有前项违碍诗文并载及钱谦益、屈大均、金堡等诗文者，除《江西通志》已抽出篇页板片咨缴军机处查销改正外，现令布政使通行各府州县，将志书再行细查，概为删正抽换，并不得留其姓名，仍将废页板片解省汇缴军机处销毁。臣思各省查出应毁之书，盈千累万，其著书人事迹以及违碍诗文，正恐各原籍志乘内亦不无滥载，伏乞皇上敕下各省，一体查校删正抽换，以垂永久，以正人心。②

---

① 弘历：《圣谕，四十一年十一月十七日》，见《景印文渊阁四库全书》第1册，台湾商务印书馆1986年版，卷首第9页。按：在《纂修四库全书档案》中，此谕题为《谕内阁明人刘宗周等书集只须删改无庸销毁》，所标示的时间为乾隆四十一年十一月十六日，个别字亦有出入。（见第551—554页）

② 乾隆四十二年十月十八日《江西巡抚海成奏续进备选及应毁各书并祈校删志乘折》，见《纂修四库全书档案》，第731—732页。

海成这一奏折中的建议得到肯定，于是各地督抚又开始在方志之中大规模地搜剔与屈大均等人有关的文字。

屈大均的著作于雍正八年庚戌之遭禁，还只是个案，没有给清代带来普遍对违碍书籍的毁禁，而乾隆三十九年和四十一年的两次禁毁则成了清代历史上大规模有计划的禁书行动的关键。这两次禁毁屈大均的著作对清代的禁书政策产生了重大影响，产生了清代历史上一系列具体的禁书政策。可以说，清代中期禁书政策的形成即缘于这次屈大均遗著案。

二、清雍正乾隆年间遭到禁毁的屈大均著作

1. 王隼辑《岭南三大家诗选》。姚觐元《清代禁毁书目四种·禁书总目·军机处奏准抽毁书目》云："《岭南三大家诗选》。查此诗系番禺王集（按：应为'隼'）所选梁佩兰、屈大均、陈恭尹三人之诗。内屈大均、陈恭尹二家，均应抽出销毁外，其梁佩兰一家尚无违碍，应请毋庸销毁。"① 姚著又在他处多次言及这一选本。《岭南三大家诗选》有王隼选本，也有沈用济选本。多处禁书资料并未言及选者姓名，且书名亦有异称，不知是否有沈用济辑《岭南三大家诗选》。如下四例：

未署编者《岭南三家诗》。乾隆四十三年（1778）五月十一日《署云贵总督裴宗锡奏第四次查缴应禁书籍分别委员解京折》附"滇省向例查禁各书清单"，有云："《岭南三家诗》

---

① 《续修四库全书》史部第 921 册，影印杭州抱经堂书局印本，第 437 页。按：上海商务印书馆民国二十六年（1937）版《清代禁毁书目四种》，其封面署曰"姚觐光辑"。《续修四库全书》第 921 册在收录此书时署曰"姚觐元"。笔者所见其他一些相关书目皆署"姚觐元"。在引用相关资料时以《续修四库全书》为准，故称辑者为"姚觐元"。

二部，共十本。"①

未署编者《三家岭南诗集》。乾隆四十七年（1782）正月初四日《贵州巡抚李本奏查缴禁书解京销毁折》所附清单，其中有"《三家岭南诗集》十本"。②

未署编者《岭南三家诗选》。乾隆四十年（1775）九月十五日《暂护贵州巡抚韦谦恒奏查缴禁书并发还书局候旨在外焚销折》所附"黔省查缴禁书清单"有云："《岭南三家诗选》二部，八本。屈大均、陈恭尹、梁佩兰著。内一部系抄本。"③ 此折较早奏请禁毁此书。

未署编者《岭南三家诗钞》。乾隆四十年（1775）四月十四日《江西巡抚海成奏恭缴应毁书籍折》所附清单内有："《岭南三家诗钞》一部。内屈大均诗二本，陈恭尹《独漉堂诗》一本。"④

2. 《翁山诗外》。乾隆四十三年（1778）十月初四日《湖广总督三宝等奏六次查获应毁各书折》所附书目其中有："《翁山诗外》五部，刊本。是书屈大均著。前已缴过。"⑤

另，乾隆四十年（1775）十一月十七日《江西巡抚海成奏查办应毁书籍并呈名异书同各书清单折》所附"书同名异各籍清单"有云："原禁《屈大均诗略》，《屈大均诗集》，二书本同。今又有《诗外》一种，亦与上同，共十三部。"⑥ 按：《翁山诗外》、《翁山诗略》、《翁山诗集》三者并不相同，为不同时期的选本。此折所谓《诗外》与《屈大均诗略》、《屈大均诗集》同，盖疏于比照。

---

① 《纂修四库全书档案》，第 820—825 页。
② 《纂修四库全书档案》，第 1453—1456 页。
③ 《纂修四库全书档案》，第 432—434 页。
④ 《纂修四库全书档案》，第 373—376 页。
⑤ 《纂修四库全书档案》，第 894—924 页。
⑥ 《纂修四库全书档案》，第 480—483 页。

3. 《翁山诗略》（又名《九歌草堂集》）。乾隆四十四年（1779）四月二十日具文《山东巡抚国泰奏汇解违碍书籍并分缮清单呈览折》附"山东省查出应毁各书名目清单"，有云："《翁山诗略》二本。番禺屈大均著。"① 另，他处所谓"屈翁山诗略"、"屈大均诗略"、"翁山诗外选略"应即《翁山诗略》。如：姚觐元《清代禁毁书目四种·违碍书目》有《屈大均诗略》；《清代禁毁书目四种·禁书总目》有："《屈翁山诗略》屈大均撰。"② 乾隆四十五年（1780）九月初八日《浙江巡抚李质颖奏查缴违碍书籍并缮清单呈览折》附"第十九次查缴应毁各书清单"云："《翁山诗外选略》一册。刊本。是书屈大均撰。"③《翁山诗略》、《翁山诗外》皆初刻于康熙年间。虽《诗略》早于《诗外》大约十年，但《诗外》影响较大。所谓"翁山诗外选略"，盖为相关人员臆想之名。

4. 《屈翁山诗集》。此书系徐肇元选。禁书资料或曰《翁山诗集》，或曰《屈大均诗集》。乾隆四十二年（1777）五月二十日具文《浙江巡抚三宝奏呈续获应毁书籍折》有云："《翁山诗集》四十七部，刊本。是书屈大均著。今续查出四十七部。"④ 乾隆四十六年（1781）二月三十日具文《山东巡抚国泰奏缴应毁违碍书籍板片折》云："《翁山诗集》，系徐肇元选。计一部，六本。"⑤ 姚觐元《清代禁毁书目四种·违碍书目》云："《屈翁山诗集》，屈大均著。"⑥

---

① 《纂修四库全书档案》，第1032—1048页。
② 《续修四库全书》史部第921册，影印杭州抱经堂书局印本，第461、432页。
③ 《纂修四库全书档案》，第1203—1212页。
④ 《纂修四库全书档案》，第605—618页。
⑤ 《纂修四库全书档案》，第1297—1306页。
⑥ 《续修四库全书》史部第921册，影印杭州抱经堂书局印本，第455页。

下编　岭南三大家著作的存佚和流布

5.《道援堂集》。乾隆四十二年（1777）五月二十日具文《浙江巡抚三宝奏呈续获应毁书籍折》有云："《道援堂集》三部，刊本。是书屈大均著。今续查出三部。内一部全，一部原缺卷一至卷三，又一部原缺卷一至卷六。"① 乾隆四十三年（1778）《湖广总督三宝等奏呈查缴应毁各书清单》，其中有："《道援堂集》一部。刊本。是书屈大均著，沈用济选。计四本，全。"②

6.《寅卯军中集》。乾隆四十年（1775）五月二十二日《浙江巡抚三宝奏解缴续收应毁书籍版片并堪采遗书折》所附清单有云："《寅卯军中集》一册。刊本。是书系屈大均在康熙甲寅、乙卯两年间所撰，各体诗语有干犯。计二卷。原本向有缺页及涂墨之处。"③

7.《屈翁山词》（即《骚屑》）。姚觐元《清代禁毁书目四种·禁书总目·军机处全毁书目》云："《屈翁山词》，屈大均撰。"④ 王彬《清代禁书总述》（中国书店出版社1999年版）和施廷镛《清代禁毁书目题注外一种》（北京图书馆出版社2004年版）亦载录。

8.《翁山文外》。乾隆四十三年（1778）六月二十九奏准："江苏巡抚杨魁奏缴新获十二种，又重复二百二十九种。"其中有"《翁山文外》二部"。⑤

9.《翁山文钞》。雍正八年（1730）十月广东巡抚傅泰《傅泰奏屈明洪缴印投监折》有云："有《屈翁山文外》、《诗

---

① 《纂修四库全书档案》，第605—619页。
② 《纂修四库全书档案》，第969—973页。
③ 《纂修四库全书档案》，第396—400页。
④ 《续修四库全书》史部第921册，影印杭州抱经堂书局印本，第433页。
⑤ 雷梦辰：《清代各省禁书汇考》，第159—167页。

外》、《文钞》及陈元孝、梁药亭诗集等书。"①

10.《广东新语》。乾隆三十九年（1774）十月初四日具文《李侍尧等奏据缴屈大均诗文折》有云："据南海、番禺二县查出逆犯屈大均族人屈稔浈等收藏该犯原著《文外》书籍，又据番禺县童生沈士成缴出屈大均《诗外》一种及书铺潘明等缴出《广东新语》并岭南三家合刻诗集版片二分连刷成书十部。"②

11.《翁山易外》。姚觐元《清代禁毁书目四种·违碍书目》有云："《翁山易外》，屈大均著。"③乾隆四十二年（1777）七月十三日浙江巡抚三宝奏准所禁之书有："《翁山易外》，屈大均著。上下经次，自抒铨论。"④

12.《皇明四朝成仁录》。姚觐元《清代禁毁书目四种·违碍书目》有云："《四朝成仁录》，屈大均著。"⑤乾隆四十二年（1777）七月十三日浙江巡抚三宝奏准所禁之书有："《四朝成仁录》，屈大均著。"⑥

13.《登华记》（或曰《登华山记》）。《登华记》或单独被禁，或与《说铃》一起被禁。乾隆四十六年（1781）九月二十八日《署云南巡抚刘秉恬奏遵旨查缴应禁书籍并请展限一年折》所附清单有云："《说铃》，三部，共四十六本……

---

① 上海书店编：《清代文字狱档》，上海书店出版社2007年版，第129页。
② 上海书店编：《清代文字狱档》，上海书店出版社2007年版，第131页。
③ 《续修四库全书》史部第921册，影印杭州抱经堂书局印本，第464页。
④ 雷梦辰：《清代各省禁书汇考》，第212—214页。
⑤ 《续修四库全书》史部第921册，影印杭州抱经堂书局印本，第464页。
⑥ 雷梦辰：《清代各省禁书汇考》，第212—214页。

《登华记》，一部，一本。"①

14.《广东文选》。此书于姚觐元之《清代禁毁书目四种》未见载录。乾隆四十二年（1777）五月十九日江苏巡抚杨魁奏准所缴二十三种，其中有："《广东文选》，番禺屈大均选。"② 乾隆四十三年（1778）三月二十六日《闽浙总督钟音奏查缴应销各书解京折》所附书目清单有云："《广东文选》一部，十二本。"③ 乾隆四十二年（1777）八月初四日《浙江巡抚三宝奏续交应毁书籍折》附续缴触碍书目清单有："《广东诗文集》一部。刊本。是书屈大均选，汇录粤东人著作。自唐迄明季，分类编次，共四十卷。内明季人诗，率多感慨。"④ 按：此处所谓"《广东诗文集》"，疑为《广东文选》。《广东文选》为四十卷。《广东文选》和《广东文集》所收诗文皆自汉迄明，而非自唐。盖因相关人员粗疏而致误。

15.《广东文集》。由于《广东文集》卷帙浩繁，当时未全刻。乾隆四十三年（1778）六月十六日《江苏巡抚杨魁奏呈续缴违碍书籍单》其中有："《广东文集》六部。"⑤ 乾隆四十七年（1782）二月三十日具文《闽浙总督陈辉祖奏缴应禁书籍折》所附查缴应禁书籍清单有云："《广东文集》一部，刊本。是书屈大均选。不全。"⑥

三、康乾时期屈大均著作的流布与分省禁毁

屈大均生前多次北游，足迹遍及大江南北、长城内外，其

---

① 《纂修四库全书档案》，第 1399—1404 页。
② 雷梦辰：《清代各省禁书汇考》，第 156—157 页。
③ 《纂修四库全书档案》，第 797—801 页。
④ 《纂修四库全书档案》，第 643—653 页。
⑤ 《纂修四库全书档案》，第 838—843 页。
⑥ 《纂修四库全书档案》，第 1520—1539 页。

声名传播海内。所到之处,广泛结交,遗民志士、文坛名流都是他结交的对象。其著作在当时和稍后的一个时期已经越过其籍属所在地,流播到了中国大部分地区,甚至云贵和甘陕等边远地区也有流布。在当时交通和印刷条件都不太发达的情况下,其著作能传播如此之广,足见其影响之大。其作品中所表现出来的情感和思想在当时也引起了一些人的共鸣。吕留良案中的主犯之一张熙在鼓动陕西总督岳钟琪反清的时候,就特意指出屈大均著作大意与其老师曾静及吕留良之论略同。

由雍正和乾隆年间的屈大均遗著案可知,屈大均的著作首先在广东被查缴出来。又因当时广东刻工廉价,其著作也应该首先在广东刊刻和在广东广泛流传。除了《翁山诗外》等和三家合刻诗选在广东流传外,包含有屈大均作品的他人编选刊刻的书籍也有在广东广泛流传。

两广地区 康乾时期在广东省流传和禁毁的屈大均著作应该包括他的全部著作。包含屈大均作品的他人编著,在两广地区禁毁和流布的有《岭南三大家诗选》、梁善长辑《广东诗粹》、黄登辑《岭南五朝诗选》等。另外,载有屈大均作品的宋广业辑《罗浮山志会编》、吴骞辑《罗浮纪胜》和沈德潜等编《国朝诗别裁集》等在此地区也应该有所流传。①

雍正八年十月,广东巡抚傅泰奏曰:"岭南向有三大家名号,一名屈大均号翁山,一名陈恭尹号元孝,一名梁佩兰药亭,俱有著作诗文流播已久……书坊竟有《屈翁山文外》、《诗外》、《文钞》及陈元孝、梁药亭诗集等书。"② 由此可知

---

① 按:有关某地的禁书资料,可能多次提及三大家的同一种著作。笔者在叙述时,同一地区如果多次查出同一种著作,笔者则不多次重复胪列相关的禁书资料。

② 《傅泰奏屈明洪缴印投监折》,见上海书店编:《清代文字狱档》,上海书店出版社 2007 年版,第 129 页。

下编　岭南三大家著作的存佚和流布

雍正八年庚戌，屈大均的著作即遭禁毁，不过此次遭禁之著作仅限于屈大均自著及三家合刻之诗选，且这一禁令并没有收到预期的效果。由乾隆三十九年两广总督李侍尧和广东巡抚德保等人关于屈大均诗文的奏折可知，雍正八年之后屈大均的著作在市面上仍有售卖。乾隆三十九年遗著案再发，此次遭禁非常严重，涉及的范围更广，在全国范围内查禁屈大均的著作，以及辑录或引用了屈大均诗、文、词、议论的他人编著。

乾隆三十九年十月初四日两广总督李侍尧、广东巡抚德保等在奏折中云："据南海、番禺二县查出逆犯屈大均族人屈稔浈等收藏该犯原著《文外》书籍，又据番禺县童生沈士成缴出屈大均《诗外》一种及书铺潘明等缴出《广东新语》并岭南三家合刻诗集版片二分连刷成书十部。"①

乾隆四十年二月二十六日《署理两广总督德保为查缴违碍书籍致军机处咨呈》："兹据各委员陆续查缴到《屈大均文钞》一部三本，《屈大均诗略》一部二本，《屈大均诗集》一部四本。"②

乾隆四十年二月二十六日《广东巡抚德保奏查缴应禁书籍及版片折》："至应禁书籍，前已查有版片者，《广东新语》、《岭南三家合刻诗集》二种，经督臣李侍尧会同臣奏明，俟续有缴出，一并销毁在案。"③

沈德潜辑《国朝诗别裁集》中有屈大均诗。乾隆四十二年二月初三日《广东巡抚李质颖奏遵旨查办沈德潜〈国朝诗别裁集〉原板折》："惟乾隆二十五年曾有江宁怀德堂书客周学先来粤卖书，以粤省书板刻工较江南价廉，曾将《国朝诗

---

① 《李侍尧等奏据缴屈大均诗文折》，上海书店编：《清代文字狱档》，上海书店出版社2007年版，第130—131页。
② 《纂修四库全书档案》，第354—357页。
③ 《纂修四库全书档案》，第349—350页。

别裁集》初刻本翻刻板片,带回江南刷卖,闻得于乾隆二十九年周姓已赴江宁县衙门缴销……虽称带回江南刷卖,但既已刻成,岂有不就近先行刷印发卖之理?"① 尽管后经查实,在书板刻成之后并没有在广东刷卖,但书稿曾经流传到此地是没有问题的。

梁善长辑《广东诗粹》、黄登选《岭南五朝诗选》、宋广业辑《罗浮山志会编》、吴骞辑《罗浮纪胜》等录有屈大均的诗文,在广东应有流传。梁善长辑《广东诗粹》于乾隆四十四年四月在山东省查出,黄登选《岭南五朝诗选》于乾隆四十七年八月在浙闽地区查出,在广东省亦应遭到禁毁,但这两部书不见有在广东遭到禁毁的资料。《罗浮山志会编》一书,无论是广东还是其他各省,皆未有遭到禁毁的记载。但笔者据所见该书刻本及其影印本,确知此书至少曾两遭抽毁。《罗浮山志会编》康熙五十六年刻于广州海幢寺,《罗浮纪胜》亦应于康熙六十一年刻于广东。二书刻成后,很有可能首先在广东售卖、流传。

乾隆四十年八月二十六日《广西巡抚熊学鹏奏查缴违碍书籍情形折》云:"内西林县知县周心传查缴屈大均所著《广东新语》二部,思恩府知府吉明查缴一部,共三部;又怀集县知县萧斯捷查缴屈大均书集二本。"②

乾隆四十一年正月二十四日《暂护广西巡抚苏尔德为查缴不应存留书籍板片事致军机处咨呈》云:"又据南宁府缴据宣化县缴到《广东新语》二部十本,《岭南三家诗》一部二本。"③

云贵地区 所知在云贵地区流布和被禁毁的屈大均著作有

---

① 《纂修四库全书档案》,第572—574页。
② 《纂修四库全书档案》,第422—423页。
③ 《纂修四库全书档案》,第494—496页。

下编　岭南三大家著作的存佚和流布

《广东新语》、《翁山诗外》、《屈大均诗集》、《屈大均诗选》、《登华记》。包含屈大均作品的他人编著，所知在云贵地区流布和禁毁的有：《岭南三家诗》、朱豫选《国朝诗萃》、魏宪辑《诗持》、周在浚辑《结邻集》等。另，《说铃》疑有屈作。

乾隆四十三年五月十一日《署云贵总督裴宗锡奏第四次查缴应禁书籍分别委员解京折》附一"滇省向例查禁各书清单"，其中有"屈大均《翁山诗外》二部，共三十一本。《屈大均诗集》一部，六本。《广东新语》二部，共二十本。《岭南三家诗》二部，共十本"。附二"滇省向未查禁各书清单"，其中有"《国朝诗萃》二部，四本。内有钱谦益、屈大均诗，应请抽毁"。① 按：据此处所述"滇省向例查禁各书清单"之意，《翁山诗外》、《广东新语》、《岭南三家诗》三书，此前应被查禁，但翻检此前《纂修四库全书档案》各条和其他有关资料，并未见云南省此前曾查此三书。显然某些禁书资料已遗失或漏收。

乾隆四十六年九月二十八日《署云南巡抚刘秉恬奏遵旨查缴应禁书籍并请展限一年折》所附清单，其中有《广东新语》一部，十二本；《说铃》三部，共四十六本；《登华记》一部，一本；《诗持》一部，一本；《结邻集》一部，四本。②

乾隆□□□年□月□□日奏准，云南巡抚□□□奏缴三种，其中有《屈大均诗集》。③

乾隆四十年九月十五日《暂护贵州巡抚韦谦恒奏查缴禁书并发还书局候旨在外焚销折》所附"黔省查缴禁书清单"其中有云："《岭南三家诗选》二部，八本。屈大均、陈恭尹、梁佩兰著。内一部系抄本。《广东新语》二部，二十本，屈大

---

① 《纂修四库全书档案》，第820—828页。
② 《纂修四库全书档案》，第1399—1405页。
③ 雷梦辰：《清代各省禁书汇考》，第261—262页。

均著。《屈大均诗集》二部，八本。内一部残缺不全。屈大均诗二本，系抄本。"①

乾隆四十一年二月十六日《贵州巡抚裴宗锡奏缴违禁书籍折》所附黔省收缴违禁书目清单，其中有云："《屈大均诗选》一部，二本。《屈大均诗集》二部，八本。屈大均《广东新语》二部，二十本。《岭南三家诗选》二部，八本。内一部系抄本。"②

乾隆四十七年正月初四日《贵州巡抚李本奏查缴禁书解京销毁折》所附清单，其中有《三家岭南诗集》十本；名家杂著《说铃》二十本。③

直隶省 所知在直隶省流布和禁毁的屈大均著作有《屈翁山诗集》、《翁山诗外》、《广东新语》。包含屈大均作品的他人编著，所知在直隶省流布和禁毁的有王煐著《忆雪楼诗集》、《田盘纪游》，陈枚辑《留青二集》、《留青新集》、《留青彩珍集》，邓汉仪选《诗观》，以及徐倬撰《说铃》。按：清人吴震方编《说铃》所收皆为名家杂著，屈大均《登华记》亦在其中。该书附有徐倬序文。此言"徐倬撰"，疑因有徐倬序文而致误。有关禁书资料多未言编撰者，仅曰名家杂著。有清一代取名《说铃》的杂著非止一家，故笔者在某些地方不敢贸然断言其中是否有大均之《登华记》。

乾隆四十年九月初三日具文，初五日奏准之《兼管顺天府尹袁守侗等奏查缴伪妄书籍折》："兹据北城兵马司吏目杜安邦呈称：据开宝名堂书坊之周守德呈缴……《屈翁山诗集》一部，计八本，又一部计四本。"④

---

① 《纂修四库全书档案》，第 432—434 页。
② 《纂修四库全书档案》，第 498—499 页。
③ 《纂修四库全书档案》，第 1453—1457 页。
④ 《纂修四库全书档案》，第 423—424 页。

下编　岭南三大家著作的存佚和流布

乾隆四十六年六月初十日《直隶总督袁守侗奏汇缴应禁书籍情形折》所附清单"查出违禁书目"其中有云："《忆雪楼诗集》一部，二本，全。王煐作……《广东新语》二部，共二十本，全。屈大均著……《翁山诗集》二部，共十四本，全，屈大均著……《诗外》一部，十二本，不全。屈大均著……《诗观》一部，二十本，全，邓得（按：当为'汉'）仪选……《说铃》三部，共六十本，全，十一部，共一百二十二本，不全。徐倬撰……《留青新集》八部，共二百五十六本，全。二十三部，共五百二十八本，不全。陈枚著……《留青彩珍集》一部，二十四本，全。四部，共四十三本，不全。陈枚著……《留青二集》二部，共二十五本，不全。陈枚著……《田盘纪游》一部，一本，全。屈大均撰。"① 按：《田盘纪游》为王煐著，盖因其中有大均序文而致误。

山东省　所知在山东省流布和禁毁的屈大均著作有《道援堂集》、《翁山诗略》、《翁山诗外》、《翁山文外》、《广东新语》及徐肇元选《翁山诗集》。包含屈大均作品的他人编著，所知在山东省流布和禁毁的有《岭南三家诗选》，王隼《岭南三家诗》，陈枚《留青新集》、《留青二集》，王士禛《感旧集》，梁善长《广东诗粹》，邓汉仪《诗观初集》、《诗观三集》，沈德潜《诗选别裁》等。按：《岭南三大家诗选》王隼、沈用济各有选本，未署名者，不知为何人所选，故并置于此。以下同样情况者即不再注明。

乾隆四十四年四月二十日《山东巡抚国泰奏汇解违碍书籍并分缮清单呈览折》所附清单一"查缴各省咨会应毁各书名目清单"，其中有云："《岭南三家诗选》。是书系番禺屈大均著。今查出六部，二十六本。《道授（援）堂集》。是书系

---

① 《纂修四库全书档案》，第1362—1381页。

番禺屈大均著。今查出一部，二本……《翁山诗集》。是书系屈大均著。今查出五部，二十六本……《翁山诗外》。是书系屈大均著。今查出二部，二十四本……《翁山文外》。是书系屈大均著。今查出一部，不全，五本……《广东新语》。是书系屈大均著。今查出三部，三十六本……《留青新集》。是书系陈枚辑。今查出一部，三十一本；又二十三本……《感旧集》。是书系渔洋山人选，今查出一部，八本……《留青二集》。是书系陈枚辑。今查出一部，不全，十一本。"所附清单二"山东省查出应毁各书名目清单"，其中有云："《翁山诗略》二本。番禺屈大均著……《广东诗粹》四本。顺德梁善长辑。卷八、卷九内引屈大均、钱谦益批语。"①

乾隆四十六年二月三十日具文《山东巡抚国泰奏缴应毁违碍书籍板片折》所附清单一"山东省查出应毁书目清单"，其中有云："《诗观三集》一部，八本。系吴郡邓汉仪评选。内诗句有违碍，兼载有钱谦益、阎尔梅、屈大均诗，应行销毁。"所附清单二"查各省咨会应毁书目清单"，其中有云："《岭南三家诗》系王隼辑。计四部，二十一本……《留青新集》系陈枚辑。计七部，二百零八本。又十二部，不全，三百二十八本……《广东新语》系屈大均撰。计三部，三十二本……《翁山诗集》系徐肇元选。计一部，六本。《诗选别裁》系沈德潜选，计二部，三十六本。又一部，不全，十六本……《感旧集》系王渔洋选。计三部，二十二本。又一部，未钉……《诗观初集》系邓汉仪评选。计一部，六本……《感旧集》板片三百五十二页。"② 按：《诗选别裁》不知是指沈德潜的《明诗别裁集》抑或是《国朝诗别裁集》，此两种皆录有屈大均诗作。

---

① 《纂修四库全书档案》，第 1032—1048 页。
② 《纂修四库全书档案》，第 1297—1310 页。

山西省 所知在山西省流布和禁毁的屈大均著作有《屈大均诗集》、《广东新语》。包含屈大均作品的他人编著，所知在山西省流布和禁毁的有王隼辑《岭南三家诗选》、王士禛选《感旧集》、陈枚《留青采珍集》、朱彝尊《曝书亭集》、徐文弼《诗法度针》。

乾隆四十年十月二十六日《署理山西巡抚觉罗巴延三奏查获应销书籍折》附"应销书籍清单"，其中有云："《屈大均诗集》一部，四册。刻本。屈大均《广东新语》，共二部。一部十册，一部十二册。俱刻本。"①

乾隆四十三年闰六月十二日《山西巡抚巴延三奏查获〈六柳堂集〉并汇缴违碍书籍折》所附清单，其中有云："屈大均《广东新语》四部，计五十本……王隼《岭南三家诗选》二部，计十一本。"②

乾隆四十五年十二月十八日《山西巡抚喀宁阿奏汇缴违碍书籍折》有云："又王士正选《感旧集》二部，内有钱谦益诗。"③ 按：其中也有屈大均诗。

乾隆四十七年五月初二日具文，五月初六日准奏《山西巡抚农起奏汇缴应禁书籍及板片情形折》所附清单一"山西省查缴各种书籍清单"，其中有云："两江咨查：徐文弼《诗法度针》三部，刻本……朱彝尊《曝书亭集》一部，刻本。"山西本省查出：陈枚《留青采珍集》二部，刻本。④ 按：其中载有钱谦益、屈大均、龚鼎孳等诗词。

陕甘地区 所知在陕甘地区流布和禁毁的屈大均著作有《屈大均诗集》、《登华记》。包含屈大均作品的他人编著，所

---

① 《纂修四库全书档案》，第447—449页。
② 《纂修四库全书档案》，第849—852页。
③ 《纂修四库全书档案》，第1245—1246页。
④ 《纂修四库全书档案》，第1571—1573页。

知在陕甘地区流布和禁毁的有陈枚辑《留青新集》、《留青集选》。

乾隆四十五年五月十二日奏准,陕甘总督勒尔谨奏缴三十九种,包括屈大均撰《登华记》,陈枚纂《留青新集》、《留青集选》。①

乾隆四十年七月十九日《陕西学政嵇承谦奏随棚查出应禁书籍折》其中有《屈大均诗集》一部。②

乾隆□□□年□月□□日奏准,陕西巡抚□□奏缴一种,为《登华记》。③

湖广地区 所知在湖广地区流布和禁毁的屈大均的编著有《屈大均诗集》、《翁山诗外》、《翁山诗集》、《翁山文外》、《翁山文钞》、《广东新语》、《广东文选》。包含屈大均作品的他人编著,所知在湖广地区流布和禁毁的有王隼辑《岭南三家诗选》,沈用济辑《岭南三大家诗选》之《道援堂集》,陈维崧选《箧衍集》,陈枚辑《留青二集》、《留青新集》、《留青采珍集》,王士禛《感旧集》,邓汉仪选《天下名家诗观》、《诗观二集》,魏宪选《诗持》,周京选《近代诗钞》,徐文弼选《诗法度针》,陶煊、张灿(一作"璨")选《国朝诗的》,刘授易著《损斋诗集》,江闿著《江辰六文集》,彭廷梅选《国朝诗选》,沈德潜选《国朝诗别裁集》,朱豫《国朝诗萃》,陈以刚选《国朝诗品》,王道升编《古学要览》,以及《说铃》。

乾隆四十二年十二月二十二日奏准,湖广总督三宝奏缴九种,其中有《国朝诗选》。④

---

① 雷梦辰:《清代各省禁书汇考》,第13—15页。
② 《纂修四库全书档案》,第419—420页。
③ 雷梦辰:《清代各省禁书汇考》,第19页。
④ 雷梦辰:《清代各省禁书汇考》,第20页。

下编　岭南三大家著作的存佚和流布

乾隆四十三年二月初三日奏准,湖广总督三宝奏缴二十五种,其中有屈大均著《翁山文外》;陈维崧选《箧衍集》,"内有龚鼎孳、钱谦益、屈大均诗"。①

乾隆四十三年四月初十日《湖广总督三宝等奏四次查获应毁各书折》书目清单,其中有云:"《广东新语》二部,刊本。是书屈大均著。前已缴过。今续查获一部。计十二本,又一部计十本,俱全。""《岭南三家诗选》三部,刊本。是书王隼撰。前已缴过。今续查获二部各五本,又一部计三本,俱全。"②

乾隆四十三年十月初四日奏准,湖广总督三宝奏缴十六种,其中有云:"《国朝诗别裁集》(原目脱集字),沈德潜选,内有钱谦益、吴伟业、龚鼎孳诗。"③

乾隆四十三年《湖广总督三宝等奏呈查缴应毁各书清单》其中有云:"《道援堂集》一部。刊本。是书屈大均著,沈用济选。计四本,全。""《感旧集》二部。刊本。是书王士正选。一部计十本,又一部计八本,俱全。内有钱谦益、吴伟业诗。""《留青新集》七部。刊本。是书陈枚纂。前已缴过,今续查获。"④

乾隆四十三年十月初四日《湖广总督三宝等奏六次查获应毁各书折》所附书目,其中有云:"《国朝诗萃》一部,刊本,是书朱豫选。计十二本,全。内载钱谦益、吴伟业、龚鼎孳诗。《国朝诗别裁》四部,刊本。是书沈德潜选。二部各十八本,又一部计二十本,又一部计十四本。内有钱谦益、吴伟业、龚鼎孳诗。""《翁山文钞》一部,刊本。是书屈大均著。

---

① 雷梦辰:《清代各省禁书汇考》,第20—22页。
② 《纂修四库全书档案》,第813—818页。
③ 雷梦辰:《清代各省禁书汇考》,第24—25页。
④ 《纂修四库全书档案》,第969—982页。

计三本。""《留青新集》九十四部。刊本。是书陈枚纂。前已缴过。""《广东文选》一部,刊本,是书屈大均撰,前已缴过,今续查获一部计十本,全。《广东新语》六部,刊本。是书屈大均著。前已缴过。今续查获一部计十二本,又三部各十本,俱全。又一部计五本,止存八卷至二十五卷。又一部计一本、止存四卷、五卷。""《道援堂集》三部,刊本。是书屈大均著,沈用济选。前已缴过。今续查获一部计四本,全。又一部计二本,止存一卷至五卷;又一部计一本,止存一卷至五卷。""《国朝诗品》一部,刊本。是书陈以刚选。前已缴过。今续查获一部计八本,全。""《感旧集》五部,刊本。是书王士正选,前已缴过。今续查获一部计十六本,又三部各八本,俱全。又一部计二本,止存一卷、八卷。《古学要览》二部,刊本。是书王道升编。前已缴过。今续查获二部各四本,俱全。""《岭南三家诗选》三部,刊本。是书王隼撰。前已缴过。今续查获一部计三本,全。又二部各二本,俱不全。""《翁山诗集》四部,刊本。是书屈大均著。前已缴过。今续查获一部计八本,又一部计六本,又一部计四本,俱全。又一部计一本,止存一卷至四卷。《翁山诗外》五部,刊本。是书屈大均著。前已缴过。今续查获一部计十二本,全。又一部计九本,又一部计四本,又一部计二本,又一部计一本,俱不全。"①

乾隆四十四年十一月初一日具文《湖广总督图思德等奏第八次查获应毁各书解缴缘由折》所附清单,其中有云:"《名家诗观初集》一部。邓汉仪评选。内载钱谦益、龚鼎孳、吴伟业诗。《留青二集》一部。陈枚辑。内载钱谦益、龚鼎孳、吴伟业、屈大均诗。""《古学要览》二部。""《广东新

---

① 《纂修四库全书档案》,第894—924页。

下编　岭南三大家著作的存佚和流布

语》二部。《广东文选》一部。""《留青新集》三十六部。""《翁山诗集》一部。"①

乾隆四十五年十一月□□日奏准,湖广总督舒常奏缴十九种,其中有邓汉仪评《诗观二集》。②

乾隆四十七年十月初七日具文,《湖北巡抚姚成烈奏解第十一次查缴应禁各书并缮单呈览折》所附"湖北省第十一次查缴应禁书籍并书板清单",其中有云:"《留青采珍集》二部,刊本。系陈枚选。内一部计二十四本,全;又一部计二十六本,全。""《近代诗钞》一部,刊本。系周京辑。计五本,全。""《诗法度针》二部,刊本。系徐文弼著。内一部三本,全;又一部四本,全。""《诗持》一部,刊本。系魏宪选。计十本。全。""《天下名家诗观》一部,刊本。系邓汉仪著。七本,缺四卷、八卷、十二卷。"③

乾隆四十一年四月十六日《护湖南巡抚觉罗敦福奏查缴违碍遗书请毁折》附"应毁遗书清单",其中有云:"《屈大均诗集》一部。以上一种,经广东、浙江二省查出奏明,咨行查禁销毁。"④

乾隆四十三年十二月十一日《湖南巡抚李湖奏查出〈国朝诗的〉等违碍书籍分别办理缘由折》:"据委往永州府属试用训导刘旦查缴违碍各书,内有本省人刊刻《国朝诗的》一本,注系长沙陶煊奉长选、同里张璨岂石同辑,载有应禁之屈大均等诗句在内。"⑤

乾隆四十四年九月二十五日奏准,湖南巡抚李湖奏缴十二

---

① 《纂修四库全书档案》,第1120—1124页。
② 雷梦辰:《清代各省禁书汇考》,第27—28页。
③ 《纂修四库全书档案》,第1649—1660页。
④ 《纂修四库全书档案》,第501—504页。
⑤ 《纂修四库全书档案》,第957页。

种,其中有云:"《留青二集》,西湖陈枚辑,内有钱谦益、屈大均、方以智等诗文。"①

乾隆四十六年九月二十五日具文,十月十四日奏准之《湖南巡抚刘墉奏查缴应毁书籍折》附一"湖南本省人著作书目板片单",其中有云:"《损斋诗集》,六本。湘潭人刘授易著。板片二百八十三块。""《国朝诗选》,十二本。攸县人彭廷梅选。"附三"外省人著作应请摘毁书目单",其中有云:"《诗持》,二集七本,三集六本。闽中魏宪选。内有龚鼎孳、钱谦益、吴伟业、屈大均等诗。""《江辰六文集》,十一本。贵阳江闿著。内引钱谦益语并屈大均诗。"②

乾隆□□□年□月□□日奏准,湖南巡抚李湖奏缴十种,其中有云:"《说铃》,无著书人名氏,内有屈大均《登华记》,应销毁,馀书仍行世。"③

安徽省 所知在安徽省流布和禁毁的屈大均著作有《道援堂集》、《广东新语》。其中包含有屈大均作品的他人编著,所知在安徽省流布和禁毁的有王隼《岭南三家诗》,卓尔堪《遗民诗》,释大汕《离六堂集》,汪有典《望古集》,朱滋年《南州诗略》以及《江南通志》。

乾隆四十年十一月二十日奏准,安徽巡抚李质颖奏缴九种,其中有云:"《岭南三家诗》,王隼选,合刻梁佩兰、屈大均、陈恭尹诗……《道援堂》(原雷梦辰按语:堂字下脱一至二字),屈大均著……《广东新语》,屈大均著。"④

乾隆四十四年十月二十九日《安徽巡抚闵鹗元奏请通饬铲削志乘所载应销各书名目及诗文折》云:"臣阅《江南通

---

① 雷梦辰:《清代各省禁书汇考》,第 32 页。
② 《纂修四库全书档案》,第 1390—1397 页。
③ 雷梦辰:《清代各省禁书汇考》,第 41—42 页。
④ 雷梦辰:《清代各省禁书汇考》,第 124—125 页。

志》及各郡邑志,如钱谦益、金堡、屈大均辈所撰传记诗文,往往多有,而现在查出悖妄各书名目,列入该府县志乘者亦复不少。"①

乾隆四十五年七月初八日奏准,安徽巡抚闵鹗元奏缴十六种,其中有"《遗民诗》,宝香山人李[卓]尔堪选……《离六堂集〔诗〕》,岭南长寿释大汕著。"② 按:《遗民诗》编者为卓尔堪。

乾隆四十六年□月□□日奏准,安徽巡抚闵鹗元奏缴二十种,其中有云:"《望古集》,二本,无为州汪有典著,内有狂妄处,并有钱谦益、屈大均等词。查汪有典所著《史外》已禁,此集应全毁。"③

乾隆□□□年□月□□日奏准,安徽巡抚□□奏缴十九种,其中有云:"《南州诗略》,四本全。今时人,当涂朱滋年选。内有屈大均、邢昉、顾炎武、戴重诸人诗,拟抽毁。"④

汪宗衍云:据《清代禁书知见录外编》知有静逸堂刻本之休宁汪观选刻《五大家诗》十七卷,凡阎古古诗三卷,杜茶村诗三卷,梁药亭诗三卷,屈翁山诗四卷,陈元孝诗四卷。⑤ 因休宁属安徽省,姑置于此。

两江地区 所知在两江地区流布和禁毁的屈大均著作有《道援堂集》、《屈翁山诗》、《寅卯军中集》、《翁山诗略二□》、《屈大均诗略》、《翁山诗集》、《翁山诗略》、《翁山诗外》、《屈大均诗外》、《屈大均诗集》、《屈翁山诗集》、《广东新语》、《翁山文外》、《翁山文钞》、《屈大均文钞》、《屈翁山

---

① 《纂修四库全书档案》,第1118—1119页。
② 雷梦辰:《清代各省禁书汇考》,第132—133页。
③ 雷梦辰:《清代各省禁书汇考》,第133—134页。
④ 雷梦辰:《清代各省禁书汇考》,第138—140页。
⑤ 汪宗衍:《屈大均年谱(后谱)》,康熙五十四年卒后十九年条,见欧初、王贵忱主编:《屈大均全集》第8册,第1999页。

集》、《广东文集》、《广东文选》。包含屈大均作品的他人编著，所知在两江地区流布和禁毁的有《岭南三家诗》，《岭南三家诗钞》，王隼辑《岭南三家诗选》，陈枚辑《留青二集》、《留青新集》，邓汉仪选《天下名家诗观》，王士禛辑《感旧集》，沈德潜等选初刻、重刻《国朝诗别裁集》、《明诗别裁》，叶闇选《诗逢初选》，陈维崧选《箧衍集》，朱豫选《（国朝）诗萃》，朱琰选《明人诗钞》或《明人诗钞正集》，徐釚辑《本事诗》，周在浚辑《结邻集》，吴蔼辑《名家诗选》，刘然选评《诗乘》，王焌著《忆雪楼诗集》、《田盘纪游》，蒋鑨辑《清诗初集》，徐文弼撰《诗法度针》，朱彝尊著《曝书亭集》，汪天舆辑《萱圃录》，彭廷梅辑《国朝诗选》，王持辑《国朝诗隽》，朱彝尊编《明诗综》，潘耒辑《救狂砭语》，王道升辑《古学要览》，魏宪撰《诗持》，徐鹤龄选《白尘古迹诗选》，林良铨选《睡庐诗选》，彭渚、吴泰来辑《庐山古迹诗选》，钱肃润辑《文瀿初编》，两淮盐法司辑《盐法志》，以及《说铃》。另《北黟山人诗》有屈大均名字。

乾隆四十一年四月十六日《两江总督高晋奏续解违碍书籍板片折》所附清单其中有云："《岭南三家诗选》三部，共十二本。内一部不全。《道援堂集》一部，三本。""《屈翁山诗》八部，共二十五本。内二部不全，一部未钉。《翁山诗外》三部，共二十七本。内一部不全。"①

乾隆四十二年五月二十日《两江总督高晋奏续解堪备采择及违碍应毁书籍板片折》所附清单其中有《诗萃》一部，朱豫选；《天下名家诗观》一部，邓汉仪选；《明人诗钞正集》一部，朱琰编；《感旧集》一部，王士正选；《留青新集》一部，陈枚选；《初刻别裁集》十一部；《岭南三家诗》五部；

---

① 《纂修四库全书档案》，第504—509页。

《广东新语》十一部;《翁山文外》一部;《翁山诗外》六部;《翁山诗集》二十部;《道援堂集》三部;《翁山文钞》一部。①

乾隆四十二年八月二十二日《两江总督高晋奏续缴违碍书籍板片折》附书目清单其中有云:"《明诗别裁》一部。长洲沈德潜等选。内有屈大均诗。《诗逢初选》一部。吴郡叶闇选。内有释一灵即屈大均并吴伟业、龚鼎孳等诗。""《箧衍集》一部。宜兴陈维崧选。内有钱谦益、吴伟业、龚鼎孳、屈大均、张缙彦、王铎等诗,语句违碍。""《本事诗》一部。枫江徐釚辑。内有钱谦益、吴伟业、龚鼎孳诗。""《初刻别裁集》四十二部,共六百三十二本。内五部不全,一部未订。""《翁山诗集》四十七部,共一百六十二本。内十四部不全,二部未订。""《翁山诗外》九部,共二十四本。不全。《岭南三家诗》十四部,共六十一本。内五部不全。""《广东新语》二十八部,共二百十三本。内九部不全,一部未订。《诗萃》九十七部,共六百八十四本。内二部不全,八部未订。""《留青新集》九十七部,共一千九百七十二本。内九部不全,十六部未订。《明人诗钞》二十四部,共六十五本。内十部未订。《感旧集》八十八部,共三百六十八本。内四部不全,四十三部未订。""《尺牍新钞三选·结邻集》二十九部,共二百四本。""《诗观》十部,共六十九本。内五部不全。"(按:不知是邓汉仪的《天下名家诗观》还是他人的《国朝诗观》。)"《翁山文外》一部,一本。《翁山诗略》二部,共四本。""《道援堂集》十二部,共四十五本。内二部不全。""《明诗别裁》五十九部,共一百五十六本。内二十六部未订。""《尺牍新钞三选·结邻集》抽板五块。"②

---

① 《纂修四库全书档案》,第 594—603 页。
② 《纂修四库全书档案》,第 686—705 页。

乾隆四十四年七月初九日具文《两江总督萨载奏续解〈九籥集〉等违碍书籍板片折》所附清单，其中有云："《国朝别裁集》十四部，共一百九十二本。内二部不全。""《广东文选》一部，十二本。不全。"①

乾隆四十五年正月初十日奏准，两江总督萨载奏缴二十四种，其中有云："《救狂砭语》，潘来著。"② 按：应为潘耒。

乾隆四十六年二月初八日奏准，两江总督萨载奏缴三十七种，其中有云："《名家诗选》，徽州吴蔼选，内有钱谦益、龚鼎孳、屈大均诸人诗集，应铲除抽禁，馀书仍行世（《应禁书目》徽州作福州府，《违碍书目》作天都）。""《诗乘》此书系西涧刘然选评，钱谦益、屈大均诸人诗，应请销毁。""《忆雪楼诗集》，宝坻王瑛著，内有屈大均序，并与屈大均唱和诗甚多，应行销毁。""《清诗初集》，此书武进蒋鑨选，内有钱谦益、屈大均、龚鼎孳诸人诗，应请销毁。""《田盘纪游》，宝坻王瑛稿，内有屈大均序，应请抽毁，馀书仍行世。""《诗法度针》，此书系徐文弼编释，内有屈大均诗一首，又所引钱谦益笺注，应请铲除，销毁。"③

乾隆四十六年四月二十四日奏准，两江总督萨载奏缴一百零二种。其中有《寅卯军中集》，屈大均著；《名人诗钞》（按：应为《明人诗钞》），朱琰编；《翁山诗略二》（雷梦辰按语：二字后有脱字），屈大均著；《诗逢初选》，吴郡叶门选（按：应为叶闇）。④

乾隆四十七年六月初四日具文，六月十七日准奏《署理两江总督萨载奏续缴应禁书籍折》所附清单，其中有云：

---

① 《纂修四库全书档案》，第1068—1083页。
② 雷梦辰：《清代各省禁书汇考》，第63页。
③ 雷梦辰：《清代各省禁书汇考》，第65—68页。
④ 雷梦辰：《清代各省禁书汇考》，第69—74页。

"《萱圃录》一部,一本。徽州汪天舆(按:当为'舆')等编辑。内有屈大均、王仲儒诗序,应行抽毁。《国朝诗选》二本,不全。彭廷梅选。内有钱谦益、屈大均、龚鼎孳、王仲儒诗,应请抽毁。"①

乾隆四十九年正月初四日奏准,两江总督萨载奏缴十八种,其中有云:"《国朝诗隽》,一部,一本,不全,王持选,内屈大均、阎尔梅诗三首,应请铲除。""《北黟山人诗》,二本,新安吴苑著,诗内有应行敬避字样,应请敬避。并屈大均姓名,应请抽毁。""《明诗综》,一部,二十四本,秀水朱彝尊选,内有应行敬避字样,应行敬避。其屈大均、金堡等语,并钱谦益诗话,均应铲除。"②

乾隆四十年四月十四日《江西巡抚海成奏恭缴应毁书籍折》所附清单,其中有云:"《屈翁山集》一部。《屈大均诗集》二部。《岭南三家诗钞》一部。内屈大均诗二本,陈恭尹《独漉堂诗》一本。屈大均《广东新语》二部。"③

乾隆四十年五月十一日《江西巡抚海成奏缴应选应毁书籍折》所附清单,其中有云:"《岭南三家诗选》二部。内有屈大均诗。"④

乾隆四十年九月十二日《江西巡抚海成奏进续得应选应毁书籍折》附"应毁书籍版片清单",其中有云:"《屈大均诗外》六部。内不全四部。"⑤

乾隆四十年十一月十七日《江西巡抚海成奏查办应毁书籍并呈名异书同各书清单折》附"书同名异各籍清单",其中

---

① 《纂修四库全书档案》,第1583—1585页。
② 雷梦辰:《清代各省禁书汇考》,第81—82页。
③ 《纂修四库全书档案》,第373—376页。
④ 《纂修四库全书档案》,第385—387页。
⑤ 《纂修四库全书档案》,第425—431页。

有云:"原禁《屈大均诗略》,《屈大均诗集》,二书本同。今又有《诗外》一种,亦与上同,共十三部。"①

乾隆四十二年十一月二十二日奏准,江西巡抚海成奏缴四种,有云:"《古学要览》,本朝王道升编辑,内有屈大均诗,应摘毁。"②

乾隆四十三年九月十八日奏准,江西巡抚郝硕奏缴四种,其中有《诗持二集》,"古闽魏宪评选,龚鼎孳等诗"。③

乾隆四十三年十二月十二日奏准,江西巡抚郝硕奏缴十二种,有云:"《结邻集》,系河南仪封周在浚选,内有钱谦益、屈大均尺牍,应请摘毁,馀书仍行世。"④

乾隆四十四年四月初五日奏准,江西巡抚郝硕奏缴一百十二种,其中有云:"《白尘古迹诗选》,江西建昌县徐鹤龄选,内有屈大均诗,应铲除,馀书仍行世。""《文瀫初编》,江苏无锡县钱肃润选,内有钱谦益、金堡诸人著作。《睡庐诗选》,广东平远县林良铨著,序文注辑皆引用翁山、牧斋文。"⑤

乾隆四十五年六月二十四日奏准,江西巡抚郝硕奏缴七十八种,其中有云:"《庐山古迹诗选》,建昌彭渚、吴泰来同辑,中有屈大均诗十二首。""《盐法志》,两淮盐法司等同辑,内有屈大均序,及钱谦益跋语,均应铲除,馀书仍行世。"⑥

乾隆四十□年□月□□日奏准,江西巡抚郝硕奏缴十种,其中有《屈大均文钞》。⑦

乾隆四十六年二月十一日《江西巡抚郝硕奏解毁书籍板

---

① 《纂修四库全书档案》,第480—483页。
② 雷梦辰:《清代各省禁书汇考》,第89—90页。
③ 雷梦辰:《清代各省禁书汇考》,第90页。
④ 雷梦辰:《清代各省禁书汇考》,第90—91页。
⑤ 雷梦辰:《清代各省禁书汇考》,第92—99页。
⑥ 雷梦辰:《清代各省禁书汇考》,第100—107页。
⑦ 雷梦辰:《清代各省禁书汇考》,第111—112页。

片并请展限检缴折》附"汇解销毁书籍板片清单",其中有《簌衍集》二部八本,内抄本一部,不全一部;《诗持》一部一本,不全;《感旧集》三部二十四本;《道援堂集》一部三本;《屈翁山诗集》一部四本,不全;《屈翁山文钞》一部六本;《说铃》五部,二十五本,内一部未钉,三部不全;《国朝诗别裁》二部,三十四本,俱不全;《明诗别裁》十一部,四十七本,内三部不全,二部未钉;"《留青集》、《新集》、《二集》共一百零八部,九百二十二本"。①

乾隆五十三年六月初六日《江西巡抚何裕城奏覆查办违禁书籍并缮书目清单进呈折》附"应销书目清单",其中有:屈大均《道援堂诗》二本;徐文弼《诗法度针》五本,不全。②

乾隆四十一年四月二十日《暂管江苏巡抚萨载奏续缴违碍书籍板片折》所附清单其中有:"《屈翁山诗集》三部。一部六本;一部二本,不全;一部一本,不全。""《广东新语》六部。三部各十本,三部未钉。""《岭南三家诗》二部。一部四本;一部一本,不全。"③

乾隆四十二年四月十八日《江苏巡抚杨魁奏缴〈国朝诗别裁集〉原本及应毁书籍折》有云:"经臣钦遵确查,沈德潜《别裁集》有初刻、重刻两种板片,已经销毁无存。刷印原本,分散在外,随据苏城地方官查缴三十馀部,俟有成数,汇齐解京。"④

乾隆四十二年五月十九日奏准,江苏巡抚杨魁奏缴二十三

---

① 《纂修四库全书档案》,第1278—1287页。
② 《纂修四库全书档案》,第2128—2131页。
③ 《纂修四库全书档案》,第510—516页。
④ 《纂修四库全书档案》,第588页。

种,其中有《广东文选》,番禺屈大均选。①

乾隆四十三年六月十六日《江苏巡抚杨魁奏呈续缴违碍书籍单》,其中有《翁山文外》二部,《翁山诗外》十七部,《翁山文钞》一部,《道援堂集》六部,《感旧集》七十部,《天下名家诗观》七部,《明人诗钞》七十八部,《广东文集》六部,《明诗别裁》六十五部,《箧衍集》六十八部。②

乾隆四十四年四月初八日准奏《江苏巡抚杨魁奏续缴应毁书籍并再实力妥办折》所附清单,其中有《翁山诗集》四十部,《岭南三家诗选》五部,《国朝诗萃》一部,《本事诗》二十部,《诗逢初集》一部。③

闽浙地区 所知在闽浙地区流布和禁毁的屈大均著作有《翁山易外》、《四朝成仁录》、《广东新语》、《广东文选》、《广东文集》、《翁山文外》、《翁山文钞》、《道援堂集》、《翁山诗外》、《翁山诗集》、《屈翁山诗集》、《翁山诗外选略》、《翁山诗略》、《寅卯军中集》、《屈翁山集》、《登华山记》。包含屈大均作品的他人编著,所知在闽浙地区流布和禁毁的有《岭南三家诗》,王隼辑《岭南三家诗选》,陈枚辑《留青二集》、《留青新集》、《留青采珍集》,释大汕著《离六堂集》,周在浚辑《结邻集》,黄俊升选《岭南五朝诗》,王隼辑《梳山赠言》,王隼著《大樗堂初集》、《大樗堂诗集》,陶煊选《国朝诗的》,周京选《近代诗钞》,朱彝尊著《曝书亭集》,魏宪辑《诗持》,邓汉仪选《诗观》,王士禛选《感旧集》,江闿《江辰六文集》,沈德潜撰《明诗别裁集》。

乾隆四十三年三月二十六日《闽浙总督钟音奏查缴应销各书解京折》附"违碍全部书籍",其中有《广东新语》八

---

① 雷梦辰:《清代各省禁书汇考》,第 156—157 页。
② 《纂修四库全书档案》,第 838—844 页。
③ 《纂修四库全书档案》,第 1019—1030 页。

部,共一百零五本;《屈翁山诗集》四部,共一十八本;《岭南三家诗》三部,共十七本;《广东文选》一部,十二本;《翁山诗外》一部,十四本。①

乾隆四十七年二月三十日《闽浙总督陈辉祖奏缴应禁书籍折》附"查缴应禁书籍清单",其中有云:"《离六堂集》二部,刊本。是书释大汕撰。系各体诗词。每部十二卷,全。中多感慨之作,并有屈大均序及赠屈翁山诗。""《留青采珍集》十二部,刊本。是书陈枚辑,沈近思订。俱全。""《结邻集》五部,刊本。是书周在浚纂。四部全,一部不全。""《大樗堂初集》一部,刊本。是书王隼著。不全。《岭南三家诗选》一部,刊本。是书王隼选。不全。""《广东文集》一部,刊本。是书屈大均选。不全。《翁山文外》一部刊本;《道援堂集》一部,刊本。是书俱屈大均著。俱不全。《翁山诗集》二部,刊本。是书屈大均著。一部全,一部不全。""《翁山诗外选略》一部,刊本;《登华山记》二部,刊本。是书俱屈大均著。俱全。"②

乾隆四十七年八月二十八日具文,九月十七日准奏《闽浙总督陈辉祖奏第二十二次缴送应毁书籍折》所附书单,其中有云:"《梳山赠言》一部,刊本。是书王隼编。不全。系哀集友人投赠诗文,中多屈大均作,应销毁。""《岭南五朝诗》一部,刊本。是书黄俊升选。全。""《翁山诗外》一部,刊本。是书屈大均著。全。《翁山文钞》二部,刊本。是书屈大均著。俱全。""《留青新集》六十五部,刊本。是书陈枚辑。二十二部全,四十三部不全。《留青二集》三十三部,刊本。是书陈枚辑。二十四部全,九部不全。""《国朝诗的》一

---

① 《纂修四库全书档案》,第797—806页。
② 《纂修四库全书档案》,第1520—1541页。

部,刊本。是书陶煊选。全。"①

乾隆四十年五月二十二日《浙江巡抚三宝奏解缴续收应毁书籍版片并堪采遗书折》所附清单,其中有云:"《寅卯军中集》一册。刊本。是书系屈大均在康熙甲寅、乙卯两年间所撰,各体诗语有干犯。计二卷。原本向有缺页及涂墨之处。《翁山文外》三部。刊本。是书屈大均所撰各体文,计十七卷……《翁山诗外》三部。刊本。是书系屈大均著……《屈翁山诗集》二十二部。刊本。是书系屈大均诗词选本。"②

乾隆四十二年五月二十日具文,六月初五日奏准《浙江巡抚三宝奏呈续获应毁书籍折》,其中有云:"《近代诗钞》二部,刊本。是书国朝周京辑。今续查出二部……《岭南三家诗》十二部,刊本。是书选刻梁佩兰、屈大均、陈恭尹诗。今续查出十二部。内十部全,一部原缺卷九至卷十六,又一部原缺卷五至卷七、卷二十二至卷二十四……《翁山诗集》四十七部,刊本。是书屈大均著。今续查出四十七部……《翁山诗外》十五部,刊本。是书屈大均著。今续查出十五部……《道援堂集》三部,刊本。是书屈大均著。今续查出三部。内一部全,一部原缺卷一至卷三,又一部原缺卷一至卷六。《广东新语》三十部,刊本。是书屈大均著。今续查出三十部,内二十七部全。"③

乾隆四十二年七月十三日奏准,浙江巡抚三宝奏缴三十二种,其中有云:"《翁山易外》,屈大均著,上下经次,自抒铨论……《四朝成仁录》,屈大均著。"④

乾隆四十二年八月初四日《浙江巡抚三宝奏续交应毁书

---

① 《纂修四库全书档案》,第1619—1633页。
② 《纂修四库全书档案》,第396—404页。
③ 《纂修四库全书档案》,第605—619页。
④ 雷梦辰:《清代各省禁书汇考》,第212—214页。

籍折》附"续缴触碍书目清单",其中有云:"《大樗堂诗集》一部。刊本。是书国朝王隼著,广东人。卷首有屈大均序。诗赋共十卷,多感愤之语……《广东诗文集》一部。刊本。是书屈大均选,汇录粤东人著作。自唐迄明季,分类编次,共四十卷。内明季人诗,率多感慨……《翁山诗略》四部。刊本。是书屈大均著。今续查出四部……《翁山诗外选略》五部。刊本。是书屈大均著。今续查出五部……《翁山文钞》三部。刊本。是书屈大均著。今续查出三部。"①

乾隆四十五年九月初八日《浙江巡抚李质颖奏查缴违碍书籍并缮清单呈览折》附"第十九次查缴应毁各书清单",其中有云:"《屈翁山诗》二十八部。刊本。是书屈大均撰。十八部全,十部不全。"②

乾隆五十四年十月《浙江巡抚琅玕奏呈查缴禁书清单》,其中有云:"《屈翁山集》四本。屈大均撰……《结邻集》十五本。周在浚等辑……《离六堂集》三本。释大汕撰……《明诗别裁》一本。沈德潜等选。内有陈恭尹诗,应毁……《曝书亭集》一本。朱彝尊撰。内有屈大均等诗,应抽毁。"③

乾隆五十五年五月初七日《浙江巡抚琅玕奏查缴违碍书籍情形折》所附"禁书名目清单",其中有云:"《岭南三家诗选》四本。王隼选。《感旧集》十二本。王士禛选……《明诗别裁集》二十二本。沈德潜选……《诗持》十六本。魏宪辑。《诗观》二十四本。邓汉仪辑……《翁山诗集》八本。屈大均著……《登华山记》一本。屈大均著……《江辰六文集》三本。江闿著。"④

---

① 《纂修四库全书档案》,第643—676页。
② 《纂修四库全书档案》,第1203—1213页。
③ 《纂修四库全书档案》,第2162—2168页。
④ 《纂修四库全书档案》,第2177—2188页。

第三节　康乾时期陈恭尹著作之禁毁与流布

一、陈恭尹著作之遭禁

陈恭尹受到屈大均遗著案的牵连，雍正八年（1730）庚戌其著作遭到禁毁。此次遭到查禁的陈恭尹的著作见于记载的仅限于三家合刻诗选内的作品，至于《独漉堂集》是否遭到查禁虽不见记载，但基本可以相信，这一著作应该不会被放过。因为广东巡抚傅泰在雍正八年十月的奏折中说得非常清楚："查梁药亭诗文词无悖谬，而翁山元孝书文中多有悖逆之词，隐藏抑郁不平之气，又将前朝称呼之处俱空抬一字，惟屈翁山为最，陈元孝间亦有之……陈元孝与屈翁山生前皆属交游同气之人……仰恳皇上严旨敕究。"尽管傅泰得到的雍正帝十月十九日"糊涂繁渎，不明人事之至"的硃批，但雍正帝训斥傅泰也许只是针对他"仰恳皇上严旨敕究"的建议，并不包含轻宥其著作的意思。① "检阅虽无忌讳"的《广东新语》且遭禁毁，何况有"悖逆之词"的《独漉堂集》。雍正时期对屈大均和陈恭尹著作的查禁没有收到预期的效果，由乾隆三十九年两广总督李侍尧和广东巡抚德保等人关于屈大均诗文的奏折可知。乾隆年间随着查缴违碍书籍运动的展开，陈恭尹的著作再次遭到了禁毁。不过这次遭禁仍如其前，也是因屈大均遗著案而遭到查禁的。乾隆四十一年诏令删削方志和汇选各家诗文词集中的屈大均、钱谦益等人的名字和诗、文、词、议论等，相关书板进行挖改，与他们相关的各地碑碣也一概扑毁或

---

① 雍正八年十月十九日《傅泰奏屈明洪缴印投监折》，见上海书店编：《清代文字狱档》，上海书店出版社2007年版，第129—130页。

磨灭。尽管诏令未提及陈恭尹的名字,但之后陈恭尹著作的遭际与屈大均等人几乎是一样的。

二、康乾时期陈恭尹著作的分省禁毁与流布

两广地区 陈恭尹本为广东诗人,其作品在广东刊刻,所有作品包括《独漉堂集》等也自然应在两广地区流布,同时其著作也应该会在两广地区遭到禁毁。包含陈恭尹作品的他人编著,所知在两广地区禁毁和流布的有《岭南三大家诗选》、梁善长辑《广东诗粹》、黄登辑《岭南五朝诗选》。另外,载有陈恭尹作品的宋广业辑《罗浮山志会编》、沈德潜等编《国朝诗别裁集》等在此地区也应该会有流传。

乾隆三十九年十月初四日两广总督李侍尧、广东巡抚德保等在奏折中云:"据番禺县童生沈士成缴出屈大均《诗外》一种及书铺潘明等缴出《广东新语》并岭南三家合刻诗集版片二分连刷成书十部……惟查三家合刻内梁佩兰、陈恭尹诗文语多悖逆,实属不应留存。"①

雍正八年十月,广东巡抚傅泰奏称:"《屈翁山文外》、《诗外》、《文钞》及陈元孝、梁药亭诗集等书。查梁药亭诗文词无悖谬,而翁山元孝书文中多有悖逆之词。"②

乾隆四十年二月二十六日《广东巡抚德保奏查缴应禁书籍及版片折》云:"至应禁书籍,前已查有版片者,《广东新语》、《岭南三家合刻诗集》二种,经督臣李侍尧会同臣奏明,

---

① 《李侍尧等奏据缴屈大均诗文折》,见上海书店编:《清代文字狱档》,上海书店出版社2007年版,第131页。
② 《傅泰奏屈明洪缴印投监折》,见上海书店编:《清代文字狱档》,上海书店出版社2007年版,第129页。

俟续有缴出,一并销毁在案。"①

沈德潜等编《国朝诗别裁集》有陈恭尹诗。如前所引乾隆二十五年曾有江宁怀德堂书客周学先来粤卖书,以粤省书板刻工较江南价廉,曾将《国朝诗别裁集》初刻本翻刻版片,带回江南刷卖。尽管后经查实,在书板刻成之后并没有在广东刷卖,但书稿曾经流传到此地是没有问题的。

梁善长辑《广东诗粹》、黄登辑《岭南五朝诗选》、宋广业辑《罗浮山志会编》三书录有陈恭尹诗文,如前所述,编刻于粤,故在广东应有流传。

乾隆四十一年正月二十四日《暂护广西巡抚苏尔德为查缴不应存留书籍板片事致军机处咨呈》称:"又据南宁府缴据宣化县缴到《岭南三家诗》一部二本……又横州缴到残破《岭南三家诗》一本……又该府教授缴到《岭南三家诗》三部十五本。"②

云贵地区 所知在贵州省流布和禁毁的陈恭尹著作有《独漉堂稿》、《独漉堂诗稿》。包含陈恭尹作品的他人编著,所知在云贵地区流布和禁毁的有《岭南三家诗》、《岭南三大家诗选》。

乾隆四十三年五月十一日《署云贵总督裴宗锡奏第四次查缴应禁书籍分别委员解京折》附"滇省向例查禁各书清单",其中有云:"《岭南三家诗》二部,共十本。"③

乾隆四十年九月十五日《暂护贵州巡抚韦谦恒奏查缴禁书并发还书局候旨在外焚销折》附"黔省查缴禁书清单",其中有云:"《独漉堂稿》一部,四本。陈恭尹著……《岭南三家诗选》二部,八本。屈大均、陈恭尹、梁佩兰著。内一部

---

① 《纂修四库全书档案》,第349—350页。
② 《纂修四库全书档案》,第494—496页。
③ 《纂修四库全书档案》,第820—829页。

下编　岭南三大家著作的存佚和流布

系抄本。"①

乾隆四十一年二月十六日《贵州巡抚裴宗锡奏缴违禁书籍折》附"黔省收缴违禁书目清单",其中有云:"《岭南三家诗选》二部,八本。内一部系抄本。陈恭尹《独漉堂诗稿》一部,四本。"②

《独漉堂诗稿》当与《独漉堂稿》同。姚觐元《清代禁毁书目四种》中未见载录《独漉堂稿》或《独漉堂诗稿》。施廷镛《清代禁毁书目题注　外一种》载录有《独漉堂稿》,并谓《独漉堂稿》,六卷,刊本。③

直隶省　包含陈恭尹作品的他人编著,所知在直隶省流布和禁毁的有王煐著《忆雪楼诗集》、邓汉仪辑《诗观》。

乾隆四十六年六月初十日《直隶总督袁守侗奏汇缴应禁书籍情形折》附"查出违禁书目",其中有《忆雪楼诗集》一部,二本,全,王煐作;《诗观》一部,二十本,全,邓汉仪选。④

山东省　包含陈恭尹作品的他人编著,所知在山东省流布和禁毁的有王隼辑《岭南三家诗选》、王士禛辑《感旧集》、沈德潜等编《诗选别裁》、梁善长辑《广东诗粹》、邓汉仪辑《诗观初集》。

乾隆四十四年四月二十日《山东巡抚国泰奏汇解违碍书籍并分缮清单呈览折》附"查缴各省咨会应毁各书名目清单",其中有云:"《岭南三家诗选》。是书系番禺屈大均著。今查出六部,二十六本……《感旧集》。是书系渔洋山人选。

---

① 《纂修四库全书档案》,第432—434页。
② 《纂修四库全书档案》,第498—499页。
③ 施廷镛:《清代禁毁书目题注　外一种》,北京图书馆出版社2004年版,第191页。
④ 《纂修四库全书档案》,第1362—1381页。

今查出一部，八本。"附"山东省查出应毁各书名目清单"，其中有《广东诗粹》四本，顺德梁善长辑。①

乾隆四十六年二月三十日具文《山东巡抚国泰奏缴应毁违碍书籍板片折》附"查缴各省咨会应毁书目清单"，其中有云："《岭南三家诗》系王隼辑。计四部，二十一本……《诗选别裁》系沈德潜选。计二部，三十六本。又一部，不全，十六本……《诗观初集》系邓汉仪评选。计一部，六本。"②

山西省 所知在山西省流布和禁毁的陈恭尹著作有《独漉堂集》。包含陈恭尹作品的他人编著，所知在山西省流布和禁毁的有王隼辑《岭南三家诗选》、王士禛辑《感旧集》。

乾隆四十三年闰六月十二日《山西巡抚巴延三奏查获〈六柳堂集〉并汇缴违碍书籍折》所附清单，其中有：陈恭尹《独漉堂集》一部，计四本；王隼《岭南三家诗选》二部，计十一本。③

乾隆四十五年十二月十八日《山西巡抚喀宁阿奏汇缴违碍书籍折》云："又王士正选《感旧集》二部，内有钱谦益诗。"④

湖广地区 所知在湖广地区流布和禁毁的陈恭尹著作有《独漉堂集》，另外，在湖北省流布和禁毁的《九边图》，或为陈恭尹之作。包含陈恭尹作品的他人编著，所知在湖广地区流布和禁毁的有王隼辑《岭南三家诗选》、陈维崧辑《箧衍集》，王士禛辑《感旧集》，邓汉仪评选《名家诗观初集》、《天下名家诗观》，陶煊等辑《国朝诗的》，彭廷梅辑《国朝诗选》，沈德潜等编《国朝诗别裁集》。

---

① 《纂修四库全书档案》，第 1032—1048 页。
② 《纂修四库全书档案》，第 1297—1310 页。
③ 《纂修四库全书档案》，第 849—853 页。
④ 《纂修四库全书档案》，第 1245—1246 页。

下编　岭南三大家著作的存佚和流布

乾隆四十二年十二月二十二日奏准，湖广总督三宝奏缴九种，其中有《国朝诗选》。① 按：此处未署选者。

乾隆四十三年二月初三日奏准，湖广总督三宝奏缴二十五种，其中有《箧衍集》，陈维崧选。②

乾隆四十三年四月初十日《湖广总督三宝等奏四次查获应毁各书折》所附书目清单，其中有云："《岭南三家诗选》三部，刊本。是书王隼撰。前已缴过。今续查获二部各五本，又一部计三本，俱全。"③

乾隆四十三年《湖广总督三宝等奏呈查缴应毁各书清单》，其中有云："《独漉堂集》一部。刊本。是书陈恭尹著。计四本。诗内语多隐刺……《感旧集》二部。刊本。是书王士正选。一部计十本，又一部计八本，俱全。内有钱谦益、吴伟业诗。"④

乾隆四十三年十月初四日《湖广总督三宝等奏六次查获应毁各书折》所附书目清单，其中有云："《国朝诗别裁》四部，刊本。是书沈德潜选。二部各十八本，又一部计二十本，又一部计十四本。内有钱谦益、吴伟业、龚鼎孳诗。"⑤

乾隆四十四年十一月初一日《湖广总督图思德等奏第八次查获应毁各书解缴缘由折》所附清单，其中有云："《名家诗观初集》一部。邓汉仪评选。内载钱谦益、龚鼎孳、吴伟业诗。"⑥

乾隆四十七年十月初七日具文，《湖北巡抚姚成烈奏解第十一次查缴应禁各书并缮单呈览折》附"湖北省第十一次查

① 雷梦辰：《清代各省禁书汇考》，第20页。
② 雷梦辰：《清代各省禁书汇考》，第20—22页。
③ 《纂修四库全书档案》，第813—818页。
④ 《纂修四库全书档案》，第969—982页。
⑤ 《纂修四库全书档案》，第894—925页。
⑥ 《纂修四库全书档案》，第1120—1125页。

缴应禁书籍并书板清单",通计一百六十八种,其中有云:"《九边图》一部,刊本。无编辑姓氏。计一本,全……《天下名家诗观》一部,刊本。系邓汉仪著。七本,缺四卷、八卷、十二卷。"①

按:梁佩兰《前锦衣卫指挥佥事私谥贞谥先生独漉陈公行状》和冯奉初《明世袭锦衣卫佥事怀远将军陈元孝先生传》皆云陈恭尹曾绘《九边图》,但未言是否刊行。明末清初类似的著作不少。如:明魏焕著《九边考》、明许论著《九边图论》、② 郑文都编《边塞考》、③ 明霍冀等汇编《九边图说》、④ 明温陵郑大郁编《边塞考》⑤ 等。湖北省所查缴《九边图》,不知作者为谁。尽管陈恭尹曾漫游湖广,但不能断定此即恭尹所作。

乾隆四十三年十二月十一日《湖南巡抚李湖奏查出〈国朝诗的〉等违碍书籍分别办理缘由折》云:"据委往永州府属试用训导刘旦查缴违碍各书,内有本省人刊刻《国朝诗的》一本,注系长沙陶煊奉长选、同里张璨岂石同辑,载有应禁之屈大均等诗句在内。"⑥

乾隆四十六年十一月七日奏准,湖南巡抚刘墉奏缴八十二种,其中有云:"《国朝诗选》,攸县彭廷梅选,内有吴伟业、陈恭尹、陶汝鼐、屈大均、龚鼎孳、梁佩兰、钱谦益等诗,均奉例禁,并所选诗中,有违碍,应销毁,计十二本。"⑦

安徽省 包含陈恭尹作品的他人编著,所知在安徽省流布

---

① 《纂修四库全书档案》,第1649—1665页。
② 雷梦辰:《清代各省禁书汇考》,第62—63页。
③ 雷梦辰:《清代各省禁书汇考》,第71页。
④ 雷梦辰:《清代各省禁书汇考》,第81页。
⑤ 雷梦辰:《清代各省禁书汇考》,第189页。
⑥ 《纂修四库全书档案》,第957页。
⑦ 雷梦辰:《清代各省禁书汇考》,第33—38页。

和禁毁的有王隼选《岭南三家诗》、卓尔堪辑《遗民诗》、释大汕著《离六堂集》。

乾隆四十年十一月二十日奏准，安徽巡抚李质颖奏缴九种，其中有云："《岭南三家诗》，王隼选，合刻梁佩兰、屈大均、陈恭尹诗。"①

乾隆四十五年七月初八日奏准，安徽巡抚闵鹗元奏缴十六种，其中有云："《遗民诗》，宝香山人李［卓］尔堪选……《离六堂集〔诗〕》，岭南长寿释大汕著。"② 按：《遗民诗》编者为卓尔堪。

汪宗衍云：据《清代禁书知见录外编》知有静逸堂刻本之休宁汪观选刻《五大家诗》十七卷。如前所述，其中有陈恭尹诗四卷。③ 因休宁属安徽省，姑置于此。

两江地区 所知在两江地区流布和禁毁的陈恭尹著作有《独漉堂稿》、《独漉堂集》、《独漉堂诗》，另外，《九边图》或为陈恭尹之作。包含陈恭尹作品的他人编著，所知在两江地区流布和禁毁的有《岭南三家诗钞》，《岭南三家诗选》，王隼选辑《岭南三家诗选》，邓汉仪辑《天下名家诗观》，王士禛辑《感旧集》，沈德潜等编《明诗别裁集》、《国朝诗别裁集》，陈维崧辑《箧衍集》，朱琰辑《明人诗钞正集》，吴蔚辑《名家诗选》，刘然选评《诗乘》，彭廷梅辑《国朝诗选》，王煐著《忆雪楼诗集》，蒋鑨辑《清诗初集》，朱彝尊辑《明诗综》。

乾隆四十二年五月二十日《两江总督高晋奏续解堪备采择及违碍应毁书籍板片折》所附清单，其中有云："《天下名

---

① 雷梦辰：《清代各省禁书汇考》，第124—125页。
② 雷梦辰：《清代各省禁书汇考》，第132—133页。
③ 汪宗衍：《屈大均年谱（后谱）》康熙五十四年卒后十九年条，见《屈大均全集》第8册，第1999页。

家诗观》一部。邓汉仪选。《明人诗钞正集》一部,朱琰编。《感旧集》一部。王士正选……《初刻别裁集》十一部(按:系指乾隆二十四年刻《国朝诗别裁集》)……《岭南三家诗》五部……《独漉堂稿》三部。"①

乾隆四十二年八月二十二日《两江总督高晋奏续缴违碍书籍板片折》所附书目清单其中有云:"《明诗别裁》一部。长洲沈德潜等选。内有屈大均诗……《箧衍集》一部。宜兴陈维崧选。内有钱谦益、吴伟业、龚鼎孳、屈大均、张缙彦、王铎等诗,语句违碍……《初刻别裁集》四十二部,共六百三十二本。内五部不全,一部未订……《岭南三家诗》十四部,共六十一本。内五部不全……《留青新集》九十七部,共一千九百七十二本。内九部不全,十六部未订。《明人诗钞》二十四部,共六十五本。内十部未订……《诗观》十部,共六十九本。内五部不全(按:不知是邓汉仪的《天下名家诗观》还是他人的《国朝诗观》)……《明诗别裁》五十九部,共一百五十六本。内二十六部未订。"②

乾隆四十四年七月初九日具文《两江总督萨载奏续解〈九籥集〉等违碍书籍板片折》所附清单,其中有云:"《国朝别裁集》十四部,共一百九十二本。内二部不全……《独漉堂集》三部,共九本……《明诗别裁集》七十九部,共三百三十五本。内四部不全,十二部未钉……《岭南三家诗选》九部,共三十一本。内五部不全。"③

乾隆四十六年二月初八日奏准,两江总督萨载奏缴三十七种,其中有云:"《名家诗选》,徽州吴蔼选,内有钱谦益、龚鼎孳、屈大均诸人诗集,应铲除抽禁,馀书仍行世……《诗

---

① 《纂修四库全书档案》,第 594—604 页。
② 《纂修四库全书档案》,第 686—705 页。
③ 《纂修四库全书档案》,第 1068—1082 页。

乘》，此书系西涧刘然选评，钱谦益、屈大均诸人诗应请销毁……《忆雪楼诗集》，宝坻王瑛著，内有屈大均序，并与屈大均唱和诗甚多，应行销毁……《清诗初集》，此书武进蒋鑨选，内有钱谦益、屈大均、龚鼎孳诸人诗，应请销毁。"①

乾隆四十六年四月二十四日奏准，两江总督萨载奏缴一百零二种，其中有失名《九边图》，朱琰编《名人诗钞》（按：应为《明人诗钞》），沈德潜著《明诗别裁》。②

乾隆四十七年六月初四日具文《署理两江总督萨载奏续缴应禁书籍折》所附清单，其中有云："《国朝诗选》二本，不全。彭廷梅选。内有钱谦益、屈大均、龚鼎孳、王仲儒诗，应请抽毁。"③

乾隆四十九年正月初四日奏准，两江总督萨载奏缴十八种，其中有云："《明诗综》，一部二十四本，秀水朱彝尊选，内有应行敬避字样，应行敬避。其屈大均、金堡等语，并钱谦益诗话均应铲除。"④

乾隆四十年四月十四日《江西巡抚海成奏恭缴应毁书籍折》所附清单，其中有云："《岭南三家诗钞》一部。内屈大均诗二本，陈恭尹《独漉堂诗》一本。"⑤ 按：此处所谓《岭南三家诗钞》疑为《岭南三大家诗选》抄本。

乾隆四十年九月十二日《江西巡抚海成奏进续得应选应毁书籍折》所附清单，其中有《岭南三家诗选》三十三部。内不全十一部。⑥

乾隆四十六年二月十一日《江西巡抚郝硕奏解毁书籍板

---

① 雷梦辰：《清代各省禁书汇考》，第65—67页。
② 雷梦辰：《清代各省禁书汇考》，第69—74页。
③ 《纂修四库全书档案》，第1583—1585页。
④ 雷梦辰：《清代各省禁书汇考》，第81—83页。
⑤ 《纂修四库全书档案》，第373—376页。
⑥ 《纂修四库全书档案》，第425—432页。

片并请展限检缴折》所附"汇解销毁书籍板片清单",其中有云:"《篋衍集》二部,八本。内抄本一部,不全一部……《独漉堂集》一部,十九本。不全……《感旧集》三部,二十四本……《国朝诗别裁》二部,三十四本。俱不全……《明诗别裁》十一部,四十七本。内三部不全,二部未钉。"①

乾隆五十三年六月初六日具文《江西巡抚何裕城奏覆查办违禁书籍并缮书目清单进呈折》所附"应销书目清单",其中有陈恭尹《独漉堂诗》二本。②

乾隆四十一年四月二十日《暂管江苏巡抚萨载奏续缴违碍书籍板片折》所附清单,其中有云:"《独漉堂集》二部。一部六本;一部一本,不全……《岭南三家诗》二部。一部四本;一部一本,不全。"③

乾隆四十一年十二月二十八日《江苏巡抚杨魁奏遵旨查办〈国朝诗别裁集〉原板情形折》云:"臣伏查沈德潜选辑《国朝诗别裁集》,初次镌刻系乾隆二十四年完竣,计三十六卷。嗣因初刻纂校未精,又于乾隆二十五年复经增删镂板,计三十二卷……据苏城地方官查缴蒋重光初刻原本三十馀部,并沈德潜重刻原本五部前来。"④

乾隆四十三年六月十六日《江苏巡抚杨魁奏呈续缴违碍书籍单》,其中有《独漉堂集》十四部,《岭南三家诗》九部,《感旧集》七十部,《天下名家诗观》七部,《明人诗钞》七十八部,《明诗别裁》六十五部,《篋衍集》六十八部,沈德潜《国朝诗别裁集》三十部。⑤

---

① 《纂修四库全书档案》,第1278—1287页。
② 《纂修四库全书档案》,第2128—2131页。
③ 《纂修四库全书档案》,第510—516页。
④ 《纂修四库全书档案》,第566—568页。
⑤ 《纂修四库全书档案》,第838—844页。

闽浙地区 所知在闽浙地区流布和禁毁的陈恭尹著作有《独漉堂》、《独漉堂稿》、《独漉堂集》。包含陈恭尹作品的他人编著,所知在闽浙地区流布和禁毁的有《岭南三家诗选》、王隼辑《岭南三家诗选》、释大汕著《离六堂集》、黄俊升选《岭南五朝诗》、陶煊等辑《国朝诗的》、沈德潜撰《明诗别裁》、王士禛辑《感旧集》、邓汉仪辑《诗观》。

乾隆四十三年三月二十六日《闽浙总督钟音奏查缴应销各书解京折》所附书目清单,其中有《岭南三家诗》三部,共十七本;《独漉堂》二本。①

乾隆四十七年二月三十日具文《闽浙总督陈辉祖奏缴应禁书籍折》所附"查缴应禁书籍清单",其中有云:"《离六堂集》二部,刊本。是书释大汕撰。系各体诗词。每部十二卷,全。中多感慨之作,并有屈大均序及赠屈翁山诗……《岭南三家诗选》一部,刊本。是书王隼选。不全。"②

乾隆四十七年八月二十八日具文,九月十七日准奏《闽浙总督陈辉祖奏第二十二次缴送应毁书籍折》所附"第二十二次奏缴应禁书目清单",其中有云:"《岭南三家诗》一部,刊本。是书王隼选。不全。《岭南五朝诗》一部,刊本。是书黄俊升选。全……《国朝诗的》一部,刊本。是书陶煊选。全。"③

乾隆四十二年八月初四日《浙江巡抚三宝奏续交应毁书籍折》所附"续缴触碍书目清单",其中有云:"《独漉堂稿》一十九部。刊本。是书陈恭尹著。今续查出一十九部……《岭南三家诗选》八部。刊本。是书梁佩兰、屈大均、陈恭尹著。今续查出八部。内四部全,一部原缺卷九至卷十六,又一

---

① 《纂修四库全书档案》,第 797—806 页。
② 《纂修四库全书档案》,第 1520—1541 页。
③ 《纂修四库全书档案》,第 1619—1633 页。

部原缺卷十七至卷二十四，又二部各原缺卷九至卷二十四。"①

乾隆四十五年九月初八日《浙江巡抚李质颖奏查缴违碍书籍并缮清单呈览折》所附"第十九次查缴应毁各书清单"，其中有云："《岭南三家诗》四部。刊本。是书屈大均等撰。二部全，二部不全。《独漉堂集》四部。刊本。是书陈恭尹撰。"②

乾隆五十四年十月《浙江巡抚琅玕奏呈查缴禁书清单》，其中有云："《离六堂集》三本。释大汕撰……《明诗别裁》一本。沈德潜等选。内有陈恭尹诗，应毁。"③

乾隆五十五年五月初七日《浙江巡抚琅玕奏查缴违碍书籍情形折》所附"禁书名目清单"，其中有云："《感旧集》十二本。王士禛选……《岭南三家诗选》四本。王隼选……《明诗别裁集》二十二本。沈德潜选……《诗观》二十四本。邓汉仪辑。"④

第四节　康乾时期梁佩兰著作之禁毁与流布

一、梁佩兰著作之遭禁

雍正八年（1730）十月屈大均遗著案发，梁佩兰因与屈大均和陈恭尹合刻作品，而受到牵连。尽管广东巡抚傅泰奏称："查梁药亭诗文词无悖谬，而翁山元孝书文中多有悖逆之

---

① 《纂修四库全书档案》，第 643—676 页。
② 《纂修四库全书档案》，第 1203—1213 页。
③ 《纂修四库全书档案》，第 2162—2168 页。
④ 《纂修四库全书档案》，第 2177—2188 页。

词",① 但当时并没有抽毁这一政策,所以我们可以相信,当时为使屈大均和陈恭尹的作品于世间消失,梁佩兰被选录进《岭南三大家诗选》的作品也应该同时被销毁。乾隆三十九年十月屈大均遗著案再发,梁佩兰的作品再次遭到禁毁。这次大规模禁书行动一开始就有滥禁的现象。乾隆三十九年(1774)十月初四日《李侍尧等奏据缴屈大均诗文折》云:"惟查三家合刻内梁佩兰、陈恭尹诗文语多悖逆,实属不应留存……谨将《诗外》二十三本、《广东新语》一部、三家合刻一部粘签封固进呈。"② 梁佩兰的作品实际上并无悖逆之处,雍正八年十月广东巡抚傅泰在奏折中已经说得明白"查梁药亭诗文词无悖谬"。这次执行的标准似乎更严格。之后为此案所下谕旨也无轻宥梁佩兰之意,因此可以肯定,梁佩兰被选入《岭南三大家诗选》内的作品此次也同时被禁毁。至于梁佩兰之《六莹堂集》是否遭到查禁,则无相关资料言及。

这次大规模禁书工作开展两年之后,乾隆发现梁佩兰和吴伟业等人的作品实际上并无违碍之处,于是在乾隆四十一年(1776)十一月十七日颁布谕令:"又若汇选各家诗文,内有钱谦益、屈大均所作,自当削去,其馀原可留存,不必因一二匪人,致累及众。"③ 其后四库馆臣又进一步明确说明:"《江左三家诗》、《岭南三家诗》内如吴伟业、梁佩兰等诗选亦并抽出存留。""其但有钱谦益序文,而书中并无违碍者,应照

---

① 《傅泰奏屈明洪缴印投监折》,见上海书店编:《清代文字狱档》,上海书店出版社 2007 年版,第 129 页。
② 上海书店编:《清代文字狱档》,上海书店出版社 2007 年版,第 131 页。
③ 永瑢等:《四库全书总目》卷首,乾隆四十一年十一月十七日上谕(中华书局 1965 年版)。按:《纂修四库全书档案》第 552 页作乾隆四十一年十一月十六日。

此办理。"① 虽说这种滥查滥缴的做法后来得到了一定程度的改正，但并没有杜绝这种现象。由之后的查缴情况可知梁佩兰和吴伟业的著作在此之后一如从前继续遭到禁毁。乾隆四十六年湖南巡抚刘墉在奏折中说："《国朝诗选》，攸县彭廷梅选。内有吴伟业、陈恭尹、陶汝鼐、屈大均、龚鼎孳、梁佩兰、钱谦益等诗，均奉例禁。并所选诗中，有违碍，应销毁。计十二本。"② 此折在该年十一月七日准奏，而此时距离乾隆颁布谕令的乾隆四十一年十一月已经五年。显然此时梁佩兰等人的作品仍继续在一些地方遭到禁毁。乾隆对此睁一只眼，闭一只眼。以此看四十一年十一月的谕令，乾隆也有一点沽名钓誉的嫌疑。何者要禁，何者不禁，与各地官员的心态和乾隆皇帝一时的心情关系极大，其标准并不十分明确。正如邓之诚《清诗纪事初编》在王仲儒《西斋集》条中所说："仲儒身后得祸最烈，列入禁书专案。自今观之，略无抵触，仅故国之思，偶一流露，视同时诸人之作，或尚蕴藉。乃有禁有不禁，殆亦偶值其会耳。"③ 王仲儒的作品略无抵触，但其著作案却发生于乾隆四十一年吴伟业、梁佩兰等人著作得到宽宥之后的乾隆四十五年十二月。这些资料都说明了乾隆四十一年之后，滥查滥缴的做法并没有得到有效的纠正。

二、梁佩兰著作之分省遭禁和流布

两广地区 梁佩兰本为广东诗人，其作品在广东刊刻，所

---

① 《办理四库全书档案》，乾隆四十三年四库馆违碍书籍条款，转引自黄爱平：《四库全书纂修研究》，中国人民大学出版社1989年版，第63页。
② 雷梦辰：《清代各省禁书汇考》，第38页。
③ 邓之诚：《清诗纪事初编》，上海古籍出版社2013年版，第105页。

下编　岭南三大家著作的存佚和流布

有作品包括《六莹堂集》（初集）、《六莹堂二集》等自然在广东广为流布。后来《六莹堂二集》又与《六莹堂集》（初集）合刻仍称《六莹堂集》。因《六莹堂集》（初集）有屈大均序，合刻之《六莹堂集》也应该曾遭禁毁，但不见有关资料。包含梁佩兰作品的他人编著，所知在两广地区禁毁和流布的有《岭南三大家诗选》、《岭南三家诗》、梁善长辑《广东诗粹》、黄登辑《岭南五朝诗选》。另外，载有梁佩兰作品的宋广业辑《罗浮山志会编》、吴骞辑《罗浮纪胜》、沈德潜撰《国朝诗别裁集》等在此地区也应该有所流传。

乾隆三十九年十月初四日两广总督李侍尧、广东巡抚德保等在奏折中说："据番禺县童生沈士成缴出屈大均《诗外》一种及书铺潘明等缴出《广东新语》并岭南三家合刻诗集版片二分连刷成书十部……惟查三家合刻内梁佩兰、陈恭尹诗文语多悖逆，实属不应留存。"①

雍正八年十月，广东巡抚傅泰奏："《屈翁山文外》、《诗外》、《文钞》及陈元孝、梁药亭诗集等书。查梁药亭诗文词无悖谬，而翁山元孝书文中多有悖逆之词，隐藏抑郁不平之气。"②

乾隆四十年二月二十六日《广东巡抚德保奏查缴应禁书籍及版片折》云："至应禁书籍，前已查有版片者，《广东新语》、《岭南三家合刻诗集》二种，经督臣李侍尧会同臣奏明，俟续有缴出，一并销毁在案。"③

沈德潜《国朝诗别裁集》录有梁佩兰诗。如前所述，此

---

① 《李侍尧等奏据缴屈大均诗文折》，见上海书店编：《清代文字狱档》，上海书店出版社 2007 年版，第 131 页。
② 《傅泰奏屈明洪缴印投监折》，见上海书店编：《清代文字狱档》，上海书店出版社 2007 年版，第 129—130 页。
③ 《纂修四库全书档案》，第 349—350 页。

书曾在广东刻板,故此书曾经流传到此地。

梁善长辑《广东诗粹》、黄登辑《岭南五朝诗选》、宋广业辑《罗浮山志会编》和吴骞辑《罗浮纪胜》录有梁佩兰诗文,如前所述,编刻于粤,故在广东应有流传。

乾隆四十一年正月二十四日具文《暂护广西巡抚苏尔德为查缴不应存留书籍板片事致军机处咨呈》云:"又据南宁府缴据宣化县缴到……《岭南三家诗》一部二本……又横州缴到残破《岭南三家诗》一本……又该府教授缴到《岭南三家诗》三部十五本。"①

云贵地区 包含梁佩兰作品的他人编著,所知在云贵地区流布和禁毁的有《岭南三家诗选》。

乾隆四十三年五月十一日具文《署云贵总督裴宗锡奏第四次查缴应禁书籍分别委员解京折》所附"滇省向例查禁各书清单",其中有《岭南三家诗》二部,共十本。②

乾隆四十年九月十五日《暂护贵州巡抚韦谦恒奏查缴禁书并发还书局候旨在外焚销折》所附"黔省查缴禁书清单",其中有云:"《岭南三家诗选》二部,八本。屈大均、陈恭尹、梁佩兰著。内一部系抄本。"③

乾隆四十七年正月初四日《贵州巡抚李本奏查缴禁书解京销毁折》所附清单,其中有《三家岭南诗集》十本。④

直隶省 包含梁佩兰作品的他人编著,所知在直隶省流布和禁毁的有王煐著《忆雪楼诗集》等。

乾隆四十六年六月初十日《直隶总督袁守侗奏汇缴应禁书籍情形折》所附"查出违禁书目",其中有云:"《忆雪楼诗

---

① 《纂修四库全书档案》,第494—496页。
② 《纂修四库全书档案》,第820—829页。
③ 《纂修四库全书档案》,第432—434页。
④ 《纂修四库全书档案》,第1453—1457页。

集》一部，二本，全。王焕作……《诗观》一部，二十本，全。邓得仪选。"① 按：此处"邓得仪"，当为"邓汉仪"。《诗观》二集录有梁佩兰的作品。此处不知是初集、二集还是三集。

山东省 包含梁佩兰作品的他人编著，所知在山东省流布和禁毁的有《岭南三家诗选》、王隼辑《岭南三家诗》、王士禛辑《感旧集》、梁善长辑《广东诗粹》、沈德潜撰《诗选别裁》。

乾隆四十四年四月二十日具文《山东巡抚国泰奏汇解违碍书籍并分缮清单呈览折》附"查缴各省咨会应毁各书名目清单"，其中有云："《岭南三家诗选》。是书系番禺屈大均著。今查出六部，二十六本……《感旧集》。是书系渔洋山人选。今查出一部，八本。"附"山东省查出应毁各书名目清单"，其中有云："《广东诗粹》四本。顺德梁善长辑。卷八、卷九内引屈大均、钱谦益批语。"②

乾隆四十六年二月三十日具文《山东巡抚国泰奏缴应毁违碍书籍板片折》所附"查缴各省咨会应毁书目清单"，其中有云："《岭南三家诗》系王隼辑。计四部，二十一本……《诗选别裁》系沈德潜选。计二部，三十六本。又一部，不全，十六本。"③ 按：此处不知是《明诗别裁集》，还是《国朝诗集别裁集》。《国朝诗集别裁集》收有梁佩兰的作品，《明诗别裁集》无梁诗。

山西省 包含梁佩兰作品的他人编著，所知在山西省流布和禁毁的有王隼辑《岭南三家诗选》、王士禛辑《感旧集》。

乾隆四十三年闰六月十二日《山西巡抚巴延三奏查获

---

① 《纂修四库全书档案》，第1362—1381页。
② 《纂修四库全书档案》，第1032—1048页。
③ 《纂修四库全书档案》，第1297—1310页。

〈六柳堂集〉并汇缴违碍书籍折》所附清单,其中有王隼《岭南三家诗选》二部,计十一本。①

乾隆四十五年十二月十八日《山西巡抚喀宁阿奏汇缴违碍书籍折》云:"又王士正选《感旧集》二部,内有钱谦益诗。"②

湖广地区 包含梁佩兰作品的他人编著,所知在湖广地区流布和禁毁的有王隼辑《岭南三家诗选》,陈维崧辑《箧衍集》,王士禛辑《感旧集》,彭廷梅辑《国朝诗选》,沈德潜撰《国朝诗别裁集》,陈以刚辑《国朝诗品》,邓汉仪辑《天下名家诗观》、《诗观二集》,陶煊等辑《国朝诗的》。

乾隆四十三年二月初三日奏准,湖广总督三宝奏缴二十五种,其中有云:"《箧衍集》,陈维崧选,内有龚鼎孳、钱谦益、屈大均诗。"③

乾隆四十三年十月初四日《湖广总督三宝等奏六次查获应毁各书折》所附书目,其中有云:"《国朝诗别裁》四部,刊本。是书沈德潜选。二部各十八本,又一部二十本,又一部计十四本。内有钱谦益、吴伟业、龚鼎孳诗……《国朝诗品》一部,刊本。是书陈以刚选。前已缴过。今续查获一部计八本,全……《感旧集》五部,刊本。是书王士正选。前已缴过。今续查获一部计十六本,又三部各八本,俱全。又一部计二本,止存一卷、八卷……《岭南三家诗选》三部,刊本。是书王隼撰。前已缴过。今续查获一部计三本,全。又二部各二本,俱不全。"④

乾隆四十五年十一月□□日奏准,湖广总督舒常奏缴十九

---

① 《纂修四库全书档案》,第849—853页。
② 《纂修四库全书档案》,第1245—1246页。
③ 雷梦辰:《清代各省禁书汇考》,第20—22页。
④ 《纂修四库全书档案》,第894—925页。

种，其中有云："《诗观二集》，邓汉仪评。"①

乾隆四十七年十月初七日具文《湖北巡抚姚成烈奏解第十一次查缴应禁各书并缮单呈览折》所附清单，其中有云："《天下名家诗观》一部，刊本。系邓汉仪著。七本，缺四卷、八卷、十二卷。"②邓汉仪《天下名家诗观二集》，卷十二录梁佩兰诗二首。此处不知是初集、二集还是三集。

乾隆四十三年十二月十一日《湖南巡抚李湖奏查出〈国朝诗的〉等违碍书籍分别办理缘由折》云："据委往永州府属试用训导刘旦查缴违碍各书，内有本省人刊刻《国朝诗的》一本，注系长沙陶煊奉长选、同里张璨岂石同辑，载有应禁之屈大均等诗句在内。"③

乾隆四十六年十一月七日奏准，湖南巡抚刘墉奏缴八十二种，其中有云："《国朝诗选》，攸县彭廷梅选，内有吴伟业、陈恭尹、陶汝鼐、屈大均、龚鼎孳、梁佩兰、钱谦益等诗，均奉例禁，并所选诗中，有违碍，应销毁，计十二本。"④

安徽省 包含梁佩兰作品的他人编著，所知在安徽省流布和禁毁的有王隼选《岭南三家诗》、朱滋年选《南州诗略》、释大汕著《离六堂集》。

乾隆四十年十一月二十日奏准，安徽巡抚李质颖奏缴九种，其中有云："《岭南三家诗》，王隼选，合刻梁佩兰、屈大均、陈恭尹诗。"⑤

乾隆四十五年七月初八日奏准，安徽巡抚闵鹗元奏缴十六种，其中有岭南长寿释大汕著《离六堂集》。⑥

---

① 雷梦辰：《清代各省禁书汇考》，第27—28页。
② 《纂修四库全书档案》，第1649—1665页。
③ 《纂修四库全书档案》，第957—961页。
④ 雷梦辰：《清代各省禁书汇考》，第33—38页。
⑤ 雷梦辰：《清代各省禁书汇考》，第124—125页。
⑥ 雷梦辰：《清代各省禁书汇考》，第132—133页。

乾隆□□□年□月□□日奏准，安徽巡抚□□奏缴十九种，其中有云："《南州诗略》，四本全，今时人当涂朱滋年选。内有屈大均、邢昉、顾炎武、戴重诸人诗，拟抽毁。"①

汪宗衍云：据《清代禁书知见录外编》知有静逸堂刻本之休宁汪观选刻《五大家诗》十七卷。如前所述，其中有梁佩兰诗三卷。② 因休宁属安徽省，姑置于此。

两江地区 所知梁佩兰的《药亭诗集》曾流传到江苏。包含梁佩兰作品的他人编著，所知在两江地区流布禁毁的有《岭南三家诗钞》，《岭南三家诗》，《岭南三家诗选》，邓汉仪辑《天下名家诗观》，王士禛辑《感旧集》，沈德潜等编《国朝诗别裁》、《别裁集》，陈维崧辑《箧衍集》，徐釚辑《本事诗》，吴蔼辑《名家诗选》，刘然选评《诗乘》，彭廷梅辑《国朝诗选》，王煐著《忆雪楼诗集》，陈以刚辑《国朝诗品》，蒋景祁辑《瑶华集》。

乾隆四十二年五月二十日《两江总督高晋奏续解堪备采择及违碍应毁书籍板片折》所附书单，其中有云："《天下名家诗观》一部。邓汉仪选……《感旧集》一部。王士正选……《初刻别裁集》十一部。"③ 按：《初刻别裁集》当指初刻《国朝诗别集》。《天下名家诗观二集》收有梁诗二首，此处不知是初集还是二集。

乾隆四十二年八月二十二日《两江总督高晋奏续缴违碍书籍板片折》所附书目清单，其中有云："《箧衍集》一部。宜兴陈维崧选。内有钱谦益、吴伟业、龚鼎孳、屈大均、张缙彦、王铎等诗，语句违碍……《本事诗》一部。枫江徐釚辑。

---

① 雷梦辰：《清代各省禁书汇考》，第138—140页。
② 汪宗衍：《屈大均年谱（后谱）》康熙五十四年卒后十九年条，《屈大均全集》第8册，第1999页。
③ 《纂修四库全书档案》，第594—604页。

内有钱谦益、吴伟业、龚鼎孳诗。《瑶华集》一部。宜兴蒋景祁选。各卷内俱有钱谦益、吴伟兴、龚鼎孳著作……《岭南三家诗》十四部,共六十一本。内五部不全……《诗观》十部,共六十九本。内五部不全。"① 按:不知是邓汉仪的《天下名家诗观》,还是他人的《国朝诗观》。

乾隆四十四年七月初九日具文《两江总督萨载奏续解〈九篇集〉等违碍书籍板片折》所附清单,其中有云:"《国朝别裁集》十四部,共一百九十二本。内二部不全……《诗品》一部共十四本。内一部不全……《本事诗》四十八部,共一百四十三本。内七部不全……《箧衍集》十部,共四十四本。内二部不全……《诗观》六部,共四十本。内三部不全……《感旧集》三十九部,共二百七十五本。内五部不全,二部未钉……《岭南三家诗选》九部,共三十一本。内五部不全。"②

乾隆四十六年二月初八日奏准,两江总督萨载奏缴三十七种,其中有云:"《名家诗选》,徽州吴蔼选,内有钱谦益、龚鼎孳、屈大均诸人诗集,应铲除抽禁,馀书仍行世……《诗乘》,此书系西涧刘然选评,钱谦益、屈大均诸人诗,应请销毁……《忆雪楼诗集》,宝坻王瑛著,内有屈大均序,并与屈大均唱和诗甚多,应行销毁。"③

乾隆四十六年四月二十四日奏准,两江总督萨载奏缴一百零二种,其中有云:"《本事诗》,枫江徐釚辑;《瑶叶集》,宜兴蒋景祁选。"④ 按:《瑶叶集》,当为《瑶华集》。

乾隆四十七年六月初四日具文《署理两江总督萨载奏续缴应禁书籍折》所附清单,其中有云:"《国朝诗选》二本,

---

① 《纂修四库全书档案》,第 686—705 页。
② 《纂修四库全书档案》,第 1068—1083 页。
③ 雷梦辰:《清代各省禁书汇考》,第 65—67 页。
④ 雷梦辰:《清代各省禁书汇考》,第 69—74 页。

不全。彭廷梅选。内有钱谦益、屈大均、龚鼎孳、王仲儒诗，应请抽毁。"①

乾隆四十年四月十四日《江西巡抚海成奏恭缴应毁书籍折》所附清单，其中有《岭南三家诗钞》，一部。②

乾隆四十年九月十二日《江西巡抚海成奏进续得应选应毁书籍折》所附"应毁书籍版片清单"，其中有云："《岭南三家诗选》三十三部。内不全十一部。"③

乾隆四十六年二月十一日《江西巡抚郝硕奏解毁书籍板片并请展限检缴折》所附"汇解销毁书籍板片清单"，其中有云："《箧衍集》二部，八本。内抄本一部，不全一部……《感旧集》三部，二十四本……《国朝诗别裁》二部，三十四本。俱不全。"④

乾隆四十三年六月十六日《江苏巡抚杨魁奏呈续缴违碍书籍单》，其中有《岭南三家诗》九部，《感旧集》七十部，《天下名家诗观》七部，《箧衍集》六十八部，沈德潜《国朝诗别裁集》三十部。⑤

乾隆四十四年四月八日准奏《江苏巡抚杨魁奏续缴应毁书籍并再实力妥办折》，其中有《岭南三家诗选》五部、《国朝诗品》二部、《本事诗》二十部、《瑶华集》一部。⑥

另，梁佩兰《药亭诗集》曾藏江苏周厚堉家。《四库全书总目》卷一百八十三云："《药亭诗集》二卷，江苏周厚堉家藏本，国朝梁佩兰撰。佩兰，字药亭，番禺人。康熙戊辰进士，改庶吉士。是编乃休宁汪观所选，皆近体诗，卷首有朱文

---

① 《纂修四库全书档案》，第1583—1585页。
② 《纂修四库全书档案》，第373—376页。
③ 《纂修四库全书档案》，第425—432页。
④ 《纂修四库全书档案》，第1278—1287页。
⑤ 《纂修四库全书档案》，第838—844页。
⑥ 《纂修四库全书档案》，第1019—1030页。

小印曰:'古体嗣出。'则不但非其全集,即选本亦尚未刻竣矣。"①

闽浙地区 包含有梁佩兰作品的他人编著,所知在闽浙地区流布和禁毁的有《岭南三家诗选》,王隼辑《岭南三家诗选》,释大汕著《离六堂集》,陈以刚辑《国朝诗品》,陶煊等辑《国朝诗的》,黄俊升辑《岭南五朝诗》,王隼著《大樗堂初集》、《大樗堂诗集》,邓汉仪辑《诗观》,王士禛辑《感旧集》。

乾隆四十三年三月二十六日《闽浙总督钟音奏查缴应销各书解京折》所附书目清单,其中有《岭南三家诗》三部,共十七本。②

乾隆四十七年二月三十日《闽浙总督陈辉祖奏缴应禁书籍折》所附"查缴应禁书籍清单",其中有云:"《离六堂集》二部,刊本。是书释大汕撰。系各体诗词。每部十二卷,全。中多感慨之作,并有屈大均序及赠屈翁山诗……《大樗堂初集》一部,刊本。是书王隼著。不全。《岭南三家诗选》一部,刊本。是书王隼选。不全。"③

乾隆四十七年八月二十八日具文《闽浙总督陈辉祖奏第二十二次缴送应毁书籍折》所附"第二十二次奏缴应禁书目清单",其中有云:"《岭南五朝诗》一部,刊本。是书黄俊升选。全……《国朝诗品》三部,刊本。是书陈以刚选。二部全,一部不全。《国朝诗的》一部,刊本。是书陶煊选。全。"④

乾隆四十二年八月初四日《浙江巡抚三宝奏续交应毁书

---

① 永瑢等:《四库全书总目》卷183,中华书局1965年版,第1663页。
② 《纂修四库全书档案》,第797—806页。
③ 《纂修四库全书档案》,第1520—1541页。
④ 《纂修四库全书档案》,第1619—1634页。

籍折》所附"续缴触碍书目清单",其中有云:"《大樗堂诗集》一部。刊本。是书国朝王隼著,广东人。卷首有屈大均序。诗赋共十卷,多感愤之语……《岭南三家诗选》八部。刊本。是书梁佩兰、屈大均、陈恭尹著。今续查出八部。内四部全,一部原缺卷九至卷十六,又一部原缺卷十七至卷二十四,又二部各原缺卷九至卷二十四。"①

乾隆四十七年六月初二日奏准,兼管浙江巡抚陈辉祖奏缴五十种,其中有《离六堂集》,释大汕撰。②

乾隆五十五年五月初七日《浙江巡抚琅玕奏查缴违碍书籍情形折》所附"禁书名目清单",其中有云:"《岭南三家诗选》四本。王隼选。《感旧集》十二本。王士祯选……《诗观》二十四本。邓汉仪辑。"③《天下名家诗观》卷十二录梁佩兰诗二首。此处不知是初集、二集还是三集。

---

① 《纂修四库全书档案》,第643—676页。
② 雷梦辰:《清代各省禁书汇考》,第246—250页。
③ 《纂修四库全书档案》,第2177—2188页。

第六章 沈用济选刻《岭南三大家诗选》考述

王隼编《岭南三大家诗选》为学界所熟知,而沈用济编《岭南三大家诗选》却鲜有知者。当下研究相关问题的学者,极少人亲睹此编。笔者所睹虽非全璧,但庶几可以管窥蠡测了。就选诗眼光而言,沈用济并不亚于王隼;就选诗规模而言,沈选更远在王选之上。费锡璜序《道援堂集》云:"翁山诗前后刻甚多,要未有精纯不可易如此选者。"① 费锡璜,字滋衡,一作滋蘅,四川新繁(今新都)人,侨居江都,明末遗民费密之子,生于康熙三年甲辰(1664)。

第一节 沈用济及其选诗之起因

相关文献有几处提及沈用济选编《岭南三大家诗选》,但其信息大都辗转来自王源《屈翁山诗集序》和民国学者朱希祖《屈大均(翁山)著述考》一文。事实上,王源所作《屈翁山诗集序》并未随沈选《道援堂集》刊出,朱文亦误以为八卷,实为十卷。王源,字昆绳,宛平人。少从宁都魏叔子学古文,性豪迈。康熙三十二年(1693)举人,晚师事颜元。其《居业堂文集》存世。王源序云:"乙酉,来南越,适钱塘

---

① 屈大均著,沈用济选:《道援堂集》卷首,康熙四十五年(1706)刻本。

沈子方舟选《岭南三大家诗》，翁山也，陈高士元孝、梁太史药亭也……方舟以翁山诗使予序。"① 朱希祖《屈大均（翁山）著述考》云："今《道援堂诗集》有三本，列于下……一为钱塘沈用济八卷本，康熙时刻，因不慊于王隼选本而重选者，在翁山卒后为之，亦名《岭南三大家诗选》，《道援堂诗集》为其中之一耳。"②

沈用济，字方舟，浙江钱塘人。少以诗名，康熙时国子监生。母柴氏名静仪，工诗善琴，著有《凝香室诗钞》。用济少承母教，家居色养，以琴咏相娱。及长，出游至山东，登岱岳，又之楚之闽之粤，足迹半天下。至岭南，与屈大均、梁佩兰定交，所诣益进。及之关塞，客北平最久，一变为燕赵声。红兰主人岳端（又曰蕴端、袁端）雅重之，名声大噪。著有《方舟集》。妇朱氏名柔则，亦能诗画。尝作画卷，系以诗，寄用济，用济即日归，一时传为美谈。用济又与成都费锡璜著《汉诗说》十卷。贫老无子，依参议张廷校终。身殁后，遗稿为廷校弆藏。《清史列传》卷七十《文苑传》有传。厉鹗《懒园诗钞序》云："往时吾杭言诗，必宗西泠十子，懒园师七先

---

① 王源：《居业堂文集》卷14，《续修四库全书》第1418册，影印清道光十一年读雪山房刻本，第214页。按，王源《居业堂文集》于此序题作"屈翁山诗集序"，而人民文学出版社1996年版《屈大均全集》第8册附录三王源序题作"道援堂集序"，删去了序后评注。

② 朱希祖：《屈大均（翁山）著述考》，见《屈大均全集》第8册，第2157—2158页。按，《屈大均全集》的编者未注明此文录自何处。据罗香林辑录、朱偰增补、朱元曙续补《海盐朱逖先生著述总目》知，朱希祖《屈大均（翁山）著述考》原载于1942年8月《文史杂志》第2卷第7、8期合刊（朱希祖著，周文玖编选：《朱希祖文存》附录，上海古籍出版社2006年版，第440页）。遗憾的是，笔者查找了几家图书馆，都未能找到1942年的《文史杂志》，因而未能核对朱氏原文。如果朱氏原文确作"八卷"，则显系错误。

生,沈丈方舟独师岭南五子。"① 可知岭南诗家对沈用济影响甚深。

朱希祖谓"因不慊于王隼选本而重选者",其实,这一说法并不完整。因为他忽略了一个重要事实——沈用济曾受梁佩兰之托。也许这才是沈用济选诗的最初或最直接的原因。《道援堂集·附记》第十五则沈曰:"癸未与药亭同舟南还,唱和百馀日,间出其平日著作,云以此相托,余因录藏行箧中。乙酉秋余自桂林回羊城,而药亭已殁。选择付梓,不忘故人之托也。"② 由这一附记可知,用济选诗的触因,或许就是受梁佩兰之托。不过沈用济选诗更深层的动力,应该还是要弥补王选之不足。

《道援堂集》卷首附记第一则沈用济云:"岭南三家诗旧有王蒲衣选本行于海内。然三君晚年诗,王选多未备。余选三家诗时,屈、陈已殁,药亭亦在临终。故较王选得窥其全。至去取之间,多商之药亭。识者当鉴其手眼各别处。"③ 王隼《岭南三大家诗选》刻于康熙三十一年壬申(1692),时屈大均六十三岁,距弃世之康熙三十五年丙子(1696),尚有四年;陈恭尹六十二岁,距弃世之康熙三十九年庚辰(1700),尚有八年;梁佩兰六十四岁,距弃世之康熙四十四年乙酉(1705)尚有十三年时光。屈、陈、梁三家至其晚年,创作力仍非常旺盛,且常有佳构。沈"选三家诗时,药亭已在临终",选诗未就,梁已弃世。因此,相对于王选,沈选更能全面反映三家之面貌。因为王选不够完整,不能全面反映三家的

---

① 厉鹗:《樊榭山房文集》卷3,上海古籍出版社1992年版,第634页。
② 屈大均著,沈用济选:《道援堂集》卷首,康熙四十五年(1706)刻本。
③ 屈大均著,沈用济选:《道援堂集》卷首,康熙四十五年(1706)刻本。

面貌，所以沈才不惜精力、耗时两年远到羊城选诗。

　　沈用济《岭南三大家诗选》分屈大均《道援堂集》、陈恭尹《独漉堂集》和梁佩兰《六莹堂集》三部。《道援堂集》十卷，其他两部亦当各为十卷，然未睹实物，则不能确知。王隼选屈、陈、梁每人各八卷合并刊行，而沈用济则将三者分别单独刊行。三者当中，可以确信已经刊行且存世的只有屈大均《道援堂集》十卷。其馀二者，当亦刻成印行。不过，因无确凿的资料，是否刻成尚难论定。就笔者现在掌握的资料看，沈选《六莹堂集》和《独漉堂集》当已失传。

第二节　沈用济《岭南三大家诗选》选刻之时日

　　沈用济选编《岭南三大家诗选》始于康熙四十三年甲申（1704）。屈大均《道援堂集》十卷首先选成，《六莹堂集》、《独漉堂集》继之，康熙四十五年丙戌（1706）夏前全部选就。首出者为《道援堂集》十卷。

　　康熙四十一年壬午（1702）诏敕长期在外的庶吉士赴翰林院供职，十二月梁佩兰离粤赴京。四十二年癸未（1703）春，抵京。庶吉士梁佩兰等三十人，以不习满文，谕归进士班用。梁不肯就选县令，亦不请留内阁中书。九月朔日，同沈用济自潞河乘舟南还。① 过扬州，遇费锡璜于萧寺中。费锡璜《道援堂集序》云："余往遇沈子方舟于京师，论古今诗，意甚惬。后七年，方舟偕梁药亭太史入粤，过扬州，见于萧寺。方舟语余，将有岭南三家之选。"② 康熙四十三年甲申（1704）

---

① 吕永光：《梁佩兰年谱简编》，康熙四十一年条和四十二年条，见《六莹堂集》附录，第480—481页。
② 屈大均著，沈用济选：《道援堂集》卷首，康熙四十五年（1706）刻本。

春，梁游庐山，再过鄱阳湖，溯赣江，度岭入粤。沈、梁二人这次同行，不知分手于何时、何地。沈为浙江钱塘人，应曾顺道回乡。上引《道援堂集·附记》第十五则，沈用济称与梁佩兰"唱和百馀日"，梁、沈二人九月朔日在潞河登舟，一路唱和，至岁末已近一百二十日，因此二人分手当在交岁前后。据梁佩兰的诗可知，他康熙四十三年春方至庐山。之后溯赣江、度梅岭、至羊城尚需时日。如果两人不曾分手，一直跨岭入粤，则唱和不止"百馀日"。再据相关资料推测，在康熙四十二年底，沈用济不但回乡省亲，而且梁佩兰还曾顺道访其南湖别业，且有题诗："南湖三十亩，君在镜中居。菱叶烟浮水，梅花月照庐。人闲湘簟冷，风远玉箫疏。何地无佳兴，高吟出夜鱼。"① 此诗当作于此时，且被沈用济选入其《岭南三大家诗选》之《六莹堂集》。沈用济回乡省亲，第二年往岭南选诗。上引《道援堂集·附记》第一则，沈称其选三家诗时"屈、陈已殁，药亭亦在临终……至去取之间，多商之药亭。"《道援堂集·附记》第十五则又称："乙酉秋，余自桂林回羊城，而药亭已殁。"揆其语意，沈用济于康熙四十三年或四十四年年初曾选诗于羊城，且曾与梁佩兰有过商榷。

沈用济的三家诗选就于何时呢？沈用济《道援堂集序》作于康熙四十三年"甲申上巳"。不过，沈自序其选，其序有可能作于选就之后，也有可能作于着手选诗之时。沈作此序时，无论《道援堂集》十卷是否选成，至少也已经准备着手选诗了。考虑到康熙四十二年年底沈、梁二人还在南归途中，因此基本可以认定沈选三家诗当始于康熙四十三年。上引王源《屈翁山诗集序》云："乙酉来南越，适钱塘沈子方舟选《岭南三大家诗》……方舟以翁山诗使予序。"沈应当是以已经选

---

① 梁佩兰：《题沈方舟南湖别业》，见汪观选《五大家诗》之《药亭诗》补卷一。

成或即将选成的《道援堂集》十卷嘱王源作序。沈用济选诗之时，梁依然健在，去取之间曾"商之药亭"。此处所谓"商之药亭"，应当是针对梁诗而言，而非屈、陈之诗。梁佩兰卒于康熙四十四年乙酉（1705）三月二十九日。据此推测，《道援堂集》十卷应当在梁佩兰去世的康熙四十四年年初之前已经选成，这样才能着手选编梁诗。《六莹堂集》尚未选就，沈用济自羊城曾往桂林，至康熙四十四年秋方自桂林回到羊城。《六莹堂集》选就于何时，虽不能确指，但应该在此之后不久。自年初开始，扣除来往桂林的时间，是年年内亦当选成。三家之中，翁山存诗最多，梁氏存诗最少。就存诗数量而言，翁山可敌陈、梁之和。沈用济选翁山诗用时无多，约为一年，梁、陈之选，一年亦应足够。因此，全部选就，应在其后不久。费锡璜《道援堂集序》云："今夏，小疾中，忽闻叩门声甚急，有大呼而入，则方舟自岭南归也。谓余曰：'三家选已就，翁山诗且先出矣。'"① 悬揣语意及其神情，三家诗应当刚选成不久，《道援堂集》即将出版。费序未言作于何时，所谓"今夏"，应该是康熙四十五、四十六和四十七年，这三年之中的某一年的夏天，而最有可能的即是康熙四十五年丙戌夏。既不可能是四十四年乙酉，也不会是四十八年己丑。因为康熙四十四年秋沈方"自桂林回羊城"，四十八年夏又自京回浙。沈用济《〈汉诗说〉自序》自述评选汉诗的原由："己丑夏，归自京师，访滋衡于邗江，见时流竞趋新异，六朝暨唐概置不讲，何论于汉，相与叹息。"② 己丑，即康熙四十八年（1709）；滋衡，即费锡璜。考虑到沈用济自岭南回浙后，居

---

① 屈大均著，沈用济选：《道援堂集》卷首，康熙四十五年（1706）刻本。
② 沈用济、费锡璜辑评：《汉诗说》卷首，见《四库全书存目丛书》集部第409册，影印康熙刻本，第2页。

乡、留京及往返京师所需之时日,再综合在羊城选诗的进度,他自岭南回浙的时间,当以康熙四十五年丙戌夏为是。如果没有特别的事情,当不会在三家诗选就之后,长时间滞留广州。至此可以大致确定三家诗选就的时间当为康熙四十五年丙戌。

费序云"三家选已就,翁山诗且先出"。揆之情理,沈请序于费,当于二人这次相会之时,《道援堂集》亦当刊行于是年,亦即康熙四十五年。沈选《道援堂集》中有数处避"玄烨"之讳的现象,却未见避雍正"胤禛"之讳。如卷三叶一第7行"玄黄"、叶二第7行"玄女",之"玄"都少了最后一笔的点画。依据情理,《六莹堂集》和《独漉堂集》之刊行亦当于此后不久,亦即康熙四十五年夏后不久。因为沈受人之托,在其殁后,当会尽早刊行。若无意外之事,不至于在刊行屈诗后,久久不将梁、陈之诗付之梨枣。但事实并非如此。

汪观选《五大家诗》之《药亭诗集序》云:"梁药亭太史以诗文见知于天下……今药亭往矣,所赖与百世为知己者有其诗在。余惜未得见其全集,故亟亟于蒲衣选本中,先梓其近体最佳者数百首,共翁山之诗以公世。仍待方舟选本出,再补梓之……康熙乙未元宵渔庄灯下松萝汪观书。"① 由这篇序文知,康熙五十四年乙未(1715)元宵之前,沈用济所选《六莹堂集》尚未刊出。《五大家诗》随选随刻,康熙五十四年乙未年初汪观只是依据王隼选本辑刻《药亭诗》卷一、卷二。汪观《五大家诗》之《药亭诗》凡三卷,其中第三卷,即是依据沈用济"方舟选本"、"补梓"而成。《药亭诗》"补梓"之卷最后附有汪观自己的一首五律:《乙未暮春沈方舟手抄梁太史近体诗一册见贻因成一律》:"龙珠藏未得,一一出君囊。风雨起南海,春秋在草堂。不因吟到苦,焉得读来香。赖此成知

---

① 汪观辑:《五大家诗》之《药亭诗》,康熙刻本,卷首第1—2页。

己，满天明月光。"① 由这首诗透露的信息可知，沈用济将自己所选梁佩兰近体诗手抄成册，送给了汪观供其选录。这再次证明沈用济选《岭南三大家诗选》之《六莹堂集》在康熙五十四年乙未（1715）年初尚未刊行。如果已经刊行，沈用济就没有必要手抄一册赠送汪观。自康熙四十五年三家诗全部选成，至康熙五十四年已近九年，沈用济为何迟迟未将《六莹堂集》付之梓人呢，难道真的遇到了"意外之事"？

依据梁佩兰临终前的托付，在《道援堂集》之后，沈用济应当首先付刻《六莹堂集》，继之是《独漉堂集》。既然《六莹堂集》迟迟未能付刻，那么，《独漉堂集》此前亦可能未予付刻。康熙五十四年乙未之后，沈选《六莹堂集》和《独漉堂集》是否刊行了呢？

据一些材料推测，沈选《独漉堂集》可能付刻。乾隆四十三年（1778）《湖广总督三宝等奏呈查缴应毁各书清单》其中有云："《道援堂集》一部。刊本。是书屈大均著，沈用济选。计四本，全。《独漉堂集》一部。刊本。是书陈恭尹著。计四本。诗内语多隐刺。"② 笔者推测此处之《道援堂集》和《独漉堂集》有可能就是沈编《岭南三大家诗选》中的两部分。不过，就其选刻《道援堂集》的情况推测，沈用济所选三家诗应当是分别单独刊行的，因此，这里的《独漉堂集》也不能排除不是沈选本的可能。另外，三宝所谓"四本"与存世沈选《道援堂集》一函六册十卷刻本也有所不同。此处未提及《六莹堂集》，可能是因为梁氏作品无违碍之处，不必禁毁。尽管如此，我们还是不能确定沈选《六莹堂集》和《独漉堂集》最终是否刊行。沈用济长期客游在外，贫老无子，最后依张廷枚而终。在三家诗全部选成之后，迟迟无力付

---

① 汪观辑：《五大家诗》之《药亭诗》补卷1，康熙刻本，第11页。
② 《纂修四库全书档案》，第969—973页。

之梓人刊印也有可能。事实上,至今为止,笔者尚未见到沈选之《六莹堂集》和《独漉堂集》。

第三节 沈用济《岭南三大家诗选》之禁毁

岭南三大家生活在明末清初,其作品难免会犯清朝之忌,因此三家作品在清中叶皆曾遭到毁禁,岭南三家诗遭到毁禁始于雍正八年庚戌(1730)的屈大均遗著案。当时屈大均的所有著作,包括"虽无忌讳"① 的《广东新语》都遭到了毁禁,选有屈大均诗歌的《岭南三大家诗选》自然难逃厄运。乾隆三十九年(1774)十月屈大均遗著案的再次爆发,真正开始了中国历史上最大规模的禁书运动。这次禁书运动一开始就有滥禁的现象。梁佩兰的作品实际上并无悖逆之处,但还是因为曾与屈、陈二人诗作合刻,而一并遭到了毁禁。乾隆三十九年十月初四日《李侍尧德保奏据缴屈大均诗文折》云:"惟查三家合刻内梁佩兰、陈恭尹诗文语多悖逆,实属不应留存……谨将《诗外》二十三本、《广东新语》一部、三家合刻一部粘签封固进呈。"② 这里虽未说明选者姓氏,既云"三家合刻",则当是王隼选本。不过,沈用济所辑既名为"岭南三大家诗选",即使三家分别单独刊出,沈选《六莹堂集》和《独漉堂集》刊本上,也难免要出现"岭南三大家"选本的信息。因此,沈本《岭南三大家诗选》全部遭到毁禁是难免的。

仔细查阅各种禁书资料后,发现还有数处禁毁《岭南三大家诗选》的资料未言及选者姓名,也未标示是否"合刻"

---

① 上海书店编:《清代文字狱档》,上海书店出版社2007年版,第132页。

② 上海书店编:《清代文字狱档》,上海书店出版社2007年版,第130—131页。

的信息，且书名亦有异称。如下：

乾隆四十年四月十四日《江西巡抚海成奏恭缴应毁书籍折》所附清单内有："《岭南三家诗钞》一部。内屈大均诗二本，陈恭尹《独漉堂诗》一本。"① 乾隆四十年九月十五日《暂护贵州巡抚韦谦恒奏查缴禁书并发还书局候旨在外焚销折》所附"黔省查缴禁书清单"有云："《岭南三家诗选》二部，八本。屈大均、陈恭尹、梁佩兰著。内一部系抄本。"② 乾隆四十三年五月十一日《署云贵总督裴宗锡奏第四次查缴应禁书籍分别委员解京折》附"滇省向例查禁各书清单"，有云："《岭南三家诗》二部，共十本。"③ 乾隆四十七年正月初四日《贵州巡抚李本奏查缴禁书解京销毁折》所附清单，其中有"《三家岭南诗集》十本"④。

此数处未言选者姓名的，不知是否有沈选《岭南三大家诗选》。除此之外，其他地方都明确记录为王隼所选。另外，笔者所见禁书资料也有多处言及梁佩兰《六莹堂集》和陈恭尹《独漉堂集》，也未明确标示为沈用济所选。

明确记录沈用济选本的禁书资料，笔者多年来只发现少数几处。如前所引，乾隆四十三年《湖广总督三宝等奏呈查缴应毁各书清单》其中有云："《道援堂集》一部。刊本。是书屈大均著，沈用济选。计四本，全。《独漉堂集》一部。刊本。是书陈恭尹著。计四本。诗内语多隐刺。"⑤ 此处所记与笔者所见沈选《道援堂集》的情况略有不同：笔者所见为六

---

① 《纂修四库全书档案》，第373—376页。
② 《纂修四库全书档案》，第432—434页。
③ 《纂修四库全书档案》，第820—825页。
④ 《纂修四库全书档案》，第1453—1456页。
⑤ 《纂修四库全书档案》，第969—973页。

册,而非四本。当然这种差异有可能是装订不同造成的。① 这则材料未言及梁佩兰的《六莹堂集》。三宝等人如此处理也合乎情理,因为禁书运动开始两年后的乾隆四十一年十一月曾经明谕岭南三家中的梁氏作品无违碍之处,不必毁弃。

第四节　沈用济选《道援堂集》概述

中国国家图书馆古籍部藏沈用济选《道援堂集》十卷,②据考为清康熙四十五年丙戌刻本。一函,六册。蓝色布面书函,每册亦皆为蓝色封面。书高25.5厘米、宽15.2厘米,六册叠起厚8厘米。10行19字,四周单边,黑口双鱼尾。版心有诗体、叶次和"道援堂序"或"道援堂卷X"字样。

卷首序一费锡璜撰,序二沈用济撰。沈序虽置《道援堂集》卷首,实序三家之诗。序末云:"予故论次三家诗而著其论于卷首。甲申上巳钱塘沈用济方舟撰。"

卷首序后有《附记十六则》,为沈用济和费锡璜二人合撰,叙述选诗始末,兼评三家诗歌。其中第一、二、五、七、八、十、十四、十五则为沈用济(方舟)撰;第三、四、六、九、十一、十二、十三、十六则为费锡璜(滋衡)撰。第十六则费锡璜(滋衡)云:"此选方舟极苦心广为搜罗,不遗馀力。如药亭《炮童谣》、《风筝谣》皆自废簏败楮中得之,此药亭全稿所未备也。"

---

① 乾隆四十三年十月初四日《湖广总督三宝等奏六次查获应毁各书折》所附书目,其中有云:"《道援堂集》三部,刊本。是书屈大均著,沈用济选。前已缴过。今续查获一部计四本,全。又一部计二本,止存一卷至五卷;又一部计一本,止存一卷至五卷。"(《纂修四库全书档案》,第894—919页。)可知同为沈选《道援堂集》的卷一至卷五,就有装订为一册和两册的差别。

② 书签所记信息不确,撰者一项误作沈用济。

《附记十六则》叶四 b 面空白，有读者甲墨笔题诗一首，和读者乙对题诗的评论。题诗共四行，云："儒巾脱去换僧巾，可难先生志未申①。满腹侠肠托翰墨，一腔忠胆寄风尘。英雄本多（或出）颠狂士②，才子终为离乱人③。数册诗篇披阅后，有心疑是我前身。"左下方小字落款为："道光丙申夏日，后学□□□□题。"名字被涂去，完全看不出是何字迹。在此旁边有读者乙的双行墨批："若系自涂，尚有是非羞恶之良。""道光丙申"为道光十六年（1836）。题诗的右上角有读者乙的三行墨批："此诗不知是何妄人题。造语尚未臻妥协，顾敢自负，唐突前修，不量亦甚矣。癸丑蔗园书。"癸丑年，符合条件的，一为清咸丰三年（1853），一为民国二年（1913），应不会晚至 1973 年。蔗园，姓名不详。查中国地方志，字号为蔗园，或诗集名有"蔗园"字样者很多。以下四位较有可能：韩文命，号蔗园主人，著有《蔗园喷饭集》，咸丰年间在世；蒯德模（1816—1877），字子范，一字蔗园，著有《带耕堂遗诗》；另有谢永谔，字筠士，邵阳岁贡生，官衡阳学正，著有《蔗园诗集》；李宝琛，原名毓琛，字琳卿，又字蔗园。至于此处"蔗园"为谁，则不能确指。

卷端第一行为诗集名和卷数"道援堂集卷一"，下端有"北京图书馆藏"藏书印；第二行下端为编选者"钱唐 沈用济 方舟选"；第三行空一字为作者姓名"屈大均"；第四行空二字标明诗体"五言古"；第五行空三字标明诗题"咏古"。

沈选屈诗没有目录，以诗体分卷。第一册包括卷一、卷

---

① 按："难"字涂改为"歎"，旁边又加写一"歎"字。读者乙在"申"字旁注"应是伸之讹"。

② 按：此句原只有六字，当漏书一字；"本颠"旁补"多出"二小字。

③ 按："终"涂去，于其旁改为"频"。

二,皆为五言古;第二册包括卷三、卷四,皆为七言古;第三册只有卷五为五言律;第四册只有卷六为五言律;第五册只有卷七为七言律;第六册包括卷八五言排律、卷九五言绝、卷十七言绝和杂体。

著录沈选《道援堂集》的目录学著作有翁连溪编校《中国古籍善本总目》① 和孙殿起《贩书偶记》。《贩书偶记》卷十四,谓"无刻书年月,约康熙间刊"②。另外,施廷镛《清代禁毁书目题注 外一种》也曾载录,云:"《道援堂集》屈大均撰……十卷,(清)沈用济编,刊本。"③

沈选《道援堂集》卷首之费、沈二人的序文和《附记》对三家诗的评论甚有见地,却未见他人引用。道光二十年庚子(1840)南海伍崇曜重刻本《六莹堂集》所附《评词》和今人吕永光先生校点《六莹堂集》所附《评词补辑》,是康熙初年至近代对梁氏诗歌评论的汇集。沈、费二人的评论亦未被收录其中。以此看来,沈选《道援堂集》尚未得到研究者的重视。

---

① 翁连溪编校:《中国古籍善本总目》第 5 册,线装书局 2005 年版,第 1528 页。
② 孙殿起:《贩书偶记》卷 14,上海古籍出版社 1999 年版,第 347 页。
③ 施廷镛编著:《清代禁毁书目题注 外一种》,北京图书馆出版社 2004 年版,第 145 页。

第七章　清初汪观辑《五大家诗》考论
——兼论清初三大家、五大家之争

选录当代名家之诗，在清初蔚为风气。著名选本如吴伟业《太仓十子诗钞》、宋荦《江左十五子诗选》、邹漪《五大家诗钞》、《名家诗选》、《诗媛八名家集》、魏宪《百名家诗选》、吴蔼《大家诗钞》、吴之振《八家诗钞》、聂先《百名家诗钞》、顾有孝和赵沄《江左三大家诗钞》、王隼《岭南三大家诗选》、沈用济《岭南三大家诗选》、汪观《五大家诗》等。选家的动机固然多种多样，但以选诗标举自己的诗学理念这一动机却基本是共同的，也就是说选家大多都有以他人之作，成自己一家之言的目的。入选者一般也都是能起到示范意义的当代名家，或某一诗风的代表。"使海内之称诗，皆以三先生为准的"①，顾有孝在《江左三大家诗钞叙》中道出了这一意图。

第一节　三大家和五大家之争

以某种方式把不同的诗人组合在一起，在中国文学史上是一个常见的现象，如"三曹"、"三苏"、"七子"、"八家"等等。尽管有人可能会对这些合称有不同看法，却很少见到像清初出现"江左三大家"之后又出现"岭南三大家"、邹漪编选

---

① 顾有孝、赵沄编：《江左三大家诗钞》卷首，见《四库禁毁书丛刊》集部第39册，影印康熙六年刻本，第3页。

《五大家诗钞》后汪观又编选《五大家诗》这种现象。由于选诗标准等的不同,出现不同组合是正常的,但这一时期所谓的"三大家"、"五大家"的组合,却或多或少透露出与诗风、出处、地域之争相关的某些问题,折射出清初人选清诗的某些特点。

清康熙六年(1667),吴江顾有孝和赵沄选钱谦益、吴伟业、龚鼎孳三人诗成《江左三大家诗钞》。随着选本的刊行和传播,"江左三大家"这一合称逐渐获得了诗坛的认可,由此也引起了一些人不同的反应。

钱谦益(1582—1664),字受之,号牧斋,晚号蒙叟,常熟(今属江苏)人。崇祯初官至礼部侍郎,南明弘光朝为礼部尚书。南京迎降后,仕清为礼部右侍郎管秘书院事,充《明史》馆副总裁。后又秘密抗清。吴伟业(1609—1672或1671),字骏公,号梅村,太仓(今属江苏)人。明崇祯四年(1631)一甲二名进士,曾任翰林院编修、南京国子监司业、左庶子等职。入清,初不出仕,顺治九年(1652),当路强征之,次年北上,被授予秘书院侍讲,转国子监祭酒。十三年(1656)乞假归。龚鼎孳(1615或1616—1673),字孝升,号芝麓,合肥(今属安徽)人。崇祯七年甲戌(1634)进士,官兵科给事中。李自成入京,授直指使。入清累官至左都御史,刑、兵、礼部尚书。龚鼎孳在职期间,倾囊恤穷,庇护遗民志节之士,扶掖人才,颇得人心。因地域关系,钱、吴、龚被称为"江左三大家"。

康熙三十一年壬申(1692),番禺诗人王隼辑梁佩兰、屈大均、陈恭尹诗为《岭南三大家诗选》。就人选而言,虽然有些微异议,但"岭南三大家"这一合称还是不胫而走,获得了普遍的认可。

顾有孝、赵沄与王隼在选诗范围上都有地域限制,一为江左,一为岭南。其中是否有地域之争的意味呢?民国学者邓之诚先生非常肯定地说王隼举岭南三家"隐以抗江左三家"。①陈衍亦云:"岭南依样仿江南,独潋骚馀鼎足三。敌得天山鬓边雪,离忧古色满江潭。"② 顾有孝(1619—1689),字茂伦,吴江(今属江苏)人,明诸生。明亡,弃儒冠,居钓雪滩,以选诗为事,康熙十七年(1678),力辞鸿博之荐。家贫,好客,以遗民终。临殁,命诸子以头陀礼葬殓,更号雪滩头陀。屈大均特别推重顾有孝,有《吴江赠顾茂伦》二首,其二云:"吴下要离子,相逢意气存。千金生壮士,一饭死王孙。返马亡秦塞,维舟破楚门。他时功业就,痛饮在中原。"③ 王隼(1644—1700),字蒲衣,广东番禺人,明遗民邦畿之子。七岁能诗,尝弃家入丹霞为僧,名古翼,字辅昙。游匡庐,居太乙峰,屈大均等招之还俗。归筑庐于西山之麓,与屈大均之沙亭乡相距咫尺,旦夕过从。

在王隼选"岭南三大家"诗十馀年后,沈用济于康熙四十三至四十五年重又选编梁、屈、陈三人之诗,仍名为《岭南三大家诗选》。如果说王隼编《岭南三大家诗选》或多或少存在地域之争的话,那么钱塘人沈用济重选岭南三大家诗,应该无争地域之嫌。对于沈用济来说,其个人趣味、诗学好尚,以及与岭南三家的关系才是最重要的标准。

顾有孝、赵沄选《江左三大家诗钞》十馀年后,康熙十九年庚申(1680)邹漪编选了《五大家诗钞》三十八卷。邹

---

① 邓之诚:《清诗纪事初编》,上海古籍出版社2013年版,第986页。
② 陈衍:《戏用上下平韵作论诗绝句三十首(止论本朝人,及见者不论)》之五,见钱仲联编校:《陈衍诗论合集》之《石遗室论诗诗录》,福建人民出版社1999年版,第1101页。
③ 《屈大均全集》第1册,第299页。

漪（1615—?），字流漪，号西村，江南无锡人。① 邹漪在钱、吴、龚之后增添熊文举、宋琬二人，扩为五大家。熊文举（1595—1668），字公远，号雪堂，南昌新建人。出身世代官宦书香家庭。崇祯四年（1631）进士，授合肥县令。叙功擢吏部主事，因上疏力救黄道周、李汝灿、傅朝佑等人，一时称为直臣，后迁稽勋司郎中。顺治元年（1644）降清，曾两任吏部左右侍郎，又起补吏部左侍郎兼兵部右侍郎，卒于官，赐葬。一生勤于著述，工诗、文、词，驰名文坛。宋琬（1614—1673），字玉叔，号荔裳，山东莱阳人。生于明万历四十二年（1614），清顺治四年（1647）进士，授户部河南司主事，康熙十一年（1672），授四川按察使司按察使，翌年，入京觐见，适值三藩乱起，成都陷，家属遇难，忧愤而死。宋琬与施闰章齐名，有"南施北宋"之说。常熟、太仓、安徽合肥属江左；江西南昌属江右，山东莱阳更在北方。显然所谓的"五大家"着眼于全国，突破了江左这一地域的限制。

康熙五十二年（1713）后，汪观选《五大家诗》，其人员组成与邹漪所选五大家完全不同。此五家分别是阎尔梅、杜茶村、梁佩兰、屈大均和陈恭尹。

汪观，字瞻侯。安徽休宁人。因休宁境内有松萝山，故号松萝。约生于康熙五年（1666），有《静远堂诗集》，又编选清初诗为《清诗大雅》和《清诗大雅二集》。阎尔梅（1603—1679），字用卿，号古古、白耷山人，江苏沛县人。明崇祯三年（1630）举人，复社巨子。甲申、乙酉间，为史可法画策，史不能用。乃散财结客，奔走国事。清初剃发，号蹈东和尚。诗有奇气，声调沉雄，有《白耷山人集》。杜濬（1611—1687），字于皇，号茶村，湖北黄冈人。明崇祯十二年

---

① 江庆柏编著：《清代人物生卒年表》，人民文学出版社2005年版，第339页。一说：邹漪，江苏常熟人，字棹烟，号啸轩。

(1639)副贡生。少倜傥有志,既无所遇,遂一意为诗。明亡,隐居金陵鸡鸣山,自甘穷困,为著名遗民诗人。

邹漪在"江左三大家"的基础上增加了两位诗人,范围延至全国。与邹漪的做法完全一样,汪观在"岭南三大家"的基础上也增加了两位诗人,选择范围也延至全国。虽然表面上都突破了地域的局限,但最基础、最核心的三家并没有变化,都以相应的前选为基础。从这可以看出,三大家和五大家的选诗思路并没有太大变化,前后有着明显的继承性。

突破地域的局限也许只是外在的类同。如果注意一下这十位诗人的身份,会发现这两组诗人具有强烈的对比性。邹选五家,四位是明清两仕的贰臣,一位是清朝新贵;而汪选五家,四位是前明遗民,一位是郁郁不得志的清朝翰林。

笔者认为顾有孝、赵沄和王隼在选诗时,并没有太过考虑诗人的出处选择。但如果对江左三大家与岭南三大家的身份稍作对比,即会发现这样的两个组合,确实容易引发人们的联想。事实上也有人对王隼岭南三大家的人选有过猜测。屈向邦《粤东诗话》卷一云:"王蒲衣隼,选梁、屈、陈诗,称为岭南三大家,议者纷纭,不知蒲衣之意或只欲选屈、陈为岭南两大家耳。其加选梁,且以冠首,或欲避人攻讦,以梁为幌子耳。而此书仍被抽毁,则非蒲衣所及料也。盖以志行言,梁与屈、陈迥不侔也。蒲衣固以'诗言志'为重者,何为必以梁与屈、陈并称,且以为冠乎?(以诗论,梁固有卓有可传之价值在,不必与屈、陈并称。《楚庭稗海》谓,蒲衣叙次三家首庶常,岂以官爵耶?尤为隔靴搔痒之论。)明眼人当能洞悉蒲衣深心,而非议之无谓也。洪北江诗:'尚得昔贤雄直气,岭南犹似胜江南。'盖指屈翁山、陈元孝诸人之诗也。"① 吕永光

---

① 屈向邦:《粤东诗话》卷1,见钱仲联主编:《清诗纪事·明遗民卷》,江苏凤凰出版社2004年版,第214页。

先生云:"论思想性方面,则正如陈融先生所言,'药亭以所感不深,不能与二家并驾'。总而言之,梁诗的成就要逊于屈、陈。"① 罗学鹏云:"王蒲衣选屈翁山、梁芝五、陈元孝诗,号曰'岭南三大家'。舍其父《耳鸣集》而不与,不知其命意何若……程湟溱称诗都下,为名流折服,才名宁出三家下……乃概置弗录,岂得为持平之论哉?"② 有意思的是对诗人的出处选择特别强调的人,如罗学鹏、陈融和屈向邦等,皆非清初之人,事实上他们都远离那个时代。当时士人虽然必须做出自己的选择,但对众多不同于自己选择的人,大多数人却往往能淡然处之,甚至略有同情之理解。邹漪和汪观选五大家之时,在刻意模糊地域范围的同时,似乎又有意无意地凸显了他们的出处选择。应该说邹选五家时,不会故意凸显他们的出处选择,但汪观在选五大家时,却未必没有这一考虑,从而隐微地肯定他们的政治品格。

如果眼光仅局限在诗人的身份和出处选择的不同,应该说有点狭隘。其实,选诗者的动机未必是刻意强调其身份和出处选择的不同,选诗者关注的应该主要是其诗风和创作成就。不过,从另外一个角度来说,其诗风的形成实际上与他们的出处选择也有着一定的关系,也就是说其人生际遇、出处选择和对新旧两朝的态度,很大程度会影响其诗风的形成。

总而言之,这一时期三大家、五大家之争,除了些微的地域之争之外,还关联到诗人的出处选择,关联到清初诗风、诗坛格局,以及个人的选诗标准等因素,折射了清初人选清诗的特点。

---

① 吕永光:《六莹堂集前言》,见《六莹堂集》,前言第22—23页。
② 罗学鹏:《广东文献四集》卷19,《广州大典》第492册,影印同治二年春晖堂刊本,第26页。

第二节 《五大家诗》及《药亭诗》考述

此五部三大家、五大家诗选,于乾隆年间皆遭毁禁,但命运各不相同。顾有孝、赵沄选《江左三大家诗钞》九卷、王隼编《岭南三大家诗选》二十四卷、邹漪选《五大家诗钞》三十八卷,其传本皆被《四库禁毁书丛刊》影印收录。三者分别收入《四库禁毁书丛刊》集部第39、39和137册。而沈用济《岭南三大家诗选》和汪观辑《五大家诗》则没有这样幸运。沈用济编《岭南三大家诗选》全本未见,唯《道援堂集》一函十卷六册保存在中国国家图书馆,① 且少人知晓。汪观的《五大家诗》虽然有幸保存了下来,但研究者知者甚少。

汪宗衍《屈大均年谱(后谱)》康熙五十四年条云:"休宁汪观选刻《五大家诗》十七卷,凡阆古古诗三卷,杜茶村诗三卷,梁药亭诗三卷,屈翁山诗四卷,陈元孝诗四卷。《清代禁书知见录外编》有静逸堂刻本,未见。"② 汪宗衍先生明确说他未曾见到汪观辑《五大家诗》,只是根据《清代禁书知见录外编》知道有静逸堂刻本和五家诗的卷数。2007年笔者通过网络搜索到汪观的《五大家诗》藏中国国家图书馆,2008年托人民文学出版社的徐文凯博士复印局部,其后再赴京目验全书。董就雄先生2019年出版《梁佩兰集校注》时曾参考《五大家诗》。吕永光先生1992年校点《六莹堂集》时说:"据说日本内阁文库藏有《五名家近体诗》,中有梁佩兰

---

① 王富鹏:《沈用济选刻〈岭南三大家诗选〉考述》,《文献》2016年9月。按:该文收入本书下编第六章。

② 汪宗衍:《屈大均年谱(后谱)》康熙五十四年乙未屈大均卒后十九年(1715)条,见《屈大均全集》第8册,第1999页。

诗二卷，另补一卷，未知是否即汪氏选本。"① 2015年出版的《广州大典》，收有日藏本汪观选《药亭诗》（实为《五大家诗》之局部）。李福标先生在为《药亭诗》撰写书志时说："是书今国内各馆不藏。今藏日本内阁文库。"② 由上述情况可知，汪观选刻的《五大家诗》，目前学界知者尚少，有必要对其进行深入的介绍和研究。

《五大家诗》，汪观选，刻本，五册，凡十七卷，每卷页数不等。8行19字，白口双边单鱼尾。有总目，无细目。版心有"××诗卷×"、"静远堂"字样及页码。第一册《古古诗》凡三卷，第二册《茶村诗》凡三卷，第三册《药亭诗》凡三卷，第四册《翁山诗》凡四卷，第五册《元孝诗》凡四卷。所选为五家近体诗。每家诗前各有一序。总目称"五大家诗目"，在《阎古古诗选序》后，《古古诗》正文前。卷首"五大家诗目"和"阎古古先生"字样下方钤一印章，字迹莫辨。

"五大家诗目"云："阎古古先生：□（七）言律，一百七十三首；□□（五言）律，五十九首；七言绝句，三十五首；五言绝句，十首。杜茶村先生：五言律，一百四十八首；七言律，十三首；五言绝句，五首；七言绝句，四十一首。梁药亭先生：五言律，八十四首；七言律，三十一首；五言绝句，五首；七言绝句，三十一首。屈翁山先生：五言律，一百二十五首；七言律，四十九首；五言绝句，四十首；七言绝句，八十八首。陈元孝先生：五言律，六十一首；七言律，六十二首；五言绝句，七首；七言绝句，二十七首。"③

---

① 吕永光：《六莹堂集前言》，见《六莹堂集》，前言第28页。
② 王蕾主编：《广州大典海外珍稀文献书志》，广西师大出版社2016年版，第216—217页。
③ 汪观辑：《五大家诗》，康熙刻本，卷首。

汪观选《五大家诗》在乾隆时期曾遭抽毁。《清代禁书知见录外编》有准确著录，但其他禁书资料未见记载。《四库全书总目》云："《药亭诗集》二卷，江苏周厚堉家藏本……是编乃休宁汪观所选，皆近体诗，卷首有朱文小印曰：'古体嗣出。'则不但非其全集，即选本亦尚未刻竣矣。"① 笔者认为江苏周厚堉藏《药亭诗集》，即是抽毁后的汪观《五大家诗》残本。乾隆于三十九年大规模禁书开始之后，出现了滥缴滥毁现象。乾隆四十一年后对这种做法进行了一定程度的纠正。十一月十七日上谕云："又若汇选各家诗文，内有钱谦益、屈大均所作，自当削去，其馀原可留存，不必因一二匪人，致累及众。"② 乾隆四十三年四库馆臣按照乾隆谕旨对相关的禁书政策作了更详细的阐述，《办理四库全书档案》"四库馆违碍书籍条款"云："吴伟业《梅村集》曾奉有御题，其《绥寇纪略》等书亦并无违碍字句，现在外省一体拟毁，盖缘与钱谦益并称江左三家，曾有合选诗集，是以牵连并及。此类应核定声明，毋庸销毁。其《江左三家诗》、《岭南三家诗》内如吴伟业、梁佩兰等诗选亦并抽出存留。"又云："钱谦益、吕留良、金堡、屈大均等除所自著之书俱应毁除外，若各书内有载入其议论，选及其诗词者，原系他人所采录，与伊等自著之书不同，应遵照原奉谕旨，将书内所引各条签明抽毁，于原版内铲除，仍存其原书，以示平允。其但有钱谦益序文，而书中并无违碍者，应照此办理。"③ 虽然这一抽毁政策没有得到严格执行，之后仍有滥毁的现象，但由此还是保存下来了不少有价

---

① 永瑢等：《四库全书总目》卷183，中华书局1965年版，第1663页。
② 永瑢等：《四库全书总目》，中华书局1965年版，卷首第4页。
③ 《办理四库全书档案》，乾隆四十三年四库馆违碍书籍条款，转引自黄爱平：《四库全书纂修研究》，中国人民大学出版社1989年版，第63页。

值的作品。周厚堉藏《药亭诗集》即当是因这一政策被保存下来的幸运者。《五大家诗》整体被毁，而《药亭诗》独存。

汪观《五大家诗》之《药亭诗》凡三卷：卷一、卷二、补卷一。其中卷一、卷二，首页页端皆标注"番禺梁佩兰药亭著，休宁汪观瞻侯选"字样，而补卷一首页页端则无。卷一为五言律，首页页端未标"五言律"字样；卷二为七言律、五言绝句、七言绝句，而卷二首页页端则标注"七言律"字样。补卷一为五言律及其他，首页页端无任何标注，首行即为诗题《钓台》，第二行为正文。补卷一前九页为五言律，第十页为《厓门》、《八月十五夜》、《平山堂燕集同李虬峰、卓子任、沈方舟、张印宣、费滋衡、浮村上人分赋》七言律三首和《南海探梅》七言绝。第十一页为《南海探梅》后半和汪观《乙未暮春沈方舟手抄梁太史近体诗一册见贻，因成一律》五言律一首。补卷一卷心与卷一卷心标注相同，皆为"药亭诗卷一静远堂"和页码。卷二卷心标注"药亭诗卷二静远堂"和页码。

日本国立公文书馆藏有汪观选《药亭诗》三卷。笔者认为日藏本《药亭诗》亦是从汪观《五大家诗》析出。封面钤有"昌平阪学问所"墨印，贴有"内阁文库"、"汉书门"等藏书签，且有手写"五名家今体诗梁药亭一二三"字样；内封"松萝汪瞻侯选梁药亭诗静远堂梓"，并钤有"诗家必传"、"诗选楼"朱印。《药亭诗集序》首页钤有"浅草文库"、"书籍馆印"、"日本政府图书"朱印；末页钤有"昌平阪学问所"墨印和"文化壬申"朱印。日藏本装订颇有错乱，卷一与补卷一交叉装订。

第一次错乱：卷一第6页与补卷一的第7页相接。补卷一的第7页《秋猎》最后"何心"二字，上接卷一第6页《秋园》三首。第二次错乱：补卷一第10页，与卷一第11页相接。补卷一唯一的七言绝句《南海探梅》"庙门铜鼓动波间，黄木行来有几湾。三十里中皆"，下接"出匣三寸水，冰棱掌上开。风云人不觉，轻薄尔能裁。适用何妨小，全锋即是才。蛟龙头角异，早晚定惊雷"（此诗为卷一《纸刀》正文）。第三次错乱：补卷一第6页与卷一第7页相接。补卷一第6页《秋猎》（此处缺此诗最后二字"何心"）与卷一第7页《郊行》相接。第四次错乱：卷一第10页又与补卷一末页相接。卷一第10页最后一首五律《纸刀》题目与补卷一末页《南海探梅》尾联"是雪，不留一片认青山"相接。简单一点说就是，把本属卷一的部分作品（《郊行》、《羚羊峡》、《封川》、《寒食郊外访尘上人》、《江行杂咏》、《送屈本庵燕游》、《苦吟》、《秋潭》、《钓艇》、《冬草》、《闻钟》、《夜漏》、《夜潮》、《端研》、《墨池》、《纸刀》）与补卷一中的部分作品（《秋猎》、《秋戍》、《秋蝶》、《秋菜》、《边雪》、《边月》、《边烽》、《边尘》、《边笛》、《边马》、《边雁》、《边柳》、《边草》、《厓门》、《八月十五夜》、《平山堂燕集同李虬峰、卓子任、沈方舟、张印宣、费滋衡、浮村上人分赋》、《南海探梅》）相互对调，横插在中间。

《广州大典》第436册在收录日藏本《药亭诗》时发现装订错乱，进行了纠正，但仅纠正了第二和第四次错乱，而保持了第一和第三次错乱，于是又造成了新的错误。《广州大典》第436册所收《药亭诗》仍然存在这样的错误：卷一的1—6页与补卷一的7—11页配到了一起；补卷一的1—6页与卷一的7—12页配到了一起。

第三节 《五大家诗》选刻时间考

从相关资料可知，汪观选《五大家诗》前后花费两三年时间。汪观《阁古古诗选序》云:"癸巳夏寄迹吴闽遍求坊肆,未获刻集,因柬寄稼书……及秋,稼书即以所抄本并序其钞录之意报余……自是披阅半月,恍如晤对山人。因选其近体诗数百首梓以行世。"① 汪观《翁山诗集序》云:"余初读翁山《诗外》,及再读《道援堂》沈方舟选本,每每拍案惊奇,何当年之杜陵复生于今日之岭南乎!……惟从吾所好,先采近体如干首梓之,以公天下之知诗者……康熙乙未元旦立春,松萝汪观谨书于金闾之澹会轩。"② 汪观《药亭诗集序》云:"梁药亭太史以诗文见知于天下……今药亭往矣,所赖与百世为知己者有其诗在。余惜未得见其全集,故亟亟于蒲衣选本中,先梓其近体最佳者数百首,共翁山之诗以公世。仍待方舟选本出,再补梓之……康熙乙未元宵渔庄灯下松萝汪观书。"③ 由这三篇序文知,《药亭诗》和《翁山诗》皆选成于康熙五十四年乙未(1715),《古古诗》选成于康熙五十二年癸巳(1713)。《五大家诗》基本选成大约在癸巳至乙未三年左右的时间。

由汪观的《药亭诗集序》可知他选《药亭诗》是在康熙五十四年初,而此时沈用济选《六莹堂集》尚未刻成刷印。《药亭诗》补卷一最后附有汪观自己的一首五律:《乙未暮春沈方舟手抄梁太史近体诗一册见贻因成一律》:"龙珠藏未得,一一出君囊。风雨起南海,春秋在草堂。不因吟到苦,焉得读来香。赖此成知己,满天明月光。"④ 由这首诗透露的信息可知,《五大家诗》,汪观随选随刻,康熙五十四年乙未年初据王隼选本辑刻《药亭诗》卷一、卷二后,沈用济方将自己所

---

① 汪观辑:《五大家诗》,康熙刻本,卷首。
② 汪观辑:《五大家诗》之《翁山诗》,康熙刻本,卷首。
③ 汪观辑:《五大家诗》之《药亭诗》,康熙刻本,卷首。
④ 汪观辑:《五大家诗》之《药亭诗》补卷1,康熙刻本,第11页。

选梁佩兰近体诗手抄成册,送给了汪观供其选录。

经仔细比对,汪观选《药亭诗》卷一、卷二的内容见于王隼辑《岭南三大家诗选》,而补卷一之诗,则不见于王选。补卷一《题沈方舟南湖别业》("南湖三十亩,君在镜中居。菱叶烟浮水,梅花月照庐。人闲湘簟冷,风远玉箫疏。何地无佳兴,高吟出夜鱼。")和《癸未秋同沈大方舟出都倡和数旬,遽尔疾作漫赋》("呼吸玄关隔,舒和玉炁平。苦吟堪一死,佳句即长生。天与聪明极,人当老大成。惊心坐中夜,所得是无名。")二诗,在吕永光先生整理本《六莹堂集》中分别题作《寄何太占》和《病中偶作》,亦不见于王隼辑《岭南三大家诗选》。梁佩兰暮年与沈用济关系密切,康熙四十二年癸未(1703)九月朔日,二人自潞河乘舟南还,沿途唱和。沈用济曰:"癸未,与药亭同舟南还,唱和百馀日,间出其平日著作,云以此相托,余因录藏行箧中。乙酉秋,余自桂林回羊城,而药亭已殁。选择付梓,不忘故人之托也。"① 梁佩兰于康熙四十四年乙酉(1705)离世,癸未是梁佩兰离世的前二年。"以此相托"在一定意义上可以说是临终托付了。之后,沈用济亲到岭南选诗,并多与梁佩兰商酌而定。"屈、陈已殁,药亭亦在临终……至去取之间,多商之药亭。"② 梁佩兰这两首诗都与沈用济相关,一为"题沈方舟南湖别业",一为"癸未秋同沈大方舟出都倡和数旬,遽尔疾作漫赋"。根据诗题所提供的信息,再结合二人癸未同舟唱和"录藏行箧中"这些记载,我们可以作出这样的推测:这两首有可能即是梁佩兰创作的当时,为沈用济所记录并藏行箧之中的作品。梁佩兰

---

① 沈用济、费锡璜:《道援堂集附记》第15则,见屈大均著,沈用济选:《道援堂集》,康熙四十五年(1706)刻本,卷首。
② 沈用济、费锡璜:《道援堂集附记》第1则,见屈大均著,沈用济选:《道援堂集》,康熙四十五年(1706)刻本,卷首。

后来对诗题有所删改,并将《题沈方舟南湖别业》赠与其诗友何栻(字太占),题作《寄何太占》。沈用济在选编《六莹堂集》时,则依自己所录,从而保存了梁、沈二人交往的更多的信息。当然也不能排除成诗后先寄何栻,后题方舟别业的可能。

这两个不同的诗题不但提供了更丰富的信息,也进一步证明汪观辑《药亭诗》补卷一,确实是他在选刻卷一、卷二之后,依据沈用济选《六莹堂集》"补梓"而成。由汪观《药亭诗集序》和汪观的诗,知道《药亭诗》卷一、卷二刻于康熙五十四年年初,而补卷一的补选刊刻则在是年暮春,中间相隔仅两三个月。

在补卷一的选刻之前,《五大家诗》是否曾经刷印呢?如前引述,《四库全书总目》卷一百八十三云:"《药亭诗集》二卷……是编乃休宁汪观所选,皆近体诗,卷首有朱文小印曰:'古体嗣出。'则不但非其全集,即选本亦尚未刻竣矣。"① 笔者认为以四库馆臣之严谨,应该不会将三卷本的《药亭诗》误作二卷。因此笔者推测在《药亭诗》补卷一选刻之前《五大家诗》曾经刻成刷印。"江苏周厚堉家藏本"即是先行刊印、且被抽毁的《五大家诗》残本。另外,现存国图本《五大家诗》和日藏本《药亭诗》,卷首皆不见四库馆臣所谓的"古体嗣出"之"朱文小印",说明这两个藏本皆非"江苏周厚堉家藏本"。"江苏周厚堉家藏本"为二卷本,而《清代禁书知见录外编》著录为三卷,难道二者所依据的底本有异?如果二者著录皆无错误,那么就可以肯定补梓前后两次刷印的《五大家诗》皆遭抽毁。不过,补卷一卷首首页页端没有标示,四库馆臣误录的可能也不能完全排除。

---

① 永瑢等:《四库全书总目》,中华书局1965年版,第1663页。

由以上所论可知，汪观选《五大家诗》刊行于康熙五十四年，且在汪观以沈用济手抄《六莹堂集》"补梓"《药亭诗》补卷一前后曾两次刷印。两次刷印的《五大家诗》皆遭抽毁。

各个时代都有大家或名家之争。清初三大家、五大家之争，表面上看是选诗标准和诗学好尚之争，事实上除此之外，还间接透露了与诗人所在地域、出处选择以及清初诗坛格局之争相关的信息。清初的这一大家之争从这五个不同选本的选辑情况，可以比较清楚地看出。从这一角度看，在人们视野中消失数百年之后，汪观选《五大家诗》的重新被发现还是有一定价值的。

第八章　岭南三大家遗佚诗文辑考

　　岭南三大家作品的散佚和搜辑是相关研究的一个非常重要的问题。作品的散佚并非开始于雍正和乾隆时期的禁毁，在其生前，作品的散佚就已经开始了。散佚的原因也是多方面的，作者本人惧怕因文获罪和清中期对书籍的禁毁显然是一个非常重要的因素。经过数代学者的努力，三家著作的搜辑已经取得了重大的成绩，尤其是清末民初，相关学者的成就最为显著。不过，三家仍有一些散佚不见的作品，甚至屈大均的十数部编著至今仍难觅踪迹。20世纪八九十年代屈大均、陈恭尹、梁佩兰三人的著作分别都有了整理校订的刊本，其中也补辑了不少散佚的诗文。1988年中山大学出版社出版的由郭培忠先生校点的《独漉堂集》，1992年中山大学出版社出版的由吕永光先生校点的《六莹堂集》和1996年人民文学出版社出版的由欧初、王贵忱、李文约、赵福坛等先生共同协作整理校订的《屈大均全集》分别收录了当时所能知见的三家的作品。其后三家的佚诗佚文陆续被研究者发现，并发表在多种刊物之上。2018年人民文学出版社新出版的郭培忠先生的《陈恭尹集》，2019年中华书局出版的董就雄教授的《梁佩兰集校注》又增补了近年来众多学者新发现的佚诗佚文。不过，三家仍有一些佚诗佚文有待整理补辑。在此笔者将这几种整理本没有收录的三家佚诗佚文汇辑一处，并加标点，以供研究者参考。需要说明的是：2016年广东人民出版社出版的陈荆鸿笺释，陈永正补订，李永新点校本《陈恭尹诗笺校》和 2014 年台北文津出版社有限公司出版的司徒国健《广东士人与清初政治：梁佩兰交游及著述考论》也收录了近年来发现的部分佚诗，不过所收佚作皆不出《陈恭尹集》、《梁佩兰集校注》之外。2017 年上海古籍出版社出版的陈永正等先生的《屈大均诗词编年校笺》所收屈大均佚作，个别出于《屈大均全集》之外者，笔者在文中将顺便说明。已为《屈大均全集》、《陈恭尹集》和《梁佩兰集校注》收录的近年来发现的三大家的佚诗佚文的题名，此处亦不再胪列。

第一节　屈大均遗佚诗文辑考

一、翁山诗文辑佚

1.《大小怜歌（华阴伎）》其二

素手相将入暮林，上方楼阁月华深。笑他楚调金陵子，不解秦箫弄玉吟。

笔者辑自徐釚《本事诗》卷十二。① 此书初刻于康熙十一年壬子（1672）十二月。《大小怜歌（华阴伎）》其一，在《屈大均全集·翁山诗外》（卷十五）为《华阴二莲歌》十首之三。《大小怜歌（华阴伎）》其二，《屈大均全集》未收。徐釚（1636—1708），吴江人，字电发，号虹亭。康熙十八年（1679）应鸿博，列二等，授检讨，入《明史》馆，曾与"岭

---

① 据《四库禁毁书丛刊》集部第 94 册，影印乾隆二十二年（1757）半松书屋刻本。

南三大家"交游唱和。按：此诗亦为上海古籍出版社 2017 年版陈永正等的《屈大均诗词编年校笺》卷四"北游二什"收录。

2.《赠广陵龚子》

我昔客扬州，高卧琼花楼。琼花十丈开天阙，飞作江南千里雪。淮王仙幕卷青霞，彩女鸾箫吹夜月。乐往哀来芳岁移，芜城鼓角不胜悲。将军虎竹归青澥，天子龙旗出紫微。伤心独吊战场下，白骨青苔纷满野。明驼载尽画楼人，芳草嘶残榆塞马。二十四桥何处寻，逢君散发垂杨阴。游仙未策卢敖杖，别鹤聊弹叔夜琴。玉勾草堂更秉烛，风雨萧萧鸣苑竹。君作金箱五岳图，置我明星太乙都。东临碣石看红日，西入昆仑隐玉壶。

陆勇强辑自徐崧等编《诗风初集》卷六。①

3.《寄人》

南望春光满帝州，羡君家近凤皇楼。几朝载酒浮青雀，何处看花控紫骝。日暖芙蓉开玉阙，风轻杨柳拂金沟。娇歌急管肠堪断，莫向卢家访莫愁。

陆勇强辑自徐崧等编《诗风初集》卷十四。② 按：此诗亦为上海古籍出版社 2017 年版陈永正等的《屈大均诗词编年校笺》卷八"避地什"收录。

---

① 据《四库禁毁书丛刊》编纂委员会编：《四库禁毁书丛刊补编》第 57 册，影印康熙十二年癸丑（1673）刻本，北京出版社 2005 年版。
② 据《四库禁毁书丛刊》编纂委员会编：《四库禁毁书丛刊补编》第 57 册，影印康熙十二年癸丑（1673）刻本，北京出版社 2005 年版。

4.《登娥避峰赠长春子》

一啸白云开,群峰四面来。多君借玄鹤,送我上瑶台。花卷千岩雪,泉鸣万壑雷。梯从秦望转,衣拂赤城回。天姥芙蓉髻,明湖碧玉杯。相携怜芥子,欲别赠龙媒。五岳随风去,群真礼斗陪。海光吞绛日,天绝握河魁。紫凤箫徐引,莲花漏暗催。飞琼歌窈窕,明月影徘徊。晞发咸池上,搴芝少室隈。聊将园绮乐,少慰霸王才。世运非华夏,人间又草莱。阴符终可用,仙曲且须裁。

笔者辑自徐崧等编《诗风初集》卷十五。①《登娥避峰赠长春子》为五言排律,《翁山诗外》卷八有《登娥避峰作》五言律:"一啸白云开,群峰面面来。梯从秦望转,衣拂赤城回。花卷千岩雪,泉鸣万壑雷。芙蓉天姥髻,朵朵带春苔。"二诗虽有部分诗句相同,但显然是两首不同的作品。

5.《雷阳曲》三首

小车日日如流水,大估纷纷集暮天。不道红颜嫌白发,当垆个个是同年。(原注:雷人谓青楼曰同年云。)

郊西亦有一西湖,生遍荷花与绿蒲。往事谁怜六君子,信芳亭上咏蘼芜。(原注:六君子,寇准、苏轼、苏辙、刘安世、秦观、李纲也,皆尝居雷阳。今有六君子堂在西湖,与信芳亭相望。)

太守恩波及稻苗,洋田近日少咸潮。神君自是延陵札,万户讴歌达紫霄。(原注:谓太守吴公盛藻也。)

陆勇强辑自康熙《雷州府志》卷十《艺文志》。《雷阳曲》名下原有十二首,其中第九、十一、十二首《屈大均全

---

① 据《四库禁毁书丛刊》编纂委员会编:《四库禁毁书丛刊补编》第57册,影印康熙十二年癸丑(1673)刻本,北京出版社2005年版。

集》未收，其他九首见《翁山诗外》卷十五。康熙《雷州府志》凡十卷，由吴盛藻修，洪泮洙纂，现存清康熙十一年（1672）刊本，陆勇强谓其所见为《稀见中国地方志汇刊》（中国书店1992年版）影印本。笔者以《广东历代方志集成》影印本核对。① 按：这三首诗亦为上海古籍出版社2017年版陈永正等的《屈大均诗词编年校笺》卷五"东莞什"收录。

6.《黄山杂吟》

一声天上玉箫来，三十六峰花尽开。向夕轩辕邀饮酒，骑鸾更过紫阳台。

笔者录自闵麟嗣撰《黄山志定本》卷七。② 按：《黄山志定本》录《黄山杂吟》二首，此为第二首。

7.《诃林咏古》

萧森诃子林，蒲葵郁相向。榕树与菩提，枝枝似交让。岁久根为干，倒生多怪状。植自萧梁年，半槁神尔王。下有谈经坛，精灵此惝恍。昙摩昔盥钵，泉涌何瀁瀁。海眼虽潜通，洋溢非潮涨。三酌有馀甘，欲持作春酿。南汉迹未湮，有无在沧漭。塔影摇清漪，鱼戏王毫上。光流若玄珠，盈手可相贶。佛氏多寓言，翻译劳文匠。妙道贵神会，无心即罔象。

笔者辑自凌凤翔校正补刻本《翁山诗外》卷二。按：陈永正主编《屈大均诗词编年笺校》（2000年版和2017年版）卷十一"不编年诗一"云：据陈阿平本《翁山诗外》收录。

---

① 《广东历代方志集成·雷州府志部》第1册，第617—618页。
② 据《四库全书存目丛书》史部第235册，影印安徽丛书影印清康熙刻本。

8.《供母图题辞》

南岭挂瓢,北堂供母。肇□聚教,登堂说禅。独此孝行,不与禅心。俱化是知,出世菩提。正谓入世,忠孝予以,石师有焉。 番禺法弟屈大均题。

笔者辑自释大汕《离六堂集》卷首,康熙二十五年(1686)怀古楼刻本。

9.《忆雪楼诗集序》

忆雪楼在惠阳署中,南区王郡侯之所营也。侯家宝坻,去京师百馀里。其官炎方而有怀朔雪,盖谓亲在其间也。侯下车之明年,岁为庚午,而罗浮大雪。照耀楼中,四百三十二峰失其苍翠。侯与宾客攀跻,以为斯雪也可从北而南,而吾亲年高不能一至于是,而岵屺之思不能已已。其诗有曰,"岁晚罗浮路,梅花雪里看,宁知南越暖,却似朔方寒",盖谓此也。侯在惠六年,政事之馀不废吟咏。每凭阑而望,丰、鳄二湖当楼之西南;槎、丽二江当楼之东北。而罗浮、象岭烟雨合离,瀑布喷薄以交流;铁桥缥缈而横亘;仙灵、鸾鹤时可招手来过。侯顾而乐之,出入起居,流连景物,触事兴怀,凡得诗五百馀篇,主以少陵,而辅之以苏、陆,以为斯楼有力焉,因名之曰《忆雪楼集》。而尽以示予。予尝论诗,每患北人伤于质,南人伤于文。然与其伤于文,丽而淫浮,无宁伤于质朴而刚厉。侯北人也,悲歌慷慨是其天性,而乃行其气以沉雄,出其辞以敦厚,期于合道,有以醇深其中,惊采绝艳,率归典则,绝非缘情而绮靡者。今北人之诗,自畿而辅未有或先之者也。予平生所与交好于西北中,在齐则王阮亭,在鲁则颜修来,在秦则孙豹人、李天生、王幼华,在燕则侯一人而已。是皆质而能风,文而能雅,一正一变,纵横自如,而多有合于古之体制者也。侯今者以副使分巡川南,将携兹集从三峡而出三巴。予惧天下人不能得而传诵,因请梓之以公诸同好。不日者行至永宁,又将于峨眉而见雪矣。罗浮之雪不尝有,而峨眉则终岁皓然也。亲益以远,雪益以多。乍见雪而思其亲,时时见雪又将何以为怀乎?吾知侯至孝,精诚所格必即入为上卿。咫尺子舍,将如太尉张酺,每岁节,公卿皆诣其亲,奉觞上寿,为举朝之所庆羡日可期矣。　番禺屈大均撰。

笔者辑自王煐《忆雪楼诗集》卷首,据康熙三十五年(1696)王氏贞久堂刻本。

按:王煐著,宋健整理《王南村集》(天津古籍出版社2015年版)附录收录此序。

10.《中露集引》

吾粤之高兴郡,有云炉、龙湫、鉴江、厖瀑、南巴、下宫湾之胜。士之游其地者,盖莫不奋藻为诗,写其山川秀丽风气高兴者矣。吾尝与朱子月石中秋之夕泛舟双渚洲间,月石持觞引满,怀女将军绣幡临战之风流,溯潘仙人紫烟出井之旧迹。维时夕霏始散,华月流空,月石辄赋诗以先宾客。古调新声洋洋盈耳,而神明萧爽,意兴酣放,觉尔时轻世肆志之致,殊不可及。郭子皋旭在座叹曰:"今日乃见月石矣!"江边人士亦争笑指曰:"是白头而操吴音者为谁,何磊落而多风也!"且谓自吴明卿使君以来百有馀年,无此佳会。月石诗甚富,今日辑游览之章百馀篇,汇为一卷,题曰《中露集》。发而读之,清音亮节,正变不穷,虽篇什不多,而激扬慷慨之风于斯可见。高兴少府戴公怡涛见而爱之,将梓以传。昔太白着紫绮裘,乘月放舟采石,寻孙楚酒楼,后人读其诗想见其翩翩高逸,为一代异人。吾知天下人读月石诗,亦将有求月石之为人于诗之外者矣。

笔者辑自钱肃润《文瀫初编》卷十八。①

文后附钱础日评语:"描神写照,字字入情,文采风流俱从笔墨间隐约而出。月石得翁山文传矣!"钱肃润(1619—1699),字季霖,号础日,又号十峰主人。江苏无锡人。明诸生。康熙十八年(1679)举博学鸿词不就。

11.《书石连禅师册后》

今天下儒者少而禅者多。然儒者率多不能言儒,而有一禅者能于六经、《论语》、《大学》、《中庸》之旨显微阐幽,以言吾儒焉。则此一禅者,盖孔氏之真孤,而转徙荒唐,托之于瞿昙氏者也,则吾师觉杖人其是也。昔杖人尝以屈子为人心惟危之孤臣,庄子为道心惟微之孽子矣。谓庄子寄寓言于七篇,以《大宗师》归孔、颜,以《应帝王》归尧、舜,谓《应帝王》之学即《大宗师》之道。其言有权有实,有正有奇,虽汪洋自恣,诡谲纵横,然皆归宿于内圣外王之儒者。盖儒者之逸流,而不可以异端概之。嗟乎!杖人盖以庄子自况也。既已身为禅者矣,而辄窃比于颜、曾、思、孟,焉人其与我乎?不敢窃比于颜、曾、思、孟,而又不纯居于禅者,不得已而求之于方之外。有一人焉,曰庄子,虽托孤于老聃,而实归宗于尧、舜、孔、颜。于是作而叹曰:"嗟乎!有是哉,古人先得我心矣。"余不敏,少有志于儒,尝纵游天下,以求若濂溪、横渠、明道、考亭之为儒者以为师而不可得。茫茫然迷于异端俗学而无所归。久之,闻杖人之风而悦,悦而从。谓杖人儒者,而非止于禅也。乃杖人之门弟子尝数百人,然皆不问杖人之儒而问禅,杖人则因其禅而禅之,弗滥也。余则朝夕惟儒是问。诸禅者皆窃笑。余告之曰:"昔陈希夷,老氏之徒也,临

---

① 据《四库禁毁书丛刊》集部第173册,影印康熙钱氏十峰草堂刻本。

下编　岭南三大家著作的存佚和流布

《先天》、《太极》二图。濂溪、康节取而衍之,遂为儒宗。今杖人不让希夷,其言实有当于《先天》、《太极》二图者,或以为然。"杖人之禅凡为天下人说者,五十馀年,为天下禅之所宗久矣。而得其传者,二十馀人,今武林广福寺石连和上其一也。而得其儒者,则惟前大学士方公以智,今号药地大师者存焉。昔黄公端伯得之以死忠,凌公官球、马公嘉植,得之以抗节,今俱往矣。三公得杖人之儒而未及言。今及言者独药地一人。噫！杖人之儒微矣哉！然吾尝病夫药地之言儒,往往与禅杂。夫药地本非禅者,亦犹杖人之托孤于瞿昙氏耳。苟能尽舍其禅而不言,而一于言儒,复不必比拟于庄子,而即以濂溪、横渠、明道、考亭之四贤自期,而尽以杖人之禅,让于石连和上说之。使天下之儒者不喜药地之能禅,而喜药地之能儒,岂不为吾儒之盛事哉！夫杖人之禅,即石连一人说之足矣,而况不止石连一人。若杖人之儒,则药地而外吾不敢望焉。余有志于儒久矣,而不能言禅,又不欲言也。固杖人之不肖子,而今能劝药地以一于言儒。又能尊石连之所以言禅,则犹为有功于杖人之门也欤！药地今居青原,去粤方二千里,相见未期,而石连则朝夕周旋者也。听石连说杖人之禅,私心窃喜。以为杖人之禅,可以无憾。独儒则吾与药地其何以自解免矣。石连之将归浙也,吾不能从。倘道经青原,其试以余言告之药地,使天下人皆称杖人有二令子,一石连之禅,一药地之儒,岂不伟乎？

笔者辑自钱肃润《文瀫初编》卷十九。①

文后附钱础日评语："为禅门书册,却侧重到儒上,自是儒家本等学问。前说杖人之为庄子、为陈希夷,后勉药地之为濂溪、横渠,为明道、考亭。识见极真,议论极正。于此知翁

---

①　据《四库禁毁书丛刊》集部第173册,影印康熙钱氏十峰草堂刻本。

山自命亦有在矣。"文中之"石连禅师",即释大汕。

12.《橘苑诗抄序》

往余游西陵,获交诸子虎男,时虎男年才二十馀,著作已盈箧。每当同人联袂西湖,分韵赋诗,虎男辄作奇语,座中诸友靡不击节叹赏。宋观察荔裳谓余曰:"居恒疑杜工部'七龄诗即壮,开口咏凤凰'为才子过情,未可尽信。今虎男弱冠工诗,下笔数千言不休,出语即惊其成人长者,乃知天之赋才,本有不同。工部所言,良不诬也。"余因赋诗赠之,有"子诗温且丽,日赠我琼瑰"之句。后余返羊城,数十年音问暌隔,而花晨月夕,风雨晦明,辄念虎男不置也。

今年春,虎男裒其所作诗寄余,且乞余序。余读之,抚然曰:"美哉,诸子!其继少陵而杰出者乎!"盖古之诗人少达多穷,又必游览登涉,撷山川之秀以供诗料。虎男虽世家子,少处贫困。及稍长,即旅食四方,足迹半海内。凡遇名胜之地,濡毫染墨,写其穷愁磊落感慨无聊之状,宜乎诗之工且富也。余老矣,缪以诗学鸣当世,而知己极尠。虎男①倘有羊城之游,余当偕登罗浮绝顶,仰天长叹,俯而赋诗,以继曩时西子湖头盛事,不可谓非千秋佳话。虎男②亦有意乎?余日望之矣。番禺弟屈大均拜撰。

陆勇强辑自诸匡鼎《说诗堂集·橘苑诗抄》卷首。③ 诸匡鼎,字虎男,号桔叟,浙江杭州人。生于明崇祯十年(1637),卒于康熙五十年(1711)。早年参与文社,与陈廷

---

① 陆勇强《屈大均集外诗文考述》作"虎南",笔者据诸匡鼎《说诗堂集·橘苑诗抄》改为"虎男"。

② 陆勇强《屈大均集外诗文考述》作"虎南",笔者据诸匡鼎《说诗堂集·橘苑诗抄》改为"虎男"。

③ 据《四库全书存目丛书》第211册,影印南京图书馆藏康熙刻本。

会、柴绍炳、毛先舒、陆圻、沈谦等人为忘年交。著《说诗堂集》共二十卷,有康熙间刻本存世。《橘苑诗抄》为《说诗堂集》之分集名,凡八卷,卷首除屈大均序外,还有作于康熙五十二年(1713)五月、署名为"柴世堂胥山氏"所作的序。

13.《又 送张超然浮海往日本序》

传曰:"日出扶桑。"扶桑者,木也。木为日之所本,故东洋之国名为日本。言乎日,本乎木也。易之道尚本(按:伦明本、徐信符《广东丛书》本,皆作"本",南图本涂去"本",改为"木"),故益曰,木道乃行,日之一出一入,木道之行之象也。君子者,以日为师,知日之所本在木。而南从天池,东指旸谷,身至乎扶桑之下,以观日之所出。斯亦胜于泰山鸡初鸣之所见以为长三丈所也远甚。去矣!张子乘木舟之虚,浮游无际,穷尾闾之所归,观元气之所本。知易之道始乎日而终乎月,始乎雷而终乎风,而皆以木为尚。又知夫木之道生生,金之道杀杀。其事不知可以并行,而日本之地多锴铁,工铸长短,倭刀纯钢,犀利其人,又凶悍好杀,素为神州赤县之患。张子以间为其王言。王之国其位在木,乃日之始出之乡。日主德,月主刑。王其以日为师,以德为治,以上合乎天道。毋如昔之扬帆而西而南且北,杀掠中华,自贻祸患为也。王如听张子言,奉以为师,则张子教化大行,声名洋溢于蛮貊而施及中国。张子其自此远矣。然而父母之邦不可以久去。语曰:"木之有本,水之有源,衣裳之有冠冕。"则张子其亦早求所以来归也哉。

笔者辑自中国国家图书馆藏伦明《翁山文外补》、香港大学冯平山图书馆藏徐信符辑《屈翁山佚文》、广东省中山图书馆藏徐信符辑《翁山佚文辑》和南京图书馆藏《翁山文外逸文》之民国年间抄本。

14.《〈泷西事略〉跋》

《记》曰:"夫子循循善诱人。"又曰:"善政不如善教之得民。"善之为言,犹《易》之所谓无方无体也。《泷西事略》一书,言近而指远,无方而有方,言约而施博,无体而有体。其精诚溢于行间,其肝膈沥于纸上。天地之所为心,生民之所以为命,先圣贤之绝学,万世之太平,胥在于是矣。闻之而不感格,颙颙向化,其人必非血气之伦。噫嘻!娄涿先生之所以为斯民至矣。自一邑而天下,自今日而万年,无不可者。宁惟西宁之所仰赖而已哉!番禺屈大均敬书。

笔者辑自李玉鋐纂修《西宁县志》卷十一。[①] 按:康熙五十七年(1718)刻本,李玉鋐纂修《西宁县志》因袭了康熙二十六年(1687)刻本,张溶修、区孟贤纂《西宁县志》的内容。康熙二十六年刻本录有此文,因笔者所见影印本缺页,故自康熙五十七年刻本抄录。

15.《〈翁山易外〉六卷旧抄本自序》

夫学《易》之道,专则纯一,纯一则精,精乃入神,分则杂乱,杂乱则疏,疏乃不入。今予学分而不专,其能达耶?于是益发愤研求,屏绝外嗜,竭思废寝,以为天下之事亿兆纷纭,何以得一理贯通其吉凶,而后不惑。年登十八,始悟用爻,是此彼随大随细,惟一用爻,而求诸吉凶,乃得其柄,则左之右之,无不宜之矣。于是集旧闻说,本以心得,参以占验,纂述成书。予荒陋管窥,敢言能备,与惟所知者载之,不知者以待高贤之教我也。乙酉虏寇之变,始得杜门谢客,而草

---

① 据《广东历代方志集成·肇庆府部》第47册,影印康熙五十七年(1718)刻本。

创之,历三年之久,而撰稿粗成。呜呼!苟有小补于世,则安敢处于妄述之罪哉!番禺翁山老人自序。

笔者辑自何淑苹《屈大均〈翁山易外〉研究》。① 《翁山易外》六卷,四册,旧抄本。藏台湾省图书馆,真伪存疑。卷首有潘耒《易外叙》、龚鼎孳《序》和屈大均《自序》。② 此本屈大均《自序》与七十一卷抄本和刻本屈大均撰《翁山易外自序》不同,故据辑录于此处。

附:《永安县次志序 代》

此文《屈大均全集》第三册《翁山文外》未收。康熙刻本《翁山文外》和民国九年吴兴刘氏刻嘉业堂丛书本《翁山文外》卷二皆收有此序。今《屈大均全集》第六册卷首署名作者为张进篆的《永安县次志序》实即此文。全文此处不录。

以上所辑部分翁山佚诗佚文于数年之前已为陆勇强教授和笔者以不同形式发表。2011 年 3 月陆勇强教授发表于《暨南学报》的《屈大均集外诗文考述》一文辑有:《自秧家至黄窑道中所见》(按:这首诗实际上在陆文发表前已收录于《屈大均全集》第二册卷十六)、《大小怜歌华阴伎》、《赠广陵龚子》、《寄人》、《雷阳曲》、《忆雪楼诗集序》、《橘苑诗抄序》、《中露集引》、《书石连禅师册后》。③ 2005—2007 年笔者在撰写博士学位论文《岭南三大家研究》时,辑录了三大家部分遗佚诗文。笔者将屈大均的《大小怜歌华阴伎》、《供母图题辞》、《忆雪楼诗集序》、《中露集引》、《书石连禅师册后》等

---

① 何淑苹:《屈大均〈翁山易外〉研究》,台湾花木兰文化出版社 2009 年版,第 106—107 页。
② 何淑苹:《屈大均〈翁山易外〉研究》,台湾花木兰文化出版社 2009 年版,第 105—113 页。
③ 陆勇强:《屈大均集外诗文考述》,《暨南学报》2011 年 3 月。

几篇诗文辑集一处,以《屈大均诗文辑佚》为题,辗转投稿于几家学术刊物。拙作《岭南三大家研究》在人民文学出版社出版的 2008 年,笔者寄呈《中国诗学》,终得于 2012 年 6 月系其第 16 辑之末。①

另外,《广东新语》一书翁山引用自己很多诗作,有些不见于今本《翁山诗外》,可不作佚诗计。除此之外,还有翁山不少散佚诗文尚待搜访。

二、所知散佚诗文

1. 《三月十九日华山哭先皇帝诗》四章,今不见。《翁山文外》卷十五《与孙无言》云:"华阴有王山史者,素爱仆诗、古文,延至其家,因遣子伯佐导上三峰。值三月十有九日,于巨灵掌上痛哭先皇帝……有《三月十九日华山哭先皇帝诗》四章,奉寄足下和焉。"② 这是康熙五年(1666)翁山在华山所作。

2. 《赠别徐抚辰》、《题徐令祖像》等,今不见。徐嘉炎《屈翁山诗集序》云:"吾友番禺屈翁山,诗名遍天下……忆自辛丑岁,翁山始至禾,偕竹垞同年访余南州草堂,论诗说赋,语及甲申来死事诸公,烛花红泪与目睫交映。时翁山尚混缁服,正撰《道援堂诗集》,有《题先大父像》一篇刻其中。"③ 徐肇元《屈翁山诗集跋》云:"《翁山诗外》数十卷,盖汇《道援堂》、《九歌草堂》诸集之全也……因选录精者若干首,质之叔祖华隐公。欣赏之次,并叙昔年缔交始末,出赠

---

① 王富鹏:《屈大均诗文辑佚》,《中国诗学》第 16 辑,2012 年 6 月。
② 《屈大均全集》第 3 册,第 243 页。
③ 《屈大均全集》第 8 册,第 2127 页。

别诸作见示。令附刻于后。"① 徐嘉炎（1631—1703），字胜力，号华隐，浙江秀水（今嘉兴）人。康熙己未召试鸿博，授检讨，仕至内阁学士。翁山与徐嘉炎"二人交垂四十年"。徐肇元为徐嘉炎侄孙。徐肇元编成《屈翁山诗集》请徐嘉炎序之。《序》和《跋》中所谓"题先大父像"（姑名之曰《题徐令祖像》），以及翁山与嘉炎的"赠别诸作"（姑名之曰《赠别徐抚辰》），今皆不见。《翁山诗外》卷十四仅见五言绝《酌酒与徐抚辰》。翁山在《锦石山樵诗集序》中云："予生平知己，嘉兴为盛。若缪子天自……胜力抚辰。"② "胜力抚辰"即徐嘉炎。

3. 《林公洊行状》，今不见。屈大均《张文烈公行状》云："公与师林公洊定谋，公之事不及详者，余详之于林公状中，以见两公相为表里云。"③《皇明四朝成仁录》卷十《东莞起义大臣传》中虽附有林洊传，但可以肯定不是《林公洊行状》。《成仁录》为史著，其写法与普通的叙事文的写法不同，其内容比较简略。比较屈大均所撰《张文烈公行状》与《东莞起义大臣传》之张家玉传，和《顺德给事岩野陈公传》与《顺德起义臣传》之陈邦彦传即可明白二者当有很大不同。

4. 《中兴六大典书》，今不见。屈大均《先考澹足公处士四松阡表》云："大均既赴肇庆行在，上《中兴六大典书》。"④ 此文为上书永历帝而作。

5. 《甲寅上书言兵》，今不见。屈大均《继室黎氏孺人行略》云："甲寅春，予从军于楚……予上书言兵。"⑤ 此文为翁

---

① 徐信符辑：《屈翁山佚文》卷4，民国抄本。
② 屈大均：《翁山文外》卷2，《屈大均全集》第3册，第65页。
③ 陈伯陶：《胜朝粤东遗民录》，上海古籍出版社2011年版，第362页。
④ 屈大均：《翁山文外》卷7，《屈大均全集》第3册，第138页。
⑤ 屈大均：《翁山文外》卷3，《屈大均全集》第3册，第117页。

山上书吴三桂而作。朱希祖《屈大均（翁山）著述考》名之曰《周元年上书言兵》。①

6. 《田盘纪游序》，今不见。王煐《忆雪楼诗集》卷下《丙子仲夏余将入蜀，屈翁山病剧，贻诗六首，道诀别之意。情词凄切，不忍多读，数日后遂已长逝。卜葬有期，因次其韵挽之》诗有句云："悲悼从今夏，追欢记去秋。诗篇能细序，草诀许频求。"自注云："翁山去秋为余作《田盘纪游》、《忆雪楼诗集》二序，又赋长歌赠行，草书入妙，数索书之。"② "去秋"，指康熙三十四年乙亥（1695）秋。翁山《忆雪楼诗集序》今存，而《田盘纪游序》则佚。乾隆四十六年二月初八日两江总督萨载奏准应禁书籍折云："《田盘纪游》，宝坻王煐稿。内有屈大均序，应请抽毁。馀书仍行世。"③

7. 《怡志堂诗序》，今不见。《怡志堂诗》二卷，王佳宾撰。佳宾，字用䄄，王邦畿、王鸣雷族人。翁山序："谓其治诗如其治兵，治兵如其治药，皆以律为之。"④（同治）《番禺县志》卷四十三："王佳宾，字用䄄。康熙初以武进士官广州右卫守备。多才艺，能诗，善相马。武非所好也，后自免归。日与族人鸣雷、隼等赋诗为乐。居城东南……有《怡志堂诗》二卷，屈大均序之。"⑤

8. 《萱圃录序》，今不见。《萱圃录》，汪天舆辑。《纂修

---

① 朱希祖：《屈大均（翁山）著述考》，见《屈大均全集》第8册，第2156页。
② 王煐著，宋健整理：《王南村集》，天津古籍出版社2015年版，第148—149页，此诗题作《挽屈处士翁山》。
③ 雷梦辰：《清代各省禁书汇考》，第65—68页。
④ 任果、常德修，檀萃、凌鱼纂：（乾隆）《番禺县志》卷15，见《广州大典》第277册，影印乾隆三十九年刻本，第314页。
⑤ 李福泰修，史澄、何若瑶纂：（同治）《番禺县志》卷43，见《广州大典》第278册，影印同治十年光霁堂刻本，第546页。

《四库全书档案》记载"乾隆四十七年六月初四日"具文,六月十七日准奏之"署理两江总督萨载奏续缴应禁书籍折"云:"《萱圃录》一部,一本。徽州汪天与(按:当为'舆',形近而误)等编辑。内有屈大均、王仲儒诗序,应行抽毁。"①《清代各省禁书汇考》载:"乾隆四十七年七月初一日奏准……《萱圃录》一本,徽州汪天舆等编辑。内有屈大均、王仲儒诗序,应行抽毁。"②

9.《盐法志序》,今不见。两淮《盐法志》十二卷,内有屈大均序。乾隆四十五年(1780)六月二十四日江西巡抚郝硕奏准抽毁书籍折云:"《盐法志》,两淮盐法司等同辑,内有屈大均序,及钱谦益跋语,均应铲除。馀书仍行世。"③

10.《建兴死事传》、《海宁死事传》、《海兴死事传》,今不见。屈大均撰,陈凤藻参订《明季南都殉难记》目录后按语云:"先生原书目录尚有《杭州死节传》、《建兴死事传》、《海宁起义传》、《海宁死事传》、《海兴死事传》五篇,惜皆亡失。岂中多忌讳之词,故从而删之乎?抑为抄胥所遗乎?"④《杭州死节传》、《海宁起义传》分别可见于叶恭绰整理本《皇明四朝成仁录》卷七和卷九,其他三篇失载。

11.《与杜茶村书》,今不见。杜濬《变雅堂集》卷四有《复屈翁山书》。据此知翁山曾有书予杜濬。《翁山文外》等未收。杜濬,字茶村,黄冈人,明季诸生,避乱至金陵,遂家焉。有奇节,以诗文名天下,著《变雅堂集》。

12.《一钱行》,今不见。《翁山文外》卷五《一钱说》:

---

① 《纂修四库全书档案》,第1583—1584页。
② 雷梦辰:《清代各省禁书汇考》,第81页。
③ 雷梦辰:《清代各省禁书汇考》,第100—107页。
④ 屈大均撰,陈凤藻参订:《明季南都殉难记》卷首,国学丛书社和均益图书公司1907年版。

"予亦有一钱,文曰'永历通宝'。其铜红,其字小篆,钱式特大,怀之三十有一年矣。岁己未,客游陪京,当暑,解衣裾,黄冈杜于皇见之太息,取少陵'留得一钱看'之句,赋诗见赠。予为长篇以答,亦名之曰《一钱行》。"①

三、《翁山文外》、《诗外》嗣刻之诗文

康熙年间刻《翁山文外》二十卷本,目录谓二十卷,实为十六卷。目录:卷一《记》;卷二《序》;卷三《传》、《行状》、《行略》;卷四《论》、《议》,注曰"嗣刻";卷五《说》;卷六《四书考》、《五经考》、《诸史考》,注曰"嗣刻";卷七《碑》、《碑记》、《墓碑》;卷八《墓表》;卷九《墓志铭》、《墓碣》;卷十《书后》、《书事》;卷十一《杂著》;卷十二《铭》;卷十三《赞》、《颂》、《箴》;卷十四《杂文》、《祭文》;卷十五《哀辞》、《诔》;卷十六《书》、《启》;卷十七《赋》;卷十八《翁山诗话》,注曰"嗣刻";卷十九《辽语》,注曰"嗣刻";卷二十《滇语》,注曰"嗣刻"。

1. 《翁山文外》卷四《论》、《议》,注曰"嗣刻"。

此卷实刻《孟屈二子论》一篇,《议》体之文付之阙如。既云"嗣刻",其文当成,亦当不止一篇。《论》、《议》二体之文尚待考索。

2. 《翁山文外》卷六《四书考》、《五经考》、《诸史考》,注曰"嗣刻"。

《四书考》不存于《翁山文外》,而存于《四书补注兼考》中。全文见《屈大均全集》第五册。《五经考》、《诸史

---

① 《屈大均全集》第3册,第129—130页。

考》既云"嗣刻",其文当成,是否仍存于世,则待考求。

3.《翁山文外》卷十八《翁山诗话》,注曰"嗣刻"。

屈大均《黎太仆集序》云:"诗五古,若《从军》、《结客》诸篇,激昂慷慨,义烈动人,使闻者掩泣沾襟,尽怀杀身成仁之志,是皆有补于人伦,予尝于《春山诗话》极论之。"①《广东新语》卷十二《诗语》"黎美周诗"条云:"美周诗,五古最佳",并论其《古侠士磨剑歌》、《结客少年场》等诗"皆不失英雄本色"。②《诗语》与《黎太仆集序》所言形成了关联。《广东新语》卷三"春山"条云:"予所居沙亭宅后,有山曰覆船。其名不美,予以山上多古松,其声与风涛相舂,响震四壁,因名之曰春山,扁曰'春山草堂'。春音与翁相近,予字翁山,使人或误称为春山,无不可者……予也少而遭乱,思以耕稼,终其身杵臼之间,其敢自以为苦乎。高舂而作,下舂而息,与日而无穷焉,其志足矣。"③《翁山诗外》卷五有《春山草堂感怀》十七首;卷七有《初秋春山作》七首;卷八有《自端州载嘉鱼归春山草堂》二首。由此可知《春山诗话》应为翁山论诗之作,即《翁山诗话》。朱希祖先生《屈大均(翁山)著述考》亦认为《翁山诗话》即《春山诗话》,并进而认为,亦即《广东新语》卷十二之《诗语》。④笔者认为朱先生的说法并不恰当。从相关的文章中可以看出翁山先生的诗学思想非常丰富。《翁山诗话》虽即《春山诗话》,但《翁山诗话》当不止《广东新语》卷十二之《诗语》中的内容。《诗语》受体例所限专论粤人粤地之诗,《翁山诗话》当不止评论粤诗,应当还有翁山对其诗学思想和其他地区之诗

---

① 《屈大均全集》第3册,第54页。
② 《屈大均全集》第4册,第316页。
③ 《屈大均全集》第4册,第93页。
④ 《屈大均全集》第8册,第2150页。

4.《翁山文外》卷十九《辽语》，注曰"嗣刻"。

《辽语》当为记述辽东之文，即如《广东新语》所言皆为广东。顺治十五年戊戌（1658）春屈大均逾岭北上，东出榆关，访函可未得，吊袁崇焕废垒，周览辽东西名胜，后抵达奉天。之后南下，是年冬客广陵。毛奇龄《屈翁山诗序》云："予之见翁山，则自翁山游东海时始也。先是翁山游塞外，北抵粟末，过挹娄、朵颜诸处，访生平故人，浪荡而返。"①《辽语》盖翁山游辽东时作。既云"嗣刻"，其文当成，有待考索。

5.《翁山文外》卷二十《滇语》，注曰"嗣刻"。

《滇语》所记当为南明永历帝在云南之事。翁山未尝至滇，所记或依文字资料，或依他人讲述。翁山《皇明四朝成仁录》记述了很多永历朝发生在滇黔的历史，翁山《永历遗臣录》②应当也记录了很多滇黔之事，不知三者有着怎样的关系。滇黔之事，翁山当自二从兄处所得甚多。屈士燝、士煌俱曾追随永历至云南。伯兄士燝"艰难险阻，九死一生，破先人之产，绝老亲之裾，与弱弟间走交、南，匍匐诣阙"。③"追从车驾，朝向昆明，暮趋腾越，艰难险阻，濒九死而弗移。"④翁山《怅望为家礼部兄贲士兵部兄泰士作》云："怅望滇南杀气凝，十年龙血已成冰。红霞尚自依行殿，白草无从问义陵。诸葛但教兄弟在，文渊应见帝王兴。艰难六诏归来日，花萼名

---

① 《屈大均全集》第8册，第2120页。
② 翁山云："予姑为之表，志其大略，他日将为《永历遗臣录》以伯兄为录中之一人。"见《屈大均全集》第3册，第142页。
③ 屈大均：《伯兄白园先生墓表》，见《屈大均全集》第3册，第140页。
④ 屈大均：《哭从弟孚弟士文》，见《屈大均全集》第3册，第217页。

高世所称。"《寄从兄贲士员外》也写及士燝战于西南之事："万里黄云接楚天，愁君匹马战场边……金沙江水知难渡，未得从亡入瘴烟。"① 翁山《赠家泰士兄》概而言之："遗臣最熟云南事，私史长书大历年……高文典册凭君手，更补《从龙传》几篇？"② 此"大历"意为"永历"。

朱希祖先生认为《滇语》所记亦有可能为吴三桂在滇之事。其《屈大均（翁山）著述考》云："或记吴三桂在滇事……吴三桂初挟明室周王名义，在滇反正，以周纪年，翁山此时曾仕吴三桂，故有《周元年上书言兵》，有《寅卯军中集》。后三桂帝制自为，翁山乃谢事去。《诗外》卷四有《方瞳子》一首，盖系刺三桂称帝而作，故《滇语》杂记吴三桂事，亦未可知。"③ 笔者认为翁山著作一切归正于儒，吴三桂既为翁山所鄙，从军湘桂期间，即使有作，亦必不再辑入。再者，翁山晚年全力从事编撰，当无馀闲杂记三桂之事。

6.《翁山诗外》卷十八，注曰"嗣出"。

康熙三十六年丁丑（1697）凌凤翔补修重刊本《翁山诗外》十八卷，卷十六至卷十八为词。第十八卷原注"嗣出"，实为十七卷。目录页"卷之十八，词三嗣出"。④

其后，屈明洪改补重印本《翁山诗外》十八卷，卷十六至卷十八为词。第十八卷原注"嗣出"，实为十七卷。目录页"卷之十八，词三嗣出"。⑤

清宣统二年庚戌（1910）上海国学扶轮社排印本《翁山诗外》二十卷，诗十七卷，词三卷。卷二十词，目录题曰

---

① 《屈大均全集》第2册，第835、891页。
② 《屈大均全集》第2册，第863页。
③ 《屈大均全集》第8册，第2150—2151页。
④ 《四库禁毁书丛刊》集部第120册，影印康熙年间刻本，第441页。
⑤ 《广州大典》第437册，影印康熙年间刻本，第8页。

"嗣出",词实为二卷。

另外,屈大均遗佚的十多部编著见下编第一章第二节《屈大均著作之版本》,此处不赘。

第二节 陈恭尹遗佚诗文辑考

一、陈恭尹诗文辑佚

1.《卖卜图题辞》

既不疑,又何卜,一二三四五六。 丙寅秋杪,恭尹。

笔者辑自释大汕《离六堂集》卷首,康熙二十五年怀古楼刻本。

2.《题山响亭》二首

一郭泉声万迭山,清音写入七弦间。神明令尹能挥指,太古淳风渐可还。

清操独立自亭亭,手布阳春满画屏。庭下有时宣上谕,百年耆老杖藜听。

笔者录自张溶修,区孟贤纂《西宁县志》卷十二。①

二、尚待搜访之文

1.《省斋诗集序》。今不见。

据温肃《陈独漉先生年谱》知,陈恭尹曾为陈肇昌诗集

---

① 据《广东历代方志集成·肇庆府部》第47册,影印康熙二十六年(1687)刻本。

作序。郭培忠先生点校本《独漉堂集》和《陈恭尹集》未收。"岭南陈恭尹序《省斋诗集》云：忆己亥春，与老友郭幼隗同饮于刘隐君符九家室，惟《易象》一卷，香炉笔格而已，屈指已四十年云云。今集中无此序，此刘符九亦遗民也。"① 陈肇昌，字扶升，号省斋，湖广江夏（黄冈）人，顺治戊戌进士。陈肇昌著有《省斋诗集》等。

2.《寿言集》五卷诗。今不见。

《独漉堂诗集》目录页有云第十六至第二十卷《寿言集》："凡五卷，俟刻。"②

3.《奏疏》、《启事》、《笺》一卷文。今不见。

《独漉堂文集》目录有曰："第九卷《奏疏》、《启事》、《笺》。"③ 此卷未刻。《独漉堂集》附陈赣《跋》语云："先子《独漉集》，诗编二十卷，唯《寿言集》五卷未刻；文分十五卷，各体始刊卷首数篇，正在陆续发梓，故多寡不伦，篇次未定。不幸于康熙丁酉（即康熙五十六年）九月二十七夜三鼓竟遭回禄，不肖赣乖气致戾，弗克负荷，罪莫可逭。其《文集》，《奏疏》、《启事》、《笺白》第九卷手稿尽毁。"④ 陈恭尹《复八十老人祝石书》说："往时颇有所选述，自戊午遭意外之诬，下狱二百余日，家人惶迫，时惧更以文字得罪，取付秦炬，唯拙诗以先有刻本得存。"⑤ 陈恭尹去世之后，陈赣刻《独漉堂集》时，称《文集》卷九之《奏疏》、《启事》、《笺

---

① 温肃：《陈独漉先生年谱》，见《陈恭尹集》，第784页。
② 《广州大典》第438册，影印康熙五十七年陈氏晚成堂刊本，第371页。
③ 《广州大典》第438册，影印康熙五十七年陈氏晚成堂刊本，第590页。
④ 《广州大典》第438册，影印康熙五十七年陈氏晚成堂刊本，第686页。
⑤ 《陈恭尹集》，第719页。

白》手稿遭火,未刻。邓之诚认为陈赣等怕文字遭祸,而谎称被焚。"《文集》第九卷《奏疏》、《启》、《笺》原缺。谓毁于火。实惩于大均军中草,为大汕劫持,因畏祸不敢刻耳。"①徐信符认为屈大均之作的刊刻也有类似之事,云:"余又搜得残本《翁山文外》,为最初印本,持以与原板通行之《翁山文外》相较,又得多篇,为通行本《文外》所无。然后知最初所雕之《文外》,其中亦有诋斥胡虏,触犯忌讳,其后乃弃而不录,故后刻者与初刻者校,亦有佚文。"② 另外,陈恭尹还言及因溺水致手稿尽没。

陈恭尹遗佚著作见下编第一章第三节《陈恭尹著作之版本》,此处不赘。

第三节 梁佩兰遗佚诗文辑考

一、梁佩兰诗文辑佚

1.《寄题殷嘉生木渎山馆》其一

想见高人馆,柴门倚洞庭。月明鱼出沫,烟静鸟回汀。寂寞寻诗句,优游泻酒瓶。近看秋芥长,益复较茶经。

笔者辑自徐崧等编《诗风初集》卷十。③ 按:《诗风初集》卷十录梁佩兰《寄题殷嘉生木渎山馆》二首,此为其一。梁佩兰《六莹堂集》卷六题作《寄题殷丽木渎山馆》,其一为"想见高人馆,柴门倚洞庭。月明鱼出沫,烟静鸟回汀。泉味

---

① 邓之诚:《清诗纪事初编》,上海古籍出版社2013年版,第303页。
② 徐信符:《翁山佚文辑序》,见《屈大均全集》第8册,第2134页。
③ 据《四库禁毁书丛刊》编纂委员会编:《四库禁毁书丛刊补编》第57册,影印康熙十二年癸丑(1673)刻本,北京出版社2005年版。

春芜绿,山心石竹青。赋诗千百首,天地亦忘形。"二者后半完全不同,故作佚诗,辑录于此。

2.《题山响亭》二首

千叠泷流万叠山,芙蓉空翠落中间。使君日上孤亭里,手拂龙唇憺忘还。(忘读去声。)

官斋高处最宜亭,况有飞泉泻玉屏。夜半涛声天上起,独吟松月许谁听。

笔者录自张溶修,区孟贤纂《西宁县志》卷十二。①

3.《恭祝大总戎即侯封云翁苏老镇台德寿序》

尝闻论道经邦,任台衡而著弼亮之谟者,贤相也;缓带轻裘,树雅望而成专阃之烈者,良将也。为将之道,智信仁勇严,皆其兼优,而仁犹重。仁则抚恤军属,而投醪能悦众心;仁则兵农相依,而赤子可登仕。广此遐迩所由颂祝,而跻堂称觥,群效其响慕之诚,岂非懿德攸好,舆情有同然者邪!

云翁老镇台,世籍东鲁,家承阀阅,自济宁以迁海岱,识馨名者咸推为盖世伟人。当其草庐匡居,曾受圯桥异术。尝语人曰:"出奇制敌,存乎治心。彼夫东海鹰扬,韬传三略;南阳龙卧,阵列八门。化而裁之,在我而已。若徒拘守兵法,知经而不知权,孰谓能持胜算者哉?"

初仕作镇闽中,考绩奏最,诞膺迁擢,来莅瀁海。下车伊始,集偏裨徒旅于幕下,申戒之曰:"恩威并济,甘苦与同,罚必如其过,赏必当其功,一心一德,协力和衷。"聆斯语者,恪恭用命,曰:"真将军也。"光弼河阳,壁垒祭遵,雅歌投壶,复靓于今兹矣。阅数月,边疆震肃,兆姓爱戴,如依

---

① 据《广东历代方志集成·肇庆府部》第47册,影印康熙二十六年(1687)刻本。

慈母。仁人之利，何其迅以溥乎！余桑梓相接，景仰芳范，心为慕之，适太学赵君季璋、伍君复章、陈君曰伋，黉宫茂材陈君伯朋、刘君国信、陈君策猷，偕乡之耆老，累累来告曰："潯州形胜，襟山带河，会宁香顺，沿边诸邑，胥资屏翰。远则琼崖奇甸，以及高廉恩江，邻封绣错，千里萦洄，状哉一重镇也。曩时鲸鲵启衅，蒲伏鸥惊，或偶发而乍息；迩来烽烟肆靖，商舶往还，布帆无恙，春云秋露之际，渔舠唱晚，欸（当为'欵'）乃之声遍闻。凡兹腹地，衣被褥者怀慨，而横经者各乐其业。战士无贩籴之烦，闾阎无乌徭之扰。惟见月明而犬声花荫，柝静而莺啼细柳。畴司保障，能贻此清晏乎，苏将军之力也！兼以廉洁好修，每逢给饷，多寡维均，侵牟之积弊，概行蠲涤，故士饱马腾，披坚持锐，以什伍而当千百，其智谋有大过人者。"仲秋十日，悬弧谷辰，制锦上寿，以抒饮和饫德之意；寅征一词，为樽俎欢矛之车，声焜耀非揄扬能罄诸君子之言。枚举其大，而嘉德可概睹也。是月也，梧桐凤集，瑶池来王母之琼浆；阊阖风清，炎海献安期之瓜枣。邦人士挈觯而前曰："绛县甲子，金城岁星；搉文奋武，雄业宁馨。"将校里民，浣罋而进曰："伏波矍铄，壮椿八千；功成封爵，天锡永年。"公怡然兴曰："侣韩友范，徽烈难齐，敢不励余力以求？"从祝规，仁者，纶诏三锡而奖勋庸，国史珥笔而纪盛事，图绘麟阁，辉映铜标，以众言作左券焉。遂书为序。

时康熙三十二年岁次癸酉仲秋谷旦。

赐进士出身文林郎翰林院庶吉士戊辰会魁丁酉解元年家眷弟梁佩兰顿首拜撰。

此文辑自广东省博物馆藏清康熙三十二年黑漆寿屏。2020年庚子年初，陈鸿钧兄告知近期广东省博物馆举办的"粤匠神工——清代广作家具特展"，据说其中有一巨幅黑漆寿屏，上有梁佩兰所作寿序,冀笔者就近拍照以示。笔者急往,经查确为梁氏佚文。吕永光先生校点本《六莹堂集》和董就雄教授《梁佩兰集校注》皆未收录。据阮华端考证,寿主"苏老镇台",即苏贞太,字云辅,山东济宁人,时任广海寨游击。①

二、尚待搜访诗文

1.《炮童谣》、《风筝谣》。今不见。

康熙四十五年丙戌(1706)沈用济辑《岭南三大家诗选》,其中《六莹堂集》梁佩兰诗疑为十卷。《炮童谣》、《风筝谣》二诗,当为沈用济辑《六莹堂集》收录。《道援堂集》附记第十六云:"此选方舟极苦心广为蒐罗,不遗馀力。如药亭《炮童谣》、《风筝谣》皆自废篦败楮中得之。此药亭全稿所未备也。"②

2.《钵山堂诗集序》。今不见。

《四库全书总目·集部·别集类存目十》云:"《钵山堂诗集》十九卷……国朝陈阿平撰。阿平字献吉(按:当为'献孟'),东莞人。康熙中诸生,与梁佩兰同时。是集即佩兰为之序。"③

3.《与王蒲衣书》。今不见。

伍元薇《六莹堂集跋》云:"(药亭)先生《与王蒲衣

---

① 见阮华端《屏里屏外:清康熙三十二年黑漆款彩郭子仪庆寿图寿屏初探》,2020 年"海表方行:海上丝绸之路史"国际学术研讨会论文。

② 屈大均著,沈用济选:《道援堂集》卷首,康熙四十五年(1706)刻本。

③ 永瑢等:《四库全书总目》卷183,中华书局1965年版,第1663页;参阅董就雄校注《梁佩兰集校注》引用吕永光《梁佩兰佚文辑目提要》之片断,第2133页。

书》谓：'于古人神化处微有理会。飞卫之为射也，燕角之弧射贯虱心；庖丁之解牛也，奏刀至于口不能言。此神化之说也。'书今存文集中，以残缺过甚，未及重梓。"①

4.《与元孝论诗书》。今不见。

康熙六年丁未（1667）梁佩兰在京会试，在京期间曾写信给陈恭尹讨论诗歌写作问题。陈恭尹在《答梁药亭论诗书》中引述梁佩兰的观点云："于灯取影，水取空，风无声，云无色，烟无气"，"性情欲流，规格欲别，词语欲化"。② 这一年陈恭尹有《得梁药亭燕台书，因怀石埭之行》诗。此处所谓"梁药亭燕台书"疑即梁佩兰与陈恭尹的"论诗书"。

梁佩兰遗佚著作见下编第一章第四节《梁佩兰著作之版本》。此处不赘。

---

① 梁佩兰：《六莹堂集》卷末，影印道光二十年南海伍氏诗雪轩刻本，见《广州大典》第503册，第539页；参阅董就雄校注《梁佩兰集校注》引用吕永光《梁佩兰佚文辑目提要》之片断，中华书局2019年版，第2133—2134页。

② 《陈恭尹集》，第635—636页。

第九章 岭南三大家诗文集序跋补辑

20世纪末和21世纪初陆续出版的《屈大均全集》、郭培忠先生的校点本《独漉堂集》和《陈恭尹集》、吕永光先生的校点本《六莹堂集》和董就雄教授的《梁佩兰集校注》,以及陈荆鸿笺释,陈永正补订,李永新点校本《陈恭尹诗笺校》和陈永正等先生的《屈大均诗词编年校笺》皆收录了有关三家著作的序跋等。多年来随着研究的深入,有关三家作品的序跋等,笔者又有所发现。因这些序跋对研究三大家有一定价值,故辑录于此。

第一节 沈用济选《道援堂集》所载

一、费锡璜《道援堂序》

一代之兴必有一代之诗,一代之诗必归一代之才。诗有盛有衰,有正有变;而人之为诗也,有钜有细,有醇有薄。今之总其盛,持其正,力钜而气醇为一代所宗者,其南海屈翁山先生乎。翁山少为诸生,国变弃而为道士,称花田之农,未几又弃而为僧。游匡庐、华岳,著《华岳》篇。有才女爱其诗,愿嫁之,又弃而归儒娶妻。乃即偕妻出塞外,短襦急袖作军中装,驰骋沙碛中,历燕赵吴越而归岭。此其气已凌轹乎一世矣。在岭与梁药亭、陈元孝鼎峙,称南海三大家,南海翕然宗之。后数出岭往来吴越。吴越间能诗负夙名者，不可指数，而翁山所至辄以诗倾其座。人人莫不慑服屏息不敢与抗。盖翁山诗为人所不能为，言人所不敢言，怨悱孤愤要皆本《离骚》之旨。读其诗，求其志，未有不忼慷悲惋者也。以故世之议翁山者虽众，然不得不以大宗推之。盖公论所同，不可诬也。余往遇沈子方舟于京师，论古今诗，意甚惬。后七年，方舟偕梁药亭太史入粤，过扬州，见于萧寺。方舟语余，将有岭南三家之选。余因与极论其利钝短长，方舟每称甚善。今夏小疾中，忽闻叩门声甚急，有大呼而入，则方舟自岭南归也。谓余曰："三家选已就，翁山诗且先出矣。"余曰：若某篇、某篇在乎？曰：然。若某篇、某篇可不存乎？曰：然。凡四五叩，皆不相左。余乃大惊曰：何吾两人之所见略同如此也。翁山诗前后刻甚多，要未有精纯不可易如此选者。方舟能为翁山之诗者也，能为翁山而选翁山之诗，宜其抉别谛当不同于他刻哉。成都费锡璜滋衡撰。

二、沈用济《道援堂序》

史称岭以南为一大都会。山水于此乎奇，卉木于此乎繁，灵禽异兽于此乎萃，番舶海贾于此乎辏，明珠翠羽珍怪之物于此乎集。上应朱鸟之宿为离明之象，而汉唐来人文未大著，近代始少显然，亦未及中土之盛也。吾尝论文章之道自北而南，有默以转之，莫知其然而然者。昔在周汉，帝都在北，人文盛于北。秦则京兆、扶风，梁则颍川、陈留，齐则琅琊、济上，实称才薮焉。迨晋宋两南渡，而文转而南矣。建业、临安间蔚然兴起。北方儒者，虽先王遗泽所在，而敬谢不逮矣。然岭海间，尚未大洽。沿及明之中叶遂几与中土抗行。陈白沙、湛甘泉以理学名，梁公实以诗歌为七子冠，其他高科盛位不可胜数。然海内之所宗，尚不在此也。国初南海梁药亭、屈翁山、陈元孝三君出，而天下无不宗之。三君或出或处不同，其为诗亦各异。收三百年之馀气，悲歌慷慨，正言不讳者，翁山也；旨微词约一唱而三叹者，元孝也；鸣国家之盛奇肆而磅礴者，药亭也。予尝远适燕秦，近过闽越，涉历大江南北，与贤士大夫游，见其文章理学皆足冠古铄今，而岭海三家诗，风声鼓舞，遂浃洽于中土，岂非自北而南有默转之者乎？予故论次三家诗，而著其论于卷首。甲申上巳钱唐沈用济方舟撰。

三、《道援堂集·附记十六则》

1. 沈方舟曰：岭南三家诗旧有王蒲衣选本行于海内。然三君晚年诗王选多未备。余选三家诗时，屈、陈已殁，药亭亦在临终，故较王选得窥其全。至去取之间，多商之药亭。识者当鉴其手眼各别处。

2. 又曰：梁药亭如群峭摩天，屈翁山如金虹饮海，陈元孝如幽谷兰芳。

3. 费滋衡曰：翁山与空同较排荡处似不及，而精炼沉快则过之。两公力量可以并驱，大复、于鳞以下不及也。或问翁山何如苏陆，曰格调不同难以比论，要自有不相掩处。

4. 又曰：元孝幽澹冲素，自为一体，在屈梁二家中其犹孟襄阳乎？李杜以排山倒海之力，而每心折襄阳者，高情远致自不可即也。

5. 沈方舟曰：古来乐府之变甚多，一降为张王，再降为茶陵，其风愈下。今举世皆学茶陵以为新式，须看药亭乐府，岂不超越明人。海内竞言昌黎，昌黎陈言务去，今反袭其陈言，须看药亭用昌黎处。

6. 费滋衡曰：翁山来金陵，主龚野遗家最久。野遗谓家兄厚蕃曰：翁山每吟一诗数日乃成，一字未当，迟回移日。药亭、翁山、元孝、蒲衣共作《木棉花诗》，诸君既成，药亭意犹不满，归而枕上构思不就，流涕渍枕，明日梁诗成，翁山亦折服之。两君工力如此，余尝询药亭以作诗之法，药亭云："拚不得性命，作不得此事。"因口占云："苦吟堪一死，佳句即长生。"

7. 沈方舟曰：论诗人持意见不同，最难画一，亦不必画一。有一大较，如以汉魏与陈隋较，则必贵汉魏；以唐与宋元较，则必贵唐；以盛唐与中晚较，则必贵盛唐；以李何与钟谭较，则必贵李何。今之学宋元而议前辈者，大略可观矣。

8. 又曰：诗家有元气犹道家之有祖气，激风雷而成变化，皆此气也，无此则索然矣。屈梁诸大篇皆此气贯乎其中也。

9. 费滋衡曰：凡诗可名家，大约诸体皆工，然必有称长处。如翁山五古五律称长；药亭乐府七古称长；元孝七律称长，他体非不工，要以此为最。

10. 沈方舟曰：药亭与余书云："拙诗自信者，全集无一英雄欺人之语。非情景当前不敢乱涂一笔，此可以质知己，并可以质天下万世耳。"翁山语人云："我诗当不减大复、空同，行将上下初盛唐而凌铄七子乎。"元孝序《六莹堂诗》云："翁山诗江海之水也，药亭瀑布之水也，余幽涧之水也。"三家自信处如此。

11. 费滋衡曰：诗家有大块，如翁山《翔风琴》、《华山百韵》、《哭王华姜》、《燕京述哀》、《边词》诸篇，药亭《送石公往安南》、《送程湟榛出守桂林》、《十九秋》、《上徐健庵》诸篇，所谓大块者也。譬如论味者必大牢、鼋羹，方可函盖一切。

12. 又曰：三家诗翁山最先出，海内服膺者甚众。近日宋元之学大炽，故亦不无议之者。其气雄厚，即议其肥醲；其声宏亮，即议其叫号；其语锤炼，即议其填实。拾公安、常熟之馀论以讥七子者，转而议翁山，是犹贵钟鼓之音当兼箫笛，鄙梁肉之味不及蒿藜者也，未为通论。翁山诗有极幽细处，如"一夜疑风雨，不知山月生"，"一蓑同野鹭，双鬓似芦花"，但非翁山本色耳。翁山以沉雄博大为本色。

13. 又曰：梅花诗，宋元人过多致成戒途。有闻说"梅花不要诗"之诮。若徐巢友辈别出手眼，然终非大家。数翁山梅花诸作，识力遂欲高驾前人。

14. 沈方舟曰：诗家有正面言诗者，忌犯之。翁山每用正面，是其才力独到处。第用正面处过多，此蕴藉旨趣所以少减李杜也。

15. 又曰：余童年见翁山于湖上，时被沙门服，号一灵。戊辰会药亭于京师。癸未与药亭同舟南还，唱和百馀日，间出其平日著作，云以此相托，余因录藏行箧中。乙酉秋，余自桂林回羊城，而药亭已殁。选择付梓，不忘故人之托也。

16. 费滋衡曰：此选方舟极苦心广为搜罗，不遗馀力。如药亭《炮童谣》、《风筝谣》皆自废篦败楮中得之，此药亭全稿所未备也。

四、《题诗》

儒巾脱去换僧巾，可叹先生志未申。满腹侠肠托翰墨，一腔忠胆寄风尘。英雄本多（或出）颠狂士，才子频为离乱人。数册诗篇披阅后，有心疑是我前身。　道光丙申夏日，后学□□□□题。

第二节　汪观选《五大家诗》所载

一、汪观《药亭诗集序》

梁药亭太史以诗文见知于天下。余少时读其四书文，辄慕其品之高，亟欲读其诗而未可得。迟之二十年方得于王蒲衣岭南三大家选本中见之，始慰二十年之所亟欲读而未得者，而今喜得见而读之矣。夫药亭之诗，读者未必能尽知之，而知者又未必能尽为其知己也。药亭自云"苦吟堪一死，佳句即长生"，其用意如此。而陈元孝曰"药亭瀑布之水也"；沈方舟曰"药亭如群峭摩天"。其论亦酷肖其诗。是药亭初有元孝知己，继有方舟知己，而方舟亦然。元孝之论为知己，岂非知己之知己者乎？今药亭往矣，所赖与百世为知己者有其诗在。余惜未得见其全集，故亟亟于蒲衣选本中，先梓其近体最佳者数百首，共翁山之诗以公世。仍待方舟选本出，再补梓之。余不自揣为方舟知己，何不可为药亭之知己，又何不可为元孝、翁山三大家之知己？岂必曰生同时，居同乡，而后为知己哉！今之视昔亦犹后之视今。知己在诗，谁曰不可？康熙乙未元宵渔庄灯下松萝汪观书。①

二、汪观《翁山诗集序》

诗学至今日，盛矣。不知屈翁山先生之诗者，不足以言诗；而言诗者，不言翁山之诗，亦不足以言知诗。余初读翁山《诗外》，及再读《道援堂》沈方舟选本，每每拍案惊奇，何

---

① 汪观辑：《五大家诗》之《药亭诗》卷首，康熙刻本。

当年之杜陵复生于今日之岭南乎！展读之下，偶成一律："诗自少陵后，翁山正岭南。囊中飞日月，笔底出烟岚。对景心千古，怀人雪一函。从今私淑愿，有梦寄花潭。"秋夜评之又得一律："众星光在在，明月独耕天。一气吞高岳，孤行泻巨川。穷经知力大，读史得神全。不落唐贤后，斯人必定传。"余不敏，不敢妄言诗，亦不敢妄言知诗。惟从吾所好，先采近体如干首梓之，以公天下之知诗者。即以公天下之言诗者，庶天下读翁山之诗，便能知翁山之诗；能知翁山之诗，便能言翁山之诗。而能言者、能知者、能读者，莫不曰岭南复见有杜陵矣。其以余言然耶，否耶？康熙乙未元旦立春，松萝汪观谨书于金阊之澹会轩。①

三、汪观《元孝诗序》

岭南梁、屈、陈三大家以诗鸣天下，而陈元孝先生之诗行世最晚。其自叙有云："余自志学以往，皆为患难之日。东西南北不能多挟书自随，而意有所感，复不能已于言。故于文辞，取之胸臆者为多，而稽古之力不及。于昔人矩度盖阙如也。每以自愧不敢示人。而亦妄自谓，丈夫当有以自见，何至作冷澹生活？今四十无闻，老矣！念方将请教于大人长者。吾之善不善，当与天下共见，何有区区诗文之末哉。因命儿曹汇为一编。偶一省览，辄掩卷太息，自伤失学而已。"噫！元孝先生之不自满如此！余选其近体诸诗，觉七言律较胜于梁、屈二大家，而独得温厚和平之旨。故论诗者曰："药亭才人之诗也，翁山学者之诗也，元孝诗人之诗也。"是才人之诗近乎李，学者之诗类乎杜，诗人之诗又岂不在李杜王孟之间乎？然

---

① 汪观辑：《五大家诗》之《翁山诗》卷首，康熙刻本。

李杜王孟俱不可复见,世之读是诗者,不亦恍然如入唐人之室,而复见李杜王孟诸贤哉。松萝汪观识。①

按:汪观《药亭诗集序》和《元孝诗序》已分别收录于2019年中华书局出版的董就雄教授的《梁佩兰集校注》和2018年人民文学出版社出版的郭培忠先生的《陈恭尹集》中。为便于读者整体了解汪观选屈、陈、梁三家诗的情况,且两篇序文较短,故一并录于此处。

第三节 徐信符辑《屈翁山佚文》所录

徐肇元《屈翁山诗集跋》

《翁山诗外》数十卷,盖汇《道援堂》、《九歌草堂》诸集之全也。板藏于家,旋复散失。海内能诗之士罕购其集。予偶获之古杭书肆,与仲弟翻阅再三,不无醇庇(按:当为"疵")互见之处。因选录精者若干首,质之叔祖华隐公。欣赏之次,并叙昔年缔交始末,出赠别诸作见示。令附刻于后,以见吾弟兄讽咏遗文,不若华隐公与之连床上下也。鸳水徐肇元抡三跋。②

徐肇元选《屈翁山诗集》八卷、词一卷。徐肇元等康熙年间刻本,十行二十一字、白口双鱼尾、四周单边,前有徐嘉炎序。《四库禁毁书丛刊》集部第120册据中国科学院图书馆藏本影印收录。此影印本有徐嘉炎序,而无徐肇元《屈翁山诗集跋》,亦不见翁山与徐嘉炎的"赠别诸作",故此藏本末当有残缺。徐肇元选《屈翁山诗集》于《中国古籍善本总目》

---

① 汪观辑:《五大家诗》之《元孝诗》卷首,康熙刻本。
② 徐信符辑:《屈翁山佚文》卷4,民国抄本。

和《贩书偶记》皆有著录。"鸳水徐肇元选,无刻书年月。约康熙间研露斋刊。"①

徐肇元,浙江秀水人,徐嘉炎侄孙。徐嘉炎(1631—1703),字胜力,号华隐,浙江秀水(今嘉兴)人。康熙己未召试鸿博,授检讨,仕至内阁学士。翁山与徐嘉炎"二人交垂四十年"。徐嘉炎《屈翁山诗集序》云:"吾友番禺屈翁山,诗名遍天下。其没后,单词断句流传人口者,争秘箧枕……忆自辛丑岁,翁山始至禾,偕竹垞同年访余南州草堂,论诗说赋,语及甲申来死事诸公,烛花红泪与目睫交映。时翁山尚混缁服,正撰《道援堂诗集》,有《题先大父像》一篇刻其中。后己酉之岁,复来吾禾,留榻荒斋,浃辰忘倦。"②序中所谓"辛丑岁"为顺治十八年(1661),其实翁山于顺治十六年己亥(1659)曾访朱竹垞于秀水,盖辛丑岁翁山再至秀水,方与徐氏相识。此时翁山正漫游吴越联络志士。所谓"己酉之岁"为康熙八年(1669)。康熙七年戊申(1668)屈大均夫妇自代州返岭南,第二年顺道访朱彝尊、徐嘉炎于嘉禾,下榻嘉炎斋中。由徐嘉炎序知徐肇元选《屈翁山诗集》在翁山身后。

徐肇元选《屈翁山诗集》于乾隆年间曾遭禁毁。禁书资料或曰《翁山诗集》,或曰《屈大均诗集》。乾隆四十六年二月三十日具文《山东巡抚国泰奏缴应毁违碍书籍板片折》云:"《翁山诗集》系徐肇元选。计一部,六本。"③

徐肇元《屈翁山诗集跋》为香港大学冯平山图书馆藏徐信符先生辑《屈翁山佚文》卷四收录。此文虽非翁山之作,却是与翁山有关的佚文,或许出于此因,徐信符先生辑于《屈翁山佚文》之中。不过,也不能排除误收的可能。就字迹

---

① 孙殿起:《贩书偶记》卷14,上海古籍出版社1999年,第347页。
② 《屈大均全集》第8册,第2127页。
③ 《纂修四库全书档案》,第1297—1310页。

而言，此文的写手与其他文章的抄录者，在书写风格上有较大不同，显然不是同一写手所为，故不排除徐信符先生未及细阅而误收的可能。

朱希祖谓："徐肇元《跋》云：'选自《诗外》足本。'今世所传《诗外》，皆原版散佚后补刻，尚非足本，故徐氏所选，有出于今本《诗外》之外者。"[①] 朱希祖所谓《跋》云"选自《诗外》足本"之语，不见于徐信符先生辑《屈翁山佚文》所收徐肇元《屈翁山诗集跋》一文中。

第四节　康熙年间凌凤翔补刻《翁山诗外》十八卷本所载

凌凤翔《翁山诗外序》

余年二十学为诗歌，日与里中张秦亭、徐野君孝先、王仲昭、毛稚黄诸先辈讲求声律，论列海内能诗家，如数宝珍。屈指至翁山，跃然起曰："此粤海明珠也！"不数载，余省先大人于端州，因得见。制府吴公适召宾客，余以少年厕座末。抵掌妄谈天下事，众客戏笑相耳语曰："此狂生。"时有岌岌其冠，衣服古制，自号山人者在座，独不以余为狂，且就位与余语。既而踞坐酣饮，谈论自胜，无人旁若。询其姓氏，则翁山也。遂大惊。余退而谓人曰："余非狂也，此真狂生，而制府皆不以为狂。"余既凤慕翁山，而翁山与余又皆为吴公所知，相与往来，为忘年友。翁山尝与余论诗，其言曰："诗之得气在动，得意在虚。惟虚故能善动，不动则苶然槁矣。譬之形家

[①] 朱希祖：《屈大均（翁山）著述考》，见《屈大均全集》第8册，第2159—2160页。

之视山,其肤肉脉理靡不翕翕然动者。"或难之曰:"山静而子见谓动,其诞耶?"则解之曰:"不然。众庖之视牛,非族则骱也。以丁遇之,泮冰耳、坏垒耳。岂非拙者见碍,而巧者见虚乎?"又尝言:"如地悬于天,中所以举之者,气也。气之大者,法有所不得施,而未始无法。且如夏云之起于空,城市、台观、楼阁、车马毕见于海。又如大雨时行,百川灌汇,沟浍原潦之水注,而江河惝乎不知其命,意之所在也。"翁山之为诗,大抵取法于唐,非一家,气无不充,意无不融,人所困踬,己独超踊。其得所谓动与虚而用之者,故能自言其所得如此。独是其遨游几遍天下,人人皆知有翁山,而卒不一遇。狂而老,老且死。其诗类多感慨激昂,铃轹古今,呼抢天地,而不能自禁,岂其所操以必传者在是与?余居汝水六年。丁丑再至羊城,翁山死矣,哭之失声。及闻吴公留村没于王事,复以哭翁山者哭吴公,盖叹知己之不易遭也。翁山生平著作极多,余独嗜其诗,如饥渴之于饮食,欲须臾忘而不可得。今没后,其《诗外》若干卷寖多亡轶,特取而补刻校正之。并不忍忘其宿昔相见之始,与促膝论诗数语,书而存之。谓庶几不负翁山云。南茗凌凤翔题。

此序见广东省立中山图书馆藏康熙年间凌凤翔补刻《翁山诗外》十八卷本卷首。按:陈永正等《屈大均诗词编年校笺》曾辑录此序,因《屈大均全集》未辑录,故赘于此处以便读者。

以上所示数篇序跋等,皆为笔者历年所得,对研究三家有一定价值,故辑录于此,以飨同好。

附录一 翁山故里及故居遗址考

屈大均是中国古代社会后期的一流诗人、词人和学者,撰著达四十多种,被誉为"岭南文宗"。他"学为圣贤"以承续华夏文脉,是明末清初"天下将亡"之时华夏道统学统的守护者和承续者。虽知其为广东番禺沙亭人,但其故里到底在哪里,学界并无确论,其故居或故居遗址是否还有迹可寻,更无人言及。

翁山父亲屈宜遇"幼遭家多难,寄养于南海之邵氏"。① 明崇祯三年庚午(1630),翁山生于南海之西场(今属广州),② 初名邵龙,号非池。③ 幼时居浮丘前之撒金巷。④ 南明"隆武乙酉,按院观风拔取英异,年十六以邵龙姓名,补南海生员,号曰非池。宜遇于是携归沙亭谒庙,复姓屈氏"。⑤ 隆武乙酉,即顺治二年(1645)。其后移居番禺,更名屈大均。

移居番禺之后,翁山居住在何处呢,也就是说其番禺故里

---

① 屈大均:《先考澹足公处士四松阡表》,见《屈大均全集》第3册,第137页。
② 屈大均《广东新语》,见《屈大均全集》第4册,第39页。
③ 《屈氏家谱》卷11,见《屈大均全集》第8册,第2114页。
④ 屈大均《西园》诗云:"少小撒金仙巷住,先人精舍傍芙蓉。"(《屈大均全集》第2册,第1224页);《广东新语》卷5云:"丘前有撒金巷,予家尝近焉。"(见《屈大均全集》第4册,第162页。)
⑤ 梁鼎芬等修,丁仁长等纂:(宣统)《番禺县续志》卷18,《广州大典》第279册,影印民国二十年刊本,第256页。

在哪里呢？这不仅是对事实的追索，也关涉翁山一些作品叙述视角的问题。汪宗衍和邬庆时两位先生的说法最为权威。但研究之后发现汪、邬两位先生的表述要么含糊其词，要么存在一定的问题。汪先生认为："屈氏世居番禺茭塘都思贤乡，又名新汀。"① 汪宗衍《屈大均年谱》顺治二年条又说：翁山"是时居沙梨园"。② 第一条汪先生只是说屈氏世居之地，第二条又只是说顺治二年翁山住在沙梨园。严格地说，这两处表述都没有明确说出翁山故里所在之地。邬庆时先生认为翁山为"广州府番禺县茭塘司深水社沙亭乡人"。③ 邬先生接着在按语中对汪先生的说法进行了分析和批驳。"庆时按思贤、新汀、沙亭，皆乡名，皆屈氏世居，在昔属番禺县茭塘司深水社，俗称十七乡。各为一乡，形如品字，不相统属，亦非别名。《同治番禺志》三列于茭塘司属茭塘都之下，先列沙亭，次列新汀，隔六乡乃列思贤。"④ "庆时按思贤乡虽是深水社社址所在地，但与沙亭、新汀在深水社分作三乡，未尝合为一乡也……《汪谱》将三乡综合为一乡，未免误会……屈翁山故乡之沙亭，今作沙路。与莘汀、北村、严坑，俱在《番禺总图》横六纵三。而卷二《舆地志》亦注明沙路古名沙亭，严村原名思贤，又名严坑。"⑤ 确实如邬先生所说，汪先生将三者混一是有问题的，那么邬先生所谓的"屈翁山故乡之沙亭，今作沙路"，是否准确呢？

---

① 汪宗衍：《屈大均年谱》，见《屈大均全集》第 8 册，第 1851 页。
② 汪宗衍：《屈大均年谱》，见《屈大均全集》第 8 册，第 1858 页。
③ 邬庆时著，广东省立中山图书馆编：《屈大均年谱》，广东人民出版社 2006 年版，第 7 页。
④ 邬庆时著，广东省立中山图书馆编：《屈大均年谱》，广东人民出版社 2006 年版，第 7 页。
⑤ 邬庆时著，广东省立中山图书馆编：《屈大均年谱》，广东人民出版社 2006 年版，第 8 页。

带着诸多疑问，笔者多次到番禺沙亭一带寻访。翁山《沙亭解》云："沙亭在番禺茭塘都，吾始祖迪功郎诚斋当宋徽宗时，来居于此。其地滨扶胥江，多细沙。又念先大夫怀沙而死，因名乡曰沙亭。"① 由此可知"沙亭"当非迁入地原名，而是其始迁祖屈禹勤为其迁入地新命之名，屈氏遂以之泛称族人在番禺的聚居之地。大均尊祖敬宗，言其乡亦必称沙亭。明清至今行政区划和乡镇之名屡有变化，有关叙述难免出现相互冲突的现象。有关翁山在番禺沙亭一带居处的资料，主要涉及的地名有：沙亭、思贤（严坑、严村）、莘汀（新汀）、沙梨园、沙路等。思贤村、莘汀村所在之地，可以准确定位，而沙亭这一地名所指不同时期却变化很大。屈氏族人云某个时期沙亭乡范围很广，包括今莘汀村、思贤村、沙亭村（原名沙路②）等地，但某个时期，又变得很小。现在番禺沙亭村，仅是化龙镇属下的一个村子。据了解，番禺屈氏族人主要聚居在今珠江南岸的莘汀村、思贤村、沙亭村三处。三处略呈品字形，沙亭在东北，思贤在西南，莘汀在思贤偏东。思贤与莘汀很近，大约一公里左右，思贤距沙亭村也不远，大约也仅二三公里。三者虽相距不远，但显然并不是同一个村子。翁山笔下的沙亭乡现在已经分属化龙和新造二镇。莘汀村和沙亭村现在化龙，而思贤却在新造。

　　翁山先生的番禺故里到底在哪一个村子呢？其故居遗址又在何处呢？

---

① 《屈大均全集》第3册，第472页。
② 梁鼎芬等修，丁仁长等纂之（宣统）《番禺县续志》卷2所胪列的茭塘司属深水社各村之名，第一为沙路。名下小注曰："古名沙亭。"（见《广州大典》第279册，影印民国二十年刊本，第79页。）（宣统）《番禺县续志》为清末民初人所撰，所载"沙路"亦应为当时的名称。屈氏族人屈巨贤说，沙路为后起之名，于1983年又改回沙亭之名，现在有一千多屈氏族人。

附录一　翁山故里及故居遗址考

庚子年底的一个周末（公历 2021 年 1 月 16 日），笔者开车来到位于化龙镇莘汀村的屈氏大宗祠，与相约前来的番禺区文化馆非遗中心办公室主任朱光文副研究馆员和莘汀村屈氏族人屈巨贤主任会合。上午在附近进行了考察，三人站在烟管岗南面的小丘之上四处遥望，寻找翁山先生笔下的覆船山。烟管岗和覆船山是翁山文章中常常提到的沙亭乡地标。翁山云："吾乡有烟管山，巃嵸特出，其脉逶迤而下，为丘陵者三四，复崛起为一大山。其冢高而长，形如船覆，因名之曰覆船。"又云："烟管在北，覆船在南。"① 按照笔者对翁山笔下两山方位的理解，前面不远处的那个较为高耸的小山应当就是覆船山了。但站在这里，远望山体，却看不出覆船的形状。屈巨贤说，此山名为老虎岗。三人猜测一番，带着遗憾离开了。下午新造镇党委刘伟东委员等和思贤村几位屈氏族人带我们先在村里看了几个地方，然后来到一个祠堂前。门额上赫然刻着"听泉屈公祠"几个大字，款署"光绪丙申孟秋吉旦"几个小字。此时，笔者才真正明白《屈氏族谱》卷十一"康熙丁卯，送地建听祖祠"② 这句话的意思：听泉屈公祠为翁山捐地所建。祠堂最初建于康熙二十六年丁卯（1687），光绪二十二年丙申（1896）孟秋重修。祠堂宏大宽敞，保存完好。整个建筑坐西向东，依斜坡而建，两进一仪门，两边皆有走廊，后寝供奉着十一世祖听泉屈公以下几个牌位。稍后，沙亭屈氏第二十七代、翁山第九世孙、八十三岁的屈荫华老先生应邀前来。老先生声音洪亮，思路清晰。他说听泉屈公祠后座原悬挂"寿昌堂"牌匾，为翁山手书，今已不存。问他是否知道翁山故宅，他指指祠堂右边说："这就是翁山故居。"所指即是紧靠祠堂右边的一栋旧房子，上面钉着一个"危险房屋，禁止

---

① 《屈大均全集》第 4 册，第 423 页。
② 《屈氏家谱》卷 11，见《屈大均全集》第 8 册，第 2115 页。

靠近"的牌子。这栋旧房子左手边是祠堂,前后及右手边皆为民房。一行人冒险进去,屋内屋外杂草过人,墙体也有些许倾斜,房顶上长出的藤蔓已从巨大的破洞丝丝缕缕地垂下。据时代推算,清初翁山故居早已不存,此屋当为其后人重建。不过,就墙体所用青砖尚能确认,这栋房子当为清代或清末民初的建筑。祠堂与翁山故宅相连,与房屋并立自然形成一个小巷。祠堂前面是一个小广场,再前面是一片水塘。据族人回忆,小广场原来竖有旗杆夹。遥想原初的地理形势,此处当为一绝佳之地。一行人在祠堂南侧和背后又走访了几户翁山后人,进一步得到确认,紧靠祠堂南侧一带的民房所在之处,原皆为翁山故地。当问及覆船山的位置时,得到的回答是覆船山即是老虎岗。从思贤村望过去,形似覆船,从莘汀村望去,则为一只卧虎。

从听泉屈公祠大门前,沿着堂前小路向北一百多米,就到了村头。村头原有齐礼门。村头路口竖立着民国十八年(1929)番禺县县长陈樾主持修建的八泉亭。亭内石碑镌刻着翁山画像和陈樾的《八泉亭记》。《记》云:"岁己巳,余宰番禺,于役扶胥江,遂至沙亭,访屈翁山先生故宅,因及其墓……置亭于沙亭乡齐礼门外,图先生像,志景仰焉。"① 从八泉亭向村外偏北方向数百米就到了翁山墓园所在的宝珠峰。② 站在翁山墓园前可以俯瞰思贤,遥望莘汀,莘汀的老虎岗,也变成了一个倒覆的大船。

笔者以寻访的结果与翁山先生的叙述进行对照,二者若合符契。《翁山文外》卷十三《告四世祖文》:"维丁卯十有一月丙子朔,十八世孝孙大均敢昭告于十一世祖考听泉公……十二

---

① 陈樾:《八泉亭记》,见《屈大均全集》第 8 册,第 2117—2118 页。
② 翁山及其父母之墓皆在沙亭石坑山(又曰涌口山)"东南一峰……宝珠峰"上。(见《屈大均全集》第 3 册,第 314 页。)

世祖考沧洲公……十三世祖考素庵公……十四世祖考梅侣公……念吾祖自十一世至十四世，凡四世皆未有祠，神灵不安，无以享祀，其罪在于孙子。兹大均有自买沙田头地一区，在本乡思贤里社之东，前对烟管、福船二冈，后倚蔗林平阜，左接人居，右邻父宅，地势方直而深，厥土坚厚。数求签签于丕显南海之神，皆云'大吉'，以建祠惟良……大均兹以此沙田头地，敬献于我四世祖，俾诸父诸兄卜曰为祠，同堂异室，昭穆并列，以为先灵降福无疆之丕基。谨先议祠名曰寿昌……大均故议祠名曰寿昌，使子子孙孙顾名而思其义，以求所以光大于前人也……大均今者僦居沙梨之园，未有宁宇，此沙田头片地，不以为半亩之宫，以庇其身及其妻子，而以归之吾祖焉，夫亦遑遑报本之意。"① 翁山所取祠名"寿昌"与翁山后人的说法是一致的。"左接人居，右邻父宅"，其意当是祠堂左边是民居，右边紧邻其父母之宅。这也与翁山后人的说法一致。此处"福船"，即"覆船"。尽管翁山此时仍"僦居"（意为租住）沙梨园，如果祠堂右边果真是其父母之宅，当然也就可以说是翁山故居所在之地。

如前所述，翁山父亲屈宜遇幼遭家难，寄养于南海邵氏，翁山生于南海之西场，那么翁山及其父母弟妹是何时迁居番禺思贤村的呢？翁山《先考澹足公处士四松阡表》云："隆武二年丙戌十有二月，广州陷，公携吾母夫人黄及大均两弟两妹返沙亭。"② 隆武二年丙戌，亦即顺治三年（1646）。由这些材料即可确定顺治三年，翁山十七岁时与父母、弟妹一家七人自南海西场移居番禺之后所居之处即为思贤村。汪宗衍《屈大均年谱》顺治二年条谓翁山"是时居沙梨园"显然有误。顺治

---

① 《屈大均全集》第3册，第216—217页。
② 屈大均：《先考澹足公处士四松阡表》，见《屈大均全集》第3册，第137页。

二年只是认祖归宗,并未从南海移居番禺。

顺治六年己丑(1649)其父宜遇去世。"是冬,十有一月,复病。甫十日,遂尔不起。是为永历三年己丑之十二月五日……于十世祖野蔌公涌口之山卜得一穴,左襟落雁,右带回溪,三峰在前,一峰在后,坐坤向艮之原以葬,而以金留得四松,苍苍竞秀,其高六七丈许,望而知为华表也。敞庐在墓之南咫尺,相望依稀,四松之声色在窗户间。"① 由最后两句可知,翁山及其父墓所在之涌口山宝珠峰在翁山故居北面近处。这与实地考察的结果也完全一致。这进一步证明了听泉屈公祠南侧即为翁山故居所在之地。尽管后来翁山自莘汀沙梨园回到思贤之后,未必入住"父宅",但其居处一定在此附近。如果翁山居住在莘汀或沙亭村,无论如何也不可能"四松之声色在窗户间"。另外,屈巨贤主任说,屈氏族人公认翁山后人在思贤村,这也能从一个侧面说明问题。翁山故里为思贤村一旦确定,也就明白翁山叙述覆船山这一沙亭地标,为什么不称"老虎岗"而总是称"覆船山"了。

民国十八年番禺县县长陈樾主持修建的八泉亭所在之处,也是一个旁证。八泉亭在翁山故宅北面一百多米,立于村口齐礼门外,背靠故宅,北望翁山墓园。陈樾在主持修建八泉亭时,曾访翁山故宅于父老,一定确知翁山故宅的具体位置,否则选址难以如此巧合。可惜其《八泉亭记》未予详述,致使后世学人不能了解翁山故里和故宅的准确位置。

虽然现在可以确认翁山故里和故宅在思贤村,但是仍然存在几个问题需要解决。由一些文献可知翁山在沙亭一带所居之地不止一处。《翁山文外》卷二《存耕堂稿序》云:"予所居

---

① 屈大均:《先考澹足公处士四松阡表》,见《屈大均全集》第3册,第138页。

名沙梨园,去翁之家咫尺。"① 《广东新语》卷二十五又云:"予所居覆船山下,曰沙梨园,地皆黄细沙,多井气,掘地尺许,水沄沄上溢。"② 汪、邬两先生将翁山在番禺的所居之地确认为沙梨园,即主要依据这些文献。沙梨园在哪里呢?由翁山所述可知沙梨园应在覆船山下。覆船山之西为莘汀村,但山体周围民居当非一处。《存耕堂稿序》是翁山为其"族父友石先生澹翁"诗集所写的序文。序又曰"予与公同祖翰林诚斋公"。番禺屈氏族人所聚居的沙亭村、莘汀村、思贤村三处地方,只有莘汀村在覆船山下。由此可以确认翁山所居之沙梨园和"友石先生澹翁"之家应该就在莘汀村或附近。陈恭尹为翁山母亲黄氏所写的寿序从侧面也能证明。陈恭尹序云:"往岁,屈子奉太夫人客金陵,既归,予入揖,太夫人双鬓皤然,而体貌加壮,为之大喜相慰。屈子既还其乡新汀,开九歌草堂以居,予不获见太夫人者,于今数年,非疏也。"③ 新汀,即莘汀。由此可知康熙十九年翁山携家自金陵返粤至康熙二十六年住在覆船山下的莘汀村一带的沙梨园。不过,尽管为时较长,但正如翁山所述"僦居沙梨之园",仍是租住。可见沙梨园并不是其故宅,勉强可称为故居所在之地。听泉屈公祠右手边的"父宅"才是其真正的故宅和故居遗址。

如前所述,邬庆时认为翁山故乡是沙路(今作沙亭),其主要依据就是《番禺县续志》中的一个小注。其《屈大均年谱》云:"屈翁山故乡之沙亭,今作沙路。与莘汀、北村、严坑,俱在《番禺总图》横六纵三。而卷二《舆地志》亦注明

---

① 《屈大均全集》第3册,第67页。
② 《屈大均全集》第4册,第575页。
③ 陈恭尹:《寿屈母黄太夫人序》,见《陈恭尹集》,第615页。

沙路古名沙亭，严村原名思贤，又名严坑。"① 和"《宣统番禺志》二菱塘司属深水社各乡，首列沙路。原注：'古名沙亭。'"② 邬先生《屈大均年谱》几经修改，定稿于"一九六三年六月"。邬庆时之母为屈氏族人，"屈太孺人讳凤竹，号五桐，沙亭塘边街人……翁山其十八世族祖也"。③ 依照情理，其所述应该较为可信。不过也有屈氏族人认为其说有些地方存在问题，多有不确之处。这里邬先生仅以宣统《番禺县续志》中的一个小注就认定翁山故里为沙路，就值得商榷。综合翁山的有关记述可以确信其故里不在沙路。再如《袝食祠记》云："有屋庐一所，在贤溪东，先君澹足公之所营也。大均与两弟尝迭居之，今以为袝食祠，以祀举宗之殇与无后者……在寿昌祠西偏，与吾听泉公以下四代祖考相近。"④ "大均与两弟尝迭居"的这一所"屋庐"应为其父在顺治三年底移居番禺之后至顺治六年去世之前所建。因与听泉屈公祠相近，故可以确认此庐绝不会在远离思贤村二三公里的沙路（今沙亭）。《屈沱记》云："屈沱者何？吾沙亭之乡，所谓石坑涌者也。穿自吾之先祖……其口在扶胥南岸，横贯沙田，崩奔而入，演漾于丁奇冈之阳，沿洄于石坑山之阴。石坑之山，先祖之丘垄在焉，故以系之而曰石坑涌也。其长三里余，其广三丈……为曲者九十有九……自南宋迄今，数百年于兹矣……是涌也，吾族人夹岸而居，……予草堂处于东隈。"⑤ 另一有异文的《屈沱记》

---

① 邬庆时著，广东省立中山图书馆编：《屈大均年谱》，广东人民出版社2006年版，第8页。
② 邬庆时著，广东省立中山图书馆编：《屈大均年谱》，广东人民出版社2006年版，第7页。
③ 邬庆时著，广东省立中山图书馆编：《屈大均年谱》，广东人民出版社2006年版，卷首，第1页。
④ 《屈大均全集》第3册，第319页。
⑤ 《屈大均全集》第3册，第312—313页。

云:"吾乡在沙亭,前有一溪,引牂江扶胥之流而入焉。其长三里余,其广三丈,其曲九十有九……吾宗人夹岸而居,白烟素火,南北相盖。予草堂处其南偏,当溪欲尽之所。其浅可揭,其清可鉴,日出则水光在门,雨过则水痕在户。"① 由此可知,屈沱(石坑涌)曲折弯转流经翁山门前和其墓所在的宝珠峰之石坑山北面。另一则文献也能证明屈沱距其故宅与墓地很近。翁山母黄氏去世之后,翁山作《先夫人祔葬记》云:"于是以十九日辛卯昧爽祖载。是午,舟及山口,暮宿不可,则扶柩登岸。壬辰,柩至圹前。"② 由此可知,当时应是以舟载柩,行于屈沱之上。其故宅与墓地本来不远,既然以舟载柩,可以确定屈沱距两处都很近。据实地考察得知,石坑涌流经思贤和莘汀之间,而距思贤更近,沿石坑山东北进入珠江。思贤和莘汀村人分别称之为思贤涌和莘汀涌。其长、宽和曲折与翁山在《屈沱记》中的描述基本一致。流经沙路村附近的一条水道,据了解是20世纪50年代末开挖的运河,距石坑山甚远,自南而北,经沙路,无曲折,直奔珠江。显然这条水道和沙路附近其他极小的河涌,绝非翁山笔下的屈沱。由上述可知,沙路(今沙亭村)绝非翁山故里和故居所在之地。

沙亭之名,所指范围时大时小,容易造成人们认识的混乱。屈氏族人屈巨贤认为沙路为后起之名:"宋元明清,沙亭乡包括现在三个行政村,后来人多了,分成三个村,沙路这一名字就出现了。沙路又于1983年改名为沙亭,现有一千多屈氏族人。"看来这个村子由沙亭而沙路,再改回沙亭,几经改名给人们带来的困扰不少。笔者在阅读明清两代有关方志时产生这样一个印象:番禺屈氏族人最早迁入地当为莘汀,后来有

---

① 屈大均:《翁山文外》卷1,见《续修四库全书》第1412册,第35页。
② 《屈大均全集》第3册,第317页。

人移居思贤，再后，又有人移至沙路。沙亭这一泛称逐渐衍生出新移入地的专称。这一印象得到了屈巨贤的肯定。屈巨贤告知笔者，沙路原为江边一片滩涂，后来逐渐淤积成平地，沙路村屈氏祠堂是为供奉其分支第十一世祖屈东潭而建。翁山在思贤村为其第十一世祖听泉公捐地建祠，依照情理，翁山作为其直系后嗣，其故里和故宅也应在思贤，而非沙路。

  结合文献与实地考察，基本可以确认今新造镇思贤村即翁山故里，"听泉屈公祠"南侧即其故宅所在之地。现在翁山故居遗址上的旧房屋已成危房，被翁山命名为"寿昌"堂的听泉屈公祠尚未被列为受保护的建筑。旧村拆迁改造正如火如荼，挖掘机隆隆而来。但愿翁山先生捐地而建的古祠堂及其故居遗址安然渡过劫波，留下一片安宁，以使后世之人有以凭吊华夏道统学统的守护者和承续者、"岭南文宗"翁山先生。

附录二　屈大均佚著《罗浮书》
辑佚与辨析

屈大均《罗浮书》不见有单行本。笔者所见各种目录学著作皆未著录此书。笔者所见有关屈大均的研究资料，以及各类禁书资料皆未言及翁山此著。笔者在查阅资料时发现宋广业纂辑《罗浮山志会编·纂辑书目》列有屈大均《罗浮书》这一编著。《罗浮山志会编》（以下简称《会编》）引录此书中的资料达五十八条之多，计有八千馀字。

《会编》二十二卷，卷首一卷，清初宋广业纂辑。"广业，字澄溪，长洲人。康熙中官至山东济东道，后因其子志益为瑞州（按：应为"端州"）知府，就养官署。以罗浮为岭南胜地而旧志简略，遂重为考订。网罗缺逸，计事增旧十之五。后来罗浮诸志多以是为蓝本云。"① 其子宋志益于康熙五十二至五十九年任广东肇庆知府。② 《会编》即由宋志益于康熙五十六年丁酉（1717）刻于广东。

第一节　《罗浮书》辑佚

笔者目前所见其他著作所引《罗浮书》中的内容，皆转

---

① 永瑢等：《四库全书总目》卷76，中华书局1965年版，第666页。
② 郝玉麟修、鲁曾煜纂：（雍正）《广东通志》卷29，见《广州大典》第249册，影印雍正九年刻本，第191页。

引自宋广业纂《会编》。① 以下五十八条即为《会编》所引录的屈大均《罗浮书》中的内容。所辑佚文编号以《四库全书存目丛书》影印本《会编》所引自前至后为序。其中第12条、15条、26条、30条、54条因避讳，《续修四库全书》影印本、《故宫珍本丛刊》影印本和中山大学图书馆藏刻本皆有所挖改；第53条和58条因有违碍，《续修四库全书》和《故宫珍本丛刊》影印本无此两条，中山大学图书馆藏刻本被铲削。

1. 卷二《地理志·名胜二·洞岩》页二。（朱明洞）"其南曰石臼洞"条："石臼与药槽皆天成者，生在一处，洞水奔注，从臼至槽。槽下为一瀑布，喷薄甚怒。若以石障塞槽口，水不下倾，则可潴为潭矣。旁多捣药禽，夜静则鸣，与流泉相乱。（见《罗浮书》）"

2. 卷二《地理志·名胜二·洞岩》页三。"朱明洞之东曰石洞"条："《罗浮书》：'石洞多石，大小积叠无根柢。有曰挂冠石，一砥一峙。峙者高数寻，砥者可坐百馀人。有两石扇，白云封之。乍开乍阖，曰石门。从石门入百馀武，皆石

---

① 笔者所依据的本子为《四库全书存目丛书》史部第240册，影印中国科学院图书馆藏清康熙宋志益刻本。由此本的删削痕迹可知中国科学院图书馆藏本并非康熙初印本，而是原书板被挖改删削之后的重印本。此本所删未净，甚至选文之中屈大均的名字亦未去除尽净。《续修四库全书》第725册影印天津图书馆藏本为原书板经过再次精心挖改删削之后的重印本。此本被删削得更为严重，不但屈大均的名字和书目全被挖除，而且其诗文和其他一些人如陈恭尹、憨山、天然、剩人和澹归等人的诗文也遭挖除很多，介绍憨山、澹归等人的内容被挖去，"崇祯"被改作"崇正"，虽然被挖改，却无明显的挖改墨痕。由此可知《会编》原书板至少经过了两次铲挖。《续修四库全书》影印本与《四库全书存目丛书》影印本，卷首各家序文之序第也有所不同。另外，《故宫珍本丛刊》影印本和中山大学图书馆藏刻本被挖改的情况与《续修四库全书》影印本相同。

罅。中行有悬泉，映蔽枫林，而下汇为潭。潭左石壁有"洗耳泉"三字。万木阴森，不知有暑。猿猴饮者出没水花中，见人弗甚畏。此洞之最幽胜处也。本朝济下僧离幻觉禅师筑室院后，其徒迹删成鹫从之薙发躬耕于此。'"

3. 卷二《地理志·名胜二·洞岩》页四。（朱明洞）"又东北曰桃源洞"条："《罗浮书》：'洞有桃，春明花发如霞，其落也，点水而出，遂呼为桃源。白玉蟾访臞仙至此有诗。臞仙疑即王宁素。《山记》云："宝谷王宁素在此坐化。"'"

4. 卷二《地理志·名胜二·洞岩》页四。"朱明洞之西近龙王坑为大坑洞"条："《罗浮书》：今名大洞，多平田美谷。"

5. 卷二《地理志·名胜二·洞岩》页五。（朱明洞）"又西南曰金沙洞后改曰黄龙"条："王敏敦曰：'黄龙洞亦以石胜。'洞中皆平铺大石，广袤至五六丈。岁久被水冲啮，穴窨甚多，至有深坎如太华洗头盆者，大小方圆不一而足，光净苍白，皆可浴。凡可受水处，泉必满注。澶湉潋滟，至屹巘且断，则脱溜得势，雷轰电掣而下。如双白练，交加为水晶帘幕。随风舒卷，状皆绝奇。是洞亦以瀑泉胜也。（出《罗浮书》）"

6. 卷二《地理志·名胜二·洞岩》页六。"玉洞"条："小罗浮之下有水东村，相对有洞，旧名柚子坑。万历间文学韩俦，同兄海罗庵于此凿池种白莲，环以玉兰。学士赵志皋访之，见束刍而叹曰：'《诗》所谓"生刍一束，其人如玉"，韩伯仪之谓欤？'因名其坑曰'玉洞'，并题诗焉。（出《罗浮书》）"

7. 卷二《地理志·名胜二·洞岩》页十。"华首台之东曰合掌岩"条："《罗浮书》：'岩，双石斜立，高数丈，下开上合，如合掌然。'"

8. 卷二《地理志·名胜二·泉池》页十四。"华首台之东曰东溪西曰西溪"条:"《罗浮书》:'东溪尤胜,西溪为登飞云顶之路。'"

9. 卷二《地理志·名胜二·泉池》页十四。"凌云塔之西曰阿耨池"条:"《罗浮书》:'自华首台西溪而上,历三十馀峰,皆行茅苇中。夏秋之际,两手分披,然后可入。至阿耨池,山渐开豁,池宽丈馀,深仅二尺,水清可鉴。相传景泰禅师临池说法,有龙出听。'"

10. 卷二《地理志·名胜二·泉池》页十五。"凤凰台之南曰何仙姑井"条:"《罗浮书》:'何仙姑井在增城县凤凰台下。会仙观亦名云母井。仙姑昔饵云母,汲此水制之。水比他泉重四两,味清以甘,人多汲饮。仙姑去时脱履其上。井上有亭曰:"存仙。"'"

11. 卷二《地理志·名胜二·塔寺》页十六。"又有凌云塔其南曰景泰禅阁"条:"大清康熙二十八年惠州知府王煐建子日亭,以为观日憩息之所,旋为飓风飘毁。(出《罗浮书》)"

12. 卷二《地理志·名胜二·塔寺》页十七。"山之半三里曰宝积寺":"《罗浮书》云:'明洪武二十五年与延祥寺皆归并延庆寺,废。崇祯(按:《续修四库全书》影印本作"崇正")间僧十虚复之。'"

13. 卷二《地理志·名胜二·塔寺》页十九。"华首之北三里曰南楼寺"条:"《罗浮书》:'明洪武二十五年归并延庆寺。'"

14. 卷三《地理志·名胜三·坛观》页四。"冲虚观北有酥醪观观前有酥醪村"条:"《罗浮书》:'酥醪村往时多卖酒家,与麻姑峰下酒田并为山中胜地。'"

15. 卷三《地理志·名胜三·坛观》页五至六。"其南黄龙洞上有四贤祠（今改集贤祠）"条："即南汉天华宫故址。湛若水建以祠周濂溪、罗豫章、李延平、陈白沙四先生。后巡按御史洪坦增祀湛文简，名'五贤'。万历（按：《四库全书存目》影印本作'厯'，《续修四库全书》影印本作'歷'）十三年又增祀庞弼唐名嵩，统称曰：'集贤祠。'（出《罗浮书》）"

16. 卷三《地理志·名胜三·庵庐》页十二。"青霞洞中有少汾书堂"条："《罗浮书》：'少汾，冼桂奇也，南海人，嘉靖进士，与湛甘泉并开精舍讲学。'"

17. 卷三《地理志·名胜三·庵庐》页十二。"黄龙洞中有黄龙精舍亦曰弼唐精舍"条："初南海黄衷欲建铁桥精舍于洞内，志欲登飞云顶，为休息之地。后仕至兵部侍郎，病足不果。命邑人庞嵩代建，以教子弟。（《罗浮书》）"

18. 卷三《地理志·名胜三·庵庐》页十三。"弼唐精舍之前有韶台书舍"条："《罗浮书》：庞弼唐先生子一夔建。"

19. 卷三《地理志·名胜三·古迹》页二十。"古乐器"条："古云璈乐器在冲虚观，凡四十馀种，相传白玉蟾所授。明李云龙烟客（即二岩禅师）常宿观中，清夜月明命道士一再奏之。猿鹤皆鸣，山鬼起舞，因作《秋夜冲虚观听野人奏乐》诗。（出《罗浮书》）"

20. 卷三《地理志·名胜三·古迹》页二十一。"古诗板"条："唐杨衡五古二首《送郑丞之罗浮中习业》，又赠罗浮易炼师李群玉七律一首《送隐者归罗浮》。曹松七律一首《罗浮山下书逸人壁》。版今不传，诗载《艺文志》。（出《罗浮书》）"

21. 卷四《人物志·仙一·周》页一。"浮丘公，灵王时偕王子晋上嵩山，后适罗浮得道，因名其地。《广东通志》：'南海县有浮丘山，为罗浮朱明之门户。相传浮丘丈人于此得道。'(《罗浮书》)"

22. 卷四《人物志·仙一·汉》页五。"毛公,汉初人,名翕唐。令狐楚云:'太湖中有西洞庭山。山中有毛公坞。毛公道成,移居罗浮山。三百馀岁,弟子七十二人。'(《罗浮书》)"

23. 卷四《人物志·仙一·汉》页五。"阴长生,新野人,和帝后之曾祖也,师事马明生。明生以太清金液神丹授之,得道入武当山石室中,复居罗浮铁桥峰下。著书九篇,多言上古仙事,以示将来。后入忠州丰都山,白日升天。(《罗浮书》)"

24. 卷四《人物志·仙一·三国吴》页五。"葛元,字孝先,琅琊人。慕长生不死之道,因遁迹灵岳。时欲辟为椽,辞曰:'疏食被褐,枕石漱流吾所愿也。岂以此易彼哉!'乃入天台赤城,上罗浮,遇苏元朗。授以金丹之旨。或云从左元放,受九丹液仙经,于飞云顶炼丹得仙,号葛仙翁。(《罗浮书》)"

25. 卷四《人物志·仙一·晋》页九。"黄野人,葛洪弟子也。洪既仙去,留丹于罗浮柱石间。野人得一粒,服之,遂为地行仙。常行人世,或有遇之者。一日醉归取煤,书二诗壁上,渡海而去。诗载《艺文志》。(《罗浮书》)"

26. 卷四《人物志·仙一·朝代失考》页十一。"王邦叔,不知何许人。师张紫阳于罗浮。一日紫阳谓曰:'子之从我久矣,于金丹之诀略不顾及。从予何为?'邦叔再拜曰:'匪不愿也,自揣玄(按:此'玄'少下面一点,当为避玄烨讳。《续修四库全书》影印本改作'元',稍显剜改痕迹。)微必无此分。'紫阳曰:'自太极既分之后,一点灵光,人人有之,似子所言是蔽其明也。'邦叔不觉涕泗交颐,辞去静思。至夜,紫阳再诣其室曰:'吾一寻汝便见头目尔,两日寻之不得,何也?'遂灭烛而退。邦叔大窘。至五更大悟。遂以颂曰:'月照长江风浪息,鱼龙遁迹水天平。个中谁唱真仙子,声满虚空万籁清。'又曰:'镜明澄静万缘空,百万丝条处处通。斗转星移人睡定,觉来红日正当中。'紫阳出金丹图授之。邦叔遂止罗浮,后十三年坐化。青华秘文称邦叔远师真人紫阳,疑即月窗。(《罗浮书》)"

27. 卷五《人物志·仙二·明》页十五。"梁可澜,字元叔,顺德人。博学能诗,隐居罗浮。慕葛稚川修炼故事,自号三十二峰太狂长啸仙。署邑令连公继芳高其人,访诸山中,酬和竟日。所著有《狂仙诗》、《修真要语》行世。卒年八十颜色如生,举尸轻若空服,葬白郁峰。后十年其侄永楚遇一黄冠踵其门曰:'太狂仙约返罗浮,果行否?'言讫不见人。益知其为仙也。子梦阳工诗画篆法,为诸生亦不求仕进。(《罗浮书》)"

28. 卷五《人物志·释·明》页二十五。"真空禅师,泉州人,嘉靖间来游罗浮,止永福寺。归善叶萼、叶梦熊与相友善。梦熊尝问之曰:'师他日成六祖乎?'曰:'成则今成,何待他日?我自成我,何必六祖?'梦熊奇之。常以三锦囊遗梦熊,曰:'子他日有军国大事乃开视也。'其后梦熊督师诛刘玕哱,屡立军功,多出其中秘画,以师为姚光孝一流人云。说法诃林,听者数千众。以道行称。一日设醮令弟子造一龛,曰:'予将归矣。'众惊异。龛成,辞众入龛。梦熊趋至。复出龛揖别,乃复入龛,端坐。三昧火发,自焚得舍利无数。(《罗浮书》)"

29. 卷五《人物志·释·明》页二十六至二十七。"晦杲禅师,名道,不知何许人。崇祯间于罗浮鹿角坑创云水庵以居。性绝慈悲,喜为人祈亲寿命。有云生母老且病,跪坐前,哀求师悯焉。向佛书咒语,与生曰:'明日之飞云顶焚之,此地可通帝座。再拜匍伏。少间若有丰隆起，帝诺之矣。慎毋惧！'生往如教。有顷闻殷殷山下，已而，山上大震，电绕其身。生且冒雨走庵言状。师曰：'得之矣！'手念珠示曰：'如是，如是。'母后果活至一百八岁云。野人献二瓜，仅受其一。野人曰：'道远至诚，胡坚拒我？'师笑指曰：'瓜主未献也。'野人返。窃绪其蔓，果误割邻种者。己卯土寇蜂起，势张甚。师一日谓众曰：'明日有好客至，善款之。备蔬品若干，酒酌若干，匕若干，而溢其一以待。'次日暴客群至，问师安在？僧言往铁桥西矣。请具食。陈设悉符人数。盗已默异，问：'酒器素具乎？'曰：'师命特市以待诸君。'又问：'盏箸多一何也？'曰：'师言有中途还者。'寻果至。各私念神僧不可犯，当皈依耳。明日群盗复至，师遽出山门迎之。众讶曰：'昨避我深，今奚见迓。'师曰：'而昨欲杀我，苟不避，重若之罪；今来皈依，故吾迎善信人耳。'皆罗拜感泣。师后出岭，憩南安，望丫山奇峭，欲居之。土人曰：'虎穴也。'师曰：'吾闻虎解人言，当往化之。'凌晨先往，望山腰平处，群虎方戏跃，而嗥风飒飒射人。师蹑屐直前，虎稍稍退。坐石西向，以拂子招之曰：'来、来！'虎尽前俯首，师为说法。手提其稍前者耳曰：'受戒、受戒！'皆点头。师又曰：'此古道场也，地化，我重兴，速徙勿缓！'虎皆倒退丈馀，耸身而窜。良久寂然。师乃徐还土人，归，率猎者往，迹无所见矣。山口有神庙能祸福人。居人献牲无虚日。师过之，为之说法。是夜见梦巫祝云：'已得受禅师戒矣。今享我惟斋戒，勿杀生命云！'师居丫山十馀载，临示寂，命以两缸覆之，'母（疑为"毋"）弥其缝，使好风常入。否则闷我'。僧曰：'如虫豸何？'曰：'我在，彼不入也。'灭后香气经月如初。疑入定云。（《罗浮书》）"

30. 卷六《人物志·名贤·明》页二十二。"陈堂，字明佐，南海人。万历（按：《四库全书存目》影印本作'曆'，《续修四库全书》影印本作'歷'）进士，官至光禄卿，筑别墅于浮丘之麓，名'朱明馆'。易簀前，以篮舆遍历罗浮诸峰，赋诗数章归。后事葬期手自裁定，谈笑而卒。著有《朱明馆稿》。（《罗浮书》）"

31. 卷六《人物志·名贤·隐逸·唐》页二十三。"孟云卿，河南人。元次山《送孟校书诗序》云：'云卿与次山同州里，以词学相友。少次山六七岁。晚爱罗浮，往而不归。'（《罗浮书》）"

32. 卷六《人物志·名贤·隐逸·明》页二十五。"庞嵩，字振卿，号弼唐，南海人。尝讲学罗浮。年五十三致政，乃请为甘泉弟子。甘泉及门四千馀人，然以为求友于南弼唐一人而已。叶绚斋云：'先生质行诸儒，不能逮也。'少司马黄衷建黄龙精舍，延嵩教授乡子弟，教人要而不烦。（《罗浮书》）"

33. 卷七《品物志·羽属》页一至二。"碧鸡"条："《罗浮书》：碧鸡，似孔雀而小。每当日出，则碧鸡先鸣。山中人乃以为天鸡云。均尝与客宿于山巅，夜分见第三重峰有块火，大如车轮，光怪回翔，与他火异，怪之。一客曰：'此为天灯。久之当有鸡鸣，所谓天鸡也。《梵书》云："日宫一树而有鸡王栖其上，彼鸣则天下鸡皆鸣。天鸡者，日中之鸡也。"'已而，空中果闻鸡鸣，声亮而长，则日出于苍莽中矣。太白云：'半壁见海日，空中闻天鸡'，刘梦得云：'咿喔天鸡鸣，扶桑色昕昕'，子瞻云：'人间有此白玉京，罗浮见日鸡一鸣'，皆谓天鸡也。"

34. 卷七《品物志·羽属》页四。"倒挂，一名幺凤，似鹦鹉而小。绿衣黄里，嘴红色，甚姣丽。常倒悬架上，屈体如环。东西相穿以自娱。一名倒挂子。罗浮梅花村多有之。倒挂梅花枝上，人至不去以为常。《志》称：'惠州梅花上珍禽多倒挂子。俗人畜之帐中，每闻焚香则收之羽间。夜则张尾舒翼，倒挂以放香。'（《罗浮书》）"

35. 卷七《品物志·鳞属》页七。"蛤蚧，蛇类，四足，穴屋宇上。鸣则自呼其名。蜴蜥、守宫，皆其类也，大小不同耳。（《罗浮书》）"

36. 卷七《品物志·介属》页八。"龟甲，纹凡二十四，外有火熘纹者，为灵龟。大如钱。置盘水中有绿毛浮起，随水浅深而长短，名绿毛龟。石洞有六足龟，初从外国入贡，留一于此，大如函牛，重百斤，伏处仆碑下，遇雨则出行雨中。小儿乘之若乘牛马。食以饭，可尽一升。啖之蔬笋，盈筐不饱。至冬而蛰，至春乃出。三月三日群龟朝之。贡者谓：'古辟蝇龟是也。'所居果无蝇蚋。（《罗浮书》）"

37. 卷七《品物志·虫属》页九。"蝴蝶"条："《罗浮书》：'罗浮大蝴蝶，其生以茧，茧中有一卵，重胎沁紫，包以乌柏木叶，络以彩丝。山中人以冬月往来好事者购取藏之。明年二月以茧置梧柳间，辄有一大蝴蝶，展翅径尺，飞来就茧。不饮不食，抱伏缠绵，经七日，茧破子出，大可六七寸许。越数日挟之飞去。其出茧时，绝不使人见。虽昼夜伺之，弗觉也。雌雄不离，千里外必相寻觅。至则绕笼翔舞，不得入以翅触笼，金翠委损。放之，即两两相逐，翩然高举。盖羽族之至神者！'"

38. 卷七《品物志·虫属》页十。"蝉，夏蝉秋蝉，处处有之。石洞中枫树千万株，尝有蜩蝉数百，鸣则齐鸣，止则齐止，无一参差断续者。人至则砉然齐鸣，声振山谷。土人谓之大声公。又一种声细而清，鸣如丝竹，其名为蟧，亦蝉类也。（见《罗浮书》）"

39. 卷七《品物志·草属》页十四。"鹤草，其华似鹤，觜、翅、尾、足皆具。花色浅紫,蒂叶如柳而短。春生有双虫食其叶,土人收于夜粉间饲之。虫老而蜕为蝶。女子佩之,能致其夫怜爱。(《罗浮书》)"

40. 卷八《述考志·典故》页九。"秋江钓叟,不知何许人。落魄不羁,仪观甚伟,来游罗浮,止冲虚观。善饮酒,喜书。今观中'蓬莱深处'四大字及殿柱联对皆其笔也。博通古今,叩之不穷。问其姓名,辄不言。浮游徜徉,不知所终。(见《罗浮书》)"

41. 卷八《述考志·纪闻一》页十一至十二。"或问房中术于葛洪。洪曰:'此妖妄之言也。俗人谬闻,黄帝以千二百女致长生升天,便谓此天仙之术。譬之水火能生人,又能杀人。若乃纵情恣欲,不能宣节,则伐年促命,又安能仙乎后世邪!师以鼎器懋惑愚俗,为所误者多矣。'(《罗浮书》)"

42. 卷八《述考志·纪闻一》页十五至十七。"去罗浮山麓四十馀里,有绿栏乡。其乡畜牛皆茁壮无病,人争市之,价倍他牛。闻之土人云:昔有老翁,家颇饶积,子孙躬耕力田,晚年分付产业仅留赢馀,作杖头钱。遇圩集日,必当垆尽醉而返。自恨对影独酌,无可与语者。一日入市,遇一老人于酒肆与之语,大快平生,相对痛饮而别。别后辄遇共饮,三日一会,无愆期者。问其姓名。曰:'姓江,名夏。'讯其里居。曰:家在罗浮去冲虚观不远,三松荫室,吾居也。遂与要约。至期翁当过我。翁如其言,诣之。讯观中道士,道士知其为黄野人也。不言其故。但云:'此去不远,如彼所指,自当遇之。'其人入谷,遥望三松缥缈云际,就之,老人在焉。出户欢迎曰:'吾有佳味待汝久矣。客且坐,吾当沽酒于山下,鼎中之物可共醉饱也。'携壶竟去,去久不还。其人独坐空室中,窃窥其炉。火熄灰冷,而鼎中物腾沸作声,炙手可热。心窃怪之。启视乃一人头将熟,五观如生。舍之惊走,谓其杀人享客，非善类，不可与处。疾行至谷口。主人持酒樏归，遇之拉还其室。坚辞，不可挽乃留，少待疾归。即来背一囊谷，牵一耕牛，手蹑草履持赠其人。其人大喜，拜谢引牛而出。谷贮囊中，坚而不能举，倾囊弃之中野。草履以其贱也，投之溪涧，则逆流而上，去如飘叶。乃大奇之，追之不及。牵牛复还冲虚观，备述其事。观中道士乃语之曰：'汝凡夫也，有仙缘无仙骨。昨所见者，黄野人也。鼎中物，人参之精，非世间有，服之得长生矣。'其人懊恼久之。亟还向弃谷处，迷方莫辨矣。视囊中所馀糠籺皆金屑也。察其牛，紫竹篾丈馀，通体无节。道士曰：'此龙公竹也。'乞留观中以悬钟簴。其人舍之，得牛还绿栏，孕育孳息，皆仙牛种也，故有此异云。篾留观中悬巨钟而不朽。过者摩挲，光泽照人。后明御使柳寅东巡按至惠州，登罗浮过冲虚观，奇其事。捐俸创建钟楼，新其悬，取篾而去。(《罗浮书》)"①

43. 卷八《述考志·纪闻一》页十八至十九。"昔高僧达观，有弟子参悟者，患聋。达观间谓之曰：'若疾，必得罗浮灵通草始瘳。'参悟遂往罗浮上玉女峰。睹一神蛇，丹色，眼如金。其大及围，长数丈，当前竖立。参悟合掌礼之。神蛇瞥然不见。但闻山下疾风声振林木。风甫息，就其地，得灵通草一根。长三尺，小如箸而劲，顶开七叶，恰半三寸许，虚中两头皆实。携归，以叶煎水服之，以虚茎各寸半贯两耳中。夜分一声若雷，聋耳遂开，草忽不见。此草土人不识，岂异物匪异人不逢耶？(《罗浮书》)"

44. 卷八《述考志·纪闻一》页十九。"有显者至冲虚观，道士十一人迎之。中有一人形貌奇怪，白髯长面，腹大下

---

① 按：民国十年铅印本陈伯陶纂《东莞县志》卷97《杂录》亦收有此条，但《东莞县志》仅言引自《罗浮山志会编》，未言转自《罗浮书》。

垂，年可六十许。显者心异之。次日出山，诸道士走送。显者问尚有一人状貌奇怪何以不来？道士言：'只此十一人，昨迎今送，皆是也。'显者怒责取此人，不然则以盗论。诸道士计无所出。显者昼寝，梦一人长啸而来。曰：'昨状貌奇怪者乃我黄野人也！'显者大惊。（《罗浮书》）"

45. 卷九《述考志·纪闻二》页二。"广州有何二娘者，以织鞋为业。年二十，与母俱素不修仙术，忽谓母曰：'住此闷，意欲行游。'后一日便飞去，上罗浮山寺。自尔恒留居止，初不饮食。每为寺众采仙果充斋，亦不知其所取。罗浮山北是循州山寺，有杨梅大数十围。何氏每采其实，及斋而返。后循州山寺僧至罗浮山，说云：某月日有女子来采杨梅，验之，果是何氏所采之日也。由是远近知其得仙。后乃不复居寺，或旬月一来耳。唐开元中，敕令黄门使俱入京，中途忽涌身而去，不知所之。（《罗浮书》）"

46. 卷九《述考志·纪闻二》页三至四。"张本正，龙川所千户，张广之子。广无嗣，祷于霍山，梦第八位支伽罗汉降为己子。次年果生一子，名本正。长性敏，袭职，既娶，生一子，数月本正即遘疾卒。是日乡人或遇本正，乘白马于途如平昔。至地名张坊，适邑人生员蓝碧赴县，与本正驻马道旁，款曲相叙。本正袖出书一封，再拜曰：'愿为告老亲，提携寡妇孤儿。'蓝曰：'君何往，乃有此嘱？'曰：'归霍山。'蓝曰：'霍山咫尺路也。'张曰：'君至余家开缄，自悉之矣。'遂分袂。蓝到县问，知本正其日五更死矣，惊怪之。夜驰至其家，尚未殓。以书告其父。阅之，果本正手笔，皆丁宁永诀之词。有诗云：'离却山门十八年，双亲慈爱阿娇贤。那堪归路西山急，空染尘埃半世缘。'（《罗浮书》）"

47. 卷九《述考志·纪闻二》页四。"黄士俊，字玉轮。微时，入罗浮遇一老翁，吟曰：'倚松酌酒，金枝影里动龙鳞。'士俊谨记之。后以进士第一入史馆。馆中人颇轻视之。一日，祭酒出对：'燃苇烹茶，宝鼎浪中浮蟹眼。'士俊即举前语以对，人皆叹服。(《罗浮书》)"

48. 卷九《述考志·纪闻二》页五。"王渐逵，字鸿伯，番禺人也。登进士，为南刑曹郎，以母老弃官而归，从甘泉讲学。尝梦游罗浮云：'嘉靖甲辰二月十六夜，梦同数人游罗浮，皆不相识。至半山石上坐，复悬而登。予与三人先往，路转倾侧。久之，至飞云顶，望平野数里，中多奇木并不知名。率骈阴层翠可爱。欲卜住处，或指云："此间有水处可居。"访之则古壁荒芜，若旧亭馆。有数碑卧地，若昔人所留题者。觉而鸡鸣矣。既而，方西樵、冼少汾过访青萝山居。为予道畅游罗浮之兴云：于此月十六夜偕甘泉翁，候鸡鸣，步残月而登，适与予梦合。因出箧中纪游诸篇相示，且索和焉。'(《罗浮书》)"

49. 卷九《述考志·纪闻二》页五至六。"郭子直青螺抵冲虚观，值风雨大作。云气弥漫，远近峰峦如出没溟海。飞泉百道喷射涧壑，与四山桧竹寒声相乱。二三友从之，且雨且行，遂历黄龙、青霞、水帘、石洞、梅花村诸胜。归而衣裾如沐，须发间水滴滴下，相顾大笑曰：'诸君岂游吕梁与汨而出者耶！'相与饮朱明馆，呼黄冠吹洞箫、拊朱瑟以佐之，意甚酣。适有石洞访叶化甫诗云：'石屋青霞外，千山只一家。'朱明观诗云：'酒借丹炉火，窗窥玉简文。'(《罗浮书》)"

50. 卷九《述考志·纪闻二》页九。"苏罗、石甾之间，多猺，有上、中、下三猺村焉。其在黄牛迳者，亦猺也。猺，本盘瓠种，自言为狗王后。家有画象，犬首人服，岁时祝祭甚谨。分盘、蓝、雷、钟、苟五姓，自相婚姻。土人与邻者亦不与通。女子未嫁则作髻一叠，中妇二叠，大妇三叠。聘以金十六两为率，无则为妇父佣工。其值已足，乃得携妇以归。同姓为婚不以为嫌。其大村在山颠者曰'梅竈'，稍知礼义，为诸猺之望。猺有长有丁，明初设抚猺土官领之。俾略输山赋，赋论刀为准，羁縻而已。罗浮之猺有抚猺官，黎姓者为之。家增城，片纸传语，峹箄诸猺无不奉命。亦易治之猺也。"

51. 卷九《述考志·纪闻二》页九至十。"东粤有客山二：一曰浮山，一曰逃石。逃石在韶州东北一里，高三十丈，广圆五百丈，从武城逃来。临江壁立，与韶石相丽。语曰：'蓬莱一山合于罗山，东武一石附于韶石。'盖谓此也。"

52. 卷九《述考志·纪闻二》页十。"王敏敦登飞云顶，下视群峰，匍匐在地。倏尔山烟浩荡，素霭弥漫。日射白光，如数十匹练直贯烟心。四面微茫，空明如水，不知人间托在何际。信天下之绝景也。（三则俱《罗浮书》）"

53. 卷九《述考志·纪闻二》页十。"番禺人韩上桂，字孟郁，云：'罗浮一名东樵，其山灵异，惟倏然游者可至，每约即不果。万历庚申秋九月，偶与李烟客、陈治甫、朱惟四、曾文乡集于海珠寺，东指罗浮，咸欣然欲往，遂解缆行。次日经至山腰黄龙洞宿焉。晓过冲虚观，入门有五色鸟逐队而飞，依依不去。诸子从道士觅观铜鱼、竹符，葛仙所遗也。余心忽开悟，隐隐见鱼之形与其藏鱼之所。比鱼至，一如其状。且询其路径回转，纤悉不谬。众皆奇之。即已亦莫知其然也。'（《罗浮书》）"①

54. 卷九《述考志·纪闻二》页十二至十三。"博罗北有象山，西有罗浮。其民多闽潮流人，而鲜土著。群不逞者，呼召辄数百人，以焚山泽为名，而劫略甚张。崇祯（按：《续修四库全书》影印本改为'崇正'）十四年贼据乌离嶂，众至数千，立三大营。博罗、赤水、峒罗溪营山寇，互为犄角。知府

---

① 《续修四库全书》影印本、《故宫珍本丛刊》影印本和中山大学图书馆所藏刻本，此条被删去。

梁招孟奉檄讨平之。十七年,赤水、峒罗溪营、官山寨十三营,诸叛兵为寇,其势复炽。自此大洞、黄龙之间悉为盗薮。其渠皆曰都多。兴宁、长乐诸县犹獠,虽黄冠、释子亦遭其害矣。(《罗浮书》)"

55. 卷九《述考志·纪闻二》页十六。"《罗浮书》:'郑思远于泉源福地得道,仁及鸟兽。所住岩,虎生二子。山下人格得雌虎,二虎子未能得食。思远见之,将还岩际养饲,雄虎乃依思远。后思远每出骑雄虎,二虎子负经书衣药以从。路逢相识许隐,具暖药酒,虎即拾柴然火。隐患齿痛,从思远求虎须乘热插齿。思远拔须数茎,虎伏不动。思远常居是岩,岩之得名或以是。'(《罗浮书》)"

56. 卷九《述考志·纪闻二》页十六。"罗浮山下之水,一曰罗阳水,繇丫头髻峰下过钓鱼台东南为碧溪,又西南流会岘冈诸派,而注于江;一曰泊头水,繇石下屯、佛岭至泊头,而注于江;一曰源头水,繇横沥沙,迤至源头,而注于江;一曰里陂水,自跳鱼石,经欧阳至铁场,而汇为潭;又一派自罗塘墟,与铁场水合,分绕龙池、夹石湾而注于江。此皆博罗之水也。(《罗浮书》)"

57. 卷九《述考志·纪闻二》页十六至十七。"罗阳溪水甚浅,可筏而不可舟。南汉刘𬬮于增江水口穿渠达罗浮。吾尝恨其未成此渠。成则北从增城舟入罗浮之阴,南从东莞舟入罗浮之阳,无不可矣。有袁生者,尝自莞石龙得一小水沿洄于断峡深林之间,三日而至罗浮。舍舟八里则冲虚观在焉。归以告予,予闻此水即罗阳溪。然自来游者从东莞、增城、博罗皆繇陆路以入,未有荡桨湖流竟达朱明、耀真之洞者也。惟山中贩香屑者时时驾筏往来耳。袁生好事,今得斯奇道,独穷其幽。吾辈自此小舟轻桡随波下上,荔支之酒、锡杖之泉,满载以行,不烦人力,其乐何如也?此水无名,予以贩香屑者尝所往来，名之曰'香溪'。口占四绝记之，且以旌袁生云。(《罗浮书》)"

58. 卷九《述考志·纪闻二》页十七。"屈翁山云：'余居罗浮时，每静夜月明，必隐隐闻笙箫之声，乍近乍远。又常若有人语笑，与流泉松籁相间者，即之则寂然矣。'(《罗浮书》)"①

第二节　《罗浮书》作者辨析

《会编》所引《罗浮书》佚文第三十三条《品物志·羽属》碧鸡条云："均尝与客宿于山巅，夜分见第三重峰有块火，大如车轮，光怪回翔，与他火异，怪之。"这里的"均"当指屈大均。这也是《罗浮书》为屈大均所著的一条内证。

屈大均《广东新语》卷一有《日》一文。文中一段文字与《会编》所引碧鸡条相似：

> 罗浮称朱明之天，日之初出，山上辄先见之，有见日台焉。俯临三千馀仞，所处高，故所见早，人见之于旦于昼，予则尝见于中夜……尝有客宿于山巅，夜分见第三重峰有块火，大如车轮，光怪回翔……（按：以下一百五十八字与《会编》所引碧鸡条全同。）②

这段文字进一步证明佚文第三十三条中的"均"为屈大均。

第五十七条《述考志·纪闻二》所记与屈大均著《广东新语》卷四《香溪》一文内容有相似之处，并且都采取第一人称的叙述方式。《香溪》一文云：

> 有人自石龙得一小水，沿洄于断峡深林之间，三日而

---

① 《续修四库全书》影印本、《故宫珍本丛刊》影印本和中山大学图书馆所藏刻本，此条被删去。
② 《屈大均全集》第4册，第1页。

> 至罗浮，舍舟八里，则冲虚观在焉。盖此水即罗阳溪，为罗浮七十二长溪之一。然自来游罗浮者，而东莞，而增城，而博罗，皆由陆路以入，未有荡桨溯流，竟可达朱明之洞者也。此水无名，予以山中贩香屑者，时时驾筏往来，因名之曰香溪，以为入山奇道。为诗云："不用仙人绿玉筇，朱明门户水重重。因君识得香溪路，舟入罗浮四百峰。"又云："三日仙源路下穷，冲虚观口系孤篷。自来渔父无寻处，曲曲千岩万壑中。"①

第五十七条《述考志》所使用的也是"吾"、"予"这样的字眼："吾尝恨其未成此渠……归以告予，予闻此水……此水无名，予以贩香屑者尝所往来，名之曰'香溪'。"两相比较，即可肯定第五十七条中的"吾"、"予"所指为屈大均。屈大均在《广东新语》卷三《罗浮》一文和《翁山文外》等散文著作中亦有"南汉刘䥽于增江水口穿渠达罗浮，吾尝恨其未成此渠"之类的话。由第三十三条和第五十七条佚文中的这两条证据，笔者可以肯定《罗浮书》为屈大均所著，不可能是他人所著而伪称的大均之作。

《会编》卷首《纂辑书目》列六十八种，其中有云："屈大均翁山《罗浮书》、《道援堂集》、《翁山诗外》、《广东新语》。"②《会编》所引用的屈大均著作共四种，第一种即为《罗浮书》，并且与其他三种并列。《会编》除了引用《罗浮书》五十八则文字之外，还引用了屈大均《翁山诗外》中的诗歌数十首、《广东新语》中的文字八则和未明言出自屈氏何著的内容一则。这也可以说明《罗浮书》是屈大均独立的一

---

① 《屈大均全集》第 4 册，第 125 页。
② 见《四库全书存目丛书》影印本《会编》。《续修四库全书》第 725 册影印本、《故宫珍本丛刊》影印本和中山大学图书馆藏刻本之宋广业《罗浮山志会编》卷首《纂辑书目》中，这段话被挖去。

部著作。不过还有这样的疑问：此《罗浮书》是否为宋广业搜罗大均某些文章而伪称的独立著作呢？

屈大均《广东新语》卷三《罗浮》一文，其内容与《罗浮书》中的内容有相近之处。此文很长，《罗浮书》是否为改头换面之后的《罗浮》一文呢？可以肯定二者非一。《罗浮》一文虽然很长，但只有四千字左右；而《会编》所引用的《罗浮书》中的文字有八千多字。所引用的《罗浮书》中的内容涉及许多方面，有洞穴、有溪流、有仙道、有名贤、有传说、有虫鸟等；《罗浮》一文相对来说就单纯多了，以记山水为主，无仙道、名贤之类的内容。经比较可知，二者所述事、物同者不多，偶有相近之处，却又行文不同。尽管《会编》所引用的个别条目的内容，屈大均其他著作如《广东新语》、《翁山文外》、《翁山文钞》也曾涉及，有相近之处，但行文并不相同。因此《罗浮书》应是一部佚失已久又少人知晓的屈大均的方志类编著，而非改头换面之后的《罗浮》长文，也不是宋广业搜罗大均其他著作中的内容，而伪称的专著。

通过以上的比较，完全可以相信《罗浮书》为屈大均的一部独立的编著。从屈大均对罗浮山的感情来说，他完全有可能为之写一部专著。他在许多文章中都曾经表达他对罗浮山的深厚感情。他甚至认为"南岳"之名应该归于罗浮，罗浮山不应当仅为南岳衡山之佐。他在《广东新语》之《罗浮》一文中说："予谓罗浮可以当南岳……北岳在浑源，为天下之极北，罗浮在博罗，为天下之极南，罗浮固宜称南岳，以与北岳对。予所居书曰：'南岳草堂。'"①

---

① 《屈大均全集》第 4 册，第 84—85 页。

第三节 《罗浮书》佚于何时，及其湮没数百年之因

屈大均《罗浮书》佚失于何时，现在无法确知。屈大均于康熙三十五年丙子（1696）五月去世之前，这部作品有可能未及刊刻。刻于康熙年间的《罗浮外史》① 未见明确引用屈大均《罗浮书》之处。如其《见日台》等文所述虽与《罗浮书》中的内容有相近之处，但不能确定即是引自屈大均《罗浮书》。吴骞② 辑《罗浮纪胜》二卷刻于康熙六十一年壬寅（1722）。此书引录《罗浮书》二十三条，每条内容与《会编》所引全部相同。除使用几个异体字和第二条漏一"僧"字之外，几无差别。因此吴骞虽未说明转引自《会编》，但基本可以确定其二十三条内容应由《会编》转引而来。吴骞贵为惠州知府，若《罗浮书》当时尚存于世，以其特殊的身份，应该不难找寻得到。由此基本可以确定，在吴骞编辑《罗浮纪胜》之时，屈大均《罗浮书》已经失传。而之前宋广业所见屈大均《罗浮书》也极有可能为屈氏稿本或抄本。

其后有关的方志和纪胜之作所引《罗浮书》中的内容虽

---

① 《四库全书总目》卷76 云："《罗浮外史》，国朝钱以垲撰。以垲，字蕉山，嘉善人……以垲官东莞时，其父瑛就养县署。往游罗浮记其名胜。以垲因参考诸籍以成此编。"钱以垲于康熙三十六至三十九年任茂名知县，康熙三十九至四十二年任东莞知县。（据郑业崇等修《茂名县志》卷4《职官表》和叶觉迈等修《东莞县志》卷42《职官表》）《罗浮外史》当刻于康熙四十年后不久，其刊刻时间要早于宋广业之《会编》。

② 吴骞（生卒年不详），江南当涂人，岁贡，康熙五十九至雍正五年任惠州知府。见刘溎年修，邓抡斌等纂：《惠州府志》卷19《职官表》，光绪七年（1881）刊本，《广东历代方志集成·惠州府部》第4册，第308 页。

附录二 屈大均佚著《罗浮书》辑佚与辨析

多不明言转自《会编》,实际上皆直接或间接转自宋氏《会编》。再有《东莞县志》卷九十七,其中一条云:"绿栏乡,其乡蓄牛皆茁壮无病……"① 编者但云出自《会编》,实际上此条内容其原始出处也是《罗浮书》,亦即《会编》所录《罗浮书》第四十二条佚文。

宋广业之《会编》是一部普通的方志。许多研究岭南文化的学者都曾翻阅,却未发现大均《罗浮书》这一编著,其原因何在呢?笔者认为大概有以下几个原因:

其一,受胪列屈大均著作的资料和考索屈氏著作的结果的影响。康熙二十四年(1685)夏初,屈大均等几位知名文人应两广总督吴兴祚之邀,陪同奉使至粤祭告南海的王士禛前往肇庆。四月九日,吴兴祚、屈翁山、王士禛、黄与坚等饮于端州石室岩。《翁山诗外》卷七有《吴制府招同诸公游七星岩有作》诗两首。其时吴兴祚与王士禛一起再欲疏荐翁山。翁山婉谢云:

> 家有老母,吾岂能离朝夕之养?况余所着《诗外》、《文外》、《文钞》、《广东新语》,与所述《易外》、《四书补注》、《广东文选》、《广东文集》、《十八代诗选》、《李杜诗选》、《今文笺》、《今诗笺》、《翁山六选》诸书未竟,余之笔砚未可辍也。②

这一段文字列举了屈大均十三种著作。其中有作成的,也有未成的。一生能有如此之多的著作,已经让人惊叹其高产了。一般读者不能想象他还有更多的精力著述其他。况且这十三种之中已有未成者。再者,这是屈大均为了谢绝吴、王之荐而寻找

---

① 叶觉迈等修,陈伯陶纂:《东莞县志》卷97《杂录》,成文出版社《中国方志丛书》,第52号,影印民国十年铅印本。
② 黄廷璋:《翁山诗外序》,见《翁山诗外》卷首,《广州大典》第437册,影印康熙年间刻本,第6页。

的借口。按情理他一定会把他计划中的著作,只要不冒犯对方,全部罗列出来,甚至不惜浮夸虚冒以搪塞。清人丁仁长、吴道镕等纂修(宣统)《番禺县续志》卷十八,录大均著作为"屈沱二十四种",其中未有《罗浮书》。民初著名学者朱希祖《屈大均(翁山)著述考》一文,对屈大均的著作进行了详细的考证,胪列了屈氏著作三十三种,亦没有这一编著。朱文把屈大均所有著作,包括屈大均已刻、未刻、欲著而未著的书目都一一罗列出来。同时此文还指出了两部冒名屈大均的著作。朱氏此文至今仍是这一方面的权威之作。朱文对大均的著作考辨精详,却没有只言片语提及《罗浮书》。

其二,疏忽。一些学者可能是把屈氏《罗浮书》一书误作屈大均《广东新语》之长文《罗浮》。笔者阅读《会编》之始,也把屈氏《罗浮书》误作《罗浮》一文。因后来见到《会编》所引《罗浮书》中的内容很多,且涉及面很广,才产生怀疑。仔细比对之后,发现二者并不相同。2007年我学位论文答辩前不久,当我向研究屈大均数十年的著名学者陈永正先生请教这一问题时,他说他当初阅读《会编》时,与笔者有同样的印象。大概这也是众多学者未曾发现此书的原因之一。陈先生认为"这是一个重要的发现"。

其三,多种目录学著作和禁书资料都未曾提及此书。笔者所见各种目录学著作皆未曾著录屈大均《罗浮书》这一编著。另外笔者所见清代禁书资料及研究著作亦未言及屈氏此著。姚觐元《清代禁毁书目四种》(上海商务印书馆民国二十六年版)、原北平故宫博物院文献馆编《清代文字狱档》(上海书店1986年版)、中国第一历史档案馆编《纂修四库全书档案》(上海古籍出版社1997年版)、雷梦辰《清代各省禁书汇考》(北京图书馆出版社1989年版)、安平秋和章培恒《中国禁书大观》(上海文化出版社1990年版)、雒启坤和王德明《中国

附录二　屈大均佚著《罗浮书》辑佚与辨析

历代禁书》（九洲图书出版社 1998 年版）、施廷镛《清代禁毁书目题注外一种》（北京图书馆出版社 2004 年版）、王彬《清代禁书总述》（中国书店 1999 年版）等编著，以及这些著作的其他版本皆未见言及翁山《罗浮书》。多种资料皆未曾言及此书，这大概也是屈氏《罗浮书》至今湮没无闻的原因之一。

屈大均《罗浮书》是一部专门记录其家乡之山的著作。笔者虽未能见到这部著作，但据前面所辑录的内容可以知道屈大均在这部著作中对罗浮山记录甚详，涉及了罗浮山的方方面面。

附录三　翁山佚文民国抄本汇考及新发现的两种佚文抄本

《屈大均全集》基本上汇集了先前所发现的翁山的全部作品。不过，由于民国期间的翁山佚文抄本没有全部进入整理者的视野，因此，造成了《屈大均全集·翁山佚文》的遗珠之憾，前辈学者辛苦搜得的翁山佚文，没能全部呈现给现代的读者。中国国家图书馆和南京图书馆藏民国抄本《翁山文外补》和《翁山文外逸文》即为整理者所未知，至今未为研究者关注。多种目录学著作未见著录这两个抄本，朱希祖《屈大均（翁山）著述考》一文亦未提及。而在现知六种民国抄本不断积录的过程中，这两个抄本起到了关键的作用。

第一节　新发现的两种佚文抄本概述

一、伦明《翁山文外补》抄本概述

《翁山文外补》四册，不分卷，民国抄本，存文五十六篇，藏中国国家图书馆。书前有伦明朱笔校记一篇，以下简称伦明本。校记款署曰："伦明哲如氏校讫记。"卷首有毛奇龄序、周炳曾序、徐嘉炎序，张远题辞、甘京题辞、李稷题辞、何礀题辞，屈大均作《翁山文外自序》和《文外铭》。毛序、周序和徐序，实为翁山诗集序而置于此处。《翁山文外自序》、

附录三　翁山佚文民国抄本汇考及新发现的两种佚文抄本

《文外铭》和四篇题辞均见康熙年间刻《翁山文外》二十卷本。书后附《屈大均传》，录自陈伯陶著《胜朝粤东遗民录》。

伦明（1875—1944），字哲如，一作哲儒，广东东莞人，近代藏书家、学者。历任北京大学、北京师范大学、燕京大学、辅仁大学等院校教授。后南归，任广东省立图书馆馆长。孙殿起《伦哲如先生传略》谓伦明藏书达数百万卷。

此抄本目录如下：(1)《御琴记》，(2)《唐晋王祠记》，(3)《登华记》，(4)《浮湘记》，(5)《大别山记》，(6)《屈沱记》，(7)《黎太仆公影堂记》，(8)《二史草堂记》，(9)《橘香庵记》，(10)《获记》，(11)《场记》，(12)《河南死节大臣传：吕维祺，附弟维祮》，(13)《三原泾阳死节二臣传：焦源溥、王征》，(14)《诸死孝者传：赵廷举、张清雅、万元亨、张维黄、陈求之、王旸、田而腴、魏允觊、王裔昌、吴骞南、杨师禄、萧铉、王业巩、许国左、徐安远、夏序功、石东壁、霍录科、王酒保》，(15)《割股死者三孝子传：邓广生、赵希干、萧日暾》，(16)《顺德给事岩野陈公传，附马应房、杨景烨、杨可观、关钟喜、花巡简、霍师连、白尝灿、朱学熹、高为礦、霍达芳、僧忠显》，(17)《天崇宫词序》，(18)《书王山史太极辩述后》，(19)《书吴芮传后》，(20)《书反离骚后》，(21)《书汪栗亭黄山记游诗后》，(22)《书逸民传后》，(23)《复汪栗亭书》，(24)《复江右湘书》（按："江"，为"汪"字之误），(25)《洪范皇极大义序》，(26)《阴符经注序》，(27)《评孟子序》，(28)《童子雅歌序》，(29)《怡怡堂诗韵序》，(30)《陈议郎集序》，(31)《东莞诗集序》，(32)《麦薇集序》，(33)《送张超然浮海往日本序》，(34)《又》，(35)《赠王永春序》，(36)《送凌子归秣陵序》，(37)《三闾书院唱和集序》，(38)《翁山易外自序》，(39)《送梁子游南岳序》，(40)《赠梁彦腾序》，(41)《寿王山史先生序》,(42)《未嫁殉夫烈女传:刘福姐、程贤姑、童姑、宋典、林玉娘、杨氏女、古氏女、陈氏女、二梁氏女、吴氏女》,(43)《施氏女传》,(44)《东洞庭山三烈传》,(45)《永安五烈传》,(46)《烈妇二晋氏传》,(47)《汪节妇传》,(48)《樊义士墓表》,(49)《长山烈妇墓志铭》,(50)《张桐君诗集序》,(51)《为翁生更名说》,(52)《与石濂书》,(53)《复石濂书》,(54)《花怪》,(55)《离六堂诗集序》,(56)《离六堂集自序 代》。

经比对,《翁山文外补》所辑之文,为《屈大均全集》所收者五十三篇,分别见诸《翁山文外》、《翁山文钞》、《翁山佚文》、《皇明四朝成仁录》、《翁山易外》,未收者三篇:《诸死孝者传》、《又（送张超然浮海往日本序)》、《施氏女传》。

二、南图《翁山文外逸文》抄本概述

《翁山文外逸文》一册,民国抄本,藏南京图书馆。未署辑者何人,根据笔迹和朱希祖先生参与搜辑翁山佚文的过程,笔者疑为朱氏辑抄,以下简称南图本。卷首有存目上、下两卷;屈大均《翁山文外自序》、《文外铭》;张远、甘京、李稔、何磻四则《翁山文外题辞》。

《翁山文外自序》之前页（目录页背面）另有"寿王山史先生序、排草赞、圣泉铭有序、烈妇亭铭并序、琴说赠詹丈大生、致知说"字样。李稔《题辞》与何磻《题辞》之间缺页,故缺李稔《题辞》后半部分和何磻《题辞》前半部分。何磻《题辞》之后即紧接下卷第一页。下卷第一页页端钤"南京图书馆藏"印章,页端第一行:"翁山文外逸文、屈大均",第二行题:"皇明四朝成仁录、崇祯",第三行题:"河南死节大臣传"。据此可知此抄本曾遭损毁,经重新装订。存文始于下卷第

附录三 翁山佚文民国抄本汇考及新发现的两种佚文抄本

1篇《河南死节大臣传》至第14篇《笺补食物本草序》,第15篇后之存文,有在上卷目中者,有在上、下卷目之外者。

存目上:(1)《御琴记》,(2)《唐晋王祠记》,(3)《登华记》,(4)《浮湘记》,(5)《屈沱记》,(6)《黎太仆公影堂记》,(7)《橘香庵记》,(8)《书王山史太极辩述后》,(9)《书汪栗亭黄山记游诗后》,(10)《书逸民传后》,(11)《复汪栗亭书》,(12)《复汪右湘书》,(13)《洪范皇极大义序》,(14)《评孟子序》,(15)《阴符经注序》,(16)《童子雅歌序》,(17)《怡怡堂诗韵序》,(18)《陈议郎集序》,(19)《东莞诗集序》,(20)《送张超然浮海往日本序》,(21)《三闾书院倡和集序》,(22)《赠梁彦腾序》,(23)《诸死孝者传》,(24)《割股死者三孝子传》。

存目下:(25)《河南死节大臣传》,(26)《三原泾阳死节二臣传》,(27)《二史草堂记》,(28)《翁山易外自序》,(29)《赠王永春序》,(30)《麦薇集序》,(31)《烈妇二晋氏传》,(32)《永安五烈传》,(33)《汪节妇传》,(34)《未嫁殉夫烈女传》,(35)《施氏女传》,(36)《东洞庭山三烈传》,(37)《诗义说》,(38)《笺补食物本草序》,(39)《书邓许二女事》,(40)《贻石辞》,(41)《述圣新祠颂》,(42)《观瀑图赞》,(43)《使牛图赞》,(44)《落花生赞》,(45)《苔松赞》,(46)《排草赞》,(47)《圣泉铭有序》,(48)《烈妇亭铭 并序》,(49)《琴说赠詹丈大生》,(50)《致知说》。

存文如下:

(1)《河南死节大臣传》,(2)《三原泾阳死节二臣传》,(3)《二史草堂记》,(4)《翁山易外自序》,(5)《赠王永春序》,(6)《麦薇集序》,(7)《烈妇二晋氏传》,(8)《永安五烈传》,(9)《汪节妇传》,(10)《未嫁殉夫烈女传》,(11)《施氏女传》,(12)《东洞庭山三烈传》,(13)《诗义说》,

· 789 ·

(14)《笺补食物本草序》，(15)《药王庙碑 代》，(16)《孟子列传赞》，(17)《大别山记》，(18)《获记》，(19)《场记》，(20)《又 送张超然浮海往日本序》，(21)《送凌子归秣陵序》，(22)《送梁子游南岳序》，(23)《寿王山史先生序》，(24)《天崇宫词序》，(25)《书反离骚后》，(26)《书吴芮传后》，(27)《复汪栗亭书》，(28)《顺德给事岩野陈公传》。

为《全集》未收者三篇：《诸死孝者传》、《施氏女传》、《又 送张超然浮海往日本序》。

第二节 其他抄本存文概述

现知翁山佚文辑本七种，只有1996年人民文学出版社出版的《屈大均全集·翁山佚文》（简称全集本）属印本，其他六种皆为民国抄本。除上述新发现的两种之外，其馀四种抄本皆为当下研究者所知，分别是徐信符藏《翁山文外·逸文》本、香港大学藏徐信符辑《屈翁山佚文》四卷本、徐信符辑《翁山佚文辑》三卷本和黄荫普辑《翁山佚文二辑》一卷本（分别简称徐氏《逸文》本、港大藏徐氏本、徐氏三卷本和黄氏本）。

一、徐信符藏《翁山文外·逸文》抄本四册

徐绍棨（1879—1948），字信符，广东番禺人，以字行，著名学者和藏书家。朱希祖《屈大均（翁山）著述考》云："徐君信符又藏《翁山文外·逸文》抄本四册，计文三十四篇，余亦借得传钞一部。"① 朱文载其全目，此文刊刻于1943年。

---

① 朱希祖：《屈大均（翁山）著述考》，见《屈大均全集》第8册，第2153页。

附录三 翁山佚文民国抄本汇考及新发现的两种佚文抄本

因笔者未见此本,故依朱文照录其目:(1)《御琴记》,(2)《唐晋王祠记》,(3)《登华记》,(4)《浮湘记》,(5)《大别山记》,(6)《屈沱记》,(7)《黎太仆影堂记》,(8)《橘香庵记》,(9)《获记》,(10)《场记》,(11)《诸死孝者传》,(12)《割股死者三孝子传》,(13)《顺德给事岩野陈公传》,(14)《天崇宫词序》,(15)《书王山史太极辨述后》,(16)《书吴芮传后》,(17)《书反离骚后》,(18)《书汪栗亭黄山记游诗后》,(19)《书逸民传后》,(20)《复汪栗亭书》,(21)《复汪右湘书》,(22)《洪范皇极大义序》,(23)《评孟子序》,(24)《阴符经注序》,(25)《童子雅歌序》,(26)《怡怡堂诗韵序》,(27)《陈议郎集序》,(28)《东莞诗集序》,(29)《送张超然浮海往日本序》,(30)《送凌子归秣陵序》,(31)《三闾书院唱和集序》,(32)《送梁子游南岳序》,(33)《赠梁彦腾序》,(34)《寿王山史先生序》。①

二、徐信符辑《屈翁山佚文》四卷本

徐信符辑《屈翁山佚文》四卷,存文六十一篇,民国抄本,藏香港大学冯平山图书馆。饶宗颐先生云:"《屈翁山佚文》四卷,近钞本,徐氏南州书楼藏,二册,善847.2/70-51。起《御琴记》,讫《致知说》,若干篇为《文外》所无,内《河南死节大臣传》,《三原泾阳死节二臣传》,《诸死孝者传》,《割股死者三孝子传》,除前两篇已收入《皇明四朝成仁

---

① 朱希祖:《屈大均(翁山)著述考》,见《屈大均全集》第8册,第2153—2155页。

录》外，后两篇为他书所未见，亦可宝贵矣。"① 大陆学者知此抄本者虽多，但目验此本者甚少，记述此抄本者以骆伟先生最详。骆先生云："该书笔者曾在港阅览过，在四卷内容中，主要有：御琴记、唐晋王祠记、浮湘记、屈沱记、二史草堂记、顺德给事岩野陈公传、获记、场记、为（按：'为'当为衍字）翁山诗外自序、童子雅歌序、陈议郎集序、笺补食物本草序、东莞诗集序、三闾书院倡和集序、书反离骚后、诗义说、致知说、贻石辞、落花生赞、排草赞等。其中'诸死孝者传'、'割股死者三孝子传'等篇为它书未收。"②

其目如下：

卷一：（1）《御琴记》，（2）《唐晋王祠记》，（3）《登华记》，（4）《浮湘记》，（5）《大别山记》，（6）《屈沱记》，（7）《黎太仆公影堂记》，（8）《二史草堂记》，（9）《橘香庵记》，（10）《获记》，（11）《场记》，（12）《河南死节大臣传》，（13）《三原泾阳死节二臣传》，（14）《诸死孝者传》。

卷二：（15）《割股死者三孝子传》，（16）《顺德给事岩野陈公传》，（17）《天崇宫词序》，（18）《书王山史太极辩述后》，（19）《书吴芮传后》，（20）《书反离骚后》，（21）《书汪栗亭黄山纪游诗后》，（22）《书逸民传后》，（23）《复汪栗亭书》，（24）《复汪右湘书》，（25）《洪范皇极大义序》，（26）《评孟子序》，（27）《阴符经注序》，（28）《童子雅歌序》，（29）《怡怡堂诗韵序》。

卷三：（30）《陈议郎集序》，（31）《东莞诗集序》，（32）《麦

---

① 香港大学冯平山图书馆编：《香港大学冯平山图书馆藏善本书录》，香港大学出版社2003年版，第255页。按：此书据1970年饶宗颐编著《香港大学冯平山图书馆藏善本书录》修订。

② 骆伟：《徐信符先生对广东文化教育事业的贡献》，《中山大学学报》1999年7月，第109页。按：骆先生记载此抄本有《翁山诗外自序》，事实上，此抄本不存此文，当为《翁山易外自序》之误。

附录三 翁山佚文民国抄本汇考及新发现的两种佚文抄本

薇集序》,(33)《送张超然浮海往日本序》,(34)《又》,(35)《赠王永春序》,(36)《送凌子归秣陵序》,(37)《三闾书院倡和集序》,(38)《翁山易外自序》,(39)《送梁子游南岳序》,(40)《赠梁彦腾序》,(41)《寿王山史先生序》,(42)《未嫁殉夫烈女传》,(43)《施氏女传》,(44)《东洞庭山三烈传》,(45)《永安五烈传》,(46)《烈妇二晋氏传》。

卷四:(47)《屈翁山诗集跋》(按:此《跋》非翁山之作,实为徐肇元所撰),(48)《诗义说》,(49)《笺补食物本草序》,(50)《书邓许二女事》,(51)《贻石辞》,(52)《述圣新祠颂》,(53)《观瀑图赞 为王紫诠太守作》,(54)《使牛图赞 为蓝采饮作》,(55)《落花生赞》,(56)《苔松赞》,(57)《排草赞》,(58)《圣泉铭 有序》,(59)《烈妇亭铭 并序》,(60)《琴说赠詹丈大生》,(61)《致知说》。

三、徐信符辑《翁山佚文辑》三卷本

徐信符辑《翁山佚文辑》三卷(上、中、下),六十五篇,民国抄本,藏广东省立中山图书馆。题"徐氏南州书楼辑本",前有民国二十九年(1940)徐信符《翁山佚文辑序》。

在所知翁山佚文辑本中,此抄本存文最多。其目如下:

卷上:(1)《御琴记》,(2)《唐晋王祠记》,(3)《登华记》,(4)《浮湘记》,(5)《大别山记》,(6)《屈沱记》,(7)《黎太仆公影堂记》,(8)《二史草堂记》,(9)《橘香庵记》,(10)《获记》,(11)《场记》,(12)《河南死节大臣传》,(13)《三原泾阳死节二臣传》,(14)《顺德给事岩野陈公传》,(15)《永安五烈传》,(16)《东洞庭山三烈传》,(17)《诸死孝者传》,(18)《割股死者三孝子传》,(19)《未嫁殉夫烈女传》,(20)《烈妇二晋氏传》,(21)《汪节妇传》,

(22)《施氏女传》,(23)《樊义士墓表》,(24)《长山烈妇墓志铭》。

卷中:(25)《翁山易外自序》,(26)《洪范皇极大义序》,(27)《阴符经注序》,(28)《评孟子序》,(29)《童子雅谣序》,(30)《怡怡堂诗韵序》,(31)《陈议郎集序》,(32)《笺补食物本草序》,(33)《东莞诗集序》,(34)《天崇宫词序》,(35)《麦薇集序》,(36)《三闾书院倡和集序》,(37)《寻墓诗序》,(38)《张桐君诗集序》,(39)《送张超然浮海往日本序》,(40)《又》,(41)《赠王永春序》,(42)《送凌子归秣陵序》,(43)《送梁子游南岳序》,(44)《赠梁彦腾序》,(45)《寿王山史先生序》,(46)《书王山史太极辩述后》,(47)《书吴芮传后》,(48)《书逸民传后》,(49)《书反离骚后》,(50)《书汪栗亭黄山记游诗后》,(51)《复汪栗亭书》,(52)《复汪右湘书》。

卷下:(53)《诗义说》,(54)《致知说》,(55)《琴说赠詹丈大生》,(56)《书邓许二女事》,(57)《贻石辞》,(58)《圣泉铭有序》,(59)《烈妇亭铭并序》,(60)《述圣新祠颂》,(61)《观瀑图赞》,(62)《使牛图赞》,(63)《落花生赞》,(64)《苔松赞》,(65)《排草赞》。

1946年商务印书馆出版《广东丛书》第一集,此辑本附刻于《翁山文钞》四卷(卷一至卷四)残刻本后。因部分佚文见于《翁山文钞》,故《广东丛书》第一集仅收其佚文三十八篇。后上海书店出版《丛书集成续编》集部第125册据《广东丛书》本影印收录。台北新文丰出版公司出版《丛书集成续编》第189册据《广东丛书》本,将此三卷佚文从四卷《翁山文钞》残刻本拆分后,与黄荫普《翁山佚文二辑》合并影印。

附录三　翁山佚文民国抄本汇考及新发现的两种佚文抄本

四、黄荫普辑《翁山佚文二辑》

《翁山佚文二辑》一卷，番禺黄荫普（1900—1986）辑，民国抄本，藏广东省立中山图书馆。书中题"黄氏忆江南馆、徐氏南州书楼辑本"。

《翁山佚文二辑》目录：（1）《三闾书院倡和集序》，（2）《粤游草序》，（3）《福州府烈女烈妇传序》，（4）《翁山文外自序》，（5）《文外铭》，（6）《庞祖如以张乔美人画兰见赠诗以答之有序》，（7）《咏物诗引》，（8）《孔子世家赞》，（9）《孟子列传赞》，（10）《圣人之居考》，（11）《读论语》，（12）《沙亭解》，（13）《髻人说》，（14）《书朱母沈孺人行略后》，（15）《药王庙碑》，（16）《枕铭》。

按：此辑本所收佚文《三闾书院倡和集序》，徐氏三卷本亦收，但二者有较多异文，故黄氏亦收。黄荫普《翁山佚文二辑跋》云："适《广东丛书》会议刊第二集，乃以此各本所无之文十五篇，献于叶玉父丈，俾与徐信符君所钞存之翁山佚文四篇并刻之，名曰《翁山佚文二辑》。"黄氏本辑有《文外铭》一文，存文实十六篇，而目录页失于著录，故曰十五篇。《圣人之居考》，此文为其他抄本所无。此文在屈大均与何磻合著《四书补注兼考》之末，题为《圣人之居》。徐信符认为此文为翁山独著，故辑为佚文以予黄氏。《书朱母沈孺人行略后》与《翁山文钞》卷八《书朱母沈孺人墓志后》内容略同。《枕铭》，于《翁山文外》卷十一作《石枕铭》。

1948年商务印书馆出版的《广东丛书》第二集收录此辑本，附于抄本《翁山文钞》六卷（卷五至卷十）本后。其后所附民国三十六年（1947）黄荫普《翁山佚文二辑跋》云："此《佚文二辑》仍附刻于《翁山文钞》之后，循前例也。"

上海书店出版的《丛书集成续编》集部第 125 册据《广东丛书》本影印收录，台北新文丰出版公司出版的《丛书集成续编》第 189 册据《广东丛书》本，将此辑本佚文从六卷《翁山文钞》拆分后，与徐信符辑《翁山佚文辑》合并影印。

五、附：康熙初年刻《翁山文外》不分卷四册本多出通行本之文

《翁山文外》曾于康熙初年刊刻，四册不分卷，收文比其后几种刻本多十八篇，以下简称"《文外》初刻溢文"。朱希祖先生云：《翁山文外》"康熙初年刻本，仅四册，不分卷，今藏国立中山大学图书馆，较徐氏所藏康熙刻二十卷本及十七卷本国学扶轮社本多逸文十八篇"。①

笔者十馀年来多有留心，并未见到朱氏所说之刻本。因不知此本今存何处，故朱氏所记多出的十八篇逸文之目亦有其独特的价值。另外，南图本等抄本在形成的过程中，这十八篇佚文也起到了重要作用，故移录于此：（1）《河南死节大臣传》，（2）《三原泾阳死节二臣传》，（3）《二史草堂记》，（4）《翁山易外·自序》，（5）《赠王永春序》，（6）《麦薇集序》，（7）《烈妇二晋氏传》，（8）《永安五烈传》，（9）《汪节妇传》，（10）《未嫁殉夫烈女传》，（11）《施氏女传》，（12）《东洞庭三烈传》，（13）《诗义说》，（14）《致知说》，（15）《琴说赠詹丈大生》，（16）《髻人说》，（17）《沙亭解》，（18）《药王庙碑》。②

---

① 朱希祖：《屈大均（翁山）著述考》，见《屈大均全集》第 8 册，第 2151—2152 页。

② 朱希祖：《屈大均（翁山）著述考》，见《屈大均全集》第 8 册，第 2152—2153 页。

附录三　翁山佚文民国抄本汇考及新发现的两种佚文抄本

与此形成照应的是徐信符《翁山佚文辑序》中的叙述。他说在与朱希祖先生一起校对欣赏过伦明赠送的和原先自己收藏的翁山佚文之后,"余又搜得残本《翁山文外》,为最初印本,持以与原板通行之《翁山文外》相较,又得多篇,为通行本《文外》所无。然后知最初所雕之《文外》,其中亦有诋斥胡虏,触犯忌讳,其后乃弃而不录,故后刻者与初刻者校,亦有佚文。"① 这说明徐信符与朱希祖都从康熙初年刊刻的《翁山文外》中辑录过佚文。

第三节　佚文积录情况和各抄本形成过程考

仔细比对这几种抄本,笔者发现多个抄本之间存在着明显的递承关系。除了徐氏三种抄本之间存在关联之外,徐氏辑本与伦明本和南图本之间也存在着明显的递承关系,而且在各抄本形成的过程中,新发现的伦明本和南图本至为关键。

通过比较佚文过录的情况,大致可以得出如下结论:徐氏三卷本是据港大藏徐氏本整理而成,而港大藏徐氏本则基本是伦明本与南图本的整合本。

港大藏徐氏四卷本,收文六十一篇,徐氏三卷本收文六十五篇,虽然二者篇目基本相同,但分卷和排序不同。港大藏徐氏本,卷一是记、传,卷二是传、后、书、序,卷三是序、传,卷四有序、赞、说、辞、铭等体裁。就分卷情况而言,这一抄本显然没有经过认真的处理。而徐氏三卷本分卷则比较整齐,卷上是记、传、墓表和墓志铭,卷中是序、后、书,卷下是说、赞、铭、辞等。显然徐氏三卷本是在港大藏徐氏本基础上经过认真编排补辑而成的。

---

① 徐信符:《翁山佚文辑序》,见《屈大均全集》第 8 册,第 2134 页。

港大藏徐氏本为何分卷和排序如此随意？原因涉及其底本的来源。港大藏徐氏本前后两部分分别来自伦明祖本和南图祖本，也许徐氏为了表示对底本及其原主人的尊重，才尽量保持底本的原初状态。经比较发现港大藏徐氏本与伦明本前四十六篇不但篇目完全相同，而且顺序也几乎完全一致，唯第26篇《评孟子序》与第27篇《阴符经注序》顺序前后对调，这应该是笔误所致。港大藏徐氏本从第47篇起至最后第61篇《致知说》共十五篇，为伦明本所未收；而港大藏徐氏本从第48篇《诗义说》起至最后第61篇《致知说》共十四篇，又与南图本存目第37篇《诗义说》至最后第50篇《致知说》篇目和顺序完全一致。根据这种情况可以确定，港大藏徐氏本是依伦明祖本和南图祖本为底本抄录而成的。

这一情况的出现并非巧合。徐信符写于民国二十九年（1940）的《翁山佚文辑序》叙述自己"残篇断简，锐意搜访。此《翁山佚文》乃属旧钞本，由于巴陵方氏碧琳琅馆珍藏。方氏群籍散后，流入北平。友人伦哲如为余搜得，储之南州书楼。"① 黄荫普：《翁山文钞跋》云："《广东丛书》第一辑，选印南州书楼藏徐信符、朱希祖补辑巴陵方氏碧琳琅馆《翁山佚文》钞本，将付梓矣。徐君及余，均以钞本未获与其他刻本校勘为憾……至钞本所载而《文钞》所未有者，附作《佚文辑》，以补其阙。"② 伦明本《翁山文外补》卷首伦明的校记与此形成了关联："《翁山文外》……番禺陈椿轩太史之鬻家有原刻，最足本，余从索观，不可得。仅以抄本见示，皆溢篇也。因命胥就录副本。仓卒未及校对，而余北行。及后取视，乃讹脱满纸，大懊恼。即取以赠徐信符，意欲俟南旋时借

---

① 徐信符：《翁山佚文辑序》，见《丛书集成续编》集部第189册，台北新文丰出版公司1991年版，第499页。
② 黄荫普：《翁山文钞跋》，见《屈大均全集》第8册，第2133页。

附录三 翁山佚文民国抄本汇考及新发现的两种佚文抄本

陈氏原本详校抄补,以快宿愿。己巳返粤,则椿轩殁已数年。问其家人,茫然不知。即曩所阅抄本,亦不可见,无论原刻本矣。急从信符索回前所赠抄本,细心校雠精录一本。"① 从这几段文字可以看出伦明确曾将其据"碧琳琅馆《翁山佚文》钞本"所录副本赠与徐信符。这也可以解释两个抄本前46篇篇目和顺序几乎完全相同的原因了。

徐信符和黄荫普皆提到的"巴陵方氏碧琳琅馆《翁山佚文》钞本",到底是怎么回事呢?方功惠(1829—1897),字庆龄,号柳桥,湖南巴陵人,在粤为官三十馀年。喜藏书,收潘仕成、吴荣光等广东大家藏书,又早于杨守敬赴日本购寻古书。藏书几十万卷于碧琳琅馆,为道咸年间广东第一藏书家。所藏宋元版等珍本无数,张之洞多次求观,以读未见之书。综合伦明和徐信符的叙述,可知方氏藏书流散后,其《翁山佚文》钞本为"番禺陈椿轩太史之甥"所得。伦明欲索观《翁山文外》初刻本等,但陈氏仅出示所藏《翁山佚文》抄本。伦明因受徐氏所托,故"命胥就录副本"以赠。据黄荫普《翁山文钞跋》所述可知,徐信符得到碧琳琅馆《翁山佚文》的副本之后,以自己历年辑录的翁山佚文南图祖本与之合并抄录成港大藏徐氏本。因民国年间《广东丛书》将要出版,故徐信符与朱希祖一起对自己的藏本进行整理补辑,成徐氏三卷本交由《广东丛书》委员会出版。民国年间《广东丛书》第一集选印的即是徐、朱二位先生整理补辑而成的《翁山佚文辑》三卷本。由伦明本人的叙述可知,伦明本是伦明重抄碧琳琅馆《翁山佚文》副本并精校而成的。故"方氏碧琳琅馆《翁山佚文》钞本"和伦明赠给徐信符的副本皆为伦明本的前身。因碧琳琅馆《翁山佚文》抄本贡献至大,故黄荫普径称

---

① 伦明:《翁山文外补校记》,见《翁山文外补》卷首。

《广东丛书》即"将付梓"的为"徐信符、朱希祖补辑巴陵方氏碧琳琅馆《翁山佚文》钞本"。另外,从黄荫普"徐君及余,均以钞本"和"徐信符、朱希祖补辑"等表述可知,《广东丛书》第一辑选印的《翁山佚文辑》,其中也有黄荫普和朱希祖二人的贡献。

徐氏三卷本、港大藏徐氏本和伦明本来源皆已清楚,接下来的问题是,南图本又是从何而来,或说是如何形成的呢?经过仔细比较后可以确定,南图本的基本面貌成自徐氏《逸文》本和"《文外》初刻溢文",也即是说南图祖本是在二者的基础上增补整理而成。我们现在见到的南图本并非原初状态,可能是抄自徐氏南图祖本,并补辑部分内容,后损毁又经重新装订。由港大藏徐氏本形成的情况可知,徐信符曾拥有南图本(或南图祖本)。南图本(或南图祖本)是徐氏得自他人,还是自己长期搜辑积累而成的呢?

徐氏《逸文》本第1、2、3、4、6、7、8、11、12、15、18、19、20、21、22、23、24、25、26、27、28、29、31、33共二十四篇,恰好对应南图本目录上卷的二十四篇,并且篇目顺序大体一致。朱希祖所得"《文外》初刻溢文"十八篇,其中前十三篇与南图本目录下卷前十三篇(从第25《河南死节大臣传》至第37《诗义说》)篇目和顺序完全一致。这十三篇正是被保存下来的下卷内容,为南图本存文的第1至13篇。根据徐氏《逸文》本和"《文外》初刻溢文"与南图本的重合度,基本可以确认南图祖本上、下卷主要是据徐氏《逸文》本的前身和"《文外》初刻溢文"的前身抄录而成。因现在笔者见到的徐氏《逸文》本存目和"《文外》初刻溢文"十八篇存目皆为朱希祖所抄,故二者未必是徐信符辑录的原初状态,为区别起见,故有"前身"之称。

徐氏《逸文》本所收文章应该是徐信符历年积累而得,

附录三 翁山佚文民国抄本汇考及新发现的两种佚文抄本

而"《文外》初刻溢文",最初也未必足有十八篇。伦明在《翁山文外补校记》说:"《翁山文外》……番禺陈椿轩太史之鼎家有原刻,最足本,余从索观,不可得。"① 伦明说是最足本,但未必是,因他未见原书。徐信符《翁山佚文辑序》中说:"余又搜得残本《翁山文外》,为最初印本,持以与原板通行之《翁山文外》相较,又得多篇,为通行本《文外》所无。"后来朱希祖先生说《翁山文外》"康熙初年刻本,仅四册,不分卷,今藏国立中山大学图书馆,较徐氏所藏康熙刻二十卷本及十七卷本国学扶轮社本多逸文十八篇"。② 徐先生说是"残本"、"多篇",而朱先生非常确切地说是十八篇。有可能徐先生最初见到的因是"残本",故所得只有"多篇",而不足十八篇。南图本(或南图祖本)应当是据徐氏《逸文》祖本和徐氏所得"《文外》初刻溢文"、"多篇"抄录而成,故以今之所见徐氏《逸文》本和朱氏所抄"《文外》初刻溢文"十八篇与南图本对照,难免不能完全对应。

综上所述,我们大体可以梳理出搜辑收藏翁山佚文的大体过程和参与的专家学者。最早搜辑收藏者应该是碧琳琅馆主人方功惠,其搜辑最有成就。藏书散佚后,其搜辑而成的《翁山佚文》钞本为"番禺陈椿轩太史之鼎"所得。徐信符先生托在北平的友人伦明哲如氏为其搜求录副,并储之南州书楼。后伦明先生又索回重抄精校而成今之所见伦明本。徐氏将自己多年搜辑而成的《翁山文外·逸文》与从《翁山文外》初刻本抄录的多篇佚文合并抄录成南图祖本;后与朱希祖等一起再将南图祖本与碧琳琅馆《翁山佚文》副本合并、补辑抄成港大藏徐氏本。在徐信符先生搜辑、校对、抄录的过程中,徐氏

---

① 伦明:《翁山文外补校记》,见《翁山文外补》卷首。
② 朱希祖:《屈大均(翁山)著述考》,见《屈大均全集》第 8 册,第 2151—2152 页。

固然付出最多,但朱希祖、黄荫普乃至以上未曾提到的汪宗衍皆有贡献。后徐信符先生在港大藏徐氏本的基础上整理成徐氏《翁山佚文辑》三卷本交由《广东丛书》委员会印刷,收入《广东丛书》第一集。出版之后,徐信符将后续所得少量翁山佚文赠给黄荫普辑成《翁山佚文二辑》一卷,随《广东丛书》第二集印刷出版。

第四节 《屈大均全集》未收之佚文及异文较多者述录

由《屈大均全集·前言》可知,《全集》在整理翁山佚文时,主要依据的是徐信符的《翁山佚文辑》和黄荫普的《翁山佚文二辑》,其馀四种辑本皆未提及。

《全集》之《翁山文外》以康熙年间二十卷刻本为底本,由李文约先生负责点校。其《关于〈翁山文外〉的几个问题》云:"《屈大均全集》收录屈大均佚文37篇,其中有20篇录自徐信符、黄荫普辑本《翁山佚文》二本中;有16篇分别辑自各家别集之中;唯《董君传》一文仅见载于郑本《翁山文外》卷三中。既未见载于诸本《翁山文外》和《翁山文钞》中,又为徐信符、黄荫普、汪宗衍三家辑佚本所未收,故作为佚文录入《屈大均全集》。"① 郑本《翁山文外》即广州郑谋信医生所藏康熙年间刻十七卷本《翁山文外》。

综观翁山佚文六种抄本所辑佚文,《屈大均全集》未收和有较多异文者如下:

一、《又送张超然浮海往日本序》。见港大藏徐氏本、徐氏三卷本、伦明本和南图本。(略。见下编第八章第一节《屈

---

① 李文约:《关于〈翁山文外〉的几个问题》,《学术研究》,2000年第2期,第106页。

附录三　翁山佚文民国抄本汇考及新发现的两种佚文抄本

大均遗佚诗文辑考》。)

二、《赠梁彦腾序》。见徐氏《逸文》本、港大藏徐氏本、徐氏三卷本、伦明本和南图本。全集本《翁山文钞》卷一作《赠梁学博序》,二文有较大出入,故录存于此。

赠梁彦腾序

彦腾梁子,为惠来儒学教谕。以大父忧奔丧而返。当其时,有为教授、为学正、为教谕者,若而人遭父母忧,诈以为出为人后,不行三年之服,居官如故者。于是大均感梁子之独能以师儒而守礼也,为述东吴顾氏炎武之言以赠之,曰:古人于期功之丧,皆弃官持服。《记》曰,期之丧,卒哭而从政;九月之丧,既葬而从政。《通典》:安帝初,长史多避事弃官,乃令自非父母服,不得去职。考之于《书》,如韦义以兄顺丧去官,杨仁以兄丧去官,谯玄以弟服去官,马融遭兄子丧自劾归,陈寔以期丧去官,贾逵以祖父丧去官。又《刘衡碑》云:为勃海王郎中令,以兄琅琊相忧,即日轻举。《围令赵君碑》云:司徒杨公辟以兄忧不至,则兄丧亦谓之忧也。《曹全碑》云:迁右扶风槐里令,遭同产弟忧弃官,则弟丧亦谓之忧也。《度尚碑》云:除上虞长以从父忧去官。《杨著碑》云:迁高阳令遭从兄沛相忧,笃义忘宠,飘然轻举。则从父从兄丧亦谓之忧也。《陈重传》云:举凡异当迁会稽太守,遭姊忧去官。则姊丧亦谓之忧也。古人凡丧皆谓之忧,其父母之丧则谓之丁大忧,见《北史·李彪传》。《王纯碑》云:拜郎以妹丧遂解印绶。陶潜《归去来辞自序》云:寻程氏妹丧于武林,情在骏奔,自免去职。则已嫁之妹犹去官以奔其丧也。《嵇绍传》:拜徐州刺史以长子丧去职,则子丧亦可以去官也。后汉末时人多不行妻服，荀爽引据《大义》正之。晋泰始中，杨旍有伯母服未除，而应孝廉举，博士韩光议以为宜贬。又言天水太守王孔硕举杨少仲为孝廉，有期之丧而行，甚致清议。今代之人，重于得官，轻于持服，令晋人见之犹当耻与为伍。况三代圣贤之列乎！大均曰：吁嗟乎，伤哉！人心之不古若也。期功之丧且勿论，以齐斩之情，忍于匿之，又何者而不可忍乎！一教官之微，秩不过九品，禄不过数石，即为人后而舍之，而奔其本生之父母之丧，未足以为孝子，况于不舍之，而以未尝为人之后。欺其亲，并以欺其君乎！推其心，即使闻所后者之父母丧，亦必以为吾之所后者已耳。呜呼！明伦之堂，礼义之所从出，以匿丧之人，坐其上，其弟子员知之而不言，即言之而不足为先生之累。先生不以孝为教弟子员，亦不以孝求之于先生。如此，其人其尚得齿于人伦否乎！梁子以承重孙归持其大父之丧，哭踊之节，祭葬之仪，始终无有所失，诚可谓无得罪于名教也者。今梁子又补琼之定安教谕矣，梁子无所失于大父，亦无所失于官。三年之间，若白驹之过于隙，梁子馀哀未忘，方以补官之速为憾。呜呼！梁子是真可以为人之师也哉！

三、《施氏女传》。见港大藏徐氏本、徐氏三卷本、伦明本、南图本。全集本《翁山文钞》卷五有《施氏女墓志铭》，两者同处虽多，实为二文，故录存于此。

施氏女传

施氏女名寅，江浦人，年十七许字同县黄生。会生病，其父母欲得妇以事生，女遂归生。然而未成妇也。亡何，生卒。女凭尸哀号，欲殉生。家人谨守之，弗得，乃送女还。会其父益政以事下江宁狱，女于是髡发服箴衣诈

附录三　翁山佚文民国抄本汇考及新发现的两种佚文抄本

为男子,携稚弟馈食狱中。父仓皇弗识其谁,熟视乃大惊恸。狱吏及诸累囚皆泣下,称为孝女。自是间数日辄携稚弟一往。归坐荜室刺绣翎毛人物易米以为养。有贵人者持金求聘曰:"归我,我力能出尔父。"女曰:"嗟乎,救吾父以辱身,吾何以见死夫?辱吾身以救父,吾何以见生父?"谢之。久之,其父病亟,女怀牒诣有司,长跪而号,请代系出父就医。有司览牒心动,释之。逾月而父死。死之日家无一钱,邻里感其义,酬资以敛。女朝夕止食哀踊成疾。垂革犹呼父者三,乃死,年二十有四。诸生黄虞稷、吴汉葬之于分山口。屈大均曰:昔杨文懿公尝题武进胡氏贞孝卷,有曰:"是女也,能男于其父,又能男于其翁。天之生女也,而女之。自为则男也,天不得而女之矣。"施氏女有焉。

四、《黎太仆公影堂记》。见徐氏《逸文》本、港大藏徐氏本、徐氏三卷本、伦明本和南图本。全集本《翁山文钞》卷二有《黎太仆公画像记》,二者题名有异,而文略同。两相比较,《黎太仆公影堂记》题与文为佳。其文异处,如:

《黎太仆公画像记》云:"黎伯子于所居药园,为其父太仆公作祠堂,供画像于其中,属予为之记。予年十四五,甫知问学,即皇皇亲师取友,从里中贤豪长者游,而独恨未尝见公。虽所居之乡,与公板桥相望。在城中,又与公芳草东街相近,而公是时,方以孝廉上公车,便道客游吴浙。"《黎太仆公影堂记》作:"黎延祖于所居药园,为其尊人太仆公设影堂,成,属予为之记。予昔年十四五,甫知学问,即皇皇亲师取友,从里中贤豪长者游,而独恨未尝见公。虽所居之乡,与公板桥相近。在城中,又与公芳草东街相近,而公是时,方以孝廉上公车,取便道客游吴浙。"

除此之外,还有两处小异,不赘。

五、《诸死孝者传：赵廷举、张清雅、万元亨、张维黄、陈求之、王旸、田而腴、魏允觊、王裔昌、吴纛南、杨师禄、萧铉、王业巩、许国左、徐安远、夏序功、石东壁、霍录科、王酒保》。见徐氏《逸文》本、港大藏徐氏本、徐氏三卷本、伦明本和南图本。

《屈大均全集》无此题。全文内容散入《翁山文钞》三文之中。赵廷举、张清雅、万元亨、张维黄、陈求之、王旸、田而腴、魏允觊、王裔昌、吴纛南、杨师禄、王业巩、许国左、徐安远、石东壁传入《翁山文钞》卷四《孝子死于贼者传》；萧铉、夏序功二人传入《翁山文钞》卷四《报仇五孝子传》；霍录科、王酒保传入《翁山文钞》卷四《救火三孝子传》中。《救火三孝子传》叙及霍录科子文举，共为三人。经比对，《诸死孝者传》与《翁山文钞》诸篇文字有异。《诸死孝者传》当早成，经重新编订散入《文钞》诸篇。《诸死孝者传》开篇先胪列诸人姓名，之后逐一详述其事，《文钞》诸篇则未于篇首胪列诸人姓名。

六、《割股死者三孝子传：邓广生、赵希干、萧日暄》。见徐氏《逸文》本、港大藏徐氏本、徐氏三卷本、伦明本和南图本。

《翁山文钞》卷四作《割股死者五孝子传》，主记此三人，亦叙及赵希干和施姓者，故为五孝子。《三孝子传》开篇先胪列三人姓名，之后再逐一述其事，《五孝子传》篇首则未胪列三人姓名；两文叙事文字同，文后评赞大异。《割股死者三孝子传》文末评赞："屈大均曰：黄生曰，割肝非孝也。遗体之谓何？而或因以陨命，不愈重其亲忧乎？虽然彼惟亲疾是愈，诚不恤以一身为代。夫亲之遗固后于亲也。或曰张所遇路人，盖神，或启之斯事，固不可知。然母疾得疗，子创旋愈，不可谓非天也。所憾者，广生、日暄以此而死，有幸有不幸耳。吾

附录三　翁山佚文民国抄本汇考及新发现的两种佚文抄本

又闻有姚元吕者,字仲宣,慈溪人,与弟元台并游太学有声。出者庀修脯,居者躬温清,更番以养其父母。母病疽,元吕祷于城隍神,愿损己龄以畀母,且而告其姊:'神许我矣。'母霍然良已,而元吕遂病,病数月而卒。噫,亦又异甚。是皆所谓有天焉者,非耶?"

七、《复汪栗亭书》。见徐氏《逸文》本、港大藏徐氏本、徐氏三卷本、伦明本、南图本和全集本《翁山佚文》。经查对,伦明本《复汪栗亭书》与全集本《翁山佚文》之《复汪栗亭书》内容基本相同,当是出自同一底本。相异之处有三:1. 全集本"蒲,一水草之微,而得依乎荷之与蕑与菡萏,蒲之幸也。然蒲也能忘荷之与蕑与菡萏,而荷之与蕑与菡萏不能忘蒲,然则蒲之情"句,伦明本漏"蒲之幸也。然蒲也能忘荷之与蕑与菡萏,而荷之与蕑与菡萏"二十四字。2. 全集本"以墨为图",伦明本作"以黑为图";全集本"非二、虹玉",伦明本作"二、虹王"。3. 全集本"《诗外》一部千馀纸",伦明本作"《诗外》一部八百纸"。

南图本《复汪栗亭书》,仅存全集本《翁山佚文·复汪栗亭书》之首段:"丁卯九月之三日"至"则足诚古之君子也哉"。

八、徐肇元撰《屈翁山诗集跋》。见港大藏徐氏本。此文非翁山之作,此处不录,见下编第九章《岭南三大家诗文集序跋补辑》。

晚清以降,文网渐弛,学界搜集出版翁山存世文献的热情高涨。在这方面,晚清至民国初年有关学者的贡献最大。其后虽有个别文献被发现,但由相关的研究可知,晚清至民初,学者基本上完成了对翁山存世文献的搜集。

翁山著作宏富,因文字之忌,其佚诗佚文佚著亦多。晚清以来学者极力搜求,所获虽多,但尚有十数部编著寻觅未得。

翁山散佚之文，现知民国期间辑有六种抄本，所得佚文达六七十篇。这六种抄本相互之间，有着明显的关联。《屈大均全集·翁山佚文》所依据的徐信符《翁山佚文辑》在其形成的过程中，新发现的两种民国抄本伦明本和南图本起到了关键的作用，也使徐氏所辑佚文数量猛增到六十多篇。因这些抄本并没有全部进入1996年版《屈大均全集》整理者的视野，抄本的累积过程也不为整理者所知，故《全集》未能完全收录现知所存翁山佚文。

主要参考书目

丛书类：

永瑢等编：文渊阁《四库全书》，台湾商务印书馆1986年版

《续修四库全书》编纂委员会编：《续修四库全书》，上海古籍出版社2003年前后版

《四库禁毁书丛刊》编纂委员会编：《四库禁毁书丛刊》，北京出版社2000年前后版

《四库禁毁书丛刊》编纂委员会编：《四库禁毁书丛刊补编》，北京出版社2005年版

《四库全书存目丛书》编纂委员会编：《四库全书存目丛书》，齐鲁书社1997年版

《四库未收书辑刊》编纂委员会编：《四库未收书辑刊》，北京出版社2000年版

《丛书集成初编》，中华书局1985年版

《丛书集成续编》，上海书店出版社1994年版

《丛书集成续编》，台北新文丰出版公司1988年版

《丛书集成新编》，台北新文丰出版公司2008年版

《丛书集成三编》，台北新文丰出版公司1996年版

周骏富辑：《明代传记丛刊》，台北明文书局印行1991年版

周骏富辑：《清代传记丛刊》，台北明文书局印行1985年版

陈建华等主编：《广州大典》，广州出版社 2015 年版

年谱类：

蒋寅：《王渔洋事迹征略》，人民文学出版社 2001 年版

汪宗衍：《屈大均年谱》，见欧初、王贵忱主编：《屈大均全集》附录，人民文学出版社 1996 年版

邬庆时著，广东省立中山图书馆编：《屈大均年谱》，广东人民出版社 2006 年版

温肃：《陈独漉先生年谱》，见陈恭尹著，郭培忠校点：《独漉堂集》附录，中山大学出版社 1988 年版

吕永光：《梁佩兰年谱简编》，见梁佩兰撰，吕永光校点补辑：《六莹堂集》附录，中山大学出版社 1992 年版

史洪权：《岭南三大家年谱》（未刊）

黄炳垕：《黄黎洲先生年谱》，清同治十二年刻本

周可真：《顾炎武年谱》，苏州大学出版社 1998 年版

张穆：《顾亭林先生年谱》，中华书局 1985 年版

温聚民：《魏叔子年谱》，商务印书馆 1936 年版

王士禛撰，孙言诚点校：《王士禛年谱》，中华书局 1992 年版

史传类：

赵尔巽等撰：《清史稿》，中华书局 1977 年版

王钟翰点校：《清史列传》，中华书局 1987 年版

谷应泰：《明史纪事本末》，中华书局 1977 年版

黄鸿寿编：《清史纪事本末》，北京图书馆出版社 2003 年版

温睿临：《南疆绎史》，台湾大通书局 1987 年版

顾诚：《南明史》，中国青年出版社 1997 年版

南炳文:《南明史》,南开大学出版社1992年版

谢国桢:《南明史略》,上海人民出版社1957年

(美)司徒琳著,李荣庆等译,严寿澂校订:《南明史(1644—1662)》,上海古籍出版社1992年版

杨陆荣:《三藩纪事本末》,中华书局1985年版

黄宗羲等撰,孟昭庚校点:《南明史料八种》,江苏古籍出版社1999年版

陈寅恪:《柳如是别传》,上海古籍出版社1980年版

(清)佚名辑:《清代粤人传》,中华全国图书馆文献缩微复制中心2001年版

孙静庵著,赵一生标点:《明遗民录》,浙江古籍出版社1985年版

谢正光、范金民辑:《明遗民录汇辑》,南京大学出版社1995年版

谢正光编:《明遗民传记索引》,上海古籍出版社1992年版

汇编和总目类:

台湾省编译馆主编:《中国文学批评资料汇编》,台北:成人出版社1978年版

台湾省编译馆主编:《中国文学论著集目正编之七·清代文学论著集目正编》,五南图书出版公司1997年版

台湾省编译馆主编:《中国文学论著集目正编之七·清代文学论著集目续编》,五南图书出版公司1997年版

柯愈春:《清人诗文集总目提要》,北京古籍出版社2001年版

李灵年、杨忠主编:《清人别集总目》,安徽教育出版社2000年版

骆伟编著：《岭南文献综录》，广东人民出版社2016年版

翁连溪编校：《中国古籍善本总目》，线装书局2005年版

姚觐元辑：《清代禁毁书目四种》，商务印书馆民国二十六年（1937）版

孙殿起：《贩书偶记》附续编，上海古籍出版社1999年版

姚觐元编、孙殿起辑：《清代禁毁书目（补遗） 清代禁书知见录》，商务印书馆1957年版

雷梦辰：《清代各省禁书汇考》，北京图书馆出版社1989年版

施廷镛编著：《清代禁毁书目题注 外一种》，北京图书馆出版社2004年版

上海书店编：《清代文字狱档》，上海书店出版社2007年版

中国第一历史档案馆编：《纂修四库全书档案》，上海古籍出版社1997年版

广东省立中山图书馆编：《广东省立中山图书馆古籍善本书目》，国家图书馆出版社2012年版

总集类：

徐世昌辑：《清诗汇》，北京出版社1996年版

沈粹芬等辑：《清文汇》，北京出版社1996年版

张舜徽：《清人文集别录》，中华书局1963年版

温汝能纂辑，吕永光等整理，李曲斋、陈永正审定：《粤东诗海》，中山大学出版社1999年版

叶恭绰编：《全清词钞》，中华书局1982年版

饶宗颐初纂、张璋总纂：《全明词》，中华书局2004年版

卓尔堪辑：《遗民诗》，康熙刊本

王隼辑：《岭南三大家诗选》，清康熙三十一年刊本

黄登辑：《岭南五朝诗选》，康熙三十九年刊本

罗学鹏辑：《广东文献初集、二集、三集、四集》，同治二年春晖堂刊本

梁善长辑：《广东诗粹》，乾隆十二年达潮堂刊本

梁九图、吴炳南辑：《岭表诗传》，道光二十至二十三年顺德梁氏紫藤馆刊本

温汝能辑：《粤东文海》，嘉庆十八年文畬堂刊本

凌扬藻辑：《国朝岭海诗钞》，道光六年狎鸥堂刊本

黄文宽辑：《岭南小雅集》，1936年广州南金社铅印本

何藻翔辑：《岭南诗存》，香港：至乐楼艺术发扬有限公司1997年版

黄梓林辑：《广东文献辑览》，1932年黄立德堂本

张其淦辑：《东莞诗录》，1924年东莞张氏寓园刊本

别集类：

屈大均著，欧初、王贵忱主编：《屈大均全集》，人民文学出版社1996年版

陈恭尹著，郭培忠校点：《独漉堂集》，中山大学出版社1988年版

梁佩兰撰，吕永光校点补辑：《六莹堂集》，中山大学出版社1992年版

梁佩兰著，董就雄校注：《梁佩兰集校注》，中华书局2019年版

钱谦益著，钱曾笺注，钱仲联标校：《钱牧斋全集》，上海古籍出版社2003年版

王煐著，宋健整理：《王南村集》，天津古籍出版社2015年版

洪亮吉撰，刘德权点校：《洪亮吉集》，中华书局2001年版

归庄：《归庄集》，上海古籍出版社1984年版

傅山：《霜红龛集》，山西人民出版社1985年版

瞿式耜著，江苏师范学院历史系苏州地方研究室整理：《瞿式耜集》，上海古籍出版社1981年版

顾炎武：《顾亭林诗文集》，中华书局1983年版

夏完淳撰，中华书局上海编辑所编辑：《夏完淳集》，中华书局1959年版

朱彝尊：《曝书亭集》，世界书局1937年版

龚自珍：《龚自珍全集》，上海人民出版社1975年版

潘耒等：《救狂砭语　金陵览古　余生记略》，上海古籍出版社1983年版

曹溶：《静惕堂诗集》，雍正三年李维均刻本

曹溶：《倦圃曹先生尺牍》，康熙雍正胡氏含晖阁刻本

李因笃：《受祺堂诗》，康熙三十八年田少华刻本

彭士望：《耻躬堂文钞》，清咸丰二年刻本

毛奇龄：《毛西河先生全集》，萧山陆凝瑞堂藏板，嘉庆元年重刊本

朱墨林辑：《曝书亭外集》，望云仙馆本

曾灿：《六松堂集》，清钞本

方文：《嵞山集》、《续集》、《续集后编》，康熙古怀堂刻本

全祖望：《鲒埼亭集》，嘉庆九年馀姚史梦蛟校刻本

石濂：《离六堂集》，康熙刻本

汪琬：《钝翁前后类稿》，康熙刻本

魏际瑞等著，林时益辑：《宁都三魏全集》，道光二十五年宁都谢庭绶绂园书塾重刻本

吕履恒：《梦月岩诗集》，清吕宪曾、吕宣曾刻本

潘耒：《遂初堂诗集》，康熙刻本

谭莹：《乐志堂诗集》，咸丰十年吏隐园刻本

王源：《居业堂文集》，道光十一年读雪山房刻本

费锡璜：《掣鲸堂诗集》，康熙年间刻十三卷本

诗论诗话类：

王夫之等撰，丁福保辑：《清诗话》，上海古籍出版社2015年版

郭绍虞编选，富寿荪校点：《清诗话续编》，上海古籍出版社2016年版

郭绍虞、钱仲联、王蘧常编：《万首论诗绝句》，人民文学出版社1991年版

朱彝尊著，黄君坦校点：《静志居诗话》，人民文学出版社1990年版

杨钟羲著，雷恩海、姜朝晖校点：《雪桥诗话全编》，人民文学出版社2011年版

钱仲联编校：《陈衍诗论合集》，福建人民出版社1999年版

何曰愈著，覃召文点校：《退庵诗话》，广东高等教育出版社1996年版

黄培芳撰，管林标点：《黄培芳诗话三种》，广东高等教育出版社1995年版

姚莹著，黄季耕注：《姚莹论诗绝句六十首注》，黄山书社1986年版

林昌彝著，王镇远、林虞生标点：《射鹰楼诗话》，上海古籍出版社1988年版

宋长白：《柳亭诗话》，康熙天茁园刻本

丁绍仪：《听秋声馆词话》，同治八年刻本

邱炜萲著：《五百石洞天挥麈》，光绪二十五年邱氏粤垣刻本

方志类：

谢旻等监修：《江西通志》，雍正十年刊本，文渊阁四库全书本

嵇曾筠等监修，沈翼机等编纂：《浙江通志》，文渊阁四库全书本

赵弘恩等监修，黄之隽等编纂：《江南通志》，文渊阁四库全书本

郝玉麟修，鲁曾煜纂：《广东通志》，雍正九年刻本

阮元修：《广东通志》，上海古籍出版社1990年版

黄永纶修，杨锡龄等纂：《宁都直隶州志》，道光四年刊本

宋广业辑：《罗浮山志会编》，康熙五十六年刻本

李福泰修，史澄、何若瑶纂：《番禺县志》，同治十年光霁堂刻本

现当代研究论著及编著：

吴承学：《晚明小品研究》，江苏古籍出版社1999年版

吴承学、李光摩编：《晚明文学思潮研究》，湖北教育出版社2002年版

孙立：《明末清初诗论研究》，广东高等教育出版社1999年版

陈永正主编：《岭南文学史》，广东高等教育出版社1993年版

陈永正选注：《岭南历代诗选》，广东人民出版社1993年版

陈永正选注：《岭南历代词选》，广东人民出版社 2017 年版

陈永正主编：《屈大均诗词编年笺校》，中山大学出版社 2000 年版

陈荆鸿笺释，陈永正补订，李永新点校：《陈恭尹诗笺校》，广东人民出版社 2016 年版

谢国桢：《明末清初的学风》，上海书店出版社 2004 年版

谢国桢：《明清之际党社运动考》，上海书店出版社 2004 年版

刘世南：《清诗流派史》，人民文学出版社 2012 年版

郭预衡：《中国散文史》，上海古籍出版社 1999 年版

王镇远、邬国平：《清代文学批评史》，上海古籍出版社 1995 年版

钱仲联：《梦苕庵清代文学论集》，齐鲁书社 1983 年版

安平秋、章培恒主编：《中国禁书大观》，上海文化出版社 1990 年版

严迪昌：《清诗史》，浙江古籍出版社 2002 年版

严迪昌：《清词史》，江苏古籍出版社 1999 年版

夏承焘、张璋编选：《金元明清词选》，人民文学出版社 1983 年版

赵园：《明清之际士大夫研究》，北京大学出版社 1999 年版

李亦园：《人类的视野》，上海文艺出版社 1996 年版

何冠彪：《明末清初学术思想研究》，台北：学生书局 1991 年版

何冠彪：《明清人物与著述》，香港：香港教育图书公司 1996 年版

陈垣：《明季滇黔佛教考》，中华书局 1989 年版

吴孟复：《桐城文派述论》，安徽教育出版社 2001 年版

王彬主编：《清代禁书总述》，中国书店出版社 1999 年版

葛兆光：《中国思想史》，复旦大学出版社 2000 年版

周锡馥：《陈恭尹及岭南诗风研究》，香港：香港大学出版社 2004 年版

姜伯勤：《石濂大汕与澳门禅史》，学林出版社 1999 年版

谢正光：《清初诗文与士人交游考》，南京大学出版社 2001 年版

谢正光、佘汝丰编著：《清初人选清初诗汇考》，南京大学出版社 1998 年版

王俊义：《清代学术探研录》，中国社会科学出版社 1996 年版

朱则杰：《清诗史》，江苏古籍出版社 2000 年版

李春光：《清代学人录》，辽宁大学出版社 2001 年版

蔡鸿生：《清初岭南佛门事略》，广东高等教育出版社 1997 年版

袁行云：《清人诗集叙录》，人民文学出版社 2016 年版

霍有明：《清代诗歌发展史》，陕西人民出版社 1993 年版

潘承玉：《清初诗坛：卓尔堪与〈遗民诗〉研究》，中华书局 2004 年版

朱端强：《万斯同与〈明史〉修纂纪年》，中华书局 2004 年版

张健：《清代诗学研究》，北京大学出版社 1999 年版

尚小明：《学人游幕与清代学术》，社会科学文献出版社 1999 年版

何宗美：《明末清初文人结社研究》，南开大学出版社 2003 年版

李世英、陈水云：《清代诗学》，湖南人民出版社 2000 年版

黄河：《王士禛与清初诗歌思想》，天津人民出版社 2002 年版

王小舒：《神韵诗学论稿》，广西师范大学出版社 2001 年版

董就雄：《叶燮与岭南三家诗论研究》，中华书局 2010 年版

董就雄：《屈大均诗学研究》，学苑出版社 2009 年版

司徒国健：《广东士人与清初政治：梁佩兰交游及著述考论》，台北：文津出版社有限公司 2014 年版

存萃学社编集：《〈四库全书〉之纂修研究》（清史论丛第七集），香港：大东图书公司 1980 年版

番禺炎黄文化研究会筹备组编：《纪念屈大均文选》，番禺炎黄文化研究会筹备组 1996 年版

期刊论文：

杨权：《屈大均之名本为法名》，《中山大学学报》2011 年第 5 期

孙立：《屈大均的逃禅与明遗民的思想困境》，《中山大学学报》2003 年第 5 期

吕永光：《清初诗人岭南三大家和岭南诗派》，《广东教育学院学报》1992 年第 4 期

吕永光：《梁佩兰佚文辑目提要》，《广东史志》1989 年第 3 期

吕永光：《梁佩兰生卒年考》，《文学遗产》1989 年第 6 期

覃召文：《寻根的心迹——论屈大均》，《文学遗产》1995 年第 6 期

王英志：《论屈大均的山水诗》，《文学遗产》1996 年第 6 期

李文约：《关于〈翁山文外〉的几个问题》，《学术研究》2000年第2期

赵永纪：《清初遗民诗概观》，《复旦学报》1987年第1期

王思治、刘凤云：《论清初"遗民"反清态度的转变》，《社会科学战线》1989年第1期

李默：《读屈大均〈广东新语〉》，《广东社会科学》1997年第5期

孔定芳：《明清易代与明遗民的心理氛围》，《历史档案》2004年第4期

关汉华、冼剑民：《屈大均及其史学》，《暨南学报》1997年第2期

林举英：《屈大均杂体诗初探》，《深圳大学学报》1996年第2期

毛庆耆：《屈大均文艺思想的内容》，《岭南文史》1997年第1期

赵福坛：《略论屈大均及其诗的源流风格》，《广州师院学报》1996年第4期

杨皑：《屈大均在广州生活和工作的遗址》，《岭南文史》1996年第3期

杨子怡：《屈大均诗歌的文化精神与美学品格》，《汕头大学学报》1998年第4期

李建华：《多面人生——屈大均气节浅析》，《广州大学学报》2001年第12期

卜庆安：《论屈大均的"逃禅"》，《海南师范学院学报》2002年第2期

杨皑：《试说〈羊城古钞〉与〈广东新语〉的关系》，《广东史志》1995年第4期

郑孟彤：《试论清初诗歌发展的趋向》，《海南大学学报》1984年第1期

严明：《清诗特色形成的关键——论康、乾时期的诗风转变》，《苏州大学学报》1998年第2期

廖粤、罗志欢：《"岭南三大家"研究论著索引（1936—2018）》，《广州大典研究》第3期，2021年1月

董就雄：《梁佩兰佚作考》，《广州大典研究》第3期，2021年1月

何淑苹：《台湾七十年来屈大均研究论著目录（1949—2018）》，《广州大典研究》第3期，2021年1月

何淑苹：《屈大均研究论著目录续编（2004—2011）》，《书目季刊》第46卷，2012年6月

初版后记

本书蒙人民文学出版社厚爱，惠予出版。周绚隆编审在审阅过程中提出了很好的修改意见，使得这部著作的质量有了进一步的提高。责任编辑徐文凯女士良好的专业修养和细致的审阅，也使我避免了不少疏忽。在此我深表感谢。

这部书其实就是我的博士学位论文。在中山大学读博的三年是我一生中最为愉快轻松的时光。2004年秋，我走进中山大学时，虽然没有了年轻时的兴奋和幻梦，但还是以能师从吴承学老师而感到荣幸。在这里我要感谢导师吴承学教授多年来对我的悉心指导，从选题到定稿都凝聚着老师的心血。古代文学研究室的张海鸥教授、孙立教授、彭玉平教授，文献所的陈永正教授、吕永光教授，暨南大学的魏中林教授、邓乔彬教授和华南师大的左鹏军教授在我写作和修改的过程中也提出了很多很好的建议。在此，我表示衷心的感谢。

同时我也要向史洪权博士和师弟师妹马将伟、李松荣、李婵娟、翁筱曼表示感谢。史洪权博士的硕士学位论文《岭南三大家年谱》目前尚未出版，但他慷慨示余，给予我的研究工作以很大的方便；马将伟、李婵娟把他们收集到的与我的研究相关的一些资料毫无保留地送给了我；李松荣和翁筱曼对我的论文进行了仔细地阅读，提出了不少很好的意见，并且纠正了不少误写之处。

岭南的春天是潮湿的。十馀天来，我的泪水混合着这里春

初版后记

天的雨水不停地流淌。七年前的春天,我的父母从北方来到岭南。我母亲因不耐潮湿,不得不回乡安居。我父亲多年来克服了生活上的不惯,为我解除了所有的后顾之忧。他的付出使我可以完全放心地进行复习考试和博士论文的撰写。没有他的付出,就不可能有毕业论文的完成,也就没有这部书的出版。2006年12月28日论文初稿完成时,我兴奋地拿起电话向千里之外的母亲祝贺她的生日。我说这是送给她的最好的生日礼物,希望她老人家健康长寿。没想到此书还未出版,她就成了隔世之人。母恩未报,何以心安!谨以此书告慰母亲的在天之灵!我的妻子刘素兰女士在我决定考博之后一直默默地操持着家务,为我顺利完成这部书稿提供了时间和心理的支持。

我的工作单位广东省韶关学院虽然负债办学,但仍然支持教师们的学术研究。学校给予我的博士科研启动费,为这部书的出版提供了一定的资金支持。在此表示感谢!

王富鹏
2008年4月14日于韩家山上

再版后记

拙作《岭南三大家研究》自2008年在人民文学出版社出版，至今已经十有馀年。虽得学界垂爱，却心有未慊。由于书稿初一杀青，即得出版社垂顾，故而未及细致打磨。虽早欲修订，却难脱外务牵绊。今既蒙广东人民出版社陈海烈社长不弃，戊戌、己亥之岁两次相约，便趁此机缘于工作之馀修正纰缪。应出版社建议更换书名为《岭南三大家与清初文坛》，实为原书的增补和修订。

自初版之后，本人的学术研究虽因环境所迫有部分转移，但始终没有中断对这一问题的关注和思考。再版增补之处多为数年来已经发表的文章，因体制不同，而略作修改。所补多为相关文献的挖掘和研究，而这些文献的获得皆曾得到朋友的帮助。2007年笔者发现沈用济选《道援堂集》藏中国国家图书馆，曾请时在北京师大从事博士后研究工作的陈志扬博士代为抄写目录，不久，又发现汪观选《五大家诗》亦藏国家图书馆。旧版有关沈用济选《道援堂集》的描述，皆据陈志扬博士所抄。2008年又请人民文学出版社徐文凯博士代为复印二书及《屈翁山杂剧》。为深入了解，2010年8月趁进京参加红学研讨会之机，赴国图目验比较，抄录复印这几种文献。正巧一起参会的白山出版社总编董志新先生也同去国图看书，下午闭馆之后，二人便一起游公园，吃烤鸭，谈学术，如是两天，乐哉！

为撰写《翁山佚文民国抄本汇考》一文，2019 年请南京图书馆史星宇和国家图书馆出版社王晓两位老师又分别复印了南图本《翁山文外逸文》和伦明本《翁山文外补》的部分内容。2019 年 7 月本欲去香港参加学术会议，顺便查阅相关文献，但世事突变，赴港未允，预备多时的计划随之落空。不得已，再请朋友相助。香港珠海学院董就雄教授两赴香港大学冯平山图书馆代为抄录《屈翁山佚文》徐氏四卷本全部目录和《屈翁山诗集跋》。文献核对本应该据原引版本，但庚子年初新冠肺炎爆发，不得亲赴原版藏地，有些文献只能就便改用其他版本核对。虽竭其力，最后仍有一二十条参考文献无书可校。馆藏之地虽数刻可达，最终却不得不再请中山大学图书馆陈莉老师帮忙核对。天津宝坻宋健先生与我素不相识，每发现拙作中的问题，便通讯告知。再版之前，宋先生又重读拙作，从中寻找问题，以便修订。宋先生的建议，笔者在修订的过程中采纳了很多。这种善意的提醒，当今尤为难得。《岭南文库》编辑部的饶栩元女士在最后阶段又帮忙校对了大部分引文。笔者在此对曾经提供帮助的朋友一并表示感谢！

转眼一纪已过，恰逢庚子多事之秋。比年大故叠起，世事家事不忍言说。父亲身体一向硬朗，然而自前年秋冬却屡遭变故，虽幸自站起，而去年夏月来穗，已不能自理。依其心意，熟悉的乡村更宜其起居行走。为保无虞，四弟辞职回乡照料。平日荤素搭配，汤水俱全，偶尔父子小杯对酌。其间乡邻亦常往来，把酒闲聊，虽有不得已之事，但亦差可释怀。然而不测之事，一个月前却突然降临。前一天还与乡邻闲话说笑，饮食如常，而第二天便不能自食，两三天后的凌晨即从我眼前离开了这个世间。

父亲天年当不止八十馀岁，是不再留恋这个世间，抑或预知将有大变？魔盒业已打开，时间点似乎是精心的挑选。在一个冷暖适宜，天朗气清，家人尚有馀闲，人与人尚能近距离接触的时刻离开了。此时忽又想起，年轻时，父亲对我的多次告诫：某某派向少善类，远离当为上策。唉，置身其外何其难哉！

拙作再版，原计划庚子年内完成。然而，世态如石又如风，人的意志就如一棵纤弱的小草，或匍匐在石下，或摇曳在风中。岁月在恣妄、嚣狂和惊愕中流转。辛丑年又要过去，再版之事依然处在路上。好在，这一年并没有荒废，在不断修改和增删的过程中，受托策划了一个文献编纂的计划。"岭南三大家"是本人学术研究的一个重点。沿着原来的路径，近年来又结撰了《屈大均与明末清初岭南诗派》、《番禺屈氏家族文献汇编》、《南海陈氏家族事迹征略》和《番禺王氏家族事迹征略》等。2020年10月本人作为与会专家将《番禺屈氏家族文献汇编》提交给了"华南片区2021—2030年国家古籍规划编制专家咨询论证会"。辛丑岁初本人被借调到广州图书馆提炼文献主题，最后为之策划了"粤世家文献汇编"这样一个文献整理计划。这并非空无依傍的构想，依然是此前学术路径的延展。秦汉之后，岭南文明逐渐发育，经唐宋数百年的发展，到明清时期岭南文化臻于繁盛。在这一过程中岭南地区出现了很多延续数代的文化家族。这些家族对当地社会、经济、政治和文化等的影响巨大，甚至对我们这个国家和民族都产生了一定的影响。由于家风和家学传承等的不同，出现了不同类型的文化世家，如文学世家、科举世家、学术世家、医药世家、官宦世家、商贾世家、建筑世家等等。经过一段时间的思考和工作，梳理出岭南文学世家三十多个，编制出《粤世家文献汇编名录》、《粤世家文献汇编之文学世家卷编纂体例》和《粤世家文献搜集线索书目》等供参与者使用。希望这一计划能顺利推进,达成预期的成果,也希望再版之事,能早日完成。

王富鹏
庚子菊月初撰、辛丑岁末补缀于
穗城南湾读烟望水庐